本书是研究资料汇编，摘取、汇集了半个多世纪以来各路专家有关汉语和非汉语结合研究的认识，每条信息的来源都注明了出处。我们特向所有作者表示衷心的感谢。

——戴庆厦

中央民族大学“985工程”中国少数民族语言文化教育与边疆史地研究创新基地文库
中国少数民族语言研究丛书
总主编◎戴庆厦

汉语与非汉语结合研究成果汇要

HANYU YU FEIHANYU JIEHE YANJIU CHENGGUO HUIYAO

戴庆厦◎主　编
朱艳华◎副主编

民族出版社

汉语与非汉语结合研究是深化我国语言研究的必由之路

（代序）

戴庆厦

汉语与非汉语结合研究，是指通过不同语言的反观、映照，加深对汉藏语的认识。这属于跨语言对比研究范畴。由于汉语在人类语言中的显赫地位，所以跨语言对比在中国主要是指汉语和非汉语对比。汉语和非汉语结合研究，是深化语言研究的一个重要的、可行的语言研究方法，也是如何充分利用本土资源，深化语言研究的一个必要方法。

近 20 年我做了一些汉语和非汉语结合研究的个案，越做越觉得我国的语言研究必须加强汉语和非汉语的结合研究，认为这是深化我国语言研究的必由之路。本文先通过具体研究事例论述我国蕴藏着用之不竭、不可替代的语言对比资源；然后从过去 80 年来历史进程显示出的经验论述汉语研究结合非汉语的必要性；最后对未来路子的发展提出一些建议。

一、我国蕴藏着用之不竭、不可替代的语言对比资源

发展语言学或深化语言研究，语言学家如果能够立足于本土语言，即重视开发、利用本国的语言资源，就能较好地建立自己的特色和优势。我国的语言资源取之不尽、用之不竭，对语言学的建设有着不可替代的价值。但是，人们对自己资源的丰富性往往认识不足，这就直接影响到对资源的开发和利用。怎么认识我国语言资源的丰富性和复杂性呢?

首先，我国语言类型多，能为语言对比提供不同类型、不同层次的语言事实。

我国有 120 多种语言，近 30 种文字。中国语言分属汉藏、阿尔泰、南亚、南岛、印欧等五大语系，这些语言中既有分析型，又有黏着型、屈折型。尤其是世界上使用人口居第二位的汉藏语，主要分布在中国；中国是汉藏语的故乡，有着发展汉藏语得天独厚的资源。我国的诸多文字包含有文字发展史上各个阶段文字的特点，通过不同文字的对比，能够深化对文字性质、演变特点的认识。

其次，我国的语言蕴藏着大量对语言研究有价值的现象。

这种现象对通过语言比较认识语言本质、语言历史的演变以及发展语言学理论，都有着重要的价值。

再次，我国的语言长期以来处于相互交融、相互影响的状态，许多语言“你中有我，我中有你”，这对语言比较、语言接触的研究能够提供大量新鲜的语言事实。

在世界经济一体化、人口流动增多的今天，我国语言影响、语言转用、语言兼用的现象不断增多，出现了许多前所未有的新现象、新规律、新问题，等待我们去研究、去比较、去认识。诸如语言兼用问题应当怎么认识，双语关系要如何处理才好，怎样摆好强势语言和弱势语言的关系，语言濒危现象在我国应当如何定位、定性，中国少数民族语言的走势如何等问题，都是大有研究价值的课题。研究好了，必将丰富语言学理论。

最后，跨境语言是有待开发的一大语言资源。

中国有 30 个跨境民族使用 35 种跨境语言。跨境语言差异有其自身的特点和规律，是语言变异的一种特殊的模式。它不同于因年龄、职业等因素的差异而引起的社会语言学变异；不同于因地域差异而出现的方言变异；也不同于因正常的语言分化而形成的亲属语言变异。跨境语言研究的理论意义在于：从跨境语言的变异中，能够发现语言演变的新规律。而且，跨境语言往往或多或少地保留着古代语言的某些痕迹，有助于历史比较语言学的研究。

世界各国语言学发展的道路告诉我们：立足于本土发展语言学容易做出特色，能够做出别国做不出的特殊贡献。实践证明立足本土是必要的、大有好处的。这是一条经验。

二、对过去 80 年的回顾

如果从 20 世纪的 1939 年李方桂先生在为北京大学文科研究所所作的《藏汉系语言研究法》中提出“博而能精”的治学原则算起，近 80 年来语言学家在汉语与非汉语结合研究上做了不懈的探索，取得了许多令人耳目一新的成果。这一时期的对比研究证明，汉语研究与非汉语结合是必要的，也是可能的。显示出的好处主要有以下四点。

其一，有助于语言共时特征的发现和解释。

发现和解释有价值的语言问题，是语言研究者必须具备的素质。但要走好这一步，有效的手段之一是通过跨语言比较。

举个例来说，分析性、单音节性是汉藏语的一个重要特点。但怎样认识这个特点，包括它是如何形成的，是否是由多音节变为单音节，由粘着性变为分析性？再有，分析性、单音节性的特点对语法结构的特点及演变有哪些制约作用，会使句法结构出现什么特点？这些都是有学术价值的问题。而我国汉藏语的不同语言，分析特点存在不同的层次，有些语言（如嘉戎语、普米语等）有不同程度的粘着特点，而且多音节词相对较多，而有的语言(如景颇语)还保留大量“一个半音节”的词，通过这些差异的比较有可能深化对汉藏语分析性、单音节性特点的认识。“一个半音节”，蕴藏着不可忽视的历史演变特点。

其他又如汉藏语的被动句、把字句、疑问句、差比句等句型，也只有通过不同语言的比较才能加深认识。

其二，有助于语言历史演变的研究，包括发现、印证、解释语言的历史演变规律。

语言历史上的一些特点，往往会遗留在现存的一些语言中。所以，通过跨语言比较，能够发现、印证、解释语言的历史演变。

梅祖麟先生通过对汉藏语诸语言的比较，认为“* 使动化 s- 的清化作用产生汉语的清浊别义，如‘败’*b-‘自破’/‘败’*p- < *s-b‘破他’……使动化 *s- 前缀在原始汉藏语中已经存在”①。

又如，潘悟云先生“通过‘夜’、‘死’等例子，论证藏文的部分 ç- 与 ʑ- 对应于上古汉语带 *l- 的声母辅音，从而说明汉藏两语中发生过音变：l- > lj- > j- > ʑ- > z- 与 l̥ > l̥j > ç- > s-”②。石德富先生通过帮组三等汉借词在黔东苗语中出现的不同表现形式的分析，认为“上古汉语重纽三等韵有 *-r- 介音”③。

其他又如汉藏语的互动范畴、人称范畴的历史演变，量词、结构助词、四音格词的产生和演变，复辅音声母、长短元音、松紧元音、辅音韵尾的起源及演变等，都可以从跨语言的比较中得到有用的信息。

---

① 参见梅祖麟：《上古汉语动词浊清别义的来源——再论原始汉藏语 *s- 前缀的使动化构词功用》，载《民族语文》，2008（3）。

② 参见潘悟云：《藏文的 ç- 与 ʑ-》，载《民族语文》，2008（4）。

③ 参见石德富：《黔东苗语帮系三等汉借词的形式》，载《民族语文》，2008（4）。

其三，有助于语言学理论的建设。

跨语言比较能够深化类型学、语言的共性和个性、语言认知、语言接触等理论的研究。

如吴福祥先生通过东南亚语言“居住”义语素的比较，指出东南亚语言的“居住”义语素具有高度平行的多功能模式，并认为“这种共时多功能模式的平行性源自历史演化过程的相似性，实则是语言接触导致的语法化模式区域扩散的产物，而其扩散源和模式语很有可能是汉语”[①]。

再如，汉藏语语序的研究同样需要跨语言比较的帮助。汉藏语中，有的语言是VO语序，有的语言是OV语序，甚至有的语言（如白语）是这两种语序共存于一个语言中。在历史演变上，究竟是VO语序在前还是OV语序在前？这两种不同的语序对整个语法系统甚至语义构造有何制约作用？这些理论问题要通过语言对比才能弄清楚。

如何认识汉语的述宾结构，也需要跨语言的反观。与藏缅语相比，我们清楚地看到汉语述宾结构的一些特点，如类别多、特点复杂，既有受事宾语，又有工具、处所、时间、施事等宾语。如“吃大碗 、去北京 、等半天、坐着孩子”等。但藏缅语则不同。藏缅语的宾语类别比较简单，主要是受事宾语，没有工具、处所、时间、施事等宾语。汉语的工具、处所等类的宾语，翻译为藏缅语时大多改为状语，也有改为主语的。说成：“用大碗吃、北京方向去、半天等、孩子坐着”等。汉语与藏缅语的这种差异，与语法类型包括分析性程度、语序是“VO”还是“OV”等特点有关。

类型学的规则显示，汉语的语序有一些不符合一般语言的共性，出现异常。这从非汉语的反观中看得更清楚。如Greenberg归纳的45条人类语言的共性，其中第二条和第二十四条就不符合汉语事实。共性是：使用前置词的语言中，领属语几乎总是后置于中心名词，而使用后置词的语言，领属语几乎总是前置于中心名词。但汉语的情况则相反，它属于前置词型语言，但领属语则前置于中心名词。这是为什么？有的学者依此就认为汉语是受各民族语言影响后形成的混合语，对吗？又如，分布在四川一带的“倒话”，词汇是汉语的，语法是藏语的，因此有的学者认为倒话是汉语和藏语混合而成的混合语。问题是，人类语言究竟有没有混合语，划分混合语的标准又是什么，这些问题语言学界都没有共识的答案。底层理论能否成立，也有待于研究。

又如，为什么汉藏语普遍有四音格词，而非汉藏语的阿尔泰语、印欧语等则没有或者少有？我们还可以进一步追问，汉藏语诸多语言的四音格现象究竟是亲缘关系，即从原始共同语继承下来的，还是后来各自产生的属于类型学关系？用非汉语的四音

① 参见吴福祥：《东南亚语言“居住”义语素的多功能模式及语法化路径》，载《民族语文》，2010（6）。

格特征反观汉语，有助于认识汉语四音格，也有助于揭示汉语四音格形成的语言机制和演变轨迹。通过汉藏语诸多语言的比较，我们发现不同语言的四音格词找不到相互间的同源关系。总的看来，缺乏形态手段的分析性语言，一般比形态手段丰富的语言更易于产生四字格词。由此可以推测，汉藏语普遍存在的四音格现象，并非来源于原始汉藏语，而是各种语言后来各自形成和发展的，是语言类型作用的结果。我们还看到，韵律、双音节化、对称、重叠、类推以及词汇化等因素，是汉藏语四音格词形成和发展的动因。

其四，有助于单一语言研究的深化。

单一语言或单一专题的研究，如果能参照别的语言，对其特征的判定就会更贴近事实。语言研究有了跨语言视野就会加深深度。

比如汉藏语的被动义表达，不同语言存在差异。有的语言有明显的被动义，还有被动语法标记，而有的语言则无被动义，也无被动语法标记。汉语究竟有没有被动范畴，意见不同。有的称被动表述，有的称被字句，有的称被动句等。藏缅语中的一些语言如彝缅语支、景颇语支等，就没有像汉语那样的被动句或“被”字句，但这些语言则有一种强调施事的施动句，即“强调式施动句”。汉语的被动句不同于这些语言的强调式施动句。从藏缅语反观汉语，能够看到汉语的被动句是很特殊的，与藏缅语这些语言挂不上钩，应该是汉语后来独自发展的特点。而藏缅语的“强调式施动句”，过去有的研究者模仿汉语也看成是被动句，现在看来是不合适的。因此在藏缅语的共时研究中，“强调式施动句”是要着力描写的。

汉语闽方言的“有字句”表示的是什么语法意义？我觉得与景颇语的存在式很相似。景颇语的谓语不仅有人称、数的变化，还有存在式和变化式的对立。存在式是告诉别人存在一件什么事，谓语说明主语有什么动作行为，有什么性质状态。这类句子相当于闽方言的“有字句”。另一类叫变化式，表示变化的语气，谓语说明动作行为或性质状态的变化，或发生了一件什么事，做了一件什么事，相当于汉语的句型“……了”。景颇语通过谓语后的句尾词的形态变化表示存在式和变化式的对立。如：第一人称的 $\mathrm{n}^{31}\mathrm{ŋai}^{33}$ 和 $\mathrm{să}^{33}\mathrm{ŋai}^{33}$，第三人称的 ai^{33} 和 sai^{33}；前一个是存在式，后一个是变化式。试比较下列①②句：

① $\mathrm{ʃi}^{33}\mathrm{kă}^{31}\mathrm{lo}^{33}\mathrm{ai}^{33}$. 他做的；伊有做。
　他 做 （尾）

② $\mathrm{ʃi}^{33}\mathrm{kă}^{31}\mathrm{lo}^{33}\mathrm{sai}^{33}$. 他做了；伊做了。
　他 做 （尾）

例①的 ai^{33} 是存在式；例②的 sai^{33} 是变化式，二者通过变换声母表示。而闽方言的“有”是个虚化的动词，表示存在式。

三、当前亟待做的几件事

80 年来，跨语言对比研究虽然取得了不少成绩，但与实际需要还有较大的距离。主要是做跨语言研究的人尚少，还未形成一支强有力的队伍。而且比较的范围尚不平衡，早期语音比较较多，近期则是语法比较较多。在理论、方法上，还未形成一套切合实际的认识。为了使汉语和非汉语结合研究能得到较大发展，我提出以下两条建议。

一是要加强汉语和非汉语结合研究的理论方法建设，逐渐摸索出一套能够反映我国本土语言特点的语言对比理论和方法。

汉藏语和印欧语一样都是假设，但印欧语的假设已被证实，形成了一套历史比较语言学的理论与方法。说印欧语的民族都以自己创立历史比较法的理论与方法而引以骄傲。汉藏语的假设至今未能解决，不是因为我们当今的语言学家的智慧不及当年的语言学家，而是因为我们面对的语言事实太复杂，遇到了许多新难题。所以我们要探索新理念，根据汉藏语的特点加强理论方法的研究。

二是鉴于汉藏语比较研究还缺乏群体基础，建议今后能在大学语言学专业的研究生中开设汉藏语比较课，使学习汉语言专业的学生也能多少懂得一些非汉语知识，为汉语和非汉语结合研究提供必要的基础。这当中存在“一头热”的现象，做非汉语研究的普遍关心、重视汉语的研究，而做汉语研究的关心、重视非汉语研究的则极少。朱德熙先生慧眼过人，1980 年就与时任中央民族学院语文系主任的马学良先生商议在北京大学中文系开设“汉藏语概论课”。朱德熙先生说：“这门课 1982 年开出，以后又于 1983 年、1984 年重开两次，每次都收到很好的效果，很受听课师生的欢迎。”①

当然，汉藏语比较研究要得到顺利发展，需要各个语言的深入研究作基础。但目前的情况是，有许多语言还缺乏深入的研究，甚至有些语言还无人研究，成为阻碍汉藏语比较语言学发展的主要瓶颈。

总之，汉藏语是我国语言文化的一笔重大财富，也是未被开发语言的巨大资源，希望汉语学界和非汉语学界共同携手来开发这块宝地，为语言学的建设多做贡献。

① 朱德熙：《汉藏语概论·序》，见马学良：《汉藏语概论》，北京，民族出版社，2003。

参考文献

［1］李方桂．藏汉系语言研究法．“国立”北京大学国学季刊，1951，7（2）．

［2］梅祖麟．上古汉语动词浊清别义的来源——再论原始汉藏语 *s- 前缀的使动化构词功用．民族语文，2008（3）．

［3］潘悟云．藏文的 ɕç- 与 ʑ-. 民族语文，2008（4）．

［4］石德富．黔东苗语帮系三等汉借词的形式．民族语文，2008（4）．

［5］吴福祥．东南亚语言“居住”义语素的多功能模式及语法化路径．民族语文，2010（6）．

（原载《中国语文》2012 年第 5 期）

目 录

第一章　综合类

第一节　汉语与非汉语结合研究的必要性

将来的研究途径不外是“博而能精”

李方桂认为：“我们看看藏汉系中的苗语、瑶语、倮倮语、么些语有过什么专门人去研究；甚而至于台语、藏语、缅甸语也不过几个专家。所以我的希望是将来中国的语言学者，亦必须有人专研究这较小支系，把各小支系的系统弄清楚；而暂不去做大规模空泛的比较。但是我也不希望，比方说，专研究汉语的可以一点不知道别的藏汉系语言。印欧的语言学者曾专门一系，但是也没有不通别系的。就拿汉语说，其中有多少问题是需要别的语言帮助的。单就借字一个问题在研究汉语的历史看来，就没有人系统地做过，宗教、科学上所借的名词很明显可以不论。只有别的语言借汉字而没有汉语借别的语言的字。原因是近来研究汉语的人根本不知道别的语言，而别的语言如南方的苗瑶台等对于汉语不能没影响，北方的蒙古等语也不能没影响。只是我们对于这些语言没有做过科学的研究，而研究汉语的人更无从取材了。

所以依我的意见，将来的研究途径不外是‘博而能精’；博于各种藏汉语的知识，而精于自己所专门的系统研究。”

——李方桂：《藏汉系语言研究法》，载《“国立”北京大学国学季刊》1951年第7卷第2期，第175页；载《汉藏语学报》第7期，商务印书馆，2013年，第9～10页。

消除汉语与非汉语研究之间的隔阂

通过对汉语与非汉语研究现状的考察，朱德熙指出："1960年袁家骅先生曾在北京大学中文系开过一次汉藏语概论的课。从那次以后，这门课一直没有再开过。1980年，我跟中央民族学院马学良先生商议在北大重开这门课程，并请他负责筹划，承蒙马先生慨然应允。当时我们认为，课程虽然名为'概论'，但对于要讲的每一个语族、语支、语种都有比较详细、具体的介绍。按照这种设想，马先生邀请了民族学院几位教师合作开设此课。每一位只讲自己专门从事研究的部分。参加的除马先生自己外，还有胡坦、黄布凡、戴庆厦、陈其光、倪大白几位。这门课于1982年开出，以后又于1983年、1984年重开两次，每次都收到很好的效果，很受听课师生的欢迎。现在马先生他们几位又根据历年讲课内容整理成书，把这方面的知识从课堂上推广到社会上去，使它发挥更大的作用。这是一件值得庆贺的事。

现代语言学的许多重要观点是以印欧语系的语言事实为根据逐渐形成的。采用这种观点来分析汉语，总有一些格格不入的地方。这是因为汉语和印欧语在某些方面（最明显的是语法）有根本性的不同。由此可见，如果我们不囿于成见，用独立的眼光去研究汉藏语系语言，就有可能对目前公认的一些语言学观念加以补充、修正甚至变革。从这方面看，汉藏语研究有十分重要的意义。为了加强汉藏语的研究，就国内的情况来说，首先要清除汉语研究和汉语以外的汉藏语言研究之间长期存在的隔离状态。这种隔离状态的根源在于高等学校和研究机构的学科设置上。汉语专业设在普通高校的中文系里，而汉语以外的各汉藏语言专业则设在中央和地区的民族学院里。再拿研究机构来说，社会科学院语言研究所只研究汉语，而民族研究所只研究汉语以外的少数民族语言。高等学校和研究机构在学科设置上这种不合理现象导致了双方面研究工作的脱节和研究工作者之间的隔阂。要彻底改变这种状况绝非易事，需要假以时日。就目前来说，在有条件的高等学校里成立语言学系恐怕是重要的一步。

以上的话似乎说得太远了，不过也并没有离题。因为马先生主编的《汉藏语概论》正是为了消除上边提到的那种隔离状态的一项重要工作。因此无论作为北京大学汉语专业的成员来说，还是作为一个从事汉语研究的人来说，我都应该向马先生他们几位表示感谢。是为序。"

——朱德熙：《汉藏语概论·序》，载马学良：《汉藏语概论》，民族出版社，2003年，第1～2页。

汉藏比较语言学对汉语上古音研究的贡献

龚煌城认为："汉藏比较语言学虽然已有一百多年的历史，然而到目前为止，仍然没有什么成绩，究其原因，乃是因为我们未曾把汉语语音史（汉语音韵学）的研究与汉藏比较语言学的研究结合起来。这两门学问是一脉相承、互相衔接的。汉藏比较语言学可以因汉语上古音研究的进步而得到坚实的基础，汉语上古音的许多疑难问题也可因汉藏比较语言学的研究而得到解决。汉语古代的音韵形态可以藉同源的另一语言（藏文）来加以阐明，正是汉藏比较语言学可以对汉语上古音研究提供的重要贡献。"

——龚煌城：《从汉、藏语的比较看汉语上古音流音韵尾的拟测》，载龚煌城：《汉藏语研究论文集》，北京大学出版社，2004年，第63页。原载《西藏研究论文集》（第四辑），1993年，1～18页。

从语言学的发展趋势看汉语和非汉语结合研究的必要性

戴庆厦认为："现代语言学发展的新趋势之一是，对语言的分析研究逐渐从单一角度、单一方法向多角度、多方法的方向转变。其实质是语言研究视野的扩大，这样做有助于对语言的认识更加接近客观实际。汉语非汉语研究的相结合，就是语言研究视角的扩大，符合现代语言学发展的新趋势。"

"现代语言学发展的新趋势之二是，语言研究从以描写为主转为描写与解释相结合；而汉语非汉语研究相结合，则有助于对语言现象的解释。"

"现代语言学发展的新趋势之三是，越来越重视语言类型学和语言共性的研究。汉语非汉语相结合，能为语言类型学和语言共性的研究增添大量新的养料。"

此外，他认为："我国不同语言相互间的语言接触和语言影响频繁。由于各民族的分布呈现大分散、小聚居的特点，加上各民族在长期的历史发展过程中互相交流，相互融合，因而在语言上不可避免地存在相互影响，出现你中有我、我中有你的局面。这是一个重要的基本国情，决定了要科学地、深入地认识我国语言的特点必须注意语言之间的关系。"

"在漫长的历史长河中，不仅是汉语影响少数民族语言，少数民族语言也影响了汉语。特别是在史前，少数民族语言有可能比后来更多地影响汉语。在汉语（包括不同的方言）和少数民族语言的比较研究中，人们已经从汉语里发现了一些少数民族语言成分，而且预计随着研究的深入将会从汉语里发现更多的少数民族语言成分。总之，汉语与少数民族语言研究的结合，是发展我国语言学的一个重要的结合点。”

——戴庆厦：《再论汉语非汉语研究相结合的必要性》，载《语言与翻译》2005年第3期，第8～13页。《人大复印报刊资料·语言文字学》2006年第3期转载。

古汉语研究结合少数民族语言的必要性

戴庆厦通过以往汉语研究结合少数民族语言的实践经验，对古汉语研究结合少数民族语言的必要性及其难点进行论述，并就其方法论问题发表了一些想法。文章主要对以下三点进行论述，提出了一些有价值的意见。

一、古汉语研究需要少数民族语言参照

作者指出：“研究语言，如果只局限在所研究的单一语言上是不够的，还要通过语言对比，从别的语言的反观中加深对所研究语言的认识。对古汉语研究或者是汉语史的研究来说，少数民族语言的参照作用有其特别的价值，不同于一般的语言对比。少数民族语言对古汉语研究的参照价值，可以从以下几方面来认识：1. 汉语有众多的亲属语言，是研究古汉语宝贵的、难得的资源，应当重视开发、利用。2. 由于语言发展的不平衡性，少数民族语言中保留了许多汉藏语古代的特点，有些也是古汉语的特点，因而古汉语和汉语史的研究能够从中获取有用的证据。3. 少数民族语言与汉语接触留下的烙印，能为古汉语研究提供线索和证据。4. 汉语研究和少数民族语言研究的结合，是从汉语史研究的需要开始的，也是二者结合主要要做的工作。”

二、汉语史研究与少数民族语言结合的难点

作者认为：“汉语史研究与少数民族语言相结合，存在以下难点：1. 难点之一是，在寻求证据时有时分不清是类型学关系还是亲属语言关系。2. 难点之二是，由于汉语与亲属语言分化的时间久远，同源关系和对应关系保留在现代语言里的成分多少不一，给汉语研究结合少数民族语言带来一定的困难。3. 难点之三是，非汉语的研究有许多研究得不深入，成果少，在取材时容易错位，即把不是同一性质的东西放在一起比。4. 难点之四是，不同语言的相关成分放在一起比较，有的不易判断其发展上的先后顺序。”

三、加强古汉语研究与少数民族语言结合的几点想法

作者指出：“半个世纪以来，古汉语研究与少数民族语言研究相结合虽然做了不少工作，但总的看来这个资源还开发得很少。作者就如何加强古汉语研究与少数民族语言相结合，提出了以下几点想法：1. 必须认识到古汉语研究与少数民族语言结合虽然有重要价值，但却不是容易做好的。2. 要用系统论的观点观察、研究语言关系。3. 要

加强汉藏语亲属语言的基础比较研究，特别是由下而上的比较研究。4. 辩证地处理好假设和求证的关系。”

作者最后指出：“汉语研究结合少数民族语言有广阔的前景，会取得丰硕的成果。它对汉藏语语言学的发展、现代语言学理论的建设，都会起到重要的作用。这一研究，今后需要加强，需要更多的人去做。但同时要看到，汉语研究结合少数民族语言毕竟历史还不长，是个新事物，其理论方法还很不成熟，需要今后多做个案研究，更多地重视理论、方法的建设。汉语研究结合少数民族语言，是一门专门的学问，具有鲜明的中国特色，也是中国人要多做贡献的。”

——戴庆厦：《古汉语研究与少数民族语言》，载《古汉语研究》2008 年第 4 期，第 2～8 页。

少数民族语言有助于对汉语方言一些特殊语言现象性质的认识

戴庆厦认为汉语方言研究与少数民族语言结合有助于对汉语方言一些特殊语言现象性质的认识。

“汉语方言研究与少数民族语言结合至少会有以下两方面的好处：一是汉语方言的一些特殊的语言现象有可能从周围的少数民族语言中找到关系，从而有助于对其性质的认识。比如，粤语里有些特殊的词与古汉语没有渊源关系，又不是外来借词，但与壮侗语语音形式接近，二者存在明显的关系。（是同源，还是借用，有待进一步确定）例如：

粤语	壮语	汉义
jai^4	jai^2	差劲
$la:i^1$	$pla:i^1$	末（尾）
lam^4	lam^4	倒
nam^2	$no:m^4$	软”

——戴庆厦：《汉语方言研究与少数民族语言结合的一些理论方法问题》，载戴庆厦：《戴庆厦文集》（第五卷），中央民族大学出版社，2012 年，第 55 页。原载《满语研究》2003 年第 1 期。

第二节 汉语与非汉语结合研究的理论方法

汉语和亲属语言比较研究的基本原则

何九盈指出，汉语究竟有哪些亲属语言，至今还没有统一的结论，距离统一结论还非常非常遥远。因此，现在来检讨一下比较研究的基本原则，对于促进这门学科的发展，应该是一件有重大意义的事情。

该文通过对两大公案的分析，对汉语和亲属语言对比分析的基本原则进行检讨。这两大公案分别是：1. 在汉语亲属语言分类问题上白保罗、马提索夫对李方桂的批评；2. 有汉语声调起源问题引发的奥德里古尔、蒲立本对上古音构拟问题的挑战。作者指出，这两桩公案看似只是具体问题上的分歧，实际上是基本原则的分歧。第一桩公案设计的基本原则是，如何对待远程构拟与层级构拟。第二桩公案设计的基本原则是，如何对待比较构拟与内部构拟。这两个问题是互相联系的。凡是盲目鼓吹远程构拟的人就必然乱用比较构拟。但第一个问题是分类的矛盾，第二个问题的焦点是古音构拟的矛盾。

该文从国际背景、历史渊源来说明上述基本原则的分歧由来已久，其性质是构拟原则的不同。并首次提出了两种“相结合”，两个“基础”的构拟现论：

基本原则之一：远程构拟应与层级构拟相结合，应以层级构拟为基础。

基本原则之二：比较构拟应与内部构拟相结合，应以内部构拟为基础。

该文最后指出，当务之急，既要立足于一个一个语族的调查研究，也要十分重视将前辈们的实践经验上升为理论原则。只有在正确的理论指导之下，汉语和亲属语言的比较研究才会有一个很大的发展。

——何九盈：《汉语和亲属语言比较研究的基本原则》，载《语言学论丛》第29辑，商务印书馆，2004年，第12～66页。

汉语和非汉语结合研究必须注意的几个问题

戴庆厦认为汉藏语语法比较研究首先能为汉藏语的历史研究提供证据，“汉藏语的语法特点，有不少存在不同层次的同源关系，远的可以追溯到原始母语阶段，因此语法关系也应是判断语言亲属关系的证据”。其次，“汉藏语语法比较研究能为语言类型学研究提供丰富的材料。汉藏语中有缺少形态变化的分析型语言，如汉语、哈尼语、傈僳语等，也有形态丰富的既有屈折特点又有分析特点的语言，如嘉戎语，普米语等。即使是属于同一类型的语言，其间也存在着差异。这种复杂的关系，对分析、解释语言类型有着重要的价值”。再次，“汉藏语语法比较研究能为语言教学提供理论、方法上的依据”。

关于汉藏语语法比较研究的理论、方法，他认为要注意下面几个问题：

“第一，区分是同源关系还是并行关系。同一语言现象在亲属语言间，有的有同源关系，即从一个源头分化下来的；有的无同源关系，即是后来各自并行产生的。”历史比较语法在区分上述关系上比较困难，同样，这个难点在语法研究中依然存在，但证明语法特征是否有同源关系，借助语音对应是一个有效的办法。

“第二，寻找参照点。把不同层次、不同类型或不同特点的语言现象放在一起，如何确定其先后次序、解释其演变途径，是语言比较研究的一个难点。根据以往的经验，要寻找一个参照点作为依据。”“汉语语法历史演变的前后顺序及其演变方式，是非汉语语法研究可依据的、重要的语法参照点。”

“第三，区分语法标记的优劣等级的不同形式。汉藏语不同语言间，语法标记的特点不一样，揭示不同语言间语法标记的特点，有助于认识语言的亲属关系和类型关系。”

“第四，区分隐性和显性的不同语法特点。同一语法范畴的语法形式，其显性特点容易引起注意、被发现；而隐性特点则往往容易被忽视、不易被发掘。”“汉藏语的名词许多语言有个称的和类别的区分，但有的语言在词上基本上无语法标记，是隐性特点。如汉语的‘我吃了一个水果（个称）’和‘我爱吃水果（类称）’，两个水果是同一形式。而景颇语则通过形态变化区分个称和类称，水果的个称用 $nam^{31}si^{31}$，类称用 $nam^{31}si^{31}nam^{31}so^{33}$。”

“第五，区分语法现象的层次。由于语言演变在亲属语言里存在不平衡的特点，因而语法的亲缘关系及其演变轨迹可以从不同语言语法层次的分析、排列、对比中得到认识。”

文章最后认为，“要把汉藏语语法研究这项工作做好，首先要加强单一语言（或方言）的微观语法描写，其次要建立供汉藏语语法比较研究的语料库，最后要研究汉藏语语法比较的理论与方法”。

——戴庆厦：《关于汉藏语语法比较研究的一些理论方法问题》，载《中央民族大学学报》2002年第2期，第5～10页。

汉语和非汉语结合研究的方法论问题

戴庆厦指出：“汉语和非汉语研究的四个方法论问题：必须明确汉语和非汉语结合研究的作用及类别；必须寻找、确立汉语和非汉语的演变链；从非汉语反观汉语必要的知识和方法；汉语和非汉语结合研究必须‘三忌’。”

“为什么要反复讲这个问题？这里有必要做些历史的回顾。1987年，朱德熙先生在《汉藏语概论》一书的‘序’中就已尖锐地指出：‘为了加强汉藏语的研究，就国内的情况来说，首先要清除汉语研究和汉语以外的汉藏语言研究之间长期存在的隔绝状态……要彻底改变这种状况绝非易事，需要假以时日。’朱先生这一论断是在李方桂、罗常培等汉藏语语言学家的研究实践和研究成果的基础上提出的，再一次强调了汉藏语研究中汉语和非汉语结合研究的重要性。先辈语言学大师形成的这一共同认识，是汉藏语研究必须走的路子，对当今和今后的汉藏语研究都仍具有重要的指导意义。”

“汉语和非汉语结合研究有不同的类别和作用，所追求的目的和使用的方法也不相同。从作用上说，主要有四个‘服务’：

1. 为汉藏语比较语言学服务

汉藏语语言学的发展和更新，必须靠不同语言的比较和反观。语言比较得越深入，汉藏语的真相就越明。今后大致有以下一些课题要做：（1）原始汉藏语的构拟，包括下属各语族、各语支、各语言的原始共同语的构拟。比如，原始汉藏语有无复辅音声母，如果有的话有哪些种类；有无长短音的对立；有无小舌音声母；有无清化的鼻音、边音；有无声调等。（2）汉藏语历史演变规律的探索。其中包括语音、语法、词汇、语义等方面的历史演变特点。语言类型的历史转变，是否存在由屈折特点较多向分析性类型转换。（3）汉藏语的共时特点，有哪些共时的类型学特点和亲缘关系的特点等等。这些课题都要通过语言比较来解决。

2. 为汉语研究服务

汉语研究的经验已经证明：只研究汉语不可能深入认识汉语的特点，必须要有非汉语的参照。

3. 为非汉语的语言研究服务

我国的非汉语语言，与汉语的关系有两类：一类是藏缅语族、苗瑶语族、壮侗语族等语族的语言，与汉语的关系既有亲缘关系，又有类型学关系；另一类是阿尔泰语系、南岛语系、南亚语系等语系的语言，与汉语没有亲缘关系，但有类型学关系。语言之间有无亲缘关系，其反观的价值和研究方法存在差异。

4. 为现代语言学的理论建设服务

中国的语言丰富、特点复杂，能为现代语言学理论的建设补充新的养料和新的认识。

总之，汉藏语的研究，包括其语言事实、研究方法等，对现代语言学理论、方法的建设都有着重要的作用。但究竟能起多大的作用，埋在地下的‘语言矿场’究竟有多深、有多大，我们都还认识不清。”

“汉语研究结合非汉语的一个重要方法，是寻找、确立汉语和非汉语的演变链……

语言演变链（Evolutionary Chain），是指语言（方言）间存在的不同特点反映出的语言演变关系。它如同一条由多个链节构成的链条，把不同语言出现的特点有机地连接在一起，表明被连接的不同特点在历史演变过程中的地位、性质，显示其演变的先后、主次、方向等，并能系统地展示被比较的语言群在历史演变中存在的共性和个性。‘演变链’是语言演变图示化的形式，演变链图式的形成，是语言研究抽象化、理性化的结果，反映人们认识语言演变的深化。

语言关系有亲属语言关系和非亲属语言关系两类。不管是有亲缘关系的语言，还是无亲缘关系的语言，相互间都存在语言的共性和个性，都能抽取一些有代表性、有认识意义的项目各自串成语言演变链。”

“汉语与非汉语结合研究这一新领域的理论方法有待进一步充实、完善。

1. 必要的知识有：（1）大致了解中国除了汉语外究竟有多少种少数民族语言，有哪些类型，其基本特点是什么。（2）中国少数民族语言究竟有哪些系属类别。（3）中国少数民族语言的本体结构究竟有哪些特点。（4）中国有多少种少数民族文字，其特点是什么，有哪些类型。（5）中国少数民族语言研究的基本情况，哪些比较深入，哪些薄弱，哪些是空白点。

2. 必要的方法有：（1）要学会认识语言的关系，辨别同源词、异源词。掌握寻找同源词语音对应规律的方法。还要学会识别哪些词是固有词，哪些词是借词。学会识别借词中老借词和新借词的不同层次。（2）要善于排比语言现象，理出汉语和非汉语的历史演变链。汉藏语的不同语言发展很不平衡，存在许多差异；差异是研究语言历史演变的主要依据之一。所以，要善于收集同一专题在不同语言中的表现，并能进行科学的排比，揭示其演变的路径。（3）善于提取有亮点的专题进行研究。提取有亮点的专题是一个必备的硬功夫。要根据汉藏语的特点、研究现状以及个人的兴趣、条件选取有价值的专题，进行跨语言比较……摆脱单语言的束缚进入跨语言领域，思路就会无限扩大。但在研究中，还要脚踏实地一步一步地往前走。（4）学会广泛收集各种语料。有了好题目后，还要会广泛收集为课题服务的各种语料。语料越多越好。由于不同语言研究的水平不一，会出现语料参差不齐的情况，所以一般都要再做问卷向母语人补充调查，这当中还有一些具体的操作方法。（5）科学区分固有成分和接触成分。人类语言除了本语固有成分之外，还会有数量不等的接触成分。二者来源不同，对说明语言规律有不同的价值。所以在做汉语和非汉语的结合研究时，必须区分固有成分和接触成分。”

“从上面的论述中可以说明，汉语和非汉语结合研究是一个有用的、可行的语言学方法。但在运用这一方法时，必须务实求真，即要坚持语言事实是第一性的，用事实说话，防止主观臆断，脱离事实说大话。在对比中要注意各自的系统性，操作时要谨慎、讲究科学，防止绝对化。下面三个‘忌讳’是要强调的：

1. 忌讳孤证，把‘偶合’当‘对应’

语言现象是复杂的，不是轻易能认识清楚的。不同语言的现象放在一起，有的有演变上的内在关系，有的没有。有的现象貌似有关系，其实‘风马牛不相及’。所以，寻找、确立演变链，要细心考证，寻找有力的证据。用来证明的材料或例词要丰富些，至少不能是孤证。

2. 忌讳‘拉郎配’，把‘貌似’都当成有关系

语言比较中，常常会遇到‘貌似’的现象。‘貌似’的成分中有真关系，但也有偶合的，不是都有同源或对应关系的。如同人群中长得像的人不见得都有亲缘关系。所以要多方面、多角度进行确认，辨别‘真伪’，不能看到一点相似或相近就拉到一起。近期在词源比较中，‘拉郎配’的现象时而可见。

3. 忌讳颠倒顺序，强拼硬凑

做好汉语和非汉语的演变比较，关键之一是能否摆好不同语言正确的顺序。”

——戴庆厦：《再论汉语和非汉语结合研究的方法论问题》，载《民族语文》2013年第6期，第3～11页。

汉藏比较语言学的起源与发展

龚煌城认为："汉藏语比较语言学的理论与方法师承印欧比较语言学。印欧比较语言学自 1816 年（Bopp 1816）在欧洲发端，在六七十年之中就把印欧语各重要语言之间的对应关系厘清，发现到即使是例外的对应也受规律的支配；到 1878 年，新语法学派的学者甚至主张语音变化毫无例外（Osthoff & Brugmsnn 1878）。回顾汉藏语比较语言学从 1808 年同源关系被指出，至 1881 年甲柏连孜的《汉文经纬》出版，历经七十多年，却连第一步都没有踏出，反而必须回过头来从汉语古音的研究开始。汉藏比较语言学远远落在印欧比较语言学之后，其原因固然不止一端，而汉语的古音研究不能与之配合，则是最大原因。"

……

"汉藏语的比较研究要到李方桂先生 1971 年划时代的《上古音研究》出版，建立了四个元音的上古音系统，时机才臻成熟。根据这一系统，我在 1978 年第十届国际汉藏语言学会议中提出汉藏语元音的比较研究，首次确立了汉语和藏语、缅甸语的元音对应关系。"

……

"1983 年，李方桂先生访问北京大学作学术演讲，在会后的'上古音学术讨论会'中，当时的中国社会科学院语言研究所的所长李荣曾说：'汉藏语的比较，现在还处在貌合神离的阶段，看着藏文有点儿像，就凑上了。目前，汉藏语的研究还在起步时期，我们不能过分苛求。要依据汉藏语的比较来研究上古音，现在恐怕为时尚早。' 1988 年罗杰瑞（Jerry Norman）出版了《汉语概说》（*Chinese*）一书，他在书中提到：'汉语、藏语、缅语的亲属关系是毋庸置疑的，但汉藏语的比较研究还很差。汉语和藏缅语的语音对应还没有搞得很详细，只有完成了这项工作，汉藏语的比较研究才能真正起步'（Norman 1988：13，汉译本 pp.12-13）。罗杰瑞在上引书中指出：'要确立汉藏语之间更明确的亲属关系，唯一的路径，是辨认出更多的同源词。这好像是双向并行的街道：语音对应规律基于同源词的分析，而同源词反过来又主要是在语音对应规则的基础上，加以辨别和判断，究竟是或不是同源词。汉藏语的比较研究相对来说还属初级阶段，两组语言的语音对应规则，由于缺乏足够数量的确实可靠的同源词，还不能加以总的、全面的叙述。'"

……

"汉藏语同源词的认定，是以原始汉藏语的存在及从原始汉藏语到个别语言有规律的演变为前提。同源词的认定应该建立在整个音韵系统的对应上，而对应关系必须能合理解释汉语与藏缅语从原始汉藏语演变的过程。这样的基本认定似乎在一些著作中全然缺乏。”

“我们要找真正的同源词，必须不断的检讨、不断的改进，正如罗杰瑞所说，我们必须从可靠的同源词中去发现正确的对应关系，再从正确的对应关系中去发现更多的同源词；而同源词的研究也应以发现汉藏语言演变发展的规律为其目标。”

……

“第四篇（*The first palatalization of velars in late Old Chinese*）一文虽然未冠上‘从汉藏语的比较看’的标题，然而它在基本上仍然是根据汉藏语的比较，从类型上作若干推论。在这篇文章中，我提议把李方桂先生（1976）所构拟的 *krj-、*khrj-、*grj-及 *hrj- 修改为 *klj-、*khlj-、*glj- 及 *hlj-，并且从藏缅语一般演变的趋势，认为这些音最先发生颚化，成为汉语史上第一次的颚化，以别于中古以后所发生的第二次颚化。”

“第五篇（*The system of finals in Proto-Sino-Tibetan*）一文是第一篇（*A comparative study of the Chinese*，*Tibetan*，*and Burmese vowel systems*）的进一步补充与发展。在这一篇论文中，我把西夏语（汉藏语系语言中第四个古代语言）也纳进了比较范围，并且为 278 个汉藏同源词具体构拟了韵母。第一篇论文所讨论的只涉及主元音，在这一篇中则加以扩充，包含了介音与韵尾。”

“第八篇《上古汉语与原始汉藏语带 r 与 l 复声母的构拟》一文，从词头与声母的结合及带 r 与 l 复声母的角度加以探讨，根据汉藏语的比较，构拟了上古汉语与原始汉藏语带 *-r- 与 *-l- 的复声母。”

“上古汉语带 *-r- 与 *-l- 复声母的问题，讨论已有一百多年的历史。研究过这一问题的重要学者如高本汉（Karlgren 1972：31）、马伯乐（Maspero 1930：315）等学者都曾寄望于汉藏语的比较研究能给这一问题带来终究的解决。此一论文即在此背景下所作，以期对问题的若干层面，如流音的音值（*-r- 或 *-l- 的问题）、流音前面的声母（有无 *b-、*d-、*g- 等音的问题）得出确切的答案。在这篇文章中我也另外提出‘*N-词头说’以解决从上古汉语到中古汉语不同的演变。在此之前，上古汉语 *br-、*dr-、*gr-等音在什么情况下演变为 *b-、*d-、*g-、在什么情况下演变为 *r-(即中古来 l- 母字)的问题，没有妥善的解决方法。这篇文章从汉藏语比较的观点对这一问题提出解答：即前一种情形带有 *N- 词头，后一种情形不带 *N- 词头。这是汉藏语的比较研究对汉语上古音研究所作的重大启示。”

“第九篇《从原始汉藏语到上古汉语以及原始藏缅语的韵母演变》，是我在 2000

年‘中央’研究院第三届国际汉学会议中所发表的论文。我在这篇文章中探讨了上古汉语及原始藏缅语从原始汉藏语演变发展的历史。针对美国学者白保罗（Benedict 1972）所构拟的原始藏缅语的韵母系统，从汉语上古音的观点加以检讨，并提出了我的看法。在这篇文章中，我把我以前所构拟的原始汉藏语的韵母系统与白保罗的系统加以衔接。我过去所作的原始汉藏语的构拟是将汉语上古音直接与古藏语及古缅甸语加以比较，而回避了白保罗所构拟的原始藏缅语的阶段。此论文则将两者加以整合，使原始汉藏语到原始藏缅语韵母演变的情形得以彰显出来。在这篇文章中，我根据汉藏语比较中例外的对应关系，重新确认在原始汉藏语以及上古汉语中存在的 *g-、*b-、*d- 等韵尾。上古汉语是否有 *g-、*b-、*d- 等韵尾是长久以来学者争论的焦点。这篇文章利用汉藏语中例外的对应关系，论证上古汉语及原始汉藏语中存在着 *g-、*b-、*d- 等韵尾，一方面借以解释例外对应的成因，一方面也试图解决历来争论不决的问题。”

——龚煌城：《龚煌城汉藏语比较研究论文集·自序》，“中央”研究院语言学研究所，2011 年，第ⅶ～ⅻ页。

与阿尔泰语比较探索北方汉语的结构发展

桥本万太郎由南方汉语与南亚语、北方汉语与阿尔泰语之间在音用法、超语段音位特征方面微妙的并行关系联系到现代北方汉语和阿尔泰语之间句法结构的并行关系，由此展开探讨。作者从词序的角度看句法结构分支的平行；从白话与北京话看北方汉语中的结构变迁，即现代北方汉语的阿尔泰化；从北京方言与西北方言实例看北方汉语中的结构演变，如南方修饰语后于被修饰语类型转向北方修饰语先于被修饰语类型，这种结构连续体演变进一步向北延伸。为了补充动词短语中的这种大幅度的结构演变，北方汉语方言发展了大量的后置助动词，这些结构演变主要是阿尔泰族大规模进入中原地区造成的，使得阿尔泰化深深植根于中国语言历史中。作者最后认为北京话的真正面貌是一种混杂的北方汉语，北方汉语的一些语法现象是阿尔泰语取代了汉语的句法或汉语取代了阿尔泰语的词汇、词法。

——桥本万太郎：《北方汉语的结构发展》，载《语言研究》1983 年第 1 期，第 119～124 页。

从南北语言的接触看“南北语言打通”的重要性

戴庆厦指出：“分布在北部的汉语方言，与北部的阿尔泰语有接触关系；分布在南部的汉语方言，与南部的壮侗语、苗瑶语有接触关系。可以认为，汉语是在与各民族语言的相互影响中发展起来的，这是研究汉语必须持有的一个重要观点。但其他语言对汉语的影响程度究竟有多大，怎样区分接触关系、同源关系和偶合关系，则认识不一。有的学者把汉语看成是既受北方语言影响又受南方语言影响的‘混合语’能否成立？

‘打通’是指南北语言的语言研究在理论、方法上要相互借鉴，互相反观；还要通过南北语言的比较发现语言学的新问题、新认识。这是一个新视角、新途径……此外，还有少数人做些亲属语言的比较，还有从事第二语言教学的做些汉语与少数民族语言或与外语的比较研究。这都是对的……

已故的日本著名学者桥本万太郎曾经提出这样的一个观点：北方汉语受到北方阿尔泰语言的影响，所以有‘把’字句、‘被’字句的OV型语序，而南方汉语受南方壮侗语、苗瑶语的影响，所以是VO型语序。这个观点是否成立？这就需要打通南北语言来研究……

由此看来，对中国语言学家来说，在可能的条件下，研究南方语言的，要大致了解北方语言的特点；而研究北方语言的，也要大致了解南方语言的特点。这就是说，中国语言学家要有相互参照不同地区进行语言研究的知识库和研究技能。这对我国的语言学研究和语言学人才的培养会有很大的好处。”

——戴庆厦：《“南北语言打通论”漫议》，载《北方语言论丛》第2辑，阳光出版社，2013年，第2～4页。

从阿尔泰语系对汉语的影响看南北语言打通研究的必要性

赵杰指出：“汉语也受到蒙古语的影响，这在关汉卿、马致远、王实甫等人的作品中经常可看到蒙古语的借词，至今在北京汉语中还留有‘站’‘戈壁’‘歹’等常用词。清朝更是从努尔哈赤开始，就有了皇帝带头学汉语、研习汉语的优良传统，努尔哈赤、皇太极、顺治、康熙、雍正、乾隆六位皇帝都是蒙古语、满语、汉语三通，上行下效，满族人不仅精通满语，熟通蒙古语，而且汉语逐渐由不会到通晓，最后达到了用汉语取代满语的高超程度，汉族人懂满语的人在清初也举不胜举，《大庆全书》的作者沈启亮、《圆音正考》的作者都是汉族人通满语又能研究满语的学者巨匠，这其中，不仅有北方语言所记载的弥足珍贵的历史事实（比如清初朝廷最高议政王大臣会议就全都是用满语召开的），也有北方汉语和少数民族语相互接触，相互影响产生的诸多语言优化、组织现象，比如，今天的北京话中就仍有‘萨其马’‘和弄’‘档案’等满语词和‘拥娄子’‘抓辫子’等不少满式汉语词和‘掰’‘扎呼’等满汉合成词。可见，北方语言是描写中国北方民族文化和多民族文化接触的肥沃的土壤。”

“另外，北方的突厥、蒙古、满－通古斯三大语族同属阿尔泰语系，阿尔泰语系和以汉语、南方诸少数民族语为主的汉藏语系也有着千丝万缕的联系，有些学者甚至认为阿尔泰语系和汉藏语系不仅有接触关系，而且有亲缘关系，处在两语系核心地带的北方汉语及土著方言，受阿尔泰语系影响的还不少见，青海、甘肃的汉语句式受突厥语族的影响，出现 SOV 语序、格助词等，内蒙古包头的汉语和山西北部的晋语受蒙古语影响也备受学界的关注。日本的河野博士曾和持中国南北语言有密切关系的桥本万太郎先生讨论时说过，‘藏语在词汇方面和汉藏语系大有关系，然而在句法方面更像阿尔泰语，看看它的语言地域，也的确分布在汉藏语和阿尔泰语的中间’。”

——赵杰：《南北语言打通研究的必要性和紧迫性——写在〈北方语言论丛〉第二辑出版之时》，载《北方语言论丛》第 2 辑，阳光出版社，2013 年，第 8～9 页。

第二章　汉藏语的系属关系

第一节　汉语和藏缅语

语音和词汇的研究是解决语言同源的关键

丁邦新认为："语法的研究不见得能解决同源与否的问题，例如藏语是'主语 + 宾语 + 动词'的语言，汉语是'主语 + 动词 + 宾语'的语言，连最基本词序都不同。藏语的动词有丰富的形态变化，而汉语则很少。可是汉藏语同源却无可置疑，可见语音和词汇的研究在找寻语言之间的历史渊源时占有很大的比重。"

——丁邦新：《汉藏系语言研究法的检讨》，载《中国语言学论文集》，中华书局，2008 年，第 420 页。原载《中国语文》2000 年第 6 期。

通过汉语和藏缅语的对比解释二者的亲属关系

傅爱兰认为："一百年来藏缅语历史比较语言学的经验告诉我们，要寻找汉语和藏缅语之间的历时关系是十分艰难的。众所周知，藏缅语绝大多数语言都没有反映古代语言特征的历史文献，可供我们了解这些语言的历史面貌的材料很少，所以我们只能侧重于分析这些语言的现状特征，从共时的比较研究中向前追溯它们在发展规律、发展倾向上的异同，并对它们的历史渊源关系做些可能的推测……

对汉语和藏缅语共时特征作详尽系统的描写，是了解二者历时关系的先导和基础，也是研究汉语和藏缅语关系的必经之路。相同的共时特征中，有些可能只是类型上的相同，而有些则可能是亲缘关系的反映。下面主要根据已有的众家研究成果，从语音、词汇、语法三方面对汉语和藏缅语的亲缘关系作一科学探讨，力图从诸多的关系中证明其亲缘关系。

一、语音

汉语和藏缅语的音节一般都是由声母、韵母、声调三部分组成（极少数语言除外），声、韵、调三位一体，互相影响、互相制约，构成独特的语言系统。一群亲属语言，往往都在一些主要的语音特点上体现出它们之间的联系，根据这些特点进行比较，能较清楚地揭示它们之间的关系。汉语和藏缅语在声母清浊、复辅音、韵尾等方面都有一些共同特征和相同的发展规律。

……

二、词汇

由于汉语和藏缅语分化已久，词汇上的语音对应关系零散，语音对应的条件已不易确定，所以，给确定同源词带来重重障碍，但二者之间在一些基本词汇上有某种'亲属关系'，人们'心照不宣'地认同二者的亲缘关系。如：

……

三、语法

在语法上，汉语和藏缅语有些共同点，但也有一些不同点。有些不同点反映了各自所处的发展阶段的不同，具有内在的承接关系，也许可以作为同源的证据。

汉语和藏缅语族语言大多以虚词和语序作为表达意义的主要手段，但也不同程度地保留一些形态变化，尤其是藏缅语族某些语言，有比较丰富的形态变化，除使用语音屈折外，还大量使用附加成分来表示各种语法意义。如羌语支各语言的动词系统形态变化十分复杂，有趋向、人称、数、时、体、语气、式、语态等语法范畴，这些范畴主要通过附加成分来表示。总的看来，形态手段主要有以下几方面。

……

小结：汉语和藏缅语的亲缘关系比较复杂，需要语言学家不断进行探索才能解决。这当中涉及语料的储存、研究方法和理论的创新等问题。已有的历史比较语言学理论已不足以对付这种'云遮雾掩'的语言关系。但从现有的研究成果看，汉语和藏缅语确实存在亲缘关系，这种亲缘关系反映在一些最本质的语言特征上，它既体现出相似性，也表现为差异性，而有些差异性往往更能反映同一事物发展不同阶段之间的内在联系，是'异中有同'现象的反映。汉语和藏缅语之间分化久远，影响语言发展的因素多种多样，所以，共时特征的差异性大于一致性，是符合历史发展的，是正常的，如果不是这种状况反而是不正常的。我们的任务是拨开各种遮挡我们视线的'迷雾'，逐渐认识其庐山真面目，确认其内在的亲缘关系。”

——戴庆厦：《汉语与少数民族语言关系概论》，中央民族学院出版社，1992 年，第 19～45 页。

从核心词看汉语和藏语缅语的亲疏关系

金理新认为：“利用斯瓦迪什（Swedish）一百核心词表分析藏语、缅语以及汉语彼此之间同源关系，认为汉语和藏语的关系比较亲近，而缅语和藏语的关系比较疏远。”

“斯瓦迪什的百个核心词尽管并不完全适用于汉藏语比较，但是斯瓦迪什的百个核心词仍是判别藏语、缅语、汉语三者之间亲疏关系的一项有价值的标准。因为，斯瓦迪什百词显然比我们另选一百个语词更可以避开主观的干扰。本文的上古汉语的材料，主要从《诗经》中选择，个别《诗经》中没有出现的语词另选于《说文》等文献中。试比较藏语、缅语、汉语百词的同源情况：

1. I	藏语 ŋa	缅语 ŋa	汉语‘我’，《柏舟》：‘微我无酒。’
	藏语 bdag	——	汉语‘予’，《谷风》：‘比予于毒。’
2. you	——	缅语 naŋ	汉语‘女’，《硕鼠》：‘逝将去女。’
	藏语 nyid	——	汉语‘尔’，《竹竿》：‘岂不思尔。’
……			
4. this	藏语 ɦdi	缅语 di	汉语‘是’，《小明》：‘好是正直。’
5. that	藏语 de	缅语 tho	汉语‘之’，《桃夭》：‘之子于归。’
6. who	藏语 su	缅语 -tθu	汉语‘谁’，《采孩》：‘谁其尸之？’”
……			

“斯瓦迪什百词中，只有第 39、20、24、27、32、37、42、52、53、56、66、69、71、74、76、78、89 词共 18 个汉藏之间没有语源关系或者有语源关系但意义相去已经相当遥远。从斯瓦迪什百词的比较中，我们不难看出汉藏之间的密切关系远远超出我们以往所做的任何大胆的设想。依照学者们所支持的传统观点，斯瓦迪什的百词中藏缅之间的同源词显然要比汉藏之间的同源词要多。然而事实却是：汉藏之间同源的有 82（不包括异型词）条之多，而汉语和缅语同源词包括异型词在内共有 51 条，藏语和缅语同源词只有 45 条。汉藏之间的同源词大大超出藏缅之间的同源词或者汉缅之间的同源词。这 82 条汉藏同源词中，除了斯瓦迪什百词中的第 30、41、46、48、81、96 词共 6 个语

词的语义汉藏之间存在着一定的距离之外，其余76个语词的语义完全一致，也远远超过藏缅或者汉缅之间的同源词。因此，通过对斯瓦迪什百词汉藏、汉缅、藏缅同源关系的比较，从一个侧面反映出藏语、缅语、汉语三者中藏语和汉语的关系最为密切。”

——金理新：《从核心词看汉语和藏语缅语的亲疏关系》，载《民族语文》2001年第6期，第15～25页。

通过藏语与汉语西北方言的比较看汉藏语的同源关系

王志敬通过对藏语和汉语西北方言尤其是青甘话的比较，认为：“青甘话存在诸多可确定藏汉语同源的成分与结构。

（1）青甘话对原始汉藏语的句型的保留主要有：

①来去句。

② S—O 处所宾语—来／去。

③以动词‘给’为述语的双宾语前置句。

④ S—O1—O2—V—来／去。

（2）青甘话是原始汉藏语的活化石，而不是受藏语影响。青甘话对原始汉藏语的保留最密集、最完美，尤其是对SOV语序的保留，比东南方言要优势得多。

（3）有了藏汉语共有的语序‘程度副词—否定副词—动词’，藏语和青甘话整个语序几乎完全对应的面貌便清晰地呈现出来，这是藏语和汉语青甘话的主要语法共性，也是藏汉语同源的重要凭证。东南方言的语序，尽管不存在与藏语语序的完全对应，但相同语序的不同类型的句法结构却大量存在，呈现为单个的句法结构与藏语对应的特点。换句话说，藏语整个语序的每个句法结构类型大都可在汉语东南方言里找到。

（4）不同语言仅仅因为接触而产生复合句对应的可能性几乎是不存在的，因为接触难以深入到如此程度。就和藏语有接触的汉语青甘话而言，存在一种接触说难以解释的现象：只存在藏语影响汉语、不存在汉语影响藏语的一边倒的状况。在中国，汉语通常是先进文化的携带者，一边倒的状况与语言影响中先进文化决定论相悖。即使藏语对汉语有影响，也不可能导致几乎所有汉语复合句的一一对应，不可能导致由诸多不同类型的句法结构组合成的语序链的全面对应；相反，只有对原始汉藏语语序的保留才是合乎逻辑的结论。

（5）汉语东南方言和民族语的平行性发展关系大量存在，西北方言却几乎不存在；西北方言对原始汉藏语语序的传承远远多于东南方言，这种巨大差异源于社会发展的不平衡性：我国青甘地区远远落后于东南地区。

（6）东南方言和西北方言青甘话是藏汉语共有的语法特点较多的两个方言区，但两个方言区的共有语法特点的差异很大，其中突出的主要包括如下几点：

①东南方言的语序 SOV 中的 V 以动作动词为常见，很少有静态动词，而西北方言动作动词和静态动词都常见，说明西北方言对 SOV 语序的保留比东南方言要多；相反的结论即西北方言静态动词后置句的大量存在是受藏语影响的观点是站不住的，因为非藏汉杂居区包括东南方言也存在静态动词后置句。

②青甘地区，地处边疆，交通闭塞，长期封闭。语言与社会同步发展，西北和东南两地的社会发达程度的差异，与之相应的方言差异也是巨大的。也就是说，发达的东南方言必然经历了深刻而巨大的变化发展，而西北方言青甘话必然保留了大量的古老成分及结构，静态动词置句正是如此。

③同一种语言的不同方言，因方言区域的社会进步与发展的程度不同，对原始语成分的保留可以有很大的不同，在原始语所规定的方向和轨道上平行性演变发展的表现也可有很大的不同。”

——王志敬：《藏汉语亲属关系研究》，民族出版社，2009 年，第 392～393 页。

通过彝汉关系语素分析证明原始彝语和上古汉语的同源关系

汪锋通过彝汉声母的多重对应、词阶分析和不可释原则三个角度，证明了原始彝语和上古汉语的同源关系。

1. 多重对应

“以汉语为出发点，在最严格的彝汉关系语素集中，声母方面有如下一对三的多重对应：

索引	词目	级	pyp	pyi	pyf	pyt	声对应	韵对应	调对应	汉字	oc	词阶
534	树；柴	1		s	i̱	8	s:s	i̱:jin	8:1	薪	$sjin^1$	1
1089	死	1		ʃ	i	1	ʃ:s	i:jid	1:2	死	$sjid^2$	1
1713	洗（衣）	1		ts^h	i	4	ts^h:s	i:id	4:2	洗	sid^2	2

可总结如下：

对　应	原始彝语	汉　语
1	s	*s＞s
2	ʃ	*s＞s
3	ts^h	*s＞s

假设以历史层次来解释上述对应，则需要解释由于该声母在汉语的不同阶段发生了变化，从而造成了原始彝语借贷时的不同匹配。对应 2 的来源或许就是因为 s- 在 -j- 前腭化造成的对应，相对对应 1 没有腭化的情况看，其来源或许是晚近的借贷，即从某个汉语变体腭化后借入，而对应 3 的表现，在汉语该声母从上古到中古的可能变化中都很难解释。假设从纵向的音韵演变来看，需要寻找分化的条件，或者假设早期不同的条件。参照汉藏同源词在藏语中的表现：WT‘洗’bsil（龚煌城 2002）. 如果假设 *bs- > tsh- 这一音变在原始彝语中发生，而 *bs- > s- 在汉语中发生，就可以解释这一分别。而且词头 b- 的存在还可以从原始白语的送气擦音表现中看出痕迹（参见汪锋 2006b）。不过，对应 2 的来源也有可能是彝语自身的演变造成的，‘死’或许因为避讳的原因而独自腭化，也有可能在更早的祖语状态，‘死’的声母和‘树；柴’的声母就保持着原始彝语这样的对立，而该对立在汉语中合并了。目前看来，还不太能判定哪种说法更为合理。”

2. 词阶分析

“根据完全对应以及同时要求原始彝语的形式在 1 级上，也就是最严格的彝汉关系语素。词阶分布如下：

词阶	数　目	实　例
高阶	6	吃、蛇、犄角、二、树、死
低阶	3	母亲、五、洗

放宽到原始彝语 2 级，则低阶增加 2，而高阶增加 1。如下：

词阶	数　目	实　例
高阶	6+1=7	吃、蛇、犄角、二、树、死、心脏
低阶	3+2=5	母亲、五、洗、漂浮、父亲

可见，若放宽对原始彝语级别的限制，低阶关系语素增加的速度可能超出高阶，与最严格关系语素中体现出的阶曲线下降趋势相反。这与 5.2.2 中以彝白关系语素为基础所作的讨论相吻合，也同样说明：放宽原始彝语级别或许会造成晚期关系语素的蹿入，从而造成干扰，因此，使用词阶法来判定关系语素体现的语源关系时，应该坚持以最严格的条件来定义关系语素，从而使我们的判定更为准确。

再来观察另一个角度的关系语素标准放宽，即放宽完全对应的要求到一定程度，在

§6.1.4 中列出了声、韵、调中只有一项尚不构成对应的情况。先观察原始彝语级别最高的 1 级要求下的此类词阶分布：

词阶	数 目	实 例
高阶	6+15=21	吃、蛇、犄角、二、树、死、飞、耳、鱼、石、手、来、女、眼睛、黑、你、我、长、肝、虱子、新
低阶	3+4=7	母亲、五、洗、蛇、打、近、天（day）

关系语素的增加按照高阶多，低阶少的比例增加，而且增加比率 15：4 相比之前的 6：3 更突出了阶曲线的下倾趋向。这与 5.2.2 中以彝白关系语素为基础所作的讨论相吻合，因此，在关系语素不够多的情况下，适当放宽在完全对应方面的要求对观察阶曲线的分布趋势比较有利。

当扩展到原始彝语 2 级时，彝汉关系语素按照 8：3 的数量增加。如下：

词阶	数 目	实 例
高阶	21+8=29	给、脚、火、乳房、太阳、知道、爪子、男人
低阶	7+3=10	老、撕、直

在放宽到原始彝语 2 级时，关系语素仍旧保持高阶比低阶多的比率增加，但相比 1 级时的 15：4 的差值，高低阶的差值（8：3）在缩小，低阶有随之增多的倾向，因此，这一变化与坚持关系语素的声韵调完全对应的条件时发现的规律在实质上一致，即，放宽原始形式的重构级别要求，或多或少会导致借用成分的混入，可能会影响到语源关系判定上的失误。”

“从上面的实例分析中，可以看出原始彝语和上古汉语在目前的证据下显示为同源关系，同时，也可以观察到关系语素在不同放宽方式下的不同效果。”

3. 不可释原则

汪锋列出了彝汉对应之不可释例：

索引	词目	级	pyp	pyi	pyf	pyt	声对应	韵对应	调对应	汉字	oc		词阶
805	九	1		g	u	2	g:k	u:jəgw	2:2	九	$kjəgw^2$	$kjuw^2a$	
1713	洗（衣）	1		ts^h	i	4	ts^h:s	i:id	4:2	洗	sid^2	sej^2a	2

他指出：“上表中原始彝语与汉语的对应，不能根据原始彝语向汉语的借用匹配来

解释。因此，这方面的证据也建议这些关系语素是从共同祖先遗传而来，也就是，原始彝语和上古汉语是同源关系。这与上文根据词阶分析得到的结论一致。”

——汪锋：《汉藏语言比较的方法与实践——汉、白、彝语比较研究》，北京大学出版社，2013 年，第 126～128 页。

利用多方面证据探讨白、汉、彝之间的亲缘关系远近

汪锋认为：“汉语、原始白语和彝语在关系语素的最早层次上，都显示出同源关系，因此，三者的亲缘关系问题也可以具体化为同源语言间亲缘关系远近的问题，也就是一个亲缘语言分群（Subgrouping）的问题。”

“我们同时运用两个方面的证据来探讨白、汉、彝三者之间的远近：一是比较三种语言之间共享的创新；二是比较三者之间共享的核心同源语素。”

作者通过音韵演变分析、语义演变分析、核心语素分析和基本语法结构比较，提出：“无论从基本词汇、语音、语义和语法来看，原始白语都和汉语关系更近，但由于原始白语中有一些特征是上古汉语不能解释的，在这些特征上显示出从共同祖先分化出来的不同变化趋势，从目前的证据来看，白语和汉语应该是姐妹语言关系，二者共享的各项创新，在彝语中并没有发现，至于在其他藏缅语中是否出现，就目前的初步观察来看，至少在藏语、缅语、西夏语中仍保持着存古状态（‘树；柴’→‘柴’；SOV）。也就是说，有比较充足的证据设立汉白语支。”

——汪锋：《汉藏语言比较的方法与实践——汉、白、彝语比较研究》，北京大学出版社，2013 年，第 129～133 页。

从词缀看拉萨话、汉语东南方言及部分民族语的同源关系

王志敬认为：“拉萨话、汉语东南方言、部分民族语的词头词尾具有如下的共有特点：

a. 词头［a］‘阿’同音、同位置、同功能（以表亲属称谓为常见），共有特征处于三个不同的平面。

b. 词尾［pu］、［pa］、［po］、［p‘o］、同音、同位置、同功能（以表小、表雄性为常），共有特征处于三个不同的平面。ab 构成语法对应关系，据此可确定拉萨话、汉语东南方言、部分民族语的同源关系。即使汉语东南方言该词尾不够典型，就拉萨

话和部分民族语的语言事实也足以作结论同源。

c. 词尾［ma］（嫲）、［mo］（嫲）同音、同位置、同功能（以表雌性为常），共有特征处于三个不同的平面。ac 构成语法对应关系，据此可确定拉萨话、汉语东南方言、部分民族语的同源关系。ac 是对 ab 结论的再次认定。

d. 拉萨话、汉语东南方言、部分民族语，在词头、词尾的有无、共性与个性的多寡等方面，共性与差异并存，差异大于共性：凭证与反证并存，反证多于凭证，这是普遍现象。我们不能依据量的多少作为判断标准，相反，确定藏汉语同源的凭证偏偏处于少数，历经数千年演变发展到今天的现代语，原始语的成分通常被称为‘残留’，处于少数并不为怪。

彝语支词尾［mo］、［ma］都由‘母’一词的意义虚化而成（马 429），表明它们有一个共同的来源；它们之间尚存在平行性发展关系，同样可证明拉萨话、汉语东南方言、部分民族语的同源关系。”

——王志敬：《藏汉语亲属关系研究》，民族出版社，2009 年，第 314～315 页。

从特殊辅音韵尾链佐证汉藏语同源

王志敬指出：“属于藏、缅、景颇等语支的藏（书面语）、门巴（错那）、缅（书面语）、阿昌（陇川）、景颇、独龙、珞巴（博噶尔）等语言都有较多的辅音韵尾：

藏文	b	d	g	m	n	ng	r	l	s		（9 个）
门巴	b	d	g	m	n	ng	r		s	ʔ	（9 个）
缅文	b	d	g	m	n	ng			s		（8 个）
阿昌	b	d	g	m	n	ng				ʔ	（7 个）
景颇	b	d	g	m	n	ng				ʔ	（7 个）
独龙	b	d	g	m	n	ng	ɹ	l		ʔ	（9 个）
珞巴	b	d	g	m	n	ng	r				（7 个）

并非整个辅音声母系统充当藏汉语同源的凭证，而是其中的特殊语音链或矩阵。辅音韵尾系统也是这样。上述 7 种语言中，6 个辅音韵尾 b、d、g、m、n、ng 为每种语言所共有，而且由两个聚合群 b、d、g 和 m、n、ng 构成，系一个特殊语音链。把 7 种语言连成一个特殊语音群，即语系；藏文就在其中，汉语里存在与之相同的特殊语音链（p、t、k 和 b、d、g 仅有时间层次的差别），自当也在其中。

王力先生在《汉语史稿》（上，p.26～27）里列举出了汉藏系语言之后，就汉语和其他语言的关系时指出‘我们仍旧有相当充分的证据，来证明这些语言的亲属关系’（p.26）。‘大多数语言具有 -m，-n，-ng，并且还有 -p，-t，-k 韵尾和它们作十分整齐的配合’（p.26）。很明显，王力先生把‘具有 -m，-n，-ng，并且还有 -p，-t，-k 韵尾’作为判定同源关系的依据。”

——王志敬：《藏汉语亲属关系研究》，民族出版社，2009 年，第 30～31 页。

从三条藏汉语述补结构共有特点证明汉藏语同源

王志敬认为在述补结构有无的平面上难以确定藏汉语同源，述补结构的有无不能作判定藏汉语同源的标准，而三条藏汉语述补结构的共有特点的组合足以排除为其他语言所具有，证明藏汉语同源。其中有共同的来源至关重要。

“致动词产生使成式，使成式产生述补结构”，“连动式产生述补结构”，这是藏汉语述补结构共有的来源，这就是历史同一性。可见，藏汉语所有不同类型的句法结构中唯一有历史同一性的就是述补结构。藏汉语述补结构不仅有历史同一性，而且存在平行性发展关系、相同的结构格局，构成三重论证的功用；即使不具有历史同一性，平行性发展关系和相同的结构格局都可各自独立论证。因此，述补结构在藏汉语同源论证中占有特殊重要的地位，其论证力具有决定性和无可争辩性。

——王志敬：《藏汉语亲属关系研究》，民族出版社，2009 年，第 171 页。

藏汉语述补结构比较得出的启示

王志敬从古今汉语述补结构的发展和现代藏汉语补语意义类的比较后得出如下一些启示：

①甲骨文只有三类补语：结果补语、角色补语、时地补语。从甲骨文到现代汉语的 3000 多年，汉语补语的类型新增加了 4 个，即趋向补语、程度补语、数量补语、可能补语。现代藏语的补语，除没有可能补语之外，六类补语和汉语相同。试看如下表格：

	藏语	汉语
结果补语	＋	＋
趋向补语	＋	＋
程度补语	＋	＋

数量补语	+	+
时地补语	+	+
可能补语	−	+
角色补语	+	+

②如此高度一致并非偶然，只有一个可能的解释：藏汉两种不同的语言是在沿着同一个方向平行性地向前发展，而只有具有发生学关系的语言才有可能具有这种平行性发展关系。

③在没有原始汉语及原始藏语语料的条件下，藏汉语同源关系的确定逻辑推理是不可或缺的。

④在发生学的研究中，材料越古越好之说固然正确，但因材料越古越少而显得苍白无力；相反，平行性发展关系理论，正在为现代语料争夺发生学研究的半壁江山。

⑤充任补语的词类是分析补语的又一重要视角。充任现代藏汉语补语的词类也相同，即形容词、介词结构、名词和动词。

——王志敬：《藏汉语亲属关系研究》，民族出版社，2009 年，第 80～81 页。

从藏汉语句法成分特有的套叠现象看汉藏语同源关系

王志敬指出任何语言在句法构造上都具有递归性，这种递归性在各种语言里的具体表现是各不相同的。在汉语里，句法构造上的递归性突出地表现为形成句法成分特有的套叠现象。同汉语一样，藏语里也存在句法成分特有的套叠现象。在藏汉语里，由实词和实词性词语组合成的任何一种类型的句法结构，其组成成分本身可以由该类型的句法结构充任，从而造成藏汉语句法成分特有的套叠现象。句法成分套叠现象在其他语言里也有所表现，但既不普遍，也不成系统，如英语里的主语和谓语就不能套叠（陆俭明）。而藏汉语里句法成分的套叠现象是普遍的、成系统的。这不能不说是藏汉语一大共有的语法特点。

句法成分套叠现象不仅敦煌藏文里有，甲骨文里也有；不仅现代藏语里有，现代汉语里也有，是藏汉语共有的句法格式。甲骨文已有 3000 多年的历史，根据美国汉藏语言学家马提索夫（Matisoff）教授“藏语的发展比汉语晚 6000 年”的观点，句法成分套叠现象的存在，距今至少有 8000 多年，因此有理由认为句法成分套叠是原始汉藏语的句法格式。

——王志敬：《藏汉语亲属关系研究》，民族出版社，2009 年，第 215～216 页。

从比较句格式的链条状分布看拉萨话、汉语东南方言、北京话的同源关系

王志敬指出拉萨话、客家话、客家大埔话、粤闽方言、北京话，它们的比较格式的变化构成一个链条状：

①拉萨话与客家话

拉萨话　甲—乙—las“比”—形容词—句尾助词 gired

客家话　甲—比—乙—过—形容词

拉萨话的介词 las“比”位于宾语之后，客家话的两个动词“比”和“过”语义相同，都有比较义。很明显，动词“比”发生了前移，由宾语之后移位到宾语之前，却在宾语之后留下了动词“过”。这是汉语东南方言比较句语序变化的第一步，动词前移也是关键的一步。

②客家话与客家大埔话

客家话　　　甲—比—乙—过—形容词

客家大埔话　N1—比—N2—过—形容词

N1—形容词—过—N2

比较不难发现，客家大埔话比较句格式发生了分化，部分保留了客家话的旧有格式；另一部分中宾语后的动词“过”已经消失。这是汉语东南方言比较句语序变化的第二步。

③客家大埔话与粤闽方言、北京话

客家大埔话　N1—形容词—过—N2

粤闽方言　　甲 + □（较）+ 谓词 + 乙

甲 + 谓词 + 过 + 乙

北京话　甲 + 比 + 乙 + 形容词

形容词从动词“过”之前位置移到宾语之后，完成了比较句由客家大埔话格式“N1—形容词—过—N2”向北京话格式“甲 + 比 + 乙 + 形容词”的过渡。北京

话比较名格式“甲 + 比 + 乙 + 形容词”是汉语比较句演变的最后阶段。通过藏语拉萨话、汉语东南方言的客家话和客家大埔话、粤闽方言的比较句演变过程，可以明白无误的知道，拉萨话、汉语东南方言、北京话构成一个链条状，而只有源于同一个祖语的后代语言，才能在祖语分化过程中构成一个链条状。可见，拉萨话和汉语东南方言、北京话有同源关系。

——王志敬：《藏汉语亲属关系研究》，民族出版社，2009 年，第 333～334 页。

从藏语、客家话、拉祜语比较句的共性看汉藏语的同源关系

王志敬通过对藏语、汉语方言和 6 种民族语的比较发现，若不考虑 6 种民族语中比较句的个性，只考虑藏语、汉语方言和 6 种民族语比较句的共性，如下几点是明显的：

①“甲 + 乙 + 比 + 形容词”是藏语和拉祜语的共有格式，“甲 + 形容词 + 过 + 乙”是壮语和湘方言、闽方言、粤方言的共有格式；

②在汉语方言里，最接近藏语和拉祜语比较句共有格式“甲 + 乙 + 比 + 形容词”的，是客家话比较句格式“甲 + 比 + 乙 + 过 + 形容词”；

③这两类不同格式表现了比较句演变发展的不同时间层次：藏语和拉祜语比较句共有格式“甲 + 乙 + 比 + 形容词”的存在早于客家话比较句格式“甲 + 比 + 乙 + 过 + 形容词”；

④相同语法结构格局的同源论证力远远大于同源词（梅耶）。藏语和拉祜语比较句的共有格式“甲 + 乙 + 比 + 形容词”，既不是相互影响的产物，也不是相互借用的结果；藏语和拉祜语比较句的共有格式“甲 + 乙 + 比 + 形容词”，又是一类相同的结构格局。因此，具有相同比较句格式是藏语和拉祜语具有同源关系的凭证；

⑤和藏语比较句格式相比，客家话有两个动词“比”和“过”，是两个比较句格式“甲 + 比 + 乙 + 形容词”和“甲 + 乙 + 过 + 形容词”的重合体。前者是汉语普通话的格式，后者是藏语的格式，于是出现了比较句的三类有关联的格式：

普通话　甲 + 比 + 乙 + 形容词

客家话　甲 + 比 + 乙 + 过 + 形容词

藏　语　甲 + 乙 + 比 + 形容词

三类格式表现了汉语普通话、客家话和藏语处于三种不同发展历史阶段：藏语晚

于客家话，客家话晚于汉语普通话。三类比较句格式尽管不同构，但构成相续的三个发展阶段，其中作为同一语言不同方言的汉语普通话和客家话有同源关系，处于古老阶段的藏语和客家话、汉语普通话只能是同源关系；

⑥壮语和湘方言、闽方言、粤方言的共有格式“甲 + 形容词 + 过 + 乙”是它们同源的凭证，也是对拉萨话和客家话同源的佐证。

——王志敬：《藏汉语亲属关系研究》，民族出版社，2009 年，第 423～424 页。

从藏汉语领属结构的同源矩阵看汉藏语的同源关系

王志敬在藏汉语领属结构“人称代词 + 属格标记 + N”中指出：第一是属格标记同源，第一、三人称代词双双同源。尽管藏汉语第二人称代词不同源，由三个人称代词作修饰语的领属结构依然构成一个同源矩阵；第二是领属结构中，中心词是否同源并不影响同源矩阵的构成，因此中心词不予考虑。藏汉语领属结构的同源矩阵可图示如下：

	人称代词	属格标记
第一人称	+	+
第二人称	-	+
第三人称	+	+

如上是同源矩阵的主要类型，其显著特征是：藏汉语的第三人称代词和属格标记同声母，都为［k-］。

——王志敬：《藏汉语亲属关系研究》，民族出版社，2009 年，第 285 页。

从名词所带修饰语的全面前移看汉藏语的同源关系

王志敬通过将现代汉语、敦煌藏文、现代藏语以及甲骨文进行比较后，发现名词所带修饰语的后置现象在甲骨文和古今藏语中是大量存在的，现代汉语则不存在后置。后置现象包括数词后置修饰名词、数量结构后置修饰名词、形容词后置修饰名词、名词及名词性结构作后置修饰语四种类型。作者还论证出它们的同源理据，分为以下三点：

（1）甲骨文中名词所带的修饰语包括数词、数量结构、形容词、名词及名词性结构，都存在后置于被修饰语的现象，与古今藏语完全相同，构成五类句法结构的全面对应关系；而在现代汉语里，名词所带的上述五类修饰语都发生前移，和古今藏语的语序完全相反。甲骨文中名词所带的修饰语，尽管前置是主要的，但后置却占据名词所带修饰语的所有位置，或者说（动词除外）所有可修饰名词的词类，都可后置，没有例外，比例之高达 100%。语音变化具有系统性，古今汉语名词所带的修饰语的前移也具有系统性。对这一系统性变化的解释，似乎只能归咎于藏汉语同出一源，而不是偶然的巧合。

（2）从甲骨文到现代汉语，汉语语序发生了大面积前移，导致现代藏汉语语序出现较大差异。逆着时间轴回顾不难发现，藏汉语语序存在着趋同倾向：时代越久远，藏汉语语序越接近。这种语序趋同倾向在非同源关系的语言里是没有也不可能有的。尽管现在我们尚不具备构拟原始汉藏语语序的条件，但我们已经具有证明藏汉语同源的依据，这就是语序趋同的趋势。

（3）甲骨文中定语的句法位置，通常出现在中心语之前，有时在修饰语之后。这是对甲骨文修饰语前后置的定量分析，它可透视出汉语修饰语位移的时间层次。甲骨文时期，修饰语以前置为常，后置修饰语的前移尚未完成。甲骨文距今有近 3000 年，那么，汉语名词所带修饰语全部后置的时间估计距今约有 5500 年。

——王志敬：《藏汉语亲属关系研究》，民族出版社，2009 年，第 60～67 页。

从“VP+ 有／有 +VP”格式看汉藏语的同源关系

王志敬通过对“有”与动词的组合（包括“有”的前后置，下同）、“有”与述宾结构的组合、“有”与述补结构的组合，尤其是“有”与形容词的组合的考察，得出这些结构既反映了汉语语法格式的演变过程，也揭示了藏语与汉语的同源关系。具体而言，“VP＋有／有 ＋VP”对藏汉语同源的启示如下：

（1）“V＋‘有’”发展的链条状

a. 藏语格式“V＋vdug‘有’”里，动词“有”，只有后置；

b. 客家话格式“V＋ vdug‘有’”里，动词“有”既有后置，又有前置；

c. 北京话里 V 不与动词“有”共现，格式“V＋ 有”在口语里已经消失。

abc 构成一个格式“V＋ vdug‘有’”发展变化的链条状。在北京话里，如果唯有格式“有 ＋V”，也与拉萨话、客家话构成链条状，而动词后的“有”由后置位移到前置，再到消失，也构成发展变化的链条状，只不过是跨度更大的一类链条状罢了。东南方言里动词“有”的前移并非偶有现象，西北方言里就存在动词“给”的前移，双双都是原始汉语由 SOV 向 SVO 演变的凭证。

（2）多类特殊格式的系统性

藏汉语共有特殊格式“V+ 有 / 无”“有 +V”“有 + 述宾结构”“有 + 述补结构”“有 + 形容词”达五类之多（不论及语序），具有一定的系统性。正如徐通锵教授所指出的，证明同源“所用的材料最好能够符合以下的几条原则：

第一，稳固的，就是说，在语言的发展中是不易发生变化的。

第二，能够代表某一（些）个语言的特征的一些特殊的语言事实，尽管语音、词汇或一般的语法规则会发生变化，但这些特殊的语言事实所代表的语言特征的性质却可以保持不变。

第三，这种特殊的语言事实在语言中虽然可能是零散的，但却具有系统的性质”（徐 31）。

句法格式是稳固的，上举四类句法格式是特殊的，成系统的，因此是证明藏汉语同源的可靠材料。

——王志敬：《藏汉语亲属关系研究》，民族出版社，2009 年，第 409～417 页。

第二节 汉语和壮侗语、苗瑶语

从构词法和语法看汉台语同源说

罗美珍指出：“在构词法和语法方面，台语和印尼语最大的差别是印尼语属于多音节的黏着语，而台语却和汉语一样是单音节的孤立语。”印尼语有相当丰富的词缀，从结构上看有前缀、中缀、后缀、复合缀（即词缀上再加词缀）和头尾缀（即一部分接在词头，一部分接在词尾）。这些词缀分构词和构形两类，有以下几种功能：（1）构成概念相类似或完全不同的新词；（2）表示一定的语法范畴，如复数、扩大、加强、动词的自动、他动、施动、受动、完成、正进行等；（3）改变词类（印尼语的名词、形容词、动词一般都有词缀作标志）；（4）使词的位置发生变化。以上这些语法功能，台语都没有，虽然台语中有的语言保留了一部分构词的前缀和后缀，但不成系统。台语和汉语一样，表达语法意义主要靠虚词和词序。

台语和汉语相同而和印尼语不同的一些语法现象如下：

“1）大类名冠小类名的构词方式台语的名词一般都冠有大类名，作为类别的标志。”

“2）形容词后面加附加音节，以增加某些修辞色彩。”

“3）有十分丰富的、使语言更为生动活泼的四音格结构，其主要的组合方式也和汉语相同。”

“4）保留名词、动词不分的遗迹。”

“5）有一些和汉语表示相同语法意义的虚词。”

综上所述，该文认为，“台语不是按照原始马来语系统发展演变来的语言。早在汉－藏母语未分化前，今天操台语人的先民在汉－藏母语强大影响下就已放弃了原始马来语而使用汉－藏母语。汉－藏母语分化后，台语发展成为独立的语言，所以我们今天看到在词汇、语音和语法上台语和汉藏语言有许多共同之处，而和马来语相共同的成分则极少。由此可见，台语是在汉－藏母语基础上产生发展的，应属于汉－藏语系。至于台语中保留的马来语的某些残存成分或‘底层’，应当说作为追溯其发生学分类的依据是不充分的”。

——罗美珍：《试论台语的系属问题》，载《民族语文》1983年第2期，第37～39页。

从核心词的分布看汉台语源关系

陈保亚认为：“我们对语言接触的追踪研究证明要在语言成分的可借用和不可借用之间划出一条绝对的界限是不太可能的，因此仅仅通过语音对应来断定两个语言中的某个关系词是同源词而不是借词并不具有充分性，语音对应仅仅是一个必要条件。”

“根据我们的比较，在已知有历史、考古和文化证据支持的有亲属关系的语言或方言之间，核心词中关系词的分布总是前100词集的比例高于后100词集的比例，只有极少数情况是相等的，而且关系词都在80%以上，而在已知为接触关系的语言之间，关系词的分布总是前100词集的比例低于后100词集的比例，这说明核心关系词的分布在同源关系和接触关系中是不同的。侗台语内部诸语言之间都是前100词集的比例高于后100词集的比例，而在侗台语诸语言和汉语之间，都是前100词集低于后100词集，这种现象可能不是偶然的。说汉台语源关系是接触关系而不是同源关系更容易解释汉台之间的语源关系。当然汉台之间的这种接触关系绝不是通常意义上的接触关系，因为在核心词中汉台之间有这么多的关系词，而且基本词汇中有那么多深层对应实例（邢公畹，1995.1）和同族对应实例（董为光等1984，郑张尚芳1981），这在世界上其他语言接触的情况中比较少见，我们不妨把汉台之间的深刻接触关系称之为汉台语言联盟关系。”

“我们比较的核心词是很有限的，在可能的情况下应该扩大核心词的数量。但在扩大核心词数量以前首先要解决核心词的选词标准问题，以避免研究者先入为主的意向。这就是本文以 200 核心词分阶的理由。笔者目前已经作了一个 500 核心词分阶的初步比较研究，结果仍然证明汉台语源关系是接触关系。待严格的选词标准确定下来以后再公布调查结果。至少在目前看来，200 核心词的二阶划分用于说明汉台语源关系是有参考价值的。问题不在于 200 核心词本身，而在于两个不同的核心词集中关系词的分布反映出的同源关系和接触关系的对立，汉台古代关系词的分布恰恰和接触关系的分布相同，不仅笔者的比较结果是如此，用李方桂先生的材料进行比较也是如此。”

——陈保亚：《从核心词分布看汉语和侗台语的语源关系》，载《民族语文》1995 年第 5 期，第 20～32 页。

壮侗语和汉语闽、粤方言的共同点

曹广衢认为壮侗语的语词和汉语闽、粤方言有一些共同点，并举了一些闽、粤方言特有的语词和壮侗语语词进行对照。

“（一）床$_{\text{桌子}}$　汉语闽方言称‘桌子’为‘床’，壮侗语中也有相同的说法：

福建莆田话‘床’꜁tshuŋ（桌子）（差异，161）。尤溪话‘桌床’tɤ꜄꜁tshoŋ（桌子）（差异 .161）。

广东海康话‘床’tshɔ^{11}（桌子）（海康 278）。潮州话‘床’tshɯŋ^{55}（桌子）（述略 .18）汕头话‘床’tshŋ^{55}（桌子）（词汇〈二〉234）。潮阳话‘床’tshŋ^{55}（桌子）（变调 .126）。饶平黄冈潮汕话‘床’tshɯŋ^{55}（桌子）（饶平 .133）。

望谟布依语‘床’ɕoŋ^{2}（桌子）。

云南砚山、广西靖西壮语‘床’tʃoːŋ^{2}（桌子）。龙州壮语‘床’tɕoːŋ^{2}（桌子）。

侗语‘床’ɕoŋ^{2}（桌子）。

壮侗语的 ɕoŋ^{2}、tʃoːŋ^{2}、tɕoːŋ^{2} 同汉语‘床’字的语音对应关系，以侗语为例：‘床’，《广韵》宕摄开口三等平声阳韵床母。汉语床母，侗语 ɕ，如 ɕaːŋ^{2}（床）；汉语阳（养漾）韵，侗语 oŋ，如 ɕoŋ（‘壮’族）；汉语浊声母平声，侗语 2 调，如 ljoŋ^{2}（龙）。”

“（二）地$_{\text{坟墓}}$　福建、广东的客家话有称‘坟墓’为‘地’，壮侗语中也有这个说法：

福建长汀、连城、宁化、清流的客家话‘地’thi^{6}（坟墓）（闽西 .101）。上杭、永定、武平的客家话‘地’thi^{3}（坟墓）（闽西 .101）。

广东饶平上饶客家话‘地’ti^{35}（坟墓）（饶平 .139）。

望谟布依语‘地’ ti^6（坟墓）。

毛南语‘地’ ti^6（坟墓）。

壮侗语的 ti^6 同汉语‘地’这个字的语音对应关系，以布依语为例：‘地’，《广韵》止摄开口三等去声至韵定母。汉语定母，布依语 t，如 $ta:u^2$（桃）；汉语至韵，布依语 i，如 si^5（四）；汉语浊声母去声，布依语 6 调，如 $ŋi^6$（二）。”

——曹广衢：《壮侗语和汉语闽、粤方言的共同点》，载《民族语文》1997 年第 2 期，第 54～55 页。

粤语与苗语、台语的关系

余霭芹从历史背景、粤语特点和待研究的课题三个方面对粤语的研究进行阐释。首先余霭芹总结了蒲立本和罗香林的观点，从移民来看粤语形成的历史背景，她认为：“在第一次汉族移民的时候，粤语已经形成，其后不断从各次移民中吸收汉语成分。原始粤语里复辅音的拟构显示了粤语里古汉语的遗迹，支持了说原始粤语的人南下迁移的历史记载；另一方面粤语里的土著成分给这地区语言的相互影响提供了证据。”其次，作者提出了粤语的几个特点，包括：1. 在大部分粤语方言里，中古全浊塞音、塞擦音声母在白读这个层次，平声及上声音节读送气，而去声、入声音节则读不送气。2. 粤语声调数目多，粤语声调系统的特征是阴入调的分化，这与原始粤语元音的长短有关。3. 中古溪母非塞音化，即送气舌根塞音变为 /h/。4. 保存中古音的韵尾辅音 /-m，-p，-n，-t，-ŋ，-k/。5. 粤语方言有一部分俗语词汇在其他汉语方言中找不到，而且显示着不同的语言层次，有些可能是上古遗迹，有些可能是土著非汉语方言的迹象，由此推断粤语有苗语和台语两种土著底层，有没有瑶语底层无法确定。6. 一些独特的口语词汇，其中包括在粤语方言的声母里有塞音——边音对应关系而在原始粤语里又可拟构为有复辅音声母的词。7. 粤语特有的口语词绝大多数都是所谓有音无字的词。其中最重要的是第 2 和 6 条。最后，作者提出了一些待研究的课题，如在研究南方方言时要注意研究古汉语和非汉土著语言；要注意俗语词汇在研究语言交流上的重要性等。

——余霭芹：《粤语研究》，载《语文研究》1988 年第 2 期，第 42～50 页。

从词汇看汉台语同源说

罗美珍指出：“在台语的词汇中，有相当一批基本词汇和汉语相近或对应。”在本尼迪克特看来，这些词都是借词，但罗美珍在《试论台语的系属问题》一文中认为，“这些词是汉藏母语的语词”，因为这些词具有以下四个特点：“（1）在语音上与汉语相似或对应，现今的台语语音形式与上古汉语接近；（2）有的词在词义上保留古汉语的意义或古汉字意义，而在现代汉语中这些词义或字义已不用，只在个别南方方言中尚有保留；（3）有的词为操藏缅、苗瑶等语的人们所共同使用；（4）有些词具有很强的派生新词的能力。”

“汉藏共同语的存在看来是在上古或远古时期。上古汉语的面貌在现今的台语中能找到一些痕迹。我们认为在汉、台语的关系词中那些至今仍保留上古汉语某些语音特征的，应看作是同源词；那些在意义上与汉语古义或古汉字意义相同的，又与汉藏语系亲属语言也相近或对应的词，也应看作是同源词。”文章举出了一些汉台语的同源词：1）保留上古汉语塞辅音韵尾（或r韵尾）的：帽、臼、芽、奇、肺、覆、鸟。2）读重唇音的（即双唇音）：拂、肥、豩。3）读舌上音的（即舌面前塞音）：箸、中、茁、赪。4）反映上古汉语复辅音声母的：铁、笠、懒。5）其他一些与上古汉语音近的词：金、银、铜、染、尿、勘、答。6）在意义上与汉语古义或古汉字意义相同的，有些仍保留在今闽方言或温州话中：骹、犂、煅、鹽、醪、契、沱、牢、抾、戾、呰、斲、劏、剃、捝、合、毛、市、觇、婆、猷、饱、饗、咸、間、皓。7）与汉藏语系亲属语言相同或相近的：父、女、夫、婿、鸡、鸦、马、猫、鸸、冠、角、屎、胫、雺、弓、本、骑、唵、结、接、掘、把、破、旧、局、鹹。8）有些词在傣语中词义发生了变化，但仍和汉藏语的词义或字义有关联，这部分词仍应看作是同源词：肩、额、极、巫。

——罗美珍：《试论台语的系属问题》，载《民族语文》1983年第2期，第30～39页。

从语音看汉台语同源说

罗美珍通过语音比较认为：“印尼语单音节构成的词极少，大部分的单纯词是由双音节构成的，也有三个或三个以上音节构成的词。印尼语没有声调，但有不区别词义的重音现象，重音一般都落在词的末一音节上。汉、台语都是以单音节为构词单位，音节结构可析分为声母、韵母和声调，三者有互相制约的关系。汉、台语都没有重音现象，但声调区别词义，都有一套完整的声调系统。两种语言的调类对应比较整齐。”此外，“在语言的发展演变过程中，台语的演变规律也和汉语一致，两种语言的语音有共同的发展趋向。某些同源词的语音在汉台语分化后，经历过相同的变化过程。这些现象印尼语中都是没有的”。如：（1）“声母清浊对声调的影响。”“古浊声母今变清音或送气塞音，而调类都是阳调（台语是双数调）。也就是说清浊音声母对立的消失以声调的阴阳对立来补偿。”文章举了“肥、地、沱、铜”在汉语、傣语、泰语、壮语、侗语、水语、毛南语、仫佬语、黎语中的读音为例说明。（2）“长短元音对声调的影响。”“现代汉语大多数地区的元音都不分长短，但在广州话中，带塞音韵尾的音节，因元音分长短而声调有所分化……台语也有这一现象。”（3）“元音的长短对立、复辅音声母以及塞音韵尾都处在消失过程中。”“汉语大多数方言已无长短元音之别，如上所述，只有粤方言在阴入调上元音还有长短对立的现象。而台语保留长短元音对立的现象则较为普遍。尽管各语言保留的程度不一致，但渐近消失的趋势是明显的。如台语的单元音韵都无长短之别，在带韵尾的音节中也不是所有的元音分长短。有的语言中分长短的元音多些（如：壮、泰、黎）；有的则很少，如傣语只保留一个 a 元音在带韵尾时分长短。上古汉语有复辅音声母，现代汉语中基本上没有了。台语中的泰语保留复辅音声母较多，壮语多数方言变为腭化单辅音，傣语变为不腭化单辅音。”

——罗美珍：《试论台语的系属问题》，载《民族语文》1983 年第 2 期，第 36～37 页。

“壮汉语”来源于古平话

班弨认为：“在壮族地区的很多地方，壮族人可以使用一套独特的语音系统逐字逐句地朗读汉文书刊、报纸。壮族人称这种读法为‘to:k⁶tho³’，意即‘用土话朗读’。当地人认为这是在用壮语朗读而不是在用汉语朗读。这种独特的语音系统，被简单地看作是壮语的‘汉借词读音’或是‘读书音’。”“‘这套壮读汉字音’是一种特殊的语言现象，它既不是壮语，也不是任何一种现代汉语方言。为了便于叙述，本文用‘壮汉语’这个名称来表述这一特殊的语言现象。”班弨认为：“‘壮汉语’与现代平话之间有着严整的对应关系。这种对应关系就像是我们在一种语言的几种地方变体之间所经常看到的那种对应关系。但是，‘壮汉语’不是现代平话的一部分（地方变体），与现代平话不是处在一个时代平面上。因此，要探求‘壮汉语’的起源，我们只有把它与平话的古代形式联系起来思考。”

“以平话为母语的人现在主要居住在广西中部、南部的十多个县里。使用平话的人口在二百万以上。这些人自称祖宗来自中原，甚至有些人的族谱上明确记载来自山东等地。当地的壮族人称他们为‘客家人’，称他们讲的话（平话）为‘讲客’。‘客’即外来者之意。历史学家把这些说平话的人与宋朝时狄青南征的史实联系起来，认为他们是当时随狄青南征之后留在当地屯田戍边的中原士卒的后代，关于这段史实，主要见于《宋史·仁宗本纪》：‘皇佑四年四月，广源州蛮侬智高反……五年正月狄青败智高于邕州。’除了语言、传说和史籍记载之外，说平话的人的居住分布也可作为上述观点的佐证：他们现在主要居住在广西南宁市周围的南部、中部地区，并向北延伸到桂林市郊。这些中原的人在这里安居乐业之后，他们的语言仍然是他们从中原带来的母语。由于他们是集中屯田，在地域上连成一片，加之广西地处边远，与中原的各种来往有限，这些人的语言便延续下来，成了今天的平话。”

“那么，当时的平话，即古平话，既然是征服者的语言，它一定是被当作官方和教育用语而加以推广的。这在当时当地来说，无论是汉族还是少数民族都必须接受。应该说，从那时起，古平话作为汉语——官方和教育用语在当地的壮族人中产生了深刻影响。后来，随着历史的发展，当地的语言情况也发生了变化，别的汉语方言，如粤方言和西南官话。传入广西并逐渐取代了平话的官方地位，在城镇和汉族地区，平话逐渐不再作为官方语言和教育用语。但是在一部分壮族地区，由于外来影响没有像城镇及汉族地区那么彻底，当地的壮族人仍然以原来他们所熟悉的平话作为官方（土司）及教育用语。这种情况在壮族乡村中得以长期存在。而且，在平话作为教育用语继续在壮族人中流传的同时，它逐渐受到壮语的影响和渗透（在语音上）。这样，在壮族群众中作为教育用语的平话（古平话）便逐渐沿着一条相对独立于原来汉族人所说的平话的道路延续下来，并且在延续过程中因时因地而异地受了壮语语音的影响，终于形成了今天我们所看到的‘壮汉语’。”

“无疑，既然‘壮汉语’来源于古平话，它必定保持了古平话的语音系统的基本特点，但在那些较易变化的方面（比如调值和声母的送气或不送气），则显然被壮语‘同化’了。”

——班弨：《汉字在壮语中的一种特殊读法》，载《民族语文》1991年第2期，第48～54页。

壮傣、侗水两语支数词与汉语是借贷关系而非同源关系

梁敏、张均如通过侗台语族各语支、语言数词系统的异同比较，认为：“在距今大约四五千年，黎族先民迁往海南岛之前，侗台诸语言的数词还没有产生，仡央语支先民分离更早，它们的数词系统和黎语一样，是仡央语支、黎语支和壮泰、侗水语支分离之后才各自产生的，所以它们的数词和壮、泰、侗、水诸语言都不相同。而临高人的先民在大约两千五百年前离开大陆时，临高语和壮、泰、侗、水诸语言一样，刚刚有那么一点点‘数’的萌芽，就接触到功能齐全的汉语数词系统，并把它们直接吸收到自己的语言里来了。所以，壮、泰、侗、水诸语言的数词都是从汉语里吸收的借词，而不是汉台同源词。”

侗台两语支与汉语的数词仅仅是借贷关系，但它们的语音对应如此整齐。“这是侗台诸语言中汉语老借词读音形成的一个重要特点。原来，壮、泰、侗、水诸语言的老借词都是千百年来从广西及其周边地区通行的‘古平话’里吸收的。古平话是秦汉以来，从中原一带南来的汉人的语言在广西等地相互融会贯通而逐渐形成的，内部比较一致的汉语方言。当时它通行于广西、贵州、云南、海南岛和广东，以及越南的部分地区，所以，这种话也可以称之为‘中古汉语南方方言’。它是当地汉族通用的语言，也是汉族和少数民族之间的交际用语。当地各少数民族要学习汉族的先进文化就得学习这种古平话。在代代相传下，很多地方都形成了既具有古平话语音特点，又有当地民族语言某些特色的汉语老借词读书音系统。壮、泰、侗、水诸语言（当时，傣、泰、老、掸诸族先民还居住在广西和云南的毗邻的地区，没有西迁，它们内部语音也比较一致）都从古平话中吸收老借词，所以各语言的老借词（当然也包括数词）读音与汉语都有严整的对应规律，语音面貌也比较相似。”

——梁敏、张均如：《从汉台语言的数词是否同源说起》，载《民族语文》2004 年第 2 期，第 52～56 页。

壮侗语和汉语几个词的音义对合问题

曹广衢认为：“用汉语历史资料、方言资料试图对壮侗语语词中的‘鹅’、‘大雁’、‘桌子’、‘老鸦’、‘凳子’分别同汉语‘雁’、‘雁鹅’、‘盘’、‘乌’、‘床’的音、义对合问题作些探讨。”

“雁鹅　《说文》：‘雁，鹅也。’李巡曰：‘野曰雁，家曰鹅。’今汉语闽方言中尚称‘鹅’为‘雁’。福州话‘雁’ŋie^{52}（鹅），厦门话 gia^{24}（鹅）（游汝杰、徐波：《浙江慈溪的一个闽语方言岛——燕话》，《语言研究》1998 年第 2 期）。壮侗语也有相同的说法：武鸣壮语‘雁’ha:n^{5}（鹅），望谟布依语‘雁’ha:n^{5}（鹅）（同上），西双版纳傣语‘雁’ha:n^{5}（鹅）（喻翠容、罗美珍：《傣语简志》第 112 页）。罗城上南岸仫佬语、水庆水语、环江下南毛南语‘雁’ŋa:n^{6}（鹅）（同上）。通什黎语‘雁’ŋa:n^{5}（鹅）（欧阳觉亚、郑贻青：《黎语简志》第 112 页）。‘雁’，《广韵》是疑母字。

汉语疑母字，壮傣语支语言汉借词多数读为 ŋ-，如：

	银	鳄	艾	二
武鸣壮语	ŋan^{2}	——	ŋa:i^{6}	ŋei^{6}
望谟布依语	ŋan^{2}	ŋɯə^{6}（龙王）	ŋa:i^{6}	ŋi^{6}

西双版纳傣语	ŋɯn^{2}	ŋək^{8}（龙）	——	——
德宏傣语	ŋən^{2}	ŋək^{8}（龙）	——	——

只有少数字为 h-，武鸣壮语、望谟布依语、西双版纳傣语、德宏傣语把‘雁’和‘五’都读作 h-。”

“雁鹅$_{大雁}$　德宏傣语管‘大雁’叫 haːn^{5}ŋo^{6}（雁鹅）。要说明傣语这个词的来历，就我们目前所知，可供比较的汉语方言较多，例如：江西南昌话‘雁鹅’ŋaŋ^{11}ŋo^{35}（大雁）（熊正辉：《南昌方言词汇（二）》，《方言》1983 年第 1 期），福建永定（下洋）话‘雁鹅，ŋan^{33}ŋou^{11}（大雁）[黄雪贞：《永定（下洋）方言词汇（一）》，《方言》1983 年第 2 期]，福建长汀（客家）话‘雁鹅’ŋaŋ^{21}ŋo^{24}（大雁）[饶长溶：《福建长汀（客家）方言的连读变调》，《中国语文》1987 年第 3 期]，湖南耒阳话‘雁鹅’ŋã^{213}o^{35}（大雁）（钟隆林：《湖南省耒阳方言记略》，《方言》1987 年第 3 期），湖南攸县话‘雁鹅’ŋai^{11}ŋo^{33}（大雁）（董正谊：《湖南省攸县方言记略》，《方言》1990 年第 3 期），安徽铜陵话‘雁鹅’ŋã^{45}ŋo^{11}（大雁）（王太庆：《铜陵方言记略》，《方言》1983 年第 2 期），贵阳话‘雁鹅’ŋa^{24}o^{21}（大雁）（汪平：《贵阳方言词典》）。

管‘大雁’叫‘雁鹅’的主要流行于汉语南方方言，而有的汉语北方方言管‘大雁’叫‘鹅雁’词序恰好相反，如：山西平遥话‘鹅雁’ŋiᴇ^{13}ȵiɑŋ^{35}（大雁）（侯精一：《平遥方言的连读变调》，《方言》1980 年）。

‘鹅’，《广韵》平声歌韵疑母字。汉语疑母，傣语 ŋ-，如 ŋɯn^{2}‘银’；汉语歌（哿个）韵，傣语 o，如 ko^{4}‘个’；汉语浊声母平声，傣语第 6 调，如‘浮’。”

——曹广衢：《壮侗语和汉语几个词的比较》，载《民族语文》2000 年第 3 期，第 76～77 页。

通过“哥”字探源证明华澳语假设的合理性

黄树先认为，古鲜卑语是阿尔泰语的一支，汉语“哥”借自古鲜卑语“阿干”；“阿步干”又作“莫贺”，在古鲜卑语中当“父亲、叔义、伯父”讲，所以汉语“哥”又有“父亲”义。进一步往前推，我们就会发现“阿干”和南岛语“哥”相似，而“阿步干”和汉藏语、南岛语或许同源。本文可为华澳语假设提供一个支持材料。

作者看来：“汉语和北方的阿尔泰语有密切关系。汉语的不少词和阿尔泰语音义密合（黄树先，1996、1997a、1997b、1998a、1998b）。黄树先（1998b）曾对文献中记载的吐谷浑语‘厉’作过探讨，并认为‘厉’和汉语‘梁’同源。本文再次证实：

吐谷浑语‘阿干’aqa 和南岛语 * [（n）tu] qɑs 相同，阿步干 abaqa 和汉语及其亲属语有同一来源。郑张尚芳教授（1995）、潘悟云教授（1995a，1995b）的‘华澳语系’，北起汉语，南至南岛。如果我们找出更多的阿尔泰语和汉语及其亲属语言的关系词，那么华澳语系这个‘更大的语言联盟’又要添丁加口，这确实是让人振奋的事情。”

——黄树先：《“哥”字探源》，载黄树先：《汉藏语论集》，华中科技大学出版社，2007 年，第 230～240 页。原载《语言研究》1999 年第 2 期，第 179～184 页。

从侗 – 泰语和汉语量词的产生看侗 – 泰语族的系属问题

罗美珍指出：“计量词是汉藏语系分化以后才产生的现象。时至今日一些藏缅语言的量词和上古汉语一样还很不发达，多以名词或动词本身来计，如：

汉语殷墟卜辞‘羌百羌’

西周金文‘玉十玉’

‘书一卷’‘奴二人’是两汉到隋唐的主要形式

藏 语	mig sum	三人	rtab dun	七匹马
	人 三		马 七	
景颇语	$tʃum^{21}$ $lǎ^{31}$ $tu̱p^{55}$ mji^{33}	一把盐		
	盐 握 一			

哈尼语有些多音节名词可以用自身的末尾音节或头一音节作为计量单位：

lha^{31} a^{31} qi^{31} lha^{31}	一只老虎	$lo^{44}ba^{31}$ qi^{31} lo^{44}	一条河
老虎 一 老虎		河 一 河	

现代汉语和侗 – 泰、苗 – 瑶两个语族语言的量词很发达，有着共同的来源和演变途径。除了也有一些直接以名词、动词构成的计量单位外，还在表示名词性状的主要成分上发展了不少性状量词。

汉语、侗 – 泰语、苗 – 瑶语都习惯将一些名词进行分类。有按事物的品种、类别来分类的，冠以大类名加专名；也有按事物的性状进行分类的，冠以不同的性状标志。后来这些形状标志都发展成了量词。

在夏代以前，甲骨文、金文时代的汉语名词是大名冠小名，到秦汉以后才变为专名在前，大名在后。如：

国名：有夏、有穷（《左传·襄公四年》）、有苗（《尚书·高陶谟》）

地名：丘商（甲骨文 乙4518）、丘雷（甲骨文 合24367）

动物名：虫螟（《吕氏春秋·仲冬纪》）、虫蛇（《韩非子·定法》）、虫蚁（《史记·五帝本纪）、鸟雀（《左传·文公十八年）、兽鹿（《韩非子·内储说上）

植物名：草茅（《楚辞·卜居》）、草菜（《管子·七臣七主》）

西双版纳傣语

$məŋ^2dai^2$ 傣族地方 地方傣	$məŋ^2la^4$ 勐腊县（种茶的地方） 地方茶
$kai^5tən^5$ 野鸡 鸡山林	kai^5ka8la^2 火鸡 鸡西洋
$kai^5ʔɛn^5$ 矮脚鸡 鸡燕	
$mai^4tsoŋ^1$ 樟木 树 樟	$mai^4saŋ^2$ 大青竹 竹 专名
$mai^4xai^4sɔi^4$ 垂柳树 树 垂柳	

黔东苗语

$fa^{33}qɛ^{44}$ 黄瓜 瓜	$fa^{33}qhaŋ^{33}$ 葫芦 瓜
$tsen^{35}mi^{11}$ 柿子 果子	$tsen^{35}zaŋ^{13}$ 李子 果子
$kaŋ^{33}va^{55}$ 蜜蜂 昆虫	$kaŋ^{33}zo^{13}$ 蚂蚁 昆虫
$kaŋ^{33}khu^{53}$ 蜈蚣 昆虫	

名词按性状进行分类，冠以不同性状标志的成分（汉语的性状成分在后面），其

性状标志成分具有形象的、实在的意义。它实际是名词的主要成分，其他成分修饰、限制、说明是什么样的性状。带有这些标志成分的名词一般表示通称，如傣语：

to^{1}sə^{1}kin^{1}tsin^{4}to^{1}ho^{2}kin^{1}ja^{3}　老虎吃肉，黄牛吃草

虎　吃 肉　黄牛　吃　草

由于性状标志成分具有形象的、实在的意义，后来发展成了性状计量词，可以单独受其他成分的修饰。如：

动物类冠以 to^{1}，发展为量词只、头、个：

to^{1}pa^{1}　鱼

鱼

pa^{1}to^{1}nɯŋ6　一条鱼

鱼 只 一

sə^{1}saːm^{1}to^{1}　三只老虎

虎 三　只

to^{1}loŋ^{1}　大只的

只 大

植物类冠以 kɔ^{1}、tun^{3}，发展为量词棵、蔸：

kɔ^{1}xau^{3}　未割的稻子

谷

kɔ^{1}ʔɔi^{3}　未割的甘蔗

甘蔗

tun^{3}mai^{4}　树木

木

mai^{4}pɛk^{9}saːm^{1}kɔ^{1}　三棵松树

木　松　三　棵

tun^{3}maisi^{5}tun^{3}　四棵树

株　木　四 株

kɔ^{1}nɔi^{4}　小棵的

棵 小

支架物冠以 laŋ^{1}，发展为量词栋、架、顶等：

laŋ^{1}hən^{2}　房屋

房

laŋ^{1}ma^{4}　马驮子

马

laŋ^{1}xo^{1}　桥梁

桥

xo^{1}si^{5}laŋ^{1}　四座桥

桥 四 座

laŋ^{1}ma^{4}saːm^{1}laŋ^{1}　三架马驮子

架　马　三　架

laŋ^{1}laːi^{1}　多座、多架

架　多

条状物冠以 sin^{3}，发展为量词根、条：

sin^{3}taːŋ^{2}　道路

路

sin^{3}saːi^{1}　线条

线

mai^{4}kan^{2}sin^{3}nɯŋ^{6}　一根扁担
木　竿　根　一

ta:ŋ^{2}sin^{3}niʔ^{8}　这条路
路　条　这

sin^{3}ja:u^{2}　长条的
条 长

丸状或圆状物冠以 noi^{5}、met^{8}，发展为一些圆体物的量词颗、粒、顶、块等：

noi^{5}ta^{1}　眼珠
眼

noi^{5}pɛk^{9}　松子
松

noi^{5}tsə^{4}phak^{7}　菜籽种
种　菜

fun^{1}la:i^{1}met^{8}　几点雨
两　多　粒

met^{8}ja^{1}ha^{3}met^{5}　五粒药丸
粒　药　五　丸

块状物冠以 kɔn^{3}，发展为量词块、团：

kɔn^{3}hin^{1}　石头
石

kɔn^{3}kɛu^{3}　玻璃球
珠

xau^{3}kɔn^{3}nɯŋ^{6}　一团饭
饭　团　一

kɔn^{3}hin^{1}kɔn^{3}nɯŋ^{6}　一块石头
块　石　块　一

名词前面的性状标志成分发展为量词后和数词或指示词组合时，有些会脱落，有些则不脱落（能说 ko^{1}mai^{4}nɯŋ^{6} 一棵树，不能说 to^{1}ma^{4}nɯŋ^{6}；只能说 ma^{4}to^{1}nɯŋ^{6} 一只马）。

黔东苗语

生物类冠以 tɛ^{11}，发展为量词个、只、棵：

tɛ^{11}nɛ^{55}　人
人

tɛ^{11}tə^{44}　树
树

o^{33}tɛ^{11}pa^{44}　二只猪
二只　猪

无生物类多冠以 lɛ^{33}，发展为量词个、栋：

lɛ^{33}ȶi^{44}　碗
碗

i^{33}lɛ^{33}ȶi^{44}　一个碗
一个 碗

lɛ^{33}tse^{55}　房屋
房

i^{33}lɛ^{33}tse^{55}　一栋房
一栋 房

条状类物冠以 tɕu^{44}，发展为量词条、根：

tɕu^{44}l̥ha^{44}　绳子	i^{33}tɕu^{44}l̥ha^{44}　一条绳子
绳	一 条 绳子

汉语也有类似的情况：

a. 汉语有些名词也有性状标志成分，不过它放在名词的后面，表示事物的通称。如船只、布匹、马匹、纸张、书本、笔杆、银两、麦垛、粪堆、草棵、花朵、楼层、土块、枪支。汉语的粤方言可以说‘条绳’（绳子）、‘只屋’（房子）、‘只鸡’（鸡）、‘架单车’（自行车）。这些是百越语的底层。

北京话把后置的性状标志成分儿化，构成名词，前一词素修饰后一词素。如面条儿、布片儿、米粒儿、花朵儿、石块儿。

b. 性状标志成分也发展为量词，和数词一起组成数量结构，按照汉语的习惯放在中心词前面修饰名词，如一张纸、一朵云、一只船、三匹马、一匹布。发展为量词以后，名词后面的标志成分不再保留（不能说‘一匹马匹’）。这种性状量词也能单独受其他成分修饰。

性状标志发展为量词以后，汉语和侗 – 泰语都概括出泛量词‘个、只’，傣语是 ʔan^{1}。这个泛量词在汉语北方方言发展为‘的’字结构的‘的’字（可能古音是‘只’字）；汉语南方方言则为‘个’字，如长汀客家话红个（红的）、嚎个（哭的）、打撇个（打掉的）、唱喏个（作揖的）。这和傣语的泛量词 ʔan^{1} 个相似。傣语也可以说 ʔan^{1} 个 dɛŋ^{1} 红（红的），ʔan^{1} 个 niʔ^{8} 这（这个），ʔan^{1} 个 puk^{9} 种（种的），ʔan^{1} 个 va^{6} 说（所谓的）。”

——罗美珍：《东南亚相关民族的历史渊源和语言文字关系研究》，中国社会科学出版社，2013 年，第 39～43 页。

从汉语和傣语物化动词的遗迹看侗 – 泰语族的系属问题

罗美珍指出：“汉语在古代有些名词可用作动词，如以春风风人。现在也可以说成就未来、营养牙床、服务大众、健康人生。傣语也有不少名词可作动词的现象，如：

xai^{5}kai^{5}　鸡蛋	kai^{5}kai^{5}lɛ^{5}　鸡下蛋了吗?
鸡 蛋	鸡 蛋 吗

xɛ^{2}hoʔ^{8} 杂烩场　　　　　　　　mɛ^{6}loŋ^{1}pai^{1}xɛ^{2}dɔʔ^{8} 大妈去做汤吧。
汤杂乱了　　　　　　　　　　　　母 大 去 汤 吧

此外一些能和汉语对应的名词都可用作动词：ŋɔk^{8} 芽（发芽）、ka^{3} 稼（育秧，培育）、ka^{4} 贾（做生意）、xi^{3} 屎（拉屎）、jəu^{6} 尿（撒尿）、thai^{1} 犁（犁田）、phə^{1} 耙（耙地）、tsaŋ^{6} 秤（称东西）、sɛu^{1} 味儿（嗅）、ja^{1} 医（医治）、lum^{2} 风（风吹）等。和汉语不能对应的词有：tsuk^{7} 鼓包（站立）、tsaːŋ^{3} 雇工（雇用）、xai^{3} 病（生病）、ʔuʔ^{7} 奶（儿语，喂奶）、kɔk^{9} 火罐（拔火罐）、xa^{3} 奴隶（杀）、sau^{5} 风箱（喘息）、hɛŋ^{2} 力气（用力、使劲）、dɛt^{9} 日光（日晒）等。”

——罗美珍：《东南亚相关民族的历史渊源和语言文字关系研究》，中国社会科学出版社，2013 年，第 43～44 页。

从汉语和傣语动词虚化的语法手段看侗 – 泰语族的系属问题

罗美珍指出：“汉语和傣语都有将动词虚化用来表示各种语法意义的手段。虚化的动词既有本族词，也有两种语言在词义和语音上都构成对应的动词，但虚化后的作用和所处的位置不尽相同。本书仅论述两种语言对应的几个虚化动词。

给

汉语的‘给’在古代是个收 -p 尾的入声字（深开三入缉见），但是现代的音能和西双版纳傣语方言的‘给’hɯ^{3}（德宏傣话是 haɯ^{3}，绿春傣话是 hai^{3}）找到对应。

汉语、傣语的‘给’单独作动词的意义都是表示给予、使对方得到某些东西，如‘你给不给钱’，‘叔叔给了他五十元’。但是虚化后放在不同的位置其作用和意义有些不同。

a. 虚化后放在动宾结构之间做介词。

汉语、傣语的‘给’表示‘交与’、‘付出’的意义用在名词前面构成介宾结构时，两种语言相同。如：

pɔ^{6}loŋ^{1}pan^{1}hɯ^{3}man^{2}ŋɯn^{2} 大伯送给他钱
大伯 分 给 他 银
taŋ^{2}laːi^{1}vai^{3}hɯ^{3}man^{2}phɔŋ^{6} 大家留给他一些
大家 留 给 他 一些

但是傣语形成的介宾结构，其中的‘给’，一般表示的是‘给予’，意思是将动作‘给予’宾语。如：

hit⁸kɔŋ²ʔa²nu⁴jaːt⁸ hɯ³phai⁶ məŋ² ka⁴ nɔi⁴xaːi¹ʔɔn⁵

政策 允许 予 百姓 地方 生意小卖 嫩

政治允许老百姓做小买卖

pai¹bɔk⁹hɯ³luk⁸jiŋ²ma²vai² 去告诉女儿快来

去 告诉予 儿 女 来 快

bau²tha³ket⁸ hɯ³mɛ⁶loŋ¹ 不要生大妈的气

不要 生气 予 母 大

tɔp⁹to²sa¹hɯ³mɛ⁶nə² 给妈妈报仇呀！

答 仇 予 母 呀

nai²baːn³bau⁵maːi¹kaːn³saʔ⁷xiʔ⁷hɯ³hau² 村里不给我们打证明

里村 不 写 单子证明 予 我们

汉语以‘给’形成的介宾结构做宾语时多是放在动宾谓语的前面，但表示‘为某人做某事’，傣语则一定要放在谓语的后面做宾语。如：

ʔau¹ma²hɯ³ku¹ 给我拿来

拿 来 给 我

mɔ¹ja¹tɛŋ²xim¹hɯ³man² 医生给他打针

医生 扎 针 给 他

su¹ hap⁷paːk⁹tu¹hɯ³ku¹ 你们给我把门关上

你们关 门 给 我

ʔau¹sə³tɛu⁵nuŋ⁶hɯ³man² 拿（把）衣裤给他穿上

拿 衣 裤 穿 给 他

b. 虚化后在名词前面表示‘让、使、被’。

如果将傣语的介宾结构放在动词谓语的前面，则和汉语的‘让做、使做某事’或‘被动’意思相同。如：

让动　　mɛ^{6}hɯ^{3}luk^{8}mə^{2}vai^{3}sa^{1}phaʔ^{8}ja^{2}tsau^3

母 给 儿 去 跪拜 头人

母亲让儿子去求拜头人

pən^{6}bau^5 hɯ^3 hau^2 fan^{2}ko^{1}mai^4

人家不 给 咱们 砍 棵 树

人家不让咱们砍树

使动（要）　kin^1 kɛŋ^1 hɯ^3 jɛŋ^2 tɔŋ^4　喝汤要看肚量

吃 羹 给 看 肚

sop^7 va^6 nai^1 tsai^{1}hɯ^{3}kɯt^8 daŋ^{5}nan^4

嘴 说 哪里 心 给 想 样 那

嘴巴怎么说，心要那样想

被动　　hɯ^3 pən^6 xo^{1}sai^5　被人取笑（被别人施予笑）

给 人家 笑 施予

xau^{3}hɯ^{3}nu^{1}kin^{1}sam^{4}hən^5　粮食被老鼠吃光了

粮 给 鼠 吃 完 了

c. 虚化后放在动词或动宾词组的后面用作助词，强调‘给予’动作。

汉语的‘给’字作助词时，直接用在表示被动、处置等意思的句子的谓语动词前面，以加强语气，如：‘弟弟把花瓶给打碎了’，‘裤腿都叫露水给湿透了’。

傣语虚化后的 hɯ^3 做助词是放在动词或动宾谓语的后面，强调‘给予’动作，如果 hɯ^3 的后面有宾语，则 hɯ^3 成了介词。如：

ʔau^{1}dɔ^2！ mɛ^{6}loŋ^{1}ʔau^{1}hɯ^{3}dɔ^2　拿吧！大妈拿着吧！

拿吧　　大妈 拿 给 吧

bup^7！ bup^{7}hɛŋ^{2}hɛŋ^{2}hɯ^3！　打！使劲打！

打　　打 力 力 给

nai^{2}baːn^{3}bau^{5}maːi^{1}kaːn^{3}saʔ^{7}xiʔ^{7}hɯ^3　村里不给打证明

里 村 不 写 单子 证明 给

taŋ^{2}laːi^{1}kaŋ^{6}fik^{9}taːŋ^2 hɯ^3　大家赶紧给让出条路

大家 忙 分 出路 给

pin^{1}bau^{5}saŋ^{1}va^{6}hːi^{4}va^{6}ŋaːn^{2}hɯ^3　为什么那么凶狠（对人）说

是 什么　说 狠 说 凶 给

塞

汉语的‘塞’字在古代也是个入声字（曾开一人德心），但现代汉语变为去声，其声、韵、调也和傣语的 sai^{5} 构成对应。傣语 sai^{5} 单独作动词的基本意思是‘装、安放、施加’，和汉语的‘塞、充满、填入、堵’的义项相近。但傣语这个动词后面可以结合许多名词，几乎成了泛及物动词。汉语的‘塞’没有这个功能，需要使用不同的动词。如：

sai^{5}tsɯ^{6}　取名字	sai^{5}to^{1}　写字
名字	字
sai^{5}mun^{6}　擦粉	sai^{5}fun^{5}　施肥
粉	粪
sai^{5}xin^{1}　封官、任命	sai^{5}xɔn^{1}　纳税
官	税
sai^{5}tot^{8}　嫁罪	sai^{5}tsai^{1}　用心
罪	心
sai^{5}tpheŋ^{2}　谱曲	sai^{5}lau^{3}　斟酒
曲子	酒
sai^{5}xau^{3}　盛饭	sai^{5}hɛŋ^{2}　使劲
饭	力气
sai^{5}kam^{2}kɯt^{8}　出主意	sai^{5}tɯn^{2}　投资
话　　想	资本
sai^{5}xeu^{3}　镶牙	sai^{5}ja^{1}　上药
齿	药
sai^{5}pa^{1}　下鱼笼捕鱼	sại^{5}maːk^{9}naːt^{8}　装子弹
鱼	果　　枪
sai^{5} nam^{4} na^{2}　灌田水	
水　　田	

a. 虚化后在名词前作介词用。

傣语的 sai^{5} 可以虚化作介词，插在动宾结构的中间表示‘及、施及’，使动作和宾语发生关系，汉语的‘塞’没有这个功能，另用‘及’表示。如：

nam⁴thom⁵sai⁵baːn³　水淹到寨子

水　淹　及 村子

pha⁴tsap⁷sai⁵xa¹　刀砍着腿

刀　中　及　腿

tsau³xo¹sai⁵phai¹　您取笑谁?

您　笑　及　谁

tsau³pai¹saŋ¹ka¹sai⁵ku¹nəʔ⁸　您别怀疑上我呀

您　别　怀疑　及　我　呀

b. 虚化后在动词或宾语的后面做助词用。

傣语的 sai⁵ 虚化后可放在动词或宾语的后面用作助词，强调‘施上’动作。sai⁵ 的前、后都可以有声貌词，但后面不能有宾语，如果有宾语，sai⁵ 就成为介词。汉语的‘塞’也没有这个功能。试比较：

助词　　thum³nam⁴ laːi² sai⁵ dc²　吐上口水吧

吐　水　纹　施上 吧

ma¹lɔ⁵sai⁵ ho⁴ho⁴　狗呼呼地扑上来

狗 扑 施上 呼呼

ja⁵pai¹hɯ³ma¹ xi³　sai⁵　别让狗拉上屎

不要 让 狗 拉屎 施上

tə⁶niʔ⁸xɯn²tsɔ³man²han¹sai⁵　这次又被他看见

次这　又　着 他　见　施上

mɛ⁶ho¹to¹xwa；i²kɔ⁴dai³xa；i¹sai⁵ sam⁴　母黄牛水牛都得卖光

母 黄牛 只水牛 都　得 卖　施上　完

失

汉语的‘失’字，古汉语也是入声（臻开三入质书），现代汉语变为平声。傣语的 se¹，其动词的意义和汉语的‘消失’义相同。se¹‘失’虚化以后在名词前面用作介词，表示‘让、被’；在动词或宾语的后面用作助词，表示消失态，即动作结果使原来的东西或状态消失不见，相当于汉语的‘掉’。汉语的‘失’字没有这个功能：

动词　　se¹ka:n¹　失业　　　　se¹tsai¹　失信
　　　　工作　　　　　　　　　心
　　　　se¹laʔ⁸ti²　失势　　　se¹ta¹　失明
　　　　威力　　　　　　　　　眼

介词　　se¹pən⁶tiʔ⁷hiʔ⁸　遭人指责
　　　　被人家指责
　　　　se¹phɯŋ³tɛn⁵　被蜂叮
　　　　被 蜂　 叮
　　　　ja⁵ se¹ mɔ³tɛk⁹nə²　别让锅打破了
　　　　别 让 锅 破 吩咐语气
　　　　se¹mam⁴thom³hən⁵　被水淹了
　　　　让 水　 淹　 了

助词　　se³teu⁵fɛt⁸se¹nam⁴　衣裤全扔掉了
　　　　衣 裤 丢 失 完
　　　　bai¹mai⁴ləŋ⁵se¹sam⁴　树叶子全黄了（原来的绿色不见）
　　　　叶 树 黄 失 完
　　　　man²pɔk⁸pai¹hən²nɔn²lap⁷se¹　他回家里睡着了（醒的状态消失）
　　　　他 回 去 家 睡 闭 失
　　　　xau¹sut⁷kam²kɯt⁸kam²phɔŋ²se¹　他们没主意了
　　　　他们绝 话 想 话 设法 失

大凡动作行为的后果会有消失、损坏、减少、偏离等意义时，后面都可以接 se¹。汉语的‘失’没有这个功能。

得

汉语的‘得’字在古汉语也是个入声字（曾开一入德端），现代汉语变为阳平。从动词意义以及虚化后的一些作用看，该字和傣语的 dai³ 也构成对应。傣语 dai³ 的动词意义是‘获得、有了’，虚化后放在动词前面的是助动词，表示‘能够、得以’；放在动词和补语之间的是结构助词，表示动作变化的结果；放在动词、宾语、补语后面或句末的是助词，表示‘可能’dai³ 虚化后作助动词、结构助词的位置和汉语相同。但是作助词的位置和汉语不同，汉语是放在动词前面，傣语是放在动词后面。

动词　van^{2}va^2 dai^3 fɯn^2 xa6dai^1　昨天得到多少柴火？

昨天　得　柴火　多少

to^{1}xa^{3}ʔa^{2}ju^{2}dai^{3}hok^{7}sip^{7}pi^{1}hən^5　我的年龄有六十岁了

我　年龄　得　六　十　岁了

助动词　dap^{7}tsip^{7}mɛŋ^{2}nuŋ^{3}xam^{5}laːp^8　消灭虫害，

消灭　毛虫　侵害

ʔa^{2}maʔ^{8}xaːm^5 kɔ^{1}faːi^{3}dai^{3}puŋ^{3}di^1　保证棉花能够（得以）长好

保证　棵棉　得　长　好

mɛ^{6}loŋ^{1}hau^{3}tu^1 dai^3 jin^2 pən^{6}va^{6}tsiŋ^5 ma^2　大妈我听别人说了才来

大妈　我们　得　听　别人说　来

结构助词　xap^{7}dai^{3}mon^6　唱得动听

唱　得　热闹

jɯ^{2}dai^{3}kai^{1}dai^{3}suŋ^1　射得又远又高

射　得　远　得　高

助词　nə^1 xo^{1}han^{3}lot^8 kɔ^{4}teu^2 dai^3　桥上那里汽车也能走

上　桥　那　汽车也　走　得

phu^{3}kin^1 tsin^4 het^{8}hɯ^{2}pin^{1}met^{8}hak^{8}ʔɛp^{7}phu^{3}kin^{1}ja^3 dai^3

位　吃　肉　怎么　成　朋友　挨　位　吃　草　得

吃肉的怎么能吃草的挨着做朋友呢

kun^{2}taːi^1 lɛu^{4}kɔ^{4}jaŋ^{2}ja^{1}pɔk^{8}xɯn^2 dai^3　人死了还能医活

人　死　了　也　还　医　回　复苏　得

kun^{2}daŋ^{5}niʔ^{8}tsak^{7}pai^{1}ha^1 ti^6 nai^1 dai^{3}ha^2

人　样　这　要　去　找　处　哪　得　呀

这样的人要去哪里能找到呀？

‘塞’、‘得’两字的古汉语韵母都是德韵，傣语以 ai 和其对应。‘给’字的古汉语声母是见母字，傣语以 h 和其对应，此外，han^1‘见’、huŋ^2‘虹’也是见母对 h。至于韵母，古汉语的缉韵，傣语没有其他借入字，但是现代汉语的 ei 对傣语的 ai、aɯ 还有‘内’字（nai^2、naɯ^2），绿春傣语是 ai，泰语也是 ai，德宏傣语是 aɯ。版纳傣语的‘给’读为 ɯ 是丢失了短 a 的缘故。‘失’字是质韵，傣语以 e 和其对应。质韵借字还有‘一’et^7、‘七’tset^7。傣语的‘失’字只有主要元音。傣语的这四个入声动词和现代汉语一样都脱落了辅音韵尾，也许这是汉语影响的结果。但傣语沿用固有的语序和将动词虚的化手段，变得和汉语不尽相同了。

要

汉语的‘要’《广韵》出现两处，一是平声的宵韵，于宵切；二是去声的笑韵，于笑切。傣语以 ʔau^{1} 平声和其对应。两种语言的意义都‘是、要、拿、取’。

傣语 ʔau^{1} 虚化后可在名词或动词前面用作介词，表示处置；在动词后面作助词用，表示动作是主动采取的方式。汉语只有第一种用法，没有第二种用法。

动词　ŋɯn^{2}ʔau^{1}bau^{5}ʔau^{1}　钱要不要？

银　要　不　要

ʔau^{1}me^{2}　娶妻

取　妻子

ʔau^{1}pi^{3}tεm^{5}to^{1}　拿笔写字

拿　笔　写　字

ʔau^{1} xɔ^{1}　ma^{2} xut^{7}hai^{6}　拿锄头来锄地

拿　锄头　来　锄　旱地

介词　（1）ʔau^{1} 和后面的宾语构成介宾结构作主语

ʔau^{1} xau^{3}doŋ^{1}fεt^{8}　把玉米扔掉

拿　玉米　扔

ʔau^{1}to^{1}niʔ^{8}səŋ^{5}vai^{4}　把这人拘留起来

拿　个　这　藏　着

（2）ʔau^{1} 可直接和动词结合表示要采取的处置动作，后面不出现宾语。

问：sɯ^{2}hɯ^{2} het^{8}　怎么办？

怎么　做

答：ʔau^{1}fεt^{8}　扔了

扔

ʔau^{1}səŋ^{5}　拘留起来

藏

ʔau^{1}faŋ^{5}　埋掉

埋

ʔau^{1}xa^{3}　杀了

杀

ʔau^{1} tum^{2}　煮了

煮

（3）ʔau^{1} 和后面的动宾词组构成的介宾结构（也表示处置）可作为谓语。

kep^{7}dai^{3} tsaːi^{2} kɔ^{4}nɯŋ^{6}ʔau^{1}het^{8}luk^{8}

捡　得　男孩　个　一　介　做　儿子

捡到一个男孩来当儿子

haːp^{9} ke^{1}ku^{1}ʔau^{1} faːk^{9} bok^{7} xwaːi^{2} vai^{4}

担子　盐　我　介　寄存　泥塘　水牛　助

我的盐担子寄存在水牛塘里了

助词　ʔau^{1} 虚化以后放在主要动词后面作助词用，表示是主动采取的动作方式。

phak^{7}sɯ^{2}hɯ^{2}pɛŋ^{1} ʔau^{1}　菜怎么做？

菜　怎么　做　取

xɛ^{2}　ʔau^{1} dɔ^{2}　做汤吧

做汤　取　吧

vek^{8}dai^{1}nak^{7}kaːn^{1}dai^{1} na^{1}kɔ^{4} lək^{8}het^{8}ʔau^{1}

活　哪　重　工作　哪　厚　都　选　做　取

哪件活重，哪个工作繁都挑来做

xau^{1} het^{8}saŋ^{3}naŋ^{3}kan^{1}tsiŋ^{5}hak^{8}pɛŋ^{2}kan^{1} ʔau^{1}

他们　做　产　在一起　才　爱　贵　互相　取

他们在一起劳动才能相亲相爱

当宾语或状语后面还出现其他动词或句子成分时，ʔau^{1} 只能紧接在主要动词的后面：

phot^{9} ʔau^{1} kun^{2} ʔɔk^{9} nam^{4}ma^{2}　救人出水

救　取　人　出　水　来

jok^{8} ʔau^{1}thi^{3}dɛŋ^{1}suŋ^{1}suŋ^{1}　高高举起红旗

举　取　旗　红　高　高

凡是动作朝向主语并有主观意志在起作用的动词后面都可以加 ʔau^{1}，如 tsiŋ^{2} 抢、kep^{7} 拾取、dut^{9} 吸、tɔŋ^{2} 看、tse^{5} 背、thaːm^{1} 问、xɔ^{1} 求、hɔŋ^{4} 喊等的后面都可以接 ʔau^{1}。

合

汉语的‘合’和傣语的 kep^{7} 都有‘结合到一起’的意思。傣语的 kap^{7} 虚化以后能做连词和介词。汉语没有这个功能。

动词　xau^{3}hai^{6}xau^{3} na^{2} kap^{7} kan^{1}
谷 旱地谷 水田 合 互相
稻谷、旱谷掺合在一起
pha$ʔ^{8}$jat^{8} kap^{7}to^{1} 疾病缠身
疾病 合体
kin^{1} xau^{3}kap^{7}pa^{1} 以鱼就饭
吃 饭 合 鱼

虚化后的 kap^{7} 在动词和名语之间用作介词，使动作和对象发生联系，相当于汉语的‘与、向’等，即 kap^{7} 和后面的名词形成的介宾结构充当动词的补语。

siŋ^{1}tso^{1} kap^{7}taŋ^{2}laːi 与大家商量
商量 介 大家
jin^{2}di^{1} kap^{7}su^{1}tsau^{3} 感谢你们（向你们感谢）
感谢 介 你们
mi^{2}ta^{1}di^{1} kap^{7}tsum^{2}laːi^{1} 对群众有利
有 好处 介 群众

词与词或词组与词组之间的 kap^{7} 用作连词，相当于汉语的‘和、在于’。连接的关系有并列和偏正两种，如：

pi^{6} kap^{7}nɔŋ^{4}pai^{1} naŋ^{3} kan^{1} 哥哥和弟弟一起去
长 和 幼 去 一起 互相
nam^{4}bau^{5}mi^{2}kap^{7}man^{2}bau^{5}pai^{1} ʔau^{1} 没有水因为他没去打
水 没 有 在于他 没 去 取
kam^{5}laŋ^{2} hau^{2} hɛŋ^{2} kap^{7} phai^{6}mɔŋ^{2}tsɔi^{6}
力量 咱们 有力在于 百姓 帮助
咱们的力量大因为有老百姓帮助。”

——罗美珍：《东南亚相关民族的历史渊源和语言文字关系研究》，中国社会科学出版社，2013 年，第 44～54 页。

从汉语和傣语有相同的"形后名"结构看侗－泰语族的系属问题

罗美珍指出："从汉语和傣语都有一种'形容词后面加名词'的序列结构。这种序列结构表达的关系两种语言基本相同。汉语的'形后名'结构表现出四种情况：

a. 构成复合词。参与组合的两个成分的意义整合成一种新概念，如：高帽子，不是主的帽子，而是恭维人。虚心，不是心虚，而是不自以为是、能接受别意见的品德。

b. 参与组合的两个成分的意义是配合关系，构成一种修饰关系（形容词是修饰语，名词是被修饰语），如：红（的）花、绿（的）叶、长（的）裤、短（的）衫、明（的）月、硬汉（坚强不屈的男人）。

c. 参与组合的两个成分的意义也是配合关系，但构成一种谓宾关系，形容词动词化，后面的名词是其宾语。这种结构的形容词如果放在名词的后面，则和放在前面的意义完全不同或者无意义或者结构关系成为主谓关系。如：

白眼（翻出白眼珠看，瞧不起人的神态）	眼白（指白眼珠）
红脸（发怒，心情激动而红起脸）	脸红（害羞）
冷场（场面变得冷清、不热闹）	场冷（场地不暖和）
明目（使眼睛看得清晰）	目明（眼睛亮，主谓）
壮胆（使胆大）	胆壮（胆子雄壮，主谓）
冷眼（冷静地观察）	横眉（使神情强硬）

d. 参与组合的两个成分的意义也是配合关系，构成一种谓主关系。这种序列的形容词如果放在名词的后面，两种序列所表达的意义基本相同，但后者是主谓关系，名词由宾语变为主语。形容词则还是谓语。如：

寒心——心寒	细心——心细
灰心——心灰	粗心——心粗
安心——心安	黑心（阴险毒辣）——心黑
动手动脚	雄心壮志

汉语第一种情况的复合词，傣语也有。如：

ʔɔn^{1} ho^{1} 领带	seŋ^{5}tso^{6} 死，却世	ʔɯp^{7}xau^{3} 饥荒
前 头	终 辈	饿 饭

汉语第二种情况的修饰关系，傣语以‘名后形’的序列来表示，因为傣语以形容词作修饰语都是放在名词之后。如：

dɔk^{9}dɛŋ^{1} 红（的）花	se^{3} xau^{1} 白（的）衣
花 红	衣 白

我们根据傣语的结构意义认为傣语的‘形后名’序列组合，存在形补（状）、谓宾、谓主三种结构关系。除了形补结构和汉语不同外，谓宾、谓主结构都和汉语相同。

a. 形被（状）结构。

这种结构后面的名词起一种修饰、限定作业，形象描绘或补充说明是什么样的形状。符合傣语的定语和状语后置的语序。这种序列不能颠倒，颠倒后不成意义。如：

xaːu^{2}pa^{1} 鱼腥	xaːu^{2}let^{8} 血腥	xaːu^{2}bɛ^{3} 羊腥
腥 鱼	腥 血	腥 羊
min^{1}lau^{3} 酒臭	ʔo^{5} hə^{5} 汗臭	
臭 酒	臭 汗	

b. 形述 + 名宾。

这种结构后的名词说明性状存在或表现于何处，或因什么造成的性状。这种序列也不能颠倒，颠倒后不成意义或意义不同。如：

paʔ^{7}nam^{4} 湿着水（湿于水）	paʔ^{7}fun^{1} 湿着雨（湿于雨）
湿 水	湿 雨
paʔ^{7}hə^{5} 湿着汗	baːt^{9} naːt^{8} 为子弹所伤
湿 汗	伤 子弹
baːt^{9} maː^{4} 为竹子所伤（伤于竹子）	baːt^{9} phaː^{4} 为刀所伤（伤于刀）
伤 竹子	伤 刀

ja:k^{9} 是极想吃的感觉，后面可以结合一些名词。如：

ja:k^{9}xau^{3}　饥饿
饭

ja:k^{9}nam^{4}　口渴
水

ja:k^{9}tsin^{4}　馋肉
肉

mau^{2}lot^{8}　晕车
车

mau^{2}hə^{2}　晕船
船

mau^{2}lau^{3}　醉酒
酒

nam^{1}ta^{1}　美观（美于眼）
美　眼

sut^{7}kam^{2}kɯt^{8}　用尽办法
终　话　想

saŋ^{5} 是闹腾后的清静、清醒，后面可以结合一些名词。如：

sa:ŋ^{5}fun^{1}　雨停（清静于真心的闹腾）
雨

sa:ŋ^{5}hu^{1}　听觉清静
耳

sa:ŋ^{5}lau^{3}　酒醒（清醒于酒的闹腾）
酒

sa:ŋ^{5}ta^{1}　眼觉清晰
眼

这种结构和某些动词作谓语一样，后面的名词是动词的与事宾语（不是动作的对象），说明动作存在或发生于何处，或凭什么而动作。这样的动宾结构其词序也不能颠倒。如：

kin^{1}lən^{2}　在家吃
吃　家

həi^{1}fa^{1}　挂墙上
挂　画

tokt^{7}sa:n^{2}　从凉台掉下
掉　凉台

teu^{2} tin^{1}　徒步（用脚走）
走　脚

ʔa:p^{9} mam^{4}daŋ^{3}　用肥皂洗澡
洗澡 肥皂

（phak^{7}）xo^{3}mɔ^{5}　（菜）在锅里炒
菜　　炒　锅

（xau^{3}）tsɛ^{6}kɛŋ　（饭）泡在汤里
饭　　泡　羹

c. 形谓 + 名主。

这种结构多表示身体某部位的感觉或性状，后面的名词是被表达的对象。其词序可以颠倒，颠倒以后谓主和主谓的意义基本相同，或略有不同。如：

ja:k^{9}tɔŋ^{4}——tɔŋ^{4} ja:k^{9}　肚子饿
饿　肚子　　肚子饿

$tsep^7ho^1$——ho^1tsep^7 头痛

痛 头 头 痛

$jəm^2tsai^1$——$tsai^1jəm^2$ 高兴

高兴心 心 高兴

$mɔŋ^1tsai^1$——$tsai^1mɔŋ^1$ 高兴

愁 心 心 愁

num^1tsai^1 疑神、静心——$tsai^1nim^1$ 心静

静 心 心 静”

——罗美珍：《东南亚相关民族的历史渊源和语言文字关系研究》，中国社会科学出版社，2013 年，第 54～58 页。

从傣语四音格和汉语成语相同的内部结构看侗－泰语族的系属问题

罗美珍指出：“傣、泰语言和许多汉藏语言一样，有一种用四个音节构成的固定结构，用以表达生动概念，在句子中可作为一个整体充当句子成分。这种结构是汉藏语言的特点，马来语是没有的。下面以 ABCD 作为四个音节的代表，简单描述傣语四音格和汉语成语相同的内部结构。四个音节并列联合的：

$xau^3xɔŋ^1$ $ŋɯu^2xam^2$ 金银财宝

粮 东西 银 金

nam^4hai^6 din^1 na^2 土地

水 旱地 土 田

$tsep^7mai^3xai^3nau^1$ 疾病

疾 烧 病 冷

$thuʔ^7kun^6paŋ^2pai^1$ 倒塌

塌 倒 崩 去

汉语有‘锅瓢碗盏’、‘牛鬼蛇神’、‘喜怒哀乐’。

AB 和 CD 并列联合的，A 和 C、B 和 D 的词义分别对仗、对称或相近，或它们实际上是被隔开的词。而 AB 和 CD 内部分别有不同的机构关系。

a. 偏正或修饰关系

$pɔ^6$ hai^6 $mɛ^6$ na^2 农民（地父田母）

父 旱地 母 田

lau^{4}xau^{3}je^{2} pa^{1} 仓库（谷仓鱼仓）
仓 谷 仓 鱼

ba:n^{3}kət^{9} məŋ^{2} pin^{1} 故乡（出生的村子成长的地方）
村 出生 地方 成长

汉语的修饰成分在中心成分之前，如‘长命百岁’、‘粗心大意’、‘粗茶淡饭’、‘唇枪舌剑’。

b. 动宾关系

tɯt^{8} xɛn^{1} la:k^{8} xa^{1} 拉拢
扯 手臂 拉 腿

tok^{7}mɛ^{6} phɛ^{5}luk^{8} 繁衍生息
落 母 繁衍儿

hap^{8} na^{3} han^{1}ta^{1} 接见
接受 脸 见 眼

hɔp^{9} lo^{1} ha:p^{9}fɯn^{2} 打柴割草
抱 柴 挑 樵

汉语有‘成家立业’、‘卧薪尝胆’、‘洗心革面’。

c. 主谓关系

xau^{3} na^{1} pa^{1} thuk^{9} 五谷丰登
粮 厚 鱼 便宜

ho^{1}pan^{5}ta^{1}la:i^{2} 头昏眼花
头 旋 眼 花

hoi^{3}lək^{8} duŋ^{1} na^{1} 深山老林
山谷深 森林 厚

nɔk^{8}sai^{1}nai^{2}tsɛŋ^{5} 心口一致
外 清 内 清楚

汉语有‘心宽体胖’、‘烟消云散’、‘心狠手辣’。

d. 补充关系

dɔi^{3} ʔim^{5} kin^{1} tim^{1} 吃饱喝足
喝 饱 吃 满

tsep^{7}nə^{6}məi^{6}to^{1} 全身酸痛
痛 肉 累 体

xau^{3}xam^{6} ʔɔk^{9} nai^{1} 早出晚归
入 晚上 出 早晨

lap^{7} zai^{3}nɔn^{2}no^{1} 睡眼惺忪
闭眼 笨 睡 呆

汉语有‘盛衰荣辱’、‘居安思危’。

AB 和 CD 是主谓关系的，A 和 B、C 和 D 的关系多为动宾关系。

ʔət^{7}hu^{1}la:k^{8} pet^{7}　掩耳盗铃

堵 耳 偷　鸭

ʔa:p^{9}nam^{4}si^{1}xai^{2}　搓澡

浴　水　搓 垢

xi^{5} ma^{4}jam^{6}mɛu^{2}　仗势欺人

骑 马 踩　猫

xi^{5} ma^{4}ʔa^{3} xa^{1}　得意忘形

骑 马 张 腿

汉语有：‘玩火自焚’、‘望子成龙’、‘婉言谢绝’。

此外，还有 ABCD 格式，其第一音节和第三音节重复，内部结构也有偏正、动宾、主谓等。如：

xɔ^{3}nɛ^{1}xɔ^{3}kɛn^{5}　关键问题

件 指 件 硬

xa:u^{2}lət^{8}xa:u^{2}ja:ŋ^{1}　血腥味

腥　血 腥　汁

kin^{1}bɛ^{3}kin^{1}ŋɯn^{2}　贪污受贿

吃　贝　吃　银

xaŋ^{2}tok^{8}xaŋ^{2}ja:p^{9}　叫苦连天

哼　苦　哼　难

汉语有‘不卑不亢’、‘百依百顺’、‘碍手碍脚’、‘大吉大利’。

百越人的语言虽然发生了质变，但由于操侗－泰语言的民族为躲避华夏人的势力，大多迁移到了偏僻、闭塞的乡间地区，或很早就向华夏人势力不及的贵州、云南和东南亚地区撤离，因此他们的语言得以在保留自身特点的基础上独立发展下来，成了汉藏语系的一员，没有像吴语、闽语、粤语一样融入汉语，成为汉语的方言。”

——罗美珍：《东南亚相关民族的历史渊源和语言文字关系研究》，中国社会科学出版社，2013 年，第 58～60 页。

《切韵》重纽字在汉台关系词中的反映

郑伟指出：“汉台关系词在认识重纽的介音对立及其对元音的影响方面，具有重要的参考价值。它一方面证明了为重纽三等拟测 -r- 介音是正确的，另一方面揭示出了和朝鲜译音等类似的韵母特点，即重纽三等字的介音或主元音为偏央后的［ɯ］、［ə］，或者是韵母变为合口，有时重三字的主元音读低元音［a］；重纽四等除了与重三字的读音不同，其韵母元音往往与纯四等韵字在侗台语里的关系词保持一致，韵母为偏前高的［e］或［ɛ］。”

——郑伟：《〈切韵〉重纽字在汉台关系词中的反映》，载《民族语文》2013 年第 4 期，第 28～36 页。

客家话跟苗瑶壮侗语的关系

邓晓华提出："客家话有近百个常用词跟苗瑶语、壮侗语有渊源关系，并论证了客家话是北方汉人南迁到达闽粤赣交界地区后跟当地土著畲族产生文化互动而融合形成的，而并非像传统学术界所认为的完全是北方汉语的线性'移植'。"

以下是客家话跟苗瑶语族、壮侗语族对应的词语。

"1. 戴（～斗笠）：$ntoŋ^5$川黔滇苗，$doŋ^5$勉瑶，$ntaŋ^5$布努，$tɔŋ^5$畲，$tə^5$黔东苗；təŋ 长汀，təŋ 连城，tuŋ 梅县；tan^3壮，侗。这是一个重要的客家话口语词，反映客家话的特色，也可以用来作跟其他非客方言鉴别的特征词。王辅世等将'戴（～斗笠)'的古苗瑶语形式构拟为 *ntɐəŋ。很明显，客家话跟苗瑶语应有渊源关系无疑，此词音义形式跟苗瑶语更接近，而跟壮侗语则不同。而此词并非来源于北方汉语。

2. 端，拿东西：$tɔ^2$勉瑶（拿来），tai^3布努（拿来）；tɐɯ 连城，tɛu 梅县；$taɯ^2$壮（端水），$tɯ^2$傣（德宏），tai^2侗，$deɯ^1$黎。梁敏等将'端，拿'的古壮侗语形式构拟为 *dɦetu。客家话此词跟壮侗语、苗瑶语比较，虽意义范围不同，但跟苗瑶语、壮侗语音义对应。"

作者共比较了 68 个特征词。做出了如下结论：

"1. 从上述客家话最常用，最基本的口语词比较来看，68 个特征词中，有三分之二的词的音义形式与苗瑶语更接近。其意义在于学术界一般认同客家跟畲族有密切接触关系，但关于畲族的来源问题，学术界的意见则主要有两种，即来源于古百越土著民族的'土著说'和来源于洞庭湖'武陵蛮'苗瑶语族的'外来说'。上面的客家话跟苗瑶、壮侗语的比较表明：客家话词的来源是复杂的，既有来自洞庭苗蛮语言，也有土著原住民即古代百越后裔的语言。客家话的形成是'多元一体'的产物。如果我们把客家话看作是一个多层装置的结构，那么，最底层的是壮侗语，中层的则是苗瑶语，最上层的是北方汉语。苗瑶和北方汉语是'外来'的，只有壮侗才是真正的'土著'。福建的地方文献材料往往把畲说成是'瑶'或'苗'，这是有一定的根据的。苗瑶是畲的近源，而壮侗则是畲的远源。畲语词有苗瑶和壮侗这两个源头。从比较可以看出，客家话的这些词里苗瑶语的成分远多于壮侗语的。

2. 客家话的形成并非是像有些学者所主张的客家话完全是'中原汉语'南迁的延续。这种观点显然是受传统的历史主义演化论理论所支配，这种完全以母文化——母语说来解释后来的语言变异的观点，我们称之为线性理论，即现在的客家方言的语言变异形式是自中原汉祖语，自唐宋元以来，一条直线地演变发展来的。显然，这种理论并不符合语言事实。客家话的形成是多元的，多层面的语言互动的结果。它的源头包括：苗瑶语族，壮侗语族，北方汉语；而这已经不是简单的所谓‘语言底层’的问题了，它反映了历史上这几个族群之间的密切的文化互动关系，在‘互动’中产生了客家和客家话，所以，客家和客家话早已不是北方汉人和汉语的‘移植’，而是北方汉文化到达闽粤赣交界地区即客家大本营后‘地方化’的结果。

3. 隋唐以来，来自洞庭湖区域的苗瑶语族到达闽粤赣交界地区后，跟当地土著的百越人后裔壮侗语族接触融和，这样形成了畲族；自宋元以来，北方汉人南迁到闽粤赣交界地区跟当地的土著畲族发生密切的文化互动关系，这样即形成了客家和客家话。

4. 客家话中的这些词的构成形式是多样的。考证客家话的词源并非一定要从古代韵书中去考‘本字’，这种‘本字’往往并非来源于北方汉语，由于客家话中的这些词词义的演变过程过长，有的词义跟苗瑶，壮侗语词义并不完全重合，更多地表现为一种词义交叉相近的关系，其词义关系在共同的同源体系中，可组词比较，而不是单个词的比较。”

——邓晓华：《客家话跟苗瑶壮侗语的关系问题》，载《民族语文》1999 年第 2 期，第 42～49 页。

汉语与苗瑶语同源关系的检讨

龚煌城认为：“汉语与苗瑶语之间存在相当数量的音义相似的词汇，这些语词究竟是同源词还是借词，乃是决定汉语与苗瑶语是否属于同一语支的关键。本文针对此一问题，将过去学者研究汉语与苗瑶语的系属关系所提出的‘同源词’加以收集。另一方面也直接从苗瑶语的语料中收集了苗瑶语与汉语音义都接近的词汇，加以分类整理，并且从原始汉藏语音韵系统的观点，参照确实是可靠的汉语与藏缅语之间的同源词，重新加以检讨，以了解其真正的性质。”

通过比较讨论，他认为：“汉语与苗瑶语并不是同源的语言，它们之间音义相近的词汇，一部分是属于借词，一部分则是属于偶然的类似。汉语与苗瑶语的比较研究，虽然经过许多学者的努力，仍然不能找到语言之间严整的对应关系，这是因为汉语与苗瑶语之间的关系词，只是在不同的时代，从不同的汉语方言借进去的语词，而这也是这些关系词为什么很少有基本词汇的原因。”

——龚煌城：《龚煌城汉藏语比较研究论文集》，“中央”研究院语言学研究所，2011 年，第 297～311 页。

粤语可沟通汉语与汉藏语系其他语族间的历史关系

戴庆厦通过分析粤语不同于其他汉语方言的特殊性及比较粤语和壮侗语族语言、藏缅语族语言在语音、词汇、语法方面的相同之处，认为："汉藏语的研究已进入历史比较阶段。沟通汉语和其他各语族语言之间的关系，是汉藏语研究中的一项十分重要而又艰巨的工作。只有认清汉语和其他各语族之间的关系，才能科学地确定汉藏语的系属，也才有可能解决汉语史研究中的许多疑难问题。汉语方言分歧大，发展上存在不平衡的特点，这对于研究汉语史以及汉语和其他亲属语言的关系提供了一些有利的条件。粤语，或称粤方言，是汉语的方言之一，由于历史、地理等多种原因，使得粤语同汉语其他方言相比有许多不同之处，具有特殊性。这种特殊性决定了粤语在汉语以及整个汉藏语研究中占有重要的地位。

……

由于粤语具有这两大方面的特点，因而，我们在探索汉藏语系语族间的历史关系时，就会自然而然地注意到粤语。研究汉藏语，通过汉语方言沟通不同语族间的联系，到目前为止，这方面的工作还做得很少。我们认为，由于汉藏语的各语族具有某种内在的联系，而汉语各方言与各语族又存在各种不同的关系和不同的联系，因此，某些汉语方言，可以起到沟通语族关系的桥梁作用。粤语正是这样一种方言，它是沟通汉语与壮侗、藏缅等诸语族的桥梁。用粤语直接与壮侗、藏缅等语族语言比较，而不用古汉语的构拟形式，在一定程度上，同样可以证明汉语与壮侗、藏缅等语族的关系，而且这样做还更实际。

粤语的研究正在逐步深入，前人的研究为我们提供了大量的材料，打下了良好的基础。今后如果能进一步扩大研究领域，把粤语和汉藏语的研究结合起来，我们相信，无论是粤语还是汉藏语的研究都可能会取得新的成绩。"

——戴庆厦：《汉藏语和粤语》，载戴庆厦：《戴庆厦文集（第五卷）·汉语和非汉语比较研究》，中央民族大学出版社，2012 年，第 220～229 页。原载《第一届国际粤方言研讨会论文集》，香港现代教育研究社，1993 年。

第三节　东干语与汉藏语

东干语与汉藏语的关系

桥本万太郎就东干语的一些语言问题和汉藏语之间的关系进行了阐述。

一、音位学问题

作者通过汉语和东干语的比较，认为“不管来自周围语言的影响多么强大，东干语似乎仍然相当完整地保持着它的语音体系”，只有一个例外，“就是东干语 r 仅在借词的开首位置出现，而不是在原本有的词素上；假如是的话，读的时候，必然像俄语的 P。但在别的位置中，一定保持东干语的卷舌音。正像在别的语言接触情形下一样，我们在这里看到了语音与词汇、词法、句法相比时的顽强性”。

二、词法问题

1. 名词尾缀。“汉语普通话里的尾缀 -r，是一个示小词（diminutive），但事实上，并不仅止于示小。龙果夫称之为‘主观估计’作用。同根尾缀 -r 在东干语里是作为表示喜爱的术语，能对我们更深一层分析现代汉语里的 -r 的作用，提出了暗示。”

“汉语尾缀 -men（们），有如日语里的等同词 -tachi，不仅仅为复数尾缀，首先，它只用在表示人的名词中……日语里的 Ojisan，意为‘叔父’，但它的复数形式 Ojisan-tachi，却不是‘叔叔们’，而是‘叔父和他的一家’（或‘朋友’，要根据上下文而定）。东干语的 -mw，是汉语‘们’的同根字，不过，它却可以用于某些非生物集体名词。”

2. 名词分类字。“东干语中名词分类字的统一，很可能由于在中亚地区与非汉语语言之接触。”

3. 系词。“东干语的系词 -sy（普通话为 shi），作为主语词组的尾缀出现。龙果夫因为像下边例子里独立性的消失而争论不休……因之，我们决不能认为，尽管 shi 的主语尾缀出现在否定句如 zhe- ge shi bu shi gong-ren，就说它是一个主语尾缀。东干语里的这种 shi，假如主语恰巧为代词，就不可能出现……”“龙果夫是把 shi 作为东干语中的附属字的观点来解释这种现象的。但是，这似乎牵涉到了汉语的节奏问题了。如在 zhe shi shei de（这是谁的？）中，指示代词，可以主语出现而不需要其他成分作分类字，尾缀等，但却不能作宾语，如‘wo de shi zhe’（我的是这）就不合语法。这也可能牵涉到代词的音位切分（超语段）性质了。代词从不作首重，除非它在一句话中与其他什么对比。”

4. 动词的重复。“汉语中动词的重复事实上是一个动词加量词的结构……东干语动词的重复形式只能用于命令句；干一次事情，或提议稍来一点，作为邀请，龙果夫从动词的重复形式中看出了相反的作用，这即是 a. 动作的强化；b. 动作的弱化。这一观察本身，并不足以多么说服人；而东干语动词重复的用法，才使这个问题彻底清楚了。”

5. 完成体和未完成体。“在普通话和东干语的分析性之间，有一个非常富于兴趣的差异，普通话中的 -le（了）和 zhe（着）尾缀，表示完成和未完成‘体’（Aktionsart），[东干语的相当字各为 -li 和 -di（ni）]，用之于分析——倘出现时携带及物动词，这些尾缀自然是在动词和宾语之间。”“龙果夫得出的结论是东干语中的 dini 已经成为现在时范畴的一种形式标志。汉语分析中的这种灵活性需要进一步详细研究……但目前关于东干语动词的这种分析性的详细研究，尚是阙如。”

6. 否定词。“汉语有两个否定词 bu（不）和 mei（没、无），近年来的分析使这两个字之间的真正区别更清晰，并提出了它们在句法作用形式上的特征，特别是与否定词同时出现的关系到动词的时体，这对对比研究东干语的相对字 bw 和 mə 很有启发性……从这些观察，我们认识到东干语的 bw 或汉语的 bu 的基本意义，是对意图的否定，而 mə 或 mei 是对事实的否定——是在表达如此这般一桩事实的存在与否——因为这两个否定词用于动词。”

三、句法问题

1. 复主语。“汉语里复主语的问题，引起了约瑟夫·缪里以来许多语法学家的注意。除了普通复主语句如 Ta tou teng（他头疼）外，还有很多句子，其中第一主语（总主语）出现时携带领摄尾缀 -de（的），如 Ta de tou teng（他的头疼）。由于这种句子中最大的停顿出现在领摄尾缀 -de 之后，第二主语（小主语）之前，这第二主语，可以是（疑问）代词，如 Ta de shenme teng（他的什么疼？），龙果夫得出结论说，上句中的第一主语 Ta（他），并不是第二主语的修饰语，而是一种领摄主语……”

“我们不需要另创一个既非纯语义，也不是纯句的概念的领摄主语的范畴。我们的结论是 Ta tou teng（他头疼）的确为双主句，而 Ta-de tou teng（他的头疼）则不是。”

2. 程度的表达。“汉语普通话中有尾缀 -de，东干语中有尾缀 -di 的程度之表达。龙果夫分析像 ma（马）pao（跑）-de kuai（快）这样的句子为双主句结构，因为其中 ma 是主语，pao-de kuai 是谓语，其中的 pao -de 是一个名词化了的动词，为谓语 kuai 的主语……我们想在此争执的是龙果夫的阐述：东干语的副词像 xyn（很），te（太）等，在这些词组里 xo（好）-di（尾缀）xyn（很）（很好），xo-di te（太）（太好），事实上是主语（名词化了的动词）xo-di 的谓语。

这一诠释首先反对龙果夫自己的界说，汉语的副词只能限制谓语中的词，同样也可适用于东干语。关于上引作为谓语的 xyn（很）或 te（太），我们没有发现结构上的佐证。相反，倒是看到了一些内在的证据，表明这些并不是谓语。正如龙果夫自己的支出的，副词像 xyn，已经失去了它们的的词源意义，在东干语，一定程度上，在普通话里，不一定意味‘很’。这样，xo-di-xyn 的强调式，是 te xo-di xyn，而不是 xo-di te xyn。假如上述词组里的 xyn 真的是主语 xo-di（名词化了的尾缀）的谓语，则主语 xo-di xyn 的强调式是 xo-di te xyn。”

3. 双宾语。“东干语对汉语双宾结构的句法分析提供了很好的证据。普通话的双宾结构，可以携带两个不同的形式，一个是放在直接宾语之前的间接宾语，第二个是放在间接宾语之前的直接宾语，此时，需要一个介词 gei（给）以表示间接宾语……因之，我们有理由设想所谓的双宾句，事实上是一个普通的携带介词词组 gei mou ren（给某人）的及物动词句。”

……

“上边的分析和基础形式是 A · 桥本独立地从东干语证据发展得出的，但这事实上是东干语里的双宾结构。此外还有一个同音形式的介词 gei（给）（东干语为 gi），施益词（benefactive），意为‘为了’。因之，极端情形之下，如此的结构在东干语中是可能的：

gi ta gi-gi li
给 他 给（向对）完成体
我给（它）给（某人为了他的缘故）”

最后作者认为要进行东干语和普通话之间的细致对比研究，需要广泛的东干语科学语法。

——桥本万太郎著，李斯纪、李新华译：《东干语研究的当前发展》，载《西北民族研究》1986 年第 00 期，第 366～377 页。

东干语与北京话及西北方言的语音及词汇比较

林涛指出："东干语和我国现在的北京话、西北方言相比，有同有异。这些异同关系在语音、词汇、语法各个层面上都有表现，这里主要从语音和词汇上进行比较。从语音上看，东干语音系比较简单，古代的全浊声母字都读清声母，韵母中的辅音韵尾比较少，声调也只有三个或四个。和北京话、西北方言相比，东干语和西北方言的共源关系更为密切。东干语和西北方言的共同点是：复元音有单元音化的倾向，有鼻化韵，前后两套鼻化韵相混，声母里有唇齿、浊、擦音［v］和舌根、浊鼻音［ŋ］声母等。但是东干语和西北方言语音又不完全相同。拿东干语中的陕西话和西北方言的西安话作一比较，就会看到它们虽然同属于中原官话中的关中片语言，但有些字的读音却不完全相同。如'飞'东干语陕西话读［fi^{21}］，西安话读［fei^{21}］；'电'东干语陕西话读［tçiæ̃^{44}］，西安话读［tiã^{55}］；'说'东干语陕西话读［ʂə^{21}］，西安话读［fo^{21}］［p'ɔ^{53}］，西安话读［p'au^{53}］等。

词汇也是这样，东干语和西北方言里的不少词语基本相同。如北京话里的'银河'，东干语和西北方言都说'天河'；北京话里的'母牛'，东干语和西北语言都说'乳牛'；北京话里的'风箱'，东干语和西北方言都说'风匣'；北京话里的'加餐'，东干语和西北方言都说'打尖'；北京话里的'酱油'，东干语和西北方言都说'清酱'。同样东干语和西北方言在词汇上也有不少差别。东干语里的'野牲'，西北方言大都说'野兽'；东干语里的'家牲'，西北方言都说'牲口'；东干语里的'男寡天'，西北方言都说'光棍'；东干语里的'巴家'，西北方言都说'挑担'；东干语里的'疔痂'，西北方言都说'鸡眼'；东干语里的'连手'，西北方言多说'朋友'；东干语里的'一满'，西北方言多说'一共'或者'总共'等。"

——林涛：《东干语与北京话及西北方言的比较》，载《北方语言论丛》第2辑，阳光出版社，2013年，第68～93页。

第三章　汉语与非汉语的语言接触和语言影响

第一节　语言接触和语言影响的论述

论汉藏语语言联盟

瞿霭堂、劲松指出：“欧洲学者建立汉藏语系首先从汉语与藏缅语言的关系入手，然后扩及台语等语言，从汉藏语系的命名可见端倪。历史比较语言学对文献有较大的依赖性，汉语和藏语都有古老的文字，有利于比较。由此可见，奠定汉藏语系基础的是汉语和藏缅语言，后来扩展到侗台和苗瑶等语言。侗台和苗瑶等语言的系属研究从开始一直处于游移不定的状态，或者说，系属分类上较难取得共识。”

“目前，中国汉藏语言系属研究有三种趋势：第一，继续深挖同源词；第二，探索识别同源词和借词的方法；第三，寻找新的解决汉藏语言历史关系的方法，创建新的系属关系框架。本文旨在讨论历史比较语言学系属分类的理论和方法及其在汉藏语言研究中的问题，并为汉藏语言的系属构建新的语言联盟框架。”

“使用同源词的方法来确定语言之间的历史关系，进行谱系分类是一种科学的方法，为什么在汉藏语言研究中发生困难？原因是对同源词性质的认识发生了偏差。使用同源词识别的方法要有一定的条件，主要是语言差异较小，语言结构相同或相近，具有古老的文献。印欧语言使用这种方法取得成功，具备这种条件。汉藏语言语支和方言层级上使用这种方法有效，也因为具备这些条件。汉语有汉文音韵古籍，藏语有藏文，都可以作为比较出发点，上溯下推，做出比较科学和合理的解释。”

“我们语言联盟概念的基本点是与陈保亚一致的，比如语言联盟是以语言接触为基础的，语言接触是无界的等。我们建立的汉藏语言联盟有五点与陈保亚的语言联盟不同：第一，陈保亚的语言联盟是一个‘次范畴’，我们的语言联盟是与语系对等的范畴；第二，陈保亚从关系词，即从词汇的角度确定接触关系和同源关系，我们以整个语言系统，特别是语法结构确定接触关系和同源关系。所以陈保亚有‘转型变化’、‘同源异构’、‘异源同构’等问题，我们不存在这样的问题；第三，由于陈保亚的‘转型变化’需要证明转型者，他指出‘我们现在还没有足够的证据证明汉语、越语、南岛语（澳）哪一个是转型者’。正如上文所指出的，语法结构的转型是很难证明的。我们认为藏缅语族和苗瑶壮侗语言都是混合语，没有转型的问题；第四，我们的语言联盟框架包括藏缅语族，实际上不承认汉藏语系的存在，陈保亚的语言联盟不包括藏缅语言，承认藏缅语言与汉语是同源关系，只是将汉语与侗台语确认为语言联盟关系；第五，陈保亚的语言联盟没有从历史、民族等方面加以说明参证，我们把历史上的民族接触和语言接触结合起来说明混合语的产生和语言联盟的形成。”

“语言联盟在历史比较语言学和汉藏语言历史关系研究中都不是新的思想，也不能完全脱离谱系分类的理论，本质上是一种将语言合并与分化结合起来建立在两种语言发展演变模式基础上的理论和方法，本文只是在取消汉藏语系，提出汉藏语言的多源头和识别同源的方法上，提出一些新的思路，希望汉藏语言的历史关系研究，在语言发展演变的两种基本模式上进行共同的研究，更科学和合理地来解释和说明汉藏语言的历史源流关系。”

——瞿霭堂、劲松：《论汉藏语语言联盟》，载《民族语文》2013 年第 5 期，第 13～24 页。

语言接触的深层影响

陈其光通过我国境内民族融合地区的语言现象，论述了不同语言相互接触后的多方面的深层影响。认为：“中古汉语有舌根鼻音疑母。疑母字的声母在现代汉语方言里有的消失了，有的保存着，其表形式可分三类。第一类是北京、济南、太原、合肥、扬州，少数字有声母，大多数字声母消失。第二类是西安、武汉、成都、长沙、双峰、南昌，一部分字的声母消失，另一部分字的声母保存，一般是舌根鼻音。第三类是苏州、温州、厦门、福州、潮州、建瓯、广州、阳江、梅县，声母基本上保存，一般也是舌根鼻音。可以看出，疑母的消失有地域差别，越往北方消失得越多，越往南方消失得越少。除疑母外，中古汉语还有鼻音韵尾，其中宕摄、江摄、曾摄、梗摄、通摄的字都收舌根鼻尾。与舌根鼻音声母相反，舌根鼻尾在现代汉语方言里并不呈现出从北往南消失的趋势。”

“同一个鼻辅音，为什么位于音节首的演变规律与位于音节末的会有这样大的区别呢？除内部条件外，蒙古语和满－通古斯语的影响起了很大的作用。唐以后，辽、金、元、清相继兴起，长期统治中国的东北、华北甚至全国，元、清还建都于北京。以契丹语、女真语、蒙古语、满语为母语的少数民族大批内迁，广布于东北、华北，其中大多数人后来汉化，兼通汉语或转操汉语。东北、华北的汉人也有许多人学习统治民族的语言。契丹语、女真语、蒙古语和满语分属于蒙古语族和满－通古斯语族，这两个语族都有鼻音 m、n、ŋ，其中的 m 和 n 可以出现于词首，而 ŋ 不能出现于词首，但是能出现于词末。操蒙古语和满－通古斯语的人学习或转用汉语时，对音节首的疑母，因为不合母语的发音习惯，容易失落；而音节末的舌根鼻尾，因为与母语一致，自然保存。契丹、女真、蒙古、满内迁时，主要分布在北方，他们对汉语的影响当然也主要在北方，所以汉语北方话的疑母消失了，而舌根鼻尾保持着。”

“甘肃临夏、东乡、积石山，青海民和、循化、同仁一带古称河州，居住在那里的汉族、回族、东乡族、保安族、土族、撒拉族用河州话互相沟通：河州话的词基本上来自汉语，声母和韵母也与汉语的相同，但是声调起了质的变化，表现为：单字调少，区别意义的主要有两个；调值差别小，高低只相差一度，因此声调的辨义功能小，以至操河州话的语言学家也认为：‘声调特征变得十分模糊，甚至完全消失。’”“汉语普通话里许多不分轻重的双音词，如‘干净’、‘绿豆’、‘开始’、‘圈套’、‘民族’、‘开水’、‘皮肤’、‘头巾’、‘心脏’等，河州话都读成一个音节轻，另一个音节重。汉语里一些轻重相同声调不同的词，如‘毯子’与‘坛子’、‘辫子’与‘鞭子’、‘柱子’与‘竹子’、‘镜子’与‘金子’等，河州话用轻重音来区别。汉语里另一些声调不同的词，如‘管子’与‘罐子’、‘豹子’与‘雹子’，河州则读成同音词。因此，在河州话的双音词里，音高已丧失辨义功能，轻重音的作用则非常突出。可见河州话的声调已淡化到可有可无的程度，取而代之的是轻重音的显著差别。”

之所以出现上述现象，作者认为：“因为使用河州话的主要是少数民族，他们的母语阿尔泰语只有重音，没有声调。这些人现在有的兼用民族语和河州话，他们在兼用或转用语言时，母语的语感起了作用，对汉语的声调不敏感，而把汉语里音高较高的音节说得较重，音高较低的音节说得较轻。而汉语里高调低调的位置在多音节词里是不固定的，于是河州话里产生了区别词义、位置不固定的重音。”作者把这种从声调转化而来的位置不固定的重音称为声调重音。

“古汉语声类分全清、次清、全浊、次浊四类，其中全浊声母在多数方言里已经清化，次清、次浊未变，全清声母中多数也未变，但是帮母和端母在华南的一些方言里却变成了浊音，出现了清浊对转的奇异现象。例如：

广西富川新华		湖南嘉禾田心	
帮母	bu⁵⁴	ma¹³	疤
	bau⁴⁴	ma⁵⁵	布
……			
端母	də⁵⁴	lau¹³	刀
	da⁴⁴	lo⁵⁵	带
……”			

我们可以从语言接触的深层影响来揭示这种清音浊化的现象。“五岭和岭南地区是古越人分布区，汉人、苗人和瑶人是后来迁入的。这些民族长期交错杂居，互相学习语言，不免发生深刻的影响。越人的后代现在操侗台语族语言。侗台语族的一个突出特点就是许多语言有内破裂浊塞音声母 ʔb 和 ʔd（标作 b、d）或浊鼻音声母 m 和浊边音声母 l。例如：

壮语	bɯn¹	天	baːn³	村	dum⁵	喝	duk⁷	朽
仫佬语	mən¹	天	maːn³	村庄	lai³	得	lɔŋ³	簸箕
水语	bən¹	天	bin³	席子	laːk⁷	骨头	dak⁷	聋
侗语	mən¹	天	maːŋ⁵	边	laːi¹	好	loŋ³	簸箕

这些字的声调都是阴调（1、3、5、7 调），可见它们与古代浊声母无关，应属清声母范畴。另外，侗台语也缺少与阴调相拼的舌根浊音，因此我们有理由推断：汉语帮、端两母浊化是侗台语影响的结果。除帮、端外，一些非母字和知母字的声母也浊化了，这种影响发生在帮、非和端、知分化之前，时间是相当古的。”

“词义的外延缩小苗语和勉语是同语族的语言，许多基本词是同源的，但是有些词的外延不同，苗语的外延大，勉语的外延小。例如苗语的 moŋ³³，既是‘痛’的意思，也是‘病’的意思。但是勉语里与苗语同源的 mun³³，只表示‘痛’不表示‘病’，‘病’用另一个词 pɛːŋ³³ 表示。所以苗语 moŋ³³ 的外延比勉语 mun³³ 的外延大。那么是苗语 moŋ³³ 的外延扩大了呢？还是勉语 mun³³ 的外延缩小了？让我们考察同样情况的一些例字：

苗语		勉语			
moŋ³³	痛、病	mun³³	痛	pɛːŋ³³	病
tu¹¹	火、柴	tou²³¹	火	tsaːŋ³¹	柴

ə^{33} 水、河 uam^{33} 水 suaŋ^{33} 江

……

上面各例都是苗语的一个义项与勉语的一个词对应，另一个义项勉语用另一个词表示。勉语的另一个词都是汉语借词。可见，在汉语的影响下，苗瑶语的一些基本词在一些方言或语言里，原来的义项减少了，所减少的义项借汉语里一个同义的词表示。这个汉语借词，实际上只借了形式，而内容是原来就有的，并不是新的，我把这种原词存在，受外来影响，部分词义分化为新词的现象，称为‘裂变’。”

——陈其光：《语言间的深层影响》，载《民族语文》2002 年第 1 期，第 8～15 页。

从语义复制的两种模式推断接触引发的“多义复制”特别次类

吴福祥指出：“语义复制是接触引发的语义演变的重要机制。本文以中国境内的语言为例探讨语义复制的两种模式，即‘同音复制’和‘多义复制’。文章进一步认为，接触引发的语法化可被视为‘多义复制’的一个特别的次类。”

“汉语的定语标记‘的’、状语标记‘地’和补语标记‘得’虽是语法功能截然不同的三个语法语素，但语音演变的结果导致这三个语素在现代汉语平面成为同音形式：

[tə^0] { 定语标记‘的’‘老方的房子 | 老方前年买的那套房子’
状语标记‘地’‘踏踏实实地做学问’
补语标记‘得’‘会议开得很成功’

基于以上证据，我们将白语‘no^1 [定语标记、状语标记和补语标记]’这种同音模式的产生过程构拟如下：

在与汉语的接触中，白语的使用者注意到，汉语定语标记‘ [tə^0]’（‘的’）同时兼有状语标记和补语标记两种功能，于是他们赋予其定语标记 no^1 以状语标记和补语标记的功能，从而复制了汉语‘tə^0 [定语标记、状语标记和补语标记]’的同音模式，其结果导致定语标记 no^1 获得了状语标记和补语标记两种功能。

还有一个证据可为上面的拟测提供佐证：有些南方民族语言借用了汉语的定语标记‘的’。因为在汉语里，定语标记‘的’与状语标记‘地’语音形式相同，所以被借的定语标记‘的’在这些民族语言里也连带地用作状语标记。例如：

布庚语（李云兵 2005）

a. 定语标记：ni^{55}

$khen^{44}$ o^{55} ni^{44} $pi̠^{44}$ la^{44} $mɯ^{55}$ tho^{31}. 我的碗比你的大。（159）

碗 我 的 比 格助词 你 大

b. 状语标记：ni^{55}

i^{31} $ɣo^{31}$ $sa̠ŋ^{31}$ $ɣoŋ^{31}$ $mbjaŋ^{31}$ ni^{55} $ȵa̠^{31}$ a^{44}. 她急急忙忙地走了。（160）

她 急 急 的 走 了

比较：补语标记：$ti̠^{31}$

o^{31} lau^{44} $ti̠^{31}$ ma^{24} $ndzen^{44}$ a^{44}. 我冷得发抖了。（129）

我 冷 得 发抖 了

最后一个问题是，触发白语‘no^{1}［定语标记、状语标记和补语标记］’同音模式产生的模式语有没有可能是当地汉语方言而非汉语标准语？我们觉得这种可能性不大。云南汉语方言分为滇中、滇南、滇西和滇东北四片，跟白语有接触关系的汉语方言属于滇东北片，但在这个地区的汉语方言里补语标记与定语标记、状语标记并不同音。如大理话和保山话：

大理话（云南省语言学会 1989）

a. 定语标记：［ne^{0}］

羊七村有个放羊的（［ne^{0}］）小伙子叫段赤诚。（527）

b. 状语标记：［ne^{0}］

只要好好的（［ne^{0}］）修持，老了嘿就可以到苍山去成仙。（526）

c. 补语标记‘得’：［te^{31}］

他把这些刀子磨得（［te^{31}］）飞快。（529）

保山话（云南省语言学会 1989）

a. 定语标记：‘的’（ti^{0}）

他的（［ti^{0}］）父亲早就死了。（539）

b. 状语标记：‘地’（ti^{0}）

把它抬回家，恭恭敬敬地（［ti^{0}］）供起。（541）

c. 补语标记：‘得’（tə33）

槟榔抱住妈妈，哭得（［$tə^{33}$］）死去活来。（541）

倒是在滇中片的昆明话里，这三种语法标记语音形式相同。例如：

昆明话（云南省语言学会 1989）

a. 定语标记：[nə⁰]

吴三桂的（[nə⁰]）封号，是叫‘平西王’。（519）

b. 状语标记：[nə⁰]

要真正真的（[nə⁰]）晓得金殿的（[nə⁰]）好玩处啊，还是请你们自己去玩去。（521）

c. 补语标记：[nə⁰]

这两条龙雕得（[nə⁰]）点儿模点儿样的（[nə⁰]）。（519）

昆明话的结构助词‘nə⁰’应是汉语标准语‘tə⁰’的音变形式（‘t>l>n’），因此即便白语‘no¹ [定语标记、状语标记和补语标记]’复制的是昆明话的‘nə⁰’，那最终也是复制标准语‘tə⁰’的同音模式。”

“汉语的‘出彩虹’在倒话里要说成‘gɔ̃³²⁴ tʂhẽ⁵⁵⁴’。这里的‘gɔ̃³²⁴’就是汉语‘虹’在倒话中的读音，而‘tʂhẽ⁵⁵⁴’其实就是汉语的‘伸’字；亦即‘出彩虹’说成‘虹伸’。动词后置于宾语，是倒话语法与藏语语法一致的地方，这里且不管；问题是为什么表示‘出彩虹’动词要用‘伸’呢？这从汉语中很难解释，不过，若从相应的意义内容在当地藏语中的表达方式这个角度来看，便豁然开朗了：当地藏语‘出彩虹’的说法是‘vdzav rkjang [ɳdʑɐ³⁵ tɕiɔ̃⁵⁵]’，‘vdzav’即‘虹’的意思，而‘rkjang’就是‘伸展’的意思。同时，当地藏语说‘展开双手（臂）’时，也用‘rkjang’。与此对应，倒话在‘展开双手（臂）’和‘出彩虹’时都用 tʂ‘ẽ⁵⁵⁴‘伸’字来表示（阿错 2002：35，2003，2004）。也就是说，倒话的 tʂ‘ẽ⁵⁵⁴‘伸’之所以具有‘显现（彩虹）’的意思，是因为这个倒话词汇复制了藏语对应词‘rkjang’的‘展开—显现’这一多义模式。即：

模式语		复制语	
（藏语）		（倒话）	
S（x，y）	⇒	L（x，y）	{条件：Lx = Sx}
rkjang（展开；显现）		tʂ‘ẽ⁵⁵⁴（展开；显现）	

倒话的‘抬’（t‘ɛ³³²）除‘托举’、‘共同用手或肩膀搬东西’等意义外，还有‘（动物）叼走’的意思，如‘羊子豹子 ki 抬 ɐ-lɔ（羊子给豹子叼走了）’。倒话‘抬’这一意义

是如何产生的？原来当地藏语的对应词‘kyag(抬)’正好也有‘(动物)叼走’这一义位。(参看阿错 2002，2003）很明显，倒话‘抬（$t'ɛ^{332}$）’的‘（动物）叼走’这一意义是复制当地藏语对应词‘kyag’多义模式的结果。”

“我们的问题是，$tɯ^{6}$ 的‘持续体标记’用法是如何产生的？是这个语言内部独立发生的演变，还是接触引发的语义演变？我们认为是后者，而且更准确地说，白语 $tɯ^{6}$‘持续体标记’用法的产生是复制云南汉语方言‘得’多义模式的产物。我们的证据有二：

第一，南方民族语言中‘得’义语素多功能模式中罕见‘持续体标记’这一功能。根据我们（吴福祥 2009a）的考察，南方民族语言中‘得’义语素的多功能模式通常涉及下面五种功能：（i）‘得’义主要动词、（ii）动相补语 / 完整体标记、（iii）能性补语、（iv）状态 / 程度补语标记和（v）能性补语标记……第二，据《云南省志》卷五十八《汉语方言志》（云南人民出版社 1989），云南汉语方言的‘得’（［$tə^{44}$］）除“获得”义动词外，还具有可能补语、持续体标记以及状态补语标记等功能。”

“本文讨论接触引发的语义演变的若干情形，着重以中国境内语言（汉语和南方民族语言）的事实为例探讨语义复制的类型。初步的结论是：

（1）语义演变既有语用—认知的因素，也有语言接触的动因；

（2）接触引发的语义演变有‘语义借用’和‘语义复制’两种类型；

（3）语义复制有‘同音复制’和‘多义复制’两种模式；此外，接触引发的语法化也可视为语义复制（多义复制）的一个特别的次类。”

——吴福祥：《语义复制的两种模式》，载《民族语文》2013 年第 4 期，第 3～18 页。

通过蒙 / 满汉动词对比论证语言接触能形成新动词

包联群指出：“本文以黑龙江省蒙古族社区语言（HMCL）中的蒙汉双语动词和黑龙江省满语口语中的满汉双语动词为个案，探讨通过语言接触而产生的‘双语动词’（bilingual verb）及其特征，论证 Muysken（2000）提到的语言发生接触时，动词不仅可以借用，同时也会形成新的‘动词’（双语动词）的观点。”

“通过上述分析，我们证实了语言发生接触时，动词不仅可以借用，同时也会形成新的‘动词’，即双语动词的观点，如形成了新的蒙汉双语动词或满汉双语动词等，与 Muysken（2000：184）提出的主张相同。这些从汉语借入的动词相当于 Muysken 提出的类型 a，其中也有此类型的‘适用形’；而在来源于汉语的词之后附加蒙古语助动词 xix 则属于 Muysken 提出的类型 b。此外，我们还发现，蒙汉（或满汉）双语动词的结构与原语言（蒙古语或满语）的动词结构非常相似，也即汉语来源的动词替代了原语言动词发挥着新的动词的作用。因此我们认为，蒙古语（或满语）与汉语的接触不仅只停留在名词的借用上，而且还包括动词在内的语法词汇的借用。这些语言事实为解释双语动词的形成过程以及解决动词能否被借用（Thomason 2001：70—74，Thomason and Kaufman 1988：348—349，Moravcsik 1978：111—112，McArthur 1992：142）之争议提供了有力证据。”

——包联群：《民族语言中的双语动词——北方少数民族社区语言中的蒙/满汉双语动词个案研究》，载《民族语文》2013年第4期，第75～80页。

第二节　汉语对非汉语的影响

汉语对缅语成语的影响

汪大年通过对缅甸语和汉语成语中的四音节成语、两段式四音节成语等多种音节结构和成语中的押韵规律等进行对比分析，认为：“汉语的成语大多数是由四个音节组成，它非常突出地体现了汉语语音和结构上的特点。它既要言简意赅，从用词来说就要尽量减少，那些不必要的虚词就很少出现在成语里。从语音来说，四个音节能充分体现汉语四个声调的抑扬顿挫的音乐感。有不少四音节的汉语成语，就是由平、上、去、入四个声调组成。缅甸语也是一种有声调语言，基本上属于一个字、一个音节、一个意思的孤立语范畴（有人认为是准孤立语）。许多古老的缅甸文字记载和古典文学作品，亦都是由四言的格式创作。因此，缅甸语成语与汉语有许多相同之处，缅甸语成语中也有不少四音节结构，甚至有些成语从结构和内容来看与汉语的结构和寓意完全相同。”

“通过缅汉成语比较，可以清楚地看到缅汉成语之间从语音结构、平仄押韵，到内容形式都有着许多相似之处。从中也可以看到：中缅两国人民有着共同的生存环境、相近的思维方式、密切的民族渊源关系。因此在创造和使用成语方面有许多相近之处。由于缅甸语和汉语都属于汉藏语系，在语言上有着亲属关系，因此在两国成语的语音体系、音节结构、音韵相谐、铿锵有声等成语特有的感染力和意境效应上都有着极为相似的地方。缅甸成语的结构方面比汉语成语有着更多的宽松条件，结构的形式更加多样化。”

——汪大年：《缅汉成语的语音比较》，载《语言研究》2006年第3期，第122～125页。

土汉接触中汉语声调对土家语高调的影响

张军通过归纳土家语南北声调的主要对应关系发现：“北部的中升（24）和低降（21）与南部的低降（21）和低升（13）之间的对应规律很明显，说明土家语南北声调的对应关系在总体上是有规律可循的，这一类的对应规律是由土家语自身的语音条件所制约的，属于声调的规则演变。而北部的高降（53）和高平（44）与南部的高降（53）、高升（45）和中平（33）之间的对应关系的规律性不强，其演变没有明显的语音条件。”

“当三个调的土家语遭遇四个调的西南官话时，土家族双语人自然会用土家语的三个声调去匹配汉语的四个调，匹配的结果是：用土家语的升调（24或35）对应于汉语的去声（24），用土家语的低调（21）对应于汉语的阳平（21），但是，土家语的高调（53或55）既可以对应汉语的阴平（44），也可对应上声（53）。土家语中的部分汉语借词，阴平调字本应念高平调（44），借入土家语后被念成了高降调（53）；本应念高降调（53）的上声字，被念成了高平调（44）。说明在土家语的高调未完全分化之前，土家人的语言心理上只存在一个高调。”

“从土家语的角度来说，因为汉语方言的阴平（55或44）和上声（53）都可以对应于土家语的高调（55、53或44），而汉语的阴平和上声是具有明确的辨义功能的，长期的接触关系使得土家语的高调逐渐产生分化，成为高降（53）和高平（44）两个调位，也就是说，原来高调的两个变体，受到汉语阴平和阴上调的影响，逐渐分化成两个独立的声调，渐渐具备了辨义功能。”

因此，作者认为土家语（北部方言）原本只有一个高调，跟汉语的长期接触加速了声调的演变，土家语的高调逐渐分化成为高平和高降两个辨义的调位。

“高调在分化的初期，音高是不甚稳定的，混用的情况时有发生。这种情况还说明了高调的分化不是以土家语自身的语音条件为分化条件，而是受汉语方言高平高降两调的影响而逐步区分的，因此南北土家语在这两个调的对应上看不到明显的语音条件和对应规律。北部方言高调的分化，就目前观察到的事实，是一种尚未完成的演变过程，各地的进程不同。最核心的地区（如坡脚乡）高平高降两调的最小对比最少，表明高调的这种分化仅仅在极少数音节上稳定下来，而大部分音节仍处于高平高降摇摆不定的状态之中。”

——张军：《土汉接触与土家语高调的分化》，载《中国语文》2008年第4期，第362～370页，第384页。

从南部土家语的特殊构词看语言接触的深层影响

徐世璇以南部土家语受汉语影响而形成几种特殊构词方式为具体例证，探讨了语言接触的多样性和长期密切的接触对语言系统形成的深层影响。认为："南部土家语新词的构成除了复合、派生、语音屈折、语音分化等汉藏语言中普遍共有的一些方式外，在汉语的影响下产生了一些新的、带有相当特点的构词方式，这些方式同汉语的联系多种多样，有的是构词成分的中和，有的是结构方式的综合，有的是词语寓意的借用，有的是音义联系的转换，表现出语言接触所产生的程度不等、复杂多变的影响结果。”

“南部土家语中几种特殊构词方式的产生表明，汉语对南部土家语的影响不仅仅停留在语言形式借用的层面，而且深入到语言的生成机制，这两者之间有着本质性的差别。”

“土汉混合式要求准确把握汉语语素意义，才能够同本族语形式有机地结合为一体，共同表达一个确定的词义；借汉重组式需要正确剖析汉语词形构造，才能够将外来形式改造成符合本族语习惯的结构形式；喻义仿造式必须深刻理解汉语词的语义内涵，才能够将词的比喻义同实际所指相联系；联音转义式取决于对汉语同音词语的丰富联想，才能够通过语音上的联系找到相应的本族成分组成新词。可见，通过这几种方式构成的词无论语素义和所构成的整体词义其关系直接还是曲折，同相应汉语词的联系明显还是隐秘，都同汉语的形式或语义密不可分，同时，从语音、语义、词形等方面的移借、关联、仿造等多种联系中还显露出汉语词中蕴含的心理特征、认知成果、文化背景对土家语的深层影响。”

“土家语中同汉语相关的词汇除了直接从汉语借进的借词外，还有自身系统中产生的新词。经过汉语长期的渗透，土家语在不断改造、吸收汉语形式和内涵的过程中，逐渐形成新的结构规律，固定为新的构词方式。这些构词方式产生后，不仅使土家语融汇汉语形式的能力进一步增强，易于将更多的汉语融为一体，而且通过生成机制不断产生出带有汉语要素的新词，自身的再生能力促进了汉语影响在系统内部的扩展。外部借进和内部生成这两条途径使得同汉语有关联的新词大量增加，在很大程度上改变了南部土家语词汇的原来面貌，显示出向汉语趋同的演变倾向。”

"综上所述，史籍文献不仅留下了两个民族和两种文化长期接触的历史记载，而且体现了土家语和汉语接触所独具的特点，即：以汉语文学校教育为重要途径，以精通汉文化的知识分子为强劲中介，以众多的双语人为广泛基础，以深厚的汉文化影响为社会背景。这种不同寻常的接触关系给土家语造成了深刻的影响，为独特的构词方式提供了必要的形成条件。而通过这些构词方式生成的大量带有汉语色彩的新词，又进一步促进了土家语词汇系统向汉语的趋同。"

——徐世璇：《从南部土家语的特殊构词看语言接触的深层影响》，载《东方语言学》第 2 辑，上海教育出版社，2007 年，第 167～176 页。

从白语南部方言来母读音看白语中白 – 汉关系词语音的演变

王锋指出："白语中有数量较多的白汉关系词，其读音与汉语有较为复杂的对应关系。并归纳和分析了白语中来母关系词声母的读音，将其分为两类，即读为 l-(n-、ȵ-) 的主体读音和读为 k-、ŋ-、x-、ɣ-、ø-、j- 等的非主体读音，认为读为 l-（n-、ȵ-）的是中古以来的历史层次，而非主体读音则分属上古及中古早期的历史层次。"

"但即便如此，大理白语中来母的读音即有 9 种之多（包括零声母和三种主体层次的读音）。这是比较复杂的语音对应关系。造成这种复杂对应的原因，一方面是由于这些读音来源于不同的历史层次，另一方面则是这些关系词的读音在白语中有了新发展的结果。"

"白语中来母的上古层次，即包括由 r- 发展而来，而非从 l- 发展而来的各种读音。这些读音或许在白语中有新的发展，但仍属于上古层次，与从 l- 发展而来的中古及以后层次有根本的区别。白语中来母的上古层次，大体先由颤音擦化为舌根浊擦音，即：*r- → ɣ-。这是一个很常见的音变。舌根浊擦音 ɣ- 是一个很不稳定的音，它在白语中又有不同的后续发展。"

"中古层次的非主体读音，主要是中古前期来母完成 *r- > l- 的音变之后在白语中的新发展。主要的新发展是 l- > j-（ç-）。白语中的来母关系词有部分读作 j- 声母。"

"由上可知，白语中读为 j- 的来母字，其音变规律如下：*r- > l- > j-。由 l- 到 j- 是一个中古以后的音变。在白语大理方言中读为 j- 的来母，在其他一些方言中对应为舌根浊擦音 ɣ-。如'来'：

大理	洱源	剑川	云龙	昆明	鹤庆	兰坪	元江	祥云
$jɯ^{35}$	$jɯ^{35}$	$ɣɯ^{35}$	$ɣɯ^{35}$	$ɣɯ^{35}$	$ɣɯ^{35}$	$ɣɯ^{35}$	$ɣɯ^{12}$	$ɣɯ^{12}$

这些来母关系词在白语中有两种不同的读音，显示它们之间并非历史的发展关系，而是平行发展的不同音变，其音变的路径不同。大理白语中读 j- 的来母字，其发展路径是 *r- 先变成流音 l-，l- 再变成 j-，即 *r->l->j-。而读 ɣ- 的来母字，则是由上古的 *r- 直接变成了 ɣ-，其音变规律是如前所述的 *r->ɣ-。ɣ- 在白语中有多种新的发展形式。因此，这两种不同的读音，说明来母字进入白语的时间很早，并且在不同方言中发生分化，各自发展路径不同，形成了当代白语中两种不同的来母读音。同一个汉语来母字进入白语，在不同方言中的音变完全不同，其中的机制值得进一步研究。当然，也不能完全排除不同汉语方言影响的可能性。

从来母的读音及其历史层次可以看出，白语中白—汉关系词声母有上古、中古、中古以来等多个历史层次，是一个多个历史层次重叠的系统。其主体层次是中古及中古以后的层次，占绝大比例的白－汉关系词也可以确认是中古以来的汉语借词。此外还有部分借词属上古层次，体现了白语和汉语早期的密切关系。”

——王锋：《白语南部方言中来母的读音》，载《民族语文》2013 年第 3 期，第 56～62 页。

从白语里的三个汉语句式看白借汉现象

傅京起通过讨论白语里“动词和助动词的词序、差比句、类似于‘把’字句的宾语提前句式”等三种汉语句式的汉语来源和历史时期，以及它们在明代的使用情况，认为白借汉的现象是典型的“借贷”类型。

“本文考察了几个白语里的汉语句式，根据明代的白语材料和中古汉语的材料，提出有的句型唐代就借入白语了。根据 Thomason & Kaufman（1988）的定义，白借汉的现象属于典型的‘借贷’（borrowing）不是‘母语影响’（shift）。语法借贷在词汇和语音之后，所以唐代的语法影响证明语音和词汇的借贷要更早。

语法借贷有不同的形式：一是语法结构与表达结构的语法词一起借入，如处置式和介词 $jõ^{42}$（用），差比句和 pi^{31}（比），助动词 + 动词和 $kã^{31}$（敢）；二是仿造词（calque），如 $kɑ^{44}$（=‘将’）；三是借汉语语序，用固有词，如助动词 $jõ^{44}$（=‘要’）。以第一种最为常见。

白语固有的与汉语句式相冲突的句式还在使用，这意味着白语的类型还没有彻底转向汉语，仍然处在过渡段，虽然这个过渡段已经有一千年了。”

——傅京起：《从白语里三个汉语句式看汉语对白语句法上的影响》，载《东方语言学》第 3 辑，上海教育出版社，2008 年，第 90～101 页。

雅江“倒话”的混合特征

意西微萨·阿错从语音、语法方面考察了倒话和汉语的关系，揭示了“倒话”的混合特征。认为：“倒话是青藏高原东部的一种藏汉混合语。其词汇主要来自汉语，构词方式多与藏语相同，语音系统的结构对应于藏语，语法结构主要来自藏语。”

“从基本词、核心词的比例看，人们似乎可以将倒话视为汉语，甚至是一种汉语方言。然而，从语音方面看，这些词可认为源自汉语；但是在语义上却可以发现，倒话语词的语义系统却主要是接近藏语而不是汉语。例如，倒话将‘出彩虹’说成gɔ̃^{324}tʂhẽ^{554}。其中，gɔ̃^{324}是汉语‘虹’的读音，而tʂhẽ^{554}则是汉语的‘伸’，将‘出彩虹’说成‘虹伸’。从表面看，用汉语解释动词‘伸’的语义十分牵强，但联系到当地使用的藏语就很明确。当地藏语说‘出彩虹’为n̥dʑɐ^{35}tɕiɔ̃^{55}，其中，n̥dʑɐ^{35}为‘虹’，而tɕiɔ̃^{55}就是‘伸展’的意思。”“在大多数情况下，一旦某一个词的语义在藏语和汉语中存在差别，倒话相应词的语义往往接近藏语。”

“‘倒话的基本词汇主要来源于汉语’，更准确地可能表述为：倒话基本词汇的语音形式主要来自汉语，因为这些词项与汉语相应词有着严格的语音对应关系。但是，组成这些语音结构的要素格局，即元音格局与辅音格局以至调型调值则更接近藏语。”

“古代汉语塞音声母也有清浊对立，那么倒话的塞音声母的清浊对立是否由此继承而来呢？从‘倒话’中汉语词的语音表现看，汉语的古浊音声母已经全部清化，倒话中有些来自汉语的字、词读作浊音，与古汉语浊塞音没有关系。倒话辅音格局中的塞音清浊对立显然来自藏语而非汉语。”“倒话的整体语音要素格局的主要来源是指向当地藏语的，而不是在原有（汉语的）格局基础上的部分吸收。由于当地藏语辅音声母特别丰富，完全可以涵盖汉语的全部声母，所以倒话中来源于汉语的语词，其声母都不需要作‘改造’，于是也就无从看出被纳入倒话的特定语音要素格局的信息。”

“倒话动词的名物化标记和各种体、态、式、情态等语法范畴标记，以及名词、代词、名词性词组的一些格标记等等，有的直接采用藏语相应的语法标记，如及物动词施动主语的‘作格’标记‘ki’，但也有许多仍然可以从语音和意义方面找到来自汉语的痕迹。当然极少一些语法标记目前尚不好断定其形式来源。这些在语音和意义方面带有汉语痕迹的语法标记承担着与汉语中相应语素完全不同的语法功能，同时与汉语原词的性质有着根本区别。

例如，动词持续体有表示不同情态的两种语缀，并且要求与相应的人称对应：

情态	语缀	相应人称
亲验	-di-jiu51	对称疑问式、自称、他称
非亲验	-di-jiu51li	对称陈述式、他称
我（ki）饭吃	di-jiu51.	我正在吃着饭。
你（ki）饭吃	di-jiu51bɔ?	你正在吃着饭吗？
他 ki 饭吃	di-jiu51.	他正在吃着饭。（亲验意味）
他 ki 饭吃	di-jiu51li.	他正在吃着饭。（客观陈述无亲验意味）
你（ki）饭吃	di-jiu51li.	你正在吃着饭。

表持续体后置语缀的语素中，-di-jiu51 应是来自汉语‘的’、‘有’，h 在此是表示非亲验情态的后缀，或许来源于汉语语气词‘哩’（藏语没有同音、近音的语缀），但功能上显然与藏语相应语缀 du 相当；另外，主语后的 ki 是来自藏语的作格标记，加（ ）表示有条件的可有可无，此略。”

“作为一种混合语，倒话在两种异质系统发生全面冲突时，必然要寻求解决方法。一方面，承担语法功能的某些标记和藏语一样，大都表现为一个完整的音节，表示相应的语法意义，同时它们又在一定程度上具备了类似于词的性质。”

“以 ʂɐ 为例。ʂɐ 作为一种语法标记，其功能相当于藏语的‘业格’（las su bya ba）、‘为格’（dgos ched）和‘于格’（gnam gzhi）的‘la’类格标记（la don）。在倒话中，ʂɐ 可分析为表现位格、与格和领格。我们认为 ʂɐ 的语音形式来源于汉语的‘上’，缀接于名词、代词或名词性词组最末一个音节后，表示领有者和受动者、谓语动词为使动态时施动者的役使对象以及某种时间或空间位置等。如，‘我 ʂɐ 书 jiu51’（我有书。jiu51 为存在动词亲验情态，可用于主语自称），这里的 ʂɐ 表领有者。又如，‘我他 ʂɐ 书给 ʂʅ（我要把书给他）。这里 ʂɐ 表‘他’为受动者，其功能相当于藏语的‘la’格标记，但其语音形式则由汉语的‘上’来承担，因为汉语中‘上’的某些义项能够表达这种功能。”

——意西微萨·阿错：《雅江“倒话”的混合特征》，载《中央民族大学学报》2002 年第 5 期，第 34～42 页。

青海汉话和少数民族语言

贾晞儒认为：“将青海汉话同阿尔泰语进行比较时，明显地感到有这样两个特点：一是在青海汉话中保留阿尔泰语言的一些表现手法、句法模式，如宾语倒置、状语置于否定词之前等；二是结构模式。如青海汉话表示‘终止’的一个语音形式［tɑlɑ］同蒙古语界限副动词的附加成分 /-tala/-tələ/、保安语中的语尾 /-tala/-tələ/ 的语法作用和语音形式十分接近，可能就是同源，起码是一种借用和模仿，青海汉话的［la］同撒拉语的后置词 la 也十分相近，同土族语的‘造联格’附加成分 -la 的语音形式也完全一样，有人说这是同源，不无道理。

但是，在我们谈到阿尔泰诸语言对青海汉话的影响时，不能排除藏语对其影响。因为藏族先民早在秦汉时期就繁衍生息在这块土地上，随着其他民族的迁入，特别是汉族从西汉时期陆续移入青海，形成了多民族杂居、多语言交际的复杂局面，其中藏族语言不可能不对后来的汉族语言予以影响。这种影响有单向的，也有双向的，还有可能多种语言的某一成分共同影响于一种民族语言，形成该语言中的某些成分似甲亦似乙的语言现象。所以，绝对地说青海汉语的某一语法现象就是受藏语或其他某个民族语言影响的结果，似有偏颇之感，但从总体上来说，阿尔泰语言对青海汉话的影响成分要大些。不论怎么说，今天的青海汉话正是反映了这一块土地上各民族迁徙、交往、融合、分离、统一的纷繁复杂的历史进程的概貌，反映了你中有我、我中有你，互为依存、共同发展的密切关系。”

——贾晞儒：《青海汉话与少数民族语言》，载《民族语文》1991 年第 5 期，第 5～12 页。

语言接触背景下元明时期“后头”表时间的用法及其来源

赵长才分析了语言接触背景下的元明时期“后头”表时间的用法和来源。指出：“现代汉语中‘后头’基本上只限于表达方位处所，很少用来表示时间，更未见到‘VP(的)后头，后续句’这样的句法格式。即便是表方位处所，‘后头’的使用频率也远不如‘后面’、‘后边’。以老舍的三部长篇小说为例，《骆驼祥子》‘后头’只使用了 1 次，而‘后面’、‘后边’则分别使用了 12 次和 6 次；《四世同堂》‘后头’2 次，‘后面’37 次，‘后边’22 次；《正红旗下》‘后头’则未见使用，‘后面’2 次，‘后边’1 次。”

作者认为，“从汉语史的角度看，‘后头’自东汉时期产生后，至唐宋时期，一直主要在与佛教相关的文献里使用，而这些文献在一定程度上代表了各时期的口语，因此‘后头’应该是一个比较口语化的词汇。宋代禅宗语录中开始出现的表时间用法，也是其方位处所义的自然引申。但元明时期一些语料里‘后头’所反映出来的表时间的特殊用法，则具有明显的语言接触背景，是汉语与蒙古语、朝鲜语接触而产生的新用法，几种出现在编撰者母语为蒙古语或朝鲜语的语料里，如《元典章》、《通制条格》、《蒙古秘史》的旁译（以及总译的个别句子）、高丽朝晚期和朝鲜时代的汉语教科书如《老乞大》系列版本、《训世评话》、《象院题语》等”。

作者选取了《蒙古秘史》等文献著作及其旁译、总译材料为例，分析了语言接触对元明时期“后头”表时间用法的影响。如作者指出，从《蒙古秘史》的旁译来看，“‘做了的后 / 后头’、‘去了的后 / 后头’严格对译原文的‘孛鲁黑三讷中豁亦纳’、‘斡都黑撒讷中豁亦纳’；‘那的后 / 后头’、‘这的后 / 后头’则分别对译‘帖兀讷中豁亦纳’、‘额兀讷中豁亦纳’，是直接仿译（calquing）的结果。这种本来属于蒙古语的表达方式不仅出现在《蒙古秘史》的旁译中，而且有时也在总译中直接采用”，“由此可以推断元明时期一些甲类语料（指元明时期受阿尔泰语系影响较大的文献）中出现的‘后头’表时间的特殊用法确实与蒙古语的影响有关，是语言接触的产物”。除《蒙古秘史》外，作者还考察了元明时期朝鲜的几种汉语教科书中“后头”的表时间用法，分析语言接触的影响。

最后，作者进一步指出，“随着元朝的灭亡，来自蒙古语的影响逐渐退出，明清时期主要体现在朝鲜汉语教科书中，但到清代晚期的朝鲜汉语教科书中‘后头’这种表时间的特殊用法也逐渐式微了。而在元明清地道的汉语文献里，则很难找到用例，说明这种用法并未真正融入到汉语中来”。

——赵长才：《语言接触背景下元明时期“后头”表时间的用法及其来源》，载《中国语文》2014 年第 3 期，第 222～235 页。

从近代汉语使役句役事缺省看语言接触对结构形式和语义的不同影响

张赪描写了宋元明时期使役句缺省役事的情况。指出：“元代缺省役事的使役句有三类，甲类是可以补出役事，句子使役义明确；乙类是可以补出役事，但不补出句义更顺畅，句义偏离使役义；丙类不能补出役事，句义完全没有使役义，使役动词的使用多于。与宋代相比，元代使役句缺省役事的情况所占比率并没有变化，但句义有明显的变化，乙类、丙类两类句子宋代基本未见，明代以后这两类句子也明显减少并有固化趋势；与元代直译体文献相比，元代受蒙语影响较小的非直译体文献中使役句缺省役事的情况比率低得多，而与前后期的汉语文献相比却基本一致，但是两类元代文献中使役缺省的使役句的语义一样复杂。”

作者选取《元刊杂剧》《老乞大》《元典章》（分直译体和非直译体）等元代文献材料，对其中使役句缺省役事的情况进行了统计。其结果如下：

文献名	《元刊杂剧》	《老乞大》	《元典章》(非直译体)	《元典章》(直译体)
役事缺省句	75	6	48	162
总数	381	42	384	251
%	19.7	14.3	12.5	64.5

作者指出，“《元典章》直译体部分缺省役事使役句的用例远多于另三种语料，有一半多的使役句不出现役事……非直译体语料和直译体预料中役事缺省比率有明显差异，这明显会让人疑问这种差异是否是元代蒙汉语言接触的反映”。为此，作者还对宋代的《朱子语类》《碧岩录》《二程集》《乙卯入国奏请》《三朝北盟会编》等文献中缺省役事的情况进行了考察。

通过对比汉语、中古蒙古语的使役结构，作者认为“元代缺省役事的使役句的语义变化是受蒙语影响的结果，在中介语中以汉语本有的‘使役动词 + 动词’这一结构去对译蒙语的使动句，受蒙语影响模糊了汉语使役句对致事和役事关系的强调，受汉语影响又一定程度滤掉了蒙语使役句的‘动作受动性’语义，‘使役动词 + 动词’结构在元代出现了以往没有的语义。这种情况从一个方面说明语言接触中句法结构的形式与语义受影响的程度不同，在 13 世纪的汉蒙语言接触中汉语使役句的形式几乎没有受到影响，但是使役句的语法意义则发生了变化，偏离了汉语、蒙语使役句的语义，这是学习、使用汉语的蒙古人将蒙语的习惯表达带进汉语并与汉语语法系统折中的结果”。

作者最后指出，这一语言变化也可由二语习得规律得到解释。

——张赪：《近代汉语使役句役事缺省现象研究——兼谈语言接触对结构形式和语义的不同影响》，载《中国语文》2014 年第 3 期，第 236～246 页。

汉语对羌语语法的影响

孙宏开以羌语南部方言桃坪土语曾头话为代表，分析了汉语对羌语语法的影响。认为：羌语除在语音、词汇方面受了汉语的影响以外，在语法方面也受了一定影响。主要表现在以下几方面：

1. 从汉语吸收的连词和民族语中固有的连词同时在复合句中使用，表示各种关系，使复合句的句子结构更加紧凑，使用时汉语借词放在句首，民族词放在句末。例如：

ɕy^{55}ʐan^{31}……ko^{31}，tan^{13}sɿ^{13}……，虽然……，但是……
(汉借词)　　(民族词)　　(汉借词)

ɕy^{55}ʐan^{31} ko^{55}mo^{33} xu^{33} tə^{31}dio^{241} tshyi^{31}i^{31} ko^{31}， tan^{13}sɿ^{13}

（汉语借词）果木 （后加）（前加） 多 很（后加）（本语连词）（汉语连词）

tsa^{31} ti^{33} ko^{55}mo^{33} ti^{33} tə^{31} ie^{55}li^{33} xu^{33} ŋuə^{31}。

这（助词）果木 （助词）（前加）野 （后加）是

虽然果树很多，但是都是一些野果树。

……

2. 从汉语吸收的副词和民族语中固有的副词同时在句中关联使用。

fei^{33}……mi^{33}……，非……不……

tsa^{31} ti^{33} un^{13}thi^{31} ti^{33} fei^{33} y^{31}su^{55}tɕi^{13} i^{31} tɕai^{31}tɕye^{33}tə^{55}pu^{55} mi^{33} qe^{33}。

这 （助词）问题 （助词）非 余书记 （助词）解决 不 行

这个问题非余书记解决不可。

……

3. 在词序方面，修饰关系的词序受到了一定的影响，按羌语固有的词序，形容词修饰名词时，本来是中心词在前，但目前在羌语中发现了修饰词在前，中心词在后的现象。

xɳ̊i^{31}ɳ̊i^{54} pɑ^{31}tʂuə^{33} 红花　　xbo^{241} tsuə^{31} 开水

红 花　　开 水

……

这些词组在口语中和中心词在前修饰词在后的词组并存并用。

另外，数量词在句中使用时词序也有所变化。羌语中数量词限制名词时，本来是放在被限制的中心词的后面的，由于受了汉语影响，目前在口语中也出现了不少数量词在中心词前面的词组。例如：

a^{31} tsɑ^{55} iɑŋ^{31}phɑu^{55} 一支枪　　a^{31} phai^{55} ləu^{31}fɑŋ^{31} 一排楼房

一 支 枪　　一 排 楼房

……

4. 在句子结构和句型方面，羌语因受汉语影响，出现了不少新的句子结构和句型，这些新的句子结构和句型，已经逐渐为本民族人民群众所熟悉、掌握。如下面一些现象就是羌语中新起的句子结构和句子类型：

（1）两个或两个以上的词或词组在句中并列，作句子的主语、谓语或宾语，在说话时，词或词组间在语气上有停顿，但不使用语气词。本来这种句子结构在羌语固有的句子结构中，一般都是用几个并列的句子来表达的。例如：

phɑ^{55} tɑ^{33} zʉu^{55}、sɑ^{31}u^{55}、zʅ^{31}ŋu^{55}　na^{33}　dio^{241} tshyi^{33} thə^{33}xe^{54} xty^{55}。
草　坝　马　羊　牛　（后加）多　很　那儿　放牧
草坝上放牧了很多马、羊、牛等。
……

此外，像 tʂuŋ^{55}siɑu^{51}ɕiŋ^{31} “中小型”、tɑŋ^{51}thuan^{31}yan^{31} “党团员”、lan^{31}ȵy^{51}tshin^{55} ȵan^{31} “男女青年” 等结构的词组，羌语中原来是没有的，因受了汉语的影响，在羌语中出现了类似的词组。例如：

zʅ^{31}ŋu^{55}、sɑ^{31}u^{55} tʃʅ^{31}　牛、羊肉　　xa^{31}、ɕi^{33} pɑ^{31} ne^{33}　铜、铁器
牛　羊　肉　　铜　铁　器　具

（2）羌语的句子一般都比较短，复合句中各分句之间的关系也比较简单，由于日益复杂的交际需要，目前出现了不少羌语中原先没有的句子结构，像下面这样的长句和复句在羌语中原先是没有的。

tʂəu^{55} tɕhy^{55}tʂɑŋ^{51}、u^{31} ʂu^{55}tɕi^{13}、thɑu^{31} ʂai^{13}tʂɑŋ^{31}、zɑ^{241} qho^{33}tshie^{33}
周　区长　吴　书记　陶　社长　都　威州
san^{55}tɕe^{33} kan^{31}pu^{13} xue^{13}ȵi^{13} tshan^{55}tɕɑ^{55}pu^{33} kə^{33}i^{31}。
三级　干部　会议　参加　去（后加）
周区长、吴书记、陶社长都到威州参加三级干部会议去了。
……

——孙宏开：《论羌族双语制——兼谈汉语对羌语的影响》，载《民族语文》1988 年第 4 期，第 63～65 页。

汉语对广西五色话的渗透

罗美珍、邓卫荣认为："五色话是一种受汉语影响而发生了质变的侗泰语言。"

"（1）五色话的韵母系统和土拐话的基本接近。有些韵母，如 ɔn、ɔt、iəŋ 只注出一个土拐话（广西平话，汉语方言）借词，这些韵母还在巩固、发展中。（2）有些韵母，如 ot、ək、yŋ 似应有，但没有记出例词。""（3）声调有 51、31、55、35 四个舒声调，54、35 两个入声调。此外连读变调时出现一个新调值 33。五色话的调类和侗泰语言以及土拐话都能整齐对应，调值和土拐话相同，变调规律也和土拐话趋同。"

"汉语对五色话词汇的渗透是从文化词开始的，逐渐深入常用的基本词汇层和核心词层。至今侗泰语族语言还使用的固有基本词，在五色话中已经流失，改用汉语，如：嘴 tsuei^{55}（侗 paːk^{9}、泰 sop^{7}），骨头 kjɔk^{54}（傣 duk^{9}、侗 laːk^{9}），腿 thəi^{55}（傣 xa^{1}、侗 pa^{1}），尾巴 mi^{55}（傣 haŋ^{1}、侗 sət^{7}），星星 sen^{51}tɕi^{55}（傣 dau^{1}、侗 ɕət^{7}），云 wjen^{31}（傣 fa^{3}、侗 ma^{3}），禾（粮、米、饭）wu^{55}（傣 xau^{3}、侗 qəu^{4}），飞 fi^{51}（傣 bin^{1}、侗 pən^{3}），船 ɕyn^{31}（傣 hə^{2}、侗 lo^{1}）。"

"受汉语的影响，五色话的修饰成分有不少可放在被修饰成分之前，并且借用了许多汉语的量词、副词和虚词。1. 词序的变动。五色话的地名，一般保持原有词序不变，如：man^{55}（村）nuai^{35}（小）'小莫村'。表示性别的词，一般其性别词素在词根之后，但是也有可前可后的，如：hwai^{31}（牛）tek^{35}（特）'公牛'，ma$^{55/33}$（马）kɔŋ^{51}（公）'公马'，m̥u^{51}（猪）mai^{35}（母）→ mai^{35}（母）m̥u^{51}（猪）'母猪'。""2. 量词的变化，借用汉语的'个'表示指代词'这'。指代词修饰量词时也都在量词前面，不在后面。如：

ko^{33}nan^{51} phja^{51} ȵəŋ^{51} saŋ^{51}. 这座山这么高！

个、这个 石山 这么 高"

"3. 除固有词外，借用了许多汉语量词。固有量词有：mɔ^{35} '个'（用于人）、nan^{51} '个'（用于物）、ŋam^{55} '把'（一把米）、mai^{55} '件'（一件衣服）、kjok^{35} '件'（一件事）……""4. 和汉语一样，量词重叠表示'每'，表示单个数量的时候，数词'一'可省略，量词本身就表示'一 x'的意思。如：

mɔ^{35} mɔ^{35} tu$^{51/31}$ kjaŋ^{55} l̥au^{51} ko^{33} wa^{35}。 每个人都讲我们的话。

个 个 都 讲 我们 个、的 话"

“此外，副词、虚词几乎都借自汉语，有：tsuei^{35}‘最’、ȵen^{35}‘更’、tɕen^{51}‘真（的确）’、ja^{55}‘也’……”

“通过以上材料，可以清楚看出五色话受到汉语非常深刻的渗透：语音方面因吸收了大量汉语借词而增加了二十几个汉语的声、韵母；声调的调类、调值以及变调规律都基本和汉语相同。词汇方面，在最为稳定的核心词层，汉语渗进去近 34%，基本词层渗进一半多（55%），而在 806 个常用的单音节比较词中，侗泰语词只占三分之一，汉语几乎占三分之二。语法方面，侗泰语言的固有语序、量词、虚词等都和汉语趋同。这种种情况足以说明五色话在很大程度上改变了其侗泰语言的原有性质，沿着汉语的方向演变。视其残存的侗泰语言成分，可以认为五色话在历史上曾经是侗泰语族壮泰语支的一种独立语言，但是大量覆盖的汉语表层，现在难于将它继续归入侗泰语族，但又不能看作是汉语的一种方言，只能看作是既保留侗泰语言成分又有大量汉语土拐话成分的一种混合语言，再发展下去有可能会完全演变为汉语的一个方言。”

——罗美珍、邓卫荣：《广西五色话——一种发生质变的侗泰语言》，载《民族语文》1998 年第 2 期，第 73～79 页。

从汉语粤方言词汇的大量涌入看京语的衰变

韦树关指出：“京语与越南语一样，原本有一套与中古汉语有严整的语音对应关系的汉字音（越南语称为 ɤm^{1}ha:n^{5}viet^{8}，我们称之为京汉音）。现在越南语吸收汉语词语时，仍按‘汉越音’吸收，如：‘民主’读 zɤn^{1}cu^{3}，‘科学’读 xwa^{1}hɔk^{8}，但在中国，40 岁以下的京族人，已基本上不会京汉音，吸收汉语新词术语时，不是按汉字音吸收，而是直接从粤方言吸收，其结果是，大量的粤方言词语进入京语中。例如：

词义	京语	粤方言（江平话）
马铃薯	ma^{3}leŋ^{2}si^{2}	ma^{4}leŋ^{2}si^{2}
拖拉机	thɔ^{5}la:i^{5}ki^{5}	thɔ^{1}la:i^{1}ki^{1}
电灯	tin^{2}taŋ^{1}	tin^{6}taŋ^{1}”

——韦树关：《京语研究》，广西民族出版社，2009 年，第 374 页。

壮语中名词直接作状语是古汉语特殊语法现象的保留

覃晓航以广西壮语马山话为例，认为壮语中名词直接作状语是古汉语特殊语法现象的保留。

他指出：“壮语和汉语在名词直接作状语方面有两点是一致的。

①名词表示行为动作所凭借的工具。例如：

汉语

上曰：‘人告公反。’遂械系信。（《史记·淮阴侯列传》）

群臣有后应者，臣请剑斩之。（《汉书·霍光传》）

先生如其指，内狼于囊，遂括囊口，肩举驴上。（马中锡《中山狼传》）

壮语

te^{1} bou^{3} la:u^{4} sat^{8}，ɕa:k^{8} ɕuk^{8}（te^{1}）hɯn^{3} tau^{3}。

他 不 老 实 绳 捆 他 起 来

他不老实，用绳子把他捆起来。

mɯŋ^{2} ɕa:i^{5} da^{5}，jap^{7} kou^{1} ko^{4} fou^{3} pa:k^{8} mɯŋ^{2}。

你 再 骂 一会儿 我 就 斧 劈 你

你再骂，待一会儿我就用斧子劈你。

dak^{7} fai^{4} nei^{4} fɯŋ^{2} riu^{3} bou^{3} dai^{3}，ba^{5} kɯ:t^{8} ɕo^{6} dai^{3}。

块 木 这 手 提 不 行 肩 扛 才 行

这块木头用手提不行，用肩扛才行。

在现代汉语和现代壮语的一些方言土语中，如果要表达类似的状语，一般都要在名词之前加上相应的介词（汉语用‘用’，壮语用‘au^{1}’）。例如：

汉语

用绳子把他捆起来；用肩挑。

壮语

au^{1} ɕa:k^{8} ɕuk^{8} te^{1}。（用绳子捆他）　　au^{1} ba^{5} ra:p^{7}。（用肩挑）

要 绳 捆 他　　要 肩 挑

显然，壮语‘名词直接作状语’的现象与早期汉语同类语法现象有关系。

②名词表示行为动作的时间。

古汉语中的‘日’、‘月’、‘岁’可以单独放在具有行动性的动词之前，用作状语，分别表示‘每日’、‘每月’、‘每年’的意思。例如：

君子博学而日参省乎己。（《荀子·劝学》）

今有人日攘其邻之鸡者。（《孟子·滕文公下》）

良庖岁更刀，割也；族庖月更刀，折也。（《庄子·庖丁解牛》）

岁赋其二。（柳宗元《捕蛇者说》）

壮语 ŋon^{2}‘日’、duːn^{1}‘月’、pi^{1}‘年’也有同样的用法。例如：

kou^{1} ŋon^{2} si^{3} paːk^{7} çi^{6} 　saɯ^{1}。　　我每天写一百个字。

我　日　写　百　（个）字

laŋ^{1} te^{1} pi^{1} çiːŋ^{4} ha^{3} tu^{2} mou^{1}。　　他家每年养五头猪。

家　他　年　养　五　头　猪

te^{1} duːn^{1} pan^{2} bat^{7} piŋ^{6}。　　他每月得一次病。

他　月　成　次　病

在现代汉语中，‘日’、‘月’、‘年’单独作状语的现象已经不多见，代之而起的是‘每日’、‘每月’、‘每年’。但在壮语中，‘日’、‘月’、‘年’单独作状语的现象仍十分普遍，保留了古汉语语法的特点。”

——覃晓航：《壮语中的古汉语特殊语法现象》，载《中央民族学院学报》1991 年第 5 期，第 72～73 页。

壮语中无系词判断句是古汉语特殊语法现象的保留

覃晓航以广西壮语马山话为例，认为壮语中无系词判断句是古汉语特殊语法现象的保留。

他指出：“上古汉语判断句不用系词，形式主要有四种：

1. 在谓语后用‘也’字帮助判断。例如：

制，严邑也。（《左传》隐公元年）
董狐，古之良史也。（《左传》宣公二年）

2. 在主语后用“者”字提顿，然后在谓语后用‘也’字配合。例如：

彼吾君者，天子也。（《战国策·赵策》）
齐谐者，志怪者也。（《庄子·逍遥游》）

3. 仅在主语后用‘者’字提顿。例如：

虎者，戾虫。（《战国策·秦策》）
天下者，高祖天下。（《史记·魏其武安侯传》）

4. 既不用‘者’字提顿，也不用‘也’字煞尾，形式最简练。例如：

荀卿，赵人。（《史记·孟子荀卿传》）
刘备，天下枭雄。（《资治通鉴·赤壁之战》）
此人力士。（《史记·魏公子列传》）
韩，天下之咽喉。（《战国策·秦策》）

壮语中的无系词判断句亦不乏其例，但没有像汉语那样用‘者’或‘也’来帮助判断的句式，而只有第四种句式。这是因为语言的借用一般都趋从于简练的形式。古汉语的第四种判断句式较简练，故壮语选用了这种句式。例如：

① me^{6} te^{1} $lɯk^{8}bɯk^{7}$ $wu^{3}miŋ^{2}$.　　他的母亲是武鸣人。
母　他　妇女　武鸣

② te^{1} $lɯk^{8}$ $ɕaːŋ^{6}jɯ^{1}$.　　他是医生的儿子。
他　儿子　医生

③ pou^{4} $haːi^{1}$ $ɕi^{1}$ te^{1} pei^{4} kou^{1}.　　那个开车的人是我哥哥。
（个）开　车　那　兄　我

④ $roːk^{8}$ $taːŋ^{3}$ $tiːk^{8}$ $taːi^{6}$ hek^{7}.　　外厅是待客的地方。
外　厅　地　待　客

⑤ tu² pja¹ te¹ pja¹lei⁴. 那条鱼是鲤鱼。
（只） 鱼 那 鲤鱼

⑥ po:n³ saɯ¹ nei⁴ tu⁶ kou¹. 这本书是我的。
本 书 这 我

有人把例⑥中的 tu⁶ 看作系词，其实，它的作用是与后边的成分连结在一起，构成壮语的 tu⁶ 字词组，相当于汉语的‘的字结构’。例如：tu⁶ kou¹ 相当于‘我的’；tu⁶ siu³ li³ 相当于‘小李的’。可见，tu⁶ 并非系词。

判断句的主要特征是以名词或名词性词组为谓语表示判断。上述壮语诸例句都体现了判断句的特征，它们都不使用系词。当然，在壮语马山话中，也有用系词 tɯk⁸‘是’的句子，但多用于表示强调。例如：tɯk⁸ te¹ ka:ŋ³‘是他说’。少数用于判断的 tɯk⁸ 也多出现在指示代词作主语的判断句里。例如：

nei⁴ tɯk⁸ tu² ma¹。这是一只狗。
这 是 只 狗

te¹ tɯk⁸ tu² mou¹。那是一头猪。
那 是 只 猪

汉语还有一种隐喻性判断句，其特点是用判断句的形式来表达隐喻的内容，形式是‘甲是乙’。从修辞的角度看，它属于比喻句；从语法的角度看，它属于判断句。这样的判断句在古汉语中也不用系词。例如：

君子之德，风；小人之德，草。（《论语·颜渊》）
赵衰，冬日之日也；赵盾，夏日之日也。（《左传》文公七年）
君者舟也，庶人者水也，水则载舟，水则覆舟。（《荀子·王制》）

壮语也有隐喻性判断句，形式主要有两种。

第一种：主语部分和谓语部分同是领属性的偏正结构，谓语部分的中心词重复主语部分的中心语，但它们所归属的对象不同。如：

① uk⁷ mɯŋ² uk⁷ kai⁵。 你的脑是鸡脑。
脑 你 脑 鸡

② pa:k⁷ te¹ pa:k⁷ mou¹。 他的嘴是猪嘴。
嘴 他 嘴 猪

③ tuŋ⁴ te¹ tuŋ⁴ vaːi²。　　　　他的肚子是水牛肚子。

肚　他肚　水牛

在例①中，主语部分 uk⁷ mɯŋ² 和谓语部分 uk⁷ kai⁵ 都是偏正关系，两者的中心词也都是 uk⁷，但前者属于 mɯŋ² 的，后者属于 kai⁵ 的。其余例句的结构关系亦然。

第二种：主语部分为单音节名词，谓语部分为偏正结构。例如：

① kjau³ kjau³ kjau³ vaːi²。　　　　（某人）头是牛头。

头　头　头　牛

② uk⁷ uk⁷ uk⁷ kai⁵。　　　　脑是鸡脑。

脑　脑　脑　鸡

③ paːk⁷ paːk⁷ paːk⁷ mou¹。　　　　（某人）嘴是猪嘴。

嘴　嘴　嘴　猪

这种隐喻性判断句很有特点，句首连续出现三个相同的词。这三个词虽然一样，但它们在句子中的地位并不相同。如在例③中，第一个 paːk⁷ 是主语；第二个 paːk⁷ 是整个谓语部分的中心词，即 paːk⁷ mou¹ 的修饰对象；第三个 paːk⁷ 是 mou¹ 的修饰对象。这种同一个词多次重复的句子有明显的强调意义。

壮语这两种隐喻句式虽有差异，但都体现了‘甲是乙’的形式，因此，它们在语法上都属于判断句，而最显著的特点都是不使用系词。这与古汉语隐喻性判断句的形式是一致的。

汉语判断句是在西汉以后才使用系词‘是’的。据一些学者研究，上古汉语的‘是’与壮侗语的 tɯk⁸ 属‘关系词’。这样看，壮语的无系词判断句显然属于早期现象，其系词 tɯk⁸ 的使用也和汉语‘是’的情况一样，属于晚期现象。”

——覃晓航：《壮语中的古汉语特殊语法现象》，载《中央民族学院学报》1991 年第 5 期，第 70～72 页。

壮语中定语后置是古汉语特殊语法现象的保留

覃晓航以广西壮语马山话为例，认为壮语中定语后置是古汉语特殊语法现象的保留。

他指出："在古汉语中，以'者'字煞尾，将定语置于中心词之后的形式很常见。例如：

求人可使报秦者，未得。（《史记·廉颇蔺相如列传》）
遂率子孙荷担者三夫。（《列子·汤问》）
使吏召诸民当偿者，悉来合券。（《战国策·齐策》）

现代壮语几乎没有像现代汉语那样的定语前置现象，而只有定语后置现象。因此，定语后置是壮语典型的语法规则。长期以来，我们一直认为，这种现象是壮语区别于汉语的固有语法特点，这种看法是值得商榷的。因为壮语的定语后置形式与古汉语定语后置的形式非常相似，尤其是跟上述用'者'字煞尾的形式相比较，几乎如出一辙。例如：

① vun^{2} ro^{4} kaːŋ^{3} kun^{1} te^{1} tau^{3} kva^{5} laŋ^{1} kou^{1}.
人 会 讲 汉语 那 来 过 家 我
那个会说汉语的人来过我家。

② ra^{1} sam^{1} pou^{4} vun^{2} ro^{4} kɯi^{6} ɕi^{1} he^{1} pai^{1} naːm^{2}niŋ^{2}.
找 三 个 人 会 骑 车 去 南宁
找三个会骑自行车的人去南宁。

③ ken^{3} kei^{3} ta^{6} pan^{2} saːu^{1} he^{1} pai^{1} hak^{8} hei^{5}.
挑 几 个 成 漂亮 去 学 戏
挑几个漂亮的姑娘去学戏。

④ pou^{4} tau^{2} laːn^{2} te^{1} baːn^{3} kou^{1}.
（个）投 篮 那 村 我
那个投篮的人是我村的。

例②③中的 he^{1} 与壮语中常说的 tu^{2} he^{1} '一只'，pou^{4} he^{1} '一个' 等格式中的 he^{1} 不一样，它没有'一'的意思，因为它前边的中心词已有'一'以上的数词 saːm^{1} '三' 和 kei^{3} '几' 修饰，所以，它在这些句子中并没有数目意义，而只是为定语后置格式作煞尾之用，相当于汉语定语后置格式中的'者'字。例④中的 te^{1} 在壮语中虽然是指示代词，但在这里也同时兼有煞尾作用。据一些学者考证，te^{1} 与汉语的'者'

有密切的关系，因为‘者’在上古属章母鱼部，拟音为 ȶia，与 te^1 的读音相近。如果这个考证能够成立，那么，上述壮语定语后置的格式就与古汉语的定语后置格式完全一致了。这种一致表明上述定语后置的格式并非壮语所特有，而是壮汉语所共有的，这种共有的语法现象是两种语言长期接触的结果。”

——覃晓航：《壮语中的古汉语特殊语法现象》，载《中央民族学院学报》1991 年第 5 期，第 74 页。

壮语动词词头 ta^3 的来源

潘立慧指出：“在壮语的邕北土语、红水河土语和柳江土语中，存在一个动词词头 ta^3。ta^3 一般用于单音节动词之前。例如：

ta^3 sak^8	洗（衣服）	ta^3 ɗam^4	洗澡
ta^3 ɗ$aə^4$	买（东西）	ta^3 $kaai^1$	卖（东西）

带上词头 ta^3 之后，动词的组合能力发生了一些变化，而且这种变化因地域而异。在红水河土语的上林县、马山县、忻城县等地，及物动词带上词头 ta^3 之后，不能再带宾语，功能发生变化，由及物动词变成了不及物动词。在邕北土语的武鸣县和柳江土语的柳江县等地，及物动词带上词头 ta^3 之后，仍然能带宾语。”作者根据初步调查得知，在侗台语诸语言中，动词词头 ta^3 只存在于壮语中。

这一现象引起了人们的注意，并且引发了人们对其来源的探讨。覃晓航认为印地语动词的词首音节就是壮语动词词头的来源。但作者发现，词头 ta^3 与汉语“打”的关系更密切，并对壮语动词词头 ta^3 和汉语“打”的关系及其来源进行了分析。

作者认为，壮语的词头 ta^3 和汉语的“打”在语音方面存在对应关系。根据周祖谟先生对敦煌变文用韵情况的研究，作者推断：“中唐以后北方话的‘打’字属于上声、端母、假摄开口二等，可以构拟为 *ta。壮语词头 ta^3 和中唐以后北方话的‘打’比较，两者语音有整齐的对应关系：声母和韵母相同；声调上，壮语第三调与汉语清声母上声（阴上）对应”。除语音有对应关系外，作者还指出了壮语词头 ta^3 和汉语“打”在语义方面的对应关系，主要表现在三个方面：“1. 壮语的 ta^3 是一个泛义动词，这和汉语的‘打’在语义上相同。2. ta^3 在现代壮语各个土语中表现出来的语法特征差异，正是汉语‘打’在不同历史时期表现出来的语法特征差异。3. 现代壮语的 ta^3 可以做介词，现代汉语的‘打’也可以做介词，而且两者意思相同，均表示时间、处所的起点。例如 kou¹（我）ɖau²（刚）ta³（打）haə¹（圩）ma¹（回）‘我刚从街上回来’。”

根据语音和语义两方面的对应关系，作者推测，壮语的 ta³ 可能与唐宋时期由古平话借入。两者之间应是借贷关系，而非同源关系。

——潘立慧：《壮语动词词头 ta³ 的来源》，载《中央民族大学学报》2006 年第 2 期，第 132～134 页。

汉语对苗瑶语语序的影响

李云兵从语言接触的角度论述了汉语对苗瑶语语序类型的影响。“苗瑶语的基本语序类型是 SVO，根据语序类型学的隐含共性原则，苗瑶语名词性短语句法结构和特定句法结构的语序类型为：名词中心语在前，领属定语在后，记作 N＋G；名词中心语在前，属性名词定语在后，记作 $N_{(head)}$＋N；名词中心语在前，属性定语形容词在后，记作 N＋A；名词中心语在前，量词结构在后，记作 N＋Num＋CL；名词中心语在前，指称性定语指示词在后，记作 N＋Dem，苗瑶语通常为 CL＋N＋Dem 或 CL＋Num＋N＋Dem；差比句，形容词在前，比较基准在后，记作 A＋m＋St；关系从句，名词中心语前置，关系从句在后，记作 N＋ReI 或 NP＋Rel。”

但是由于苗瑶语历史上的语言接触，苗瑶语句法结构的语序类型已经不完全遵循上述共性原则，有的语言基本上没有了上述的共性原则。

“1.N＋G 向 G＋N 的转换。苗瑶语名词中心语在前，领属定语在后的语序共性的语序类型，在语言接触中，受汉语影响的结果是，名词中心语在后，领属定语在前，完全颠倒过来，形成了 G＋N 的语序类型，违背苗瑶语作为 SVO 语言的语序共性。”“2. $N_{(head)}$＋N 向 N＋$N_{(head)}$ 的转换。苗瑶语名词中心语在前，属性名词定语在后的语序类型，在语言接触中，受汉语影响的结果是，苗语支语言大体保持 $N_{(head)}$＋N 的语序类型，有的方言则同时具有 $N_{(head)}$＋N 和 N 十 $N_{(head)}$，两种语序类型，个别语言的语序类型转换为 N ＋ $N_{(head)}$，而瑶语支勉语的语序类型已经完成由 $N_{(head)}$＋N 向 N ＋ $N_{(head)}$ 转换，违背苗瑶语作为 SVO 语言的语序共性 $N_{(head)}$＋N。”“3.N＋A 向 A＋N 的转换。苗瑶语名词中心语在前，属性定语形容词在后的语序类型，在语言接触中，受汉语影响的结果是，苗语支语言大体保持 N＋A 的语序类型，但畲语已逐渐向 A＋N 的语序类型过渡，优诺语已经完成 A＋N 语序类型的转换，瑶语支的勉语基本保持 N＋A 的语序类型。”“4.N＋Num＋CL＋Dem 向 Num＋CL＋N＋Dem 的转换。苗瑶语名词中心语在前，量词结构在后的语序类型，在语言接触中，受汉语影响的结果是，名词中心语在后，量词结构在前，完全颠倒过来，无一例外地形成了 CL＋Num＋N 的语序类型，违背苗瑶语作为 SVO 语言的语序共性。名词中心语在前，指称定语指示词在后的语序类型，在语言接触中，受汉语影响的结果是，苗语支语言除巴哼语、畲语的语序类型转换外，大体保持了 NP＋Dem 的语序类型，瑶语支勉语的语序类型已经转换为 Dem＋NP。苗瑶语这两种语序类型的转换已经完成，没有中介状态。”“5. A＋m＋St 向 St＋m＋A 的转换。SVO 语言的比差句一般是，形容词在前，比较基准在后，苗瑶语虽然是 SVO，由于数千年来与汉语的不断接触，受汉语的影响比较大，多数语言的语序类型已经发生了根本性的变化，由原来的 A＋m＋St 转换为 St＋m＋A，只有少数语言或方言保留有 A＋m 十 St 的语序类型，但是也同时存在 St＋m＋A 的语序类型。”“6.N＋ReI 向 Rel＋N 的转换。SVO 语言的关系从句，一般是关系从句后置，记作 N＋ReI 或 NP＋ReI，作为 SVO 语言的苗瑶语，在长期与汉语接触的过程中，受汉语的影响较深，大部分语言的关系从句已经前置，只有少数语言或方言保持关系从句后置的语序类型，但同时也有关系从句前置的现象，这种现象有明显的汉语的痕迹，特别是关系从句的标记，是明显的汉语借词。”

“语言接触导致的语言影响既有单向性，也有互向性。互向性的影响经常存在渗透与反渗透的现象，形成语言区域，使一种语言的语法系统夹杂着另一种语言语法系统的类型。这种结果主要出现在两种或两种以上的语言处于相对平等的地位和没有强弱势之分或语言的社会功能基本平衡的地区。在苗瑶语与汉语的长期接触和相互影响下，除了汉语对苗瑶语的影响和渗透外，在一些苗瑶民族聚居区，也存在苗瑶语对汉语的反影响和反渗透，使苗瑶语与汉语在接触过程中，目的语受母语影响产生的中介状态凝固化，成为目的语的一种变异形式，并成为一些地区汉语方言的一种新的语序类型。”

——李云兵：《论语言接触对苗瑶语语序类型的影响》，载《民族语文》2005 年第 3 期，第 34～43 页。

从“主谓谓语句”看汉语在语言接触中的强劲活力

罗安源认为，汉语的“主谓形式”是很活跃的，“主谓谓语句”的存在也不足为奇。少数民族语言中有没有“主谓谓语句”，是一个值得好好研究的问题。作者提出几种少数民族语言的“类主谓谓语句”，以供讨论。所谓“类主谓谓语句”，就是在结构上、语义上与汉语的主谓谓语句相类似的句子。以“类”相称，表示其性质“相类似”或“未定”的意思。例如：

“这个人耳朵软。”

序号	非汉语	译　文
1	维吾尔语	bu（这个）aderm（人）jumʃɑq（软）qulɑq（耳朵）.
2	哈萨克语	bul（这个）kisi（人）qulɑʁə（耳朵）dʒumʃɑq（软）.
3	柯尔克孜语	bul（这个）kiʃi（人）dʒumsɑq（软）qulɑq（耳朵）.
4	蒙古语	ənə（这个）xumun（人）dʒixi（耳朵）dʒogələn（软）.
5	朝鲜语	i（这）saramɯn（人）kyka（耳朵）iərita（软）.
6	彝语	thi^{33}（他）no^{11}pɒ^{33}（耳朵）bɒ^{33}（聋）.
7	傣语	kon^{55}（人）ko^{53}（个）lǎ i^{53}（这）hu^{35}（耳朵）on^{31}（软）.
8	瑶语	nɑːi^{53}（这）lɑːi^{31}（个）mien^{31}（人）m̩^{31}nɔm^{31}（耳朵）nɑːm^{33}（软）.
9	苗语	a^{44}（一）le^{35}（个）ne^{31}（人）ʈuŋ^{31}mlɛ$^{31/13}$（耳朵）ne^{42}（软）.
10	壮语	pou^{33}（个）vun^{42}（人）nei^{33}（这）ɣɯ^{42}（耳）ʔun^{33}（软）.

作者认为，在汉语中单独说出来的、孤立的“他耳朵”跟单独说出来的、孤立的“他的耳朵”，二者在语义上相同，而在结构形式上有所不同。换言之，语义相同的两个言语片段，一个有结构助词“的”，另一个没有结构助词“的”，在形式上就不能画等号。在分析既定的具体句式的时候，如果单纯依主管的感觉来增减句法成分，就会带来句式分析的随意性，进而否定“主谓谓语句”的存在了。句法成分之间有另外一个成分存在跟没有另外一个成分存在是两回事，不能轻易地以一个形式去代替（或等同）另一个形式。如果在这一点上能够取得共识，再来谈少数民族语言中有没有“主谓谓语句”以及汉语的“主谓谓语句式”对少数民族语言有什么影响，问题就迎刃而解了。

作者做了一次简单的现场调查，在一些少数民族语言里，同一个“这个人的耳朵软”的句式，表达的意义有两种可能：一种是比喻义，就是“缺少主见、轻信他人”的意思；一种是对事物实质性的描述，就是“本来如此”的意思。如果一定要像汉语一样非把“找个人耳朵软”与“这个人的耳朵软”加以区别不可，那么，在综合性语言里（如维吾尔语、朝鲜语等），就要在“人”这个词的形态上做文章：在“人”这个词带有表示领属性意义的后缀的时候，则这句话是“主谓句”，在“人”这个词没有带后缀而保持原形的时候，则这句话是“主谓谓语句”；在分析性的语言里（如彝语、苗语、瑶语、壮语等），在“人”与“耳朵”之间插进结构助词“的”的时候，则这句话是“主谓句”，在“人”与“耳朵”

之间没有插进助词“的”的时候，则这句话是“主谓谓语句”。

从语感上来看，一般少数民族语母语人认为，像“这个人的耳朵软”“我不喝酒了”是“常式句”，而“这个人耳朵软”“酒我不喝了”是“变式句”。其根据是，在通常的情况下，或在正式的场合，宁可采用“这个人的耳朵软”“我不喝酒了”这样的句式，而极少采用“这个人耳朵软”“酒我不喝了”这样的句式。据此作者认为，在少数民族语言中，“常式句”是母语的本来句式，“变式句”是在一定条件下变化出来的句式。这个“一定条件”，就是少数民族语言与汉语长期密切接触而深受汉语的影响。汉语的“这个人耳朵软”“酒我不喝了”这类句式，已经广泛地被少数民族语言所吸纳了。汉语作为各民族的通用语言，在语言接触中具有绝对强劲的活力，而汉语的“主谓谓语句式”已经成为大多少数民族语言通用的一种新兴句式了。

——罗安源：《从“主谓谓语句”看汉语在语言接触中的强劲活力》，载《中央民族大学学报》2008 年第 3 期，第 102～108 页。

西北方言远指代词“兀”源于突厥语

张维佳、张洪燕认为：西北方言“兀”来源于突厥语。西北方言远指代词有 u、uəʔ/vəʔ、uɔ、uæ/væ、uei/vei 等几种读音，声调也有入声、去声、上声等。而“在现代突厥语中，远指代词主要读音有 VCV 两种形式。维吾尔语、乌孜别克语等读 u，土耳其语、阿塞拜疆语等读 o，哈萨克语、西部裕固语等读 ol，柯尔克孜语读 al。哈萨克语另有读 o、anaw，西部裕固语另有读 gol、a。根据 8 世纪以后突厥语族文献，远指代词的演变应是 al＞ol＞o＞u”。根据对比发现，西北方言远指代词跟突厥语诸语言在读音上很相似，而这种相似可能来自语源上的对应。

第一，作者从社会文化变迁的方面加以证明远指代词“兀”来源于突厥语，认为“因为前缀一般为舒声读音，而‘兀’，《广韵》五忽切，疑母没韵，是阳入声字，拟音 *ŋuot。‘兀’是一个对音字，当时用来对译西北古突厥语远指代词 ol”。“对音字‘兀’，它本为疑母字。但根据在现代汉语西北方言的读音情况来看，在原平、文水、平遥等县晋语中，它是一个阴入字，且声母为 v 或零声母；在临县、中阳等县晋语中，它又是一个舒声字。在相关的中原官话汾河片和关中片，‘兀’读舒声，但并没有按照这一带方言古次浊入和清入多归阴平的规则变读，而是读去声或上声。”以上说明，“该字鼻音声母可能在入声韵尾消失前就脱落了，因此才有今天方言声调纷乱的读法。在当时北方方言可能读 *uot 或 *uol”。

第二，作者从语言接触关系证明远指代词“兀”来源于突厥语。认为“从汉语方言地理角度来看，用‘兀’作为远指代词最集中的地方还是山西、陕西及甘肃东部地区，而这一地区是历史上汉民族和突厥语言诸民族频繁接触的前沿”。

南北朝时期以后，突厥开始壮大，不断与中原接触。隋唐以后突厥及其相关部族内迁与汉人杂居、融合，其语言的远指代词便散落在西北地区，到宋金以后逐渐跟汉语代词“的”“那”“谁”叠加，形成合璧词“兀的”“兀那”“兀谁”。“今有‘兀’的方言主要分布在晋中、晋西南、关中和陇东，这里正好是唐五代西北方音的底层区。”

“综上所述，汉语方言中作远指代词或中指代词的‘兀’不是本字，极有可能受到了阿尔泰语系突厥语言的影响，用汉语中发音相似的字‘兀’来对译的表示远指的代词。”

——张维佳、张洪燕：《远指代词“兀”与突厥语》，载《民族语文》2007年第3期，第38～43页。

《老乞大》《朴通事》方位短语作状语的异常情况是语言接触的结果

储泽祥通过统计不同时期的文献资料发现：《老乞大谚解》《朴通事谚解》里，方位短语作状语的比例明显偏高。他认为这一异常情况是语言接触的结果。

他指出：“《老乞大谚解》和《朴通事谚解》如果真是高丽的侨民所著，那么，朝鲜语应该有影响该两书的可能，即有朝鲜语的影子在里面。统计数据所显示的异常，很可能是由语言习得里的母语迁移现象所导致的结果。

朝鲜语的语法有黏着特性，用后置的格标记（黏附成分）来表示语法关系，其中一种标记是位格标记，主要表示动作进行的场所、动作的始发处或取得的处所（宣德五、金祥元、赵习，1985：44-45）。位格标记 -esə 黏附在表示非动物的体词词干后面，-ekesə、-hantʼesə 黏附在表示人和动物的名词、代词词干后面，-kkesə 黏附在表示尊敬的人的名词词干后面，表示方所。例如：

əməni-muɯn paŋʧikkoŋʧaŋ-esə irha-nta　　　妈妈在纺织厂工作。
妈妈　　　纺织厂　　　　工作

例中的就是位格标记。

近代汉语里，‘体词 + 方位词’里的方位词，与朝鲜语的 -esə 等位格标记的作用十分相似，而且近代汉语的方位短语‘体词 + 方位词’与朝鲜语的‘体词词干 + 位格标记’都可以充当状语，朝鲜人说汉语很容易强化‘体词 + 方位词’的状语作用。例如：

（1）鞋子缮头，自己睡卧房子里放着。（《老乞大谚解》）

（2）将这切了的草，豆子上盖覆了。（《老乞大谚解》）

（3）孙舍混堂里洗澡去来。（《朴通事谚解》）

（4）被巡夜的拿着，冷铺里监禁着。（《朴通事谚解》）

近代汉语的方位短语本就可以作状语，朝鲜语的影响使这种符合汉语本身说法的格式在《老乞大谚解》和《朴通事谚解》里更加盛行，因此，在统计数据上显得有些异常。

应该说明的是，元代占据重要地位的蒙古语，也可能会影响那个时期的汉语。蒙古语有丰富的位格标记，此外，方位词可以附在名词、动词的后面，近似后置词，这可能会对汉语产生影响。太田辰夫（1991：180）就认为《老乞大》的语言跟《元朝秘史》或其他的‘蒙古语直译体’作品有许多相同的地方，并推测应该跟翻译蒙古语有关。胡明扬（2002）认为《老乞大》最初为蒙古人为蒙古子弟所编的汉语口语课本，但反映元末明初中国北方地区官话一事无可怀疑。

可以这么说，《老乞大谚解》和《朴通事谚解》里方位短语作状语的异常情况，其原因是受别的语言的影响，是语言接触的结果。不过，这要从两个方面来看：（1）如果《老乞大谚解》和《朴通事谚解》没有完全真实反映当时的汉语，那么，异常情况主要是朝鲜语的影响。（2）如果《老乞大谚解》和《朴通事谚解》完全真实地反映了当时的汉语，那么，异常情况可能主要是蒙古语等阿尔泰语系语言的影响。”

——储泽祥：《〈老乞大〉、〈朴通事〉方位短语作状语的异常情况分析》，载《民族语文》2011 年第 3 期，第 45～47 页。

从朝鲜语“口诀”标注研究考察其与汉语的对应关系

金永寿、林强指出：“‘口诀’是朝鲜民族诵读古汉文时常常使用的一种方法，其特点是在古汉文的句子里插入朝鲜语词尾，以明示字、词和句子的句法关系。”

“朝鲜十五、十六世纪发行了大量汉文翻译本文献。其中，如《佛经言解》、《儒经言解》等原文里都有‘口诀’形态，其形态按类型分主要有以下几种。

1. 词尾重叠形态。这类形态中，有词尾单独使用的，也有重叠成合成词尾使用的。十五、十六世纪的朝鲜语大部分词尾普遍使用于‘口诀’中。

2. 动词‘ᄒᆞ다［hata］’的词根‘ᄒᆞ［ha］’和词尾的结合形态广泛用于“口诀”中……

3. 有‘이［i］’和词尾的结合形态，如‘이니［ini］、이며［imjə］、이고［iko］、이오［io］’等。

4. 有‘이[i]’和‘ᄒᆞ[ha]’的结合形态，如‘이라ᄒᆞ고[ira hako]、이라ᄒᆞ야[ira haja]’等。

这些‘口诀’形态进入古汉语句子中，起了辨别原文句法关系的作用。”

“通过‘口诀’形态、‘口诀’与汉语原文的考察分析，可以归纳出以下几点：

1. ‘口诀’的选择、分布与古汉语虚词和结构有着密切的联系，特别是与古汉语虚词保持着稳定的对应关系。

2. ‘口诀’形态出自词尾，但与词尾并非完全相同，‘口诀’中有词根与词尾结合的形态，而词尾只是表示语法意义的形态。

3. ‘口诀’的广泛应用，细化和强化了朝鲜语词尾的功能，促进了朝鲜语词尾的语法化。”

——金永寿、林强：《朝鲜语“口诀”标注研究》，载《民族语文》2014 年第 2 期，第 40～45 页。

从源语的语言差别和目的语的方言差别看“女真”译音

聂鸿音指出：“金朝统治民族的名称在蒙古语里叫做 jürčin，这个语音形式合于《大金国志》所说的‘朱里真’。至于汉人最常用的族称‘女真’，《大金国志》认为是‘舌音讹’，用今天的话来表述就是‘脱落了 r’。不过，即使当初人们听到的确实是 jürčin，中原王朝把 jü 译成‘女’也令人感到有些异样，因为在宋元史籍里我们看到，与‘女’相对的外民族语音一般是 n- 而不是 j-。例如《金史 · 国语解》释‘女鲁欢’为‘十六’，参照满语的 niolhun‘十六’，可以判断‘女’字代表的是 nio。又如《金史 · 国语解》释‘女奚烈’为‘郎’（狼），参照赫哲语的 niuheli‘狼’和满语的 niohe‘狼’，可以判断‘女’字代表的是 niu/nio。当然不仅是‘女’字，史籍里其他娘母三等字的对音也符合这个规则。例如《大金国志 · 粘罕传》释‘粘罕’为‘貌类汉儿’，参照满语的 nikan‘汉人’，可以判断‘粘’字代表的是 ni-。如《金史 · 国语解》释‘尼忙古’为‘鱼’，参照满语的 nimaha‘鱼’，可以判断‘尼’字代表的是 ni。”

作者通过事实证明：“人们在判断译音正误的时候忽略了源语的语言差别和目的语的方言差别，这是唐代以来的普遍情况。由此我们想到，‘女真’之所以被《大金国志》判断为讹译，必是因为当时的人们忽略了同样的差别。”

……

“从对音汉字‘朱’和‘诸’判断，jürčin 和 jüšen 的起首音一定读作清声母（相当于国际音标的 tɕ- 或 ɕ-），这符合近代蒙古语和满语的读法。现在如果我们采纳阿尔泰语言学界的普遍意见，认为近代语言中的不送气清辅音在某个较古的阶段读作浊辅音（tɕ < *dz），那么就可以为‘女真’这一译名寻找到一种可能的解释。

……

第一份材料是西夏骨勒茂才于1190年编写的双语对译字书写《番汉合时掌中珠》，第二份材料是8世纪中叶不空一派的佛经翻译。

……

这样，在上面两份材料的基础上我们就可以认识到，中古时代的确存在‘汉语娘/日母 =j’这样一条对音规则，当然也就可以相信，以‘女真’对译 jüčin 并非讹泽，而是有其特定的汉语方言基础。

……

那么我们是不是可以提出这样的解释：‘女真’这个汉译词的语音基础必是长安方言，只不过10世纪时女真人的活动地域与唐王朝的政治中心地带相距遥远，并没有发生民间的实质性交往。所以中原人知道的也仅仅是‘女真’一个词而已。到了12世纪，女真人占据了中国北方的大片土地，其文化才开始与汉文化频繁接触乃至交融，女真语词才开始大量为汉人所知，而这时中原的政治中心已经转移到了今天的河南、河北一带，人们若再需把女真语词音译成汉语，则其语音基础当是以汴洛话为代表的中原方言。唯有‘女真’这个汉译词，尽管后来的中原人已经感觉到它的译音有些异样，但由于早已沿用成习。当然是想改也不可能了。”

——聂鸿音:《“女真”译音考》，载《宁夏社会科学》2011年第9期，第77～80页。

第三节　非汉语对汉语的影响

临夏汉语方言的语序受藏语影响

谢晓安、华侃、张淑敏指出，临夏方言的语序与普通话语序不同，而与藏语相同主要有以下两个方面，“普通话的动词只有一个受事时，不论是直接受事，还是间接受事，最常见的语序（基本语序）是（S）VO。临夏方言的语序与普通话相反，同藏语完全一致，是（S）OV，受事一定在动词前，动词一定在受事后，没有（S）VO结构。

临夏方言与普通话相同，有双受事，但受事位置与普通话基本不同，与藏语却完全一致，记作 SO_2O_1V。这点最能显示临夏方言受藏语的影响。除此之外，还有以下 5 种语序：SO_1O_2V、O_1O_2V、O_2SO_1V、O_1O_2SV、和 O_2O_1SV。由此可见，临夏方言与藏语的双受事，除不能在动词后面这点有强制性外，是十分自由的”。

“谓语中心是否定动词‘没有’，并带有受事，频率副词‘再’的位置不是在谓语中心前，而和藏语的［ta］相同，在受事前，形成（S）—再—O—V 的语序，藏语的语序是（S）—ta—O—V。谓语中心是动作行为动词，它前面有两个状语，其中一个是否定副词‘不’，和普通话不同，‘不’不在另一个状语前，而和藏语相同，必须在谓语中心前，形成（S）—状—不—V 的语序，藏语的语序是（S）—状—mə—V。”

——谢晓安、华侃、张淑敏：《甘肃临夏汉语方言语法中的安多藏语现象》，载《中国语文》1996 年第 4 期，第 273～280 页。

五岭方言中的民族语底层

陈其光指出：“五岭（越城岭、都庞岭、萌渚岭、骑田岭、大庾岭）地区最早的居民是越人。秦始皇兼并六国以后，征调士卒、罪徒 50 万开灵渠，征南越，戍五岭，公元前 221 年秦将王翦修的都庞戍就在今江永县境内。这 50 万人就是最早南迁与百越杂居的中原人。后来汉武帝平南越，五岭一带是必经之地，也来了大批的中原军士、官吏。汉越杂处的结果是大批越人汉化，有的被迫迁走了。秦汉时蛮人主要分布在长沙、武陵等郡，他们不断南迁，到隋唐时，道、永、郴、连、贺、韶等州已成为蛮人后裔瑶人的居住中心，以至杜甫、韩愈、刘禹锡等人都有诗文提到五岭地区的‘莫瑶’、‘蛮瑶’。宋、元、明、清时，瑶人不断起义，反抗王朝的统治，于是镇压频发。结果，一方面大批瑶人迁走，部分人籍汉化，成为平地瑶；另一方面，官吏、戍卒、罪徒、商贩、工匠陆续迁入，汉人比例不断上升。

族群的更替反映在语言上就是这一地区先后通行越语—上古汉语—瑶语—西南官话，这些语言的成分都积淀在五岭方言里。”

“五岭方言的帮、端浊化，精读如端，溪读如晓，量词单用，定语后置等是越语的积淀。我们知道，越语的后代侗台诸语言的一个突出特点就是有属于清声母范畴的先喉塞双唇塞音和舌尖塞音，这种塞音在现代方言里有的仍读 ʔp-、ʔt-，有的已浊化为 ʔb-、ʔd- 或 b-/m-、d-/l-/n-。古越语的这个特点通过汉化越人或学会越语的汉人带到了五岭方言里，而且也渗进了古越人分布区的两广和海南瑶语里和一些其他汉语方言里，甚至印支的京语里，形成一种区域特征。

五岭方言的帮、非不分，端、知、章不分，是上古汉语的积淀。如果平话真的肇自宋代狄青平南，那么晚唐以后，轻唇音已经分出，知章两组也跟端组分开了。把带有上古语音特征的五岭话纳入中古晚期显然不妥。另外，女书中的人称代词‘吾’、‘其’等也有上古特征。

五岭方言的少数常用词可能是瑶语的积淀。例如：

瑶语	五岭方言	
je^{33}	$iə^{21}$	我
o^{52}	u^{35}	肉
po^{55}	pou^{3}	打”

“西南官话是近代随着军事、政治、经济等力量扩展到五岭地区，它与土话交错分布，占有优势，土话中的新词术语和一些文读字音都来自西南官话。总之，五岭方言是由不同时代不同语言的成分聚合沉积而成的，至今内部仍然差异纷呈。”

“五岭方言的特殊文字女字也与瑶族有关。因为瑶族自古就有仿造或改造汉字的传统，在《过山榜》和《盘王歌》等文献里都可找到瑶族自造的字，元、明、清各朝湘南瑶民起义时就用自造字秘密通信，致使朝廷下令严禁。如清道光《宝庆府志》大政记六：‘其从前捏造篆字，即行销毁，永禁使用，如有故违，不行首报，牌内一家有犯，连坐九家，治寨长失察之罪。’女书中的‘玉秀造字’、‘盘巧造字’传说，都是用于秘密通讯的，因此女字应是瑶人首创，被禁后男子外出不敢用，而被妇女流传在五岭方言的。”

——陈其光：《五岭方言和女书》，载《民族语文》2004 年第 5 期，第 27～34 页。

汉语中的少数民族语言底层在语音方面的表现

欧阳觉亚认为：“汉语和许多少数民族语言在历史上经过反复的接触、混杂乃至融合，情况非常复杂。”“可以从宏观上分析它的某些重大特点（比如语音的变化）产生的年代和产生的原因，从而勾画出它的变化发展的轮廓。”作者举了一些例子来加以说明。

“（1）汉语北方方言与南方各方言有明显的差别，在语音方面，北方方言辅音韵尾早已简化，缺少塞音韵尾 -p、-t、-k 和鼻音韵尾 -m。南方有少数地区如闽西长汀、上杭一带的客家话以及云南东南部文山、麻栗坡等地的壮语南部方言文麻土语也有类似的情况。但总的来看，塞辅音尾的消失主要发生在汉语北方方言，这和北方的阿尔泰语系诸语言的影响有无关系？

（2）汉语的声调在中古时代已分平、上、去、入四类，由于声母清浊的影响，实际的调值应该有八个（但人们不一定意识到阴阳两类调的差别）。到了宋末元初，大部分方言清浊声母对立消失，一些方言因而分化为八个调类。但有趣的是南方各地至今一般仍保留入声，北方方言除了少数地区（如太原、大同等地）以外，入声都并入了舒声，而且越往南声调数目越多，越靠北声调数目越少。北方方言一般只有四个声调，而宁夏的银川、甘肃的天水以及新疆除去北部几个县市（克拉玛依、石河子、温泉以及阿勒泰地区的几个县）的广大地区只有三个声调。这和南方汉藏语系大部分语言都有声调而北方阿尔泰诸语言没有声调是密切相关的。分布在青海的藏语安多方言尚未产生声调除了语言本身的原因之外，与这个方言在历史上与阿尔泰诸语言长期接触恐怕也有一定的关系。

（3）汉语北方方言西南官话一般没有卷舌音，tʂ、tʂh、ʂ 与 ts、tsh、s 相混，但昆明话有卷舌音。恰好当地彝语以及纳西语等有 ts、tsh、s 和 tʂ、tʂh、ʂ 两套对立的声母，由此看来，云南昆明话能保留 ts、tsh、s 和 tʂ、tʂh、ʂ 的区别，很大程度上得力于彝、纳西等语。

（4）昆明话缺少鼻音尾韵母，中古汉语咸、深、山、臻、宕、江、曾、梗等摄带鼻音韵尾的字一律读作鼻化元音韵母。只有通摄的字才保留 -ŋ 韵尾。云南、四川的彝语大部分方言也缺少鼻音韵尾，有些方言只有 uŋ、aŋ 等韵母。很明显，昆明话鼻音韵尾的脱落与彝语缺少鼻音韵尾有密切的关系。

（5）昆明话没有撮口呼韵母，撮口呼的字一律变读作齐齿呼，如‘鱼’变读作‘姨’，‘云’变读作‘银’。恰好，彝语也缺少元音 y 毫无疑问，昆明话的撮口呼并入齐齿呼与彝语也有密切的关系。

（6）粤方言的语音结构受古越语的影响更为明显，主要有以下几点：1）粤方言的辅音韵尾保留得最齐全，有 -m、-n、-ŋ、-p、-t、-k 六个韵尾。2）元音 a 带韵尾的韵母分长短两套。3）声调除保留四声各分阴阳两类共有八个调类以外，阴入调由于韵母元音的长短而分化为两个调值，如‘北’pak、‘不’pat、‘急’kap 读短元音均为高平调，‘百’paːk、‘八’paːt、‘甲’kaːp 读长元音均为中平调。4）鼻音、边音声母的字读音多出现在阳类调（双数调），但方言词有许多这些声母的音节出现在阴类调（单数调），如 mat^7‘什么’、mit^7‘掐、捏’、$nuŋ^1$‘焦、糊’、nap^7‘凹陷’、$ŋaːm^1$‘合适’、$ŋan^1$‘瘦小’、$laːn^1$‘爬行’、$leːŋ^5$‘漂亮’等。5）粤西至桂东南的粤方言没有撮口呼，广州话的 y、yn、yt 等韵母变读作 i、in、it，如‘鱼’读作‘姨’，‘专’读作‘煎’，‘月’读作‘热’。6）中古汉语的心母字，粤西至桂东南一带读作舌尖边擦音 ɬ 或舌尖齿缝音 θ。以上这些特点正好与现今的侗台语尤其是壮语极相近似。其中第 4）所提到的每一个方言词不一定都与壮语同源，但这些声母都出现在阴类调，这一特点从汉语来讲是很特殊的，而在这一点上粤方言正好与壮语相同。因此我们完全有理由把它与壮语的音韵特点相联系。

（7）两广交界的地区如湛江市附近的高州、化州和广西东南部一些地区以及海南省的汉语方言，中古帮、端两个声母的字都读作带喉塞的浊塞音 ʔb、ʔd，这可能和华南及东南亚一带各民族语言（壮、布依、黎、水、毛南、京以及老挝、泰等）有这两个浊塞音有密切的关系。”

“在语法方面，汉语南北方言有差异的地方大体都可以从某些少数民族语言里找到相应的来源，造成方言语法上的差异的似乎是由于语言底层作用的结果。

（1）汉语句子的基本语序是主语—谓语—宾语。但有时也可以用主语—宾语—谓语的形式来表达，如‘我饭吃了’，‘他衣服洗干净了’等说法也是常见的。在东北朝鲜族地区这种用法更为普遍。青海一些地方的汉语竟把‘吃饭’，说成‘饭吃’，把‘喝茶’说成‘茶喝’，把‘你打我’说成‘你我哈打’，等等。这是明显地受到阿尔泰语（或藏语）的影响。

（2）北方汉语大概在唐宋时代才产生用‘将’、‘把’来表示处置式，‘将’和‘把’由动词变为介词，其作用是把宾语提到动词之前。南方汉语（如粤语）没有这种用法，一般多用‘动—宾’的形式，如‘赶佢出去’（把他赶出去！）‘洗干净件衫’（把衣服洗干净！）北方话把宾语提到动词之前这一形式，很明显是受到阿尔泰语言的影响。但汉语的宾语提到前面之后，又在它的前面加上‘把’字，仍然类似‘动—宾’这个结构的语序（‘把’字是由动词虚化而作介词的），因此这种‘介（把）—宾—动—补’的语序可以认为是受到阿尔泰语影响而产生的一种新的汉语语序。我们仅仅承认这种格式是汉语受到阿尔泰语的影响而不是说它已经阿尔泰化，是因为提前了的宾语仍然处在‘把’字之后，如果这个宾语出现在介词‘把’之前，那就是彻底的阿尔泰化了。如临夏河州话‘你他们 xa（把）什么 la（用）款待哩？’（你用什么招待他们？）

（3）粤方言一些副词常使用在作中心词的动词之后，与北方汉语的位置刚好相反。‘先’作副词，表示动作发生在前，粤方言要用在动词之后，如‘你去先’（你先去），‘我买先’（我先买）。‘添’（再）作副词，表示动作重复发生，要同时用在动词和数量词之后，如‘买两斤添’（再买两斤），‘畀个我添’（再给我一个）。‘添’还表示动作的扩展，有‘而且还……’的意思，如‘你批评佢，佢重笑添’（你批评他，他还笑呢）。后一个用法，‘添’字成了语气副词。侗台语族语言‘先’的用法与粤语几乎完全一致，如壮语：mɯŋ^{2}（你）pai^{1}（去）ko:n^{5}（先），布依、傣、仫佬、侗、水、毛南等语的‘先’都置于动词之后（其中侗语也可以前置）。‘添’在壮语是汉语借词，但用法是壮语式的，如 çaɯ^{4}（买）θo:ŋ^{1}（二）kan^{1}（斤）te:m^{1}（添）。

（4）量词的用法南方一些汉语方言（广州、潮州、温州等）与侗台语非常近似。以广州话为例：

量词出现在名词的前面，有表示指示、领属等意义，如‘只鸡好肥’（这只鸡真肥），‘你只手好冻’（你的手很凉）。壮、布依、侗、仫佬、水、毛南等语言的量词都有这种用法，而且名词单独出现时也往往加上一个相应的量词，如壮语：pou^{4}（位）wun^{2}（人）‘人’，tu^{2}（只）kai^{5}（鸡）‘鸡’，ko^{1}（棵）fai^{4}（树）‘树’，an^{1}（个）ma:k^{7}（果）‘果子’，fa:k^{8}（把）kwa:k^{7}（锄）‘锄头’，ki^{3}（些）hau^{4}（稻），‘稻谷’。很显然，广州话量词的这些特殊用法是来源于侗台语的。

（5）在构词方式方面，南方一些方言表示动物雌雄的修饰成分要放在被修饰成分后面，与北方方言截然相反。如‘公鸡’、‘母鸡’，广州、海南、梅县（客家）、汕头、厦门、福州、南昌说成‘鸡公’、‘鸡母’，而温州、长沙两种次序都有。壮、布依、傣、仫佬、毛南都是修饰成分后置，侗、水是前后均可。很显然，南方一些地区的汉语方言表示雌雄的修饰成分后置这一格式是受到侗台语言的影响而产生的。”

“在词汇方面，粤方言以及南方一些方言有大量的在古汉语找不到来源的方言词，其中有相当一部分可以在侗台语以及东南亚（京语）找到一些类似的形式。现选两个词略述如下：

指示词‘这’在粤语一般读作 ni^{55} ~ nei^{55}，浙江义乌话作 ʔn^{323}。这个词侗台语、瑶族的勉语、京语等都是 nei ~ ni ~ nai 等形式，很显然，粤方言、义乌话的指示词‘这’源于少数民族语言。

结构助词‘的’，粤方言、梅县客家话是 ke，潮州话、海南话、温州话是 kai，一般表示领属或用来代替名词。如广州、梅县：‘我 ke’（我的），‘熟 ke’（熟的），潮州、海南：‘你 kai’（你的），壮语、布依语、京语都有助词 ka:i^{5} 一词，表示领属关系，如（壮、布依）：ka:i^{5}（的）diŋ^{1}（红）‘红的’。ka:i^{5}（的）mɯŋ^{2}（你）‘你的’。很明显，粤方言、客家话、闽南话及温州话的 ke ~ kai 是源于侗台语或京语，只是词序不同罢了。”

——欧阳觉亚：《运用底层理论研究少数民族语言与汉语的关系》，载《民族语文》1991 年第 6 期，第 23～29 页。

东南汉语方言中的壮侗语底层和壮侗语中的东南方言底层

李如龙认为：“仅见于东南汉语方言的一些词，在‘古百越语’（今壮侗语）里可以找到读音相近、语义相同的说法。东南汉语方言中的先喉塞音，精清读为 t、th 和透定读为 h，是早年受壮侗语影响的不同程度的留存。这些底层现象应该是上古到中古之间先后形成的。”

一、先喉塞音声母问题

“1. 先喉塞音在闽方言中远不是只表现在海南闽语的 ʔb、ʔd 两种典型的发音上，在闽南本土，尤其是厦门话里也有系列的表现，其类型是变读为无喉塞的浊音。”

“2. 在闽北方言，先喉塞的痕迹不但在帮（并）端（定）见（群）有表现，在精母也有。从今读的类型说，在石陂、建阳分别读为 b、β、d、l、dz、g、ɦ 等，多为浊音，在建瓯多读为清音 p、ø、x 等，也有一些字读为 l。在声调上往往和来自非先喉塞的同类清声母有别。这些字也就是有名的闽北‘清音浊变’的现象。这些字从调类上说平上去入都有；从词性说，名、动、形都有。用先喉塞的浊音底层来说明是最确切的了。”

“现代壮侗语的塞擦音普遍都不发达（尤其是送气的 tsh），黎语通什话和壮语的不少方言至今都还没有塞擦音声母。在借用汉语词时，壮语用 s 对应精组字和章组的擦音字，用 ç 对应知庄章组的其他字和精组的细音字；傣语则精庄章不分，塞擦音读 ts，擦音读 s。”“精组字读为塞音，在壮侗语牵涉到古音拟测，在汉语东南方言还分布在赣语和闽语，并且牵连到透定母读为擦音的问题，确实是东南方言的壮侗语底层研究的重要题目。”

二、精组字读 t、th 及相关问题

“在东南方言，精清母字读为 t、th，集中表现在海南闽语和武夷山两侧的赣语和闽语，这些方言里还连带着把透定母字读为 h 声母。闽方言普遍是从母混精、庄章归精、澄归定，因此在海南闽语读为 t、th 的还包括了一部分章、从、澄等声母字，而清、昌等声母字因为变读为 s（和许多壮侗语一样，看来也是一种底层现象），所以没有参加这种对应。”

“在赣语区，只有宜黄、乐安、南丰等少数点把精、庄母读为 t。而更多的点都把清从母字和一些初崇母字读为 th 声母，洪音居多，有的点也有细音字。”“透定母读为 h 声母在老赣语区是与清从等母字读 th 相呼应的，另有赣中的吉水只有透定读 h 而没有清从读 th，上述西河客话则有清从读 th 而无透定读 h。”

……

帮端等读先喉塞，精清等读 t、th 和透定读 h，这三种特征之所以是东南方言中的壮侗底层，“最主要的理由是这些表现仅见于古百越人（壮侗语诸民族）的原住地上形成的东南方言，而未见诸官话区。辛世彪的文章（2002）曾提到关中方言也有些点把精清也读为 t、th，但那只见于细音字，明显是 tsi、tshi 由于 i 的影响把擦音 s 挤掉的结果。其次，就壮侗语方面看，‘多数语言有一套带先喉塞音声母 ʔb- 和 ʔd-，个别语言还有 ʔɖ- 和 ʔg-，但逐渐趋向简化和消失’（马学良主编，2003）。就和东南方言关系最深的壮傣语支的情况看，壮语没有 ts，tsh 声母（s 实际读音为 θ 和 ɬ），布依语和傣语只有 ts、s，没有 tsh，壮语和布依语只有 h（或 x）没有 th 和 kh。可以想象，壮侗语支的先民学习汉语时可能就是用 t，th 代替 ts，tsh（精清），用 h 代替 th（透定）的。实际上本文未列入讨论的还有东南方言中的赣、客、粤、湘诸方言广泛存在的溪母读为 h（合口字又变为 f），乃至滂母字读为 h（见诸闽北建阳）或 f（见诸海南闽语），应该也是和壮侗语的这个声母格局相关联的底层现象。第三，就东南方言的内部语音结构系统看，这些变异并非语音系统之内的有关条件所造成的，也不是词汇、语法现象的反映，用语言接触的‘底层’现象来解释是最合理的了”。

“底层现象通常被理解为早期民族融合过程中两种语言的相互借用。这里必须指出，早期的借用是双向的，而不是单向的。就东南方言和壮侗语的关系说，唐宋之前，东南方言有壮侗语的底层，壮侗语也有东南方言的底层。例如‘筷子’，壮语说 $taɯ^{6}$（武鸣）、thu^{6}（龙州），侗语说 $ɕo^{6}$。这是向汉语借用的‘著’。读 t、th 的应是唐以前的音，和现在的闽语和赣语相近（泉州 $tɯ^{6}$，建宁 $thə^{6}$）；读 ɕ 的是宋以后的音（因 ɕ 对应 tɕh）和赣客语相近（河源 $tshy^{6}$，南城 $tɕhiɛ^{6}$）。桌子，武鸣壮语说 $ta{:}i^{2}$，来自粤语（广州 $thɔi^{2}$）或吴语（上海 $dɛ^{2}$）的‘枱’；龙州壮语说 $tɕo{:}ŋ^{2}$。来自闽语的‘床’（莆田 $ɬuŋ^{2}$，潮州 $tshəŋ^{2}$），侗语说 $pi^{2}pa{:}n^{2}$ 则来自‘盘’，今邵武话说盘儿 $phɔn^{2}nə^{0}$。此外，还有好些是近现代向粤语方言和西南官话借用的，这是人所共知的。应该说东南方言向壮侗语借用是多语源的，但从时间上说都完成于千年以前的古代，而壮侗语向汉语或汉语方言所借用的底层词则是多来源、多层次的。因为彼此的借用都有了很长的历史，加上古时候也可能有更多的方言差异，有时就会使底层词和同源词难以辨认。例如骹（口交切），壮侗语有不少方言也说，闽方言则十分普遍，彼此语音是对应的，语义上或兼指腿、脚或只指腿，有些歧异。上古汉语有‘足’，近代汉语有‘脚’，‘骹’的用例见于汉魏，字形和音义见于《说文》和《集韵》，或指小腿或指踝骨，或指人或指马都很含糊。像这种情形，究竟是谁向谁借用了，或者本来就是同源词，在不同地方、不同时期用起来，发生了音义的变异？可见，由于交往历史长、分化语种多，如果未经周详的调查，要对底层词作出同源或借用的判断，确实是不容易的。”

——李如龙：《关于东南方言的“底层”研究》，载《民族语文》2005 年第 5 期，第 1～15 页。

从词汇比较和古音构拟看粤语中的壮侗语族语言底层

李锦芳指出：“岭南地区‘汉越杂居’的局面有上千年历史，在漫长的民族融合中和文化基础上，必定产生深刻的语言接触。语言接触的影响是双向的：汉语对岭南地区的少数民族语言产生了极为深刻的影响，百越民族的后裔，即今天的壮侗语族各民族使用的语言中可以看到汉语烙下的深深印痕；而粤方言中某些与壮侗语共同的特点，也可能是早起壮侗语在粤方言里留下的痕迹。岭南地区的汉语即粤语在受到土著语言的渗透过程中渐渐地形成一个积淀层，即语言底层。”作者通过壮侗语族语言和广州话词汇材料的比较寻找粤语的壮侗语族语言底层，并分别构拟汉语古音和壮侗语古音来进行印证。

通过词汇材料的比较和古音的构拟，作者共找到以下 9 组共计 33 个广州话的壮侗语族语言底层词。

1. 广州话 a 韵的壮侗语族语言底层词

广州 la^{5}：找、摸索	壮$_{\text{田林}}$ la^{1}，傣$_{(\text{西})}$、泰 ha^{1}，侗、水 la^{6}：找
广州 ŋa^{6}：占、张开	壮、傣$_{(\text{西})}$ ʔa^{3}，黎 ŋa^{3}：张开
广州 wa^{6}：说	壮$_{\text{龙州}}$、傣$_{(\text{西})}$、泰、侗 wa^{6}：说
广州 na^{3}：雌、母	壮、傣、泰 na^{4}：姨母；布依 na^{4}：舅母
广州 ma^{1}：对儿、双生	壮 wa^{1}，傣 fa^{1}：双生子

2. 广州话 am 韵的壮侗语族语言底层词

广州 tam^{6}：踩（脚）	壮$_{\text{田林}}$ tam^{6}、侗 ȶam^{4}、水 tjam^{6}、黎 tom^{2}：踩（脚）
广州 lam^{5}：倒塌	壮 lam^{4}、泰 lom^{4}、毛南 lam^{5}、水 qham^{5}：倒塌
广州 nam^{2}：软	壮 noːm^{2}、泰 nɔːm^{2}：软
广州 kham^{1}lou^{1}：蜘蛛	壮$_{\text{龙州}}$ khjaːŋ^{3} khjau^{1}、傣$_{(\text{西})}$ kuŋ^{3} kaːu^{1}、毛南 kuŋ^{6} kaːŋ^{2}、黎 khon^{3} khuːŋ^{1}：蜘蛛

3. 广州话 ap 韵的壮侗语族语言底层词

广州 jap^{7}：眨（眼）	壮、泰、侗、水 jap^{7}：眨（眼）
广州 khap^{7}：罩、扣、盖	壮 khap^{8}、傣 jap^{8}、泰 khap^{8}、毛南 kəp^{8}：罩、扣、盖
广州 khap^{8}：咬	壮 hap^{8}、傣(西) xop^{7}、泰 khop^{7}：咬、欺负
广州 hap^{7}：欺负	壮、傣(西)、泰读音与“咬”同
广州 kap^{6}：蛙	壮、傣(西)、泰 kop^{7}，仫佬 kəp^{7}、黎 kaɯ^{2}：蛙

4. 广州话 ɛ 韵的壮侗语族语言底层词

广州 lɛ^{3}：揩擦、蹭	壮 ɣi^{2}、傣(西) le^{2}，泰、侗 lja^{2}：舔
广州 mɛ^{1}：背负	壮、仫佬 ma^{5}，毛南 ʔma^{5}：背负

5. 广州话 ou 韵的壮侗语族语言底层词

广州 lou^{3}：男性成年人	壮、侗 laːu^{4}：老人，指人量词
广州 mou^{4}：不、没	壮 bou^{3}、傣(西) bau^{5}：不

6. 广州话 ɔŋ 韵的壮侗语族语言底层词

广州 tɔŋ^{5}：竖立	壮、傣(西)、泰 taŋ^{3}，毛南 taŋ^{1}：竖立
广州 lɔŋ^{5}：垫、架起	傣(西) lɒŋ^{1}：垫；水 laŋ^{5}：架起
广州 lɔŋ^{3}：洗涮、漱	壮 ɣuɯːŋ^{4}、泰 laːŋ^{4}：洗涮、漱
广州 ŋɔːŋ^{2}：傻	壮 ŋoŋ^{5}、侗 ŋaːŋ^{5}、黎 ŋoːŋ^{2}：傻
广州 kai^{1} hɔŋ^{3}：小母鸡	壮 kai^{5} haːŋ^{6}、傣 kai^{5} xəŋ^{5}、泰 kai^{5} kuaŋ^{5}、侗 qaːi^{5} qaːŋ^{6}：小母鸡

7. 广州话 i 韵的壮侗语族语言底层词

广州 mi^{4}（mei^{4}）：别、不要	壮 mi^{6}、泰 mi^{3}、水 mi^{4}：不、别
广州 ni^{1}（nɛi^{1}）：这	壮 nei^{4}、傣(西) ni^{4}、侗 naːi^{6}、黎 nei^{6}：这
广州 ti^{1}（tit^{7}）：一点儿	壮 ti^{1}、水 ʔdi^{5}：一点儿

8. 广州话 uk 韵的壮侗语族语言底层词

广州 luk⁷ jau6：柚子　　壮 lɯk⁸ puk⁸、白泰 puk⁸：柚子
广州 tsy¹ luk⁸：（猪）圈　　壮田林 hok⁸、临高 luk⁸、傣（西）xɒk⁸、泰 khɔk⁸：（猪）圈
广州 tuk⁷：扎、捅　　壮龙州 tɕuk⁸、临高 tsuk⁸、毛南 zjak⁷、黎 tok⁷：扎、捅

9. 广州话 aːm 韵的壮侗语族语言底层词

广州 ŋaːm¹：刚好、合适　　壮 ŋaːm⁵，临高、黎 ŋam²：刚好
广州 laːm⁵：跨　　壮 haːm³（jaːm⁵）、傣（德）xaːm³（jaːŋ⁶）、水 joːm³、黎 hjaːm¹：跨
广州 naːm²：蟒蛇　　壮 nuːm¹、临高 ȵəm²、傣（德）ləm¹、泰 lɯam¹：蟒蛇

——李锦芳：《粤语中的壮侗语族语言底层初析》，载《中央民族学院学报》1990年第6期，第71～76页。

湘南土话中的底层语言现象

罗昕如从语音、词汇、语法三个方面讨论了湘南土话中的底层语言现象。认为："我国南方的吴语、闽语、粤语中有先喉塞音，陈忠敏先生（1995）对其分布做了具体描写。先喉塞音 ʔb、ʔd 一般分别对应于帮母和端母，和其他同类声母的音值不同，无法从汉语自身历史演变的规律去解释。国内壮侗语和东南亚一些国家的语言中也有这两个先喉塞音，这些语言源于古百越语。上述有先喉塞音的南方方言与壮侗语、东南亚一些语言的地理分布范围大致在长江以南广大的东南亚地区，恰好等于古百越族生活的范围，因此先喉塞音被认为是古百越语的底层形式。

湘南部分土话中，古全浊塞音声母定母字清化后不送气，古全浊塞擦音声母从澄崇群母字清化后送气，因声母发音部位发音方法不同而有送气与否的情况无法用汉语演变的规律来解释。王福堂先生（2001）认为这种现象与壮侗语中的先喉塞音有关，湘南土话中的定母因受壮侗语的影响而具有吸气的性质，不能再参与方言中

后来发生的送气化音变，只能变为不送气音，而其他全浊声母则受客赣方言影响变为送气音。因此湘南土话中的这种异常语音现象是古百越语底层形式先喉塞音的一种表现。”

“在两广交界的一些粤方言里，先喉塞音 ʔb、ʔd 演变是向浊声母 b、d 或声母零化方向发展，在吴语里 ʔb、ʔd 一般演变为相应的鼻音声母 m、n。湘南上话中也存在古帮端母读如 m、n 的现象。”

“古畲族包含在‘南蛮’、‘百越’这些泛指的古代南方民族之中，畲族后来辗转东迁，而畲族曾经生活过的南方地区却有可能留下他们的语言残迹，江华土话中的量词［$naŋ^{51}$］便有可能是这种底层残存。”“湘南某些土话点中有一个表示程度的副词［la］，如蓝山太平［la^{33}］、嘉禾行廊［la^{55}］、嘉禾广发［la^{22}］、嘉禾塘村［la^{33}］。［la］相当于普通话程度副词‘很’，可用于性质形容词前表程度：［la］‘好（很好）’等。‘高、矮、大、小、黑、白、干净、大方、闹热、麻利’等性质形容词，不管是单音节还是双音节，均可前加［la］，表示程度。显然［la］也是一个非汉语成分，有可能是底层现象。欧阳觉亚（1995）在讨论南宁白话的壮语成分时提到：壮语在表示形容词或动词的程度时，往往在形容词或动词的后面加上一个［$la:i^{1}$］‘多’，南宁白话仿照壮语的方式，在形容词或动词的后面加上一个‘多’字，相当于‘很’。”“壮语中表示程度的［$la:i^{1}$］与湘南土话中表程度的［la］可以对应，只是湘南土话按照汉语的语序将修饰成分放在被修饰成分之前。”

“湘南土话的代词非常复杂，表现在内部差异很大，不仅不同土话点的代词常常各不相同，有时即使是同一个点内部的同一个代词也可能说法不同，最突出的例子是江永上江圩乡的‘我’字有 8 种说法：［$ŋ^{35}$］、［ie^{44}］、［vu^{44}］、［$əŋ^{5}$］、［$oŋ^{21}$］、［$tsɿ^{5}$］、［$tsie^{21}$］、［$ɕiŋ^{35}$］（黄雪贞，1993）。这些说法应是产生于不同历史时期，各有来源，来源之一不排除底层成分。我们将湘南土话各个点的 5 个代词‘我、你、他、这、那’分别与苗瑶语、壮侗语进行比较，发现下述代词与这些少数民族语言有某种程度上的对应关系，有可能是古代少数民族语言的底层遗存。”

“汉语与侗台语在语序上的重要区别是，汉语一般修饰成分在前，中心成分在后，侗台语则反过来，往往修饰成分置于中心成分之后。如果南方汉语方言中（主要指吴闽粤语）出现这种修饰成分置于中心成分之后的现象，往往被看成古越语底层现象。如郑张尚芳先生（2001）列举过温州话中的现象：1. 名词中的修饰成分后置：菜咸（咸菜）、鱼咸（咸鱼）、饭焦（焦饭）、鞋拖（拖鞋）、米碎（碎米）等；2. 形容词的单音摹状成分后置：燥索、厚敦、软烘、光溜等，其构词语序与壮侗语相同，被视为侗台语底层现象。湘南土话中也有这类构词语序与壮侗语相同的现象，体现了壮侗语特点，也可视为侗台语底层成分。”

——罗昕如：《湘南土话中的底层语言现象》，载《民族语文》2004年第1期，第20～25页。

从京语中古白读音看“汉语越化”现象

韦树关指出：“这个层次的白读音与中古汉语语音大致对应。王力先生把越南语中的这个层次称为汉语越化。但据潘悟云教授的研究，部分‘汉语越化’的现象，用借词的历史层次加以解释更为合理。如‘力’读 ʂɯk7、‘莲’读 ʂɛn1、‘节’读 ket7、‘添’读 them1，潘悟云教授认为应属于上古借词层。京语的中古白读音，指王力先生所说的‘汉语越化’语音现象中，除去潘悟云教授认为是上古借词层的那一部分余下的那些语音现象。我们也不妨称之为‘京化音’。王力先生指出的越化音的特点，同样适用于京化音，部分字的音质京化音与越化音略有差异。”

——韦树关：《京语研究》，广西民族出版社，2009年，第32～33页。

受蒙古语影响元代汉语定中结构复杂化

李崇兴指出，“元代中国的语言生活使汉语具备一定的接受非汉语（主要指蒙古语）影响的条件。在这样的条件下，产生了一种混杂蒙古语成分的口语（1998年在韩国发现的古本《老乞大》最能反映这种语言的面貌），而大量的所谓‘直译体’文书则是这种汉蒙混成语在书面上的表现。种种迹象表明，混成语在当时是有广泛影响的，对元代汉人语言生活的冲击是巨大的，今天我们所能看到的元代白话材料，几乎都能显现出这种冲击”。

作者对《元典章》中的6个例句进行举证分析，认为受蒙古语影响元代汉语定中结构复杂化。“定中结构的复杂化表现为‘的’字结构的复杂化和定语的多层化两个方面。在元代以前的文献中，‘的’字结构一般是由单个的词或简单的短语构成的，由复句形式构成的‘的’字结构根本看不到，而参以‘的’字的多层定中结构也没有。这些复杂的‘的’字结构和定中结构只出现在蒙古语直译体文字中。到了元代，正是由于对译蒙古语文的需要，才使得‘的’字结构的容量大为增加，从而赋予汉语句子组织以新的强有力的手段。”

——李崇兴：《论元代蒙古语对汉语语法的影响》，载《语言研究》2005年第3期，第77～81页。

受蒙古语影响元代汉语“动＋了＋宾”全面取代“动＋宾＋了”

李崇兴统计了三种元代的材料，“一是《元典章·刑部》，‘动＋了＋宾’有149例，‘动＋宾＋了’只有6例，其中‘遇赦了’2例，‘升天了’1例，‘分付管民官了也’1例，‘入己了’1例，‘上马了’1例。‘升天’指皇帝死，‘入己’是侵吞的意思，‘上马’是起身的意思，未尝不可以看成动宾结构的合成动词。‘分付管民官了’的后头没有后续成分，跟早期‘VO了’不能足句的情况有所不同。要是把这几例除开，‘动＋宾＋了’的例子就只剩下一个‘遇赦了’了。第二种是古本《老乞大》，‘动＋了＋宾’有74例，‘动＋宾＋了’一例也没有。第三种是《元刊杂剧三十种》，‘动＋了＋宾’有660例左右，‘动＋宾＋了’有60例左右”。据此，作者认为“以上三种材料的情形应该能够说明，在元代北方，‘动＋了＋宾’已经完成了对‘动＋宾＋了’的取代”。

作者还以这一时期“讫”的活动方式出现的明显变化作为旁证，并据此分析出元代汉语“动＋了＋宾”全面取代“动＋宾＋了”的根本原因在汉语本身，“而这一过程的完成在元代，而且在北方（正是汉语最易受阿尔泰语影响的地方），因而外在力量所产生的推动作用也不容抹杀。我们知道，蒙古语动词的时体成分总是紧附于动词的，动词的宾语放在动词的前面。在直译体文献中可以找到一些‘宾＋动’的格式，但多数还是采取汉语的‘动＋宾’格式。由于蒙古语动词的时体成分总是紧附于动词之后，因而在动词需要带宾语的时候，直译体的表现形式就只能是‘动＋了＋宾’或‘宾＋动＋了’，而不是‘动＋宾＋了’。‘动＋了＋宾’这种格式通过直译体官方文书及所谓‘汉儿言语’两条渠道对汉语施加影响，推进了这种格式的普及”。

——李崇兴：《论元代蒙古语对汉语语法的影响》，载《语言研究》2005年第3期，第77～81页。

“着”的“方式化”用法的产生受蒙古语影响

李崇兴指出：“在元代直译体文件中，‘着’的用法很值得注意”。作者对《刑部》中的句例进行分析，发现元代汉语有些“句子里面的动词后面安上‘着’，其实是对译蒙古语‘副动词’的需要。蒙古语副动词是动词的一种连接形式，通过后接各种连接形附加成分，表示这个动词跟别的动词连用。副动词一般不能独立充当谓语，是‘非终止形式’。中古蒙古语副动词有并列式、先行式、联接式、假定式、让步式、目的式、界限式、延续式、预备式等等形式。并列式副动词表示该动作与其它动作同时或先后进行，其附加成分常用汉语的动态助词‘着’对译。‘着’作为表示动作状态持续的动态助词大约成立于唐代，‘V着（O）+VP’这种句式唐代也已经出现，宋元时期就更为常见。‘V着（O）+VP’中的‘着’与蒙古语并列式、联合式副动词附加成分不仅句法位置相同，功能上也有相通之处，直译体文字用‘着’来对译它是适宜的。对译的结果，是使‘着’的适用范围扩大，语法功能也随之发生变异。元代以前，‘V着（O）+VP’里面的‘V着（O）’已经可以表示VP的方式（如《朱子语类》卷132：‘只需低着头去做’），不过那还只是一种自然的契合，到了元代，由于蒙古语的影响，‘着’的使‘VP’方式化的作用得到强化，在某些场合，简直就成了一个方式语的标记。”

据此，作者认为“着”的“方式化”用法产生于元代，并与蒙古语有直接关系。

——李崇兴：《论元代蒙古语对汉语语法的影响》，载《语言研究》2005年第3期，第77～81页。

受蒙古语影响元代汉语某些介词后带“着”

李崇兴认为：“元代直译体文字里‘因’、‘依’这两个介词后头可以加‘着’。我们没有发现元代以前介词带‘着’的例。而且‘因着’、‘依着’都只在直译体文件中出现，非直译体文件里面也用‘因’、‘依’这两个介词，但都不带‘着’，这就让人怀疑这种现象的发生，是不是跟蒙古语有些关系。上文说过，直译体文件常常用‘着’对译蒙古语并列式副动词的后附成分。在‘因/依 + 宾 + 动’的格式里，‘因’、‘依’很像蒙古语里面的并列式副动词，因而就有可能比照翻译并列式副动词的惯例，让‘因’、‘依’也带上‘着’字。猜想‘因’、‘依’后头的‘着’就是这么来的。‘因’、‘依’带‘着’，开了汉语介词带体助词的先例。后来个别介词带‘了’，应该是‘介 + 着’这种形式所产生的类化作用的结果。现代汉语里面，能带‘着’、‘了’的介词限于‘因’、‘依’、‘照’、‘为’等几个，并没有推广到所有介词身上。这几个介词对其后的宾语还有比较强的支配性，跟动词的界限不是特别清楚，这也许就是它们能带‘着’、‘了’的原因。”

——李崇兴：《论元代蒙古语对汉语语法的影响》，载《语言研究》2005年第3期，第77～81页。

通过语言接触探讨元代白话的特殊判断句

江蓝生指出，元代白话文献中出现了一种介绍人物称谓的新型判断句——“S+是 +N（的）+ 便是”。例如：

贫道是司马德操的便是了。（元刊杂居《单刀会》二折白）
某乃大刀关胜的便是。（《元曲选·争报恩》楔子）
妾身是开封府上厅角妓李琼梅的便是。（《永乐大典戏文三种·小孙屠》三出）
某乃宋江便是。（《元曲选·李逵负荆》二折）
小生是太守相公的表弟赵汝州是也。（又《红梨花》一折白）

该文考证，这种出现两次判断动词的判断句是汉语与蒙古语等阿尔泰语的判断句想融合而成的叠加式，即 SVO+SOV → SVOV。该文指出，我国北方少数民族语言绝大多数都属于阿尔泰语系，阿尔泰语是黏着语，靠格附加成分（也称后置词）表达语法意义。阿尔泰语又是 SOV 句型的语言，宾语位于动词的前边。作者对突厥语、蒙古语、满语、朝鲜语（另有日语）的考察发现，这些语言的判断句有一个共同的特点——在主语和谓语之间没有系词，名词谓语后边有表示肯定的判断动词或助词。比如“我是学生”这句话，以上各语言的语序为“我学生是”。历史上汉族与各少数民族长期杂居而处，语言接触的历史悠久，其结果必然带来两种语言的相互影响、相互渗透、相互融合。可以想见，在契丹、女真、蒙古等少数民族建立政权的辽、金、元等朝代，汉语受阿尔泰语的影响应更为普遍、深入。在汉语的 SVO 句式与阿尔泰语的 SOV 句式相碰撞时，无论是学说汉语的少数民族，还是与少数民族交往的汉族，都有可能使用一种兼容两种语法特点的叠加句式。即：

SVO+SOV → SVOV
我是学生 + 我学生是→我是学生是

作者认为，元代特殊判断句式“贫道司马德操的便是”“某乃宋江便是”就是这样叠加而成的。

在进行上述论述之后，作者还分析了元代另外一种叠加式判断句，作为共时资料的旁证。作者指出，从《蒙古秘史》的对译与总译知道，蒙古语判断句的主要结构是“SO有”，总译改为“S是O”。比如该书卷七处的一个例句：

音译：必　王罕　备由
对译：我　人名　有
总译：我是王罕

但是，作者在可靠的元代白话文献中经常可以找到一种叠加式判断句“S+是+O+有”。例如：

金银是钞的本有。（《元典章·户部·卷六存留钞本》）
孝道的勾当是德行的根本有。（《孝经直解·开宗明义章第一》）
“你的师父是什么人？”“是汉儿人有。”（古本《老乞大》）

作者认为，这种特殊判断句很显然是汉语与阿尔泰语判断句相融合而产生的叠加式，即：“S是O”＋“SO有”——“S是O有”。它跟前举“S是O便是”叠加式判断句的结构完全相同，差别仅在于一个句末用“便是”，一个用“有”，这只是用法上的不同选择。由于“有”和“是”词义的不同，作者推想，句末用“有”的叠加式恐怕不如用“便是”的易于被汉人接受，元杂居等文艺作品中的叠加式判断句几乎都用“便是”或“是也”，恐怕正是这个原因；入明以后，句末为“便是/是也”的叠加式判断句还时或可见，而句末作“有”的则消失近尽，恐怕也是这个原因。

作者最后指出，语言接触是元明时期特殊判断句产生的直接动因，但由于语言接触而产生的新句型能否立得住，能立多久，还要看它与汉语语法有无相容性。能否真正融入汉语语法中去。由于元明时期的特殊判断句跟汉语的判断句结构差异太大，所以它们随着元朝的灭亡逐渐退出了语法史舞台。

——江蓝生：《语言接触与元明时期的特殊判断句》，载《语言学论丛》第28辑，商务印书馆，2003年，第43～58页。

甘青汉语选择问句是汉语和藏缅语选择问句混合的结果

宋金兰认为：“甘青汉语方言中的选择问句‘A吗B’颇有特点，它既和‘A还是B’这种以连词为句法标志的汉语通常选择问句存在明显的差异，又和‘A吗，B吗’这种以语气词为句法标志的藏缅语式的选择问句有所不同。”并认为“这种选择问句是汉语和藏缅语选择问句混合的结果”。

甘青汉语方言存在特殊选择句式“A 吗 B”，常见的变式为“A 呢吗 B（呢）”。如：我们走上去吗跑上去？这种选择句式与汉语普通话的不同在于：“第一，汉语普通话的选择问句是以连词‘还是’作为句法标志的，语气词是可有可无的。”“第二，疑问语气词‘吗’和‘呢’在汉语普通语里呈对立分布，而甘青方言的‘吗’还能和‘呢’同时出现在一个选择问句里。”“第三，汉语普通话正反选择问句中的连词可以省略，其常用句式为‘A 不 A’，例如‘去不去？’事实上这种正反选择问句已从一般的选择问句中分化了出来，称为反复问句。但在甘青方言的这种疑问句中，语气词‘吗’是不可或缺的成分。”“由此可见，甘青方言的选择问句与汉语普通话存在着明显的差异。”

“汉藏语里带有普遍性的选择问句大体上可以分成两类：一类主要以选择连词为句法标志，其句式为‘A 还是（或者）B’；另一类主要以疑问语气词为句法标志，其句式为‘A 吗，B 吗’。

第一类如壮语：

mɯŋ^{2} pai^{1} ɣo^{4}nau^{2} kou^{1} pai^{1}（ta^{6}）？　你去还是我去（呢）？

你　去　还是　我　去　呢

第二类如藏语等：

moʔ^{13} moʔ sa^{13} ka tʂɛʔ^{13} sa^{13} ka？　吃馍馍还是吃米饭？

馍　馍吃　米饭　吃”

“不难看出，甘青方言的选择问句与藏缅语式的选择问句在结构类型上比较相似。语气词‘吗’与藏缅语的语气词 ma，pa 等读音相同或相近，并像后者一样可以根据不同的语音环境发生多种音变，‘吗’也可读成 lia、ua、a 等。”

“但是，甘青方言的‘吗’又和藏缅语的语气词有所不同，前者一般单独出现在 A 项和 B 项之间，而后者一般同时出现在 A 项和 B 项之后。甘青方言选择问句中当‘呢’出现时，‘吗’仍留在自己原来的位置上，构成‘A 呢吗 B 呢’式，其中的‘吗’具有连词的特征。这种选择问句不见于其它藏缅语，但是又不能因此认为‘吗’是一个以语气词身份出现的连词，因为甘青方言里还存在另外一种选择问句‘A 吗还是 B’，例如：电话打上去吗还是信写上去？其中的‘吗’无疑是语气词。那么，甘青方言的选择问句究竟应该属于哪种类型呢？这里的关键在于弄清‘吗’的性质？假如孤立地看‘A 吗 B’句式，很难说清楚‘吗’是什么？需要把它跟与它相关的另外两个句式‘A呢吗B呢’、‘A吗还是B’，放在一块进行综合比较。这三个句式构成了甘青方言独特的三种选择问句，它们从各自的角度反映着‘吗’的特征，统观三者才可能认清‘吗’的性质。我们知道，一个词出现在什么位置上这一点很重要。因为词的性质不仅取决于它自身的语义特征，还取决于它出现的语法位置。‘吗’的语法位置并不那么单纯。在‘A呢吗B呢’中，‘吗’出现在连词的位置上，相当于汉语普通话中的连词‘还是’；在‘A吗还是B’中，‘吗’又出现在语气词的位置士，相当于汉语普通话中的‘呢’；而在‘A吗B’中，‘吗’既处在语气词的位置上，又处在连词的位置上，可见，‘吗’事实上处在一种即此又彼、非此非彼的中间位置上。由于‘吗’的这种特殊的语法位置，使我们不能把它和藏缅语中的疑问语气词或汉语中的选择连词简单地等同起来。这个‘吗’既不是纯粹的疑问语气词，又不是真正的选择连词，而可能是一个融藏缅语的疑问语气词和汉语的选择连词为一体的语法要素，它兼具两者的语法特征。”

“综上所述，似可认为甘青方言的选择问句具有非单质性，它是两种不同类型的选择问句（汉语式的和藏缅语式的）的混合形式。”

——宋金兰：《甘青汉语选择问句的特点》，载《民族语文》1993年第1期，第32～34页。

受藏语影响临夏方言特指问句、正反问句的结构异于普通话

谢晓安、华侃、张淑敏发现：“临夏方言的特指问句除了有普通话中表示疑问点的词语和疑问语气的功能外，还必须有语法成分。语法成分必须置于表示疑点的词语前。临夏方言结构上的这些特点与藏语完全相同。临夏方言的语法成分是［tʂɤ］藏语的语法成分是［no］。”“临夏方言正反问句与普通话不同，正项与反项中间必须有语法成分。临夏方言的语法成分是‘啦’或‘呢么’，藏语是［dʑe］，而且语音都必须拉长。‘啦’主要是韵母拉长，一般拉长一至两个音节。凡用‘啦’的地方都可用‘呢么’，用‘呢么’、‘么’必拉长一至两个音节。”作者认为“临夏汉语方言在发展过程中吸收的藏语语法成分，大都与汉语原有语法特征不同，特别是在语序方面，从而使原有的一些语法特征消失，使语法体系颇有明显的藏语特点”。

——谢晓安、华侃、张淑敏：《甘肃临夏汉语方言语法中的安多藏语现象》，载《中国语文》1996年第4期，第273～280页。

欧化是中国语复音词大量出现的缘由

王力指出："最近二三十年来，中国受西洋文化的影响太深了，于是语法也发生了不少的变化。这种受西洋语法影响而产生的中国新语法，我们叫它做欧化的语法。咱们对于欧化的语法，应该有两种认识：第一，它往往只在文章上出现，还不大看见它在口语里出现，所以多数的欧化的语法只是文法上的欧化，不是语法上的欧化；第二，只是有知识的人用惯了它，一般民众并没有用惯。

咱们对于欧化的语法，用不着赞成，也用不着反对。欧化是大势所趋，不是人力所能阻隔的；但是，西洋语法和中国语法相离太远的地方，也不是中国所能勉强迁就的。欧化到了现在的地步，已完成了十分之九的路程；将来即使有人要使中国语法完全欧化，也一定做不到的。咱们不必抱赞成或反对的态度。但是，咱们应该以历史的眼光去看欧化的语法，把它和中国原有的语法分别清楚。《红楼梦》和《儿女英雄传》的语法和现代书报上的语法有什么不同之处。这是很有趣的问题，是值得咱们仔细研究的。

所谓欧化，大致就是英化，因为中国人懂英语的比懂法德意西等语的人多得多。拿英语来比较研究是更有趣的事……凡两个或更多的字合成一个词，叫做复音词。中国本来是有复音词的，近代更多，但是不像现代欧化文章里的复音词那样多。打个很粗的比例，古代、近代和现代复音词数目大约是一、三和九之比。现代文章里这种长句子，如果不多用复音词，倒反觉得文气不畅。这是复音词大量创造的原因。

大多数的复音词都是在英语里有相当的词的，若说得明白些，也可说是由英语翻译而来的。这种由翻译而来的复音词大致可分为如下三种：

（一）原有复音词的利用

中国原有的复音词，或近似复音词的仂语，有些和西文的词的意义相同，或相似者，咱们就利用它们来表达现代的思想。注意：这些词的涵义不一定和它那古代的涵义完全相合，却是和西文里相当的那些词的涵义完全相合。

……

（二）复音词的创造

现代大多数的复音词，都不是像上项所说，利用中国原有的复音词或仂语造成的，而是完全创造的……西洋的思想传入中国之后，中国人有时候不免依照西洋语言去运用思想，或发表文章。文章虽是用中文写的，却是西文的影子，所以凡遇着西洋的词义是中国原有的所不能表达者，就不免创造一些新词。

……

（三）音译

凡遇一个西文的词，中国没有相当的词可译，而又不容易（或不喜欢）依照汉字的意义创造新词，于是有音译的办法。

……

中国语向来被称为单音语，就是因为大多数的词都是单音词；现在复音词大量的增加了，中国语也就不能再称为单音语了。这是最大的一种影响。词由单音变为双音之后，往往因为有西文对比的缘故，一个词似乎可以兼属于两个以上的词类，词类的界限不像从前（欧化以前）那样清楚了。”

——王力：《中国现代语法》（下），中华书局，1954 年，第 299～309 页。

中国语第三身代词的分别是欧化现象在文法上的体现

王力认为：“英语人称代词第三身单数有阳性阴性和中性的分别，阳性用 he，阴性用 she，中性用 it，在现代欧化的文章里，大家也模仿英语这种分别，以‘他’字当 he，另造‘她’字当 she，又借‘它’字当 it（有些人不用‘它’字，另造‘牠’字）。英语第三身复数没有性的分别，阴性和中性一律说成 They；欧化的中文比英语更进一步，第三身复数也有性的分别，说成‘他们’、‘她们’和‘它们’。

然而咱们须知，这只是文法上的分别，和话法没有关系。在口语里，‘他’‘她’‘它’仍是同音的，听起来一点儿分别都没有。

‘他’‘她’‘它’的分别大约是 1918 年以后的事。以前，中国的书报里是没有这种分别的……

但是，现代‘他’‘她’‘它’的分别却非常普遍了；在白话文里，如果阴性不写作‘她’，或中性不写作‘它’（‘牠’），一般人竟觉得是一种错误似的……

中性的第三人称代词，中国语里本来极少极少。把一张桌子叫做‘它’，已经是很少见的了；至于把一种无形的物叫做‘它’，尤其是绝无仅有。因此‘他’‘她’二字虽在文字上欧化，实际上尚合中国语原来的习惯，至于‘它’字则是竟可以说是新创造的一个代词，它的许多用途都不是中国语所原有的。”

——王力：《中国现代语法》（下），中华书局，1954 年，第 365～370 页。

第四章　语音类

第一节　综　述

汉藏语的比较研究有利于汉语上古音的研究

龚煌城从汉藏语比较研究的观点探讨上古汉语的词头问题，认为：“一、因为研究的重点是词汇的同源关系，可以摆脱谐声字的限制，它可以包含谐声字，也可以超越谐声字，它的材料范围扩大了；二、在研究谐声字时，因为焦点放在构词法上，所以会经常留意词头与词根声母的互动关系；三、有汉藏语其他语言的同源词作指引，较易掌握正确的研究方向，因为在这些语言中，有的仍然保存复声母，甚至还有保存词头的，对汉语同源词的语音以及语音演变提供重要的信息。”

——龚煌城：《从汉藏语的比较看上古汉语的词头问题》，载《汉藏语研究论文集》，北京大学出版社，2004 年，第 161 页。原载《语言暨语言学》1.2：第 39～62 页，2000 年。

少数民族语言能为汉语方言历史演变的研究提供旁证

戴庆厦指出：“少数民族语言能为汉语方言历史演变的研究提供旁证。与汉语有亲属关系的少数民族语言，二者的历史演变必然会有某些相同或相似，因而，有可能从少数民族语言里得到印证汉语历史演变的旁证。例如，上古汉语有无清化鼻音，一直是汉语音韵学家所关注的问题。汉字中的谐声字留下了一些痕迹，如‘墨’与‘黑’，‘每’与‘悔’等，但方言中已无保存清化鼻音与非清化鼻音对立的。李方桂、董同龢先生根据谐声字，构拟了上古汉语有清化鼻音和非清化鼻音两套系统。但与汉语有亲缘关系的藏缅语族语言，有一些仍保留这一对立。如‘闻’：彝 n̥i[31]，藏 snom，景颇 mǎ[31]nam[33]。藏缅语现在保留的清化鼻音的词，与汉语的联系有的可以推至上古汉语以前的时期。”

——戴庆厦：《汉语方言研究与少数民族语言结合的一些理论方法问题》，载戴庆厦：《戴庆厦文集（第五卷）：汉语和非汉语比较研究》，中央民族大学出版社，2012 年，第 55 ~ 56 页。原载《满语研究》2003 年第 1 期。

应结合非汉语音韵学研究汉语音韵学

李方桂指出：“我想，研究语言学的人，汉语和非汉语的界线不要划得太清楚，因为汉语是语言，非汉语也是语言，汉语不过是中国境内的语言之一，非汉语也是中国境内的语言，所以如果混合在一起的话，这对于汉语音韵学将来的发展也是有很大的帮助的。

我现在就举几个例子来作说明：

‘蚓’（螾）这个字按照我们推测上古音的办法，至少在我上古的拟音为 *rin，这种音质好像跟现在的念法不大相像，但是确实完全根据汉语的材料来拟定的音，并没有受到别的影响，也就是说，并不是在别的语言里有这个字而影响它拟成这个样子。

后来，我们发现在西藏文里也有蚯蚓这个字，叫做 srin。大凡藏文在名词前头有 s-，我们并不知道它有什么用处，但是乍看起来，至少觉得这两种音读是有点相近的情形。对不对，我们并不知道，也许是一种偶合或误会的现象。那么成系统的研究，就要看诸位将来远大的前途了。

另有一个字‘甲’，如果完全从汉语音韵学推测古音的办法，应读成 *krap。而在西藏文里，当成鳞甲或是打仗时用作保护自己的盾，就叫做 khrab。关于声母吐气不吐气的问题，现在藏语是吐气而汉语常是不吐气的。对于这个问题，各人学说不同，张琨先生夫妇对这方面有特别的研究，他们也有自己的看法。我希望他们将来在这方面也给予我们更好的解释。至少目前暂时认为这两个字在语音上是很相近的。

此外，譬如有些平声、上声、去声的字，在切韵以后都没有辅音韵尾了，这和西藏语比较起来，很可以疑心他们是有点关系的。如‘露’字，上古汉语为 *mjug，而在藏语是 rmug s-pa，也可以看出藏语和上推古音接近的地方。再如‘帽’字，上古汉语是 məgw，而藏语当‘盔’字的意思是 rmog，这也可看出它们接近的地方。在这里要特别主动向诸位说的就是：我们在这里的拟测并不靠西藏语的比较，而是单纯就汉语的本身来拟测，然后再跟藏语作比较。

也许我举的这些例子都是偶合的现象，将来可能会有人把它反对掉也未可知。不过就是要看一看汉语跟非汉语究竟有什么关系。至少这就是我们研究音韵学或上推古音的目标之一。”

——李方桂：《汉语研究的方向——音韵学的发展》，载《李方桂全集（第一集）：汉藏语论文集》，清华大学出版社，2012 年，第 184～185 页。原载《幼狮月刊》40.6：1974 年，第 2～8 页；重印于《中国语言学论集》，1976 年，第 227～245 页。

通过汉藏语同源词研究汉语上古音

全广镇认为：“藏语对汉语的研究具有很重要的参考价值，它可以提供可靠的佐证，弥补汉语本身研究的不足。汉藏语比较研究的关键就在于找到大量的同源词，进而掌握其音韵对应的规律。”其《汉藏语同源词综探》一书共分汉藏语同源词研究史略、汉藏语同源词谱、汉藏语同源词的音韵对应、声母、介音、元音、汉藏语同源词的词义分类等九章。全书共收录 654 对汉藏语同源词，分析其音韵对应关系与语义关联性而得到有关原始汉藏语以及汉语上古音的一些新的认识。

——全广镇：《汉藏语同源词综探·序》，台湾学生书局，1996 年，第 3 页。

依靠汉藏语的比较研究上古音还为时尚早

李荣认为：“至于汉藏语的比较，现在还处于‘貌合神离’的阶段，看着藏文有点儿像，就凑上了。目前，汉藏语的研究还在起步阶段，我们不能过分苛求。要依靠汉藏语的比较来研究上古音，现在恐怕为时尚早。”

——李荣：《上古音学术讨论会上的发言》，载《语言学论丛》第 14 辑，商务印书馆，1984 年，第 5 页。

汉藏语的语音对应与语音相似

金理新通过列举古汉语和藏语实例，以确定同源词的原则说明藏语闪音 r- 对应于汉语来母三等、帮组三等以及精组三等，它们之间属于“完整的、成系统的语音对应”，而不是语音相似。除此而外，作者还假设藏语的 brgjad“八”、brgja“百”要是和上古汉语的“八”“百”是同源词，那么就意味着藏语的 rgj- 复辅音声母和上古汉语的帮母对应。然而，藏语的 rgj- 或 brgj- 和上古汉语的帮母都不存在语音对应，要是有语音对应，也只有藏语 brgjad“八”、brgja“百”和上古汉语“八”“百”之间的同源，从而说明了藏语的 brgjad“八”，要是上古汉语有相应的同源词存在，那么这个同源词应该是“衍”；而藏语的 brgja“百”在上古汉语中相应的同源关系词应该是上古汉语“舆”。因此藏语和汉语的“八”和“百”语音上不对应，不是同源词。

——金理新：《汉藏语的语音对应与语音相似》，载《民族语文》2003 年第 3 期，第 11～18 页。

苗语、汉语语音变化的相同点

曹翠云通过考察苗、汉两种语音古今演变的事实，认为：“古汉语的部分帮、滂、並母和定母字，在瑶语标敏话中是 pl-、phl-、bl- 和 kl-、gl- 的复辅音声母。其中‘鼻、薄’在苗语中都是鼻音声母，‘桃、蛋’和瑶语对应；‘桃’在川黔滇苗语中也是复辅音（如：-tlua^{2}）。此外，汉语的一些来母字也与苗瑶语的复辅音相对应，而且它们往往是汉语和苗瑶语交错使用一个复辅音。如：六：瑶语标敏话为 klɔ^{7}；石门坎苗语为 tl̥au^{5}；上古汉语为 lĭəuk（来觉）。石门坎苗语的复辅音 tl 与瑶语标敏话的 kl 相对应，而黔东苗语的‘六’念 ʈu^{5}（或 tiu^{5}），又是石门坎苗语复辅音 tl 分化后的形式。还有汉语的一些见母字（如：‘讲、狗、颈、滚’等）甚至少数影母字（如：‘鹰、腰’等）也和苗瑶语的复辅音相对应。”“总之，无论在汉字的谐音偏旁、汉字的一字两读，以及结合苗瑶等语言来对照，可以清楚地看出汉语在上古、甚至远古时代是有复辅音的。这样有复辅音是现代苗语的特点，但在古代是苗语和汉语的相同之点。”

“现代苗语的湘西和川黔滇方言都保存有鼻冠音。如：湘西方言有 mp、nts、nt、ɳʈ、ȵtɕ、ɲc、ŋk、Nq 以及它们的送气音……”“现代汉语的各方言已不见有鼻冠音，根据‘古音存于今音之中’的原则，所以有些语言学家就不认为古代汉语有鼻冠音，但是从上面读到的复辅音可以分化使用的情况看，古明母字 m-，在今汉语闽方言中，有的念 m-、有的念 b-，甚至全念 b-。如：

例字	汉语上古→中古音	厦门	潮州
明	明阳 miɑŋ →明庚开三平梗	bin^{24}	mua^{213}
蚊	明文 mĭwən →明文合三平臻	baŋ^{51}	maŋ^{53}

……”

“上表中的‘明、蚊’二字在厦门都念 b-；在潮州念 m-。特别‘蚊’是个合口三等字，它从中古到现在，汉语北方方言已由 m → ɱ → v → w，变得面目全非了，而闽南方言却仍念 b 或 m，可见闽南方言保存了古音，这类明母字在上古或远古时期很可能就是鼻冠音声母 mb-。此外，闽南方言的一些疑母字也保存古音，有的念 ŋ；有的念 g- 或 k-。如：

例字	汉语上古音→中古音	今厦门	今潮州
我	疑歌 ŋa →疑架开一上果 ŋɑ	gua^{51}	ua^{53}
鹅	疑歌 ŋa →疑歌开一平果 ŋɑ	go^{24}	go^{55}
银	疑文 ŋǐən →疑真开三平臻 ŋǐěn	gun^{24}	$ŋɯŋ^{55}$
蜈蚣	疑鱼 ŋa →疑模合一平遇 ŋu	gia^{24}	ge^{55}
咬	疑宵 ŋeau →疑巧开二上效 ŋau	ka^{33}	ka^{35}

上面的五个疑母字在上古和中古，汉语北方方言都念 ŋ-，今闽南方言厦门话全念 g- 或 k-；在潮州话中，有的念 ŋ-、有的念 g- 或 k-，还有的像现代汉语普通话一样，完全丢失了鼻音和塞音声母（如：‘我’读 ua^{53}）。从厦门和潮州话保存古音的情况看，汉语疑母字在古代很可能也是一个鼻冠音声母 ŋg-。难怪陆志韦先生在《古音说略》的‘上古鼻音的性质’一节中，把上古的鼻音拟作：明母为 mp-、mb-；泥母为 nt-、nd-；疑母为 ŋk、ŋg-。李新魁先生在《汉语音韵学》中，把明母拟为 mb、mph 等；泥母拟为 nd、nth 等；疑母拟为 ŋg、ŋkh 等。这些拟测都是有道理的。可见现代苗语有鼻冠音是它的一个特点，但这又是苗语和汉语在远古时期的共同点。”

“现代苗语的三大方言，通常只见 -n、-ŋ 两个鼻音韵尾，而且 -n 尾往往出现在前高元音和前次高元音之后；-ŋ 尾也往往出现在后元音和低元音之后，说明这两个鼻音韵尾实际是一个。王辅世先生构拟古苗语的韵类，也只见有 -n、-ŋ 两个鼻音韵尾，是不是古苗语真的没有 -m 尾呢？这个问题可以从两方面来观察：一方面属于苗语黔东方言的广西融水尧告苗话中，至今还保存有 -m 尾的痕迹；另一方面苗语的近邻——瑶语的一些方言中，更有较多的 -m 尾韵。陈其光先生曾引用苗、瑶、畲语共计 11 个点的材料，从对照比较中，看出瑶语勉方言的多数地方还保存有 -m 尾，苗语除湘西方言只有鼻化音，川黔滇方言的滇东北次方言已全部消失鼻音韵尾以外，一般还有 -n、-ŋ 韵尾。陈其光先生归纳出古瑶语鼻音韵尾的演变有以下四种类型，即：1. 合并型；2. 合并、分化型；3. 交错分化型；4. 消失型。其中交错分化型有由 -n（或 -ŋ）演变为 -m、-n、-ŋ 和无尾的，甚至还有由无尾又演变为 -m、-n 的，这是比较特殊的现象，其余各类型都是由 -m、-n、-ŋ 向 -n、-ŋ 或鼻化、消失的方向演变。”

"由上可见，最早的古苗、瑶语是有 -m、-n、-ŋ 鼻音韵尾的。现在有的只有 -n、-ŋ 或鼻化音；川黔滇方言的石门坎苗语，由于受彝语的影响，已经消失了鼻音韵尾。在现代汉语中，目前只有广州、阳江、梅县和厦门等地的汉语，还保存有 -m、-n、-ŋ 等鼻音韵尾，像北京、沈阳、苏州和南昌等地的汉话，已只剩 -n、-ŋ 尾了，福州和温州更是只剩 -ŋ 尾了。可见在汉语中也是 -m 尾消失最早，其次是 -n 尾的消失，而 -ŋ 尾保存的时间最长。古苗语和古汉语都有 -m、-n、-ŋ 等鼻音韵尾，这又是苗语和汉语在古代韵母的相同点。"

——曹翠云：《苗语和汉语语音变化的相同点》，载《民族语文》1991 年第 3 期，第 49～56 页。

瑶族语言保存的古读音有助于汉语音韵研究

严学窘认为："我比较瑶族语言和汉语闽南方言的词汇时，选了一些声类、韵类和调类有对应关系的基本词。除了有些可判定为瑶族语言的来源的字以外，其中有些可能是汉语的早期借词，对应关系严整。虽然早期借词和同源词的界限不易划清，在未清理瑶、汉两种语言各自演变的规则之前，单就这共时的两种语音系统的密切性，足以反映历史语音系统的同源性。纵然有些例外，也可辗转相通。我认为这种分析，对深入开展汉藏语系的比较研究不无好处。同时对汉语语音沿革史的研究，由于瑶族语言保存的较早的珍贵读音，有助于汉语音韵研究上通谐声系统，下通现代方言。"

"从声母系统看，瑶族语言和汉语闽南方言的对应关系是基本接近的。首先是瑶族语言不同数量地具有复辅音声母，这在瑶族有的语言和汉语闽南话中都成为单辅音声母，尽管这些有对应关系的词在元音上略有差异，但找到一条有利的对应规则，即调类基本相同。通过对比，足以反映汉语过去是存在过复辅音声母的，充分证实了古汉语谐声系统声母不能互谐往往是复辅音的异常现象。"

"从韵母系统看，瑶族语言各方言和汉语闽南话的对应关系也是基本接近的。现以两者对比，同是一词，瑶语元音分长短。闽南话则消失殆尽。我在构拟上、中古时代的语音时，就曾把上古元音分松紧转化为中古元音长短对立的设想摆进去了，这有利于解释二等韵与一等韵的划分，以及解释有重纽三等仙、宵、盐的重读现象。"

"在对比瑶族语言和闽南话的语音时，比声母、韵母更为显著的密切关系，则是双方调类相同，对应切合。瑶语的 1、2、3、4、5、6、7、8 调相当于闽南话的阴平、阳平、阴上、阳上、阴去、阳去、阴入、阳入，条理井然。其有不符合此对应规则的，除个别方言、土语发生特殊的变读外，还可能有记音和转抄的错误。瑶族语言和闽南话这阴阳（亦称单双）调的分立，显然是声母清浊导致的。本来，在一般情况下，清声母读得高些，浊声母读得低些，可这高低的区别只是伴随现象。在声母清浊对立消失后，声调的高低成为主要特征。由习惯调变为音位调。这就形成了阴阳（即单双）调系统。不过声调既表示音节的高低升降，也表示它是以元音为核心的松紧或长短的伴随现象，逐渐转化成既有元音的长短，又有声调的高低升降。在瑶族语言就有这种现象，在闽南话中，长短元音则已消失，以声调高低升降区别词义。有的甚至影响元音的变化或韵尾的消失。”

——严学窘：《论古越族在现代汉语方言中的投影》，载《民族研究文集》，民族出版社，1997年，第97～103页。

与壮侗语比较可解释粤语中一些语音特征的形成

李锦芳认为：“语音虽具有较强的稳固性，但当某一种语言遇到外来因素的强烈渗透时也可能发生变异，产生一些背离语言发展规律的现象。认真考察粤语的语言面貌，不难看出它是在古壮侗语的巨大冲击之下接受了某些壮侗语语音特点，致使原有语言系统发生紊乱，由此产生重组运动，进而发展成今天这样既保留了古代汉语语音的许多特点，又具备某些壮侗语语音性质的新的和谐体。

（一）声调的分化

中古汉语的四声在粤语依声母清浊分化成阴阳八大调类，一般阴入又分成两个调值，有些地方阳入也分两个调值。这样调类总数共达9个或10个。这在汉语方言群中十分罕见，其它方言的分化没有这么彻底、完整、细致。调类较多的吴语、闽语一般也只有7个，个别达8个。壮侗语言族诸语言的声调多到10个，它们由古壮侗语4个调类依声母清浊分化成8个大调类，促声调7、8调又由于主要元音长短不同造成音值差异，各分成两个调，调类总数达10个……

粤语声调的发展很可能与壮侗语声调影响有关……

不难看出，粤语的入声调的三声或四声分化与壮侗语关系十分密切。

（二）声母m、n、ŋ、l配调变化

m、n、ŋ、l是次浊声母，在现代汉语各方言中它们只与阳调字相配，粤语书面读音亦如此，唯独口语中却有大批的词是m、n、ŋ、l四个声母与阴调相配……

壮侗语族语言这四个声母与阴调、阳调都可以相配组词。粤语这几个声母配调的特殊现象当与壮侗语影响有关。粤语口语中部分声母为m、n、ŋ、l念阴调类的词在壮侗语当中也存在与之音、义对等的语词，二者当同源于古壮侗语。

（三）古心母读 ɬ

西路粤语（包括广东西部和广西东南部）古心母字演化成边擦音声母 ɬ（广州仍读 s），例如南宁话：ɬam 心 ɬi 四 ɬuŋ 送 ɬu 嫂。这种特性不是古汉语语音的继承，而是古壮侗语影响的遗迹。粤语周边的壮语、黎语、布依语、瑶语等都有这个声母，汉语老借词心母字都念这个声母。例如田林壮语：ɬam 心 ɬuːn 算 ɬu 苏 ɬiːu 硝 ɬiːn 仙。壮侗语这一读法可能影响了部分粤语地区心母字读音的变化，而出现心母字读音变化的这部分粤语地区正是越族较晚同化于汉族的岭南西部地区，并且直至现代这一地区操粤语的居民与壮侗语族各民族人民的来往仍很频繁，因此不难看清这部分粤语地区心母字声母变化的原因那就是壮侗语族语言的影响……

（四）古塞擦音字塞音化、擦音化

广东西南部、广西东南部 10 多个县市的粤语出现了这种现象，中古部分塞擦音声母字在这里变塞音或擦音声母……出现这种变化的粤语区与古心母字读 ɬ 声母的地区基本重合，都与壮侗语的影响密切相关。壮侗语缺乏塞擦音声母（现代部分方言的塞擦音声母是后起的），在汉语老借词的读音体系中，汉语塞擦音字往往念成塞音或擦音……壮侗语这种读法可能影响了粤语，致使其部分古塞擦音字演化成塞音、擦音字。

（五）清塞音声母字浊化

发生古塞擦音字塞音化或擦音化的地区，同时也出现了古清唇塞音帮母字、舌尖清塞音端母字浊化成 b、d 的现象……海南儋州话也发生了这种变化，并且带有前喉塞成分……这种由古清音字演变成现代浊音字的现象在汉语语音发展史上属例外。粤语这种语音发展现象的引发点是塞擦音字的塞音化……西路粤语可能后来和壮侗语发生密切接触，精母字演变成塞音声母 t，在其内部发生音位系统的排斥现象，新起的念 t 的精母字排斥原先念 t 的端母字，使其另寻发展方向……端母字受排斥后不会直接变成 th 或 d，由不送气清塞音直接演变成送气清塞音或浊塞音不符合汉语语音发展规律。端母字受排斥后的第一个发展方向是 ʔd。因为 t、ʔd 同属清塞音（ʔd 因前喉塞成分决定其清音性质），而且在粤语是个新音素，不会抢占原有音素的位置。壮侗语中有这个声母，当粤语与它发生密切接触之时精母字读音发生了变化，音位系统发生紊乱，最后粤语也只能从壮侗语那儿索取补偿条件，那就是从壮侗语吸收 ʔd 音素作为端母字的读音发展方向。第二步才变成现代的 d，这是前喉塞成分逐渐减弱，最后消失造成的，而今儋州话仍保留前喉塞成分。壮侗语前喉塞声母的发展亦如此，部分地区的前喉塞成分已减弱，个别地区已消失。粤语端母变 ʔd 后前喉塞成分消失的另一个原因是该地区后来陆续迁入操珠江三角洲粤语的居民及闽语、客家方言居民，受这些方言及北方官话的影响，加上与壮侗语联系逐渐减少，于是放弃这个汉语中显得很异常的音素。那么帮母字何以念 b 呢？这是语言的类化现象，或叫类推变化（analogical），为了使整个音位系统对称、和谐，端母字变 ʔd，帮母字也变 ʔb，最后一同变 b、d。但这不是在每个地区都得以实现，广东西部化州话端母读 d，但帮母仍念 p。

（六）韵母介音消失与 a 元音分长短的现象

在汉语方言群中只有粤语出现这种特征。粤语整个语音系统与《广韵》很接近，它过去也应该有介音（韵头），但是现在消失了。另外，其元音 a 有长短对立区别意义的作用。例如广州话：街 $ka{:}i^1$——鸡 kai^1，考 $ha{:}u^3$——口 hau^3。这种现象也与壮侗语影响有关。壮侗语是韵母无介音的语言，它靠元音的长短对立和丰富的唇化、腭化声母弥补因缺乏介音而可能造成音位缺少的局面。壮侗语的 a、o、u、i、e、ɯ 等元音都有长短对立现象。壮侗语这种韵母构造的特点影响了粤语韵母系统的发展，它的介音消失与元音 a 分长短相辅相成。另外，粤语还出现了两个唇化声母 kw 和 khw，例如广州话：瓜 kwa^1、果 $kwɔ^3$；夸 $khwa^1$、亏 $khwei^1$。这也是因介音消失而出现的一种补偿现象。”

——戴庆厦主编：《汉语与少数民族语言关系概论》，中央民族学院出版社，1992年，第 330～334 页。

通过英汉对比看汉语语音系统的特点

张世禄认为：“不论对于那一种语言的研究，首先应当注意于它的语音系统。不论对于那一种语音系统，都可以分做下列的三方面来观察：

（一）应用的音素

音素就是组成字音的种种元音和辅音。各种语言上所应用的音素，它的种类虽然有多有少，总是有限制的，绝对不是统统完具的，有的音素用，有的音素不用。在语音系统上的观察，就是分辨某种语言上所应用的是那几种元音和辅音。在这种语言上所具有的音素，并不一定为别种语言所应用。例如英语上所用的 θ、ð 这两个辅音，是现今中国的标准音——现今中国的国语，以北平的方音做标准；所谓国语的标准音，就是北平的方音，或者可以简称国音。现今国音上所用的 ʅ、ɿ 两种元音，又是英语上所没有的。又如 b、d、g 这一类浊音，为上海方音所应用，可是为国音系统上所不用。

（二）拼音的情形

某种语言既然具有它自己所应用的音素，而这种音素又大都有一定的拼法；某一种音拼在什么地方，在某种语言里，也大都有一定的习惯。例如英语里 ŋ 这种音，只是拼在字音或某音缀的末尾，没有拼在字音的起首的。国音里 m 这种音，只是拼在字音或某音缀的起首，并没有放在末尾的；可是在广州方音当中，却有 m 放在字音末尾的一种拼法。又两个以上的辅音连拼在一起，就是所谓复辅音的拼法，在欧洲各国语言上是很普遍的，而在现今中国的各种方音上，并没有这种复辅音的拼法。

（三）音势·音量·音调的变化

音势、音量、音调的变化，就是指强弱、长短、高低在字音上的差别。这种差别，在各种语言当中，因习惯的关系，常具有一种固定的形式。例如英语的字音当中，各个音缀的强弱，常有固定的读法，元音也有长短的区别；日本语里也有长音促音的分别；但是各个字音，都没有固定的音调变化，这是和汉语不同的地方。汉语上各个字音常常具有一种固定的调子，就是所谓四声；据现今科学的研究，四声的主要分别，在于音调上高低的变化。”

——张世禄：《中国语音系统的演变》，载《张世禄语言学论文集》，学林出版社，1984 年，第 140～141 页。原载《暨南学报》第 1 卷第 1 号，1936 年。

通过英汉比较看汉语的单节语特点

张世禄认为：“光焘先生说过：建立文法体系应该以民众的‘共同意识’为基础（本刊 28 期《体系与方法》）。文法范畴就是从民众的意识上看出来，例如英语里的名词，有单数、多数两种形式，我们因此知道英语民众的共同意识里对于名词有两种数目的范畴。在意识上由范畴而规定语词形式；可是研究文法的人，却是由语词形式来看出意识上的范畴；因之我所说‘语词形式为文法范畴所规定’，和光焘先生所说‘凭形态而建立范畴’，毫无冲突。但是说英语的名词，依据数目的范畴，有单数、多数两种形式，这句话也不是绝对的合理的，因为还有少数的名词，如 deer，sheep 等是例外的。我们不能因这少数的例外而否认英语里名词的数目范畴，正像我们不能因少数‘头’、‘子’等的语尾词和少数的复音词而否认中国语为单节语的一样。”

——张世禄：《向哪儿去开辟中国文法学的园地——敬答光焘先生》，载《张世禄语言学论文集》，学林出版社，1984 年，第 211 页。原载《语文周刊》第 33 期，1939 年 2 月 27 日。

依据古汉越语证明上古“为”字该读作“为”音

王力书中提到：“‘为’字，依古文字学的研究，就是‘象’字。那么，上古的‘为’

字到底读如‘象’音呢，还是读如‘为’音呢？依越语看来，正该读作‘为’音。越语有 vɔi^{1} 字，是‘象’的意思。‘为’字在汉越语里读 vi^{1}，vɔi^{1} 和音相近，也许就是一个字。越字写作从犬，为声。”

——王力：《汉越语研究》，载《岭南学报》1948 年第 1 期，第 59 页。

从侗台语、苗语看“鸟”字的前上古音

邢公畹撰文对“鸟”字从古至今发生的不规则音变进行了合理的假设与论证。

作者发现，“鸟”字，在《广韵》中为“都了切”，在《诗经·小毖》中用来跟“蓼”字押韵，是上古音幽部字。这两个字的上古音可以构拟为：

鸟 *ti^{9}（上）>tieu（上）> 广州 niːu^{4}

蓼 *liəgw（上）>lieu（上）> 广州 liːu^{4}

“鸟”字中、上古音都是“都了切”，到《洪武正韵》已是“尼了切”，这个不规则的音变是如何发生的？该文通过考察汉语方言、古汉语典籍以及侗台语、苗语各方言的说法，认为：“‘鸟’字可能自古就有两个意思：第一义是‘鸟雀’，第二义是‘男性生殖器’”。“前上古‘鸟’字本为泥母，以其有第二义，所以避讳而成端母。其第二义因触讳之故，不见经传；字书作者也认为俚俗之言，讳而不释。明以后，这个字的音根据意义的不同分化为二：其第二义继承端母，成为新讳；第一义则恢复泥母。”并把“鸟”的音变程式写为：

*niəgw（上）> *tiəgw（上） tieu（上）< 鸟雀 niːu^{4} / 男阴 tiːu^{3}

——邢公畹：《说“鸟”字的前上古音》，载《民族语文》1982 年第 3 期，第 8～10 页。

从布依语的反语看汉语的反切

曹广衢撰文指出：“在贵州布依族的语言中有一种反语，他们自己管它叫 aːu^{55}pin^{44}。这种反语在布依族的一部分老年人和青年人中间流行着。从这种反语的语

音构成看来，只是将原来语言中的临近的音节的韵母前后交替而成，而且，这种语音上的变化，并不越出本民族语言的语音系统的范围。在汉语的历史上，南北朝时候也有与这种相类似的一种反语。顾炎武在《音学五书》中列举了反语的好些例子：'文惠太子立楼馆于钟山下，号曰东田。东田反语为颠童。颠童为东，童颠为田也。梁武帝创同泰寺。开大通门对寺之南门，取反语以协同泰。同泰为大，泰同为通也。'这种反语的构成也就是将后一个音节的韵母和前一音节的韵母互相交换。布依语中的反语，主要的也就是用这种方法变化成的。"

该文具体分析了布依语反语的特点，认为："布依语的反语不限于在复音词或复合词中，在一个句子里面任何两个相邻的音节，都可以有这种韵母交换。""但是，不管这种反语的语音怎样变换，都必须服从于本民族语言的语音系统。"文中把"这种由于要迁就语音系统而使反语的语音起变化的现象"归纳为以下几条规律：

第一，舌根音 k 跟 i 韵拼在一起时，k 起颚化作用，变成 tɕ。如：

抽烟	kɯn^{13} ʔian^{13}	:	tɕan^{13} ʔɯn^{13}
不好吃	ʔia^{53} kɯn^{13}	:	ʔɯn^{53} tɕa^{13}
做午饭	ɯʌ^{53} ziŋ^{11}	:	tɕiŋ^{53} zuɯʌ^{11}

第二，tɕ 母和 ə 母拼在一起时，tɕ 变 ɕ。如：

是鸡子儿	tək^{11} tɕai^{44}	:	tai^{11} ɕək^{55}

第三，u 韵跟 v 母拼在一起时，u 韵变 ɯ 韵。如：

买棉花	ɕu^{31} vaːi^{55}	:	ɕaːi^{31} vɯ^{55}
买人	ɕu^{31} vɯn^{11}	:	ɕɯn^{31} vɯ^{11}

第四，ɯ 韵跟 ʑ 母韵在一起时，ɯ 韵变 u 韵。如：

野人	vɯn^{11} ʑiɛ^{53}	:	viɛ^{11} ʑun^{53}

"此外，在声调的变换上也要服从于本民族语言的声调系统。布依语罗甸方言共有8个声调，6个是舒声，2个是促声，即 p、t、k 韵尾。当两个音节的韵母相变换时，

如果一个音节是舒声，另一个音节是促声，而它们调值的高低又不相近时，就必须按照一定的规律起变化。”

该文最后指出：“过去，我国有些语言学家认为先有文字的反切而后有反切语。如容肇祖先生说：‘反切的秘密语，在我国是很容易发生，大约各处也会有的，因为用反切注释单音字，在我国是极通行的缘故。’其实，布依语反语的材料来看，这是完全没有根据的。布依语过去和现在都只有语言，还没有文字，当然更说不上有用反切注释的单音字，可是他们却有反切语。由此可见，不必等先有文字的反切而后有反切语，可能在汉族没有文字以前就有反切语，或许文字的反切是从反切语的暗示出来的。因此，研究与汉语的亲属关系接近的语言的反语，对于汉语反切的起源的研究或许是有帮助的。”

——曹广衢：《布依语的反语》，载《中国语文》1956 年第 3 期，第 39～40 页。

从《契丹小字研究》和《辽史》中的对音字看契丹语的音系基础

聂鸿音在其文章中提出：“《契丹小字研究》为我们提供了汉文—契丹文的对音例子，与此相反的契丹文—汉文的对音例子则大量保存在《辽史》里。”“我们把《辽史》中的契丹文—汉文对音字和契丹小字中的汉文—契丹文对音字加以比较。这两份材料代表了两个相反的译音方向，用以相互参证，自然就容易得出比较准确的结论。”

对这两类译音字进行对比之后，聂鸿音确定了契丹语声韵系统。

“根据上面的讨论，可以把契丹小字中对译汉语词的声母系统总结一下。契丹语里共有 15 个声母：p、m、v、s、t、n、l、tʃ、ʃ、ʒ、k、x、ŋ、q、ø。”

*p- 用来对译汉语的帮滂并非敷奉母。

*m- 用来对译汉语的明母。

*v- 用来对译汉语的微母。

*s- 用来对译汉语的精清从心邪母。

*t- 用来对译汉语的端透定母。

*n- 用来对译汉语的泥（娘）母。

*l- 用来对译汉语的来母。

*tʃ- 用来对译汉语的知彻澄照穿床母和禅母平声。

*ʃ- 用来对译汉语的审母和禅母仄声。

*ʒ- 用来对译汉语的日母。

*k- 用来对译汉语的见母。

*x- 用来对译汉语的匣母。

*ŋ- 用来对译汉语的疑母。

*q- 用来对译汉语的溪群晓母。

*ø- 用来对译汉语的影喻母。

“契丹小字用以对译汉语词的韵母有 21 个：a、e、ue、o、io、ɔ、i、ui、ai、am、em、an、en、in、un、iun、aŋ、iaŋ、uaŋ、iŋ、oŋ。”

*a 用来对译汉语的假摄二等及山摄二等入声。

*e 用来对译汉语的假摄三等及山摄三四等入声。

*ue 用来对译汉语的入声月韵。

*o 用来对译汉语遇效流三摄及入声屋铎二韵（一等及三等纯音）。

*io 用来对译汉语的遇效流三摄及入声药韵（三等，唯唇音作 o）。

*ɔ 用来对译汉语果摄开口一等。

*i 用来对译汉语的止摄、蟹摄（齐祭韵）及入声质韵。

*ui 用来对译汉语与相配的合口。

*ai 用来对译汉语的蟹摄开口一等。

*am 用来对译汉语咸摄一二等。

*em 用来对译汉语咸摄三四等。

*an 用来对译汉语山摄一二等。

*en 用来对译汉语山摄三四等。

*in 用来对译汉语臻摄开口。

*un 用来对译汉语臻摄合口一等及三等唇音。

*iun 用来对译汉语臻摄合口三等。

*aŋ 用来对译汉语江宕二摄开口一等及合口三等唇音。

*iaŋ 用来对译汉语梗摄二等及宕摄开口三等唇音。

*uaŋ 用来对译汉语宕摄合口。

*iŋ 用来对译汉语梗曾二摄三等。

*oŋ 用来对译汉语通摄一等。

确定了契丹语中汉语借词的声韵系统之后，该文进一步考察了契丹语中的汉字借词究竟属于哪种古代汉语方言。

“历史上的契丹领地自西至东分别与回鹘、党项和汉族区域接壤，契丹人所说的汉语方言必然和这三个地区中的一个有关。现在可以把这三个地区的文献中记载的汉语字音和契丹读音作一个对比。我们把10世纪前后的回鹘文译本《大唐大慈恩寺三藏法师传》中的回—汉对音系统称作回鹘方言，把12世纪的西夏文语汇集《番汉合时掌中珠》中的夏—汉对音系统称作党项方言，用邵雍所著《皇极经世书》中的‘声音图’代表11世纪的汉语汴洛方言。具体的对比涉及四个方言现象：1）f-和xu的分混。2）n-和l-的分混。3）-m、-n、-ŋ韵尾的分混及失落。4）-p、-t、-k韵尾的分混及失落。

1）党项方言的f-、xu有混读现象，如[illegible]字音‘飞’又音‘惠’，回鹘、汴洛、契丹方言不混。

2）党项方言的n-、l-有混读现象，如[illegible]字音‘糯’又音‘罗’，回鹘、汴洛、契丹方言不混。

3）回鹘方言的-ŋ有失落现象，如‘玄奘’作huintso，‘洛京’作**laoŋki**，党项方言亦多有失落，如上引西夏字音‘罗’又音‘狼’，汴洛方言和契丹方言不混。

4）入声韵尾-p、-t、-k在党项方言全部失落，在回鹘方言保存基本完好，在汴洛方言除侵谈二摄（-p）外全部失落，契丹方言的-t、-k全部失落，侵谈二摄的入声字未见。

显而易见，契丹方言与汉语汴洛方言最为接近，因此我们可以说，契丹族与汉族最频繁的接触点虽然是在古幽燕地区，但无论是契丹人所说的汉语还是幽燕地区汉人的口语，都是以汴洛地区的语音为基磐的。”

——聂鸿音：《论契丹语中汉语借词的音系基础》，载《民族语文》1988年第2期，第41～49页。

日本译音与中国古音研究

张世禄指出：“日语汉字的音读，最早的有吴音、汉音两种：汉音为七世纪时中国北方的语音，吴音为五六世纪时中国南方的语音。此外还有一种俗音，也称唐音或惯用音，乃是十世纪后传入日本的。我们从这几种译音上，可以考见中国语音演变的大略。高本汉说：‘我们考查中古音的演变，于韵书及反切之外，须推四种译音为最重要。这四种就是高丽译汉字音、日译吴音、日译汉音及安南译音。’

至于研究中古以后语音的演变，自宋后传入日本的俗音，当然也应作为重要的参考资料。”

——张世禄：《从日本译音研究入声韵尾的变化》，载《张世禄语言学论文集》，学林出版社，1984年，第19页。原载《国立中山大学语言历史研究所周刊》第9集第99期，1929年。

从闽南话推演日本汉字音的语音规律

严棉认为："日本的吴音和汉音与厦门话的关系很密切。这种密切的关系并不是偶然的，而是有其历史渊源的。"

"日本在没借用古汉语以前，本来日语的每个音节只有一个元音，而汉语的基本音节却可有一个介音加上复元音。因此，为了配合日语原有的音韵条件，当他们借用了古汉语之后，就做了以下的几种音变。凡是遇到汉字音的音节含有复元音时，他们就多半儿会把复元音合并成为一个长元音。少数则念成一个单元音；凡是遇到汉字音带有入声韵尾的音节，加一个元音词缀使它变成双音节；凡是汉字音收尾是双唇鼻音的，或是在 -m 后面加一个元音而变成双音节，或是把 -m 变成 -n；凡是汉字音的音节收尾是舌根鼻音 -ŋ 的，他们就把它口化（vocalized）变成一个元音。这个元音跟前面的主要元音常常合并成一个长的单元音；在日语的音韵中，音高可分高和低两种，并有辨义作用。但是其使用的语境是两个或两个以上的音节。音高在单音节中不成音位，也就是没有辨义作用。所以，汉字音的四种声调在被借入日语以后就消失了。因此也就使日语产生了很多同音字；在日语的音韵系统中，塞音与塞擦音不分送气和不送气，所以古汉语成对比的辅音声母被借入日语后都合并成一个音位；在古日语中（Old Japanese），塞擦音 ts- 和擦音 s- 是同一个音位的两个分音（allophones），没有辨义作用（Miller 1966：202）。因此所有汉字音的塞擦音被借入日语后都变成擦音。这一个音变使日语增加更多的同音字。"

作者还分析出来可以把厦门话的字音转换成日本汉字音的 20 条语音规律：双唇塞音声母喉擦音化律，送气塞音和不送气塞音合并律，塞擦音擦音化律，舌根鼻音鼻音消失律，舌尖边音鼻化与鼻擦音化律，喉擦音塞音化律，双唇浊塞音声母鼻化律，双唇鼻音声母非鼻化律，双唇鼻音韵尾变成舌尖鼻音律，低元音升高律，前高元音后化律，介音消失律，低元音插入律，后中低元音降低律，后中低元音升高律，舌根鼻音韵尾口化律，低元音升高律，后高元音同化律，舌尖塞音擦化律和元音后词缀律。

作者认为："如果能掌握和应用这一套规律，就可以很容易地把闽南话转换成日本吴音和汉音。应用这种推理的方式来学习汉语的域外方言——吴音和汉音，可以达到事半而功倍的效果。"

——严棉：《从闽南话到日本汉字音》，载《中国语文》1994 年第 2 期，第 92～101 页。

十六世纪朝鲜汉字音中遗存汉语上古音

李得春撰文对学者们比较一致的看法“朝鲜汉字借自《切韵》”提出了不同的意见。

作者列举了代表朝鲜16世纪语音的《训蒙字会》(崔世珍1527年撰)中所收［t］、［tʻ］声母的朝鲜汉字，发现“一直到16世纪，朝鲜传统汉字音端知组声母，其音值还是一致的（读［t］或［tʻ］)，还没有分化成两套，仍然保持着汉语上古音舌头舌上不分的面貌。朝鲜汉字知组字多与［i］或以［i］起头的韵母相拼，但声母也没有因受［i］音影响而演变为舌面音［ȶ］、［ȶʻ］”。

“《切韵》属章组声母的字，有一些在朝鲜汉字里还读舌音，个别属精组声母的字在朝鲜汉字里也读舌音。”“另外，在起源于上古时期并反映早期朝鲜音的所谓吏读音中，喻母四等字也有读［t］声母的。例如吏读‘不喻’、‘喻乃’是隐喻一类词中的‘喻’字读［ti］；‘为矣’、‘为乎矣’中的‘矣’读［toi］。”

据此，作者认为：“朝鲜汉字音保存了一些汉语音韵上比较古老的特点，这些特点都比《切韵》所代表的中古音系为早。考虑到朝鲜在公元前后高句丽、新罗、百济三国建立初期就已借用汉字作为国家公用文字，所以，我们不妨认为，朝鲜汉字音里保存的那些古老特点乃是汉语上古音的遗存。”

——李得春：《汉语上古音在十六世纪朝鲜汉字音中的遗存》，载《民族语文》1985年第5期，第36～39页。

从梵文看“反切”的起源

张世禄认为：“反切所以到了汉魏间开始风行的缘故，大概由于受印度梵文拼音学理的影响。那时佛教东来，僧徒要想用汉语来翻译佛经，不能不研究梵文的拼音。《高僧传》里说：‘曹植深爱声律，属意经音……传声则三千有余，在契则四十有二。’(齐释《慧忍传》)这四十二契大概是当时所用的声类和韵母；传声三千有余，就是指拼切得来的字音。这种拼音的学理，输入了一般学者的脑中；所以同时的孙炎等就大倡反切。因为应用反切的方法，晓得把一个字音分做两部分：起首部分叫做发声，末尾部分叫做收韵；用切语上字来表示发声，用切语下字来表示收韵，上下拼合而为整个的字音。这种方法的发声，显然是受梵文拼音学理输入的影响。”

——张世禄：《从“反切”到“国语罗马字母”》，载《张世禄语言学论文集》，学林出版社，1984年，第64～65页。原载《学生杂志》1931年第18卷第11期。

唐五代“俗文”“变文”之来源

罗常培指出：“由此演变，遂成唐五代之‘俗文’、‘变文’，故敦煌石室所发现之民间唱本，如《太子五更转》之类，犹以转称。至于以声经韵纬，纵横成叶之图为一转者，则源出梵音之《悉昙章》。日本入唐求法僧空海所撰《悉昙字母并释义》于所列五十字后，更举迦（a）、迦（˘ ǎ）、祈（i）、鸡（ǐ）、句（u）、句（ǔ）、计（e）、盖（ai）、句（o）、哠（au）、欠（am）、迦入（aḥ）十二摩多，并谓：

此十二字者，一个迦字之一转也。从此一迦字母门，出生十二字。如是一一字母各出生十二字，一转有四百八字。如是有二合、三合、四合之转，都有一万三千八百七十二字。

《七音略》及《韵镜》之四十三转图，当即模仿《悉昙》形式而归纳《切韵》音类以演成者。其所谓‘转’，固应指唱诵言也。”

——罗常培：《释内外转》，载《罗常培语言学论文集》，商务印书馆，2004年，第133页。

后汉三国梵汉对音谱可对正统音韵学的一些观点提出修正

俞敏通过五六百个梵汉音节的声韵调对音，对正统音韵学的一些观点提出了修正。他指出：

“全谱一共收了五百多不到六百音节。从这里反映的情况，可以推出来后汉三国音的辅音。梵文是个元音贫乏的语言，在这印欧语言学的‘腭化定律’发现以后已经成为定论了。所以元音方面能给咱们提供的启示就少多了。字调方面，要不是有人皮相臆断，把梵文的svara说成汉语四声的起源，本来就不必写这么多。”

“可说的就这些了。原来想解决的问题——‘三等’ɪ介音的事并没得着最后结论。只能说有些 ɯ<ʉ<u。”

“这篇拙作净是‘离经叛道之言’。方法是从汪荣宝学的，也有新发展。材料和接触的面比汪多。结论跟正统音韵学差好些！确证了后汉入声收浊音；允许开音节和闭音节押韵；给‘至’部、‘祭’部的去声找出全新的音值；推翻了闭音节不准用i、u作主元音的偏见；怀疑了陆法言一花独放是不是合理；确定了四声学说刚起源时代的三个调值；摆脱了等韵图的束缚。哪一条都能惹得一些人火冒三丈。可是这是我‘一家之言’，‘其持之有故’。‘知我罪我’，任从尊便。”

——俞敏：《后汉三国梵汉对音谱》，载《俞敏语言学论文集》，商务印书馆，1999 年，第 11～62 页。

胡汉对音和古代北方汉语

孙伯君在其文章中指出：“《中原音韵》疑母字大部分与影云以合流，如‘鱼’、‘语’、‘遇’、‘玉’等字；只有小部分自成一韵，如江阳韵的‘昂’，萧豪韵的‘虐’、‘奥’、‘约’等。”“此外，《中原音韵》有些小韵疑母字与娘母字混并，如‘啮’、‘臬’与‘捏’、‘碾’等混并，反映当时已经发生 *ŋi＞*ni 的演化。宋元史籍女真语对音汉字中出现的疑母字有‘昂’、‘吾’、‘兀’、‘皑’、‘银’、‘颜’、‘讹’、‘牙’、‘瓦’等，由于辅音 ŋ 在阿尔泰语系其他语言尤其在满语中一般不作为音节开头辅音出现，所以凡是疑母字在词首，根据《女真译语》以及满语或拟为 *n、*y，或拟为 *ø 声母，如《金史》银术可‘珠也’＞《女真译语》宁住黑‘珠’＞满语 nicuhe‘珍珠’，‘银术可’拟定为 *ninjuko；《金史》牙吾塔‘疡疮’＞满语 yoo hede‘疮根’，‘牙吾塔’拟定为 *yaγ uta；‘元明戏曲’牙不＞《女真译语》牙步‘走’＞满语 yabu‘走’，‘牙不’拟定为 *yabu；《金史》昂吉泺‘鸳鸯泺’＞满语 anggir‘黄鸭’，‘昂吉泺’拟定为 *aŋgir。而疑母字在词中、词尾时根据满语一般拟为 *γ，如：《金史》牙吾塔 *yaγ uta‘疡疮’＞满语 yoo hede‘疮根’；《金史》忽土皑葛蛮 *hutuγ ai gamon＞满语 hutuŋgai hafan‘有福的关隘’；《金史》兀颜 *ulγ en＞《女真译语》兀里彦‘猪’＞满语 ulgiyan‘猪’等。”

作者通过上述拟音得出，“对音汉字中的疑母字本音还有所保留，尤其是用疑母字与女真语词中、词尾的音节对音更能说明问题，有些在《中原音韵》中与其他声类混并，特别是并入零声母的字，宋元史籍女真语对音中仍显示有 *ŋ 的存在；而那些与女真语词首音节对音的疑母字所对应的辅音大多是 *y 或 *n，说明疑母字在当时已经发生 *ŋi＞*ni 的演化以及与‘影云以’的合并。上述对音汉字所反映的疑母字状态与《中原音韵》颇为一致”。

——孙伯君：《胡汉对音和古代北方汉语》，载《语言研究》2005 年第 1 期，第 66～72 页。

由外国学理的输入看“反切”到“注音字母”的进步

罗山野人指出：“民国二年，教育部读音统一会，所议决的国音的音标，共四十二字；因为可以用它做注一切汉字的符号，所以统称它做‘注音字母’。

‘反切’与‘注音字母’，原是一种东西，而有两种名词，因为时间前后的关系，一个产在东汉的末年一个生在民国的初期，前者较为弊病，后者较为便利，所以后人往往以为它们是两种东西。

‘反切’‘注音字母’也就是今日西文的拼音方法，换句话说，就是‘反切’为我国古代的拼音方法，‘注音字母’为近代的拼音方法，时代进化了，一切东西，都随着它进化，优胜劣败，适合时代的，得以保存，不适合时代的，皆自灭亡。‘注音字母’可说是‘反切’进化的结果吧！因为它适合于现时代，若使我们把‘注音字母’，同‘反切’比较一下，便觉得她的确优胜得多，无论在结构上，效用上，方法上，都更简单更容易更便利；所以现在的人，都放弃‘反切’，而采用‘注音字母’。

吾国学术界上的新发明，往往是受外国学理的影响，这种外国的学理，又往往依赖宗教的介绍，一种宗教传入国内以后，那国家的学术也随着输进来。国内的旧学术，受到这种学术的影响以后，与之混合，与之同化，于是便有一种更进步，更鲜明的学术的发明；故此可以这样说，吾国学术界上的新发明，都是宗教的功劳，即以‘反切’与‘注音字母’而论，当然也不出此例，‘反切’的采用，远在汉朝之先，但是其构造未精，方法不便，所以用途不广，直到佛教输入，受了梵文拼音学理的影响以后，学者方觉醒起来，又经过诸家的讨论，多时的改良，才成为真正的‘反切’，才能够风行于世，此后才有许多韵书的出世。

作者既多，又不愿循守旧切，往往更换新文：切语用字过多，便生困难，于是一般学者就要想发明一种更好的法子，来救济‘反切’的流弊，直到基督教东来以后，又受了西文拼音学历的影响，才得从简字拼音的试验，进而制定‘注音字母’。

‘反切’与‘注音字母’虽有优劣之分，但她们确有同等的价值，在文字学上，有同等的地位。她们是文字学上的两大贡献，同是中国学术界上的两大进步。”

——罗山野人：《反切与注音字母》，载《国学杂志》1933年第1期。

由西洋学理的输入看中国音韵学研究的进步

张世禄认为：“汉代末年，梵文的拼音学理输入了中国，大家晓得应用反切，在注音方法上，固然得着一点进步；而韵目和三十六字母的产生，对于语音的分析和反切的说明，也有许多启示。可是，只利用汉字来注明汉字的音读，没有采取正式的拼音符号，以专注中国的语音。所以反切发明之后，经过了一千几百年，实际在注音方法的本身上并没有多大的进步。直到明清时代，西洋文化向东方传播；基督教士也进到中国来传教。他们要学习中国语，要研究中国的音韵，就用‘罗马字母’来注汉字的音读，而且根据西洋的拼音学理来整理反切和等韵之学。这种运动的创始，当推利玛窦和金尼阁。利玛窦的罗马字注音，分声母为二十六，韵母为四十四，还有几种音调的符号（见于《程氏墨苑》），金尼阁著有《西儒耳目资》一书，又进而分析中国语里的音素，分为‘自鸣’、‘同鸣’、‘不鸣’三种：‘自鸣’就是元音，‘同鸣’就是辅音，‘不鸣’是指‘他国用、中国不用’的音素。由音素构成声和韵；金尼阁叫声做‘字父’，叫韵做‘字母’（这个‘字母’的意义，是专指韵母而说，和普通拼音字母的意思不同，和三十六字母所指的恰恰相反）。由声和韵拼成的字音，叫做‘字子’。金尼阁的学说，虽然有许多迁就旧反切的地方，可是把音素分析得很精细，反切上的种种困难和弊端，自然解除无疑了。此后中国音韵的分析研究，更有进步；而罗马字的拼音实验，就从此开端了。”

——张世禄：《从“反切”到“国语罗马字母”》，载《张世禄语言学论文集》，学林出版社，1984 年，第 71 页。原载《学生杂志》1931 年第 18 卷第 11 期。

第二节　声　母

从原始汉藏语看上古汉语声母的变化

龚煌城认为：“从原始汉藏语到中古汉语发生了下面的语音变化，兹依其发生的词序排列如下：

1. 原始汉藏语的词头 *N-，*m-，*s- 等，对上古汉语声母的清浊与送气不送气发生了影响：前两者使不送气清声母变成送气；后者使送气清声母变成不送气，并使浊声母变成清声母。

2. 原始汉藏语的词头 *N-，*m-，*s- 等，在发生上述影响后消失，而在同时 *-r- 与 *-l- 之前的声母 *b-，*d-，*g- 也消失。

3. 上古汉语复声母 *klj-，*khlj-，*glj，*sk（h）lj- > *xlj- 等颚化而变成 *ts-，*tsh-，*dz-（*z-），*s- 等音。

4. 上古汉语声母与介音的 *l 都变成 *j。

5. 上古汉语复声母第二成分的 *r- 对部分的元音发生影响后消失。

6. 上古汉语声母的 *r- 变成 *l-。”

——龚煌城：《上古汉语与原始汉藏语带 r 与 l 复声母的构拟》，载《汉藏语研究论文集》，北京大学出版社，2004 年，第 208 页。原载《台大文史哲学报》54：第 1～36 页，2001 年。

从汉藏语的比较看上古汉语若干声母的拟测

龚煌城认为：“上古汉语的拟测在韵母方面由于有诗韵与谐声双重资料，已建立相当可靠的基础。声母方面的拟测则由于只有谐声字能作主要依据，故进展十分缓慢，往往有多种可能的解释时，难以作取舍。上古汉语既然是从原始汉藏语演变下来，在有多种可能的解释时，参照同源的其他语言，可以帮助作正确的选择。这样做，不但有助于汉藏语的比较研究，且有助于汉语上古音的拟测。

本文研究的结论可列表如下：

来母一等	*r- > l-
三等	*grj-，*drj-，*brj- > *rj- > lj-
喻母	*l- > ji-
匣母一等	*g- > ɣ-
二等	*gr- > ɣ-
于母	*gwrj- > j-
部分透母一等	*hl- > th-
邪母	*sl- > zj-
审母	*hlj- > śj-
上古汉语有词头：	*k-，*g-，*gw- 等。”

——龚煌城：《从汉藏语的比较看上古汉语若干声母的拟测》，载《汉藏语研究论文集》，北京大学出版社，2004 年，第 45 页。原载《西藏研究论文集》3：第 1～18 页，1990 年。

依据《开蒙要训》并参照千字文藏音拟测五代敦煌方音的声系

罗常培认为：“以上凡五组二十二类：——p，p‘，’b，pf‘，’bv，t，t‘，l，ts，ts‘，s，c，c‘，ç，zì，k，k‘，’g，o，h，y，w——不过是我参照千字文藏音及上面仅有的那一些错综注音所拟测的声系罢了。关于全浊全清相混一点显然跟大乘中宗见解的藏音不同，但是由上面那些各组相应的互注例来看，如果当时注音者不至于十分随便，我们只能承认他是这种方音的特异色彩：因为这种混合的情形既然不像千字文跟大乘中宗见解那样完全限于上去声，而且全浊跟次清互注的例在二百四十一对注音里只见过三次，所以即使这种结果同那四种藏音相去较远，而根据本书所有的材料我们暂时只好这样分类了。此外像非敷奉三母由分化而混并以及‘齿头音’的四等混入‘正齿音’之类，也算是这种方音声系的特色。”

——罗常培：《唐五代西北方音》，载《国立中央研究院历史语言研究所年刊》甲种之十二，1933 年，第 94 页。

从《掌中珠》夏汉对音看 13 世纪前后汉语西北方言声纽系统

马忠建在文中指出：“12 世纪末（公元 1190 年），西夏刊出一部西夏文和韩文互译音意的幼学书《番汉合时掌中珠》(以下简称《掌中珠》)。《掌中珠》的夏汉对音，忠实地记录了 13 世纪前后我国西北地区汉语方言的语音，对于了解和阐明当时该地区汉语方言语音实况具有十分重要的意义。”

该文作者根据声纽发音部位和传统的三十六字母，对《掌中珠》的夏汉对音简要地加以分析，其规律主要有：(例字略)

“一、唇音和喉音

1. 帮纽［p-］：西夏字译汉字音，在帮纽中自相联系，不如其他纽混杂。

2. 滂纽［ph-］与并纽［b-］：西夏字译汉字音中，中古汉语的滂纽和并纽混合通用，一律读作双唇清塞送气音［ph-］，浊塞音已消失。

3. 明纽［m-］：西夏字译汉字音，明纽不与其他纽相混杂。

4. 非纽［f-］、敷纽［fh-］、奉纽［v-］与合口的晓纽［x-］、匣纽［ɣ-］：西夏字译汉字音，非、敷、奉三纽统为清擦唇齿音［f］，浊音奉纽已经消失。同时，晓、匣二纽在合口中演变为唇齿音［f］。

5. 微纽［ɱ-］：西夏字译汉字音，微纽不与他纽相通，只有一例与喉音影纽［ʔ-］混用。据此可以推测，中古音微纽字当为［v-］或［w-］，系由［ɱ-］演化而来。

二、舌头音

1. 端纽［t-］：《掌中珠》中，凡译汉字端纽音的西夏字，不译他纽，无一例外。

2. 透纽［th-］与定纽［d-］：西夏文译汉文透、定二纽字时，同一个西夏字往往既可以译透纽字，也能够译定纽字。这说明透纽和定纽在当时西北汉语方言中同音，定纽舌尖浊塞音［d-］已经消失，并入了透纽清塞送气音［th-］。

3. 泥（娘）纽［n-］：西夏文译汉文泥（娘）纽字，不与他纽相混杂。

三、齿头音

1. 精纽［ts-］：西夏文译汉文精纽字，自成系统，不跟他纽想混。

2. 清纽［tsh-］与从纽［dz-］：西夏字译汉字音，清、从二纽相互通用，从纽消变为清纽。

3. 心纽［s-］与邪纽［z-］：西夏文译汉字音，心纽与邪纽通用，邪纽消变为心纽。

四、正齿音和舌上音

1. 庄纽［tʃ-］、章纽［tɕ-］和知纽［ȶ-］：西夏字译汉字音，庄、章、知三组互相通用。

2. 初纽［tʃh-］、崇纽［dʒ-］、昌纽［tɕh-］、彻纽［ȶh-］和澄纽［ȡ-］：西夏文译汉字音时，初、崇、昌、彻、澄五纽互相联系，清浊混用。初、昌、彻三纽消变为［tsh-］，崇、澄二纽失去浊音，演化为［tsh-］。

3. 生纽［ʃ-］、书纽［ɕ-］、禅纽［ʑ-］与船纽［dʑ-］：生、书、禅、船四组分别为清擦音、浊擦音和浊塞擦音。《掌中珠》西夏字译汉字音时，这四组作为一音译出。

五、牙音

1. 见纽［k-］：西夏文译汉字音，见纽自成体系，不与他纽相混。

2. 溪纽［kh-］与群纽［g-］：《掌中珠》西夏文译汉文字，溪、群二纽通用，群纽失去其浊音而消变为［kh-］，与溪纽同为一音。

3. 疑纽［ŋ-］：西夏文译汉文疑纽字，存在两种迥异的情况：一种是仍保持疑纽中古音原状，一种是失去浊音而消变为清喉塞音，并与喉音以、影、云纽混用。

六、喉音

1. 影纽［ʔ-］：在《掌中珠》夏汉对音中，影纽保持中古喉塞音［ʔ-］的原状。

2. 以纽［j-］：夏汉对音中，喉音浊擦音以纽［j-］已经失去浊音而消变为清喉塞音［ʔ-］，因而与影纽通用。

3. 云纽［jw-］：《掌中珠》西夏文译汉字音，以、云二纽只有开合口之别。喉音浊擦音以纽已经失去浊音而演化为清喉塞音［ʔ-］，故给汉文云纽字注音的西夏字，其声母的实际音值当为［ʔw-］。

4. 匣纽［ɣ-］和晓纽［x-］：《掌中珠》中，同一个声母为舌根清擦音［x-］的西夏字，既可以给汉文匣纽字注音，也能够为汉文晓纽字注音。这说明，当时汉语西北方言中，舌根浊擦音［ɣ-］已经失去其浊音而混同于同部位的清擦音［x-］。

七、半舌半齿音

1. 来纽［l-］：西夏文译汉字音，来纽自成体系，不跟他纽混杂，无一例外。

2. 日纽［nz-］：西夏文译汉字音，'鼻音 + 擦音'失去鼻音，不过，它自成体系，不与他纽通用。"

以此为基础，作者总结出 13 世纪前后汉语西北方言声纽系统的特点如下：

"1. 双唇、舌尖中和舌根清塞音分别保持着中古音原状（p、t、k），但舌面前清塞音演变为舌尖前清塞擦音（ȶ>ts）；

2. 双唇、舌尖中和舌根清塞送气音分别保持着中古音原状（ph、th、kh），但舌面前清塞送气音演变为舌尖前清塞擦送气音（ȶh>tsh）；

3. 双唇和舌尖中鼻音分别保持着中古音原状（m、n），但舌根鼻音声母中只有一部分保持着中古音原状（ŋ），另一部分则演变为清喉塞音（ŋ>ʔ）；而唇齿鼻音却演变为擦音或半元音（ɱ>v 或 >w）；

4. 清喉塞音和边音分别保持着中古音原状（ʔ、l）；

5. 唇齿、舌根和舌尖清擦音分别保持着中古音原状（f、x、s），但清擦舌叶音、清擦舌面音均演变为清擦舌尖前音（ʃ、ɕ>s）；

6. 舌尖前清塞擦音仍保持着中古音的原状（ts），而舌面前清塞擦音和清塞擦舌叶音均演变为舌尖前音（tɕ、tʃ>ts）；

7. 舌尖前清塞擦送气音依然保持着中古音原状（tsh），而舌面前和舌叶清塞擦送气音均演变为舌尖前音（tɕh、tʃh>tsh）；

8. 双唇、舌尖中和舌根浊塞音分别演变为相应的清塞送气音（b、d、g>ph、th、kh），而舌面前浊塞音则演变为舌尖前清塞擦送气音（ȡ>tsh）；

9. 舌尖前和舌叶浊塞擦音均演变为舌尖前清塞擦送气音（dz、dʒ>tsh），舌面前浊塞擦音则演变为舌尖前清擦音（dʑ>s）；

10. 唇齿、舌尖前和舌根浊擦音分别演变为相应的清擦音（v、z、ɣ>f、s、x），而舌面前浊擦音则演变为舌尖前清擦音（ʑ>s）；

11. 清擦送气唇齿音、合口的清擦舌根音和合口的浊擦舌根音均演变为清擦唇齿音（fh、xw、ɣw>f）；

12. 清擦舌叶音和清擦舌面前音均演变为清擦舌尖前音（ʃ、ɕ>s）；

13. 以、云二纽分别演变为开口和合口的清喉塞音（j、jw>ʔ、ʔw）；

14. '鼻音 + 擦音'，亦即日纽，失去鼻音（nz>z）。"

"这些特点明确地显示，13 世纪前后汉语西北方言的声纽系统，已经从中古时期的浊塞音、浊塞擦音和浊擦音中失去浊音，演变为清气音或清音。这是汉语西北方言声纽系统从中古到近古（7—8 世纪至 12—13 世纪）的重大变化之一。”

——马忠建：《从〈掌中珠〉夏汉对音看 13 世纪前后汉语西北方言声纽系统若干特点》，载《中央民族学院学报》1992 年第 4 期，第 55～61 页。

依据敦煌汉藏对音可知唐五代西北方音的声母有六组二十九类

罗常培认为：“这一系方音声母跟切韵声类的最大异点：第一，‘舌上音’混入‘正齿音’；第二，‘正齿音’的二三等不分；第三，摩擦音的浊母禅邪匣变入清母审心晓；第四，床母大部分由禅变审，但澄母却变为照母的全浊；第五，‘轻唇音’非敷奉大多数变与滂母同音已然露了分化的痕迹；第六，明泥两母因为后面声随不同各分化为两类；第七，y 化的声母并不专以三等为限。这七点是四种藏音所共同的。此外，如千字文跟大乘中宗见解的全清上去声字一部分混入全浊；大乘中宗见解的全浊大部分变成次清：那要算是特殊的变化。所以就大体上讲唐五代西北方音的声母应该有六组二十九类。”

——罗常培：《唐五代西北方音》，载《国立中央研究院历史语言研究所年刊》甲种之十二，1933 年，第 16 页。

汉台关系词声母的有序对应

陈保亚指出，汉语和台语的语源关系是汉藏语系研究的难点，认为要解决这个问题，首先要找出汉台之间有语音对应的关系词，整理出语音对应规则，然后确定这些有语音对应的关系词是同源词还是借词。因此，尽管关系词和语音对应规则不是确定语源关系的充分条件，却是确定语源关系的必要条件，关系词和语音对应规则的质量对确定语言关系的准确性很关键。

该文从 2500 多个基本词中找出了 500 多个汉台古代关系词，结合这些材料讨论了确定关系词和语音对应的一些原则，然后按照有序排列的方式给出了汉台声母的对应规则以及支持这些对应规则的关系词。这些材料对汉语史的研究也有参考价值。

——陈保亚：《汉台关系词声母有序对应规则表》，载《语言学论丛》第 22 辑，商务印书馆，1999 年，第 186～225 页。

从梵文推求“三十六”字母的来历

张世禄认为：“字母本来应当叫做声类，当时因为袭取梵文字母的名目，就称为字母。唐僧舍利曾经依据梵文的拼音学理，参酌魏晋六朝以来的反切上字，制定三十字母；守温又增益之，制定为见、溪、群、疑等三十六字母。这三十六字就是代表反切上字的三十六声类。我们有了韵部和声类的标目，对于反切的方法，可以得着一个很明白的解说。但是当时对于注音方法的本身，并没有多大的进步；因为韵目和三十六字母产生之后，在实际的注音上，并没有把反切上字和反切下字全盘地整理一下，使拼切的方法，成为简单化。”

——张世禄：《从“反切”到“国语罗马字母”》，载《张世禄语言学论文集》，学林出版社，1984年，第67页。原载《学生杂志》1931年第18卷第11期。

汉藏语浊塞音和浊塞擦音可为《切韵》不送气研究提供参考

邵荣芬认为：“另外还可以提一提汉藏语系其他语言里浊塞音和浊塞擦音的情况。在这些语言里，凡是只有一套浊塞音或浊塞擦音的，这套浊音都不送气。试看藏缅语族彝语支碧江白语中的塞音和塞擦音声母。

双唇	p	p‘	b
舌尖	t	t‘	d
	ts	ts‘	ʣ
舌尖后	tʂ	tʂ‘	dʐ
舌面	tɕ	tɕ‘	ʥ
舌根	k	k‘	g
小舌	q	q‘	ɢ

其他彝语支的语言如撒尼语、傈僳语和藏语支中的昌都方言、嘉戎语，以及侗傣语族壮傣语支的壮语、傣语等等，凡是具备一套浊塞音或浊塞擦音的，都和上列白语声母的格局大致相同，只不过在声母数目上有的多一点，有的少一点罢了。比如藏语的昌都方言没有小舌音的一组，但多出舌面前［ȶ］、［ȶ‘］、［ȡ］一组；云南西双版纳允景洪傣语只有［p］组和［ȶ］组，舌根音的一组只有［k］、［kv］（唇化），但没有与之相配的送气清音和浊音；等等。还有些汉藏语系的语言，它们和全清及次清相配的一套浊音虽然不像上列各语言是不送气的，可也不是送气的，而是带有和送气性质无关的一种附加音，比如彝语支阿细语中的浊塞音和浊塞擦音单独念时带有前加鼻音，如［mb］、［nd］、［nʣ］、［ȵʥ］等等；侗傣语族里的黎语、壮语北部方言、布依语等的浊塞音都带有前

加喉塞音，比如［ʔb］、［ʔd］（［g］多不带喉塞）等等。这种现象似乎表明在汉藏语系诸语言里，如果只有一套浊塞音或浊塞擦音的话，这套浊音总是和送气的性质不相容的。既然《切韵》只有一套浊音，那么汉藏语系其它诸语言的这种现象不能说没有一点儿参考价值，虽然我们还没有作过具体的词的比较研究。”

——邵荣芬：《切韵研究》，中华书局，2008 年，第 100～101 页。

依据藏语声母跟声调的关系解释汉藏对音中部分全清声母混入全浊

罗常培认为：“全浊声母只有在大乘中宗见解里除去定母的仄声以外已然大部分变成次清，其余三种藏音大体还都保持他的本音，然而在千字文跟大乘中宗见解里为什么有一部分全清声母混入全浊声母呢？要解答这个问题，我们得知道藏语声母跟声调的关系。据白尔（O.A.Bell）说，藏语的声调可以按照声母（initial letter）或前缀音（prefix）分成三类：

1. 高调——凡是起头儿有前缀音的字除去声母是 k‘，g，c‘，j，t‘，d，p‘，b，ʦ‘，ʥ 的时候都用这个调。有 k，c，t，p，ʦ，ç，s，h 作声母的字也用这个调；

2. 中调——起头儿拿 k‘，c‘，t‘，p‘，ʦ‘ 作声母的字不论有没有前缀音都用这个调；

3. 低调——凡是起头儿有 g，ṅ，j，nÞ，d，nÞ，b，m，ʥ，w，zì，z，y，r，l，h 作声母的字，还有那些把前缀音放在声母 g，j，d，b，ʥ 前面的字，都用这个调。”

“我们由这一点再返回来看前面那些从全清混入全浊的字，就觉得有方法可以解释了。在那些字里，有二十六个是上声：‘比，饱，彼，表，本（帮），倒，转（知），者，种（照），左，佐，组，酒，载，宰（精），假，古，九，矫，解，果，几，举，轨，久，感（见）’；有二十一个是去声：‘背，谤（帮），旦，谛，对，到（端），书，幢（知），证，众，争（照），祭，奏，晋，进（精），驾，故，绛，据，记，观（见）’；此外，不过有两个入声字：‘执（照），作（精）’罢了。这种方音的声调究竟是怎样，我们现在固然无从拟测，但是从陆法言切韵序所谓‘秦陇则去声为入’那句话来推想，恐怕他的上去声不会读如元和韵谱所谓‘历而举’或‘清而远’的。如果那时吐蕃语用 b，d，j，ʥ，g 作声母的字也读如现代藏语的低调，那么我们就可以假设这种方音的上去声或许就是低调或低降调，因为声调的类似所以在吐蕃人的耳朵里往往就容易把声母误认作相同。不过这种现象最初只是由记音人审音不精所弄出来的偶然错误，而不是正式的音变，否则在全清声母里就不会同时还有不少上去声字，并且本来同音的字（如‘本，解，举，对，故’之类）也不会在千字文跟大乘中宗见解里清浊异读了。”

——罗常培：《唐五代西北方音》，载《国立中央研究院历史语言研究所年刊》甲种之十二，1933年，第27～28页。

依据汉藏对音证明汉语全浊声母是送气音

罗常培认为：“全浊声母是否送气，在中国音韵学史上是一个悬而未决的问题。旧说之中江永音学辨微，洪榜四声韵和表，陈澧切韵考外篇等都拿全浊配次清，无异承认他应该读作送气音。不过老乃宜跟章炳麟沿用李光地的说法，或以为：‘此数浊母可读戛，又可读透，故声母以一浊对两清’；或以为：‘曩日作字母者，本以群承见溪，定承端透，非谓群专为溪之浊，定专为透之浊’。近来的西洋学者，高本汉主张读作送气，马伯乐主张读作不送气：两人的意见也恰好相反。在《千字文》《阿弥陀经》跟《金刚经》三种藏音里把並定澄从群译作b，d，j，ʥ，g，从写法上看起来好像全浊声母在唐代西方方音里应该读作不送气音似的，然后藏文的浊母因为方音不同本来也有送气跟不送气两种读法，所以单看字母的表面并不能使我们决定究竟怎样读。幸而在大乘中宗见解里全浊声母的字除去奉母的‘凡梵’，定母的‘怠道第大地盗定达’，澄母的‘着’等十一字以外，其余的都变成次清，我们得到这个时地相近的有力旁证非单可以不再犹豫就决定其他三种藏音里的全浊声母应该读作送气音，并且全浊声母在现代西北方音跟大部分‘官话’里所以平声变次清仄声变全清的现象也可以得到解释了。因为大乘中宗见解里保持浊声本读的一共才有十一个字，其中倒有两个上声六个去声，上去所以不完全变成次清一定是送气的成素受到声调的影响渐渐变弱的缘故；并且千字文跟大乘中宗见解里的全清上去声字所以同全浊的上去声字相混也恰好可以拿同样的理由来解释：可见全浊平声变次清仄声变全清的趋势从那时候已经开始了。假如这个解释不错，那么我们就可以承认全浊声母本来是送气音，在现代吴语跟客家话里保留他的遗迹比较多一点儿；像福州话那样都变全清的只能算是方音的特殊现象，开蒙要训里的全清全浊互注例也是跟这种现象相近的。”

——罗常培：《唐五代西北方音》，载《国立中央研究院历史语言研究所年刊》甲种之十二，1933年，第28～29页。

中古汉语浊塞音、浊塞擦音是否送气

金有景指出：“中古汉语的浊塞音、浊塞擦音，高本汉都定为浊的送气音。我国音韵学家陆志韦先生和李荣先生不同意高本汉的构拟，把这几个声母拟为浊的不送气音。这无疑是正确的。”

“李荣先生的《切韵音系》已经用了龙州壮语的汉语借字和广西傜歌字音来证明中古汉语的浊塞音、浊塞擦音为浊的不送气音。近年我国音韵学家邵荣芬先生在前贤论证的基础上，对上述问题作了更进一步的论证。”

该文介绍了邵荣芬先生的论证。邵先生首先列举了湖南城步苗族自治县的苗族说的一种汉语方言，在这种方言里（以金水音为例），“古浊塞音、浊塞擦音读成浊音 b，d，dʑ 等或清音 p，t，tɕ 等，总之一律不读成送气音。所以这个方言可以作为古浊塞音、浊塞擦音不送气的一个证据”。邵先生还举出了贵州锦屏县白市一带的苗族说的一种汉语方言，“这个方言现在浊音已经失去，但古浊塞音和浊塞擦音都变成了不送气的清塞音和清塞擦音，而与读清音送气的古次清声母字构成了对立……所以，这个方言也为古浊塞音和浊塞擦音不送气问题提供了一个有力的证据”。

“邵荣芬先生还列举了汉藏语系其他一些语言里浊塞音和浊塞擦音的情况。在这些语言里，凡是只有一套浊塞音或浊塞擦音的，这套浊音都不送气……这样，邵先生就使中古汉语浊塞音、浊塞擦音的不送气问题，得到了更严密的论证和更圆满的解决。”

——金有景：《民族语言研究与汉语研究》，载《民族语文》1983 年第 6 期，第 49～50 页。

壮语南部方言送气音的产生与汉语影响有关

覃晓航认为，壮语在历史发展过程中，受汉语影响很深。它不仅吸收大量的现代汉语词，还保留了数目惊人的古汉语词。由于汉语有大量的送气音词，致使壮语在吸收汉语词时不可避免地伴随着送气音的渗入。在“南壮”中就有许多以 ph、th、kh 为声母的词来自汉语借词，包括一些不为人们所辨识的隐性老借词。汉语送气音词的大量借入，必然对壮语送气音词的产生构成积极的影响。

广西三江县是“北壮”中唯一有送气音词的例外点，其送气音声母的分布与“南壮”送气音声母的分布不一样，它的送气音声母绝大多数出现在汉借词中，尚未渗入壮语本民族词。

据此，作者推测，“南壮”中送气音首先始于汉借词，然后，在这些送气音的影响下，催发了“南壮”本民族词送气音的产生。可以说，汉语借词送气音的影响，是“南壮”送气音产生的外部条件。

——覃晓航：《壮语南部方言 ph、th、kh 的来源》，载《中央民族大学学报》1995 年第 4 期，第 82～87 页。

临高语对海南话送气音消失的影响

张均如认为："原始侗台语没有送气清塞音声母，临高语与壮语北部方言、布依语和泰语南部董里、博他仑的话一样至今仍没有送气塞音声母，海南话也没有（军话虽有送气塞音，但有些词读音不太稳定，如汉语的 th，军话有的字念 th，有的念 h）。汉语的送气音声母 ph，th，kh，tsh 在这些语言中都分别读作发音部位相近似的擦音 f，h，x，s。"

"海南话送气音消失的现象在其它地区的闽南方言里实属罕见，看来这种音变是海南话进岛之后发生的。汉人进岛日益增多，临高语中的汉语借词必然越来越多。在吸收借词的过程中，用部位相近似的清擦音 f，h，x，s 来表示当时汉语的送气音 ph，th，kh，tsh。那时临高人人多势众，使生活在一起的汉人的听感受到临高语的感染和冲击，促使他们的语言逐渐产生音变，原有的送气音被相应的擦音所替代了，于是海南话就变成无送气音声母的闽南次方言。军话进岛时间不过三四百年，受其它语言影响不太大，所以现今军话语音变化还不太稳定。从海南岛历代人口消长的情况和民族关系来看，临高人的先民从两广迁居海南的时间比汉人早得多，那时岛上临高人居住地区的主要交际工具是临高语。汉人初期是陆续进岛的，当时他们人少，由于交际需要，一些汉人学会临高语是很自然的事。直到唐宋，主要是宋以后，汉人大量进岛，影响越来越大，尤其是东部文昌、琼海、万宁、陵水等地区由于汉人在经济、文化等方面的影响日益增大，当地不少临高人由只说临高语逐渐过渡到双语制，后来又逐步放弃临高语而变成只会说汉语的单语者，终于被汉人同化，所以现在文昌、琼海、万宁各县已没有说临高语的人了。海南岛西部儋县等地区也有这种变化。原来居住在这些地区的临高人口语中的这种音变就作为临高语底层保存在他们后来所说的汉语之中，这种音变又逐渐扩散到整个海南话（或军话）中。所以海南话送气音的消失与临高语的影响是有直接关系的。"

海南话对临高语 * △ p、* △ t 音变为 ʔb、ʔd 的影响。

"汉语古全清声母 p，t 分别变成 ʔb、ʔd 的现象又是谁影响谁的呢？这种音变在侗台语族其它语言都是罕见的，而在江浙和广东雷州半岛某些地区的汉语方言中是比较常见的。看来它是闽南方言进入海南岛后发生的。原始侗台语固有词里有 * △ ʔb、* △ ʔd 声母，临高语至今仍保留这两个声母，只是大多数字已经变成通音声母 m，l 或 n 了。也就是说，* △ ʔb、* △ ʔd 在临高语中已趋于消失。如果临高语的 p，t 变成 ʔb、ʔd 发生在较早时期，这部分 ʔb、ʔd 声母字应跟原属 * △ ʔb、* △ ʔd 声母的字一起变成通音声母，但是没有发现来自 * △ p、* △ t 声母的字变成通音的。可见，临高语 * △ p、* △ t

变成 ʔb、ʔd 的现象发生较晚。宋朝以后，临高语的势力和社会功能逐渐减弱，而海南话的势力大大加强了。所以说，临高语的这种音变是受海南话的影响而产生的。至于岛上的黎语，也存在着这种音变，其产生原因也可能同样是受海南话影响的缘故。”

——张均如：《临高语借词、读书音的来源及语言相互影响》，载《民族语文》1997 年第 1 期，第 18～21 页。

民族语与中古汉语全浊声母清化的关系

陈其光认为：“汉语北部方言的全浊声母清化，除了自身的演变规律起作用外，与蒙古语族和满－通古斯语族语言的影响有关。唐以后，辽、金、元、清相继崛起，长期统治中国的东北、华北甚至全国，元、清还建都于北京。以契丹语、女真语、蒙古语、满语为母语的民族大批内迁，广布东北、华北，其中许多人后来汉化，转操汉语或兼通汉语。契丹语、女真语、蒙古语、满语分属蒙古语族或满－通古斯语族。这两个语族诸语言的辅音音位中，塞音、塞擦音都是清不送气与清送气对立，缺少浊音；擦音一般也是有清无浊。我们知道，母语的发音习惯是很顽强的。人们自发学习另一种语言时，对于母语中没有的音，往往用自己熟悉的近似的音代替，或者干脆取消。例如汉族学生初学英语时，往往把英语的 b 读成汉语的 p。维吾尔族学生初学汉语时，往往没有声调区别。操蒙古语族语言和满－通古斯语族语言的人转操汉语时，很容易把并母和帮母、从母和精母、邪母和心母等合并为一个音。这样，中古的全浊声母就在这些人的口语中合并到清音中去了。因为他们人数不少，是统治民族长期与汉人杂居，汉人也学习他们的语言，他们的发音也会影响汉人，因此北方汉语，包括汉人和内迁的少数民族说的汉语，中古以后全浊声母就清化了。”

“南方汉语全浊声母清化也可以从语言接触史找到解释。广东、广西、海南、福建等省古代是越人分布区，那里的汉人是从北方迁入的。由于汉人逐渐增加，原来的越人有许多汉化，转操汉语，因此这些地方主要成了汉语分布区。越人的后代现在是壮、侗、傣、布依、黎、水、仫佬、毛南等少数民族。这些民族的语言现在属侗台语族。侗台诸语言的声母古代跟汉语一样，也是全清、次清、浊音三分的。但是塞音、塞擦音早已演变为清不送气与清送气对立，浊音已转化为清音，只在声调的阳调中留有遗迹。越人在转操汉语时，像北方少数民族一样，母语中缺少浊音的特点，也会带到汉语中来。迁来的汉人也不可避免地会受当地人语言底层的影响。因此南方汉语的全浊声母也清化了。然而侗台语与蒙古语和满－通古斯语不同，音系中的擦音一般是清浊两分的。因此南方汉语中，阳江、广州、梅县 3 个点，一些匣母字的声母现在读擦音，不过摩擦很轻，成了高元音的变体。”

“那么夹在南北之间的湘语和吴语为什么反而保留了全浊声母呢？首先看湘语。它分布的地区是湖南中部、南部和广西东北角。这些地方至今是古蛮人后代分布区。古蛮人后代都操苗瑶语。苗瑶语族诸语言的声母不仅古代全清、次清、浊音对立，现代也不同程度地保存了全浊音，他们转用汉语或兼用汉语时，当然是清对清、浊对浊，那么湘语的全浊声母，就失去了清化的外来影响，因此老湘语全浊声母清化较少。但是偏北的新湘语，与北方汉语接近，而脱离苗瑶语的影响较早，因此大多数已经清化了。再看吴语。它主要分布在苏南和浙江。这里上古时代也是越人分布区，但是到中古时已完全汉化，中古以后浊音清化的越语已远离这里，其直接影响已经没有了。而南下的北方少数民族，除了几个上层官吏外，下层人民始终未到达这里。因此这里汉语的全浊声母，中古以后，缺少南北两方面的外来影响，基本上保留了浊音。”

中古次浊声母的消失与民族语的关系：

陈其光总观次浊明母、泥母、来母、日母、微母、疑母、云母、以母等 8 个母，认为：“总观次浊 8 母，在分布区域方面，越往北消失得越多，越往南保存得越多。在发音部位方面，部位越前保存得越多，部位越后消失得越多。发音部位偏后的次浊声母趋于消失，主要是内因起作用。因为人的发音器官，越是偏前的部分越灵活，在说话时能指挥自如，因此这些部位发出的音容易保存。那些偏后的部位灵活性差一些，为了省力，这些部位发出的音就容易弱化而趋于消失。”

“至于南北差异的形成，看来外因起了很大的作用。具体地说，是蒙古语和满 - 通古斯语的影响，使北部方言里鼻音中的疑母普遍趋于消失，日母也消失了许多。”“北方少数民族南下时，主要分布在我国北方。在这些民族的语音系统里，鼻辅音一般只有 m、n、ŋ 三个，缺少 ȵ。三个鼻音中 m 和 n 可以出现于词首，而 ŋ 不能出现于词首，只能出现于词末。这些民族学习或转用汉语时，居于音节首的疑母，因为不合母语的发音习惯，容易被忽略而失落。或者虽然注意到了，但模仿得不到位，而把发音部位移前而成了 n，就像北京的‘牛’和‘虐’那样。少数民族人数不少，与汉人长期杂居，他们的发音必然影响汉人，所以渐渐地疑母就消失了。至于音节末的 ŋ，因为这些语言都有，所以汉语里的韵尾习都保存了。”

“那么疑母和日母的消失为什么不像全浊声母清化那样，形成南北都多而中间少的局面呢？这是因为汉语的南邻苗瑶语和侗台语跟北邻的蒙古语和满 - 通古斯语不同。苗瑶语族和侗台语族诸语言，除了 m 和 n 外，普遍有 ȵ 和 ŋ 这两个声母，因此日母和疑母，在其他语言的影响下，在北方有的消失了，有的变成了半元音；在南方仍然基本上保存着，而且多数是鼻音。”

——陈其光：《民族语对中古汉语浊声母演变的影响》，载《民族语文》1999年第1期，第21～26页。

依据壮语、藏语拟测上古汉语的清边音声母

李方桂认为：“另外有一个可以讨论的，就是部分的来母字时常跟th-一类字谐声，这也是个很特殊的现象，我现在举几个例子，大家一看就知道了。比方：

獭 th-：赖 l-

体 th-：礼 l-

綝 ṭh-：林 l-

抽 ṭh-：留 l-

从这些例子看来，我们问为什么l会跟th或ṭh谐声？这也可以说是一个古代语音演变的痕迹，古代可能有一个不带音的l，像现在广东四邑方言里也有个不带音的l-声母存在。我们可以写成hl，到后来的切韵时代，这个音就变成了送气的th-了。这个hl-声母跟th-声母相近，我们也可以举出唐朝人翻译藏语lh的例子作证。我曾经做过《唐蕃会盟碑》的研究，发觉唐朝人用汉字翻译西藏人的名字的时候，把藏文的lh音都译成th了，例如，一个西藏人的名字lha-mthong，唐朝人用‘贪通’来翻译它。还有一个西藏人的名字lho-gong翻译成‘土公’。唐朝没有清音的lh-，只好拿一个最相近的音（th-）去翻译它。”

——李方桂：《中国上古音声母问题》，载《李方桂全集（第一集）：汉藏语论文集》，清华大学出版社，2012年，第104页。原载《香港中文大学中国文化研究所学报》3.2：1970年，第511～519页。

从侗语看中古汉语清声母为何要再分为全清、次清

金有景指出：“学过汉语音韵学的人，常常对以下问题产生疑问：中古浊声母分为全浊（浊塞音、浊塞擦音、浊擦音）、次浊（鼻音、边音等）是有必要的，可清声母为什么还要再分为全清（不送气）、次清（送气）呢？难道仅仅是为了求得分类上的整齐吗？我自己也产生过以上疑问。可是当我看到某个少数民族语言里的一个情况后，我

的疑问消除了。

原来，在有个少数民族语言里，全清、次清是声调分化的条件（就像汉语里声母清浊是声调分化的条件一样）。下面我们举壮侗语族侗水语支侗语南部方言的榕江县车江公社侗话的声调共分十五类为例：

古汉语调类	古汉语声母	侗语调类	例词
阴平	全清声母	1	冬 toŋ^{1}
	次清声母	1’	搓 sa$^{1’}$
阳平	浊声母	2	棉 mjin^{2}
阴上	全清声母	3	鬼 ȶui^{3}
	次清声母	3’	桶 thoŋ$^{3’}$
阳上	浊声母	4	马 ma^{4}
阴去	全清声母	5	贵 ȶui^{5}
	次清声母	5’	气 ȶhi$^{5’}$
阳去	浊声母	6	病 pjiŋ^{6}
阴入	全清声母	短元音 7	一 ət^{7}
		长元音 9	八 pet^{9}
	次清声母	短元音 7’	七 sət$^{7’}$
		长元音 9’	客 ek$^{9’}$
阳入	浊声母	短元音 8	十 ɕəp^{8}
		长元音 10	白 paːk^{10}”

——金有景：《民族语言研究与汉语研究》，载《民族语文》1983 年第 6 期，第 50～51 页。

从苗语语音演变看上古汉语浊塞音送气与否

石如金撰文从苗语语音的发展、苗语和汉语的共同词、汉语的反切三个方面论证了上古汉语的浊塞音存在送气与不送气两套。

一、苗语语音的发展

“从苗语的吉卫话到养蒿话的发展情况，特别是寨阳话和默戎话的存在，使笔者对于所谓上古汉语没有送气浊塞音以与不送气浊塞音相对立产生了极大的怀疑。笔者从苗语的语音演变中知道，寨阳话现在不送气浊塞音的来源有二：一是吉卫话中不送气的浊塞音，即保存了古的浊塞音；二是吉卫话中送气的浊塞音的演变。这使笔者更有理由认为，以《切韵》为代表的中古汉语不送气的浊塞音并不单纯，其来源也当有二：一是上古不送气浊塞音，亦即保存了上古不送气的浊塞音；二是上古送气浊塞音的演变。也许会有人认为，苗语的语音变化，只是苗语内部的语音变化，不能说成是汉语内部的语音发展和变化。这话不无道理。但须承认，苗、汉语之间的确存在极为相似的发展趋势，作为对比分析研究的类推法，不仅可以，还应大力提倡。更何况，此法早在新中国成立前就为张琨教授用汉语声调平、上、去、入分阴阳来论证苗瑶的声调问题，并收到良好的效果。正因为这样，笔者认为并坚持上古汉语的浊塞音有送气和不送气两套对立、同时并存。”

二、苗语和汉语的共同词

该文考察了“搅”“惧”“濯”“桥”“菌”“长”“同”“糖”8个词在《切韵》及苗语的吉卫、寨阳、默戎、养蒿4个方言中的读音。通过比较分析，认为：“上述八例可以分为两个类型：前三个词。其特点，在汉语虽不完全表明，但却有启示，即这类词是从送气的浊塞音演变来的，汉语词的第一例说明了这点，苗语就更清楚。后五个词。其特点，在汉语例中虽然不是全部却有一例表明是从上古不送气的浊塞音而来，而苗语却完全证实了这些词是从不送气的浊塞音来的。这就进一步说明，苗语这种语音演变情况，不独苗语内部，汉语也有。汉、苗语的语音发展和演变有着密切的联系；否则就不会这样地既符汉语语音演变规律，又符合苗语演变的规律。对这些词的认识，不管作为同源词处理，还是作为借词处理，都很清楚地说明上古汉语的浊塞音，存在着送气与不送气的两套。”

三、汉语的反切

该文注意到《广韵》中存在相当多的“一字多音”现象，“同一个字，意义相同或相近，在发音部位相同的情况下，有的读浊音，有的读清音。读清音时，有的送气，有的不送气”。为合理解释这一现象，该文分析了若干“一字多音”的例字，认为：“上述例字的多种反切说明，上古汉语发展到以《切韵》为代表的中古时期的语音演变情况，与苗语的语音演变情况是多么的相似，尤其是与寨阳和默戎的语音情况更为近似。对于以《切韵》为代表的中古汉语所出现的这些一字多切现象，用简单的一字多音的办法难以解释，非但解释不清楚，还会造成更大的混乱。如果我们应用现代苗语各地语音的演变情况，再结合汉语从中古到现代的语音演变事实，来看中古汉语所出现的这些同为浊母字，在读成清音时有送气与不送气相区别的问题，就会迎刃而解了。在《切韵》时期的中古汉语出现这些一字多切的现象，说明他们在上古时期不是同母的字。确切地说，汉语在上古时期的浊塞音有两类：一类是不送气的并母、定母、澄母、群母、从母……的字，一类是送气的并母、定母、澄母、群母、从母……的字。假如说中古时期的并、定、澄、群、从……母的字是不送气的，那么，上古时期属于送气的浊塞音并、定、澄、群、从……母的字，到了中古时期就变成了两种读法：一种是读成不送气浊塞音的并、定、澄、群、从……母的音，而与在上古时期本来就读成不送气浊塞音的并、定、澄、群、从……母字的声母合二而一了；另一种是读成了送气清塞音的滂、透、彻、溪、清……母的音，而与在上古时期本来就读成送气清塞音的滂、透、彻、溪、清……母字的声母合二而一了。

而在上古时期是不送气浊塞音的并、定、澄、群、从……等母的字，到了中古时期也产生了两种读法：一种仍然是读成不送气的浊塞音并、定、澄、群、从……母字的音，而另一种却读成了不送气清塞音的帮、端、知、见、精……母字的音，而与在上古时期本来就读成帮、端、知、见、精……母字的声母合二而一了。所以，在中古时期才出现这种同为一个浊母字，却有清音送气和不送气的两种切法。”

——石如金：《从苗语语音演变看上古汉语浊塞音送气与否》，载《中央民族学院学报》1982 年第 2 期，第 63～66 页。

通过中西语言对比看汉语古音的清浊

赵元任认为：“在古典学里从前分 tenus 跟 aspiratae，就是不送气的 π，跟送气的 ø，θ，χ（现在通行的把后者读成摩擦音的［f，θ，χ］是现代希腊语才如此）介乎两者之间的叫 mediae，就是 β，δ，γ。至于 β，δ，γ 的音值是带音是不带音，早先并没有清楚的观念。同时，在印欧语系里又有硬软的观念，tenus 跟 aspiratae 算硬，mediae 算软。在有些现代德国南部方言，对于 b，p 难分就说 weiches b，hartes p 而说的时候两者都不带音，很像国语罗马字用 b，d，g 当ㄅ，ㄉ，ㄍ，用 p，t，k 当ㄆ，ㄊ，ㄎ的办法。在世界别的语言里也常有类似的情况。可见音分 voiceless，voiced 并不是唯一的主要的发音方法的区别，以清浊的名词来配 voiceless，voiced 也只是为求逻辑上的整齐方便，也不是天经地义。大凡一种理论求其整齐紧凑就可能只照顾到事实的一部。一方面，如果求其包括的事实丰富，多方面来照顾，系统就不免松弛下来。”

——赵元任：《说清浊》，载《赵元任语言学论文集》，商务印书馆，2002 年，第 546 页。原载《“中央”研究院历史语言研究所集刊》，第三十本，1960 年，第 493～497 页。

依据藏语证明唐五代西北方音的'b、'd、'g音值为［mb］［nd］［ng］

罗常培认为："关于'b、'd、'g三母的音值，我们可以有两种可能的解释：第一，他们或者读如厦门音很软的，这三个音的音质很软［b］［l］［g］，破裂的程度很微，听得忽略一点就容易误认作［m］,［n］,［ŋ］，并且一遇到鼻韵马上就变回［m］,［n］,［ŋ］了。第二，他们或者读如文水兴县平阳三种方音里的［mb］,［nd］,［ng］，这三个是在全浊破裂音前面加上了一个同部位的鼻音。在这两种解释里，后一个比较理由充足一点。因为这一系方音'b、'd、'g跟b、d、g是对峙的两套声母，跟厦门音的情形不同。况且འ母用作联词第二字的前缀音时，照现代西藏口语的读法，常常使第一字的末尾音素变成鼻音，例如，dge-'dun＞gen-dün；可见他本来是带有轻微鼻音的。'b、'd两母所以一遇到鼻收声立刻就恢复了m、n的本音也就是因为这个缘故。至于阿弥陀经中的'补'p'u，覆'p'u，非'p'yi，发'had，烦'ban，佛'bur，达'dar，丘'k'ye'u'；金刚经中的'分'bun，复'bug'；大乘中宗见解中的'不'bu，比'byi，天'de'之类：除去'天'字或许是韵尾鼻声消变以后的影响，其余的字本来都不是由鼻声变来的，那个'号就未必含有鼻声的音彩了。"

——罗常培：《唐五代西北方音》，载《国立中央研究院历史语言研究所年刊》甲种之十二，1933年，第29～30页。

依据《开蒙要训》拟测五代敦煌方音的唇音声母为p，p'，'b，pf'，'bv

罗常培认为：由以上三个例我们可以看出当时帮並不分跟非敷奉不分的痕迹来。至于以轻唇注重唇的例只有一个字：

三〇七.2.2. 絜　边孔切 poŋ　帮董开一　奉　扶陇切 b'ǐuoŋ　奉肿合三

而且很由声符"封"（府容切）字类推的可能。再证以西藏对音把非敷都注作的办法，似乎在这时候轻唇音已经分化了。此外还有一对以并注滂的例：

	本文	切韵音	声韵呼等	注音	切韵音	声韵呼等
三〇六.5.19.	薦	普辽切 p'ieu	滂萧开一	蒲	薄胡切 b'o	並模开一

韵母模萧互通于音理也差得很多，恐怕当时别有特异的读法，因为照本书多数的例全浊是同全清互注而不同次清互注的。又有四对以帮注滂的字：

三〇六 .5.19.	铺	普胡切 p'o	滂模开一	补	博古切 po	帮姥开一
三〇六 .5.19.		普驾切 p'a	滂禡开二	把	博下切 pa	帮马开二
三〇六 .5.19.		匹沼切 p'ĭæu	滂小开四	标	卑遥切 pĭæu	帮宵开四
三〇六 .5.19.	膊	匹各切 p'ak	滂铎开一	博	补各切 pak	帮铎开一

也都是误读半边的字所致，恐怕在这种方音里还不至于把送气跟不送气混而为一罢？

所以参照千字文的藏音及本书的注音例来拟测这种方音的唇音声母应该只有 p，p'，'b，pf'，'bv 五类，其各类的同音互注字如下……

——罗常培：《唐五代西北方音》，载《国立中央研究院历史语言研究所年刊》甲种之十二，1933 年，第 76～77 页。

依据“非敷”两母在敦煌汉藏对音写本中读 p' 音证明唐五代西北方音唇音轻重有别

罗常培认为：“非敷两母在这四种藏音里除去四个例外一律变成 p' 音；奉母在千字文跟大乘中宗见解里也逐渐有变成 p' 音的趋势，因此我觉得轻唇音在那时候已然开始分化了。我在敦煌写本守温韵学残卷跋里曾经说：‘守温韵学残卷第三截辨声韵相似归处不同例所举四十九组一百五十三字皆属非敷两母，若更旁证以归三十字母例中不芳並明末列之“夫敷符无”四例字，则当时唇音轻重亦似有别。其所以不另分立者，盖守温初作字母仅类聚切韵反切上字而参对梵藏体文，于梵藏有华音无者固皆删汰于华音有而梵藏无者亦付阙如。’倘使这个推论不错那末我们就可以设想非敷奉三母在这一系方音里似乎也有了变成［pf'］或［f］的痕迹，因为藏文没有相当的音，所以才勉强拿 p' 音来替代。在阿弥陀经里‘非’读 'p'yi，‘覆’读 'p'u，‘发’又读 'had：尤其可以表现转译时的困难。还有明母字在 -n 或 -ṅ 的前面（无论存在或消失），除去几个例外大部分恢复了 m 音，可是微母的鼻音成素就似乎有逐渐变弱的倾向，所以他在千字文金刚经跟阿弥陀经里并不受 -n 或 -ṅ 的影响而变成 m；在大乘中宗见解里有一大部分就简直的变成 b 音了。”

——罗常培：《唐五代西北方音》，载《国立中央研究院历史语言研究所年刊》甲种之十二，1933 年，第 18 页。

侗台语族带前置喉塞音与汉语的对应

邢凯认为："以实例说明汉语侗台语带前置喉塞音的声母，无论在性质、起源和历史演变上都有高度的相似性，有很多细节上的相符，这是很难用语言影响来解释的。比较合理的解释是：这是同一些原始音类分别在汉语和侗台语中平行演变的结果。"

汉藏语研究者一般都认为带前置喉塞音的浊辅音声母是侗台语族语言的一大特点。汉语、苗瑶语是没有这类声母的。但作者认为不能说汉语绝对没有这类音。"例如中古汉语的影母类似于侗台语的 ʔ- 声母。" 作者归纳的带先喉塞音声母在侗台语中的 9 种表现方式。这些表现方式大部分也都能在汉语方言中看到。

如下所示的第一种情况——浊辅音前仍保持先喉塞音：

"汉语上海南汇话有 ʔb-、ʔd-。如：

报	帮母去声	$ʔbɔ^{33}$	饼	帮母上声	$ʔbiŋ^{44}$
丹	端母平声	$ʔdɛ^{53}$	朵	端母上声	$ʔdu^{44}$

汉语雷州半岛徐城话有 ʔb、ʔd。如：

拜	帮母平声	$ʔbai^{24}$	比	帮母上声	$ʔbi^{31}$
本	帮母上声	$ʔbuŋ^{31}$	兵	帮母平声	$ʔbia^{33}$
刀	端母平声	$ʔbɔ^{33}$	答	端母人声	$ʔdap^{55}$
单	端母平声	$ʔdaŋ^{33}$	当	端母平声	$ʔdɔ^{33}$

需要指出一点，'帮、滂、端、透、见、溪……' 是中古汉语声类的标目字。没有任何证据可以说明上述汉语方言的先喉塞音声母是直接继承了中古汉语的 p-，t-，k- 声母，中古 p-，t-，k- 声母的字，不等于上古或前上古也仍然全部都是 *p-，*t-，*k- 声母。'有 ʔb、ʔd 先喉塞音的汉语方言有：上海郊县松江、南汇、金山、奉贤等（北部吴语）；浙江永嘉、永康、缙云等（南部吴语）；广西藤县、石南等（粤语）；海南海口、文昌、宝安等（闽语）。'（陈忠敏 1989，第 114 页）"

第二种情况……

"通过对侗台语族带前置喉塞音声类的讨论，使我们看到汉语和侗台语的这个声类以及带前置鼻冠音的声类，从总体上看是相互呼应的。由此我们推断正像侗台语一样，上古汉语或者前上古汉语也同样存在一个复杂的前置辅音系统。清鼻音也是汉语和侗台语共有的音类。李方桂先生说：清鼻音声母的问题，董同龢已开其端，董的清鼻音声母的证据十分充足。他把中古晓母与唇音明母互谐的，都认为是从上古清鼻音 *hm- 来的。'我们把这类音写作 *hm-，一方面是为印刷方便，一方面我们也疑心所谓清鼻音可能原来有个词头，把鼻音清化了'。此外还有其他清鼻音声母。比如 *hn-，*hnr- 声母，这类声母有可能来自 *thn-，*thnr。

上古时期的复声母问题十分复杂，其中有许多现象一直到现在我们仍没有满意的解决方法。其中有一个现象似乎十分重要，这就是中古的心母及审母二等 ʂ-，常有跟别的声母谐声的例子（例字从略）。从这些例子看起来心母差不多可以跟各种声母的字谐声，这是不合乎一般的谐声条例的。这些字显然是从复声母来的。高本汉等已经拟有 *s1-，*sn- 等复声母，我觉得也该有 *st-，*sk- 等复声母，这个 *s 可以算是一个词头（prefix），也因此在上古汉语的构词学里将要占很重要的位置，与汉语有关系的藏语就有个 s- 词头。拟测这类声母并不太困难：*sm- > s，*smr- > ʂ，*sn- > s-，*sl- > ʂ。上古也许还有 *sd- 变成后来的 dz-，z-，不过很难分辨出来。上古汉语带前置辅音 *s- 的声母还有 *sk、*skw、*skh、*sg-、*sgw-、*sŋ 等。"

——邢凯：《侗台语族带前置喉塞音的声母》，载《民族语文》1999 年第 1 期，第 11～20 页。

汉语南方方言先喉塞音声母是古百越语底层残留

陈忠敏认为："在汉语南方方言里，先喉塞音 ʔb、ʔd 基本上是对应于古帮端母的，另外，根据各自方言今音跟古音的对应特点，只要跟古帮端母合并的声纽都有可能读成 ʔb、ʔd。"

"汉语南方方言里先喉塞音声母的存在是古百越语底层残留现象。理由如下：1. 先喉塞音如 ʔb、ʔd 的分布不仅局限于一个侗台语族，而且还存在于某些南亚语系的语言里和南岛语系的一些语言里，说明它可能是这些语言分化之前的一个共同的特征。另一方面，先喉塞音尽管存在于不同的语言之中，但集中在长江以南的东南亚这一区域里，它的地理分布跟古百越族活动的范围大致相当，所以我们也可以认为是古百越族语言的一个语音特征，虽然我们现在对古百越语的真实面貌了解甚少。2. 把汉语南方方言里的先喉塞音看作是古百越语底层残存，能比较好地解释先喉塞音在汉语南方方言里的分布和演变。我们可以假设，早先长江以南的百越人改操汉语时，将自己母语里的先喉塞音特征带到所习得的汉语里去，先喉塞音作为一种特殊的音色跟各自相应的同部位的清不送气塞音，在汉语里头不构成音位对立，有可能被长期保留下来。因为被同化居民习得优势语言的时候，所关心的是优势语言里的音位区别性特征，而他们原有的语言中某些发音习惯会作为非区别性特征而顽强地残存下来。汉语南方方言里，不同地区受历代中原官话的冲击影响及渗透的程度和层次不等，所以先喉塞音的残存与否及先喉塞音色彩的浓淡就显出差异。而海南闽语、两广粤语跟侗台语接触频繁，则更有利于长期保留先喉塞音。”

“作为古百越语底层残存，汉语南方方言里的先喉塞音跟侗台语里的先喉塞音在有些地方也有不同，主要表现在两个方面：1. 侗台语里，先喉塞音声母跟同部位的清不送气塞音声母构成音位对立。李方桂先生拟测的原始台语声母系统里就有清不送气、清送气、浊、先喉塞四向对立。在有先喉塞音的汉语南方方言里，ʔb 或 ʔd 分别跟清不送气塞音 p、t 是互补的，不形成音位对立，而且有相同的古音来源。海南闽语及两广粤语的一些点，声母系统里有舌尖声母 ʔd、th、t 三种，表面上看 ʔd 和 t 对立，但实际上它们的来历不同。ʔd 来源于端知定（仄）澄（仄）母，而 t 则来源于精庄章从（仄）母。在所拟测的古汉语方言里，包括南方方言，塞音声母不可能有清不送气、清送气、浊、先喉塞四向对立。2. 侗台语里，先喉塞音对声调有分化的作用。李方桂先生在其《台语比较手册》里指出：台语里声母的清浊与否、送气与否及有没有先喉塞音对音节的声调会有不同的影响作用。他曾举剥隘话的例子来说明原始台语先喉塞音与一般清不送气清音对声调的分化作用。剥隘语里原始台语的先喉塞音已演变为相应的鼻音声母，清不送气塞音则没有变。在 A1 调和 D1 调里，声调有不同的表现（Fang-kuei Li 1977）。

	A1 调	D1 调
原始台语清不送气塞音	24	55
原始台语先喉塞音	31	44

在整个汉语南方方言里，我们没有发现先喉塞音或先喉塞音的演变形式跟清不送气塞音有不同的声调表现。也就是说，在汉语南方方言里，先喉塞音对声调不起分化的作用。”

——陈忠敏：《作为古百越语底层形式的先喉塞音在今汉语南方方言里的表现和分布》，载《民族语文》1995 年第 3 期，第 1～11 页。

从民族语探源黄山话的 tɬ、tɬh、ɬ

孟庆惠认为："黄山话的 tɬ、tɬh、ɬ 不是古代汉语语音特点的残留现象"，理由是："第一，'精'组、'庄'组、'知'组和'章'组等声母，在上古音、中古音里没有这种舌尖边塞擦音和舌尖边擦音的音值。""第二，我们从现代汉语各主要方言所反映出来的音值看，也得不到可以说明上古音或中古音中有舌尖塞擦音和擦音的旁证。"

"鉴于既无历史语音的根据，又缺少现代汉语方言作为旁证，因此我们认为，黄山话的 tɬ、tɬh、ɬ 是汉语同其他民族语言融合的产物"。其理由是：

"第一，在同汉语有亲属关系的我国的少数民族语言里，有舌尖边塞擦音和边擦音。壮语里有边清擦音 ɬ。例如：龙州壮语［ɬa］（右），［ɬai²］（土地）。藏语里有边清擦音 ɬ。例如：［ɬasa］（拉萨），［ɬo］（南）。彝语里有边清擦音 ɬ 和边塞擦音 tɬ。例如：圣乍彝语［ɬa］（裤子）；撒尼彝语还有舌边清塞擦音。例如：［tɬa］（鹰）。黎语有舌边清塞擦音 tɬ 和舌边浊塞擦音 tkʰ。例如：通什黎语［tɬai］（耳朵），［tkʰa］（红）。苗语不仅有 tɬ、tɬh、ɬ，而且还有舌面边清擦音和很多其他的舌边辅音。例如：'绳'贵州台拱苗语说［ɬhe⁵］，贵州排庭苗语说［ɬa⁵］，贵州太雍苗语说［ɬe⁵］。贵州威宁苗语里还有 tl、tl̥h、dl、dlɦ、ntl̥、ntl̥h、ndlɦ 等形式的舌边辅音。布衣语镇宁方言里也有边擦音 ɬ。"

"第二，说汉语的少数民族，在他们说的汉语里也有舌尖边塞擦音和边擦音。例如广西龙胜苗族说的伶话就有 tl̥、tl̥h、dl、l̥、l 等五个舌边辅音。从这五个舌尖边音声母的字来看，也是来源于中古音的'精'组、'庄'组，和一部分'章'组字。这种情况与黄山话 tɬ、tɬh、ɬ 声母很相似。"

"第三，历史上曾是汉族与少数民族杂居的地方，这些汉语方言里也不同程度地存在着舌尖边塞擦音或边擦音声母……例如：闽语的莆仙方言就有舌边清擦音 ɬ。'四'念［ɬiˀ］，'诗'念［ɬi］，'先'念［ɬɛŋ］。粤语的四邑方言（台山、新会、恩平、开平）和高州、濂州等地的方音中也有边擦音 ɬ。台山方言'心'念［ɬim］，'三'念［ɬam］，'萧'念［ɬiau］。另外，在粤语的台山端芬地区还有舌尖边擦音 tɬ、tɬh' 两个声母。'字自'端芬念［tɬˀ］，'辞词'端芬念［tɬh］。"

"第四，徽州地区在历史上曾是'山越'人居住的地方，关于山越最早的记载，是《后汉书·灵帝纪》：'建宁二年（169）九月，丹阳山越围太守陈夤'。由此可见，丹阳是有山越的。"

"自周至汉代，皖南山越人和汉人同居一地，在长期共同生产劳动中，逐渐融合在一起。越人和汉人的融合也必然导致语言的融合。我们认为，歙县南乡方言里的 tɬl̩、tɬhl̩、ɬl̩ 音节，以及黄山话里大量的 tɬ-、tɬh-、ɬ- 字音，正是汉越语言融合的历史痕迹。这些来自越人的语音成分，今天作为黄山话的底层被保留下来了。”

——孟庆惠：《黄山话的 tɬ、tɬh、ɬ 及探源》，载《中国语文》1981 年第 1 期，第 46～49 页。

汉藏语鼻音、流音声母关系字语音对应分析

尹蔚彬认为：“汉、藏两种语言的基本辅音的对应比较整齐：汉语 m 的全部对应于藏语的 m；n 与 ng 有一部分分别对应于藏语的 n 和 ng[ŋ]，但是一部分对应于 ny[ȵ]。与藏语 ny 声母对应的汉语除 1 例（例 22，汉语‘曩 nangx’对应于藏语的‘rnying，陈旧，过时’）外，都带介音 -j-。从中可以推测，藏语的舌面音 ny-，可能是由舌尖鼻音 n 和舌根鼻音 ng 腭化而来。古藏语带后置辅音 -y-[-j-]的双唇塞音、鼻音和舌根塞音声母，在今部分藏语方言中因腭化而变为舌面音。”

“汉语的清化鼻音声母，李方桂构拟为 hm-，hnj-，hngj- 等对应语藏语带前置辅音 s-、r- 的鼻音声母。清化鼻音与 sC（C 代表鼻音，下同）的对应也见于部分藏语方言与藏语书面语之间，如下列例词中巴塘话声母 m、ŋ 与藏语书面语 sm-，sŋ- 的对应。”

“汉语无前置音的鼻音声母对应于藏语有前置辅音的鼻音（m-sm、rm，n-rny，ng-mng、lng）。m- 对应于 sm-、rm-，n- 对应于 rny-，ng- 对应于 mng-、lng-，对于这种单辅音与辅音相对应的情况，只有两种可能的解释：其一是原始汉藏语本身就有前置辅音 s-，r-，m-，l-，发展到上古汉语时期，前置辅音在汉语中丢失，而在古藏语中仍保留。另一种可能的解释是，原始汉藏语没有前置辅音，藏语的前置辅音是在汉藏语分化以后产生的。我们在前面已经推测过古汉语在上古之前可能有过前置辅音 s-，上古汉语的清化鼻音是由 sC- 型发展来的，因此，这第二种假设的可能性不大。”

——尹蔚彬：《汉藏语鼻音、流音声母关系字语音对应分析》，载《中央民族大学学报》1999 年第 5 期，第 183～187 页。

汉藏语流音 r、l 的重建

郑张尚芳撰文以汉语、苗瑶语声母中流音 r、l 的重建为例呼吁学界应借助汉藏语言比较、同源词古借词研究所得成果来重建汉藏语各语言的古音形式，而不能固守“唯方言综合至上论”的偏向。

“流音 r 在上古汉语拟音体系中取得一致确认，是经过海内外学者三十年的艰难探索才论定的，这一共识真是来之不易。需要特别指出的是，如果没有汉藏语言的比较、没有同源词古借词的研究，光凭比较汉语方言来推论，是怎么也得不到这一结论的。”

“雅洪托夫指出来母字越语、壮语早期借词为 r 不同于后期的 l，极有说服力。如越南‘龙 rong-long，帘 rɛm-liem’，壮语‘六 rok-luk，笼 roong-long’。由于 r 在上古汉语声母中地位的确定，我们才能在汉语藏语比较中自如地建立以下的对比（方括内为同源汉字及拟音）：

声母 r——【吕 ra’】对藏 rag$_{\text{铜}}$，【篱 ral】对藏 ra，【郎 rang】对藏 rang$_{\text{未婚男}}$，【蓝 raam】对藏 rams，【礼 ri】对藏 ri 供神，【理 rɯ’】对藏 ri$_{\text{花纹}}$，【陵 rɯng】对藏 ri$_{\text{山}}$，【绿 rog】对藏 rog

二等——【甲 kraab】对藏 khrab$_{\text{盔甲}}$，【巷 groong】对藏 grong$_{\text{村}}$，【虹古巷切 kroongs】对藏 Hkhrungs，【胞 pruu】对藏 phru$_{\text{子宫}}$，【颁 prɯɯn】对藏 dpral$_{\text{额}}$

重三——【泣 khrɯb】对藏 khrab-khrab（cf.‘立’rɯb 对缅 rab），【禁 krɯms】对藏 khrims$_{\text{法律}}$，【几 kri’】对藏 khri$_{\text{桌座}}$，【变 prons】对藏 Hphrul，【铍】对藏 phra$_{\text{针、双刃兵器}}$

……”

“依此分析，来母在瑶语可反映为 g 及 l，那么苗瑶语古拟音不必从它们取公倍数，拟成 ŋgl 什么的，应该恢复王辅四 1979 拟音系列。其 1995 的 580 石、582 梨、605 力，只是依阴阳调分的，其词根都是 r，不过在阴调字前加个 ʔ- 罢了（605 则是 582 加表细音来的）。”

“因此苗语现代方言中的 ʐ、ɣ、w 及瑶语部分 g 等都可看作 r 母的变体，它们正合于 r ＞ ʐ ＞ z ＞ ʥ、r ＞ ɣ ＞ g、r ＞ ɣ ＞ w ＞ v 等音变链类型。”

“恢复苗瑶古音 pr-、mpr- 系列对苗瑶与汉藏的比较更有利，如：br 母‘鼠’可对藏文 bra，mbr 母‘鱼’可对独龙 apla 或 am-pla、泰 pla，‘辣’可对汉语【厉 mrads＞辣】，mr 母‘苗族’更能让我们理解古汉语【蛮 mroon】是此自称的译音。”

“以母多对苗语 ʑ 瑶语 j，也跟汉语以母的演变链一致：l ＞ ʎ ＞ j，ʑ 也该是 ʎ 的变体形式。”

“对兄弟语言古音的构拟，是为了作词根的比较。我们必须十分谨慎，不要把方言里非词根的变化成分综合进重建的古音形式里去，以致造成词根认同上的差讹。拟音要经得起类型学尤其音变类型学的检验，别追求最小公倍数。”

——郑张尚芳：《论汉语、苗瑶语声母中流音 r、l 的重建及古音构拟偏向》，载《东方语言学》第 4 辑，上海教育出版社，2008 年，第 57～62 页。

通过汉藏语比较研究上古汉语的 *l- 和 *r- 辅音声母

金理新指出："来母的上古读音，传统认为是 *l-，但包拟古根据上古汉语的来母和亲属语言尤其是藏语 r- 辅音声母同源对应，则认为是 *r-。针对学界的这两种看法，金理新通过分析认为中古的来母 l- 上古应该有两个不同的来源：*l- 和 *r-，但就来母的谐声关系以及同源对应情况来看，中古来母除了以上两个来源之外，可能还会有其他一些来源。作者通过跟藏缅语、苗瑶语、侗台语的对应分析，尤其是跟同源的藏语材料对应分析认为，上古汉语的 *l- 和 *r- 这两个辅音声母中古都变成了来母 l-：其中上古汉语的 *l- 演变成了中古汉语的来母一等，而 *r- 演变成了来母三等。"

——金理新：《上古汉语的 *l- 和 *r- 辅音声母》，载《温州师范学院学报》1999 年第 4 期，第 53～61 页。

从流音确定汉泰关系词的上古层次

龚群虎认为："汉语从上古到中古的发展过程中，流音发生了全面的变动：上古 **l> 中古 *j-，上古 **r-> 中古 *l-。古汉语复辅音声母到单辅音的简化也发生得较早。但少数台语现在还保留着一系列塞音（或鼻音）跟流音组成的复辅音声母，并没有走汉语流音发展的道路。原始台语或泰文本身反映出的流音及其分布格局，也跟迄今我们所了解到的上古汉语大体对应。流音以及带流音的复辅音声母恰好可以作为一个参照点来探讨汉泰关系词的上古层次。"

"我们把上古汉语的流音与泰文进行对照，提出从流音角度确定《切韵》前层次的关系词的几个条件（hl / r- 归入 Cl / r- 中）：（1）泰语词以 r- 起首，相对应的汉语词声母为中古来母。例如：泰语（maʔ）rooŋ^{2} '龙年'：汉语 '龙' *lioŋ<**b · roŋ。（2）泰语词以 l- 或 r- 起首，相对应的汉语词声母为中古喻$_{四}$。例如：泰语 liaŋ^{6} '养'：汉语 '养' *jiɐŋ<**laŋ；泰语 rak^{8} '腋窝'：汉语 '亦' *jiɛk<**k · lag，'腋' *jiɛk<**k · lag。（3）泰语词以 Cl- 或 Cr- 起首，相对应的汉语词为中古二等或重纽三等。例如：泰语 klɔɔn^{1} '门闩'：汉语 '关' *kɣuan<**kroon；泰语 pliian^{5}，plian^{5} '变化'：汉语 '变' *pɣiɛn<**prons。（4）泰语词以 Cl- 或 Cr- 起首，相对应的汉语词声母为来或喻$_{四}$。例如：泰语 klɔɔn^{1} '一种对偶诗体'：汉语 '联' *liɛn<**g · ron；泰语 klɛŋ^{3} '装作，假装'：汉语 '佯' *jiɐŋ<**k · laŋ。（5）泰语词以 C1- 或 Cr- 起首，汉语词所在谐声系列反映出 C 同 l、r 有互谐关系。例如：泰语 glɔɔk^{8}，khlɔɔk^{8} '烧，烤，烫'：汉

语‘烙’*lɑk <**g · raag。（6）泰语词以 C- 或 1（r）- 起首，汉语词上古形式为 Cr- 或 Cl-，中古形式为与泰文互补的 C 或 l（r）-。例如：泰语 lɔm²‘风’：汉语‘风’*piuŋ<**plum。（7）泰语词为 C1- 或 Cr-，汉语词为舌齿塞音。例如：泰语 kluɯɯn¹‘吞’：汉语‘吞’*then<**khliin。满足这些条件的，我们大概有九成把握把它们算作上古关系词。这当然不是排除式的，不满足这个条件的词也有可能是上古层次的，但需要另外证明，因为这只是一个参照点而已。举来母的例子来说，如果一个来母字的词跟泰文中 l- 起首词对应，我们充其量只能说声母证据不足以证明它们是上古关系词，因为中古以来，汉语的来母读为 l-。但还可以看韵母跟声调的对应。假如我们已经证明了泰语的 /aa/ 音跟汉语上古鱼部对应，laa²‘驴’这个词便可以按此条件归入上古层次；至于声母，则要证明泰文 l- 和 r- 的交替。这种情形在其他类关系词层次界定时都会遇到。”

作者按上述条件归并了一批词。1.“l- 和 r-，泰语 r- 对中古汉语来母。中古汉语来母与泰语 Cr-，Cl-，r- 和 1- 等对应。有时，来母还与泰语同部位塞音对应，如‘犁’thai¹。下边这些以泰文 r- 起首，中古汉语为来母的关系词，当属上古层次：raa⁴‘卤的，腌的’：卤 *lʊ<**g · raa；raa⁴‘苍鹭’：鹭 *lʊ<**g · raags……”。2.“泰语 Cr-、Cl- 或 hr-、hl 一类对应汉语二等、重纽三等、来母、喻四等。二等，例如：pɔɔk⁷ 或 lɔɔk⁸‘剥’：剥 *pɣɔk<**proog……重纽三等，例如：pliian⁵，plian⁵‘变’：变 *pɣiɛn<**prons……来母，bruan²，phruan²‘动物项铃’：銮 *luɐn<**b · rooon……喻四，klɛɛŋ³‘装作，假装’：佯 *jiɐŋ<**k · laŋ……塞化的流音 kluɯɯn¹‘吞咽’：吞 *then<**khliin……”。

——龚群虎：《汉泰上古关系词——流音篇》，载《民族语文》2000 年第 2 期，第 56～60 页。

从番汉对音看宋元时期北方汉语的日母字

孙伯君指出，迄今为止，对于北方汉语日母子的古代读音学界尚有两方面的疑虑：一是宋元时期其实际语音究竟如何；二是“儿、耳”等字什么时候变读为 ɚ 音的。

该文全面考察了宋元史籍中与契丹语、女真语、蒙古语对音的标音汉字以及阿尔泰诸语中的汉语借词、译音词资料，并参证西夏语对音情况，认为北宋前后北方汉语日母字的发音部位与禅母字接近；而“儿”等字的读法在宋代早期仍然与其他日母字一样，到近代开始演变为 ɚ，“儿化”的倾向早在宋代就有。

——孙伯君：《从番汉对音看宋元时期北方汉语日母字》，载《语言学论丛》第 34 辑，商务印书馆，2006 年，第 50～68 页。

汉语与藏语“来”的同源关系

郑伟在汉藏同源的设想下，认为出现在甲骨文里的三种不同用法的“来”：其一为最常见的表示来去的“来”；其二为“麦子”义；其三用来表示时间关系。在藏语里都有同源词，来自汉藏共同语。

一、关于动词“来”的证明

作者同意吴安其、LaPolla 的观点。“吴安其先生构拟的原始藏缅语的‘来’*C-ra-g，并提出藏文 ç-＜*sr-。LaPolla 给‘来’构拟的原始藏缅语形式词根也是 *ra，并认为它和汉语‘来’同源。”认为“就‘来’而言，藏缅语的方言均指向词根 ra 或 la，原始藏缅语是 *C-ra-g，*C- 是某种前缀，*-g 是后缀，ra 变成 la，就像汉语来母字 *r-＞l-。”

二、关于“来²”的证明

“汉语‘来²’*m-rɯɯ-g/‘麦’*mrɯɯk＜*m-rɯɯ-g。藏语 bra-bo＜*b-ra＜*m-ra‘buckwheat’荞麦（jaschke 1881：380）”。

“假设藏语 bra-bo‘荞麦’声母是由 *b-r- 变来的，参照汉语 *m-r- 和藏语 br- 的对应。(作者举了诸多例子进行了说明），藏语 *b-r- 也应该来自汉藏共同语的 *m-r-。”作者还认为：“早期藏语的词根为 r-、前缀为 b-（包括从 *m- 前缀变来的 b-）的 *b-r- 类词，到藏文里与 br- 合并。考虑到上古汉语有 *m-r-/b-r 类复声母，不少词还跟藏文 *b-r- 同源，我们有理由认为 bra-bo 的词根是 ra。”

三、关于“来³”的证明

作者举例讨论了藏文 mth- 的演变规则，认为其演变程式如下：“汉藏共同语 *m-lj-＞早期藏语 *m-l-＞*m-t-＞藏文 mth-”。

“另外，*m-lj- 在后世的演变过程中，*m-t- 中的 t- 可能会受鼻音前缀的影响而浊化为 *d-，随后 *m- 则失落。”“其音变形式大致为：汉藏共同语 *m-lj-＞早期藏语 *m-l-＞*m-t-＞*m-d-＞藏文 *d-。根据上面演变规则，提出了上古汉语‘来³’的藏语同源词：

汉语　‘来³’*m-rɯɯ-g

藏语　mtha/mthar＜早期藏语 *m-ra”

最后，作者做了总结：“麦子这种农作物应该是从西亚传入的，现在发现甲骨文和原始藏缅语里‘麦子’这个词同源，那么可以肯定汉藏共同语时期麦子已经被借过来了。商代先民的主要农作物有黍之类，并用来祭祀，但大概不是商人的主要农作物。我们假设，甲骨文三种用法的‘来’均来自汉藏共同语。汉藏共同语的 *-ɯ 演变到上古汉语和藏语里，分别变成 *-ɯ 和 *-a（龚煌城，2004：18-21、233-235），且词根是 ra。上古汉语的三个‘来’在藏语里的同源词涉及三项音变：

（1）*C-ra-g（*C- 可表现为 *m-/*s- 的交替）ɕag ‘来 1’

（2）*m-ra＞*b-ra＞b-r/ ‘来 2’

（3）*m-ra＞*mta＞mtha/ ‘来 3’

至于这三项音变的先后顺序，还有待于将来进一步研究。”

——郑伟：《汉语和藏语的“来”》，载《民族语文》2007 年第 2 期，第 24～31 页。

从汉藏语的比较看“蓝”字的拟音

龚煌城撰文指出：“在汉泰语的比较研究中常被引证的‘蓝’字，却带来不少困难。例如：

51.（＝22）	汉：蓝	*gram＞*ram＞꜀laɖm	
	泰：คราม	*gram＞khraam　A2　蓝	

如果‘蓝’字上古音作 *gram，则依上面的规律应演变成中古匣母，而不应演变成来母。从语音演变的角度看，‘蓝’字是不应有 g- 声母的，而其声母‘监’是二等字，有 kr- 复声母，因此谐声的条件仍然可以满足。

52.	蓝	*ram＞꜀laɖm	
	监	*kram＞꜀kam	*krams＞kam꜄
	槛	*gramx＞꜂ɣam	

藏文 རམས་ rams ‘靛青、蓝靛’与汉语‘蓝’同源，而它并没有 g- 声母，因此，推测‘蓝’字读 ram 是有藏文的对应可以为依据的。但台语 *gram 则无法解释。”

“我觉得台语的 *gram 与汉语的‘蓝’*ram 有关，是无法加以否认的。唯一的解释是上古汉语乃至原始汉藏语的‘蓝’字可能有 *ram 与 *gram 二读，前者有藏语的承袭及后来的汉语语音演变加以证实，后者则因曾借进原始台语，故也可以证实其存在。”

——龚煌城：《从汉藏语的比较看上古汉语若干声母的拟测》，载《汉藏语研究论文集》，北京大学出版社，2004 年，第 40～41 页。

从苗瑶语、侗台语中的早期汉语借词探讨闽方言中的来母字

罗杰瑞运用苗瑶语和侗台语保留的很多早期汉语借词探讨《切韵》的来母字，发现闽方言的来母字可归纳为三组：l-、t- 和 s-。假设民语有两套边音：*l 和 *lh，前者一直保留为 *l，而后者在闽北方言中变成了 s-（或 ʃ-）。“现在我们来探讨一下闽方言中的 *l 和 *lh 是否源于早期汉语，如果是，那在早期汉语的借词中是什么？幸运的是：现今苗瑶语和侗台语仍保留了很多早期汉语的借词。以苗瑶语和侗台语中古老的借词为基础，或许可以证实我们的假设，即是：在早期汉语中可以给共同闽语构拟的这两个边音找到根源。”作者认为“共同闽语 *lh 可以追溯到早期汉语的包括清塞音的复辅音”。作者检视了共同闽语中声母是 t- 和 1- 的词。发现与这些词对应的苗瑶语、侗台语的借词中，复辅音包括了浊声母加上响音 *l 或 r-。作者又列举了苗瑶、侗台语与闽北方言对应的例子：如对“力”字的考察。

总之，“这篇短文探讨闽北方言众所周知的一两个特点，表明传统的靠文献来构拟早期汉语（如高本汉氏所倡导的）并非是唯一可行之途。汉语史学者传统的构拟方法和本文所采取的，最大的不同是：前者利用大批文字资料，希望能给成千上万的字，构拟出一个庞大的音系来；我们是倚重活的现代语言资料，个别的，一字一字地探讨。由于这类的材料有限，无法构拟出庞大的语音体系来。这种方法可能比较符合 19 世纪印欧语言学家发展出来的语言比较法的精神”。

——罗杰瑞：《闽方言中的来母字和早期汉语》，载《民族语文》2005 年第 4 期，第 1～5 页。

从汉藏语的比较看汉语的匣、于二母

龚煌城撰文指出：“关于匣母的上古音，高本汉（Karlgren 1923：21-22）根据匣 ɣ-、群 g- 二母的互补推断二者有共同的来源，认为都来自于上古的 *g-。后来曾运乾、罗常培和葛毅卿分头研究，一致指出匣母在六世纪初跟于母一体，而因于母与群母同属三等韵，如果把匣母与于母等同，便不能再与群母等同。在此之后董同龢（1944，据 1967：34）及王力（1958：70）都把匣母的上古音拟作 ɣ，而与群母 g 加以区别。

李方桂先生（1971：13f）独排众议，坚持原先群母与匣母同源的认定，认为喻母多数为合口，来源于圆唇舌根浊音 *gw+j，而群母则来自 *g+j-。”

该文认为，“汉藏语的比较研究支持匣、群、于三母同出一源的假设”。

该文以“何、河、荷、盍、候、含、户”等例论证。如：

（一）匣母一等字

28. 汉：何	*gar > ꜀ɣaɖ	
藏：	ga thog	何处？何人？
	ga dus	何时？
	ga nas	从何处？
	ga tshod	多少？（何量？）
	ga ru	何处？
29. 汉：河	*gar > ꜀ɣaɖ	
藏：	rgal	渡河、涉水
30. 汉：荷	*gar > ꜀ɣaɖ	
藏：	sgal	兽驮的东西 = 荷

……

（二）匣母二等字

35. 汉：话	*gwrads > ɣwaiᵓ	
藏：	gros	话“speech，talk”
	gros gleng	商议、谈话
	gros ’cham	言语一致
36. 汉：桦	*gwrads > ɣwaᵓ	
藏：	gro	桦树
37. 汉：洽	*grəp > ɣaɖp	和也
藏：	’grub	成就、完成

“35、36、37 三个例子中值得注意的有两点：第一，‘话’、‘桦’、‘洽’三字都属于二等韵，上面已提到，雅洪托夫根据来母字与其他任何声母二等字的谐声关系，拟测了含有 -l- 的复声母，李方桂先生（1971）将此 -l- 修改为 -r-，上引匣母二等字对应藏语 gr- 的事实证实了此拟测的正确性。第二，在汉藏语元音系统的比较中，遭遇到的一个困难是藏语有 a、i、u、e、o 五个元音，而李方桂先生（1971）所拟测的上古音则只有 a、i、u、ə 四个元音。其中藏语的 e、o 两个元音究竟对应汉语的哪一个元

音便成为重要的问题。我在以前的一篇论文（Gong 1980：482f）中提出藏语的 o 与汉语的 *wə，*wa 及 *ua 对应的看法（其中 *w 表示圆唇舌根音的合口成分）。在本论文中新提出的 35、36 二例可以增强这一看法。汉语 *gwra- 对应藏语 gro- 完全符合规律，是严整的对应关系。”

（三）于母字

38. 汉：	于	*gwjag＞꜀ju	
	往	*gwjangx＞꜂jwang	
藏：		’gro	行、走
缅：		krwa	去、来
39. 汉：	芋	*gwjags＞ju꜄	
藏：		gro-ma	西藏的甘薯
40. 汉：	羽	*gwjagx＞꜂ju	
藏：		sgro	翎翮

……

“上面 38 到 43 的例子显示汉语于母对应藏文 gro，其中有三点特别值得注意：第一，汉语于母字所对应的藏语都是 g-，证明李方桂先生坚持将群母与于母相配是正确的。第二，汉语于母字所对应的藏语元音都作 -o-，无一例外，证明李方桂先生所主张，于母来自圆唇舌根音是正确的。第三，于母字属三等韵，有介音 -j-，即 *gwrj-，藏语失去了介音，变成 gr-，其情形正如第二节例 1、2、3、6、7、8、11 所举的例子中汉语有 -j- 介音，而藏语则无介音是一样的。”

——龚煌城：《从汉藏语的比较看上古汉语若干声母的拟测》，载《汉藏语研究论文集》，北京大学出版社，2004 年，第 37～39 页。

从汉藏语的比较看汉语的来、喻二母

龚煌城在其文章中指出：“与汉语同源的藏缅语族语言大多有 r-、l- 两种流音，而汉语不管是现代方言或是中古音都只有一种，即 l- 音。李方桂先生为喻母拟测了 r- 音。对汉藏比较语言学不啻提供了重要的线索，然而随着汉藏语言比较的进展，慢慢的显现汉语来（l-）母字对应的是藏语的 r-，而汉语的喻（r-）母所对应的却是藏语的 l-。”

该文以“六、凉、量、络、罗、类、联连、离、蓝、髅、龙”等 11 例证明了汉语为 l- 而藏语为 r- 的对应关系。此处仅举两例：

汉 l-：藏 r-

1. 汉：六　　*ljəkw > ljuk

藏：དྲུག　　drug 六

缅：ခြောက်　　khrok 六

2. 汉：凉　　*gljang > ꜀ljang

藏：གྲང　　grang 凉、冷

……

该文还以“扬、羭、谍、翼、夜、俗、象、习、移”等 9 例证明了汉语为 r- 而藏语为 l- 的对应关系。此处仅举两例：

汉 r-：藏 l-

12. 汉：扬　　*rang > ꜀jiang

藏：ལང　　lang 起、起来

13. 汉：羭　　*rug > ꜀jiu 黑羝

藏：ལུག　　lug 绵羊

……

“如果要根据上面的对应关系来拟测原始汉藏语，则只能依藏语来拟测更古的阶段。因为藏语至今仍然保存两种流音，实无法想象在过去某一时代曾发生 l- 与 r- 的互换，而汉语则因为两种流音（即来母与喻母）之中有一种（即喻母）在中古以前即已消失，所以如果来母原来是 r-，只要假设在喻母 l- 音消失以后，发生了 r- > l- 的语音变化，来母字由原来的 r- 音变成现代的 l- 音，汉藏语的对应关系便可得到合理的解释。”

“上面所提的汉藏语的对应关系，经过许多学者的讨论（如蒲立本 Pulleyblank 1962, Forrest 1967），至舒斯勒（Schuessler 1974）始明确提出在汉语内部曾发生 l- > i̯ - 及 r- > l- 的变化，至于发生变化的时代，则认为是在汉代。他所根据的理由是李方桂先生（Li 1945）所指出的台语中汉语借词十二地支中的‘酉’字，在 Ahom 语中借作 rao，Lü 语中借作 hrau 及汉代的声训，以‘老’（《史记 · 律书》及《白虎通 · 五行》）及‘留’（《汉书 · 律历志》）训‘酉’的证据。这是合理的推测，因为如果‘酉’字声母不是某种流音，便无法解释上面的借词及声训。”

“在理论上，r->l- 的语音变化也有可能发生在上古汉语以前，也就是说，在上古音中来母字已变成 l- 音，因此若要修改上古来母字的拟音，由原来大家所公认的 l- 修改作 r-，非有充分的理由不可。”

该文对此提出以下三点论据：

“第一个论据是理论上的考虑。在理论上 r- 要变成 l-，必须在 l- 音变成 i̥ 音之后，否则在 l- 音上保持不变时，r- 音若变成 l-，二者势必混同（merger），无法再分。而在上古谐声时代喻（i̥）母字与舌尖音谐声，表示 l- 音尚保存未消失，此时 r- 音不可能变成 l-，古上古汉语来母字必定是 r- 音，喻母字应该仍读 l-。”

“第二个证据来自借字与译音，台语中的古代汉语借词仍然保留汉语来母字的 r- 及喻母字的 l-。”该文列举了泰语中的“六、蓝、懒、銮、漏、养、易”等 7 个汉语借词。本文仅举 4 例。

21. 汉：六　　*ljəkw>ljuk

泰：หก　　hok^{DIS}<*xrok 六（Li 1977：233，272）

22. 汉：蓝　　*glam>꜀laɖm

泰：คราม　　*gram>khraam　A2　蓝（Li 1977：231）

……

26. 汉：养　　*rangx>꜂jiang

泰：เลี้ยง　　liaŋ　C2　饲养 <*lieng（Li 1977：281）

27. 汉：易　　*rik>jiäk

泰：แลก　　lɛɛk 交换、交易　D2L<*dl-（Li 1977：125）

……

“译音的证据最有名而常被引证的例子是：汉代以乌弋山离译 Alexandria（Li 1971：10）以‘弋’*rək 对译 lek，以‘离’*ljar 对译 dria。Pulleyblank（1962：116）即曾指出，若以喻母为 r-，则中国人用 l 音译外国 r 音，而以 r 音译外国 l 音，将令人感到讶异。”

“第三个证据来自形声字，雅洪托夫（1963）曾指出来母字与其他声母二等字之间具有密切的谐声关系，因而有系统地拟测带 -l- 的复声母，例如：八 *plet、百 *plâk、马 mlâ、甲 klap，并依次与藏语 brgyad、brgya，缅甸语 mrang，藏语 khrab 比较（Yakhontov 1963：92）。

李方桂先生（1971：11，17）将此 -l- 音改为 -r- 音，以便更合理地解释从上古到中古声母韵母的变化（声母方面：假设上古 *tr- > 中古 t-，上古 *tsr- > 中古 ts- 的变化；韵母方面：认为 -r- 有一种中央化的作用）。如果二等韵在上古有 -r- 的复声母，则与其谐声的来母字当为 r- 音。”

——龚煌城：《从汉藏语的比较看上古汉语若干声母的拟测》，载《汉藏语研究论文集》，北京大学出版社，2004 年，第 33 ~ 36 页。

通过汉藏语比较研究喻母古读

金理新在文中分析了邵荣芬、曾运乾、陆志韦等学者对喻母构拟的得失后，利用上古汉语以及同源的藏语材料证明喻母在上古汉语中实质上应该有 *ʔd-、*ʔgl-、*ʔbl- 三个不同的来源，作者还指出喻母的正确构拟与上古汉语声母系统的真实与否有着直接关系，因此喻母的正确构拟有着极其重要的意义。

——金理新：《再论喻母古读》，载《温州师范学院学报》1998 年第 2 期，第 2 ~ 8 页。

依据汉越语喻三喻四的分别证明上古喻三喻四有别

王力认为：“喻母四等字和三等字大有分别，所以‘惟’‘为’不同音，‘余’‘于’不同音，‘缘’‘圆’不同音，‘诱’‘右’不同音，‘营’‘荣’不同音。这一个事实是非常值得珍视的。喻母在切韵系统里头显然分为两类；喻三和喻四，非但在中古有别，它们在上古也是有别的。可惜在中国各处的方言里无从证明这一种分别，现在汉越语里的喻三和喻四截然不紊，这是很好的一个证据。”

——王力：《汉越语研究》，载《岭南学报》1948 年第 1 期，第 16 ~ 17 页。

通过汉语和非汉语比较研究汉语“死”及以母读音

金理新针对学界现在对以母的一种普遍认识趋势：即以母为边音 *l-，以母跟心母有语音上的联系，而语词“死”是说明以母跟心母有语音上联系的一个证明，因此作者以以母读音问题为出发点，以语词“死”以及相关语词作为考察的基点，通过汉语、藏缅语、苗瑶语、侗台语以及南岛语比较发现，语词“死”有共同的来源，跟以母有语音关联的心母上古跟中古一样只是一个清擦音 *s-，而以母则是一个浊擦音 *z-，以母构成的谐声系列中古复杂多样，是由于擦音 *s-/*z- 在不同的条件下演变成的。其中最为重要的是擦音的塞化，而擦音塞化是整个汉藏语系重要的音变现象之一。

——金理新：《汉语“死”以及以母读音问题》，载《语言研究》2009 年第 4 期，第 38～52 页。

“乌戈山离”不能是上古汉语以母读 l- 的证明

聂鸿音在其文章中通过分析考察早期的佛经对音，检验人们为上古以母（喻母四等）构拟的 l-，以及“乌戈山离 =Alexandria”的译例。

“可以确定的是，佛经对音里所有的 l- 都是用来母字对译的，并没有一例用以母字译 l-。比较常见的情况是以母相当于梵文的 ś- 或 j-，除此之外也还有一些用以母字译 y- 的例子，如‘由’（*yu）相当于 yu（那由他：nayuta）或者相当于 yo（由延：yojana），‘耶’相当于 ya（毘舍耶：vijaya），等等。的确，佛经对音中以母字的用法略显混乱，不易从音理上逐一解释清楚，但是我们看到所有的译例（ś、j、y）都暗示着它是一个舌面音，它最有可能是 y-，即使不是 y-，也一定与作为舌尖中音的 l- 差得很远。具体到‘乌弋山离’，我觉得把它认作 Alexandria 的译名并不稳妥。首先，人们大概都相信其中的‘山’（*san）对译的是 sand，虽然汉译省略了 n 后面的 d，这并非全然无据可援，但以 s 译 s 在当时毕竟极其少见。‘山’的译音既不可靠，‘弋’的译音更不可解。我们知道，汉语以母（弋）在中古时期读 y-［j-］是无需质疑的，而在上古时期，确切地说是在大批造出汉字的前上古汉语（Pre-Archaic Chinese）时期，它频繁地和定母字（*d-）出现谐声关系也无需质疑。按照语言学常识，d>y 的演化是正常的，而 d>l>y 的演化就不大正常了。尽管 l- 假说的提出者和支持者费了很大的力气要把这种演化解释得合乎音理，但我仍然认为，音理解释无论多么完美，其价值也比不上文献的直接证明。辛辛苦苦思考了许多年，一旦有新的文物出土，以前的猜测全被推翻，发生在名家身上的此类事例我们见得太多了。”

“查《后汉书·西域传》，我们还可以找到一个带‘弋’字的译名——粟弋，这就是《周书》里说的‘粟特国’。从‘特’（*d）字考虑，我们可以想到‘戈’在公元前 2 世纪西域初通时的声母必是 d-，全词依对音惯例大约是 *sugdak，恰合于突厥‘阙特勤碑’铭文的soɜdak。粟特文献称自己为 sugd，波斯铭文称之为 sugude，希罗多德《历史》称之为 suguda，无不表明‘弋’字的古声母是 d-，甚至现代英法诸文字的 Sogdiana 也可为此提供佐证。例外的现象只有《大唐西域记》中记载的‘窣利’，这好像是巴列维语 sulih 的对音，不过这个译名出现的年代太晚，大概谁也不会相信以母的‘弋’在唐代还读 lik。结合梵汉对音的情况来看，我们显然应该支持传统的结论，认为后汉三国时期的以母 y- 是从三四百年前的 d- 变来的，而构不成对音规律的、没有其他资料支持的‘乌戈山离’不能用为上古汉语以母读 l- 的证明。”

以“魏”译 ghas 不能证明汉语去声曾有过 -s 韵尾：

聂鸿音认为：“另一个不成功的例证是郑张尚芳提出的，他注意到隋代东罗马史书称中国为 Taughast，于是他认为这是‘大魏’的音译，从而以‘魏’译 ghas 来证明汉语去声曾有过 -s 韵尾。我们知道，中国历史上有资格称为‘大魏’的只有北朝的拓跋魏，但拓跋魏建国已是公元 5 世纪的事，距离齐永明年间沈约等人明确阐述四声概念仅数十年，应该说，以音调高低为基本特点的汉语四声在那时已经形成了，前上古时期的去声 -s 韵尾不可能一直存在到那么晚的时候，何况我们还没有充分的证据回答这样的问题——Taughast 真的是‘大魏’的对音么？”

“其实从 18 世纪欧洲人开始研究中国的时候起，Taughast 的语源问题一直就是个悬案。这个名词最早出现于公元 7 世纪，突厥文碑铭写作 Tabgh ǎ，东罗马史书中相应的形式是 Taughast，元代以后的习惯汉译是‘桃花石’。‘桃花石’指的是中国，这毫无疑义，但关于其语源则众说纷纭，粗算起来，即有‘唐家’、‘大夏’、‘吐蕃’、‘大魏’等等，而为多数学者接受的则是伯希和提出的‘拓跋’。当然，不管是‘唐家’、‘大夏’、‘吐蕃’还是‘拓跋”，都既没有文献对译的实证，也没有严整的对音规律可循，这不过是人们在猜测了汉字古音的基础上再来猜测其语源，郑张先生不应该以其中一个猜测出的语源为基础反过来再猜测汉字古音。”

——聂鸿音：《番汉对音和上古汉语》，载《民族语文》2003 年第 2 期，第 14～21 页。

汉藏语比较可证晓母相关的一些谐声关系和晓母读音

金理新认为：“中古汉语晓母在上古有不同的来源，即有舌根音、舌尖音和双唇音等来源。这些本来完全不同的辅音谐声系统中，晓母的谐声关系十分复杂，金理新通过汉藏同源对应对晓母谐声关系的分析，认为造成如此复杂的谐声关系是由于声母附加了 *s- 或 *h- 前缀之后，中古演变成舌根擦音 x-。通过对晓母的分析，作者想告诉我们中古汉语的辅音声母上古来源并不是单一的，不能认为中古一个辅音声母就认为上古只有一个来源。”

——金理新：《与晓母相关的一些谐声关系和晓母读音》，载《温州师范学院学报》2004 年第 3 期，第 14～19 页。

从八思巴字拼写系统中的“影、疑、喻”三母探究元代汉语声母“影、幺、疑、鱼、喻”的五母分立

宋洪民指出：“元代汉语声母‘影、幺、疑、鱼、喻’的分立是近代语音史上的焦点问题。有些学者主张其分立是由于后接韵母洪细的不同造成的，本文则认为这种现象源于八思巴字拼写系统，是八思巴字系统区别等第的一种表现手段。”

“我们认为王硕荃先生的看法较为合理。不过，王先生多从汉语立论，而我们则认为这主要源于八思巴字拼写系统。只有从汉语的实际语音与赖以表示的八思巴字符号之间的矛盾着眼，才能说清这一问题。”

“经研究我们发现，在《蒙古字韵》所代表的八思巴字拼写系统中，中古的影、喻、疑三母字不同等第之间读音严格区别（牙喉音皆严格区别等第，其原因我们已另撰文讨论）。这是八思巴字汉语拼写系统中的一种客观存在，其实现手段就是影、幺、鱼、喻、疑诸母的巧妙互补搭配使用，简言之，即‘以声别韵’。”

“如上文所说，‘影、幺、疑、鱼、喻’几母的分立源于八思巴字拼写系统，是八思巴字系统以声别韵的需要。八思巴字系统既要维持包括浊声母在内的中古三十六字母的旧有声母格局，又要在牙喉音中区别等第（就大部分韵而言），所以才造成了中古的‘影、疑、喻’几母在元代声母合流的大潮中不但没有合并，反而走向了分化，形成了‘影、幺、疑、鱼、喻’的五母分立。这样，就形成了元代特有的声母格局，而《古今韵会举要》等汉语音韵著作则是从八思巴字系统因袭而来。”

——宋洪民：《八思巴字拼写系统中的“影、疑、喻”三母》，载《民族语文》2013年第1期，第22～29页。

从汉藏语的清鼻音推论古汉语的n声母的字跟吐气的th-谐声

马学良认为：“不仅如此，我们还可由此推论古汉语的n声母字往往跟吐气th-的谐声。如态th-，能n-；叹th-，难n-。李先生认为‘这是很奇怪的现象，因为n-是个不吐气的浊音，本来该跟d-谐声，但是并不跟d-谐声而跟吐气的th-谐声’。李先生曾用贵州苗语方言中不带音的hn-，听起来仿佛是nth-，因而不带音的n̥-变成th-不是不可能的。李先生因而推断‘th-母字能够跟鼻音谐声，是因为这一类th-母字是从hn-来的。

“近几年来，在苗语普查中发现，贵州台江县平寨苗语方言中清鼻音n̥，老年人

口语中读 n̥h，中青年口语中读成 th，如‘太阳’ n̥ha^{33} ~ tha^{33}；‘动’ n̥ha^{33} ~ tha^{33}；‘听’ n̥haŋ^{45} ~ thaŋ^{45}。不但如此，m̥ 在平江老年人读 m̥h，中青年读 ph，如‘跳蚤’ m̥hɛ^{33} ~ phɛ^{33}；‘绒’ m̥ho^{33} ~ pho^{33}；‘夜’ m̥haŋ^{35} ~ phaŋ^{35}。在岩寨，中青年并有读 fh 和 h 的。据此足可证明李先生早年的推论是很正确的。”

——马学良主编：《汉藏语概论》，民族出版社，2003 年，第 31～32 页。

依据汉藏语的清鼻音解释古汉语鼻音边音跟清喉塞音字通谐

马学良认为：“40 年来，我国学者结合汉藏语系语言研究，除了前面所提到的许多研究成果外，有一些关于古汉语的问题，现在由于从亲属语言中得到的启发，有了较为满意的解释。例如，某些鼻音和边音声母字跟清喉塞音声母字 h-（x-）通谐的问题。一向为汉语音韵学家所未解决。

1. m- ～ h-　　如：每～悔
2. n- ～ h-　　如：难～汉，**[illegible]**
3. ȵ- ～ h-　　如：儿～阋
4. ŋ- ～ h-　　如：虡～獻
5. l- ～ h-　　如：乐～呩

高本汉把一些跟 m- 相谐的 h- 母字的上古声母构拟为‘擦音 + 流音’式的复辅音 xm-。李方桂拟为 mx- 或 m̥，董同龢在他的《上古音韵表稿》中对此进一步加以论证，否定了高本汉的构拟，正式拟测为一个双唇清鼻音声母 m̥-。这是受李方桂后调查的贵州苗语里有 m̥- 声母的启发而拟测的。可是他给上古音只拟测出了一个清的唇鼻音 m̥-，并没有 n̥-、l̥-、ŋ̊- 这一类音跟 m̥ 相配，这不合乎一般语言的语音系统的规律性，似乎过于特殊。从现在汉藏语系中的苗瑶语、藏缅语来看，大多数语言的这类鼻音和边音的清化声母都是成套的。如瑶语勉话：

p	ph	b	m	m̥	f	w
ts	tsh	dz				
t	th	d	n	n̥	ɬ	l
tɕ	tɕh	dʑ	ȵ	ȵ̊	ç	j
k	kh	g	ŋ	ŋ̊	h	

因此上古汉语的清化流音声母似不应仅有 m̥-，而且应有 n̥-、ȵ̊-、ŋ̊-、l̥- 跟它相配，形成一个完整的系统，如同其他亲属语一样，这才符合一般语言的习惯。

关于 m-、n-、ȵ-、ŋ-、l- 与 h- 相通，从谐声关系，古书异文和古字通假中可以找到很多材料，不一一列举。只举汉语的亲属语言现代苗语的例子加以印证。如贵州苗语方言。

这类字的原始音既不是单纯的 m-，也不是单纯的 h-，而是兼有 m- 和 h- 两个成分的送气鼻音 mh，后来分化为或读 m-，或读 h-，从苗语方言的对应关系上足以证明这个论证。

李方桂在 20 世纪 70 年代的《中国上古音声母问题》中曾提出一种猜测说：‘如果我们相信古代有 hm- 这个不带音的鼻音，我们是否可能还有别的不带音的鼻音？’从现在汉藏语系中的苗瑶语、藏缅语来看，大多数语言中的这类鼻音和边音的清化声母都是成套的，很可证实李先生论证的正确。”

——马学良主编：《汉藏语概论》，民族出版社，2003 年，第 30～31 页。

依据藏语解释审母 ś 字跟 n 声母的字谐声

李方桂认为：“此外还有一个声母，在切韵上管它叫做审母 ś，也能跟 n 声母的字谐声，像：

恕 ś- ：女 n-

攝 ś- ：聶 n-

这些字也不合乎我们一般的谐声条件；但仔细看起来，有个很显著的情形，就是这类审母字，在切韵里都是三等字。三等韵母多半都有个 j 介音在里头，这类字可以想象是从 hn＋j- 变来的，这个也等于我们平常承认的日母字从 n 变来的一套手续：

n-＋j-＞nȉj-＞nȉzȉ-＞zȉ-

n 腭化后变成日母字。在唐朝时鼻音渐渐不显著了，唐朝人常用日母字来翻译西藏文的，比方西藏有个官名叫 bzȉer,《唐书》里把它翻作‘热’字，这是个很显著的例子。此外的例子还不少。如果我们承认切韵时代的日母字是从 n- 变来的，我们也可以推论审母字是从 hn- 变成的：

hn- + j- > hnìj- > hnìsì- > sì-

审母字跟 n- 母字谐声的现象，我们也可以用语音演变的方法来解释。就是上古 hn 这一类的字，在不同的情形之下，一部分变成 th，一部分变成了 sì。”

——李方桂：《中国上古音声母问题》，载《李方桂全集（第一集）：汉藏语论文集》，清华大学出版社，2012 年，第 103 页。原载《香港中文大学中国文化研究所学报》3.2：1970 年，第 511～519 页。

汉藏语的清鼻音可为上古汉语拟测 ŋ̊ 声母

马学良认为：“汉语上古音既然有 m̥、n̥、l̥ 一类清化鼻音声母，似乎也应有与之相配的清化舌根鼻音 ŋ̊。高本汉在《中国音韵学研究》中关于汉语疑母字的推测，也曾涉及这个问题，他说：‘最后，我们还得注意几个读成清声 k、h 的不规则的例子——特别是汕头跟厦门，例如“逆”厦门 kɛʔ。但日译汉音里我们也发现几次用 k 代表 ɡ。k、h 跟 ŋ 是相差很远的；假如它们是从 ŋ 变出来的，那就得认为是经过 ɡ、ɣ 的演变——不过这是不必要的，因为古代汉语里也许有方言的歧义。’

按上述 m̥、n̥、l̥ 同例的演变规律，如果说 k、h 是由古代清化 ŋ̊ 分化来的，那就不是‘相差很远的了’。

在为汉语上古音拟测的清鼻音 m̥、n̥ 声母外，参照亲属语言和古汉语的实际情况，按一般语言的语音系统的规律性，似应再拟测一个清的舌根鼻音 ŋ̊，这样就可以解释这一类字通谐的问题。李方桂早已注意了这个问题，他构拟了 m̥，n̥ 一套清鼻音，接着说，‘此外，ng- 这个声母在上古也应该有个清音 hng- 声母。我们也有许多例子可以想象到它演变的情况，因为 ng- 这一类字不跟 g- 这类字谐声，却跟 h-（x-）这类字谐声’，并举许 xw- ～午 ngw-，化 xw- ～～吪 ngw-，羲 x- ～义 ng- 为例，认为 x- 这类字是从清音的 hng- 演变出来的，xw- 也是从清音的 hngw- 演变出来的。由上述苗瑶语的清鼻音声母系统来看，李先生的论点是信而有征的。”

——马学良主编：《汉藏语概论》，民族出版社，2003 年，第 32 页。

汉藏对音能为泥、娘有别提供线索

邵荣芬在书中指出：“除了反切以外，汉藏对音资料也提供了泥、娘有别的消息。在敦煌汉藏对音写本的《阿弥陀经》、《金刚经》里泥、娘两母的字都有，而译法不同，

泥母译作 'd- 或 n-，娘母译作 'j-。例如：

泥母		娘母	
脑	'de'u	女	'ji
念	nem	尼	'ji

据罗常培先生的解释，'d- 即［nd-］，'j- 即［nʑ'j-］。虽然与《切韵》泥、娘的读音不同，但泥、娘的分别是十分清楚的。更有趣的是，在较晚的《开蒙要训》注音里，往往泥母字与来母字互注，而娘母字与日母字互注，例如以 '历' 注 '溺'，以 '赧' 注 '戁' 之类。据罗先生分析，在这个注音人的方言里，泥母已变为来母，娘、日已经混淆。泥、娘两母演变上的这种异趣，不正是说明它们本来的不相同吗？"

——邵荣芬：《切韵研究》，中华书局，2008 年，第 40 页。

从鼻音声母链［m］［n］［ȵ］［ŋ］可证汉藏语同源

王志敬从众所熟知的藏汉语所共有的鼻音声母链构成的链条来资证藏汉语同源。将四个鼻音声母［m］［n］［ȵ］［ŋ］作为判定汉藏语系的一条标准，且列出了这条标准所连接的语言包括汉语、藏语、羌语、道孚语、却域语、扎坝语、贵琼语、木雅语、普米语、史兴语、尔苏语、纳木义语、独龙语、缅语、阿昌语、哈尼语、纳西语、怒语、苗语（石门坎、腊乙坪、大南山、养蒿）、大坪江勉语、佯黄语、莫语、甲姆语、黎语、村语。其中系属待定的语言如临高语、仫佬语、毛南语、水语。他认为可根据这共有的四个鼻音声母［m］［n］［ȵ］［ŋ］作为标准将上述语言划归汉藏语系。

作者还认为若不考虑同源词，壮侗语只有依靠鼻音声母链［m］［n］［ȵ］［ŋ］来判定为汉藏系语言，并举出《汉藏语概论》中缅语支和苗瑶语族的实例：

声母				
缅语	m	n	ȵ	ŋ
石门坎苗语	m	n	ȵ	ŋ
腊乙坪苗语	m	n	ȵ	ŋ
大南山苗语	m	n	ȵ	ŋ
大坪江勉语	m	n	ȵ	ŋ
	m̥	n̥	ȵ̊	ŋ̊

养蒿苗语	m	n	ȵ	ŋ
大坪勉语	m	n	ȵ	ŋ

——王志敬：《藏汉语亲属关系研究》，民族出版社，2009 年，第 29～30 页。

依据台语、苗瑶语材料拟测上古清鼻音 n̥ 声母

董同龢认为：“m- 的谐声关系就跟 p-p‘- b‘- 不大相同了。有一部分固然是如我们意料的，只是自己谐自己，也偶尔跟 p-p‘- b‘- 或别的声母谐。可是另有一些却常常专门跟舌根擦音相谐 x-。例如：

每 muâi：悔晦诲 xuâi

瞢 məng：薨 xuəng

……

在这种情形下，‘悔昏’等字的声母会不会就是李方桂先生随便提出来的那个清鼻音 m 呢？我以为那是很可能的。至少我还可以说，用了那个音的话，的确可以使目前所有的现象都得到圆满的解释。先从谐声关系看。因为他本来是个唇音而不是舌根音，因此就不跟 k- 系字谐声。m- 跟 p-p‘- b‘- 谐的已经是很少了，m̥- 在音质上又要差得远一些，所以他虽是唇音，却也不跟 p-p‘- b‘- 谐。他跟 m- 既同部位又同是鼻音，就自然常常相谐了。又从音韵演变方面说，在问题之内的差不多都是合口音。说一个 m̥- 因受后面 -w-（或 -u-）的影响后来变作 x-，不也是很自然的吗？尤有进者。近来李方桂、张琨两先生在贵州一带调查若干台语与苗瑶语的方言，正发现不少清鼻音的存在。固然，那些方言的 m̥- 母中有没有跟‘悔昏’等相当的字现在还不敢确定。可是由于他们的发现，我倒是得到了一些勇气，把这样个陌生的音介绍到古代汉语里来。”

——董同龢：《上古音韵表稿》，四川李庄石印，1944 年，第 13 页。

依据苗语拟测上古汉语的清鼻音 hn 声母

李方桂认为：“我们知道跟上古的 n- 声母的字谐声的，很少有 t-、d- 这类的字，但是特殊的是有几个 n- 声母的字往往跟吐气的 th- 谐声。这是很奇怪的现象，因为 n- 是个不吐气的浊音，本来该跟 d- 谐声；但是并不跟 d- 谐声而跟吐气的 th- 谐声。比如说：

态 th-：能 n-
叹 th-：难 n-

这是 n- 母字跟 th- 母谐声的例子。其次，在切韵时候变成 nò 或 nìzì 的也是如此：

丑 th-：扭 n-
耻 th-：耳 nìzì-
慝 th-，婼 th-：若 nìzì-，诺 n-

此外还有别的例子，我不想多举了。现在我们需要解释的是为什么 n 跟 th 谐声，而不跟 d 谐声。我在贵州调查苗人的语言的时候，发现苗人除掉鼻音声母 n 之外，还有不带音的声母 hn，至少有些个苗人方言里，不带音的 hn，我听起来仿佛是 nth。我想 na 跟 ntha 是很相近的，不带音的 n 变成 th 不是不可能的。我想 th 母字，能够跟鼻音谐声，是因为这一类 th- 母字是从 hn 来的。所以我决定上古声母在不带音的 m 之外，还有一个不带音的 hn。”

——李方桂：《中国上古音声母问题》，载《李方桂全集（第一集）：汉藏语论文集》，清华大学出版社，2012 年，第 102～103 页。原载《香港中文大学中国文化研究所学报》3.2：1970 年，第 511～519 页。

梵文对音字母可为娘母的存在以及日母作［nʑ］提供依据

邵荣芬在书中指出：“先说梵文字母对音。善无畏以前大都用日母字对译梵文的 ña 确是事实。不过如果把对 ña 母的译法和对 na、ṇa 两母的译法合起来看，用日母字对译 ña，并不排斥日母是［nʑ］。我们先把善无畏以前各家对梵文字母 na、ṇa、ña 的译音列一表，并附加 ta、ta 两字母的译法作为比较。

……

佛托跋陀罗和地婆诃罗所译《圆明字轮》以‘多’译 na，以‘那’译 ta，刚刚倒了过来，大概是他们所据的《圆明字轮》的次序跟别人不同。地婆诃罗在译《根本字》的时候以‘那’对 na，以‘多’对 ta，就是证明。竺法护和无罗叉同以‘那’字对 na 又对 ṇa，大概是那时知组还没有完全从端组中分离出来，所以不得已。无罗叉以透母的‘咃’（一本作‘他’，《玉篇》‘咃，吐多切’）译 tha，又以加口旁的‘茶’译 dha 就是端、知两组未分的表现。僧伽婆罗以‘那’译 na，以‘轻那’译 na，又以‘轻多’

等译 ta 等，他的话里端、知也可能没有完全分化。除此以外，从鸠摩罗什到善无畏全都以泥母字对译梵文的 na，以娘母字对译梵文的 na，说明当时泥、娘的确有分别。何况各人用泥、娘分别对译 na 和 na，和他们用端等和知等分别对译 ta 等和 ta 等完全是一致的，泥和娘的分别就更不容置疑了。

假定泥母是［n］，娘母是和［ʃ］同部位的鼻音，日母是［nʑ］，要把梵文 na、ṇa、ña 的不同表现出来，唯一的好办法就是以泥母字对 na，以娘母字对 ṇa，以日母字对 ña。如果娘母字对 ña，ṇa 就没有办法可对，因为日母的［nʑ］和 nòa 相差显然太远。李荣先生在解释以［ʃ］对译梵文的 ṣ 的时候说：

如果我们的心是［s］，生是［ʃ］，书是［ç］，另外没有 ṣ，只好用［ʃ］对梵文 ṣ。

用心、生、书三母字分别对译梵文的 s、ṣ、sì，和用泥、娘、日三母字分别对译梵文的 n、ṇ、ñ，原则是一样的。所以李荣先生的这一段话也可以拿来解释在日母作［nʑ］的情形下，泥、娘、日三母的译音。

日母字和明、泥、疑三母字调类的演变相同，而和船、常两母字不同，这也不排斥日母是［nʑ］的假定。因为［nʑ］既不同于口部塞擦音的常母，也不同于口部擦音的船母，它是带有鼻音的。在这点上，它和明、泥、疑三母正好相同，所以调类的演变也相同。

根据以上所述，我们认为承认娘母的存在以及日母作［nʑ］，都没有什么困难。”

——邵荣芬：《切韵研究》，中华书局，2008 年，第 115～117 页。

从梵文考证知彻澄娘的音值

罗常培撰文从梵文字母的译音，佛典译名的华梵对音，藏译梵音，现代方言及韵图的排列等方面，证明了其关于“知彻澄娘”音值的假设。

“我对于这个问题的解答，认为知、彻、澄三母和梵文的‘舌音’（linguals 或称 cerebrals）ट（tò）ठ（tòh）ड（dò）ढ（dòh）相当；换言之，就是应当读作舌尖后音（supradentals）的塞声（plosives）［t］［th］［ḍ］（或［ḍh］），它们的三等字后来或者因为 j 化（Yodisé）而有接近腭音的倾向。至于娘母本来也应当和ण（nò）相当，不过因为它在《切韵》的反切里既然和泥母不能划分，在华梵对音中也往往和ञ（nþ）न（n）相混，所以在唐末的三十字母里还没有独立，直到宋人增改作三十六字母的时候，它才和非、敷、奉、微、禅五母同时产生。这并不是凭空悬想的，我从梵文字母的译音，佛典译名的华梵对音，藏译梵音，现代方言及韵图的排列等项，都有方法可以证明我的假设。”

——罗常培:《罗常培语言学论文集》，商务印书馆，2004年，第29~69页。原载《中央研究院历史语言研究所集刊》第三本第一分，1931年。

依据敦煌汉藏对音可证西北方音“舌上音”混入“正齿音”

罗常培认为:“在前面所引的四种藏音跟开蒙要训的注音里，‘舌上音’知彻同‘正齿音’照穿都混而不分:这究竟是实际读音的混合，还是写法上的混合，是很值得注意的。照理论上讲，知彻的音值无论是［ʈ］［ʈ‘］或［ȶ］［ȶ‘］都不能用藏文所有的字母来直接译写出来，那么，因为用近似的c，c‘替代以致跟照穿混同，自然是可能的现象。然而在现代西北方音里知彻跟照穿也是混而不分的。”

“由这种事实就可以使我们推想‘舌上音’跟‘正齿音’在西北方音中的混合已然有很悠久的历史，那几种藏音所代表的就是当时实际的读音而不仅是替代的写法；如果单是替代的写法，开蒙要训的注音就不会那样巧合了。我从前认为知彻澄娘之混变自北宋肇其端，至陈晋翁切韵指掌图节要有知彻澄泥而无照穿床娘，梅膺祚所据之韵法直图有照穿床泥而无知彻澄娘，其证乃显:由现在看起来，岂止北宋已肇其端，实从唐末即见其迹，不过娘母的读音（'j）在阿弥陀经跟金刚经的藏音里还没同泥母（'d）完全混淆罢了。”

——罗常培:《唐五代西北方音》，载《国立中央研究院历史语言研究所单刊》甲种之十二，1933年，第139~140页。

从佛典译名的华梵对音证明“知彻澄娘”音值

罗常培认为:“根据前项例证，我们已经可以推断从6世纪至11世纪（592—1035年）的期间，知、彻、澄、娘是曾经读过t，th，d，n的。还有一种和前项相辅而行的材料，就是佛典译名的华梵对音。对于佛典译名的华梵对音的研究，西洋学者很早就注意到了。像雷暮沙（Abel Rémusat）、卜尔诺夫（Eugène Burnouf）、儒莲（Stanislas Julien）、艾德尔（Ernest J.Eitel）、高本汉（B.Karlgren）等，前后都有所探讨。但是他们所注意的只是华译梵音的拼法，还没有直接应用华梵对音来考订中国古音的；就是高本汉也不过拿他考订《切韵》音的结果把前人对于华译梵音的拼法加以改订罢了。马伯乐（H.Maspero）的《唐代长安方音》里算是引用了一部分不空学派的密咒对音（les transcriptions de Dhāranī de l，Ecole d，Amoghavajra），直到1923年钢和泰（von Sta ĕ l-Holsrein）发表了《音译梵书和中国古音》之后，在汉语音韵学的研究上才起了一种新的变化。国内学者第一个应用华梵对音来考订汉语古音的要算是汪荣宝的《歌戈鱼虞模古读考》，由此而引起了古音学上很大的辩论。至于应用这种方法在声母考订上的，我这篇短文还算是一种发端的尝试。我对于应用华梵对音考证汉语古音的方法，虽然认为要有相当的限度，可是对于在推求守温字母的音值上，却觉得是颇可信的。”

——罗常培：《知彻澄娘音值考》，载《罗常培语言学论文集》，商务印书馆，2004年，第40～41页。原载《中央研究院历史语言研究所集刊》第三本第一分，1931年。

微母字的朝鲜谚文对音

金基石以朝鲜文献《洪武正韵译训》《四声通考》《四声通解》《翻译老乞大》（上下卷）及《翻译朴通事》《老乞大谚解》等的谚文对音为根据，探讨了中古微母字在近代的演变过程。并据此得出结论：“《洪武正韵译训》（1455）到《四声通解》（1517）时期是微母从半元音向零声母演变的过渡期。”“崔世珍‘微母作声近似于喻母’的说明，充分证明了这一点。朝鲜汉学家们历来十分重视著录中国北方现实音，即自己直接‘所得之音’，所以他们所著录的当时北方音是较为可信的。从《翻译老乞大》《翻译朴通事》（16世纪初）对音中也可以看出，当时微母还处于混用状态。如对同一个‘物’字，《翻译朴通事》（上）里一处用微母来注音，一处则用喻母来注音。因此，把那个时期看成微母从半元音过渡到元音的完成期更为确切。”

——金基石：《朝鲜对音文献中的微母字》，载《语言研究》2000年第2期，第30～38页。

从汉朝对音探讨中古微母字的演变

金基石的文章以朝鲜文献中的谚文对音为依据，探讨中古微母字在近代音中的演变过程和演变年代问题。本文利用的朝鲜文献有：《洪武正韵译训》（16卷8册，第1册1、2卷落帙），申叔舟、成三问等编撰，端宗三年（1455）；《四声通考》，申叔舟编撰，端宗三年（1455），今佚，只存凡例附在《四声通解》卷末；《四声通解》（2卷），崔世珍编撰，正德十二年（1517）；《翻译老乞大》（上下卷）、《翻译朴通事》（只存上卷，中、下卷今佚），崔世珍编撰，正德十年（1515），本文中合称《翻老朴》；《老乞大谚解》（2卷），显宗十一年（1670），《朴通事谚解》（6卷3册），边暹、朴世华编撰，肃宗三年（1677），本文合称《朴老谚》。崔世珍对汉语唇齿擦音的观察和描写是非常细致的，在以上文献中有专门标注朝鲜语里所没有的轻唇音字母，即在重唇音“帮滂並明”下加一个空圈表示轻唇音“非敷奉微”。

关于微母字演变情况的主要观点有：王力先生认为从元代到明代万历年间是微母向零声母的过渡期；孙建元先生通过对《四声通解》的研究得出“中古影、喻、疑、微诸母在北京音系里全面合流的时代至迟不晚于《四声通解》成书的年代（1517年），当在明代中叶以前；安世铉先生根据《朝鲜馆译语》、《翻译朴通事》（上）、《老朴谚》的对音资料认为微母字变为零声母应该是十七世纪后半叶了”。孙建元先生的结论和安世铉先生的结论前后相差200年的时间，显然是对历史语音资料的不同的考订和判断造成的。本文认为，《朝鲜馆译语》中用微母“文”对应于朝鲜语的“un”，至少证明当时汉语的微母在发音上跟零声母是相当接近或者经常处于混用的状态，而不是安世铉先生得出的当时汉语的微母还是［v］的结论。孙建元先生根据《四声通解》中支韵微字下并收古微母字和喻母字及其下对“微”“喻”的注解得出微母跟喻母一样成为零声母了是一种误解，孙先生的依据正如王力先生指出的“读喻入微，不是合流”。通过前面提到的朝鲜文献的对音可知，16世纪初微母正处于半元音向元音的混用或过渡期。

——金基石：《朝鲜对音文献中的微母字》，载《语言研究》2000年第2期，第30～38页。

依据敦煌汉藏对音证明西北方音中浊摩擦音清化要比浊破裂音早

罗常培认为：“摩擦音的浊声禅邪匣三母在前面所引的藏音里除去时代较早的阿弥陀经跟译音本大乘中宗见解还有三个禅母字‘善’，‘是’，‘受’保持浊音，其余的已竟完全混入清声审心晓了。可见浊摩擦音的变清要比浊破裂音早的多。”

——罗常培：《唐五代西北方音》，载《国立中央研究院历史语言研究所单刊》甲种之十二，1933年，第140页。

依据唐以前的汉梵对音证明“禅”母在西北方音中存在方音歧异

罗常培认为：“唯独禅母的平声开口字大多数变成破裂音或破裂摩擦音，同床母三等字相近而不跟审母混合，要算是比较特别的地方。不过这种变化虽然是藏文所没有的，却不能就认为是后起的现象，因为在唐以前的汉梵对音里以‘阇’‘社’对ja，以重音‘阇’‘社’‘膳’‘禅’对jha，是很普遍的现象，因此我们可以说禅母的读音从很早就有了方音的歧异了。”

——罗常培：《唐五代西北方音》，载《国立中央研究院历史语言研究所单刊》甲种之十二，1933年，第141页。

依据汉藏对音可证西北方音中“齿头音”与“牙音”的腭化始于五代

罗常培认为：“精清从心邪的四等跟见溪群晓匣的三等，在我所引的六种现代西北方音里都受 i 介音的腭化作用而变成舌面前音［tɕ］,［tɕ‘］,［ɕ］。这种现象在《开蒙要训》的注音里已然有以从注澄，以照注从，以彻注清，以清注穿，以审注心，以邪注禅及以晓注心诸例（参阅 84、85 页），可见从那时候起他们已然露了腭化的痕迹了。至于藏译汉音对于这两类声母虽然任意的附以 y- 音，然而不单彼此不相杂厕，而且同 c，c‘，ç 也截然不混。其中只在大乘中宗见解里有一个穿母的‘称’字写作‘k‘yiṅ’（参阅 20、22 页）；这一定因为‘k‘y’的读音同 c‘［tɕ‘］相近然后才会相混；从这个仅有的暗示，我们便可以有腭化的趋势了。所以‘齿头音’的四等跟‘牙音’的三四等在唐代西北方音至多不过受了［j］化（yodicized），一定还没有到腭化（palatalized）的程度，但是从五代起已然开始有类似近代西北方音的演变了。”

——罗常培：《唐五代西北方音》，载《国立中央研究院历史语言研究所单刊》甲种之十二，1933 年，第 144 页。

通过汉藏语比较构拟精组的上古读音

金理新在文中指出：“精组的传统构拟为 *ts- 类辅音声母，包拟古依照汉藏同源对应以及上古汉语词族的分析认为是 *st-，针对以上两种观点，金理新、张小萍在文中认为精组上古应该是 *tl-、*tr- 系列复辅音声母。作者通过汉藏语音对应以及上古谐声关系的分析认为，精组中古分为精组和庄组，庄组尽管在中古有二等和三等之分，但其分布却处于互补之中，通过推论可得庄组在上古只有三等。最后作者得出的结论是精组一等为 *tl- 系列复辅音声母，庄组为 *tr- 复辅音声母。因此，跟精组一等谐声的精组三等就可以自然构拟为 *stl-，而跟庄组谐声的精组三等自然可以构拟为 *str- 复辅音声母，即精组三等上古起码应该有两个不同的来源 *stl- 和 *str-。于是，精组上古读音就可以构拟为：上古汉语 *tl- > *ts- 精组一等，tr- > ʧ- 庄组二等和三等，*stl-、*str- > tsj- 精组三等。”

——金理新：《精组的上古读音构拟》，载《温州师范学院学报》2000 年第 4 期，第 15～20 页。

依据敦煌汉藏对音探索唐五代西北方音的 t 组声母

罗常培认为：“透母的‘土’字大乘中宗见解跟金刚经都写作 do，‘天’字大乘中宗见解写作 'de，可见藏音的 d 母在当时或者是送气的，否则就不会拿来误译透母字了。泥母的‘□’读 'nog，‘乃’读 'ne'i，‘难’读 'nan，‘能’读 'neṅ，'niṅ，都算一种例外。不过‘耨’的 nog，log，两音都可以算是 'dog 的又读；至于‘乃’‘难’‘能’三字的声母只写作 'n- 而没有公然写作 n-，可见当时记音的人听起来还不过是介乎 'd，n 二者之间的音罢了。”

——罗常培：《唐五代西北方音》，载《国立中央研究院历史语言研究所单刊》甲种之十二，1933 年，第 22 页。

黄金镇仫佬语中古精章组汉借词的读音

岳静通过与侗语和水语中古汉借词精组及知庄章组字读音的比较，对黄金镇仫佬语中古汉借词精组字读 t-、th- 以及仫佬语中古汉借词知庄章读 ts-、tsh-、s- 进行了解释。

一、黄金镇仫佬语中古汉语借词精组字读 t-、th- 的考证

作者倾向于曾晓渝先生仫佬语中古期发生了 s->t- 历史音变的观点，理由如下：

“根据我们的调查，黄金镇仫佬语某些读 t- 声母的词，下里乡仫佬语还保留 s- 读音，如‘分（～路）’读 $sa{:}i^1$，‘早’读 $sa{:}m^3$。

1. 菲尔鲁斯（Ferlus）先生指出，根据他多年来的调查研究，东南亚几十种语言中 s->t- 的音变是相当普遍的，而几乎没有相反的音变现象。

2. 临高话有 s->t- 音变。据张均如先生（1986），临高话 t- 声母变成 ʔd- 后，s- 声母又变成 t-，后来一些复辅音声母简化变成 s-。

3. 黄金仫佬中古汉语借词精组字读 t-、th- 同样是 s->t- 历史音变的结果，与侗语、水语有 t/s/h 对应的黄金仫佬语 t- 声母词，经历了 s->t- 的音变。因此，有理由认为，与侗语、水语精组汉借词有 t/s/h 对应的黄金仫佬语中古汉借词精组字经历了同样的历史音变。换句话说，中古汉借词精组字黄金仫佬语最初与 s- 对应，后来，由于本族词的声母系统发生了 s->t- 的音变，汉借词也随之发生了相同的变化。”

二、仫佬语中古汉借词知庄章读 ts-、tsh-、s- 的解释

“中古知庄章组汉借词最初借入时，黄金仫佬语是以类似侗语的 ç- 声母的 ç- 声母

对应的，只是由于后来 ç->s- 的音变，并随着塞擦音 ts-、tsh- 的产生，知庄章组字才变为 ts- 类读音。此后，作者又通过黄金佤佬语 ts-、tsh-、s- 声母的来源对这一设想进行了论证。黄金佤佬语声母系统中古时候发生了 ç->s- 的音变，这种音变影响着知庄章组汉借词由最初借入时的 ç- 读音变为 s- 读音。至于知庄章组汉借词塞擦音声母的 ts-、tsh- 读音，可能是在本族词 s->ts-/tsh- 音变影响下，s- 读音进一步音变的结果。”

“综上，我们认为，黄金佤佬语中古汉语借词精组字读 t-、th-，知庄章组词读 ts-、tsh-、s-，这种奇怪的对应，不是最初借入时读音的延续，而是经历了 s->t- 和 ç->s->ts- 及 s->tsh- 的音变。具体音变过程设想如下：黄金佤佬语中古汉借词精组字最初以 s- 对应，知庄章组字最初以类似侗语 ɕ- 声母的 ç- 对应，后来，由于本族词声母系统发生了 s->t- 的音变，精组字也随之变为 t- 类读音；由于本族词声母系统发生的 ç->s->ts- 和 s->tsh- 音变，知庄章组字变为 ts- 类读音。”

“主要依据如下：1. 黄金佤佬语中古汉借词精组字的 t-、th- 读音，对应着侗语的 s-、水语的 ɕ-/h-；黄金佤佬语中古汉借词知庄章组字的 ts-、tsh-、s- 读音，对应着侗语的 ɕ-、水语的 s-、ts-。2. 黄金佤佬语 t- 类声母本族词，与侗语的 s-、水语的 h-/f-、毛南语的 s-/z 声母有整齐的对应关系。3. 水语中与侗语 s- 声母对应的 h- 声母词，经历了 s-/h- 的演变，并因引起了 ɕ->s- 音变。4. 某些黄金镇佤佬语读 t- 声母的本族词，下里乡佤佬语读 s- 声母。5.s->t- 音变是东南亚语言的一种普遍现象。6. 黄金佤佬语 s- 声母本族词与侗语的 ɕ- 声母对应。7. 从声母系统看，黄金佤佬语的 ç- 对应着侗语的 ɕ-。8. 黄金佤佬语 ts-、tsh- 声母与同语族其他语言的对应规律表明：黄金佤佬语 ts-、tsh- 声母是后起的；黄金佤佬语可能经历了 ç->s->ts- 和 s->tsh- 的音变。9. 黄金佤佬语‘狮’（生母）读 $çi^1$，‘霜’（生母）读 $çɔːŋ^1$，‘输’（书母）读 $çy^1$，东门佤佬语‘翅’（书母）读 $çi^5$，‘晒’（生母）读 $ça^5$，可能是最初借入时读 ç- 的一种遗存。”

——岳静：《黄金镇佤佬语中古精章组汉借词的读音》，载《民族语文》2006 年第 1 期，第 35～44 页。

海南闽语精庄章组声母的塞化与底层语言（临高话）影响有关

辛世彪认为：“海南闽语中古精、心、邪、庄、生、章、船、书、禅九母塞化为 t-。先是精庄章母塞化，然后是其他声母，塞化自北而南逐渐展开，是在临高话影响下音位重组时发生链变的结果。”

一、海南闽语精庄章组声母的塞化顺序考证

“从总体上看，海南闽语精庄章组声母的塞化有明显的地域分布规律。越靠北塞化

的字越多，越向南塞化的字越少，从北而南依次减少。到了南部西片的东方、昌江，精庄章组不发生塞化。这说明塞化是从北部开始逐渐扩散到南部的。”进一步观察发现：“精庄章母变 t- 也有语音条件。精庄章字母在后低元音 a、o、u 前塞化，如‘左祖栽宰再早走醉遭枣灶节尊卒脏作 / 阻庄装壮 / 煮主朱指锥砖准祝粥终’等。在前高元音 i、e 前不塞化，如‘姐借紫椒酒尖接箭进将 / 债争责殊蛀之芝止志招脂照周咒针枕汁’等。”“由此可见，精庄章组塞化的音变不光是有地域差异，而且具有潜在的语音条件；不仅与声母的中古类别有关，也与韵母的开合洪细有关。精庄章组塞化的字大多数为白读字，塞化是依音类字类条件从北向南按词汇扩散方式变化的。”

二、海南闽语精庄章组声母塞化的原因及过程考证

作者认为：“海南闽语中的精庄章组塞化为底层语言影响所致。当地临高话中并没有塞音 t-，因此就用先喉塞音 ʔd- 来读闽语中的 t-。早期临高话也没有 ts-，只有与塞音 t- 接近的 tθ-，所以就用他们认为相近的 tθ- 来读闽语中的塞擦音 ts-，用 θ- 来读闽语中的 s-。其中 tθ- 与洪音相拼的字逐渐读成 t-。造成了精庄章母和其他读塞擦音声母字的塞化，剩下的字通过类推也变为 t-。在精庄章组塞化过程中，由于各地发展不平衡，有的地方已变为塞音 t-，有的地方仍保留齿间塞音 tθ- 和齿间擦音 θ-。这个音变开始后就发生了人口南迁，因此音变中断，北部靠近临高话的地区塞化已经完成，南部远离临高话地区塞化没有完成甚至没有发生塞化。整个音变过程就在现代方言的地域差异上表现出来，海南闽语各地的差异实际上反映了精庄章组塞化的不同阶段。临高话现在已经没有 tθ- 和 θ-，只有 ts- 和 s-，这很可能是陆续借入很多汉语词以后双向适应的结果，因为海南闽语精庄章组细音仍保留 ts- 和 s-。”作者又根据精庄章组在海南闽语中的变化情况，推测海南闽语精庄章组塞化的过程为：

“①精庄章母变齿间塞音 tθ-，心书生船禅母变齿间擦音 θ-。②精庄章母塞化变 t-，心书生船禅母变齿间塞音 tθ-。③心书生船禅母塞化变 t-。”

作者还认为：“海南闽语精庄章组的塞化，是由语言接触引起，但并非表现为底层语言要素的直接借入，而是在已经借入的其他底层要素影响下，在音系重组（rephonologization）过程中发生链变的结果。毫无疑问，它也是一种特殊的底层现象，是历史层次的一种。之所以称为一种底层触变现象而不直接称之为链变（chain shift），那是因为链变可能是由系统本身造成，如汉语史和现代方言中普遍发生的元音高化。”“从精庄章组塞化的地域差异看，南部与黎语接近地区反倒很少有塞化，越靠近北部西片临高话地区，塞化越彻底。说明影响海南闽语精庄章组塞化的是临高语，跟黎语没有关系。”

——辛世彪：《海南闽语精庄章组声母的塞化与底层语言的影响》，载《民族语文》2005 年第 1 期，第 15～20 页。

依据汉越语庄系与知系近而和照系远证明上古庄系应归知系

王力认为："照系二等和三等大不相同，可惜守温三十六字母把它们混在一起，后代的学者们有不少人被迷惑了。在切韵的系统里，前者和后者判若鸿沟；陈澧的切韵考里已经指出了。现在依照汉越语看来，庄初床山和知彻澄最相近；而它们和照穿神审禅相远（参看下文）。这样，庄系应该是知系的二等，不该是照系的二等。知系二等字甚少，而且多数是僻字，所以庄系恰好补上这一个缺。这只是一种猜想；但知初两系相近则是事实。（知庄澄的［tʂ］和彻初床山的［ʂ］都是卷舌音）"

——王力：《汉越语研究》，载《岭南学报》1948 年第 1 期，第 19 页。

依据古汉越语证明古音舌上归舌头

王力认为："钱大昕说古音舌上归舌头，又说齿音也归舌头。怎样'归'法，不是一言所能尽的；但在古汉越里确有这种现象。

Duc⁶，当是古'浊'字，'浊水'叫做 nyɐc⁵ duc⁶。汉越语'浊'字读 trɔc⁶，是由定母变为澄母。释名释言语：'浊，渎也'，'浊'读入定母。

Duoc⁵，越字从火，笃声，炬也。此当是古'烛'字。礼记曲礼'烛不见跋'疏：'古者未有熇烛，唯呼火炬为之也'。朱骏声云：'大烛树地曰庭燎，苇薪为之，小者麻蒸为之。'可见'烛'的本义是火炬，与 duoc⁵ 义正同。'烛'字今作 chuc⁵，是由端母变为照母。按古今人表颜烛雏，左传哀二十七年作'涿聚'，是'浊'字本归知母；知端古同声，则'烛'又本属端母。

Du³，越字从足，笃声，它的意义是'够'。疑即古'足'字。'足'属古侯部，侯的古音正该是 u，或其近似的音。

Dua⁴，越字从竹，杜声，它的意义是'筷子'。此当是'箸'字。今'箸'字读 trɐ⁶，是由定入澄。

Theu¹，越字从系，兆声，**繡**也。疑即古'**繡**'字。'**繡**'字属心母，今读 tu⁵，古代或混入审，而审母正读 th- 音。

上面这几个舌头字，如果我们的考证不错的话，除了'**繡**'字之外，它们传入中国应该是很早，甚或早到汉代。"

——王力：《汉越语研究》，载《岭南学报》1948 年第 1 期，第 60～61 页。

依据台语材料证明中古的浊擦音 zì - 与 z- 在上古是擦音

董同龢在文中指出："中古的浊擦音 zì- 与 z- 高本汉以为他们在上古本来是不送气的浊塞音 ȡ- 与塞擦音 ȡʑ-。关于 zì-，他的论证是两方面的。积极地说，zì- 常跟 t-ȶ- 两系以及 tsì-tsì'-dzì'- 谐声，所以原来会是个塞音。消极的说，zì- 不跟 sì- 谐而 sì- 又不跟 t-，ȶ- 两系以及 tsì-tsì'-dzì'- 谐，所以他原来不会个擦音。但是上一节已经把事实辨明，sì- 也是跟 t-，ȶ- 两系谐，跟 tsì-tsì'-dzì'- 谐，而且也跟 zì- 谐的。因此，他这一项说法竟是根本动摇了。至于 z-，他的办法一方面不过在援 zì- 的例，一方面则在让位置给那些他认为在上古当读 z- 的喻母字。现在既知 zì- 来自上古的 ȡ- 为不可靠，而跟 ts- 系谐声的那些喻母字我更能证明在上古不当读 z-。因此，他如此的措置也竟完全落空。

不过照理论说，高氏的说法到底不失为一种可能，因为在上古的 t-ts- 两个声母系统中倒确是有 ȡ- 与 ȡʑ- 两个空位置，而且 ȡ- → zì- 与 ȡʑ → z- 也是很自然的。但是我们拟测古音，并不需要把所有的空当都去填满。一个空当能不能填，事实上还要看另外是不是有可靠的证据。现在谐声的表现既是如此，要确定 zì- 与 z- 的古读能否是 ȡ- 与 ȡʑ-，就必须去另寻根据。

我最近读到李方桂先生一篇讨论台语方言中若干古汉语借字的文章。那里面恰好有 zì- 母的 ' 辰 ' 与 z- 母的 ' 巳 ' 字。值得注意的就是那几种方言都一致的用清擦音来代替这两个字的声母。除此之外，李先生又举了几个汉语中的 zì- 母字跟那几种台语里面相当的字比较（如 ' 十，熟 ' 等字）结果，那些字的声母在那几种台语方言里也全是跟 ' 辰 ' 字一样的清擦音。由此看来，zì-z- 两母在古代总还应当是擦音。ȡ- 与 ȡʑ- 那两个空当是不便去填的。"

——董同龢：《上古音韵表稿》，四川李庄石印，1944 年，第 19～20 页。

从佤语、布朗语、黎语、德昂语[①] 和马来语看"鹿"音的演变

闻宥考察了表示"鹿"类的词在汉语古文献里的三个特殊的音读，即：第一个词见于《左传》和《史记》的春秋时代越语中的"适"或"鏑"。"鏑"的古读有两说：diak（ >ʑiæk）和 ʑiak（ >ʑiæk），现在取前一说。"适"在《广韵》里有三读：都历切 tiek（ >tiek），之石切 ȶiek（ >tɕiæk），施只切 ɕiek（ >ɕiæk）。无论采取哪一读，都与"鏑"所代表的 ȡiak（或

① 德昂语，系德昂族语言。1985 年 9 月经国务院批准，由"崩龙族"改为"德昂族"。本节选于 1979 年发表，故文中"崩龙语"保留原貌。

ʑiæk）同出一源。第二个词见于陆佃《埤雅》所引的《恩平郡谱》，是唐代岭南道沿海地区土语的“擢”，读音大体上近于 ȡ'ɒk 之类，和“𪊟”或“之石切”的“适”也颇近似。第三个词见于樊绰所写的《蛮书》，是唐代南诏白蛮语的“识”。当时的读音大体上是 ɕiek，和“施只切”的“适”十分相近。该文认为，“把这三者综合起来，它们的古读可以分为两类：1）以舌尖或舌面前塞音开始的‘适’（都历切、之石切）‘𪊟’和’‘擢’。2）以舌面前擦音开始的‘适’（施只切）和‘识’。这说明了不同时代、不同地域的各方言之间不能没有差异。但是，它们的出于同一渊源仍然是无疑的”。“上面三个特殊的音读虽然都是千年以上的记载（最早的一个还在两千年以上），但在现代语言里却有很明确的后裔，而且分布的范围也相当宽广。”作者搜集整理了佤语岩帅方言、布朗语磁丙方言、崩龙语格莫方言、黎语保亭、通什、白沙方言以及马来半岛若干土著民族语言等的读音，发现关于“鹿”类的读音，在这些语言和方言中也可以分为两类：“1）以舌尖塞音或舌尖（及舌叶）塞擦音开始的 toːk，tyak，tʃak，tsoːʔ，tʃeʔ 等为一类。这一类多在国内。2）以舌尖或舌叶纯擦音开始的 ʃak，s'ak，shak，sok，sök，sig 等为一类。这类多在国外。”作者认为，这两类和古代的两类基本上也是吻合的，应该是同出一源。作者进而推断：“当这个词出现于古代文献以前，它的声母应该是一个舌尖（或舌面前）的塞音。后来渐渐有方言间的分化，声母本身也演化而为塞擦音或纯擦音。到了现代，较北的诸语还保存着塞音或塞擦音，而较南的诸语则绝大多数已读纯擦音。其次，这个词的声尾 -k，在现代语言里，正在由舌根塞声蜕化而为喉头紧缩。这是在黎语、崩龙语和马来半岛诸语里有明显的证迹的。至于声尾完全脱落的现象（如马来半岛诸语里有的仅读 sa），则在国内还没有见到过。”

——闻宥：《黑鹿释名》，载《民族语文》1979 年第 1 期，第 21～22 页。

梵文腭音五母的藏汉对音研究

罗常培撰文以梵文腭音五母汉文对音为参证，解释了梵文腭音五母藏文对音现象及为“西藏字母得自和阗说”提供了一种新的佐证。

“梵文腭音 च छ ज झ ञ 五母，现在印欧语言学者普遍都用罗马字 ca，cha，ja，jha，nÞa 或 èa，èha，ja，jha，nÞa 作它们的对应，若是改作国际音标，似乎应当是舌面前的破裂擦音［tɕa］［tɕha］［dʑa］［dzɦa］和鼻音［ɲa］。但是西藏所译的佛经遇到陀罗尼或诸佛名号中含有梵文腭音的时候，都用 ཙ ཚ ཛ ཛྷ ཉ 对译，照现在的拉萨音，除去 ཉ 母读作舌面前的鼻音和印欧语言学者相同外，其余四母应当读作舌尖前的破裂摩擦音［tsa］［tsha］［dza］［dzha］。从字形上看，藏文的 ཅ ཆ ཇ 三母应当比附加辨音符号 ༜ 的 ཙ ཚ ཛ 更接近一点儿；从音理上讲，ཅ ཆ ཇ 三母现在拉萨音读作［tɕa］［tɕha］

[dʑa]，既然和梵文的च छ ज读音相同，而且和झ母本来就应当是一组，不像拿它配舌尖前音ཙ ཚ ཛ那样不伦不类。然而藏译的梵音偏偏不这样办，这是什么道理？究竟是印欧语言学者的读音错了，还是西藏的译音错了呢？”

“为比较参证起见，我们应当再看看汉译的梵音是怎样。”“梵文腭音五母的汉字译音也是不一致的……这种分歧的情形，除去ञ音以外，恰好前一派和读作舌面前音的印欧语言学者相同；后一派和读作舌尖前音的西藏译音相同。这虽然使我所认定的问题格外增加了明晰性，然而毕竟还不能得到什么具体的解决。”

“这种对音分歧的现象，在我看来有三种可能的解释：

第一，方音的不同……第二，古今的演变……第三，宗派的关系……”

“这三种解释虽然都是可能的，但都不是必然的，若想折中一说，必须还待新材料的补充。不过，我个人觉得，第一种的可能程度比较深一点罢了。”

“假使上面所提的第一种解释可以作为推论的根据，那末，我们对于郝恩烈（A.F.Rudolf Hoernle）的‘西藏字母得自和阗说’可以得到一种新的佐证。”

——罗常培：《罗常培语言学论文集》，商务印书馆，2004 年，第 70～84 页。原载《中央研究院历史语言研究所集刊》第三本第二分，1932 年。

朝鲜半岛三国时期汉字地名体现的上古汉语知章组特征

宋兆祥在其文章中，采用李方桂和郑张尚芳的拟音体系，分析了朝鲜半岛三国时期汉字地名里见组字跟影组字对应的例子，讨论了那个时期的地名里知组字与影、见组字以及章组字与影、见组字的语音对应关系。朝鲜纪传体史书《三国史记》记载了大量高句丽、百济、新岁三国的古地名和新罗统一朝鲜半岛之后景德王新改的地名。作者在对百济地名“鸟山县”，高句丽地名“德殷郡”，新罗古地名“热兮县”“只逻县”，百济地名“多只县”，及景德王新改地名“孤山县”“德近郡”“日谿县”“鬐立县”“多岐县”等的对比分析中发现，“孤”与“鸟”、“近”与“殷”、“日”与“热”、“鬐立”与“只逻”、“只”与“岐”均存在语音对应关系，“揭示出三国时期朝鲜半岛存在上古汉语语音的事实”。

“综上所述，在朝鲜半岛三国时期的古地名和景德王的新改地名里，知组和章组声母都可以跟影、见组声母相对应，这表明与喉舌音发生关系的知、章组声母在上古时期是 *kl- 或 *kr- 的形式，体现了上古汉语的语音特征。”

——宋兆祥：《〈三国史记〉地名反映的上古知组和章组问题》，载《语言研究》2008 年第 2 期，第 50～52 页。

依据苗语材料拟测上古 k̂-k̂‘-ĝ‘-gn-xì’-j’- 声母

董同龢在文中指出：“另外一部分 tsì 系字是常跟舌根字谐声而不跟任何舌尖音字（或本为舌尖音的 t̂- 系字）发生关系的。高本汉只看到极少数的几个例，因此他只以为是几个三等韵中的腭化舌根音偶尔在跟 tsì- 系字谐声就算了。现在我愿意把自己见到的例多举出几个来，然后再进行讨论。”

“在同一个地方，高本汉也曾想到如‘支旨’等字或者会有舌根音的来源。我觉得他这一个揣测倒是很好的，只可惜他又把他丢掉。不过，如果说是舌根音，那又不能跟‘芰稽’等中古 k- 系音同在一个系统之下。因为两者间不少韵母条件完全相同的，不会是同一个来源。显然的，我们得假定‘支旨’等字的声母在古代是一套部位偏前的舌根音，或者又可以说是部位偏后的舌面音有如德语‘ich’的‘ch’的，那他们跟‘芰稽’等谐而不跟舌尖音字谐的关系就可以明了了。这一套音——现在可以写作 k̂-k̂‘-ĝ‘-gn-xì’-j’-——到中古时候跟本来是 t̂-t̂‘-d̂‘-nì-sì-zì- 的那一套一同变为 tsì-tsì‘-dzì‘-nìzì-sì-zì-’ 也是音变上极自然的事。”

“说一个语言有两套舌根音声母并不是奇特的。远者不必征引。汉藏语族中的苗语不是以两套舌根音声母为其特点吗？我曾经跟同张琨先生记录一个苗语方言。凭一时观察，我觉得汉语借字中的 k- 系声母那个方言总是爱用偏后的一套舌根音来代替。”

——董同龢：《上古音韵表稿》，四川李庄石印，1944 年，第 15～17 页。

从苗语中古汉借词的读音及来源探究汉语见、溪、群母字的缘由

王艳红指出：“养蒿苗语和开觉苗语中古汉借词见、溪、群母三等主要读 tɕ 类音，来源于 *k、*ɟ；少数读 q 类，来源于 *q。非三等主要读 q 类，来源于 *q；少数读 f，来源于 *qʉ。苗语主要用 *k、*ɟ 借汉语三等，*q 借非三等，原因是汉语 i 介音产生后，见组三等和非三等有了读音的分别，苗语用最接近的音来借用。”

“我们结合苗语材料给出如下意见：

（1）关于汉语见组三等、非三等相区别的时间定位问题。曾晓渝认为应定位在上古到中古早期，罗杰瑞定位在上古，郑张认为是上古晚期，金理新、施向东认为是中古时期，陆志韦则认为上古到中古都有区别。我们同意陆志韦的观点，只是我们认为虽然上古时期见组也有区别，但是应不会早到三等介音产生以前。

我们未对两地苗语见组古汉借词做更具体的分层，主要是由于见组在汉语史上，近代以前没有发生过变化，而苗语的表现也基本是一致的，没有语音差异，单独针对见组划分历史层次是不大可能的。但是我们可以借助韵母的表现，对见组 q 类汉借词的借入年代有个大体的估计。较早借入的词可以以我们上文讨论过的‘鸠’为代表，‘鸠’是上古幽部字，郑张—潘悟云系统上古汉语拟音 *ku，王辅世苗语拟音 *ɴqɔu^A，Ratliff 拟音 *ɴqu^A。按照 Ratliff 的拟音，两个字的韵母完全一致，Ratliff 也认为这个字是个上古汉借词。从我们对开觉、养蒿苗语的整体研究来看，上古汉借词毕竟是少数，多数都是中晚唐时期从汉语借入的，标志有浊上变去，重唇音变轻唇音，四等产生 i 介音，之脂支齐混合等。另外，表格里所举的 q 类汉借词养蒿苗语有‘裤 qhə^{5}、雇 qə^{5}、估 qə^{3}’几个模韵字，这些字应是中古时期借入的。（参见王艳红 2012）因此，我们认为，见组 q 类汉借词从上古到中古中晚期，时代跨度很大。

（2）关于引起见组三等、非三等相区别的原因。曾文认为见母本身有音位性的区别，罗杰瑞认为是音节类型的不同引起的，其他学者都认为是三等介音引起的区别。我们同意最后一种观点。

我们上面举的‘鸠’是个三等字，苗语也用 *q 借入，可证借入的时候应还没产生三等介音 i，三等和非三等还没有严格的区别。当然，还有一个天干词‘癸’字，三等字，苗语也用小舌音借入，我们认为该词应是中古时期借入的，苗语之所以用小舌音借，可能是因为合口的缘故。‘癸’所在的中古韵部脂韵合口三等的所有见系字，以及同摄的支合三，微合三，见系字，在现代大多数汉语方言里都还没有发生腭化音变，说明这些韵部的声母，在汉语史上没有受三等介音的影响。”

“从养蒿苗语、开觉苗语、大南山苗语、腊乙坪苗语的声韵配合来看，这几个方言都有小舌音，但小舌音都是不能和 i 相配合的。上表的甲定苗语有 qin 这样的音节，我们怀疑可能是音系处理的问题。苗语 en 和 in 的分布经常是互补的，in 只出现在舌面音声母后面，从音系的角度来看，记为 en 和 in 都是可以的。又如维吾尔语有 qi 和 ki 这样相对立的音节，但是 qi 的严式记音是［qə］，说明 q 和 i 在语音上是很难共存的。综上所述，汉语在产生 i 介音以前，见组三等和非三等没有区别，产生 i 介音以后，才导致三等的发音部位变前，的确是有可能的。”

——王艳红：《养蒿苗语和开觉苗语见、溪、群母中古汉借词的读音类型及其来源》，载《民族语文》2014 年第 2 期，第 20～25 页。

从汉藏语比较论证上古 *g-，*gw-> 中古 *ɣ-，*ɣwj-

梅祖麟撰文指出："以上的结论——中古的匣母和喻三是从上古 *g-，*gw- 变来的——也大致可以从汉藏比较的角度来证实。"

该文转引了龚煌城（Cong Hwang-cherng 1980），柯蔚南（Coblin 1986），李方桂（1980）等学者研究成果中的"荷、何、含、巷、洽、傑、户、護、局、胃、友、违"等字在汉语和藏文里的对应关系来加以证明。

"以上是采取李方桂先生的上古拟音，如果采取别家的拟音，结论也是一样。很明显，和藏文 g- 对应的是中古汉语的 g 和 ɣ-(匣母一、二、四等，喻母三等，群母三等)。就匣母和喻三而论，有两个可能：一个是在共同汉藏语里构拟 *g-，这样这个音在藏语里不变，在汉语里部分变成中古的 ɣ-。g- > ɣ- 是个常见的弱化音变，ɣ- > g- 则是罕见。于是应该采取后一种假设：共同汉藏语的 *g-（*gw-）在藏语里不变，在汉语里部分变成中古的匣母 ɣ- 和喻三 ɣwj- > jw-。这么说来在中古和共同汉藏语之间有个阶段，在这个阶段里六世纪的 ɣ-ɣw- 是 *g-，*gw-。这就是汉语的上古时代。"

——梅祖麟：《内部构拟汉语三例》，载《中国语文》1988 年第 3 期，第 177 页。

尖团音问题与朝鲜文献的对音

金基石的文章在考察中国韵书中的有关尖团音记录的基础上，以《朴通事新释谚解》(1765)、《汉清文鉴》(1776)、《重刊老乞大谚解》(1795)、《华音启蒙谚解》和《华语类抄》(1883) 等朝鲜文献的对音资料为佐证，补充论证了近代汉语中形成［tɕ、tɕ'、ɕ］的年代问题。

古见晓组声母［k、k'、x］的细音和精组声母［ts、ts'、s］的细音变为近代汉语的［tɕ、tɕ'、ɕ］是近代汉语语音演变的一个重要现象。但这个现象的发生年代还难以确认。罗常培先生《唐五代西北方音》说 8—9 世纪之间已经可以看出精组和见晓组声母腭化的发端，赵荫堂先生把《中原音韵》见晓组声母拟作［k、k'、x］和［tɕ、tɕ'、ɕ］两套，日本的尾崎雄二郎和花登正宏先生认为，《蒙古字韵》中已经显示出见晓组字腭化的征状或者已有腭化的反映。而陆志韦《释中原音韵》(1946)、杨耐思《八思巴字对音》(1959)、李新魁《〈中原音韵〉音系研究》(1983) 等，都以较为可信的论据否定了上述观点。现在，《中原音韵》时代的语音里不存在见晓组声母的腭化问题，几乎成为国内学者的共识。

明正统年间的《韵略易通》、清乾隆年间龙为霖《本韵一得》、清顺治至康熙年间樊腾凤《五方元音》（1624—1673），甚至被认为反映清代典型的官话音系的韵图贾存仁的《等韵精要》（1775）中也没有见晓组和精组的腭化反映，因此有的学者得出当时“腭化尚未完成”的结论。在中国韵书里首次详细描述汉语北方话尖团音合流现象的是审时派等韵学著作，如19世纪初李汝珍的《李氏音鉴》（1805）。《李氏音鉴》的韵图是“悉以南北方言兼列”，其北音主要指北方话，南音主要指江淮方言。从其反切情况看，当时江淮方言对尖团音“辨之细”，而北京话对见晓精组字“或合为三”，已经无法分辨了。在韵书声母系统中最早记录尖团合流的是毕长忠（1805—1858）的《韵籁》和许惠的《等韵学》（1878）。《韵籁》的基础方言是天津方言，其声母系统的特点与现代天津方言基本一致，声母尖团不分。《等韵学》的作者是安徽桐城人，《等韵学》的韵母系统体现的是江淮方言的特征，声母不分尖团，可见，当时江淮方言中也已出现尖团合流现象。

对于尖团合流的时间主要有三种观点：王力先生认为，在18世纪以前，不但齐撮呼的见溪群晓匣已经变了［tɕ、tɕ‘、ɕ］，连精清从心邪也变为［tɕ、tɕ‘、ɕ］了。赵荫堂、郑锦全认为见晓组的腭化始于16世纪，而到18世纪《圆音正考》（1743）对尖团音的分析，表明腭化已经全面完成。日本学者腾堂明保则认为见晓组的［ki、hi］大约在18世纪的清乾隆年间开始变为［tɕ、ɕ］，而两者全面混同的时代大约是嘉庆、道光年间，即19世纪初。

从朝鲜的汉朝对音文献中看，15—16世纪朝鲜文献中不管是韵书还是会话读本丝毫没有见晓组和精组的腭化痕迹。17世纪的文献，甚至18世纪的《伍伦全备谚解》（8卷5册，1721）、金弘辟《译语类解补》（1775）等谚解书的声母也没有反映汉语近代音的演变情况。至于韵书，如朴性源《华东正音通释韵考》（1747）、洪启禧《三韵声汇》（1751）、李得懋等《奎章全韵》（1796），基本上没有反映汉语近代音的演变情况。18世纪朝鲜文献中，最早记录近代音腭化现象的是金昌祚等编纂的《朴通事新释谚解》（3卷，1765），书中出现见晓组齐撮呼字共200个，这些字在右音对音中已腭化的共37个字，占18.5%。其中，见群（仄）母字最多共20个，其次为溪群（平）母字共13个，晓母字最少13个。同一时代的汉、满、朝三语对译辞书李湛等编纂的《汉清文鉴》（15卷，1776）和汉语会话读本《重刊老乞大谚解》（上下卷，1795）的汉朝对音记录很有说服力。《汉清文鉴》里4个有明显腭化标记的注音反映了当时已经发生或正在发生的语音演变的一些痕迹。《重刊老乞大谚解》中见晓齐撮呼字共出现159个，其中已完全腭化的字共45个，占28.3%。19世纪刊行的《华音启蒙谚解》(上下卷，1883)、《华语类抄》（1883）是朝鲜最晚刊行的汉朝对音谚解书，其中的腭化相当彻底。因此，把 18 世纪看成见晓组与精组腭化的过渡期更为确切一些，腾堂明保先生把 19 世纪初看成是尖团音完全混同的时期，其推论不无道理。

——金基石：《尖团音问题与朝鲜文献的对音》，载《中国语文》2001 年第 2 期，第 159～192 页。

根据朝鲜韵书中的谚文注音资料考证近代汉语的颚化

金基石撰文分析了朝鲜韵书中的谚文注音资料，指出《汉清文鉴》(1776) 到《重刊老乞大》(1795) 时期是近代汉语实现颚化的过渡期。

作者通过对王力、宋珉映、安世铉等国内外学者的推论进行比较分析，认为“对于见晓组和精组字在北方话里的颚化，王力先生只推测为清代后期，但没有指出具体的演变过程与演变年代”，而且“从中难以看出音变的阶段性”。

“宋珉映先生依据《等韵精要》(1775) 认为当时颚化未完成，但是跟《等韵精要》同时代的《汉清文鉴》(1776) 的谚文标记，韵母标音中插入 i，y (如见组字的见、去、强，晓组字的虚、下，精组字的需、徐等等)，证明这个时期已有颚化的踪迹或一部分已开始颚化。到《重刊老乞大》(1795) 时期见晓组和精组字一部分已完全颚化，跟现代汉语音一致 (如见组字的家、京、觉、记、强、去、气，晓组字的虚、许、喜，精组字的需、徐等等)。”作者推测“《等韵精要》的作者由于‘存古思想’没有反映当时正处于动摇过渡期的颚化过程或现象”，而“王力先生依据的《圆音正考》(1743) 序里所说的当时已经不分尖团的说法反映了当时的语音实际，是可信的”。

“国外学者安世铉根据《老朴谚》(1670—1677) 认为当时见晓字母处于颚化的过渡阶段，而精组字母一部完成颚化，一部处于过渡阶段。”但是“从《汉清文鉴》(1776) 和《重刊老乞大》(1795) 精组字韵母 iu 变为 y 的现象中，可以看出颚化的踪迹。这比安先生的推论至少晚 100 年。”

“综上所述，我们根据朝鲜韵书中所反映的情况把见晓字母和精组字母的颚化过程大致作如下描写，演变条件：k、k´、x/ts、ts´、s——k、k´、x/ts，ts´、s (开口呼，合口呼)；tɕ、tɕ´、ɕ (齐齿呼，撮口呼)。演变过程：颚化前期 (i 的插入《中原音韵》)，动摇期 (iu → y《汉清文鉴》)，过渡并部分实现期 (部分 k，k´，x → tɕ，tɕ´，ɕ《重刊老乞大》)。”

——金基石：《明清时期朝鲜韵书中的见晓精组字》，载《民族语文》1998 年第 2 期，第 68～72 页。

藏文前加字 *ɦ 和上古汉语的鼻音前置辅音对应

薛才德指出："藏文前加字标记的是藏语声母中的前置辅音。藏文中有一个前加字 *ɦ，应该是标记古代藏语复辅音声母中的前置辅音。但这个字母究竟读什么音，历来有不同的看法。"薛才德使用邢公畹先生创造的语义比较法，进行藏文和上古汉语的比较，论证藏文前加字 *ɦ 所标记的实际语音和上古汉语的鼻音前置辅音对应。作者举了几组例子并列出了对应式：

"1. 藏文 *ɦphurr（ba）'飞行、翱翔' 和 *ɦpɦur（ba）（现在式）'抚摩、搓揉'，这两个义项可以分别跟汉语'奋'和'扪'对应。

a 广州 fan^4＜*pjənh '奋'：夏河 ɦər＜*ɦpɦur（ba）'飞行'

b 广州 $mu{:}n^2$＜*mən '扪'：夏河 ɦər＜*ɦpɦur（ba）'抚摩'"

"2. 藏文 *ɦbar（ba），有两个义项可以分别跟汉语'潘'和'谩'对应。

a 广州 $fa{:}n^2$＜*bjan '潘'：夏河 nbar＜*ɦbar（ba）'烧、燃'

b 广州 $ma{:}n^2$＜*man '谩'：夏河 nbar＜*ɦbar（ba）'责骂'"

"3. 藏文 *ɦbral（ba）（现在式），有两个义项可以分别跟汉语'披'和'靡'对应。

a 广州 $phei^1$＜*phjiar '披'：*ɦbral（ba）'分离'

b 广州 mei^2＜*mjiarx '靡'：*ɦbral（ba）'没有'"

"4. 藏文 *ɦbjes（pa）（古），有两个义项可以分别跟汉语'仳'和'美'对应。

a 广州 $phei^3$＜*bjigx '仳'：*ɦbjes（pa）'分开'

b 广州 mei^4＜*mjigx '美'：*ɦbjes（pa）'美丽'"

"5. 藏文 *ɦbjer（ba）（现在式）'遍布、蔓延'，既可以跟汉语'蕃'对应，又可以跟汉语'蔓'对应。

a　广州 $fa{:}n^2$ < *bjan ‘蕃’：　*ɦbjer（ba）‘遍布’

b　广州 $ma{:}n^6$ < *manh ‘蔓’：*ɦbjer（ba）‘遍布’”

“6. 藏文 *ɦphuŋ（ba）‘失败、衰亡、破灭、遭殃’，可以跟汉语‘崩、薨’对应。

a　广州 $paŋ^1$ < *pəŋ ‘崩’：　*ɦphuŋ（ba）‘衰亡、破灭’

b　广州 $kwaŋ^1$ < *hməŋ ‘薨’：*ɦphuŋ（ba）‘衰亡、破灭’”

“如果把例 1 至例 6 内部的 a、b 两式结合在一起分析，就会发现例 1 至例 4 都有两个义项，汉语的两个字各有一个义项，它们韵母两两相同或相近，它们的声母，一个是唇塞音，一个是唇鼻音，例 5 和例 6 都只有一个义项，例 5 中的‘蕃’和‘蔓’是同义字，例 6 中的汉语‘崩’和‘薨’也是同义字，它们的韵母两两相同或相近，它们不同的仅仅是声母，一个唇塞音，一个唇鼻音。每例 a、b 两式，a 式汉语声母为唇塞音，b 式汉语声母为唇鼻音，它们都对应于藏文的前加字和基字 *ɦB-（B 代表唇塞音），这种整齐的对应使我们有理由推测 b 式汉语唇鼻音声母对应的是藏文前加字 *ɦ- 而不是基字 *-B-。”

作者用相同的方法又列举了一些汉语与藏文的对应式。根据这些对应式，作者认为“汉语和藏语存在着语义（或语音）的多层对应关系，它从一个新的角度证明了这些用于比较的字是同源字，从而也就有力地证明了汉语和藏语之间的亲缘关系。而汉语和藏语声母鼻冠音 + 同部位塞音系列严整的两两对应关系说明，不但古藏语声母有 *mB-、*nD-、*ŋG- 等系列，而且上古汉语（或前上古汉语）声母也有‘*mB-、*nD-、*ŋG- 等系列。同时还证明了藏文前加字 *ɦ 标记的是与基字同部位的鼻音”。

——薛才德：《藏文前加字 *ɦ 和上古汉语的鼻音前置辅音对应》，载《民族语文》2001 年第 1 期，第 12～18 页。

从汉藏语的比较看汉语来母与藏语 r-、gr-、dr-、br- 的关系

龚煌城在其文章中指出：“汉语来母与藏语 r-、gr-、dr-、br- 等音对应，而汉语二等字也含有 -r-（例如匣母二等作 gr-），由于与藏语 gr-、dr-、br- 等对应的汉语来母字大多属于三等韵，合理的推测是：

*gr- > ɣ-（匣母二等）　　*grj- > *rj- > lrj-（来母三等）

*dr- > d-（澄母二等）　　*drj- > *rj- > lrj-（来母三等）

*br- > b-（並母二等）　　*brj- > *rj- > lrj-（来母三等）

依此推论，汉语的‘凉’、‘量’、‘联’、‘类’应来自 *grj-……另一方面匣母二等的‘话’、‘桦’、‘洽’则来自没有介音的 *gr-。”

——龚煌城：《从汉藏语的比较看上古汉语若干声母的拟测》，载《汉藏语研究论文集》，北京大学出版社，2004 年，第 39～40 页。

上古汉语与原始汉藏语带 r 与 l 复声母的构拟

龚煌城从词头与声母的结合及带 r 与 l 复声母的角度加以探讨，根据汉藏语的比较，构拟了上古汉语与原始汉藏语带 *-r- 与 *-l- 的复声母。他认为从原始汉藏语到中古汉语发生了以下语音变化：

“1. 原始汉藏语的词头 *N-，*m-，*s- 等，对上古汉语声母的清浊与送气不送气发生了影响：前两者使不送气清声母变成送气；后者使送气清声母变成不送气，并使浊声母变成清声母。

2. 原始汉藏语的词头 *N-，*m-，*s- 等，在发生上述影响后消失，而在同时 *-r- 与 *-l- 之前的声母 *b-，*d-，*g- 也消失。

3. 上古汉语复声母 *klj-，*khlj-，*glj-，*sk（h）lj- > *xlj- 等颚化而变成 *tś-，*tśh-，*dź-（*ź-），*ś- 等音。

4. 上古汉语声母与介音的 *l 都变成 *j。

5. 上古汉语复声母第二成分的 *r- 对部分的元音发生影响后消失。

6. 上古汉语声母的 *r- 变成 *l-。”

——龚煌城：《龚煌城汉藏语比较研究论文集》，“中央”研究院语言学研究所，2011 年，第 187～216 页。

从古代缅甸语看上古汉语带 -l- 的复声母的演变

龚煌城撰文指出：“我们既已认定 l- > j- 的变化，其必然的推论是带 -l- 的复声母演变成中古的三等韵（指三等韵的部分来源，非全部来源）。

61. 羊　　*lang > ˛jiang

姜　　*klang > ˛kjang

羌　　*khlang > ˛khjang

kl- > kj- 的音韵变化也见于古代缅甸语，例如 klā > kyâ ‘老虎’，kla > kyā ‘落下’（Nishi 1977：41）。在缅甸文字所代表的‘书面缅甸语’（Written Burmese）中介音 -l- 已经消失（比 -r- 消失的时间更早，-r- 则尚保存在书面缅甸语中），然而仍可从缅甸方言的比较研究中加以复原（矢崎，1969：943）。如果上古汉语曾经有过如 kl-、khl-、pl-、phl- 等复声母，其最可能的演变途径是变成后来的三等韵，即 kj-、khj-、pj-、phj- 等音。例如：‘笔’从‘聿’声，‘聿’ jiuĕt 则为喻母字。”

——龚煌城：《从汉藏语的比较看上古汉语若干声母的拟测》，载《汉藏语研究论文集》，北京大学出版社，2004 年，第 42 ~ 43 页。

参照汉藏语探索上古汉语是否存在复辅音声母

马学良提到：“很多学者认为，汉语‘上古声母的研究，比上古韵部的研究要难一些。因为在声母问题上，上古韵文不能再作为根据，剩下来只有谐声偏旁’。如果同其他亲属语言的声母对比研究，从中可能得到一些启发，有的难题可以迎刃而解。如高本汉提出古汉语语音中有 pl-、tl-、kl-、sl-、sn- 等复辅音声母。李方桂《上古音研究》中说，‘我觉得也该有 st-、sk- 等复声母，这个可以算是一个词头（prefix），也因此在上古汉语的构词学里将要占很重要的位置，与汉语有关系的藏语就很明显的有个 s- 词头。’当代苏联汉语家雅洪托夫的《上古汉语的复辅音声母》论文中，认为：‘在上古汉语中能够构拟出下面两类复辅音声母：（1）任何辅音与其后的 l 的组合；（2）s 与其后的响音组合。’这些深有启发的提示，在汉藏语系的语言中可以得到许多论证。

藏缅语族语言有丰富的复辅音声母，如普米语由前置辅音 s 和 p、ph、b、t、th、d、ʧ、ʧh、ʤ、k、kh、ɡ、q、qh、ɢ，结合为 sp、sph、sb、st、sk……

在藏缅语族语言中，阿昌语的清鼻音同其他语言的清鼻音有共同的来源。很明显复辅音 sm- 向单辅音发展，使浊鼻音清化，通过与古藏语的比较，清鼻音的来源看来很可能是由前置清擦音 s- 的鼻音演变来的。李方桂说：‘我们可以在上古的鼻音声母以外，加上一套清音的鼻音。’根据现存的亲属语言比较研究，清鼻音来源的论证是正确的。

李方桂在构拟上古汉语复辅音声母时发觉獭 th?/ t：赖 l?/ i，体 thiei：礼 liei……清边音 hl- 与吐气的 th- 在语音上也很近。因此他认为从‘来’母字跟透母、彻母互谐的例子看，‘上古时代“来”母也应当有个清音来配’。李先生的论断在现代汉藏语系诸语言中不乏其例。如阿昌语各方言里，凡是有清鼻音的，也必定存在清边音［l̥］。这就是说，清鼻音的存在与消失跟清边音密切相关。”

——马学良主编：《汉藏语概论》，民族出版社，2003 年，第 15～17 页。

从汉藏语的比较看上古汉语的词头问题

龚煌城根据汉语内部语词之间的同源关系，以及汉语与藏缅语同源词的比较，讨论上古汉语 *s-、*r- 以及 *N- 三种词头。

他指出：“在研究的初期，上古带 *-l- 复声母的构拟，一般都是根据谐声字作个别的构拟，直到 1960 年，雅洪托夫（Yakhontov 1960）才根据来母字与其他声母的二等字在谐声系统中的接触，认为‘所有的中古二等字在上古都有带 l 的复辅音声母’。根据雅洪托夫的构拟，审母二等字的上古来源为 *sl-，不管该审母二等字与来母字有没有谐声关系。这是汉语史上一项重大的突破，因为它打开了一条不靠别的、零星的谐声关系，而能有系统的构拟带 *-l- 的复声母的路，而且更重要的是：由于他的发现而使上古音元音系统大大的简化。”

“雅洪托夫所构拟的带 *-l- 的复声母，李方桂先生（1971：11）构拟为 *-r- 的复声母……李方桂先生（李方桂等 1984：7）说，他构拟 *-r- 不是从谐声而来，他认为‘一等韵和二等韵的主要分别是一等韵没有卷舌成分，二等韵有卷舌成分’。他说‘卷舌声母一定有个来源，有个原因使它卷舌，这个原因一定是在它和元音之间有个东西，使他变成卷舌音’。对他来说，构拟 *-r- 纯粹是个假设，这一个假设，‘可以使声母变得很简单，也使韵母变得很简单’。*-r- 音的假设在声母方面可以解释中古‘知、彻、澄’与‘照、穿、床’二等字如何从‘端、透、定’与‘精、清、从’演变出来，同时也可以解释中古二等韵如何由一等韵演变而成。中古的一等韵与二等韵在上古都可以押韵，原来韵母应该相同，它们在中古音的不同是受 *-r- 影响的结果。”

“汉藏语的比较研究显示，来母字与藏缅语的 r- 相对应，而喻$_{四}$则与藏缅语的 l- 相对应，李先生的 *r- 与 *l- 应该倒过来。但这样一来，李先生上古 *-r- 介音的构拟，反而更能解释来母字（*r-）与其他声母二等字（上古有 *-r- 介音）的谐声关系，同时也能解释声母的卷舌化与 *-r- 介音对元音的影响。*-r- 介音具有使声母卷舌化，元音央化的功用，而 *-l- 介音并不具有这样的功能。李方桂先生的研究是从语音的分布着眼，假定有 *-r- 介音的存在以解释音韵的变化。他的 *-r- 介音说后来由汉藏语的比较研究证实，我们不能不佩服他的真知灼见。”

一、上古汉语的 *s- 词头

通过汉藏语审母二等字同源词“虱”“甥”“产”的比较，他认为：“‘虱’、‘甥’、‘产’三字，在各自的谐声系列中，都没有与来母谐声的痕迹，但是它们都是审母二等字，从汉语内部不借助于谐声关系，就可以构拟复声母 *sr-，汉藏语的比较确认了这些字的确都有 *sr- 的复声母。只不过在这些字中，*sr- 也只是复声母，其中的 *s- 并不是词头。如果把 *s- 除去，剩下的部分与原来的字词义有关系，才能把 *s- 视为词头。例如：‘林 *rjəm＞ljəm’与‘森 *s-rjəm＞ṣjəm’，‘黑 *s-mək＞xək’与‘墨 *mək＞mək’。”

最后根据汉藏语的比较研究，龚煌城提出如下新的演变规律：

上古 *sk-＞ 中古晓母 x-

上古 *skh-＞ 中古晓母 x-

二、上古汉语的 *r- 词头

“根据以上汉藏语比较的证据，我们看到知系与照系二等字，李方桂先生构拟作 *tr-、*tsr- 等的音，藏文都作 *rt-、*rts-。从谐声的观点来看，像 *rtan 与 *tan、*rtsan 与 *tsan 的谐声，远较 *tran 与 *tan、*tsran 与 *tsan 的谐声接近；而 *rtan 与 *tan、*rtsan 与 *tsan 的谐声也远较 *rtan 与 *ran、*rtsan 与 *ran 的谐声令人满意：所以知系（*rt-）与照系二等字（*rts-）多与端系（*t-）与精系（*ts-）字谐声，而不大与来母（*r-）字谐声。来母字与二等字的谐声，多见于唇、牙、喉音。而不大见于舌、齿音。”

三、上古汉语的 *N- 词头

“上古汉语的 *N- 词头，乃是为了解释汉语内部词汇之间的同源关系、谐声现象、语音变化，以及汉语与藏缅语之间若干不规则的对应关系，参酌与汉语同源的藏语词头及语音变化而提出的假设。”“蒲立本（Pulleyblank 1962：115）曾注意到，在高本汉构拟为不送气浊塞音 *d-（喻$_{四}$）的谐声系列里，通常没有以 t- 开头的字。”“李方桂先生（1971：15）说‘藏语的清边音，普通写作 lh- 的，唐代译音多用透母来译’……据此他拟出下列演变规律：上古 *hl-（一、二、四等字）＞ 中古透母 th-。”“根据这条演变规律，汉语的 th- 来自上古的 *hl-，汉、藏、泰语之间语音的对应关系非常严整。然而汉语‘脱’字中古音有 *th-，*d- 两读，词义完全一样，如果 th- 来自 *hl-，那么同一词根，一读 *hluat，一读 *duat，要如何解释呢？这种情形显示 *d- 与 *l- 有密切的关系，针对这一类的问题，雅洪托夫（1986：160）曾提出 *d- 来自上古 *l- 的说法。

但是中古的零声母（喻$_{四}$）来自上古的 *l-，已是研究上古音的学者之间的共识，所以他设定不同的语音环境来应对。他认为：*l- > d-；*li- > ź-，i-。”

“包拟古（Bodman 1985：160，中译本 p.266）也认为‘脱’字的又音 duat 来自 *lot，喻$_{四}$（如‘悦’字）他也认为来自 *lot，只不过他假定上古的 *l- 在他的 A 型音节（没有三等介音的音节）中演变为中古的定母（*l- > d-），而在 B 型音节（有三等介音的音节）演变为中古的喻$_{四}$（*l- > j-），他所设定的条件与雅洪托夫不同而已。”

龚煌城通过分析以往研究结果，提出了自己的看法，他认为：“*l- 是喻$_{四}$的惟一来源（例 1），也是三等介音的来源之一（例 2）。*l- 在三等介音之前发展为中古的邪母 zj-（例 3），并不是发展为喻四，因此不能设想 *l- 在一等韵中直接演变为中古的定母（*d-）。例如：

1. 汉语：扬　*lang > jang[21]
　藏语：　lang　起、起来
　缅语：　lang'　高处搭的棚子
2. 汉语：羊　*lang > jang
　　　　姜　*klang > kjang
　　　　羌　*khlang > khjang
3. 汉语：俗　*ljuk > zjwok
　藏语：lugs　制度、规则、风尚

……”

“从上面的例子，我们看到 *l- 演变为中古的喻$_{四}$，*lj- 演变为中古的邪母，如果 *l- 也演变为中古的定母，一定是在上古某种词头的影响下所发生。从同源而仍保存词头的古藏文来看，这个词头应该是 a-chung。藏文 a-chung 的对音自来有 ẖ，ạ 及 ’ - 等各种不同的写法，关于它的音值也有不同的主张，张谢蓓蒂与张琨（Chang & Chang，1976a）认为它是一个鼻音，而用大写的 N- 来表示，本文加以沿用……现在我们回头看看汉语‘脱’字两读的情形：

汉语：脱 *s-luat > *hluat > thuât　*N-luat > duât
藏语：lhod，lod，glod　释放、松开、放松、松弛
缅语：lwat　能摆脱、逃脱
　　　hlwat　放、释放

因为原始汉藏语的 *N-l- 不但是中古汉语部分床母与禅母的来源，而且也是部分定母的来源，故本文提出如下的修正：

m. 原始汉藏语、上古汉语 *N-l-＞ 中古汉语定母 d-

n. 原始汉藏语、上古汉语 *N-lj-＞*dj-＞ 中古汉语床母 dź- 或禅母 ź-

至于原始汉藏语至古藏语的演变，则因介音 *-j- 的脱落而造成 *N-l- 与 *N-lj- 合流，共同演变为 ld-。”

——龚煌城：《从汉藏语的比较看上古汉语的词头问题》，载《汉藏语研究论文集》，“中央”研究院语言学研究所，2011 年，第 165～182 页。

根据汉泰语的比较可析出词头 *g-

龚煌城指出：“泰语的 *gran‘怠惰’，有人认为与汉语的‘懒（嬾）’ ᶜlaᶑn＜*ranx 字有关（Wulff 1934：182），也有人认为与‘闲’ ꜀ɣan＜*gran 字有关（Schuessler 1974：188），如果‘闲’ ɣan＜*gran 与‘懒’ *ran 在字源上有关，则可以由此析出词头 *g-。

《说文》‘闲、阑也，从门中有木’；‘阑、门遮也，从门柬声’。‘闲’、‘阑’、‘柬’三字之语音关系如下：

56. 闲　　꜀ɣǎn＜*gran　词头 *g-
　　阑　　ᶜlaᶑn＜*ran
　　柬　　ᶜkǎn＜*kranx

由‘闲’与‘阑’可以析出词头 *g-，‘阑’ *ran 从‘柬’ *kranx 得声，*ran 与 *kranx 之所以有特别的关系，可能是由于 *ran 前常可加词头 *g-，故在感觉上十分接近，否则大可用其他如 *pran、*tran 等复声母。‘阑’ *ran 所以用‘柬’ *kran 为声符，可能不是偶然。”

——龚煌城：《从汉藏语的比较看上古汉语若干声母的拟测》，载《汉藏语研究论文集》，北京大学出版社，2004 年，第 41～42 页。

汉藏语复辅音声母与汉语同族词辅音声母变换的来源

严学宭指出：“辅音声母的变换的来源，主要是来自复辅音声母的分化。汉藏语系各亲属语言原来都有繁多的复辅音声母，后来逐步简化成为单辅音声母，或者演化成为新的音素的声母。在现代汉藏语系各亲属语言中，还不同程度地保留着复辅音声母的读音，特别是藏缅语族的语言真是丰富多彩。在古汉语中也屡见不鲜。辅音声母变换的来源是这样，现在则以辅音声母变换的模式视之。”

——严学窘：《论汉语同族词内部屈折的变换模式》，载《中国语文》1979年第2期，第87页。

依据藏语前缀 s- 拟测上古音的 s- 复辅音

李方桂认为：“另一个值得解释的现象是辅音 s-，通常与具有擦音声母 s- 的字形成谐声系列，然而它却可以与任何声母的字——鼻音、舌尖塞音、舌根塞音等形成谐声系列。我们假设这些 s- 来自像 *sn-、*st-、和 *sk- 等复辅音。举例如：

……

拟测的 s- 复辅音可以理解为 s- 前缀，它们在汉语里的功能还不完全清楚。在藏语里有个 s- 前缀，可与汉语的 s- 复辅音比较。藏语里的 s- 前缀既可以是名词前缀，也可以是动词前缀，主要是形成使动与名谓动词（Conrady1896）。

有些特殊的谐声系列我怀疑是来自某种复辅音，但是还没能成功地构拟。由于我们依据谐声字来拟测复辅音，有些复辅音可能存在，但是文字却没能反映它们。这就需要对汉语与其他汉藏语根据可靠的同源词用比较语言学的方法来构拟。这种拟测不一定要是前汉语，但是可以补充我们完全根据汉语内部证据所得到的上古音的拟测。”

——李方桂：《上古音》，载《李方桂全集（第一集）：汉藏语论文集》，清华大学出版社，2012年，第208～209页。原载 David N.Keightley 主编，The origins of Chinese Civilization，University of California Press，1983年，第393～408页。

从凉山彝语及汉语等亲属语言的分音词看古彝语复辅音声母的演化

朱文旭结合汉语及其他同系属语言分音词的声母，探讨了古彝语的复辅音问题。

在“古代彝语声母系统中有无复辅音”这一问题上，他认为，“凉山彝语还保留着鼻冠音（如 mb-、nd-、ŋg-……），彝语东南部方言还保留着 tl-、thl-、dl-、ɳdhl-，西部方言还保留着 ʔm-、ʔn-、ʔȵ-、ʔv-、ʔl- 等复辅音的事实，说明复辅音声母并非古凉山彝语声母系统所不允许的”。

作者指出在汉藏语系各语言中都存在分音词。“汉语分音词在古文献和现代方言中都有所反映。其中有部分分音词其后一音节声母为l或r及其变形（l—ɬ—n，r—ɣ—v，r—ʐ—z，r—ʑ—j）。”“原始壮侗语是有复辅音声母的。其复辅音的后一成分可能不出l、r或ɣ的范围。但在现代壮侗语里，复辅音声母只保留在个别语言或方言中。大多数语言的复辅音都变成了腭化声母。有的语言或方言腭化声母失去腭化成分变成了单纯声母。有的方言部分腭化声母读做复辅音声母。分音词在壮侗语中也有所反映。”“藏缅语分音词在一些语言中反映得比较明显。”

作者分析了凉山彝语分音词的特点，认为“凉山彝语分音词主要出现于动词、形容词和名词里。这种分音词两个音节拆开以后大部分原义消失，有部分动词、形容词拆开后其中一个意义比较明显，另一个没有意义。值得注意的特点之一是凉山彝语分音词大部分可以推断出一个与之音义相近的汉语词。这些分音词与相应的汉语词可能有渊源关系。特点之二是彝语动词、形容词分音词多数加入衬音可扩展为四音格形式。形容词分音词后一音节重叠表示程度加深（强调式）”。

作者对凉山彝语唇、舌、齿、牙音分音词与古汉语及其他亲属语言的有关词语比较之后，认为：“通过凉山彝语分音词声母与汉藏语系若干亲属语言有关词语声母的比较研究，一方面可以看出复辅音声母AB-演化为A-＋B-单辅音声母的可能性。这对于探讨关于唇、舌、齿、牙音与来母［l］、泥母［n］、日母［r］、余母［j、ʑ］相谐的有关问题是有重要意义的。另一方面，参考有关古汉语语音、词汇发展史，凉山彝语分音词声母除上述来源于复辅音声母的分解外，还有一种可能性是来源于历史上的彝语辅音韵尾。这些辅音韵尾构成一部分分音词后一音节的声母。现代彝语和彝语支其他语言的辅音韵尾几乎全部脱落、消失的情况下，分音词后一音节的某些声母可能是辅音韵尾以另一形式残存的孑遗。部分三音节的分音词后一音节可视为以辅音韵尾构成的，例如‘颗粒’彝语为khi^{21} li^{21} pu^{33}或tɕhi^{21} li^{21} pu^{33}，其中的‘粒’中古音读来母、辑韵、入声-p尾，这个-p尾彝语变成pu^{33}。”

他指出：“过去对汉语史的研究，偏重文献资料，后来扩及方言。今天随着民族语言研究的不断深入，使用民族语言材料研究汉语史已成为必然的趋势。罗常培、李方桂、张琨诸先生在这方面已作出突出的成绩。李方桂先生在《上古音研究》一书中说：‘将来大部分汉语史问题，还得靠跟别的语言像西藏话、缅甸话及境内少数民族语言像彝话来比较，希望将来各种比较的研究跟中国本身的语言的研究，能够凑合到一块去可以把各方面的问题美满解释。’该文所探讨的彝语与汉藏语系各亲属语言中声母的分音现象，只是初步试探，还有待于更深入的比较研究工作予以证实。”

——朱文旭：《凉山彝语复辅音声母探源》，载《民族语文》1989年第3期，第62～69页。

从壮语看古汉语见母复辅音及其演变轨迹

发源通过对壮语中见母复辅音的深入发掘和研究，发现了古汉语见母复辅音出现的条件和演变规律，并用壮汉语的共同的语音演变规律进行印证。

发源首先指出："壮语武鸣话、隆安话、宾阳话至今仍保留见母复辅音形式，以武鸣话为例：

汉语见母字	壮语武鸣话	汉语上古音（声母、韵部）	汉语中古音（声、韵、开合口、等、调、摄）
界	$kla{:}i^5$	见月	见怪开二去蟹
虮	$klai^5$	见支	见齐开四平蟹
搅	$kla{:}u^4$	见巧	见巧开二上效
姣	$klau^1$	见宵	见宵开二平效
角	$klau^3$	见屋	见觉开二入江
甲	$klap^7$	见叶	见狎开二入咸

在上述诸例中，'虮'在汉语中表示虫的卵，在壮语中引申为一切动物的卵；'角'在汉语中本来表示动物的头角，在壮语中引申为动物的头；'甲'在古汉语中表示种子或动物的壳，壮语保留了这一词义。上述例词不仅语义有明显关联，且语音也完全符合壮汉对应规律，故两者同为一词。

从壮汉语音比较的角度看，上述所举的壮语见母词更接近于汉语的中古音，如'界'、'搅'等字在上古时期均有塞音韵尾，到了中古时期都已经丢失，与壮语中的 $kla{:}i^5$、$kla{:}u^4$ 的语音形式吻合。可见，上古见母复辅音形式一直保持到中古，中古以后才发生变化。变化的原因是第二复辅音成分弱化，弱化后变成腭化音。正如一些汉语音韵学家所说的，带 i 介音的见母到了中古以后变成了 kj。这个演变结果也出现在壮语中。例如武鸣壮语的见母在马山壮语中变成了 kj：

汉语见母字	壮语武鸣话	壮语马山话
界	$kla{:}i^5$	$kja{:}i^5$
虮	$klai^5$	$kjai^5$
搅	$kla{:}u^4$	$kja{:}u^4$

姣	$klau^1$	$kjau^1$
头	$klau^3$	$kjau^3$
甲	$klap^7$	$kjap^7$

上述 k 声母的腭化形式代表了见母发展的第二个阶段。到了第三个阶段，也就是现代汉语阶段，见母的 kj 一律变成了 tɕ，这在壮语中亦有反映。例如：

见母字	武鸣	马山	田阳
界	$kla{:}i^5$	$kja{:}i^5$	$tɕa{:}i^5$
虮	$klai^5$	$kjai^5$	$tɕai^5$
搅	$kla{:}u^4$	$kja{:}u^4$	$tɕa{:}u^4$
姣	$klau^1$	$kjau^1$	$tɕau^1$
头	$klau^3$	$kjau^3$	$tɕau^3$
甲	$klap^7$	$kjap^7$	$tɕap^7$

可见，壮语中见母的演变程序是 kl → kj → tɕ，其中 kj → tɕ 与已知的古汉语见母演变程序如出一辙。除见母外，作者还通过将古汉语並母、定母、奉母的音变规律和壮语不同方言的语音形式进行对比，指出汉语几乎所有古声母的早期形式和演变规律均能在壮语方言土语中找到遗迹，这反映出壮汉语的同一个古音形式必有同一个演变程序。据此可以推测，壮语中见母 kj 和 tɕ 的早起形式 kl 也是古汉语见母的早期形式，它不可能违背两种语言共有的语音规律。因此，上古汉语见母有复辅音形式 kl 是显而易见的。”

发源还进一步指出：“并不是所有的见母都有复辅音形式，只有处在齐齿呼前的见母才有复辅音形式，而处在撮口呼前的见母则没有复辅音形式。这也可以从壮语等语言中找到证据。例如：

汉语见母字	汉语中古音	壮语武鸣话
举	见语开三上遇	$kaɯ^3$
车	见鱼开三平遇	$kaɯ^1$
锯	见御开三去遇	$kaɯ^5$
句	见遇合三去遇	$kaɯ^5$
决	见屑合四入山	$ki{:}t^7$

军	见文合三平臻	kin^6

上述撮口呼见母字在具有见母复辅音形式的武鸣话中一律读作单辅音 k。可见，撮口呼前的见母无复辅音形式。除此之外，还可以从其他一些有复辅音、有汉借词的语言中（如苗瑶语和孟高棉语等）找到旁证。例如：

见母字	瑶语 标敏话	交公勉话	见母字	孟－高棉语	
角	$klɔ^1$	$klɔ^1$	江	kloŋ	（马散话）
颈	$klaŋ^1$	—	讲	klaŋ	（硝厂沟话）
紧	—	$kluŋ^3$	铰	khlau	（艾帅话）
讲	—	$kloŋ^3$	搅	$kliau^{51}$	（胖品话）

上述两种不同语言的见母复辅音形式都只出现在齐齿呼之前，这种现象绝非偶然，它是古汉语见母复辅音具有出现条件的客观反映。”

发源最后指出：“壮语是研究古汉语复辅音的一面镜子，通过壮语所保留的古音形式去考证古汉语的复辅音及其演变规律是可靠的。”

——发源：《从壮语看古汉语见母复辅音及其演变轨迹和出现条件》，载《中央民族大学学报》1999 年第 5 期，第 178～182 页。

从瑶语论证上古汉语复辅音问题

邓方贵、盘承乾指出：“复辅音声母，在现代汉藏语系语言里，不仅苗瑶语族有，在壮侗语和藏缅语族中也不同程度地存在着。利用这些民族语言中的大量复辅音材料来跟汉语进行比较，将是探讨上古汉语复辅音的一条重要途径。”文章主要从瑶语的角度，来对上古汉语复辅音进行一些初步论证。具体如下：“现代瑶语保存的复辅音有［pl-］、［phl］、［pl］和［khl］、［gl］两套。很多瑶语复辅音声母都跟汉语有对应关系，明显地反映了上古汉语复辅音的存在。作者用瑶语的 pl、phl、bl 和 kl、khl、gl 两套复辅音声母与汉语一部分帮、滂、并和见、溪、群以及知彻澄三母中一部分澄母字进行了比较，所用例字不但数量可观，而且也是具有说服力的。都无碍于对上古汉语复辅音的论证。

1. 如果是属于同源关系，那就证明汉语也和瑶语一样，都共同存在过复辅音的历史。

2. 如果是属于瑶语中的汉语借词，那也能作为论证上古汉语复辅音的依据。因为我们知道任何一种民族语言因受外来影响而接受和借用其他民族语言的词汇时，一般都是用相同或相近的读音去拼读（代替）外来词汇中的声韵母的。瑶语绝不会用 pl、phl、bl 和 kl、khl、gl 去拼读汉语借词中的 p、ph、b 和 k、kh、g 声母。如果瑶语是用复声母去拼读汉语借词中的单声母，那除非瑶语是一种只有复声母而没有单声母的语言。然而这种可能性是根本不存在的。符合实际的解释只有是汉语和瑶语一样，古时候都存在复辅音声母。”

——邓方贵、盘承乾：《从瑶语论证上古汉语复辅音问题》，载《民族语文论丛》，中央民族学院语言研究所，1984 年。

孟－高棉语可为上古汉语存在复辅音声母提供旁证

马学良在文中指出：“最近陈独秀先生有《中国古代语音有复母说》(《东方杂志》三十四卷第二十、二十一号）一文，来讨论这个问题，他以为汉语四围的语言环境，都具有复辅音的现象，中国语怎能逃出这个圈子：他拿许多邻系语言作旁证，更能应用夷语来作比较的研究，不过终因材料的缺乏，不能得到圆满的解答。我很惭愧这次虽然亲临夷区，可惜没有充分时间，任我自由地搜集这类的材料，给这个学说一点有力的证据；不过在这几种夷语中的 sp、pl 一类的复辅音，可作比较研究上的一点新材料。此外在戴维斯（H.R.Davies）所记录的云南和四川两部猛吉篾语言的词汇表里，我也找出几条有趣的例子（见戴氏所著 *Yun-Nan* 附录 *The Tribes of Yun-Nan* 的附表）：

a.‘路’字佤语（wa）读（ka-ra），拉语（la）读（kra），塔雷或猛语（Ta-lain or Mon）读（klong）(印支语的 r 音很容易转虚 l 音），这个例证可作解释汉语‘路’字谐声偏旁的很好证据。

b.‘黄’字掸语读（long），汉语读（huɑng），而暹罗语读（hluɑng），可以证明掸语和汉语各自保存了一个辅音。

c.‘石’字塔雷语读（tmɑtw），柬埔寨语读（tmɑ），安南文读（dɑ），保留了第一个辅音，佤崩竜的（mɑo）保留了第二个辅音。

这类情形，在异族比较语言中，很容易见到，以往研究复辅音的问题，忽略了这种现象，此后应该兼顾到辅音字首分裂的情形，从这条路程可以探讨出许多同源字的关系，和帮助解决谐声上许多困难的问题。”

——马学良：《湘黔夷语掇拾》，载《马学良文集（上卷）》，中央民族大学出版社，2009 年，第 104～105 页。原载《西南边疆》1938 年第 3 期。

韩国汉字音中遗存汉语复辅音声母

赵美贞在其文章中通过对风、洛、乐、谬、缪、镰等字的分析，论证韩国汉字音有上古汉语复辅音声母的遗存。

“‘风’字在上古当是重唇音［p-］声母。‘风’［p-］和‘岚’［r->l-］谐声，可以推测汉语的‘风’字上古当有复辅音声母［*pr-］。现代韩国语的‘风’就叫바람［palam］，宋代孙穆《鸡林类事》所记朝鲜语‘风曰孛缆’，说明韩国语这一读音来源甚久。”“汉语‘风’字的中古音收［-ŋ］尾，但是‘风’字从‘凡’［-m］得声，在《诗经》中‘风’字又全都跟侵部字押韵，同时汉族传说中的风神也叫‘飞廉’（‘廉’字中古收［-m］尾），它在许多侗台语的关系词中都还读 lum，可见汉语的‘风’字在上古确实应该收［-m］尾。”

“汉语的‘洛’［l-］字从‘各’［k-］得声，其上古音可以推测为具有复辅音声母的［*k-rak］，这一点可以从韩国汉字音中得到证明。韩国南部有一条江，叫做洛东江，其意是洛国东边的江，古代也称为洛水。洛国是韩国三韩时期的一个国家，原来叫做加洛国、大驾洛国，可见‘洛’字原来就读作가락［kalak］，正和汉语古音［*k-rak］相似。洛国的另一个名称是加耶国、伽倻国，在洛东江旁边有一座山至今叫做伽倻山。汉语‘耶、倻’是喻四声母字，许多现代音韵学家认为喻四声母在上古是［*l-］，则‘加耶、伽倻’的古音仍是［kala］，还是跟洛国有关。此外，日语から（kala）一词指古代韩国，其实应该就是洛国。日语から一词同时又指唐朝，也指中国，本文作者认为这是因为最早从中国到日本的两条路线之一，必须经过朝鲜半岛，日本人遂以为洛国就是唐朝，就是中国。”

“中古明母幽韵字，同属上古幽部。在幽部字中，中古的幽韵与尤韵的关系相当于中古重纽三等与四等的关系。根据雅洪托夫（1960）的论证，中古的重纽三等与二等在上古都是带 r 的复辅音 *Cr-，所以‘谬、缪’二字的上古音都是 *mru，从这两个字跟中古来母字‘廖、寥’（l-<*r-）的谐声关系，也可以得出其声母中带有 *r->l- 的结论。因为这两个字在《切韵》中只读明母，会有人怀疑它在上古是否复辅音。韩国语里这两个字的读音可以提供进一步的证据。在韩国语中‘谬、缪’二字都有무［mu］、류［liu］两个读音，如‘绸缪’［-mu］、‘谬说’（也写作“缪说”）［liu-］、‘误谬’［-liu］。由此可见，汉语‘谬、缪’的上古音确实是［*mr-］。”

“从汉语看，‘镰’［l-］字的声符是‘廉’［*r->l-］，但是‘廉’的声符又是‘兼’［k-］，因此‘镰’字上古当有复辅音声母［*kr-］。在《切韵》中‘镰’只有来母一读，

缺乏异读方面的证据。但是在韩国语中，‘镰’字写作‘鎌’，而有겸［kiəm］和렴［liəm］两个读音，这正说明‘镰’字的上古音是［*kr-］。在日语中，‘镰’也写作‘鎌’，而读作［kama］，这也说明汉语‘镰’字原来有［k］音。”

——赵美贞：《韩国汉字音中的汉语上古音》，载《民族语文》2005年第5期，第74～76页。

第三节 韵 母

依据敦煌汉藏对音证明唐五代西北方音的韵系为二十三摄五十五韵

罗常培认为：“这四种藏音的声母系统虽然稍有出入，而大体上还都相差不远，至于韵母系统就没有这么简单了。单以特别歧义的地方说我们就可以指出有七点来：第一，‘宕摄’字千字文跟模韵对转，而阿弥陀经跟金刚经读 aṅ，大乘中宗见解除‘齿音’的摩擦外均转 oṅ；第二，‘梗摄’字千字文跟齐韵对转，偶有保持 -ṅ 收声的也跟‘曾摄’没有分别，在其他三种藏音里不单收声没有消失，而且‘梗’‘曾’两摄有分成 eṅ，iṅ 的趋势；第三，‘蟹摄’字在千字文里咍泰灰读 ai，皆祭读 ei，齐韵大部分变 e 或 ye，而阿弥陀经跟大乘中宗见解全摄读 e，金刚经全摄读 ei；第四，‘效’‘流’两摄字在千字文里出入 au，eu 之间并没一贯的条理，其他三种藏音例字虽少却可约略看出‘流’读 iu，‘效’读 e'u 的分别；第五，‘山’‘臻’两摄入声的收声在金刚经千字文跟大乘中宗见解里一律写作 -r，而阿弥陀经却有一部分保留着较早的 -d；第六，烛韵字千字文读 wag，而大乘中宗见解读 og；第七，‘梗’‘曾’两摄的入声，在千字文里一二等读 eg，三四等读 ig，而其他三种大部分混成 ig（参阅各摄韵母表说明）：除此之外就比较接近了。我现在根据千字文的对应把他所代表的方音韵系分成二十三摄五十五韵，并且把各摄所含的切韵韵目逐一附注于下，凡是其他三种藏音跟千字文相同的即不特别标明，还有各种单独的变化也仿声母例在韵目后注明‘千’‘大’‘阿’‘金’等简称以资识别……”

——罗常培：《唐五代西北方音》，载《国立中央研究院历史语言研究所单刊》甲种之十二，1933年，第30～31页。

依据《开蒙要训》并参照千字文藏音拟测五代敦煌方音的韵系

罗常培认为：“这种方音的韵母有两点跟千字文的藏音极为近似：（一）蟹摄的四等跟梗摄对转。（二）遇摄的鱼韵多数混入止摄，比起声母来格外显着关系密切。所以我现在根据开蒙要训的注音来探讨五代的敦煌方音，关于韵部的分合跟韵值的拟测，除去在注音的错综处发现另外的异点，大体是拿千字文的藏音作参证的。如果这个前提可以成立，那么我们就可以把所有的这些注音分成二十三摄……”

——罗常培：《唐五代西北方音》，载《国立中央研究院历史语言研究所单刊》甲种之十二，1933 年，第 94 页。

从英汉对比看汉语的舒促音特点

张世禄认为：“整个字音的长短。就是指甲类字和乙类字音量上长短的分别。长的字音可称为‘舒音’，短的字音可称为‘促音’；这种长短舒促的分别，如果纯粹属于韵母当中元音的关系，那就是像英语上长元音和短元音的区别；不过中国四声上舒音、促音的区别，有时不单单属于元音的长短，并且包含有收尾音的关系；所谓促音，常指短元音之后（或竟为长元音），更有某种闭塞音当做收尾音的。因之所谓舒音、促音，或即称为舒收、促收。声调的分别，再加上这种舒促的关系，四声问题自然更加复杂了。”

——张世禄：《诗歌当中的平仄问题》，载《张世禄语言学论文集》，学林出版社，1984 年，第 238～239 页。原载《通讯半月刊》第 1 卷，1945 年。

汉语儿化音的发生和发展与阿尔泰语系语言的关系

季永海认为：“从北方汉语儿化音的分布及其特点来看，它的发生在不同时期不同地点，有不同的来源。［ɚ］和儿化的来源，有汉语自身发展的原因，也有外来影响的原因。北方阿尔泰语系语言的影响和汉族与阿尔泰民族接触、杂居、融合，是发生［ɚ］与儿化的重要来源之一。这种影响和融合在语言上是双向的，时间是漫长的。”“ʐʅ（日）产生儿化音辅音 ʐ 在早期阿尔泰语中是没有的，到了近代，有些民族才从汉语中借了这个音。对于发不了的音或不能作为一个词开头的音，北方民族往往采取一些补救的办法。其一是用自有的音来代替；其二是采用前边加音的办法；其三是采用一、二综合的办法。契丹语借用汉语的‘日’字采用了前边加 i 的办法，并使后边的音发生变化，成为‘咿唲’。《辽史·国语解》中有：

迺捏咿唲	正月朔旦也
讨赛咿唲	重午日也
赛咿唲奢	日辰之好也

当这个‘咿唲’［iɚ］与今、昨、明等结合时，就成了今儿、昨儿、明儿等。ʐ这个音已被一些民族或一个民族的部分地区借用，发成‘日’，代替固有的颤音 r，如蒙古族。但在纯牧区或蒙古国，仍保留了 r，发不了ʐ这个音，而把汉语的‘日’发成［ɚ］，他们管‘日坛’叫做‘二坛’（［ɚtan］）。我国河北、陕西二省中的一些地方，也是把‘日’发成‘二’。r 产生［ɚ］颤音是阿尔泰诸语中所共有的。前边讲过，r 在汉语对音中译为儿系列字。原因有三：其一，r 在音节末读起来很轻，往往一带而过，念快了很像ɚ；其二，汉语中没有与 r 对应的音；其三，没有经过严格训练的汉族，往往发不了这个音，而常常发成ɚ。因此，在历史文献和译语中对音为ɚ很自然，顺理成章。l 产生［ɚ］北方民族语音节末的边音 l，汉语对音是比较复杂的。但发展演变的结果，它的对音是在［ɚ］上，前边已经阐述明白。儿化的产生，应当先有［ɚ］然后有儿化，但也不排除［ɚ］与儿化同时发生的可能。r、l 对音为［ɚ］，为儿化的发生提供了充分的条件。”

季永海又阐述了儿化音发生的时代背景和发生的条件，“自古以来我国就是一个多民族的国家。我国北方的突厥语族、蒙古语族、满－通古斯语族共同构成了今天的阿尔泰语系，每个语族又由若干个民族组成。辽代（公元 10 世纪）以前，在漫漫历史长河中，就已经出现过多次大规模的民族大迁徙、大杂居、大融合。阿尔泰语系的一些民族曾建立过政权，统治一方。后来，北方的契丹族、女真族、蒙古族、满族相继崛起，并建立起统治半个中国和全国的政权，从而加速了各民族之间的交往、同化、融合。我国历史上几次大的民族迁徙，其主角主要是北方民族，而且是由北向南迁徙，进入中原地区，打破了地域的、民族的界限，与汉族杂居。经过长时期的双语阶段，更多的是北方少数民族被汉族同化，他们丧失了自己的语言而转用汉语。汉语北方方言就是在这种形势下形成的”。“汉语从上古发展到中古，经过魏晋南北朝到唐代，进入中古汉语的后期，在语音、语法、词汇方面都发生了重大变化。这些发展变化主要表现在：中古音系比上古大大简化了；上古时期以单音节词为主，到中古复音节词大量增加；系词‘是’产生了；破读——由声调的变化来区别意义和功能；把字句的形成；儿、子、头等词缀的形成，后缀发达了；词汇大大丰富了……同时，加上北方民族语在诸多方面的影响，为近代汉语乃至现代汉语的形成准备了充分的条件。”

“这些重大的发展变化以及外来的影响因素，都是有机地联系在一起的。例如，词汇的丰富，复音节词和同音词的增多，后缀的出现，外来的影响，为轻声和儿化的发生准备了条件。如果不产生轻声和儿化，没有互补作用，就难以区别词的意义和功能，汉语的发展就会出现困惑。”

——季永海：《汉语儿化音的发生与发展——兼与李思敬先生商榷》，载《民族语文》1999 年第 5 期，第 19～30 页。

汉藏语鼻音、流音声母关系字的韵母对应分析

尹蔚彬选取汉藏两种语言的鼻音、流音声母关系字来比较，列出汉藏语鼻音、流音声母关系字对应关系表，并分析了其对应情况。

在对比了汉藏语鼻音、流音声母关系字韵母的主要元音和韵尾后，作者指出：“两种语言鼻、流音声母关系字的主要元音，不仅呈现出有规律的对应，而且音质大多相同。韵尾辅音的发音部位也大都一致。当然，由于汉藏语分化的年代久远，在漫长的历史发展过程中，语言之间相互借用，相互影响以致融合，影响语音变化的因素很多，所以，它们之间的发展不一定都呈现出有规则的对应。”

——尹蔚彬：《汉藏语鼻音、流音声母关系字韵母对应分析》，载《中央民族大学学报》2000 年第 5 期，第 127～132 页。

依据汉越语可拟测汉代的“东”是个“ɔng”、“钟”是个“uɔng”

王力提到：“最值得注意的，是‘风’‘封’‘峰’‘蜂’‘龙’‘重’‘仲’‘从’‘玉’等字，它们的主要元音是 ɔ。试以‘讽’与‘风’比，‘钟’与‘重’比，‘中’与‘仲’比，‘松’与‘从’比，‘肉’与‘玉’比，则见前者是合规则的，后者是不合规则的。但是，在这不规则的上头，也许我们可以窥见古音的残留。汉代的东钟韵，也许正是一个 ɔng，所以它那样容易和阳部押韵。由此一说，则江韵的‘双’‘窻’与其入声‘朔’‘捉’‘学’，也都是古东钟韵及其入声的残留。而‘放’‘房’‘亡’‘望’等字倒反可说是读入古东钟韵去了。我们可以假定汉代的东是个 ɔng，而钟是个 uɔng（‘钟’读 -uong 是另一种残迹）。”

——王力：《汉越语研究》，载《岭南学报》1948 年第 1 期，第 43 页。

依据梵文字母对音考证《切韵》的侯、尤、幽韵分别订音为［əu］［iəu］［ieu］

邵荣芬提到："流摄的主元音很多人根据梵文对音订为［u］。唐代以前多用虞、模韵字对译梵文的 o，尤、侯韵字对译梵文的 u 和 ū。到了唐代，梵文的 o 仍然多用虞、模韵字对译，可是梵文的 u 和 ū 也多改用虞、模韵字对译。这一事实可以证明虞、模韵的主元音唐以前是［o］，唐以后变［u］，也可以证明尤、侯韵的主元音唐以后不是［u］。可是并不能确切证明尤、侯韵的主元音唐以前就是［u］。假若唐以前尤、侯是［əu］、［iəu］，主元音是［ə］，那时由于没有［u］韵，而用和［u］比较接近的［əu］或［iəu］去译梵文的 u 和 ū，也是可以讲得通的。在梵文字母对音里，唐以前都用尤韵的'忧'或'优'去译梵文的 u 和 ū，用的也满可以是［iəu］。并且事实上唐代确有同一人译 u、ū、yu，而有时用模，有时用侯、尤的。比如：玄应用模韵的'坞'对梵文的 u，'乌'对梵文的 ū。可是在《一切经音义》里有这样的例子：

旆兜	正音迦毗罗跋兜（卷十三《过去现在因果经一》）
	原文 Kapilavastu
兴渠	此言讹也，应言兴旧（卷十八《杂阿毗昙心论四》）
	原文 Hingu
吉由罗	应云枳由逻（卷一《华严经五一》）
	原文 Keyūra

既然他的方言里'坞、乌'已经变成了［u］，那么，'兜、旧、由'不可能是［u］、［iu］了。侯［əu］、尤［iəu］，这样的拟音才是合理的。

慧琳的语言从他对梵文字母的对音里可以知道和玄应一样，虞、模韵的主元音也已经变成了［u］，可是在他的《一切经音义》卷八里，把梵文 upāli 的译名订为'邬波离'之后却说：'旧云"优波离"，轻重异也。'对用模译 u 和用尤译 u，在他看来只是'轻重之异'，［iəu］译 u 差不多是合法的了。在有［u］的方言里尚且如此，在没［u］的方言里用［iəu］译 u 就更不是不可能的了。

韵图把幽韵作为尤韵的四等，它的主元音应该比较细，如果尤作［iu］，幽就几乎无可订音。

我们主张为《切韵》订音，侯是［əu］，尤是［iəu］，幽韵作为尤韵的四等，是［ieu］。"

——邵荣芬：《切韵研究》，中华书局，2008 年，第 154～155 页。

从 ø、aŋ、ə、uɔ、au、i、a 七韵看温州方言的壮侗语底层

吴安其指出："温州方言的口语中有许多词很难找到相应的汉字。从字典辞书上寻找方言本字，只能考据出其中的一部分，另外一些则要通过别的途径来解释。"

"仔细地把温州方言和壮侗语族、苗瑶语族的语言进行比较，发现温州方言中一些难以用汉字表达的词在壮语或侗语等壮侗语族的语言中可找到语义相当、语音相近的词。这些可能是古越族居民遗留下来的语词。瓯江流域的古越族居民在汉朝和三国期间，除了迁走的，留下来的逐渐和汉族居民融合，采用了汉语，但是他们原来的语言作为底层遗存于当地的汉语方言中。吸收了越语特点的汉语就是最初的温州方言。遗存于温州方言中的底层词根据汉语古音和温州方言语音演变规律，大致能构拟出它们古代的语音形式，并从原始台语或原始侗水语中寻找出它们的来源。"

吴安其用构拟古音的办法寻找这些底层词的来源。他认为："最初的温州方言大致形成于东汉末年三国期间，当时大量的汉族居民从北方迁来不久，它的音系和当时中原汉语音系差别不大。比《切韵》音系要早四五百年。推求最初的温州方言音系，我们以汉语中古音为主要依据，并参考汉语上古音。该文主要引用高本汉和李方桂先生所构拟的汉语上古音和中古音，引用时分别注上'高'或'李'，表明构拟者。"

以下是他根据底层词的今韵母和韵母的来源所作的分组讨论：

第一，温州方言 ø 韵壮侗语底层词。

转圈	温州 $ʔlø^{1}$，$ʔlø^{2}$	壮语 $luːn^{2}$（圆）
阉	温州 $tø^{1}$	壮语 $toːn^{1}$
雾	温州 $mø^{6}$	侗语 mun^{2}

[$ʔlø^{1}$]温州方言"转圈"的意思，$ʔlø^{1}i^{1}tɕhy^{1}$，"转一圈"。$lø^{2}$，温州方言"转圈刻痕"，"剪（挖）出圆形的一块"。"圆"，武鸣壮话 $luːn^{2}$，龙州壮话 $mən^{2}$，西双版纳傣语 mun^{2}，德宏傣语 $lɔm^{6}$，布依语 $mɔn^{2}$。拟原始台语"圆"为 *mlṵïn（A）调。温州方言 ø 韵来自中古覃韵，以及桓韵和魂韵部分字。覃韵中古音为 *âm（高，李），桓韵中古音为 *uân（高，李），魂韵中古音为 *uən（高，李）。可能温州方言"转圈"$ʔlø^{1}$ 和 $lø^{2}$ 来自原始台语 *mlṵïn（A 调）。原始台语复辅音声母 ml- 在温州方言中简化为 l-，底层词中古时属魂韵，音值为 *luən（平声），以后演变为现代温州方言 $ʔlø^{1}$ 和 $lø^{2}$。

[$tø^{1}$]温州方言指"去母畜的卵巢"，"公畜去势"叫 $tɕi^{7}$。"阉"，壮语 $toːn^{1}$，布

依语 tuan^{1}，傣语 tɔn^{1}，黎语 duːn^{1}。原始台语 *tuɔn（A）调（李方桂，1977，99 页、278 页）。温州方言 tø^{1} 可能来自原始台语 *tuɔn（A）调，中古时属桓韵，音值为 *tuân（平声），以后演变为现代温州方言 tø^{1}。

［mø^{6}］温州方言“雾”；muə^{2}ly^{6}，乐清话“雾”。“雾”，武鸣壮话 ʔbø^{1}lø^{2}，龙州壮话、傣语 mɔːk^{7}，仫佬语 mʤk^{8}lu^{4}，侗语 mun^{2}，水语 mon^{1}，毛南语 lap^{7}muːn^{1}。拟原始侗水语“雾”为 *mɔn（A 调）。温州方言 ø 韵来源于中古鼻音韵，温州方言“雾”mø^{6}，中古应该有鼻韵尾。很可能温州方言 mø^{6} 来自原始侗水语 *mɔn（A 调），中古时在温州方言中这个词的音值为 *muân，属桓韵。乐清话“雾”muə^{2}ly^{6}，按其音节构成，与武鸣壮话 ʔbø^{1}lø^{2}，仫佬语 mɔk^{8}lu^{4} 相近，可能来源于原始台语或原始侗水语的另一种说法。

第二，温州方言 aŋ 韵壮侗语底层词。

盖（动词）	温州 kaŋ^{3}		傣语 khum^{4}	侗语 kam^{1}
盖（名词）	温州 kaŋ^{3}		傣语 kom^{1}	侗语 ʔam^{3}
低	温州 taŋ^{3}（低洼处）	壮语 tam^{5}		侗语 tham^{5}
竖放	温州 taŋ^{5}	壮语 taŋ^{5}		
拉出	温州 taŋ^{1}		傣语 thɔːn^{1}	
肚子	温州 taŋ^{1}（嗉子）	壮语 tɔːŋ^{6}	傣语 tɔŋ^{4}	

［kaŋ^{3}］温州方言“盖”。侗语 kam^{1}，傣语 khum^{4}，布依语 hum^{4}，原始台语 *gum（B 调）（李方桂，1977，266 页）。温州方言 aŋ 韵来自中古登韵、真韵、文韵、侵韵，以及桓韵和魂韵部分字。侵韵中古音为 *i̯əm（高），*jəm（李）。中古侵韵演变为现代温州方言 aŋ 韵的过程可简单表示为 i̯əm → əŋ → aŋ。那么我们认为温州方言“盖”的中古音为 *ki̯əm（上声），或者 *gi̯əm（上声），与原始台语 *gum（B 调）是比较相近的，可能是来自原始台语的底层词。

［kaŋ^{3}］也是温州方言“盖”的名词，和动词读法一样。“盖”（名词），侗语 ʔam^{3}，壮语 fa^{1}，傣语 fa^{1}kom^{1}。侗语喉塞声母 ʔ- 和水语小舌塞音声母 q-，壮语舌根塞音声母 k- 有对应关系。另外侗语喉塞声母有双声调，说明以前是浊辅音声母，因为喉塞音没有浊音。侗语的喉塞声母可能来源于舌根塞音或小舌塞音。原始侗水语的“盖”（名词）大约和原始台语的“盖”*gum（B 调）有相同的来源。温州方言 kaŋ^{3} 兼作动词和名词。

［taŋ^{3}］温州方言“低洼处”。“低”，壮语、布依语 tam^{5}，傣语 tɛm^{5}，原始台

语 təm（B 调）（李方桂，1977，98 页、270 页）。温州方言 taŋ^{3} 可能来自原始台语 *təm（B 调），中古属侵韵，中古以后韵母演变为 aŋ，演变过程本组第一例已经说明。

［taŋ^{5}］温州方言“竖放”。“竖放”，龙州壮话、傣语、布依语 taŋ^{5}，原始台语 təŋ（C 调）（李方桂，1977，98 页、270 页）。温州方言 taŋ^{5} 可能来自原始台语 *təŋ（C 调），中古属登韵。登韵中古音 *əŋ（高，李）。在温州方言中中古以后登韵元音舌位渐低，演变为现代温州方言 aŋ 韵。

［taŋ^{1}］温州方言“拉出”。“拉出”，傣语 thɔːn^{1}，布依语 toːn^{3}，原始台语 *thɔn（A 调）（李方桂，1977，102 页、277 页）。温州方言 taŋ^{1} 可能来自原始台语 *thɔn（A 调），中古属桓韵。桓韵中古音为 *uân（高，李）。在现代温州方言中多数演变为 ø 韵，而另外有一些演变为 aŋ 韵，例如：“暖” naŋ^{4}，“断” daŋ^{4}，“卵” laŋ^{4} 等。

［taŋ^{1}］温州方言“嗉子”。“肚子”龙州壮话 tɔːŋ^{6}，傣语 tɔŋ^{4}，布依语 tuŋ^{4}，原始台语 *duɔŋ（C 调）（李方桂，1977，105 页、278 页）。温州方言 taŋ^{1} 在登韵，中古音 *təŋ，与原始台语 *duɔŋ 相近，可能来自原始台语。中古以后韵母演变同 taŋ^{5}（竖放）相似。

第三，温州方言 ə 韵壮侗语底层词。

摇动	温州 nə^{6}（悠动）	壮语 ŋok^{8}	侗语 ŋau^{2}，nəi$^{1'}$
柚子	温州 phə^{1}	壮语 puk^{8}	侗语 pau^{2}

［nə^{6}］温州方言指上下或左右“悠动”。“摇”，壮语、傣语 ŋok^{8}，布依语 ŋɔk^{8}，原始台语 *ŋok（D 调）（李方桂，1977，204 页、271 页）。“摇”侗语 nəi$^{1'}$，水语 ndjau^{5}，“摇动”侗语 ŋau^{2}。温州方言 ə 韵来自中古豪韵，豪韵中古音为 *âu（高，李），上古音为 *ôg（高），*agw（李），上古在宵部。温州方言 nə^{6} 推求其中古音应为 *nâu。在最初的温州方言中底层词来自原始台语 *ŋok，韵母和上古宵部 *ôg 相近。

水语 ndjau^{5} 和侗语 nəi$^{1'}$ 声母的发音部位说明原来的底层词也可能是 nok。

［phə^{1}］温州方言“柚子”。“柚子”侗语 pau^{2}，壮语、布依语 puk^{8}，原始台语 *buk（D 调）。温州方言 phə^{1} 可能来自原始台语 *buk（D 调）。底层词在最初的温州方言中韵母属上古宵部，到了中古时属豪韵，演变为现代温州方言 ə 韵。原始台语底层词原来是浊辅音声母 *b-，在某一时期辅音清化，成为送气清辅音 *ph-。福州方言“柚子”叫 phau^{55}。

第四，温州方言 uɔ 韵壮侗语底层词。

架着	温州 guɔ^{6}	侗语 kaːŋ^{2}

缝隙	温州 guɔ⁴	壮语 ke⁶	侗语 ʔe²
半开半闭	温州 guɔ²		侗语 ke⁶
虫（词头）	温州 kuɔ³		
腿	温州 khuɔ¹（髈）	壮语 ka¹	侗语 pa¹

［guɔ⁶］温州方言“架着”。“架着”侗语 kaːŋ²。温州方言 uɔ 韵来自中古肴韵、唐韵、江韵和钟韵部分字。除了肴韵，唐、江、钟韵，中古都是 -ŋ 韵尾。唐韵中古音 *âŋ（高，李），江韵中古音 *âŋ（高，李），钟韵中古音 *i̯woŋ（高）、*jwoŋ（李）。拟侗语 aːŋ 韵来自古侗语低元音 -ŋ 尾韵。试比较侗语 aːŋ 韵早期汉借词读音和这些词的中古汉语读音：“糖”，taːŋ²（侗）：*dâŋ（汉）；“浪”laːŋ⁶（侗）：*lâŋ（汉）；“郎”，laːŋ²（侗）：*lâŋ（汉）。这些侗语汉借词为阳调，说明借入年代在侗语浊塞声母清化以前，现代侗语 aːŋ 韵来自古侗语 aŋ 一类的低元音 -ŋ 尾韵。而且侗语 aːŋ 韵和壮语等 aːŋ 韵有对应关系，如“薄”maːŋ¹（侗），baːŋ¹（壮），baːŋ¹（布依），maːŋ⁶（傣）；“薄”原始台语韵母为 *aŋ。拟原始侗水语“架着”为 *gaŋ（A 调）。温州方言“架着”guɔ⁶ 可能来自原始侗水语 *gaŋ（A 调），中古属唐韵。

［guɔ⁴］温州方言“缝隙”。“缝隙”，壮语 ke⁶，侗语 ʔe²。拟原始台语“缝隙”为 *gɛ（C 调）（李方桂，1977，273 页）。温州方言 uɔ 韵除来自中古唐韵等以外，又来自中古肴韵。肴韵上古在宵部，上古音 *ǒg（高），*rakw（李）。肴韵中古音 *ɑu（高），*au（李）。大约从上古到中古，肴韵辅音韵尾失去，有一个阶段主要元音为 ɐ，并有一个 -w 或 -u 韵尾，韵尾比较短，韵母听起来像 ɐ。原始台语 gɛ（C 调）在这个阶段进入温州方言，到了中古属肴韵，音值为 gɑu，声调为上声，以后随肴韵演变为现代温州方言 guɔ⁴。

［guɔ²］温州方言“没关严”。“半开半闭有缝隙”，侗语 ke⁶。这个底层词可能是“缝隙”的同源词，来自原始台语 *gɛ（C 调）或来自与原始台语 gɛ（C 调）同源的原始侗水语词。

［kuɔ³］温州方言“虫”，作词头。kuɔ³za⁸，温州方言“蟑螂”，kuɔ³sai⁸“臭虫”，khuɔ³ɕy³“蚯蚓”，实际上本地人也不管 kuɔ³ 或 khuɔ³ 是什么意思，只是大家都这么说罢了。侗水语支的仫佬语和拉珈语有类似的说法。仫佬语 kɤa¹“虫”，kɤa¹miŋ³“萤火虫”，kɤa¹khɤap⁷“蜈蚣”。拉珈语 kja¹“虫”，ka³ŋjit⁷“蟋蟀”。傣语鸟类的名字中有词头 ka⁶，ka⁶ke⁶“鸽子”，ka⁶lam⁶“乌鸦”，ka⁶tsai²“鸬鹚”，ka⁶jaːŋ²“白鹭”。拟原始侗水语“虫子”的词头为 *krɐ（A 调）。在上古宵部向中古肴韵过渡时作为底层词进入温州方言，中古属肴韵，音值为 *khɑu（上声）或 *kɑu（上声）。以后随肴韵演变

为现代温州方言 khuɔ³ 或 kuɔ³。

［khuɔ¹］温州方言“螯”，就是螃蟹的第一对脚。“腿”，壮语、傣语、布依语 ka¹。拟原始台语“腿”为 *kɐ（A 调）。温州方言 khuɔ¹ 可能来自原始台语 *kɐ（A 调）。韵母演变说明同上。

第五，温州方言 au 韵壮侗语底层词。

刮	温州 gau²		壮语 kau²（搔）
龟缩	温州 gau²		壮语 kau²（弯）
试（大小）	温州 khau⁵	乐清 ɦau⁶	壮语 ɣau⁶（不大不小）

［gau²］温州方言“刮”，gau²ɦo⁸“刮锅（底灰）”。“搔”，龙州壮话 kau²，傣语 kau¹。拟原始台语“搔”为 *gəu（A 调）。现代温州方言 au 韵来自中古侯韵。侯韵中古音为 *ə̯u（高），*ə̆u（李）。温州方言的 gau² 中古音为 *gə̆u（平声）。温州方言 gau² 可能是来自原始台语 *gəu（A 调）的底层词。

［gau²］温州方言“龟缩”。“弯”，武鸣壮话、布依语 kau²。拟原始台语“弯”为 *gəu（A 调）。和本组的第一个例子语音情况一样，温州方言“龟缩”gau² 中古音为 *gə̆u（平声），是来自原始台语 *gəu（A 调）“弯”的底层词。

［ɦau⁶］乐清土话“试（大小）”。壮语 ɣau⁶，“不大不小”。壮语早期汉借词声母 ɣ- 和乐清话声母 ɦ- 有对应关系。如“旱”，ɣeŋ⁴（壮）：ɦø⁴（乐清），“镬”，ɣek⁷（壮）：ɦo⁸（乐清），后天的“后”，ɣaɯ²（壮）：ɦau⁴（乐清）。可能乐清话 ɦau⁶ 是来自原始台语 *ɣəu（C 调）的底层词。中古为匣母侯韵，以后演变为 ɦau⁶。

第六，温州方言 i 韵壮侗语底层词。

多少	温州 ki³ʔle¹	壮语 ki³laːi¹
点（量词）	ʔni³	侗语 n̥i¹

［ki³ʔle¹］温州方言“多少”。“多少”龙州壮话 ki³laːi¹。ki³“几个”，“多少”，原始台语 *ki（B 调）（李方桂，1977，187 页、262 页）。laːi¹，壮语“多”，原始台语 *hlai。壮语 ki³ 有人认为是上古汉语借词，是“几个的几”，ki³laːi¹ 则是汉语借词“几”和壮语本民族“多”的合成词。如果是合成词的话，可能在古越族迁居以前就已经形成。温州方言 i 韵来自中古脂韵、之韵和微韵。脂韵中古音 *ji（高），*ji，*i（李）；之韵中古音 *ji（高），*i（李）；微韵中古音 *jə̯i（高，李）。从语音的演变来看温州方言 ki³laːi¹ 来自原始台语

*ki（B 调）*hlai（A 调）。原始台语“多少”的第一音节 *ki（B 调）到了温州方言中成为底层词，声母仍然是舌根清塞音，声调由 C 调变为上声，韵母中古属脂韵或之韵，现代温州方言为 i 韵。原始台语“多少”的第二个音节 *hlai（A 调）成为底层词后，中古在佳韵，现代应该读为 a 韵，在第七组里我们还要讨论这种对应关系。但是在实际上这个音节在方言中读轻声，ʔla^{1} 变成 ʔle^{1}。同样的情况是壮语 laːi^{1}，作副词意为“稍”“最”。温州方言 ʔle^{1} 在形容词后面意为“稍”，如 ma^{6}ʔle^{1}，“慢一点”；kha^{5}ʔle^{1}，“快一点”。壮语 laːi^{1}diŋ^{1}“稍红”，diŋ^{1}laːi^{1}“最红”。可能温州方言 ma^{6}ʔle^{1}、kha^{5}ʔle^{1} 的 ʔle^{1} 与壮语 laːi^{1}“稍，最”有关系。也是因为读轻声的关系，成为 ʔle^{1}。

［ʔni^{3}］温州方言量词“点”，ʔi^{1}ʔni^{32}“一点儿”。侗语“小”ni^{5}，水语 ti^{3}，毛南语 ʔni^{5}，仫佬语 niŋ^{5}。侗语量词 n̥i^{1}，“些”“点”。拟原始侗水语“小”为 *hni（C 调）。量词 n̥i^{1} 是后起的，来自原始侗水语 *hni。温州方言 ʔni^{3} 也是来自原始侗水语 ʔni^{3}（C 调）。一些早期的壮语和侗语的汉借词 i 韵和温州方言 i 韵仍有对应关系。如“二”，龙州壮语 ji^{6}，侗语 n̥i^{6}，温州方言“二十”读 n̥i^{6}；“膜”壮语 ʔi^{1}，侗语 ji^{1}，温州方言 ʔi^{1}；“医”，侗语 ji^{6}，温州方言 ʔi^{1}。说明现代壮语和现代侗语的 i 韵可以追溯到中古以前，仍是 i 韵。

第七，温州方言 a 韵壮侗语底层词。

口水	温州 la^{4}	壮语 laːi^{2}
瓣	温州 sa^{5}（橘子等果肉）	侗语 sai$^{5'}$

［la^{4}］温州方言“口水”。“口水”武鸣壮话 mlaːi^{2}，龙州壮话、傣语 laːi^{2}，布依语 nlaːi^{2}，原始台语 *mlai（A 调）（李方桂，1977，93 页、287 页）。温州方言 a 韵来自中古皆韵和佳韵，佳韵中古音为 *ɑi（高）、*aï（李），皆韵中古音为 *ǎi（高，李）。无论温州方言 la^{4} 中古属于佳韵或皆韵，与原始台语“口水”*mlai 的韵母是很接近的。温州方言“口水”la^{4}，中古读 *lai，或 *lǎi（上声），来自于原始台语 *mlai（A 调）。同第一组第一个词一样，原始台语的复辅音声母 *ml- 在温州方言中简化为 l-。

［sa^{5}］温州方言“瓣”，量词，指橘子、柚子等的果肉。属皆韵或佳韵，中古读 *sɑi 或 *sǎi，去声。“瓣”，侗语 səi^{5}。侗语 əi 韵和本语支语言的 ai 韵以及壮语的 ai 韵有对应关系：“死”，侗语 təi^{1}，水语、毛南语、仫佬语 tai^{1}，壮语 taːi^{1}；“海”，侗语 həi^{3}，水语 haːi^{3}，毛南语、仫佬语 hai^{3}，壮语 haːi^{3}。我们有理由认为侗语的 əi 韵来自原始侗水语的 *ai 韵，就像壮语的 aːi 韵来自原始台语的 *ai 韵那样。拟原始侗水语“瓣”为 *sai（C 调），与温州方言“瓣”的中古读音 *sɑi 或 *sǎi 是很相近的。可能温州方

言的 sa^{5} 来自原始侗水语。

“以上分七组讨论了温州方言的壮侗语底层词。我认为温州方言中这些语词不是来源于古代汉语，而来源于原始台语和原始侗水语。”

——吴安其：《温州方言的壮侗语底层初探》，载《民族语文》1986 年第 4 期，第 37～42 页。

依据古汉越语证明诗经“鲜”字读入支部

王力书中提到：“‘鲜’字，在诗新台与‘泚’‘瀰’为韵（‘泚’‘瀰’皆支部字，或云脂部，非），那么，它该是支部字。越语有 tyɐi^{1} 字，是新鲜的意思。譬如说 ca^{5}tyɐi^{1}，就是‘鲜鱼’。汉越语里‘鲜’字虽读 tien^{1}，但是，依我们猜想，它在古汉越语里应该是读 tyɐi^{1}。支韵字，古汉越语里有读作 -ɐi 的，例如‘移’zɐi^{2}；甚至也有读作 -yɐi 的，例如‘寄’gyɐi^{3}。这样，诗经‘鲜’字读入支部有了很好的证明了。”

——王力：《汉越语研究》，载《岭南学报》1948 年第 1 期，第 59 页。

日本和越南的汉字音支持按照反切把庚韵系庄组字分为两类说

邵荣芬提到：“最后，我们还可以从日本和越南的汉字音得到支持，试看高本汉《中国音韵学研究》后附《方言字汇》所录日语汉音和安南译音：

	日语汉音		安南译音
庚$_{二}$	-oː	庚$_{二}$	-aŋ
庚$_{三}$	-ei	庚$_{三}$	-iŋ，aŋ
生笙牲省	-ei	生笙牲	-iŋ

这与《切韵》反切的情形完全相合，也不能说不是有力的印证。”

——邵荣芬：《切韵研究》，中华书局，2008 年，第 93 页。

敦煌汉藏对音中鱼虞的读音可佐证鱼虞分韵

罗常培认为：“由这四种藏音所有的例来看，大概鱼韵字在阿弥陀经跟金刚经里变 i 音的较多，在大乘中宗见解里变 u 音的较多，而在千字文里 i、u 两音大有势均力敌的样子，所以千字文的藏音好像是前两系方音的过程似的。惟其如此，所以他分化的现象是没有规则的。千字文里的鱼韵字有八个读入 i 韵：‘楚，疎，车，居，黍，锯，庶，誉’；同时也有七个读入 u 韵：‘诸，渠，于，举，虑，御，豫’。拿声母来讲，‘车，居，举’同属见母，‘锯，渠’同属群母，‘誉，豫’同属喻母四等。拿声符来讲，‘锯，渠’同从‘巨’声，‘誉，举’同从‘与’声；拿声调来讲，‘疎，车，居，诸，渠，于’都是平声，‘楚，黍，锯，举’都是上声，‘庶，誉，虑，御，豫’都是去声：无论从哪一方面看都不能找出他们所以分化的道理来——这正可以代表青黄不接时代的混乱现象。他所以没像虞韵那样完全变 u，正可以作为鱼韵读［ĭo］，虞韵读［ĭu］的佐证，到了大乘中宗见解里鱼虞两韵就混而不分了。”

——罗常培：《唐五代西北方音》，载《国立中央研究院历史语言研究所单刊》甲种之十二，1933 年，第 45 页。

从“茸”字考证朝鲜汉字读音存在上古音遗存

金珠英通过对“茸”字的朝鲜语汉字音的考察，认为：“‘茸’在《广韵》的反切是‘而容切’，属钟韵。而它在朝鲜语中有两种汉字音：一个是‘鹿茸’之‘茸’，在朝鲜汉字音中与‘容’字音同；另一个是‘松茸’、‘石茸’之‘茸’，此音与‘耳’音同。五十年代编的朝鲜《新玉篇》中‘茸’字有‘容’ioŋ、‘耳’i 两种朝鲜汉字读音。‘松茸’、‘石茸’之‘茸’在《新玉篇》中的音均注为 i。新近出版的《中朝词典》(朝鲜的外文出版社、中国的民族出版社）里‘茸’的对音是 i，却把‘石茸’改写成‘石耳’。”“唐作藩《上古音手册》中指出，‘茸’字从耳得声，早期当在之部（江苏人民出版社出版，111 页）。也就是说‘茸’字在上古的早期与‘耳’一样属日母、之部。后来由于阴阳对转等原因，这些字的归属发生了变化。”

据此，作者认为：“朝鲜语汉字音中的 i 音来源于上古‘茸’字属于之部时的音，尽管后来‘茸’字在中国汉语音系中发生了音变，但是在朝鲜汉字音中至今还保留着它的上古早期音，并与后来接受的变化音 ioŋ 共存。”

——金珠英：《朝鲜语词中 sɛ pa ram 中 sɛ 的语源考》，载《民族语文》1987 年第 4 期，第 41～45 转至 62 页。

从梵文入手对内外转之考证

罗常培认为：“大失透以为：‘第二等有字无字，为制图上偶然之现象，其理由不可解，而学术上之分类自当以体韵之开合为当然。’于是既移臻摄属内，复据《切韵指掌》宕江同图例（第十三、第十四）及唐译《陀罗尼集梵语杂名》之对音，改列宕摄为外转。惟于果摄独据明觉《悉昙要诀》之译音仍列于内转，‘以使体韵之张摄与音尾之相同者两两对立’，则犹囿于内外各八之遗型，未敢使其偏畸。”

——罗常培：《释内外转》，载《罗常培语言学论文集》，商务印书馆，2004年，第125页。原载《中央研究院历史语言研究所集刊》第四本第二分，1933年。

藏缅语研究与汉语元音构拟

龚煌城认为：“主张上古汉语有六个元音的学者，若要证明他们所构拟的系统是正确的话，必须能提出证据，说明他们所构拟的汉语上古音与原始藏缅语有哪些对应规律，特别是他们所构拟的 -e- 和 -o- 在藏缅语中的对应关系，看看是否能合理说明上古汉语与原始藏缅语如何从共同的祖语演变发展出来。汉语上古音的研究已发展到一个新的阶段，我们不能把眼光局限在汉语内部，只满足于能解释汉语内部的现象，而不兼顾汉语与整个汉藏语系的关系。”

——龚煌城：《从原始汉藏语到上古汉语以及原始藏缅语的韵母演变》，载《汉藏语研究论文集》，北京大学出版社，2004年，第238页。

从藏缅语的松紧元音看上古汉语是否有松紧元音

戴庆厦认为：“汉藏语系非汉语的语种多，特点丰富、复杂，能为汉语史的研究提供广阔的思路。但不要以为非汉语里有的现象在古代汉语里也会有，而要通过分析、对比确定有无。有的语言现象在非汉语里虽有广泛的分布，但在过去的汉语里不一定有过。如20世纪40年代在藏缅语里发现了松紧元音后，有的学者就推测上古汉语也有松紧元音，并认为上古的松紧元音后来转为长短元音。但随着松紧元音研究的不断深入，发现藏缅语的松紧元音主要来源于韵母的舒促和声母的清浊，这就为思考上古汉语是否有松紧元音提供了重要的旁证。上古汉语既有舒促对立，又有清浊对立，再有松紧元音对立的可能性就不大。如果有，又从何而来？”

——戴庆厦：《汉语结合非汉语研究的一些理论问题》，载戴庆厦：《戴庆厦文集（第五卷）·汉语和非汉语比较研究》，中央民族大学出版社，2012年，第19页。原载《长江学术》第1辑，2002年。

从傣语看上古汉语的长短元音

罗美珍认为："侗台语的长短元音在历史上有过发达时期，但现在处于消失过程中。长短元音对立的作用和数目在侗台各语言中不平衡。有的语言（如黎、壮、泰）保留对立的长短元音数目较多；有的语言（如傣、侗）则只剩一个 a 还分长短，而傣语的个别土语则长短元音完全消失（见拙文《傣语长短元音和辅音韵尾的演变》，《民族语文》1984 年第 6 期）。现代汉语方言多数已无长短元音之别。有些音韵学家不同意汉语的元音在历史上是分长短的。但是从广州话在入声上还保留长短元音的对立以及长短对立的韵只有 a 韵齐全，i、y、ɛ、œ、ɔ、u 各韵都有短缺看来，这种现象和傣语很相似。这说明汉语在历史上也有过长短元音对立的发达时期，只不过现在消失得较多而已（现已发现有好几处的吴语，元音分长短有音位价值，如青田、义乌。还有不少地方元音长短的辨义功能已消失，但口语中仍有长读和短读两可现象，如温州、皖南）。再从另一方面来看，汉语中所谓元音'高化''低化'的现象用韵头的有无或松紧解释，往往行不通。参照傣语的情况也许用长短元音来解释所谓的高化、低化现象更为合理：

傣语某些土语（如武定、孟连、永仁）在长短元音对立的消失过程中以不同的元音替代长短元音的对立，如长 a，各地都是 a，但短 a，在武定是 ɐ；孟连是 ɑ；永仁是 ɔ，而在远隔千里的印度阿萨姆地区的坎姆提语也有这种以不同元音代替长短对立的现象，以 ᴀ 代替短 a。看来短 a 都是以部位偏央或偏后的音值代替。如：

	景洪	武定	永仁	孟连	坎姆提
（水）流	lai^{1}	lɐi^{1}	lɔi^{1}	lɑi^{1}	li^{1}
多	laːi^{1}	lai^{1}	lai^{1}	lai^{1}	lai^{1}
种子	fan^{2}	fɐn^{2}	fɔn^{2}	fɑn^{2}	phn^{2}（宗族）
麂子	faːn^{2}	fan^{2}	fan^{2}	fan^{2}	phan^{2}

汉语的所谓'高化''低化'可能就是不同的元音替代长短元音对立的结果。"

——罗美珍：《对汉语和侗台语声调起源的一种设想》，载《中国语文》1988 年第 3 期，第 215 页。

以汉语关系词作为参照探索苗瑶语的阴声韵母系统

金理新针对王辅世、毛宗武为苗瑶语共构拟五十八个阴声韵母的情况，提出这一构拟并不符合苗瑶语的实际，不应该构拟如此复杂的语音系统，文中通过苗瑶语内部的比较，并以苗瑶语跟其他语言，尤其是汉语关系词作为参照，得出苗瑶语阴声韵母实际只有六类十六个韵母，作者发现不管苗语支语言还是瑶语支语言的阴声韵母都是整齐有序的。

——金理新：《苗瑶语的阴声韵母系统》，载《语言研究》2007 年第 3 期，第 99～111 页。

梵文字母对音可为四等主元音作［ɛ］提供根据

邵荣芬提到："四等主元音作［ɛ］，在梵文字母对音里也有根据，试看昙无谶、慧严、谢灵运和僧伽婆罗对梵文 e 和 āi 的译法：

	e	āi
昙、慧、谢	哩	黳
僧伽婆罗	堅	翳

'哩、黳、堅、翳'都是四等字。āi 不用咍韵系字或泰韵系字对译（试比较玄应'黳'对 e，'藹'对 āi，地婆诃罗'翳'对 e，'爱'对 āi），而也用四等字对译，说明在这几个人的话里，四等字的元音一定比［e］开得多，以致使他们觉得用四等译 āi 和一等字几乎一样的好。如果这个推想可靠的话，那么把四等元音订为［ɛ］就不仅仅是处于系统上的考虑了。"

——邵荣芬：《切韵研究》，中华书局，2008 年，第 147～148 页。

少数民族文献中用遇摄三等字代表 -i 的现象

孙伯君认为："用遇摄三等字代表 -i，这并不是只在女真文献中出现的孤立现象，而是残唐五代以后北方汉语一条普遍规律的反映。我们在敦煌藏汉对音文献、西夏对音文献中都可以找到 -i 和 -u 对音的例证。"

“罗常培在总结《千字文》、《大乘中宗见解》、《阿弥陀经》、《金刚经》的藏汉对音时提供了如下的例子：《千字文》中的对音例子有：楚：chi，疎：shi，黍：shi，庶：shi，车：ki，居：ki，钜：gi，誉：yi；《大乘中宗见解》中的对音例子有：据：gi，与：yi；《阿弥陀经》中的对音例子有：如：ri，诸：ci，处：chi，女：vji，所：shi，汝：zhi，于：vi，与：yi；《金刚经》中的对音例子有：诸：ci，女：vji，所：shi，去：khi，龄：vi，与：yi。”

“罗常培总结说：‘由这四种藏音所有的例子来看，大概鱼韵字在《阿弥陀经》跟《金刚经》里变 i 音的较多，在《大乘中宗见解》变 u 音的较多，而在《千字文》里 i、u 两音大有势均力敌的样子，所以《千字文》的藏音好像是前两系方音的过程似的。’（罗常培，1933：45 页）当然，尽管都是遇摄三等字，但敦煌藏汉对音与《女真译语》的汉语和女真文对音还是存在一点区别，即在敦煌方言中变读为 -i 的只限于部分鱼韵字，而虞韵字依然读 -u，但是在《女真译语》中，鱼虞两韵都有变读为 -i 的字。”

“西夏文的汉文和藏文对音也反映了同样的情况。例如与西夏语第九韵相应的对音汉字有遇摄三等的‘庶’、‘数’、‘鼠’、‘梳’、‘书’、‘树’等，而藏文对音则有 vgi、dghi、phi、vbiv、dbiv 等；与第六十二韵相应的对音汉字有遇摄三等的‘住’、‘处’、‘杵’、‘枢’、‘锄’等，而藏文对音有 bldi，汉文对音的遇摄字与藏文对音的 -i 韵字构成对应关系，这说明在西夏也有把遇摄三等元音读作 -i 的。”

在女真人的汉语音韵系统中，遇摄三等字确实分为 -u 和 -i 两类，至于哪些字读 -u，哪些字读 -i，或者说遇摄三等字的分化标准是什么，作者尝试做了分类：

“唇音字仍读 -u。《女真译语》的‘府’、‘夫’、‘付’、‘抚’、‘舞’、‘许’都与满语读 u 的音节相对，其原因是唇音比较容易带有合口势。如现代湖北武汉方言，非组的遇摄三等字都读 -u，而见系读 -ɯ、-ɤ，端系读 -y、-i，知系读 -y（朱建颂，1992：94、97 页）。袁家骅（1989：72 页）在论及苏州话时总结说：‘-y 来自遇摄三等虞鱼，-u 来自遇摄合口一三等模虞。值得注意的是，-u 韵所拼声母都是唇音（帮非二组），而同样从模虞二韵来的韵母，要是出现在其他声母后面，都读作 -u。’”

“喉音字和牙音字变读为 -l。如‘雨’、‘于’、‘具’在金代女真文中作为 -i 韵字的字源。现代武汉方言遇摄三等合口见系字仍读 -ɯ、-ɤ，没有读为 -y，可作为旁证。知系、庄系介于读 -i、-u 之间。《女真译语》的‘书’‘舒’‘住’既与满语读 u 的音节相对，又与满语读 i 的音节相对。这可能是受声母 tʃ、tʃɦ、ʃ 的影响所致。不过，由于例字太少，我们的以上分类还只能是个假定而已。”

“知道了汉语的一部分遇摄三等字可相当于少数民族语言的 -i，这将对我们今后解读少数民族古文献起到促进作用。”

——孙伯君：《〈女真译语〉中的遇摄三等字》，载《民族语文》2001 年第 4 期，第 50～54 页。

藏文后置辅音 j- 和中古汉语 *-i- 的来源

薛才德通过藏语与其他藏缅语言同源字比较、藏文本身的材料和现代藏语方言材料的分析研究，认为："藏文后置辅音 j-，大部分来源于古藏语后置辅音 l-，小部分来源于古藏语后置辅音 r-。李方桂（1980）给上古汉语构拟了 *-r- 和 *-j- 两个介音，我们从历时来源和共时系统来看，把它们分析为复辅音声母的后置辅音也许更恰当些。换句话说，即上古汉语没介音。汉语这个跟藏文的后置辅音 j- 有对应关系的上古 *-j- 介音实质上是后置辅音 *j-。这个后置辅音 *j- 是否也像藏文的 j 一样大部分来源于前上古汉语后置辅音 l-，小部分来源于前上古汉语后置辅音 r-。它发展到中古就变成了 -i- 介音。它们的发展演变过程可以大致描述为：后置辅音 **l-（或 **r-）→后置辅音 *j- →介音 -i-。"

——薛才德：《藏文后置辅音 j- 和中古汉语 *-i- 的来源》，载《民族语文》2004 年第 3 期，第 27～33 页。

汉语和侗台语的介音的对应关系

邢凯认为："原始台语有 *-i̯-、*-u̯-、*-ɯ̯- 三个介音。梁敏先生构拟的原始侗台语中也同样存在这三个弱读的高元音。带有这三个介音的词项有一部分和汉语的介音或后置辅音之间存在对应关系。" 并列出了 11 条语音对应规律："1. 原始侗台语 *i̯ 介音和汉语三等介音 *j 的对应。2. 原始侗台语 *i̯ 介音和汉语后置辅音或介音 *r 的对应。3. 原始侗台语的 *-w/u̯ 和汉语的唇化成分或合口介音 -w/u 的对应。4. 原始侗台语介音 *u̯ 和汉语重纽二等字 B 类介音 *rw- 的对应。5. 原始侗台语的介音 *ɯ̯- 和汉语重纽字介音 *r- 的对应。6. 原始侗台语 *-l/-r 和汉语后置辅音或介音 *r 的对应。7. 原始侗台语重读 *i- 和汉语 *j- 介音对应。8. 侗台语重读 *i 元音和汉语后置辅音或介音 *r 的对应。9. 原始侗台语重读 *u 元音和汉语 *u 介音或唇化成分 *-w 的对应。10. 原始侗台语重读 *ɯ 元音和汉语后置辅音或介音 *r（*rw）的对应。11. 原始侗台语 *i 元音和汉语四等字 *i 元音的对应。"

"和汉语比较可以看到，原始侗台语的某些介音或者复合元音也有可能是后起的。

李方桂先生早在 1971 年（《上古音研究》最初发表在 1971 年台北《清华学报》新 9 卷）就指出：上古汉语没有合口介音，只有 -j-，-r- 两个介音。中古汉语的 u 介音大部分来自圆唇舌根音，一部分是后起的。上文举例了汉语和原始侗台语介音、重读高元音、后置辅音的 11 条语音对应规律，其中原始侗台语 *-w/u̯ 和汉语 *-w/u 的对应；原始侗台语 *u 元音和汉语 *u 介音或唇化成分 *-w 的对应。说明无论侗台语还是汉语的 u̯ ~ u 介音都是来源于圆唇化舌根音。原始侗台语 *u̯ 介音和汉语重纽三等 B 类 *rw- 介音的对应；其中‘熊（罴）’、‘骑’汉语都是三等开口字，侗台语的 * 介音是来自后置辅音的唇化成分，换言之是来自声母的某种影响，这当然是后起的。此外，圆唇高元音（例如 u）的‘裂变’也是 u̯ ~ u 介音的来源。理论模式可以表述为：*u- > uo- > uə- > ua-。汉语江摄的演化就是如此。”

“李先生把上古汉语的 *r 当作介音，这不过是一种理论性的概念（便于和中古汉语的‘等’相联系）。从侗台语、藏缅语看 r 都是后置辅音。我们的处理是：*r 在上古是后置辅音，音值可能是舌尖浊滚音 r（也可能是浊边音 l），舌尖浊闪音 ɾ 等等。*r 在中古汉语是介音，音值可以定为舌尖后无擦通音 ɹ。这个 ɹ 和高元音 j、i、ɯ 之间有频繁的转化关系，可以说它是带有高元音性的半元音。ɯ̯ ~ ɯ 本来就是 *r 的转化物。如原始侗台语介音 *ɯ̯ 和汉语重纽三等介音 *r 的对应；原始侗台语重读高元音 *ɯ 和汉语后置辅音或介音 *r（*rw）的对应。理论模式可以表述为：*kr- > kɤ- > kɯ- ~ kɯ̯-。ɤ ~ ɯ 都可以造成声母的‘后腭化’。*r 也可以转化为 i ~ i̯，例如原始侗台语介音 *i̯ 和汉语后置辅音或介音 *r 的对应；原始侗台语高元音 *i 和汉语后置辅音或介音 *r 的对应。理论模式可以表述为：* kr- > kʐ- > kʑ- > ki̯- ~ ki-。i ~ i̯ 都可以造成声母的‘前腭化’（kj-），并进一步变为舌面前音（ȶ ~ tɕ-），也有变舌面中音 c- 的。此模式的第二阶段（kʐ-）、第三阶段（kʑ-）并无实际语言的证据，是纯粹的理论推导。换句话说，*r 可以直接转化为 i ~ i̯。”

“以北京音为代表的标准汉语及其相关方言，从上古到现代从来就没有过一个 *j- 介音。和侗台语相似，很少的一部分汉语方言（例如山东的牟平、寿光等）*r 介音转化为 j- 介音。此外，‘罴’、‘骑’、‘螘’、‘圆’、‘蠬’、‘饮’、‘窨’、‘皮’等字，中古汉语都是有 j- 介音的。然而无一例外，这些 j- 介音都是由 *r- 介音转化来的。原始侗台语 *i̯ 介音和汉语 *j- 介音的对应，重读 *i 元音和汉语 *j- 介音的对应。无论汉语还是侗台语 j ~ i̯ 介音以及重读高元音 i 都是后产生的。除了 *r 来源外，它们主要是来自高元音的分裂，就像孙宏开先生所描述的藏缅语介音的来源那样。高元音的分裂：汉语‘鼎’上古耕部四等字 *tiːŋx > ᶜtieːŋ，可以看到 *i 元音的分裂。但是从和藏缅语的比较中我们得知，这个 *i 元音又是来自于前上古的 *e 元音。这里我们看到 *e

元音的分裂：*e＞ie＞iə＞ia。”

“和藏缅语一样，原始的汉语和侗台语也都有可能是一种没有介音、没有复合元音的‘单元音语’。当然从整体来看，侗台语的 *-i̯-、*-u̯-、*-ɯ̯- 介音以及重读高元音 *i-、*u-、*ɯ- 和汉语 *j、*w（u）-、*r- 介音对应的例证还是比较多的。应当说郑张先生所设想的上古汉语是比较早的阶段的。汉语和侗台语分离的时段是很难确定的，因此就存在两种可能性：第一种是在汉台两语分离之前，原始汉台语就已经产生介音了；第二种可能是汉语和侗台语的介音是在它们分离后各白产生的，但是这种语言要素产生的基础在它们所共同由来的原始母语中就已经存在了。”

——邢凯：《关于汉语和侗台语的介音问题》，载《民族语文》2000 年第 2 期，第 49～55 页。

从汉藏语的比较看重纽问题

龚煌城从汉藏语的比较，证明重纽三、四等分别起源于 *-rj- 与 *-j- 不同的音节结构，同时也进一步探讨哪些韵产生重纽，哪些韵引起元音的差异，哪些韵 *-rj- 与 *-j- 合并为一韵。另外他认为中古尤、幽两韵合成重纽，但次序应该颠倒，幽韵属重纽三等，尤韵属重纽四等。

通过汉藏语的比较证据他认为：“重纽三等的来源是介音 -rj-，而重纽四等的来源则是介音 -j-。”

关于 -rj- 与 -j- 的区别造成中古元音差异的观点，他认为：“上古带 *-rj- 介音的字，到了中古进入庚韵（如上表中的‘鸣、命、评’等字），而带 *-j- 介音的字（如上表中的‘名’字）则进入清韵。”“比较语言学的证据显示：庚陌韵三等字与庚陌韵二等字一样，在上古都带有 *-r- 介音，而阳药韵字则与一等的唐铎韵字一样，不带 *-r- 介音。换句话说，上古 *-r- 在 *-j- 之前影响到元音，造成了中古庚陌韵（三等字）与阳药韵的分化。”

关于对 -rj- 与 -j- 的区别在中古合并的观点论证，他指出：“依照韵图安排重纽三、四等字的方式，应该把带介音 *-rj- 的字放在三等位置，带介音 *-j- 的字放在四等的位置才合理，然而《韵镜》却几乎把所有的侵缉韵唇、牙音字全部放在三等的位置，而把四等的位置空下来，只有喉音影母字‘音、愔’与‘邑、揖’四字才分别放在三、四等的位置。这种现象只能解释为：在《韵镜》的时代 *-rj- 与 *-j- 在唇、牙音前已合并，只有在影母前还保存着区别，呈现为重纽的三、四等。”

“从上面所提到的现象，我们看到历史上音韵变化逐渐扩散的经过。就侵缉韵而言，*-rj- 与 *-j- 合并，是先发生在唇、牙音后面，《韵镜》时代以后才扩散到喉音后面的。在牙音后面合并的发生也有先后之分，去声与入声韵在前，平上声韵在后。音韵变化的速度参差不齐，只有以较长久的观点来看，才容易看出其规律的严整性。”

——龚煌城：《龚煌城汉藏语比较研究论文集》，“中央”研究院语言学研究所，2011 年，第 127～163 页。

从汉藏语的比较看汉语上古 -rj- 介音

龚煌城指出：“汉语音韵的演变，从原始汉藏语到汉语上古音，从汉语上古音到中古音，一脉相承，其演变有迹可寻。从研究的程序来说，虽然是由中古音上溯上古音，然后再由上古音上溯原始汉藏语，较顺理成章，然而也不能墨守成规，一成不变，必须经常上下贯通，互相参照，以求最合理的解释。

本文从汉藏语的比较，确认 -rj- 介音的存在，再进而探讨它与重纽的关系，并追查 -rj- 音演变的情形。并据以构拟原始形态。经过这种探讨的过程所构拟的上古音，一来可以解释上古音到中古音的演变情形，二来可以解释汉字的谐声及语词的同源关系，最后也可以回头促使汉藏语的比较研究更为精确。”

——龚煌城：《从汉藏语的比较看重纽问题》，载《汉藏语研究论文集》，北京大学出版社，2004 年，第 146 页。原载《声韵论丛》6：第 195～243 页，1997 年。

敦煌汉藏对音中江韵的开合佐证汉语江韵因声母影响分开合不是从宋代开始的

罗常培认为：“江韵的字照切韵的反切看本来应该全是开口，但是韵镜的第三转已然标作‘开合’，切韵指南的‘江摄’就简直的标明：‘见帮晓喻属开，知照来日属合’，在这四种藏音里虽然只有三个江韵的字，而‘绛’开‘幢’合完全跟切韵指南的系统相符：可见江韵受声母的影响而分化成开合两类实在不是从宋代才开始的。”

——罗常培：《唐五代西北方音》，载《国立中央研究院历史语言研究所单刊》甲种之十二，1933 年，第 55～56 页。

依据敦煌汉藏对音和现代藏语可证现代西北方音里齐撮两韵的演变

罗常培认为："这一组声母对于韵母有两种影响：第一种，可以使细音的齐撮两韵母变为洪音的开合韵母，例如：

……

拿这些字同上面那一组逐韵对比，我们便可以看出同属一韵而洪细异读的现象来，前者所以由细变洪无疑是受舌尖后音（Supradentals）的硬化所致。这种演变在唐五代的时候还没有发生，因为藏译汉音中虽然齐齿韵母在 c 组声母的后头也往往省却 y 介音，然而若一参照现代藏语的读音以及穿母的'称'字可以误注为'k'yiṅ'（参阅 20 页），我们只能承认这是受舌面前音［tɕ］，［tɕ'］，［dʑ］，［ɕ］，［ʑ］的同化，而不是受［tʂ］，［tʂ'］，［dʐ］，［ʂ］，［ʐ］的硬化。惟其如此，所以主要元音 i 可以不至于变移，介音 y- 也可以有时省，有时不省。至于合口的三四等，藏音也译作 u 或 w-，那是因为藏文根本没有撮口音的缘故，这不单在本组声母的后面为然，就是在别组声母的后面也是一样的。所以这一组声母在现代西北方音里大部分变成舌尖后音，因而使齐齿撮口两韵都受了硬化，要算是比较后起的现象。"

——罗常培：《唐五代西北方音》，载《国立中央研究院历史语言研究所单刊》甲种之十二，1933 年，第 155～156 页。

泰语、英语能为拟测上古音的腭化介音 *-j- 与不腭化元音 *-i- 提供证据

李方桂认为："为上古音拟测一个腭化的介音 *-j- 与一个不腭化的元音 *-i- 似乎造成一些音韵学家的不安。Pulleyblank 说：'-i-、-j-、-ji- 等这么多所谓介音的影响，就我由普遍的语音学理论来看是没什么说服力的'（1977：130）。我不了解他心里想的是什么语音学理论。且让我举些语言里可以观察到这种区别的例子。在暹罗语（泰语）里有像：Þ □ im'满意、满'，jim'微笑'，jam'混合'，jiam'拜访'，和 Þ □ iam'加强语气词'。在英语里 -j- 和 -i- 也有一些细微的区别，它们也会影响前面的辅音。由于英文不是我的母语，我得感谢我的同事给我下列的一些例子，比较以下的不同：year 和 ear、yeast 和 east、bad year 和 bad ear、last year 和 last ear（玉米的）、did you 和 did he、dew（有些人说 jew）和 deed。看起来有个很强的倾向将 -j- 前的舌

尖音腭化，有时候甚至变成一个塞擦音，但是在 -i- 前面不腭化。也许有些语言里 -j- 和 -i- 都会腭化，但是 -j- 和 -i- 仍有不同的腭化方式。”

——李方桂：《上古音》，载《李方桂全集（第一集）：汉藏语论文集》，清华大学出版社，2012 年，第 206 页。原载 David N.Keightley 主编，*The origins of Chinese Civilization*，第 393～408 页，University of California Press，1983。

通过韩国汉字音考证二等［r］介音

赵美贞列举大量实例指明：“韩国汉字音可以证明二等字确实本来就具有［r］介音。”

“1.‘江’。汉语的‘江’是一个二等字，上古应该具有［r］介音，韩国最大的河流‘汉江’读作한강［han glaŋ］，其‘江’字当中正好有一个［*r>l］音。”

“2.‘格、隔、庚、亨、衡、凹’。这几个字在汉语中都是二等字，但是它们在现代汉语中都没有［i］介音。在韩国汉字音中，‘格、隔’读격［kiək］，‘庚’读경［kiəŋ］，‘亨、衡’读형［hiəŋ］，‘凹’读요［io］，都有［i］介音。这个［i］介音不应该是韩国人自己添加上去的，而是从上古［r］介音演变过来的。在汉语中，‘更、耕’有［kəŋ］和［tɕiəŋ］两读，元明时代这两个字的主元音都不是前元音［a］，但是也产生了［i］介音，这是传统的二等字产生［i］介音的理论所无法解释的；韩国语这两个字也读成경［kiəŋ］，这也说明二等字的［r］介音是上古就有的。”

“3.‘闹、猫、卯、昴、豹’。这几个字在汉语中都是二等字，按照传统的二等字产生［i］介音的理论，它们是不应该产生［i］介音的。但是在韩国语中，‘闹’读作뇨［nio］，‘猫、卯、昴’读作묘［mio］，‘豹’读作표［phio］，这再一次说明二等字在上古就具有［r］介音，以后在韩国语中变成了［i］，这也说明传统的二等字产生［i］介音的理论是不正确的。”

——赵美贞：《韩国汉字音中的汉语上古音》，载《民族语文》2005 年第 5 期，第 74～76 页。

通过日语汉音看假名五段与汉字四等的关系

曲翰章：“拟通过日语音读汉字的汉音在日语《五十音图》的五段上的分布情况，比较一下假名五段与汉字一等、二等、三等、四等的对应关系。依据的资料是中国科学院语言研究所编的《方言调查字表》和日语《五十音图》。

通过比较看到假名五段与汉字一、二、三、四等有严格的对应关系。即一等字的

汉音分布在あ(a)段上和お(o)段上；二等字分布在あ(a)段上；三等字分布在い(i)、う(u)、え(e)三个段上；四等字分布在え(e)段上。”

——曲翰章：《通过日语汉音看假名五段与汉字四等的关系》，载《中国语文》1982年第5期，第388页。

依据梵文字母对音考证一、二等重韵是音质的不同

邵荣芬提到：“高本汉认为一、二等重韵大多数是音量长短的不同。中国学者几乎没有同意高的说法的，一般认为是音质的不同。从广州和汉藏语系其他语言来看，汉语历史上有长短元音是很可能的。不过说中古音还有长短音实在找不到可靠的证据……

在梵文字母对音里，玄应和义净都用泰韵的‘蔼’字对译梵文的 āi，似乎符合高本汉泰韵主元音是长的说法，可是地婆诃罗又用代韵的‘爱’字对译 āi，就把这证据又取消了。不空以后都用‘爱’字译 āi，而且和 e 对举时还有‘长蔼、短蔼’之说就更看不见长短音的影子了，因此，我们支持中国学者的说法。”

——邵荣芬：《切韵研究》，中华书局，2008年，第149～150页。

运用女真语史籍佐证宋元汉字中的遇摄三等字

孙伯君认为：“《女真译语》中的遇摄三等字可以分为两类：一类是对音汉字，包括‘诸、书、舒、如、夫、朱、于、楚、许、府、抚、武、舞、御、付、住’等；另一类是作为女真字造字依据的汉字，即所谓的‘字源字’，包括‘书、夫、无、于、府、雨、御、去’等。后者无疑代表了女真字创制时即金代北方汉语的读音，而前者的对音尽管是明代四夷馆官员所拟，但应该是参照了金代流传的教材，所以也可以说有些字代表了金代北方汉语的读音。”通过对女真文字源字与对音汉字以及满语相应形式的比较，作者发现“遇摄三等字‘舒、住、于、雨、具’等（杨耐思《中原音韵音系》拟音为鱼模韵 *-iu），或者所对应的女真语音节的韵母相当于满语的 -i，或者作为女真语韵母 -i 音节字的字源字。如：《女真译语・鸟兽门》‘鹞’，对音汉字为‘舒目’，相当于满语 silmen；《女真译语・人事门》‘问’，对音汉字为‘番住埋’，相当于满语 fonjimbi；《女真译语・通用门》‘相’，对音汉字‘亦宣都’，满语为 išunde，对音为‘亦’的女真字源自汉字‘雨’；《女真译语・天文门》‘云’，对音汉字为‘秃吉’，满语为 tugi，对音为“吉”的女真字源自汉字‘具’；《女真译语・花木门》‘花’，对音汉字

为‘一勒哈’，满语为 ilha，对音为‘一’的女真字源自汉字‘于’等”。

孙伯君根据《女真译语》对音情况，参照敦煌藏汉对音文献以及西夏对音文献推断：“金代北方汉语唇音遇摄三等字仍读 *-u；喉音与牙音读 *-i；知系、庄系介于 *-i、*-u 之间。《金史》等宋元史籍女真语所用对音汉字属于遇摄三等的有‘甫、女、住、注、处、余’等，如：‘罐’，对音汉字为‘活女’，满语为 hunnio；‘英俊、美丽’，对音汉字为‘合住、和卓、和者’，满语为 hojo；‘班儿’，对音汉字为‘益都、余睹’，满语 idu，其对音规律与《女真译语》大体相当。”因此，作者“把‘甫’等唇音字所对应的女真语韵母拟定为 *-u；‘住、注、处’等知、庄系字所对应的女真语韵母拟定为 *-o 或 *-u；‘余’等《中原音韵》鱼模韵零声母字所对应的女真语韵母拟音为 *-i。这些规律正可与杨耐思根据北方戏曲用韵 *y 不叶 *u 而叶 *i 以及鱼模与尤侯不混的情况，认为鱼模 *iu 类的 *u 元音可能比较靠前的看法相印证”。

——孙伯君：《胡汉对音和古代北方汉语》，载《语言研究》2005 年第 1 期，第 66～72 页。

由藏文证明汉语“天”在古代也有复子音或闭口韵

王静如认为：“‘天’字在谐声中有‘忝，添，舔’t^hien，在东汉方言里和显 xi̓en 同音，今日广东台山方音仍有这样的例，使我们可以想到，他或许在古代有复子音及闭口韵的成分。这个设想，不久就在藏文里找到了旁证。藏文的天，音为 nam，来自古代的 gnam，恰恰和‘天’的谐声字‘忝’t^hiem 及别读 xi̓en 相对应。藏文方音有 nan，dəm 都是从 gnam 失掉复子音的‘g’变来的；那末中国的 t^hien 当然也有失掉复子音的 k 或 g 及闭口韵变来的可能了。况说还有 t^hien 及 xi̓en 作旁证呢。”

——王静如：《跋高本汉的上古中国音当中的几个问题并论冬蒸两部》，载《中央研究院历史语言研究所集刊》第一本第三分，1930 年，第 414 页。

依据敦煌汉藏对音证明西北方音中鼻收声消失的时间

罗常培在书中提到：“我在上文说：‘《千字文》的收声在切韵开唇元音［ɑ］［a］［ɐ］［æ］［e］的后面几乎完全消失，而在略圆唇元音［ɔ］［o］或中性元音［ə］的后面却照样的保存着，除去少数的例外是很有规则的’（参阅 38 页）。在《开蒙要训》的注音里我们也发现以庚注齐，以庚注祭，以清注齐，青齐互注诸例（参阅 98、99 页），跟《千字文》的演变完全相合。不过在其他三种藏音里除去阿弥陀经‘行，名，经’，

《金刚经》的‘名’,《大乘中宗见解》的‘明，名命’等字以外，别的 -ṅ 收声从写法上看远都没有消失。至于 -n，-m 两收声虽然在《阿弥陀经》、《金刚经》跟《千字文》里也看不出消变的征兆，然而从《大乘中宗见解》的‘言 ge，免 mye，天'de'（参阅 52 页）跟开蒙要训的‘禁：敬’（参阅 117 页）之类看来，恐怕从五代起鼻收声的消失已然开始扩大范围了。有了这个过渡然后我们才可以知道鼻收声在现代西北方音的消失是积渐而然的。”

——罗常培：《唐五代西北方音》，载《国立中央研究院历史语言研究所单刊》甲种之十二，1933 年，第 145～146 页。

原始汉藏语辅音韵尾的演变

龚煌城认为：“原始汉藏语 *-p，*-t，*-k，*-m，*-n，*-ng 等韵尾，在上古汉语以及原始藏缅语都保持不变（但上古汉语 *-k 与 *-ng 在高元音 *-i- 后有 *-k ＞ *-t，*-ng ＞ *-n 的不规则变化），*-kw 与 *-ngw 在原始藏缅语变为 *-k 与 *-ng，在上古汉语则仍然保存，但到了中古汉语 *-kw 与 *-ngw 也与原始藏缅语一样变为普通的 *-k 与 *-ng。”

——龚煌城：《从原始汉藏语到上古汉语以及原始藏缅语的韵母演变》，载《汉藏语研究论文集》，北京大学出版社，2004 年，第 228 页。

藏缅语辅音韵尾的演变证实古代汉语辅音韵尾演变趋势的可靠性

戴庆厦认为：“亲属语言间的历史演变，尽管存在差异，但也有相同、相似点。相同的演变规律对认识汉语的历史演变能起到旁证、补充的作用。比如，古代汉语有丰富的辅音韵尾 -p、-t、-k、-m、-n、-ŋ 等，但到了现代汉语，有的方言（如粤方言）还完整地保留了下来，而多数方言则出现不同程度的脱落、简化。辅音韵尾这种演变趋势，在藏缅语里同样存在。一般认为，古代藏缅语也有丰富的辅音韵尾，至少有 -p、-t、-k、-m、-n、-ŋ 等。但演变到现在，在塞音韵尾上，藏语拉萨话只保留 -p、-t 两个韵尾，德格话只留有一个 -p；缅语仰光话也只剩下一个 -p；在彝语支语言里，塞音韵尾都消失了，并为元音的紧喉所代替。在鼻音韵尾上，藏语拉萨话保留了 -m、-ŋ，而藏语德格话鼻音韵尾都转化为元音的鼻化；在波拉语里，鼻音韵尾与元音的鼻化共存；而彝语支语言，鼻音韵尾已全部消失，鼻音韵转为口元音韵。可见，汉语和藏缅语的辅音韵尾演变在主要方面有着相同的特点，包括辅音韵尾出现简化、脱落的趋势，多种塞音韵尾转化为喉塞音 -ʔ，多种鼻韵尾转化为元音的鼻化等。但相互间也有一些不同的特点，如彝语支语言的塞音韵尾变为元音的紧喉，这是汉语所没有的。”

——戴庆厦：《汉语结合非汉语研究的一些理论问题》，载戴庆厦：《戴庆厦文集（第五卷）：汉语和非汉语比较研究》，中央民族大学出版社，2012 年，第 19～20 页。原载《长江学术》第 1 辑，2002 年。

从壮侗、藏缅语族诸语言看上古阴声韵的辅音韵尾

关于上古阴声韵是否收辅音尾的问题，古音学家的看法有分歧。如果借助汉藏语系诸语言的材料，就有可能解决这个问题。金有景考察了壮语（武鸣话）、侗语（车江话）、毛南语（下南话）、黎语（保定话）、门巴话（西藏墨脱县地东村）的韵母情况，发现“现在汉藏语系里闭音节占优势的语言还是不少的”。并认为斯拉夫语中的“开音节规律”在汉藏语里也是适用的，进而提出“既然现实的汉藏语里尚且存在着闭音节占优势的现象，那么上古汉语里存在闭音节占优势的情况就并非完全不能设想的了”。该文还引用了曹广衢的《壮侗语中和汉语有关系的词的初步分析》一文中的 25 个中古不带辅音尾、上古带辅音尾的字音（中间有一部分是上古阴声字），发现这些字在布依、壮、傣、侗、水、毛南、仫佬等 7 种汉藏语里一般都是带辅音尾的。“由此可见，不能说上古阴声韵带辅音尾是绝对不可能的。正因为这样，现在国内外上古音研究者中间，支持上古阴声韵带辅音尾的人已经慢慢多起来了。”

——金有景：《民族语言研究与汉语研究》，载《民族语文》1983 年第 6 期，第 47～49 页。

依据白话可证明古汉越语的“侵”韵是“-im”“缉”韵是“ip”

王力提到：“深摄非常简单。但是，我们应该特别注意：侵韵在古汉越语里应该是个 -im。‘金’字读 kim^1 已经足以启示我们了；此外还有白话‘寻’字说成 tim^2，‘沈’字说成 $chim^2$，也可帮助证明。和侵韵相当的缉韵也有类似的情形：‘急’字白话是 kip^5，‘及’字白话是 kip^6，由此可知缉韵的古音是 ip。再拿上文的真质韵来看，更觉得事非偶然的了。”

——王力：《汉越语研究》，载《岭南学报》1948 年第 1 期，第 51～52 页。

汉语和侗泰语里的 -m，-ŋ 交替现象

邢公畹指出：“侗泰语族诸语言里收 -m 尾的字跟汉语中古通宕江摄的字也能发生可以对比的关系，我们称这种关系叫 -m，-ŋ 交替。也有少数汉语咸摄字跟侗泰语里头的 -ŋ 尾字发生可以对比的关系；还有汉语本身和侗泰语本身就出现了 -m，-ŋ 交替现象。”

他先举了“风”字为例来说明什么是 -m，-ŋ 交替现象。“‘风’字的音韵演变程式大致为：

‘风’*꜀pləm>꜀pjəm>꜀pjuŋ> 广州 foŋ^{1}

‘风’字上古的 -m 尾后来变成 -ŋ 尾，这是一个历时现象，但在汉代却是一个共时现象。汉末，刘熙在《释名 · 释天》中记载着：‘风，充、豫、司、冀横口合唇言之，风，氾（*bjamᵓ>bjwɐmᵓ）也，其气博氾而动物也；青、徐言风，踧口开唇推气言之，风，放（pjaŋᵓ>pjwaŋᵓ）也，气放散也。’可知刘熙所说的‘横口合唇言之’是对 -m 尾发音状态的描写，‘踧口开唇推气言之’是对 -ŋ 尾发音状态的描写。清王先谦《释名疏证补》(第一卷，第三、四页，上海古籍出版社）引叶德炯说，谓横口合唇指重唇音声母，踧口开唇指轻唇音声母，恐怕是错的。”

邢公畹进一步解释了汉朝末年的青州方言和徐州方言里“风”字的 -m 尾变 -ŋ 的原因：“由于声母、韵尾都是双唇音，所以韵尾发生异化。但必须知道：第一，-m、-ŋ 交替现象发生的范围并不限于双唇音声母的字；第二，韵尾异化也并不限于变 -ŋ。比如‘品’字的古代 -m 尾现代广州音变 -n：

‘品’*ᶜphljəm>ᶜphjiəm>ᶜphjəm > 广州 pan^{3}

我们只是说，汉朝末年‘风’字的说法表现了一种共时的 -m、-ŋ 交替现象。当然，这种横的共时现象实际也是竖的历时现象的投影。”

他列举了 30 个例证来说明了这种 -m、-ŋ 交替现象。以下是该文中的部分例证，“例证先编号列出词项，写出这一词项可以用来作侗泰语与汉语对比的汉字，这个字在《说文》《广韵》等古代字书里的解释，这个字在上古文献里的用法，然后列出这个字汉语上古音、中古音的可能形式（参考李方桂 1980）以及现在广州的说法，然后列出壮泰

语和侗水语的对比词（壮泰语和侗水语合起来称为‘侗泰语’）。我们用泰语和德宏傣语代表西南支壮泰语，用龙州土语代表中支壮泰语，用武鸣壮语和望谟布依语代表北支壮泰语；我们用榕江章鲁侗语，水庆水语，罗城仫佬语，环江毛南语和荔波的莫家话代表侗水语。主要参考资料为：李方桂 1977、1948，王均等 1984，中央民族学院少数民族语言研究所 1985”。

［例 1］“抱”。汉语“拥”字有“抱”意，可以跟侗泰语对比。《广韵 · 肿韵》：“拥，手拥。《说文》作‘擁，抱也’。于陇切。”《仪礼 · 公食大夫礼》：“宾北面自间坐，左拥簠粱，右执湆从降。”郑玄《注》：“拥，抱也”（《十三经注疏》，世界，第 1082 页）。其音韵演变程式大致为：

“拥” *^{c}ʔjuŋ > ^{c}ʔjwoŋ > 广州 joŋ^{3}

“抱”字侗泰语的说法是：

泰 ʔum^{3}	德 ʔum^{3}	龙 ʔum^{3}	武 ʔum^{3}	望 ʔum^{4}
侗 ʔum^{3}	水 ʔŋəm^{3}	仫 ŋəm^{3}	毛 ʔuːm^{3} ~ ŋuːm^{3}	莫 ʔum^{3}

“拥”这个字汉语和侗泰语都有喉塞音或前喉塞音声母（除仫佬），都是阴上调（望谟为阳上），都是高或次高后圆唇元音或央元音，但汉语收 -ŋ，侗泰语收 -m。

［例 2］“栽种”。《说文 · 禾部》：“穜，埶也，从禾童声（之用切）。”《诗经 · 生民》：“茀厥丰草，种之黄茂。”郑《笺》：“后稷教民除治茂草，使种黍稷。黍稷生则茂好。”（《十三经注疏》，世界，第 530 页）“种”字的音变程式大致为：

“种” *tjuŋ^{ɔ} > tɕjwoŋ^{ɔ} > 广州 tsoŋ^{5}

“栽种”侗泰语的说法是：

泰 dam^{1}	德 sɔm^{3}	龙 dam^{1}	武 dam^{1}	望 dam^{1}
侗 lam^{1} ~ to^{3}	水 ʔdam^{1}	仫 fɛ^{4} hɣaːm^{1} ~ tɔ^{4}	毛 djam^{1} ~ tsɔŋ^{5}	莫 ʔdam^{1}

毛南 tsɔŋ^{5} 的说法是晚期的汉语借词。壮泰语这个词的原始声母李方桂构拟为 *ʔdl/r-（见 Handbook，p.129）。这个构拟对侗水语也适合，跟上古汉语声母同为舌尖阻，

侗泰语的 -m 尾跟汉语 -ŋ 尾之间可能有交替关系。

［例 3］“尝”。《说文 · 旨部》：“尝，口味之也，从旨尚声（市羊切）。”这个字又有“试”义，《左传 · 襄公十八年》：“诸侯方睦于晋，臣请尝之。”杜预《注》：“尝，试其难易也。”泰语也有“尝味”（to taste）和“尝试”（to try）两义。侗泰语族其他语言也是这样。“尝”字的音韵演变程式大致为：

“尝”*꜀djaŋ>꜀ʑjaŋ> 广州 soeːŋ^{2}

“尝”字侗泰语的说法是：

泰 tɕ^{h}im^{2}	德 tsim^{2}	龙 tɕim^{2}	武 ɕim^{2}	望 ɕim^{2}，ɕɯ^{6}
侗 ȶ^{h}iŋ^{5}	水 ʔdin^{5}	佡 lu^{5}	毛 chim^{5}	莫 səi^{5}

壮泰语这个词的原始声母李方桂构拟为 *dʑ-（见 Handbook，p.168）。这个词壮泰语和毛南语的说法都有 -m 尾，声调都是阳平（毛南为阴平），这跟汉语带 -ŋ 尾的说法之间可能有 -m，-ŋ 交替现象。望谟布依语 ɕɯ^{6} 和莫家 səi^{5} 的说法似是汉语“试”字的借词，侗语的说法近于汉语“尝”字。水语和佡佬语的说法不详。侗水语（除毛南）这个字的声调都是阴去。

［例 4］“忘”。《说文 · 心部》：“不识也，从心从亡，亡亦声（武方切）”（中华，第 220 页下）。段玉裁《说文解字注》：“识者意也，今所谓知识，所谓记忆也。”“忘”字的音韵演变程式大致为：

“忘”*꜀mjaŋ>꜀mjwaŋ> 广州 mɔːŋ^{2}

“忘”字侗泰语的说法是：

泰 lɯːm^{2}	德 lɯm^{2}	龙 lum^{2}	武 lum^{2}	望 lum^{2}
侗 laːm^{2}	水 laːm^{2} ~ hoŋ^{1}	佡 laːm^{2}	毛 laːm^{2}	莫 laːm^{2}

这个字侗泰语的说法比较整齐，差别仅仅在元音上：壮泰语是高后元音（西南支是展唇的，中支和北支是圆唇的）；侗水语是低前元音，跟汉语这个词的上古音和中古音的元音相同。水语有两个说法，本身就有 -m、-ŋ 交替现象，-ŋ 尾的那个说法跟汉

语广州说法相近，只是声母不是鼻音。

汉字从“亡”得声的还有“良”字。《说文·富部》：“良，善也，从畗省，亡声（吕张切）。”“忘”和“良”都是上古音阳部字。“良”字的音韵演变程式为：

“良” *꜀ljaŋ > ꜀ljaŋ > 广州 loeːŋ^{2}

那么上古或前上古的“忘”字可能说做 *꜀mlam，后来异化而为 *꜀mlaŋ > ꜀mjaŋ。

［例5］“水”。“水”与“汤”两个字的关系密切。在古汉语中，其差别是“汤”为“热水”。《说文·水部》：“汤，热水也。”刘熙《释名·释饮食》：“汤，热汤汤也。”这里“汤”字重叠，用为形容词后附字，但在汉以前，“汤”字重叠，常读为“式羊切”，义为大水流动的样子，没有“热”的意思。如《尚书·尧典》：“汤汤洪水方割”。“汤”字的音韵演变程式为：

“汤” *꜀thaŋ > ꜀thɑŋ > 广州 thɔŋ^{1}

古代“肉汁”称“羹”，后来“豆汁”也可以称“羹”。如史游《急就篇·卷二》：“饼饵麦饭甘豆羹”，《注》：“‘羹’叶音郎，盧当反”。公畹按，《左传·昭十一年》：“楚子城陈、蔡、不羹”，“羹”正音盧当反。这个字的音韵演变程式为：

“羹” *꜀kraŋ > ꜀krɐŋ > 广州 kaŋ^{1}

“盧当反”就是 *꜀raŋ 或 *꜀laŋ。“羹汤”连用似在唐以后，王建诗：“三日入厨下，洗手作羹汤。”“羹汤”泰语说作 nam^{4} kɛːŋ^{1}，kɛːŋ^{1} 就是“羹”，那么 nam^{4} 就是“汤”。

“水”字侗泰语的说法是：

泰 nam^{4}	德 lam^{4}	龙 nam^{4}	武 ɣam^{4}	望 zam^{4}
侗 nam^{4}	水 nam^{3}	仫 nəm^{4}	毛 nam^{3}	莫 nam^{3}

“水”字侗泰语的说法很相近：都是舌尖音（多为鼻音）声母，低前元音或央元音，-m 尾，上声（多为阳上）。汉语“汤”字也是舌尖音声母，低前元音，但为 -ŋ 尾（声调为阴平）。汉语“汤”（thɔːŋ^{1}）和侗泰语“水”（nam^{4}）之间可能有过 -m、-ŋ 交替。

以上讨论的是侗泰语为 -m，汉语为 -ŋ 的一些词的交替现象。下面讨论壮泰语

为 -m，侗水语和汉语都为 -ŋ 的一些词的交替现象。

［例 6］“抬”。“抬”这个词古汉语说作“扛”。《说文·手部》：“扛，横关对举也，从手工声（古双切）。”段玉裁《注》：“以木横持门户曰关，凡大物而两手对举之曰扛。谓鼎有鬨，以木横贯鼎耳而举其两端也；即无横木而两手举之亦曰扛；即两人以横木对举一物亦曰扛。”现代汉语所说的“抬”只限于两人以横木对举一物。“扛”字的音韵演变程式为：

“扛”*꜀krəŋw＞꜀kɔŋ＞ 广州 kɔːŋ^{1}

“扛”是上古音中部字。上古中部字与侵部字在《诗经》中常有互相叶韵的现象。

“抬”的侗泰语说法是：

泰 ham^{1}	德 haːm^{1}	龙 haːm^{1}	武 ɣaːm^{1}	望 zwaːm^{1}
侗 ʈuŋ^{1}	水 tjoŋ^{1}	仫 kyŋ^{1}	毛 tjuŋ^{1}	莫——

侗水语和汉语都是 -ŋ 尾，说法相近，可以对比。壮泰语为 -m 尾。壮泰语的说法跟侗水和汉语的说法有 -m、-ŋ 交替关系。

壮泰语“抬”字的原始声母，李方桂拟为 * thr-（Handbook，p.121），并于 1976 年指出可以跟汉语“担”（*꜀tam＞꜀tɑm＞广州 taːm^{1}）比较。……现在进一步知道汉语“扛”字和“担”字之间的 -m、-ŋ 交替现象。

［例 7］“香”。这个字《说文》写作“**香**”，在“**香**”部：“**香**，芳也。从黍从甘，《春秋传》曰：‘黍稷馨香’（许良切）。”“香”字本来指粮食的香味。“香”字的音韵演变程式是：

“香”*꜀hjaŋ＞꜀xjaŋ＞ 广州 hoeːŋ^{1}

“香”的侗泰语的说法是：

泰 hɔːm^{1}	德 hɔm^{1}	龙 hɔːm^{1}	武 hɔːm^{1}	望 hɔːm^{1} ～ ɣaːŋ^{1}
侗 taːŋ^{1}	水 ⁿdaːŋ^{1}	仫 m̥ɣaːŋ^{1}	毛 ⁿdaːŋ^{1}	莫 daːŋ^{1}

壮泰语这个字的声母与汉语上古音相同；侗水语这个字的元音和韵尾与汉语上古

音、中古音相同；侗泰语这个字的声调与汉语相同。望谟布依语这个字有 -m、-ŋ 两种说法，可以看出 -m、-ŋ 交替现象。

［例 8］“煮”。《说文・鬲部》：“鬻，亯也，从䰜者声（章与切）。煮，鬻或从火。”（中华，第 63 页上，“亯”字原作“孚”，从段《注》改）《说文・鬲部》又有“鬺”（中华，第 62 页下）：“鬺，煮也，从鬲羊声（式羊切）。”段《注》：“鬺亦作䰞，亦作鬺。《韩诗》：‘于以䰞之，惟錡及釜’……《毛诗》假‘湘’为之，毛曰：‘湘，亨也’。”《广韵・阳韵》：“鬺，煮也，亦作鬺，式羊切。”这个字《韩诗》作“䰞”。从“昜”得声的字有“汤”，“碭”等。都是声舌塞音，所以读作“式羊切”的这个字的上古音可能是个带复辅音声母的字：

“鬺” *꜀stjaŋ＞꜀ɕjaŋ＞ 广州 soeːŋ¹

“煮”的侗泰语的说法是：

泰 tom³ ~ huŋ¹	德 tom³	龙 huŋ¹	武 tum⁵ ~ vuːŋ²	望 tum⁵ ~ zuŋ¹
侗 tuŋ¹	水 tuŋ¹ ~ ɕoŋ¹	仫 tuŋ¹	毛 tuŋ¹	莫 tuŋ¹

这个词壮泰语西南支的泰语和北支都有 -m 尾和 -ŋ 尾两个说法，本身表现了 -m，-ŋ 交替。侗水语都说作 tuŋ¹。说成 -ŋ 尾的，不论是壮泰还是侗水都是阴平声（武鸣为阳平），与汉语一致。侗水语都说做 -ŋ 尾，壮泰语除龙州外都有 -m 尾的说法，它们的声母都是 t-，上古汉语“鬺”字复辅音声母的第二成分也是 t-。李方桂认为壮泰语说成 -m 尾的这个词，其原始声母为 *t-（见 Handbook，p.121）；说成 -ŋ 声的这个词，其原始声母为 *thr-（Handbook，p.121）。

下面我们再讨论这样一些词：汉语说成 -ŋ，壮泰语说成 -m，但侗水语说成另外一个字。如：

［例 9］“糠”。《说文・禾部》：“糠，谷皮也，从禾庚声（苦冈切）。”（中华，第 145 页下）《诗经・大雅・生民》：“或簸或蹂”，毛《传》：“或簸糠者，或蹂黍者”。（《十三经注疏》，第 531 页）“糠”字的音韵演变程式为：

“糠” *꜀khaŋ＞꜀khɑŋ＞ 广州 hɔːŋ¹

但《说文》说“糠”字从“庚”声。“庚”字的音韵演变程式为：

“庚” *꜀kraŋ > ꜀keŋ > 广州 kaŋ^{1}

“糠”字侗泰语的说法是：

泰 ram^{2}	德 ham^{2}	龙 ɬam^{2}	武 ɣam^{2}	望 zam^{2}
侗 pa^{6}	水 pja^{6}	佬 kwa^{6}	毛 pa^{6}	莫 va^{6}

“糠”这个词在侗水语里另有一个字。壮泰语这个字的原始声母，李方桂认为是 *r-（Handbook，p.142），这可以和汉语“庚”字的上古音对比。“庚”字的上古音声母是个复辅音组合，其第二成分是 r-。这个字壮泰语说法跟汉语说法的声调都是平声（汉语为阴平，壮泰语为阳平），但汉语是 -ŋ 尾，壮泰语是 -m 尾。

〔例 10〕“刀口，锋”。“锋”《说文》写作“鏠”，在《金部》（第 297 页下）。解曰：“鏠，兵耑也，从金逢声（敷容切）。”《释名・释兵》：“刀……其末曰锋，言若蜂刺之毒利也。”“剑……其末曰锋，锋末之言也。”“锋”字的音韵演变程式为：

“锋” *꜀phjuŋ > ꜀phjwoŋ > 广州 foŋ^{1}

“锋”字的侗泰语说法是：

泰 k^{h}om^{2}	德 xom^{2}	龙 kum^{2}	武 paːk7	望 pa^{5}
侗 ʔəp^{7}	水 paːk^{7}	佬 paːk^{7}	毛 paːk^{7}	莫 ʔbup^{7}

壮泰语的北支和侗水语说作“刀口”之“口”（望谟布依语失去 -k 尾，侗语和莫家话 -k 尾变 -p），但北支壮泰语也有说做 hɔm^{2} 的，如剥隘方言。李方桂认为壮泰语这个字的原始声母是 *ɣ-（Handbook，p.215）。汉语和大部分壮泰语这个字的声调都是平声（汉语为阴平，壮泰语为阳平），但汉语收 -ŋ，壮泰语收 -m。

邢公畹还列举了“渡、弯（腰）、疮、舂（米）、嗅、瞒、孔（窟窿）、痒、苋（菜）、瘦、腌、饱、坛子、喊、蚺（蟒）、孵、虎、风、头发、犯”等例，说明汉语和侗泰语里 -m、-ŋ 交替的各种复杂现象。

——邢公畹：《汉语和侗泰语里的 -m，-ŋ 交替现象》，载《民族语文》1986 年第 4 期，第 1～14 页。

汉语苗瑶语阳声韵深层对应关系

袁明军“用邢公畹先生首创的‘语义学比较法’，探究汉语苗瑶语阳声韵字的深层对应关系，为‘汉语苗瑶语有发生学关系学说’提供了若干补充例证”。

关于汉语苗瑶语同音异义字对应，其例子如下：“苗瑶语 *mbdzinB 有两个义项可以和汉语对应：(1)编。《说文・系部》：‘辫，交也。’段玉裁注：‘分而合也，故从辡，形声中有会意也。’(2)辫子。《释名・释首饰》：‘编，编发为之。’《汉书・终军传》：‘若此之应，殆将有解编发，削左衽，衣冠带，要衣裳，而蒙化者焉。’颜师古注：‘编读曰辫’，‘编发’即‘辫发’。《集韵・铣韵》：‘编、辫，婢典切。’这样可以有下列对应式：

*bianx 辫：长坪 bin^4 < *$mbdzin^B$ 编

*bianx 编：长坪 bin^4 < *$mbdzin^B$ 辫子

……”

关于汉语苗瑶语同义异音字对应，其例子如下：“苗瑶语表示‘胡须’义有两个词可以和汉语对应：(1) *$ȵeŋ^C$《说文・须部》：‘髯，颊须也。’《广韵・艳韵》：‘髯，颊毛。’(2) *$swjoːm^A$《说文・丿部》：‘丿，毛饰画文也。’《广韵・衔韵》：‘丿，毛长。’这样可以有下列对应式：

*njam 髯：养蒿 $ȵaŋ^6$ < *ȵeŋ 胡子

*sram 丿：江底 $sjaːm^1$ < *swjoːm 胡子

苗瑶语表示‘放走’义有两个词可以和汉语对应：(1) $tʂoəŋ^C$《说文・系部》：‘纵，缓也。一曰舍也。’《左传・禧公三十三年》：‘吾闻一日纵敌，数世之患也。’(2) *$poəŋ^C$《书经・（伪）武成》：‘放牛于桃林之野。’这样可以有下列对应式：

*tsuŋh 纵：多祝 $tsuŋ^5$ < *$tʂoəŋ^C$ 放走

*pjaŋh 放：长坪 $poŋ^5$ < *$poəŋ^C$ 放走

上古汉语声母 *ts- 和苗瑶语声母 *tʂ- 对应的还有：北京 $tsən^5$ < *tsjəŋh：江底

tsaŋ＜tʂaəŋ‘甑子’……”

——袁明军：《汉语苗瑶语阳声韵深层对应试探》，载《民族语文》2000 年第 3 期，第 61～65 页。

从汉越语反观汉语中古音韵尾

阮廷贤指出：“汉越语笼统地说是唐代传到越南的汉语读音，保留了很多中古音现象，对于中古音的研究价值很高。”

阮廷贤对汉越语里所收舌面音韵尾［-ɲ］［-c］的字作了穷尽的考察，并发现“上古汉语没有舌面音韵尾，现代北京话也没有。一些学者认为的梗、曾两摄音节韵尾在中国北方的演变规律［-ŋ］—［-ɲ］—［-ŋ］；［-k］—［-c］—［-k］，无法解释舌面音韵尾再回头变成舌根音韵尾”。“汉越语中，曾摄阳声韵的字都是收舌根音［-ŋ］韵尾的，没有一个字是收舌面音［-ɲ］韵尾的，可以说曾摄韵尾跟舌面音没有什么关系。”

此外，阮廷贤发现“汉越语里宕摄有六个收舌面音韵尾的字：郭（椁）、扩、廓、寞、粕；有两个字既收舌根音又收舌面音：苌、黄。这说明汉越语里有这样的音变规律：［-ŋ］—［-ɲ］；［-k］—［-c］。宕摄正处在这个规律的开始阶段”。

阮廷贤还引用了古汉越语进行佐证。“古汉越语是唐代以前从中国零星传到越南口语里的汉字音，中古梗摄的字虽然汉越语收舌面音韵尾，但古汉越语却收舌根音韵尾，如逆、锡、惜、席、碧、只、壁、平、停、横。这些词中汉越语读音的声调除了‘横’字外，都跟古汉越语读音的声调完全相同，‘横’汉越语读音的声调是阳平，古汉越语读音的声调是阴平，虽然不一样，但也都是平声。这些字都收舌根音韵尾。其中‘锡、惜、席、碧、只’等五个字古汉越语韵母都是iêc，另外，在古汉越语中也没找到收舌面音韵尾的词，这说明古汉越语跟上古汉语一样都没有舌面音韵尾。”“汉越语中见母一般读［-k］，疑母一般读［-ŋ］。开口二等的见母、疑母发生音变，见母读gi［-ʑ］、疑母读nh［-ɲ］，但梗摄开口二等的见母、疑母没发生变化。为何梗摄开口二等的见母、疑母没发生变化？唯一能解释的理由是其他韵摄开口二等韵的主要元音把其影响施加给声母，使原来是舌根音的声母［-k］、［-ŋ］变成舌面音声母［-ʑ］［-ɲ］；梗摄开口二等韵的主要元音把自己的影响施加给韵尾，把舌根音韵尾［-k］［-ŋ］变成舌面音韵尾［-c］［-ɲ］。”

据此，阮廷贤认为：“汉语中古音没有舌面音韵尾，只有舌根音［-k］［-ŋ］，舌尖音［-t］［-n］和双唇音［-p］［-m］等三套辅音韵尾。汉越语里收舌面音韵尾的梗摄字是受主要元音的影响变来的，不仅梗摄字发生变化，宕摄字现在也开始由舌根音韵尾变成舌面音韵尾。”

——阮廷贤：《从汉越语研究质疑汉语中古音有舌面音韵尾》，载《中国语文》2007年第6期，第554～557页。

通过女真语佐证宋元时期的 *-m 尾汉字的状态

孙伯君对宋元史籍中记录女真语的汉字进行了分析，发现：“明代《女真译语》的对音情况是：有用 *-m 尾汉字与相当于满语 -m 尾音节相对的，也有用单个汉字‘木’与相当于满语韵尾 -m 相对的，与《女真译语》编辑时代相仿的《西番译语》也反映了类似的情形，可以简单地表述为：藏文 -m ～汉文 *-m；藏文 -n ～汉文 *-m；藏文 -n ～汉文 *-n；藏文 -m ～汉文 *-n。”由此，作者认为“明代 *-m 与 *-n 尾汉字已发生较《中原音韵》进一步的混并”。

作者还发现：“有些藏文音节如 kham、tham、nam、ka 等，在《中原音韵》中完全可以找到相应的 *-m 尾汉字如‘瞰、探、南、甘’等，而《西番译语》却使用了 *-n 尾的‘看、炭、难、干’等汉字对音，显然说明当时北方汉语官话里的原 *-m 尾汉字已读作 *-n 尾。这种情况在《元朝秘史》中也有反映，例如静动词过去时后缀 *qsan,《元朝秘史》一般译写为‘黑散’，但有时也写作‘黑三’。由此可知汉语官话辅音韵尾 *-m、*-n 的混并在《中原音韵》之后很短的时间就完成了,《元朝秘史》《女真译语》《西番译语》等正好见证了混并的过程。”

“宋元史籍女真语对音汉字有监咸韵的‘堪、三、唵、谙’；廉纤韵的‘玷、粘’；侵寻韵的‘林’等，其中义为‘大’的女真语词对音汉字为‘谙版’，满语为 amba;‘痣’对音为‘三合’，满语为 samha。由此 *-m 尾汉字所对应的女真语应该拟定为 *-m 尾音节，而对音为‘粘罕、尼堪’，义为‘汉人、蛮子’的女真语词，满语为 nikan，这例对音显示金代 -m 尾汉字已开始与 -n 尾混并。如上所述，宋元时期的 -m 尾汉字的状态正与《中原音韵》相合。”

据此，作者认为：“对音汉字所反映的语音状态与《中原音韵》相合，研究乃至复原女真语，可以参照《中原音韵》对表音汉字进行标音。”

——孙伯君：《胡汉对音和古代北方汉语》，载《语言研究》2005年第1期，第66～72页。

汉藏语中鼻音韵尾 -ŋ 的两分性特点

金理新认为："上古汉语的鼻音韵尾 *-ŋ 和藏语的鼻音韵尾 -ŋ 同源对应，且在上古汉语与藏语中鼻音韵尾 -ŋ 都是一个起辨义的辅音音位。那就意味着在语音条件相同的情况下，上古汉语的阳声韵部不能也不可以和藏语以零辅音 -ø 为韵尾的语词同源对应。然而，要是我们站在阳声的角度看汉藏语，就不难发现上古汉语的阳声韵部除了和藏语以鼻音 -ŋ 收尾的韵母同源对应外，也可以和藏语以零辅音收尾的韵母同源对应。""上古汉语的阴声韵部和藏语以 -ø 收尾的语词同源对应是我们所十分熟识的，比如鱼部和藏语的 a/o 韵母同源对应。但是，要是从上古汉语阴声的角度看汉藏语同源对应关系，就不难看出上古汉语的阴声韵部也可以跟藏语以鼻音 -ŋ 收尾的语词同源对应。我们把上述语词汉藏之间的不同之处比较一下，可以看出藏语比上古汉语多了一个鼻音韵尾 -ŋ。这刚好和上古汉语的阳声韵部和藏语以 -ø 收尾的语词的同源对应情况相反。"关于这种对应的不一致，作者认为："上古汉语的阳声韵部和藏语以零辅音收尾的语词同源对应，实际上是跟原始汉藏语两个形态变体词中的那个以零辅音收尾的语词对应，而上古汉语的阴声韵部和藏语以鼻音 -ŋ 收尾的语词同源对应，实际上是跟原始汉藏语两个形态变体中的以鼻音 *-ŋ 收尾的语词对应。"

作者认为："藏语的鼻音韵尾 -ŋ 和上古汉语的鼻音韵尾 *-ŋ 在原始汉藏语中应该是两分的，即为原生韵尾和派生韵尾。原生韵尾后来在上古汉语以及藏语中分别得以继承，而派生韵尾即构词后缀 *-ŋ 随着其语法构词功能的消失在上古汉语以及藏语中或继承或遗失。这实际上就是上古汉语和藏语同源对应中出现鼻音韵尾 *-ŋ 既有一致性的一面又有不一致性一面的根本原因。因为，在原始汉藏语中以派生韵尾 *-ŋ 为韵尾的语词不过是某一个语词的一个形态变体而已，而这个语词除了以派生韵尾 *-ŋ 为韵尾这一形态变体词之外，还存在着其他形态变体词。这些极其复杂的形态关系在上古汉语以及藏语中并没有得以完整的保存，而保存下来的也仅仅是一些残余。比如包拟古先生所注意到的藏语鼻音收尾 -ŋ 和鼻音韵尾 -n 之间的交替关系，如：藏语：ɦthuŋ-ba '饮、喝、吸'，thun '一服，药物剂量' ……"

"这种阴阳对转关系之所以存在，就在于鼻音 *-ŋ 在原始汉藏语中不仅是一个语音韵尾而且是一个构词后缀，即可以通过附加构词后缀 *-ŋ 鼻音而构成新词，而藏语上述同源异型词不过是对原始汉藏语的继承。"

金理新指出："鼻音 *-ŋ 在原始汉藏语也应该和塞辅音 *-g 一样两分为原生韵尾和派生韵尾。原始汉藏语的原生韵尾 *-ŋ 在上古汉语和藏语中得到较好的继承，而派生

韵尾 *-ŋ 则在上古汉语和藏语中或继承或消失。这就是汉藏两种语言之间同源对应中出现鼻音韵尾 *-ŋ 一致性又不一致性的根本原因。就我们的初步研究来看，原始汉藏语辅音韵尾中的 *-s、*-d、*-n、*-r、*-g、*-ŋ 都应该是两分的，甚至原始汉藏语的 *-l、*-b、*-m 也有可能是两分的。”

——金理新：《汉藏语中两个性质不同的 *-ŋ》，载《民族语文》1999 年第 4 期，第 15～22 页。

汉藏语中两个性质不同的 *-g 韵尾

“如同藏语的 -s、-r、-d 韵尾一样藏语的 -g 韵尾也应该一分为二：原生韵尾和派生韵尾。由于藏语以 -g 收尾的语词中的 -g 有一部分来自于派生韵尾 *-g，所以藏语中一些以 -g 收尾的语词在更早的时期应该存在一个不以 *-g 收尾的对拟体；而一些不以 -g 收尾的语词在更早的时期应该存在一个以 *-g 收尾的对拟体。上古汉语以 *-g 收尾的入声字和藏语不以 -g 收尾的语词同源对应实质上是跟藏语以 *-g 收尾的对拟体同源对应；同样，上古汉语不以 *-g 收尾的阴声字和藏语以 -g 收尾的语词同源对应实质上是与藏语不以 *-g 收尾的对拟体同源对应，或者相反。也就是说，我们的结论是，原始汉藏语中存在着两种性质不同的 *-g 韵尾：原生韵尾与派生韵尾。其中原生韵尾汉藏两种语言都得以完整的保存，而派生韵尾则由于形态的消失而汉藏两种语言对它的保留却不甚一致。由于汉藏两种语言对原始汉藏语派生韵尾的继承不一致，结果造成汉藏同源对应中 -g 等韵尾的处理上参差不一。”

——金理新：《汉藏语中两个性质不同的 *-g 韵尾》，载《民族语文》1998 年第 6 期，第 27～35 页。

从汉、藏语的比较看汉语上古音流音韵尾的拟测

龚煌城认为：“藏语的 -r 与 -l 不但对应上古汉语脂、微、歌三部字，也对应真、文、元三部字，这种双重的对应关系，在基本上可能允许两种不同的解释。我们据此认为原始汉藏语原来有两种不同的 -r 与 -l，所以后来在上古汉语才有不同的演变，依次我们可以主张：有一种 -r 与 -l 完全消失，另一种 -r 与 -l 后来变成 -n。Coblin（1986: 29，31）即采取这种看法。本文考虑汉语上古文献中阴阳对转的现象及中古韵书（如《广韵》）许多一字两读（或多读）的现象，认为这是反映方言分歧发展的情形。原始汉藏语仍然只有一种 -r 与一种 -l，只是因为在广大的汉语地区不同的方言里有不同

的发展，才造成古代文献上所出现的脂、微、歌三部字与真、文、元三部字通转的现象。高本汉反对‘方言鼻化说’所举的三个理由，对本文所提出的解释，不但不妨碍，反而有补强的作用，高氏所提的理由依本文的观点可以解释如下：第一点只要认为在上古方言中，有些方言发生 -r>-n 与 -l>-n 的变化，有些地区并未发生此种变化，或甚至根据王士元先生（1969）‘词汇扩散’（lexical diffusion）的理论，认为此种变化乃逐字扩散，它之所以未能扩及所有的词汇乃是由于另外发生 -r 与 -l 尾消失或变成 -i 的变化，遂造成所谓的‘残余’（residue）。至于《切韵》系韵书采集各种读音，并未指明何种读音来自何种方言，读音不一致的情形是难免会发生的。第二点正足于证明上古汉语有不同的方言的存在，在某种方言中‘旂’字发生了 *gjəl>gjən 的变化，所以在《诗·采菽》中与‘芹’*gi̥ən 押韵，在《诗·小雅·庭燎》中与‘晨’*djən 押韵，但在另一种方言终不改，原来与它同音的‘颀’子却仍然保存 *gjəl 音，因而在《诗·硕人》中与‘衣’*·jəl、‘妻’*tshjil 押韵，同样的，‘西’在《诗·桑柔》的方言里发生了 *sil >sin 的变化，可是同音字‘栖’在《诗·六月》的方言里则仍读 *sil 音（参看汉藏同源词例 1，汉：洒 *sil，藏：bsil）。至于第三点，高本汉认为最不利于‘方言鼻化说’的，如果改采本文主张的‘流音鼻化说’，困难可以完全消除（‘鲜’*sjan 与‘泚’*tshjig，一个属元部，一个属支部，无论采何种拟音都不易说通，姑且不论），‘山’*srian（或 *rsian）与‘归’*kwjər，‘冠’*kuan 与‘衣’*·jəl 的押韵，依本文的说法是由于发生‘归’*kwjər>kjwən，‘衣’*·jəl>·jən 的方言变化，并非如‘方言鼻化说’所主张是 -n 音变成了 -i 音，所以自然不发生什么‘傩’*nan 不变为 *nai 的问题。依本文的说法是‘左’*tsar 变为 tsan 而与‘傩’*nan 押韵的。”

——龚煌城：《从汉藏语的比较看汉语上古音的流音韵尾》，载《龚煌城汉藏语比较研究论文集》，“中央”研究院语言学研究所，2011 年，第 51～67 页。

通过日译汉音、吴音寻找《切韵》入声韵尾的证据

张世禄指出：“现在用日译汉音、吴音来对照，凡是屋、沃诸韵的字都收 k，曷、末诸韵的字都收 t，缉、合诸韵的字都收 p；又可作为《切韵》音入声系统的一种证据了。我这里再引高本汉驳西门（Simen）教授的话；他是用反证方法说明《切韵》入声韵尾为 k、t、p 的：-t → -d 的转化，纯是一地方的现象（当然是指北方的一种方音），不是普遍的情形；这我们用日本汉音和日本吴音可以证明的。这两种译音都明白的表示：他们所译的汉字，是根据 -p、-t、-k 的形式，不是 -b、-d、-g 的。一经对照，就可证明了。日本古语是没有 -ng 的音，所以他们译汉字‘刚’kâng 做 kagu

（→ kâu → ko）。要是当时日本人听到一个‘各’kâg 的音，他们决定要用 kagu 译他，而不用 kaku；但是现在我们看吴音汉音‘各’都是 kaku；所以他们听到的一定是个 kak，不是个 kâg。日译的对照，又表明古代日本人听到‘割’是 kât，‘蛤’是 kâp；因为要是听到的是 kâd 和 kâb，那依理一定要译做 kadu 和 kabu，而不是现在的 katu 和 kapu 了。

我们因此更可以得下面的一个结论：《切韵》音的系统，究竟是根据当时哪几种方音而组织的，以及后来通行的程度究竟怎样，我们姑且不论；至于《切韵》时代，中国南北入声字的音，大都是带有韵尾，而且分带 k、带 t、带 p 三种，这是可以断定的。因为日本汉音是代表那时的北方音，吴音是代表那时的南方音；而二者入声的收尾和《切韵》上的系统，都是完全一致的。”

——张世禄：《从日本译音研究入声韵尾的变化》，载《张世禄语言学论文集》，学林出版社，1984 年，第 23～24 页。原载《国立中山大学语言历史研究所周刊》第 9 集第 99 期，1929 年。

依据汉语入声的演化可知西藏译音的 -b、-d（-r）、-g 不一定是 -p、-t、-k 的替代音

罗常培认为：“关于入声的收声，我们从好久就知道咸深摄收 -p，山臻摄收 -t，宕江梗曾通摄收 -k，并且在现代广州客家汕头厦门等处方音中还可以找到实证。就这几处现代方音来审辨，他们的音值应该是一种不带音的截断音（voiceless implosives），但是在这四种藏音里却把他们写作 -b、-r（-d）、-g：这究竟是西藏语的替代音，还是这种方音的真正音值呢？如果是真正音值的话，那么，入声的收声究竟是不带音在前 -p、-t、-k，还是带音的 -b、-d、-g 在前呢？要答复前一个问题，我们得先求后一个问题的解决。关于入声的收声最初是否带音的问题，高本汉曾经说：‘要想知道这个 -t 或 -d 是否最初的音，这是现在绝对不能决定。我们可以想象入声字本来是收 -b、-d、-g 的，并且经过德文 bad＞bʌt 那样类似的演变于是变成 -p、-t、-k。不过我们关于这类学说并没有任何的确据；西藏文永远用 -b、-d、-g 作收声不能给我们什么启发，尤其是关于西藏文的历史以及汉语跟西藏语的语言关系我们更不知道什么。所以我们只好说在我们对于读音最早有些认识的时候，换言之，就是日译吴音的时候，已经可以证实有一个 -t，而关于唇音跟舌根音收声（p、k）的读音并没有任何浊音的暗示。’他这种论调是很谨慎的。但是照我推想，汉语入声收声的演化应该经过下列的步骤：

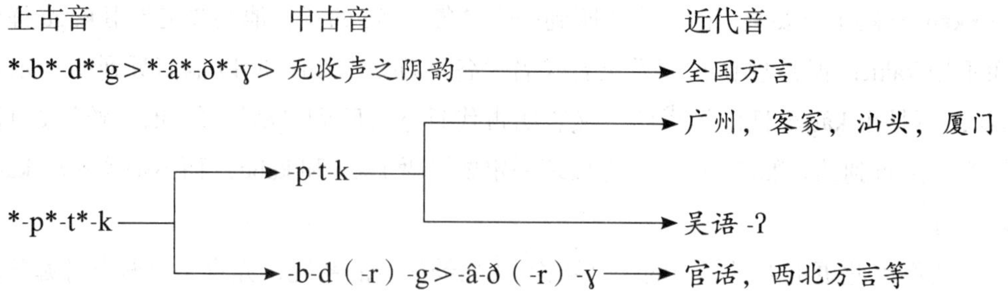

照这样假设，那么上古音的入声便应该有带音的跟不带音的两套：带音的 *-b*-d*-g 比较容易丢掉或变成部位相近的元音，所以在中古时代就渐渐地消灭了；不带音的 *-p*-t*-k 在中古时代大部分方音还都照样的保存着，但是有一部分方音却变成带音的 -b-d（r）-g——现在所讨论的四种藏音就是属于这一系的。如果拿上古 *-b*-d*-g 的演变历程来类推，那么入声在近代官话跟西北方音中的消变当然要经过这样一个阶段的。对于这种假设我自然还得要另外讨论，不过我们在这里如果承认他是可能的，那么西藏译音的 -b-d（-r）-g 就不一定是 -p-t-k 的替代音了。”

——罗常培：《唐五代西北方音》，载《国立中央研究院历史语言研究所单刊》甲种之十二，1933 年，第 68～69 页。

从古藏语看上古阴声韵的浊塞音 -b、-d、-g 尾

金有景认为：“上古阴声韵有可能带辅音尾［（-b）-d-g］等。有人对此有不同看法，认为一种语言中不可能同时有 -p-t-k，-b-d-g 两套塞音尾。的确，在现实的语言里，不仅同时有两套塞音尾的读音似乎还没有见过，甚至连带浊塞音 -b-d-g 尾的读音也还没有见过。可是，现在我们知道，在古藏语里的确存在过浊塞音尾 -b-d-g。（注：参看张济川《古藏语塞音韵尾读音初探》）这个事实就部分地回答了上述的疑难。在此基础上，我们也许慢慢能够完全回答上述的疑难。”

——金有景：《民族语言研究与汉语研究》，载《民族语文》1983 年第 6 期，第 49 页。

依据敦煌汉藏对音证明唐五代西北方音中“山”“臻”两摄入声的演变历程为 -d ＞ -ð ＞ -r

罗常培认为：“‘山’‘臻’两摄的入声字，闽粤语收［-t］，安南语收［-ʈ］，日译

汉音收 -tsu [-tsɿ]，日译吴音收 -chi [-tɕý]，而在高丽译音里却拿 -l 当他们的收声；在这四种藏音里只有阿弥陀经的‘跋，发’两字收 -d，其余的都收 -r，这跟高丽译音系统是很相近的。其实拿 -r 或 -l 当‘山’‘臻’摄入声收声的还不只西藏译音跟高丽译音为然，在唐代的陀罗尼译音跟别种中央亚细亚语言中也有类似的现象。例如：

……

可见这个 -r 收声在唐代的西北方音里是很普遍的。伯希和对于这类收声的译音有时候 -t，-r 两写，有时候写作 ð，他并且说：‘……舌尖音是拿摩擦音 ð 来代表，因为我采取一个介乎 -t 跟 -r 之间的音值，这个 t 或者是最初的（不过也不一定普遍如此），但是在唐朝时候的中国北部这个截断音已经变成 -r 了。’在伯希和以前艾谨（J.Edkins）也曾提议过这个学说，他以为：‘用来译 ni 的汉字（就是在 Nirvâna 对音里的）从前在中国有些地方读作 nit，有些地方读作 nir’：从这四种藏音跟上面所举的那些旁证来看，我相信这种解释是很合理的。至于《阿弥陀经》里‘跋，发’两字的 -d 正好代表这个收声没有变成 -r 以前的读法，这也可以算是《阿弥陀经》比其他三种时代较早的证据。所以‘山’‘臻’两摄入声收声的演变在唐代西北方音里应该经过 -d＞-ð＞-r 的历程，不过到了现代西北方音连这个也变得没影儿了。”

——罗常培：《唐五代西北方音》，载《国立中央研究院历史语言研究所单刊》甲种之十二，1933 年，第 61～62 页。

依据《开蒙要训》证明西北方音中 -r，-g 两个收声消失的时间

罗常培认为：“入声的 -p，-t，-k 三种收声藏音写作 -b，-r（或 -d），-g，除去《金刚经》的‘释 çi’，大乘中宗见解的‘没 ma’、‘亦 yi’三字外，其余都保存很好的。在《开蒙要训》里我们却发现‘栖：薛’（参阅 117 页），‘屐：巨’（参阅 119 页）两对注音，这里的‘薛’字得要读 *se 而不得读 *syar，然后才能同‘栖’相对；‘屐’字得要读 *ki 而不读 *kig，然后才能同‘相对’：那么 -r，-g 两个收声从五代起也露出消失的痕迹了。到现代西北方音不单 -b，-r，-g 变的连一点影儿都没有，而且因为收声的消失把原来不同摄的入声也合并成一摄了。”

——罗常培：《唐五代西北方音》，载《国立中央研究院历史语言研究所单刊》甲种之十二，1933 年，第 148～149 页。

汉藏语中两个性质不同的 *-g 韵尾

金理新认为："如同藏语的 -s，-r，-d 韵尾一样藏语的 -g 韵尾也应该一分为二：原生韵尾和派生韵尾。由于藏语以 -g 收尾的语词中的 -g 有一部分来自于派生韵尾 *-g，所以藏语中一些以 -g 收尾的语词在更早的时期应该存在一个不以 *-g 收尾的对拟体；而一些不以 -g 收尾的语词在更早的时期应该存在一个以 *-g 收尾的对拟体。上古汉语以 *-g 收尾的入声字和藏语不以 -g 收尾的语词同源对应实质上是跟藏语以 *-g 收尾的对拟体同源对应；同样，上古汉语不以 *-g 收尾的阴声字和藏语以 -g 收尾的语词同源对应实质上是与藏语不以 *-g 收尾的对拟体同源对应，或者相反。也就是说，我们的结论是，原始汉藏语中存在着两种性质不同的 *-g 韵尾：原生韵尾与派生韵尾。其中原生韵尾汉藏两种语言都得以完整的保存，而派生韵尾则由于形态的消失而汉藏两种语言对它的保留却不甚一致。由于汉藏两种语言对原始汉藏语派生韵尾的继承不一致，结果造成汉藏同源对应中 -g 等韵尾的处理上参差不一。"

——金理新：《汉藏语中两个性质不同的 *-g 韵尾》，载《民族语文》1998 年第 6 期，第 27～35 页。

第四节　声　调

调类是汉台语比较研究的重要范畴

邢公畹认为："远东的那些语言，如汉语和越南语，就差不多没有一点形态上的特点，所以语言学家想从形态的特点上找出一些与汉语或越南语的各种土语有亲属关系的语言就无所凭借，而根据汉语、西藏语等后代语言构拟出一种'共同语'，是要遇到一些几乎无法克服的阻力的。

把两种不同的基本比较单位拿来比比看：印欧系语言里的'词'，一般包含了它的语法成分，这样就造成了印欧系比较语言学的方法论上的特点。这一特点不适合于汉藏系比较语言学。汉藏系语言的基本比较单位中，语法成分一般不是被包含着的，但声调的体系（词类）却是比印欧语多出来的东西。现在的问题是：声调的体系在比较研究的方法论上跟印欧语里头的语法成分有没有同等价值呢？”

“如果我们可以把声母、韵母、声调的历史范畴称为声类、韵类（古称韵部）、调类，合起来称为音类，而把它们的实际发音称为声值、韵值、调值，合起来称为音值，那么，无论就全国汉语方言看，还是就某一兄弟民族的汉语借字看，声类韵类对声值韵值是有约束性的。”

作者比较了汉语和台语的亲属关系并证明了汉台语调类的符合现象。“汉语和台语的结构本质都是一致的……台语和汉语在发展趋向上有许多相一致的地方。”“根据我们研究的结果，可以比较肯定地说：台语 A、B、C 三类声调的字能够跟汉语平、上、去相当。但是相当于汉语去声的是 B 类，相当于汉语上声的是 C 类。”

最后结论：“在汉台语比较研究上，‘调值’是建立语音对应规律的内容之一，但‘调类’却是一种历史范畴，有很大的稳固性，因此在比较研究的方法论上所起的作用，跟印欧语的屈折形式有同等价值。”

——邢公畹：《论调类在汉台语比较研究上的重要性》，载邢公畹：《邢公畹语言学论文集》，商务印书馆，2000 年，第 370～402 页。

从汉藏系语言看上古汉语声调问题

马学良提到：“声调是汉藏系语言的一个重要特征。研究汉藏系语言的这一特征，必须考察其声调之现状和历史。当然，声调的产生有几种不同的来源，如藏语古无声调，现代藏语三大方言中，安多方言仍无声调，只有卫藏方言和康方言发展出了声调系统。声调的产生主要是自身声母和韵尾大量简化的结果。以拉萨话为例，影响声调产生和分化的主要因素有三项：（1）声母清浊对立的消失。（2）前缀音的脱落。（3）辅音韵尾的简化。拉萨话最早分出高低两类调，跟前两项演变有关……

我们认为汉语声调的发展，跟汉藏语系语言声调的发展有很多类似之处。上古汉语结构跟古藏语有相似的情况，如声母清浊对立、有丰富的辅音韵尾和前缀音（古复辅音可能与前缀音有关）。

汉语在历史发展过程中和他的亲属语言也有同样的情况，如元音分长短、声母清浊对立、辅音韵尾脱落影响声调分化、复辅音的分化。上古汉语声调的发展规律，同样也经历过由元音长短转化为声调的过程。”

——马学良主编：《汉藏语概论》，民族出版社，2003 年，第 21～24 页。

藏缅语声调研究的成果有助于汉语声调的研究

戴庆厦认为："汉语声调产生的历史长短如何，现不得而知；上古汉语究竟有几个声调，各家说法不一。但藏缅语声调研究的成果有助于汉语声调的研究。藏缅语声调研究的成果有两点已取得了共识：一是藏缅语声调产生的历史不会太长，这可以由藏缅语有一些语言至今尚未有声调，以及反映7世纪藏语语音特点的藏文也显示出当时的藏语也没有声调这些事实中得到证明。二是藏缅语的声调与汉语没有共同的来源。从以上两点可以推断，原始汉藏语共同语不会有声调，汉语的声调应当是在汉语与藏缅语分化之后产生的，其历史不会太长。藏缅语声调分化的条件，与汉语会有一些共同点，对汉语声调的研究会有借鉴作用。

不仅如此，汉藏语声调的对比研究，对解释人类语言为什么有的语言有声调，有的没有，具有一定的类型学的价值。"

——戴庆厦：《再论汉语非汉语研究相结合的必要性》，载戴庆厦：《戴庆厦文集（第五卷）：汉语与非汉语比较研究》，中央民族大学出版社，2012年，第33～34页。原载《语言与翻译》，2005年第3期。

从藏缅语、孟－高棉语看亚洲语言声调的起源及演变

戴庆厦、刘岩通过对藏缅语、孟－高棉语两个语族语言声调的分析比较以及与其他有声调语言的对比探讨了亚洲语言声调起源及其演变的若干特点。

关于亚洲语言声调的起源，作者认为："总之，在亚洲这片土地上，声调这一重要的语音特征，在起源上是多源的，不仅不同语系之间是不同源的，而且在不同语族甚至同一语族、同一语支内部也有不同的来源。"

接着，作者分析了亚洲语言声调起源初期所具有的一些特点。

"如上所述，亚洲地区语言的声调有的有共同的来源，有的没有共同的来源，但是，有共同来源也好，没有共同来源也好，其声调在起源上都呈现出一些共同的特点，这些共同特点干扰了我们对这些语言之间是否有亲缘关系的认识：是亲缘特征还是类型学特征？大致看来，亚洲的语言声调起源初期有如下几个特点。"

"1. 在同一语群内部，声调的发展不平衡，一般都可分为以下几个类型：无调型、萌芽型、不发达型、发达型（当然在这四个类型中还可细分为若干个小类）。2. 从无声调到有声调都要经过固定音高的阶段。3. 声调是语言结构遵循'能量守恒'原则而采用

的补偿手段。4. 声调虽然是语言发展中的一个重要现象，但它必须附着在元音、辅音之上，这决定了它区别意义的能量小于音质音位。这一点在声调产生初期尤为明显。5. 从整体发展来看，在声调因韵尾而分化的语言中，分化情况因韵尾的舒促而不同。从数量上看，出现在舒声韵上的声调比出现在促声韵上的多。这一点在声调起源的初级阶段就已出现。6. 从源头上看，声调分化的条件主要有韵尾舒促、声母清浊、元音松紧、轻重音等因素。关于这些分化孰前孰后，尚有争论。就我们掌握的资料来看，大多数语言中舒促分化在先，少数语言是清浊分化在先。声调因松紧而分化的，由于各语言中松紧来源不一致，二者的关系更为复杂一些。7. 从声调演变的过程看，韵尾舒促的相互转化，往往引起声调的变化。8. 在带清擦音韵尾（h、s）的音节上声调的分化有其特殊性。”

这种从地区特点来研究声调的路子，能从宏观上为声调起源及其演变这个问题的解决提供一些新的线索。

“研究声调的起源和演变，已为语言学家所瞩目。过去研究声调，大多以一种语言、一个方言为单位，做周密细致的分析、考察。这是必要的，是声调深入研究的基础，后来，人们通过亲属语言比较，进一步揭示声调的起源和演变，取得了突破性的进展。但是，声调的起源问题是一个难度很大的课题，一直困扰着人们的研究。开展这项研究，除了充分利用文献材料、广泛进行亲属语言比较外，究竟还有什么路子？我们认为，从地区特点（包括亲属语言、非亲属语言以及不同语言的相互关系）来研究声调，也许能在宏观上提供一些新的线索。”

——戴庆厦、刘岩：《从藏缅语、孟高棉语看亚洲语言声调的起源及演变》，载戴庆厦：《戴庆厦文集（第三卷）：有关语言学理论与方法的问题》，中央民族大学出版社，2012 年，第 68～90 页。原载《中国民族语言论丛》（2），云南民族出版社，1997 年。

声调特征可反映汉语更长时期的历史特点

桥本万太郎认为：音节语调不像辅音和元音那些普通音素那样受生理条件制约，它不受制于发音器官。它对于变化更为敏感，更少受制约，更为自由，通过它更能观察到合乎客观规律的语言传布方式和过程。作者以中国中原地区的汉语声调作为研究的共时资料，旨在说明声调的传播较之音素的传播将更能显示出加速的变化，与音素的变化相比，声调从地图上看起来将比变化的实际情况更加集中、划一，它更能帮助我们重建语言变化的更为长久的历史。虽然声调和调位已成为重要的语言研究课题，但调值问题依旧很少涉及，加之中国方言分布空间大，致使汉语声调有极为纷繁复杂的地理变体，这是汉语调值研究的难点。另外，作者以赖惟勤、杨联陞和周德清的研究成果作为历时研究的依据，由此得出前现代期汉语中的调类就算不比中国北方的现代方言调类多，也是一样多。除此而外，作者还对方言波浪的共时和历时进行了研究，包括第一种波浪和长安方言声调、第二种波浪和老北方话声调、第三种波浪和现代北方话三个方面。作者认为在中原地区的任何一种现代汉语方言都没有保存五世纪以前或唐代的音系构成方面的特征，北方人对其他民族的声调有自然的吸收。最后，作者概括指出：“通过研究中原地区现代汉语的调值特征，说明了声调特征比音素特征反映了汉语更长时期的历史特点。”

——桥本万太郎著，吴新华译：《汉语调值的纵横两个角度的研究》，载《青海师范大学学报》1985 年第 1 期，第 82～90 页。

中国诗歌的音律特点不同于西洋诗歌的轻重律

张世禄指出：“关于平仄二类的区别及其和诗歌中音律的关系，近人王光祈先生有所讨论。兹节录他的一段话如下：

平声之字，较之上、去、入三种仄声之字，有下列两种特色：(甲)在‘量’的方面，平声则长于仄声。即徐大椿《乐府传声》所谓：‘四声之中平声最长’是也。(乙)在‘质’的方面，平声则强于仄声。(按平声之字，其发音之初，既极宏壮，而继续延长之际，又能始终保持其固有之‘强度’）因此，余遂将中国平声之字，比之于西洋语言之‘重音’（Accent）以及古代希腊文之（Metraik）之说……（《中国诗词曲之轻重律》，中华书局出版）

王光祈先生谓依平仄构成中国诗歌中之音律等于现代西洋诗歌之轻重律，其说实不尽然。因中国语为声调语，平仄之分别由四声系统而来，非现代欧洲语之轻重音可比。原西洋之 Accent 一词可有‘音调的’（Stressaccent）两义：一则指高调的音，一则指强势的音；而现代西洋诗歌之轻重律，完全根据于音势之强弱，与中国的平仄，绝无相关。故谓由平仄所构成之音律为轻重律，毋宁说是等于西洋古语诗之长短律。又王光祈先生谓平声强于仄声，谓平声之字，比之于西洋语言之‘重音’；如果所指的是关于音势的强弱，则于音理上事实上都无所根据，而且恰与中国向来的说法相反。在语音学上固然有强音缀常为长音之说（即重读之音缀常比轻读的为长），然并非绝对的，固定的：平声字所以可任意延长，乃因其舒收而又为衡调之故，一般就有‘四声之中，平声最长’的感觉，与音势之强弱本无关系。所以根据平仄的分别而构成诗歌中的音律，我认为应称为‘长短律’。”

——张世禄：《诗歌当中的平仄问题》，载张世禄：《张世禄语言学论文集》，学林出版社，1984 年，第 249～251 页。原载《通讯半月刊》第 1 卷，1945 年。

壮语和汉语方言连读变调的共性特征

陈忠敏："从连读变调涉及的语音、语义、语法等方面比较壮语和汉语吴方言连读变调的特点。壮语和一些吴方言，在首字位置里，阴阳两种调类之间不互相变调，而是阴调类之间相互变调；阳调类之间相互变调。壮语和一些前轻后重式吴语，后字调型稳定，一般不发生变调，首字调型不稳定，要发生变调。壮语和吴方言本调与变调的不同能区别词义。某类词词义的虚化，会引起变调格式的简化。壮语和吴方言的连读变调与字组间的语法结构有密切的关系。语法结构不同，连读变调的规律也不同。"

1. 在语音方面，"比较汉语吴方言和壮语，不难发现，壮语的连读变调跟吴方言属复杂型的温岭话变调十分相似。壮语两字组变调，后字不变，前字变。温岭话变调也是前字调值变化大，后字除阳平、阳去的有些组合有变调外，其他都不变。壮语的两字组变调还有一个显著特点，就是阴调变阴调，阳调变阳调，阴阳两种调类决不互变。温岭话也如此，前字阴平 33 调变阴去 55 调；阴去 55 调变阴平 33 调；阳平 31 调变阳去 13 调。阴阳两类声调也决不互变。而这一特点在北部吴方言里尤为明显。由于汉语吴方言声母有清浊对立，清声母配阴调类，调值高，浊声母配阳调类，调值低"。2. 变调与语义的关系，汉语吴方言和壮语一样也有靠本调与变调的差异来区别词义的现象。"最常见的是小称变调。读本调指一般事物，读变调表示该事物'小'或昵称。"3. 变调与语法的关系，"壮语、汉语吴方言的连读变调跟字组间的语法结构和整个字组的语法功能有密切关系。壮语里尽管双字连读符合一般变调规律，但因字组间语法结构和整个字组的语法功能不一样，有的连读要变调，有的连读不变调。换句话说，变调不变调受语法关系的制约"。

"壮语、汉语吴方言里能不能变调实际上反映着字组间的结合是否紧密，结合紧密的往往要变调，反之结构松散、中间有停顿的一般不变调。壮语里名词 + 名词、名词 + 动词（非主谓结构）、偏正结构、量名结构、数量结构、数叠结构、动宾结构及动词 + 形容词、方位词 + 名词这些结合紧密的结构的字组可以变调。主谓结构、并列结构与人称代词、疑问代词结合的字组、重叠结构、借词字组这些结构松散的字组一般不能变调。""汉语吴方言里体词性偏正结构、数量结构、名叠、量叠、动叠结构、动趋结构、动补结构等结合紧密的字组要变调。谓词性偏正结构、主谓结构、并列结构、动宾结构等结合松散、中间有停顿的字组一般不能变调。动代结构字组有可变调不能变调两种情况。"

"本文从三方面比较了汉语吴方言和壮语连读变调的特征，我们发现两者相同、相似之处很多，可以说无论是连读变调的性质还是连读变调的具体表现特点，汉语吴方言跟壮语完全可以类比的。”

“一般认为语言里先有单字调，后有变调。连读变调的产生跟词汇的双音节化、多音节化有关（五台，1988）。不过有的汉语方言里连读变调的产生也是较早的（游汝杰，1988）。不管怎样，连读变调是一种语言现象，在这种现象的背后可能隐含着语言特有的语音节律、词义转换、语法形态等方面的特点。也许我们可以通过掌握汉语吴方言、壮语里连读变调共同表现形式来寻找两种语言更为本质的东西。”

——陈忠敏：《壮语汉语方言连读变调对比研究》，载《民族语文》1992 年第 3 期，第 33～40 页。

壮傣、侗水语里古汉语借词调类上的对应及原因

曾晓渝《论壮傣侗水语古汉语借词的调类对应——兼论侗台语汉语的接触及其语源关系》一文，解释了壮傣、侗水语古汉语借词的调类整齐对应的原因。

“据日本安然《悉昙藏》、了尊《悉昙轮略图抄》中所传对中古汉语声调的描述，汉语的四声八调现象在中唐时期就发生了；而据暹罗碑文的记载推知，在 13 世纪之后，台语的声调才因声母的清浊再分化。”上述过程作者图示如下：

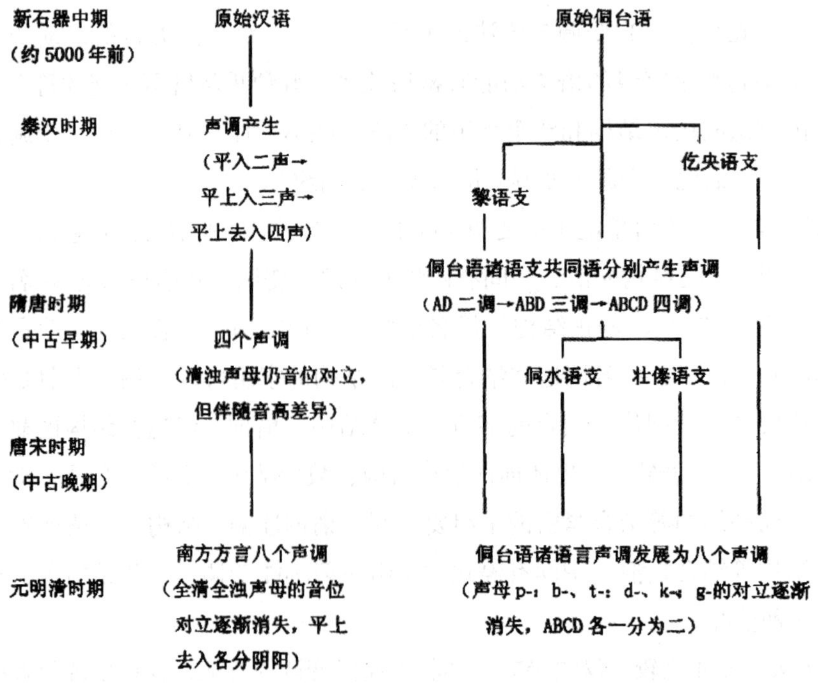

从图中我们可以看出：“中古早期，尚未分化的壮傣、侗水共同语的 A、B、C、D 四调依次与所接触的那种汉语方言的平、上、去、入四声的调值相似，因此，按语言借贷的相似对应原则，当时壮傣、侗水共同语以 A、B、C、D 四调与所借用的汉语平、上、去、入四声匹配。后来，壮傣、侗水语支分化，进而再分化为各个语言。在此期间，汉语和侗台语的声调平行发展，先后因声母清浊对立的消变而分化为八个调类。这样，形成了如今壮、傣、侗、水诸语言里汉语老借词调类整齐对应的现象。”

作者认为：“侗台语与汉语的接触是无界的，正因为这样，侗台语里有一大批老借词与汉语《切韵》音乃至上古音形成系列对应关系，有的甚至构成深层对应。但是，这种无界的接触是有度的。所谓‘度’，指侗台语在与汉语接触过程中，受汉语影响的程度。”根据托马森（Thomason，1991）关于接触理论的阐述，干扰可分为“借用干扰”和“母语底层干扰”两类，这两种干扰均可分为轻度、中度和深度。具体如下表：

程度	借用干扰	母语底层干扰
轻度	母语里借入被借语的部分词汇。	所学的目标语里带有少量的母语语音、语法特征。
中度	母语里借入被借语的大量词汇（包括很少量的核心词），和部分语音成分、语法结构。	所学的目标语里融入大量的母语语音、语法特点。
深度	相当数量的核心词借用，借词超过大半：大量的语法替代，语言转型。	只是对目标语词汇方面的习得，形成混合语。

“侗台语借用汉语，受汉语的影响，在这过程中主要受到的是‘借用干扰’。根据台语古代文献暹罗碑文的记载、侗台语诸语言自身的结构系统特点，以及侗台语里新老汉语借词的分析，我们认为，无论就古代还是现代而言，侗台语与汉语接触，所受到的借用干扰尚属中度。理由是：第一，绝大多数核心词是侗台语本族词；第二，修饰语在名词中心语之后的结构基本保持，这一特点在春秋战国时期侗台先民的《越人歌》里已然（韦庆稳 1981，郑张尚芳 1991）；第三，侗台语诸语言不同于‘五色话’。广西五色话‘是一种受汉语影响而发生了质变的侗泰语言’，汉语借词占 80% 以上，斯瓦迪士 100 核心词有 33 个借用汉语的，修饰语基本上在名词中心语之前（陈其光 1988，2002；罗美珍 1998），显然，五色话受到汉语的影响属深度的借用干扰，相比之下，侗台语各民族的代表语言只是受到中度的借用干扰，仍然保持着自身语言结构系统的本色。”

作者针对侗台语“异源同构”的观点，提出了不同的看法：

“第一，侗台语里除了大量的中古至现代的汉语借词以外，还有一部分相当古老的、非《切韵》和非西南官话语音对应规律层的汉语关系词。如‘火’、‘头’、‘腿’、‘风’、‘潭（水塘）’、‘公（尊长）’、‘弓（弩）’等等，这些词的数量不多，但分量不轻，是不可忽视的（参见邢公畹 1999，吴安其 2002，曾晓渝 1994）。”

“第二，沙加尔先生关于汉语与南岛语发生学关系的论述得到国内外学界的充分重视和肯定（Sagart，1990），而此前，不少国内外学者论证了侗台语与南岛语的同源关系。这样，汉语与南岛语、侗台语与南岛语都可能有发生学的关系。吴安其先生利用丰富可靠的考古学资料详细论证了原始汉藏语（包括侗台语）群体在中国大陆的分布和源流关系（吴安其 2002），很有说服力；同时据古代典籍里关于东夷、越人的记载，我们确信，侗台语民族的根在大陆。由此设想，远古或上古时期一批批操原始汉语、侗台语的大陆先民南下越洋，他们的语言在那里与土著语融合，发展成今南岛语系中的某一支语言——与侗台语、汉语有一定渊源关系，但结构类型相异。据此，侗台语与汉语结构类型上的相同，有可能原本就相同，并非经历了南岛语型的转变。既然侗台语、南岛语、汉语三者都可能有亲缘关系，那么，这说明结构与语源的关系可以是同源异构（汉—南岛，侗台—南岛），也可以同源同构（汉—侗台）。”

“第三，语言结构类型上的异同，不太适宜作为判断语源关系的标准。我们不能因汉语与藏缅语异构而否定它们同源，也不能因汉语与南亚诸语言同构而肯定它们同源：同理，我们不能因汉语与侗台语的同构就怀疑或否定它们同源。（这里须加注明，所谓语言结构类型的异同，是就孤立、黏着、屈折的范畴而言。如果划分的标准尺度再细，那么，虽然同属孤立语，汉语、侗台语、南亚语之间仍有不少结构类型上的差异）”

基于以上认识，作者认为汉语与侗台语之间的历史关系应理解为同源—分化—接触。

——曾晓渝：《论壮傣侗水语古汉语借词的调类对应——兼论侗台语汉语的接触及其语源关系》，载《民族语文》2003 年第 1 期，第 1～11 页。

汉语、台语带音特征对声调分化的影响

李方桂认为：“在汉语里，人们早就知道清音声母、浊音声母把声调分化为阴、阳两类。起初，这两类声调可能不构成音位对立，但当清音声母、浊音声母的对立消失后，它们音位化了，形成了对立。最典型的例子是广州话的声调，早先是浊声母的其音节的声调比对应清声母的要低……

在几乎所有的台语方言里带音特征都能对声调起影响作用。台语分布在缅甸、老挝、泰国、越南以及中国西南的大部分地区。我们已经知道许多台语方言的声调系统。以广西龙州方言的声调为例，在那里原始台语的四个声调：A、B、C 和 D 按原先

声母的清浊一分为二：A1 和 A2、B1 和 B2 等等。原先声母是浊的，其音节的声调通常低于清声母的，如广州话。原始台语所有的浊塞音在龙州方言和其他一些方言里变为清不送气音，另外一些方言，如泰国的那些方言则变为清送气音……"

——李方桂：《喉音特征与声调演变》，载李方桂：《李方桂全集（第一集）：汉藏语论文集》，清华大学出版社，2012 年，第 255～257 页。原载《"中央"研究院历史语言研究所集刊》51.1：1-13，1980。

汉语、台语送气特征对声调的影响

李方桂认为："在许多方言里，除了带音特征外其他特征也会对声调产生影响。通常它们只影响某些而不是全部声调，送气特征就是其中的一个。在汉语方言里送气特征能降低声调。比如，江苏吴江镇的方言很明显送气特征具有降低声调的作用……

据我所知，上述送气特征引起声调的现象还没有得到实验语音学家的证明。在泰国的南部方言里正好有相反的情形，即送气特征配高调。

……

如果这种传统的辅音分类是声调实际读法的反映，那么 Nakhonsithamarat 方言和一些南部方言可以认为是这方面的典型代表。原先的清送气塞音配高调，原先的清不送气塞音配中调（升调少见），原先的浊音声母配低或升调（低升？）。不过，不是所有的泰国方言有相同的表现，如果说送气有提高音高的倾向，这同样无法证明。"

——李方桂：《喉音特征与声调演变》，载李方桂：《李方桂全集（第一集）：汉藏语论文集》，清华大学出版社，2012 年，第 257～259 页。原载《"中央"研究院历史语言研究所集刊》51.1：1-13，1980。

从侗台语及汉语方言看平声、上声的产生

罗美珍认为："上声是源于短元音带 -ʔ 尾；去声是源于长元音带 -ʔ 尾（不排除有些语言是 -h 或 -s 尾，因为如藏语有些地方 -s 尾后来也变为 -ʔ 尾）。我们可以作以下的设想：汉语和侗台语的声调最先是短元音后面带 -ʔ 尾的音节由于声门急促闭塞的作用而形成的音高与其他开音节或舒声韵尾音节所赋有的音高首先区别开来，后来喉塞韵尾丢失，音高起主导作用而产生平声与上声的对立（即上声是短调）。再进一步是长元音带 -ʔ 尾的音节也因声门作用而音高与平声不同，在 -ʔ 尾失落后音高起主导作用

时从平声中分化出去声（即去声是长调）。至今侗台语还有一些基本词是去声和平声对应，说明去声从平声中分化而来。如：

傣	壮	布依	侗	水	毛南	仫佬	黎	
mu^1	mou^1	mu^1	$ŋu^5$	$m̥u^5$	mu^5	$m̥u^5$	pau^1	猪（豝）
kai^5	kai^5	kai^5	$aːi^5$	$qaːi^5$	$kaːi^1$	ci^1	$khai^1$	鸡
$thɔi^1$	toi^5	tui^1	$thoi^5$		$thɔi^5$			退
bai^1	$baɯ^1$	$baɯ^1$	pa^5	va^5	va^5	fa^5	$beɯ^1$	叶

其他塞音韵尾的音节因为与 -ʔ 尾同属塞音类，由于类推的作用，短元音的入声调值一般与上声相同或相近；长元音的入声调值与去声相同或相近。如广州话、壮语、毛南语、仫佬语、傣语某些土语等都是这样。至于侗台语长短元音后面带鼻音韵尾和元音韵尾的音节出现在平、上、去三声中的原因还有待进一步研究。”

——罗美珍：《对汉语和侗台语声调起源的一种假设》，载罗美珍：《罗美珍自选文集》，民族出版社，2007 年，第 167～178 页。原载《中国语文》1988 年第 3 期。

白语的促声调是彝、汉声调混合的产物

陈康指出：汉、唐以来，白族和中原兄弟民族频繁交往，尤其和汉族的紧密关系，促使白族双语制的形成。汉语对白语发生影响，白、汉语言发生系统的深层次的融合，使白语逐渐发展成了一种非彝非汉、似彝似汉的混合语，在藏缅语族诸语言中走上了独特发展的道路。这种融合的特性，可以从白语促声调（又称紧调）的形成和发展方面来探讨。

他认为，白语的 8 个声调是彝、汉语言舒、促声融合的产物。其中白语的 3 个促声调是：

44 调（促甲调）：是彝语支紧甲调（清声母阴促调）和汉语阴入声的混合调。
42 调（促乙调）：是彝语支紧乙调（浊声母阳促调）和汉语阳入声的混合调。
21 调（促丙调）：是借入汉语的阳平声，按彝语支紧调特征演变而成的混合调。

通过对白语促声调形成和发展过程的考证（考证过程略），作者认为白语不属彝

语支，也不是汉语的一种方言，而是具有其原始彝语底层和汉语成分融合了的一种混合语，这种融合是深层次的、系统上的。白语的促声调就是其中一种属于声调系统融合的产物，是既具有汉语词和古汉语入声以及阳平声发展的特征，又具有彝语支韵母单元音化和紧喉、紧调的产生和分化，以及原始藏缅语塞音韵尾丢失的特征。如下图：

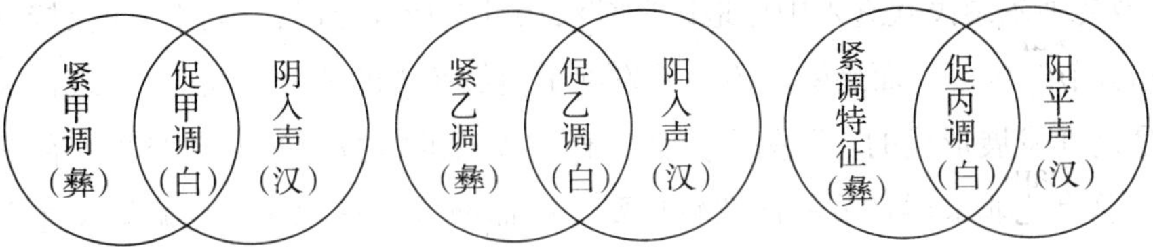

——陈康：《白语促声考》，载《中央民族学院学报》1992年第5期，第73～76页。

宋元史籍女真语对音汉字中的入声字

孙伯君分析了宋元史籍中入声字与女真语对音的情况，“女真语 *-b 尾单独用‘不’字对音，如‘天’，对音为‘阿不哈’，满语 abka；‘耘田者’，对音为‘答不也’，满语为 dabgiya；女真语 *-k 尾闭音节用汉语入声字对音，如‘老人’，对音为‘撒答’，满语 sakda；女真语 *-k 尾闭音节用非入声字对音，如‘雷’，对音‘阿典’，满语 akjan；女真语开音节用汉语入声字对音，如‘出群超众’，对音为‘达纪’，满语 deji。此外，《金史》中有用入声字与女真语 *-l 尾音节对音的情形，如‘明星’，对音为‘兀典’，满语为 ulden;‘猪’对音为‘兀颜’，满语 ulgiyan。时代较晚的《西番译语》对音情况可以与之相参证：藏文 -b ~ 汉文入声字；藏文 -d ~ 汉文入声字；藏文 -g ~ 汉文入声字；藏文 -bs ~ 汉文‘卜思（不思）’；藏文 -gs ~ 汉文‘克思’。《西番译语》有时还用汉语非入声字对译收塞音尾的藏文音节，但没有出现用汉语入声字来对译藏语开音节的情况”。

作者据此得出结论，“近古官话中还有入声，但已不存在 *-p、*-t、*-k 韵尾的严格区分，入声可能只是保留一种促声音势而已”，“作为辽金元时期契丹语、女真语、蒙古语表音汉字语音基础的‘汉儿言语’，其语音体系与《中原音韵》是基本相合的。借助史籍中用汉字标音的契丹语、女真语乃至蒙古语人名、地名、官名研究古代北方少数民族语言，可以参照《中原音韵》所记录的汉字音进行标音”。

——孙伯君：《胡汉对音和古代北方汉语》，载《语言研究》2005年第1期，第66～72页。

汉语声调系统的阿尔泰化

现代汉语方言越往南方调类数目越多，越往北方调类数目越少。桥本万太郎根据阿尔泰语系语言单音节词的音高升降曲线认为现代汉语北方方言的调类数目减少的原因是："当初阿尔泰民族进入中原地区后被汉族社会所同化时，他们一面保持自己语言的语音和音节结构，一面接受汉语，并发展了他们所讲的那种'汉语'。现代汉语北方方言正是这样发展形成的。"另一方面，作者发现北方方言的连音变调只有三个，至多四个，总是比非末尾音节的声调数目要少；而南方方言的连音变调与非连音变调的数目差却没有这样的分布，究其原因是："北方汉语在词组末尾音节上的声调数目之所以能减少，是因为当初操阿尔泰语言的民族侵入中原地区改用汉语作为自己的语言，并把他们所讲的那种汉语加以发展的时候，只能保留有限数量（两三种）的音节语调。他们那时讲的那种汉语后来发展的结果就是今天的北方汉语。"

——桥本万太郎著，王希哲译：《汉语声调系统的阿尔泰化》，载《晋中师专学报》1986年第2期，第112~115、120页。

第五章　语法类

第一节　综　述

如何做好语法比较

戴庆厦认为："语法比较，是语言学家从一个新的角度来研究语言、认识语言的重要方法之一，它反映了人类对语言的新认识，是语言研究进入科学轨道的重要一步。""从语言学理论的发展趋势看，现代语言学越来越重视语言的共性和个性的研究，旨在研究人类语言的类型。而语法比较，在类型学中占有重要的地位。"

"我国是一个多语种的国家，除了汉语外还有80种以上的少数民族语言。在多语言的关系中，汉语和少数民族语言的关系非常密切。""深入而广泛地开展汉语与少数民族语言的语法比较，有助于认识汉语与少数民族语言的相互关系，而且对语言接触的研究能够提供许多有价值的新语料。从应用上说，对于提高少数民族汉语文教学的质量，具有重要价值。"

如何做好语法比较，戴庆厦认为要注意好以下几个问题：

"第一，要选好题。做语法比较，首先要先立一个好的题目，这是能否做好比较的关键一步。所谓'题目好'，一是指有价值，二是指能做得出来。"

"第二，要有系统性观点。语法虽是语言结构要素之一，但它不是孤立存在的，而是与语音、语义等要素紧密联系在一起的。因而在语法比较中要有系统性观点，要从语音、语义上寻找与语法有关系的证据，以保证语法比较研究能够深入进行。"

"第三，要揭示制约语言演变的内部机制。"

"第四，对语法的隐性特点要有敏锐性。语法特点有显性和隐性之分。某一语法范畴，在这个语言里可能是显性的，即以容易辨认的语法形式作为标志，如形态变化、虚词指示等；但在另一语言里则可能是隐性的，即不表示在容易辨认的语法形式上，而是通过语义关系、词语搭配关系等来体现的。所以，在进行语法比较时，必须注意显性和隐性的对应，特别是对隐性特点要有敏锐性。”

“第五，要区别亲缘关系和类型学关系。”

“第六，要区分同源关系和借贷关系。”

——戴庆厦：《语法比较的几点思考》，载戴庆厦：《戴庆厦文集（第五卷）：汉语和非汉语比较研究》，中央民族大学出版社，2012年，第8～15页。

从汉藏系语言看古汉语的语法特征

马学良从汉藏系语言看古汉语的语法特征，指出：“从上述的几种语例中可以推测，汉藏语系语言的动词范畴，很可能是从有屈折形态向无屈折形态演变。现代藏语中动词的屈折形态已无独立表达时、式语法意义的功能，必须与助词、辅助动词或语气助词（或一定的语气）共同表达，这是藏语语法历史发展中一种残存现象。

载瓦语用语音屈折形式，再加助词表示使动，也是由屈折形式向分析形式发展的过渡现象……

古汉语是否也是从屈折形式向分析形式发展，有待深入研究。中外汉学家对这个问题也进行过探索，但只局限于古籍上个别词语的考证，未能放眼于其他语系语言发展的规律，尤其是未能同亲属语言作比较研究。近三十年来，我国学者在研究汉藏语系语言时已提出汉藏语言发展的规律，如对与汉语关系密切的藏缅语言语法范畴研究的结论，对汉语语法的研究必将起到参证的启发的作用。”

——马学良主编：《汉藏语概论》，民族出版社，2003年，第26页。

从语法看苗语和汉语的密切关系

张永祥、曹翠云认为：苗语语法和现代汉语语法相比差别较大，但和古代汉语相比，却有很多相同相似之点。他们举例论证了苗语和汉语形态都不发达、词序也都是表示语法意义的主要手段，诸如后定语、后状语、大类名词前置、形容词用作动词后带名词和判断句不用判断词等苗语所特有的语法现象和古代汉语极为相似。加之语法是语言三大要素（语音、词汇、语法）中发展变化最慢的，而苗语和古代汉语语法上存在如此多的相似之点，词汇、语音也有一定的对应关系。由此可说明早在上古时期，苗语和汉语关系十分密切。

——张永祥、曹翠云：《从语法看苗语和汉语的密切关系》，载《中央民族学院学报》1984 年第 1 期，第 68～77 页。

中国文法必须从中国语言实际入手

陈承泽认为："中国文字与世界各国之文字（除日本颇有与中国文相近者外），有绝异者数点：其一，主形（虽多数为形声字，然亦终不能脱形之窠臼也）；其二，单节音，且各有平、上、去、入之分；其三，无语尾等诸变化。故其文法上发展之径路，与西文异。如'标语'（即'鸟吾知其能飞'之'鸟'，马氏文通论句读续编卷一系七所举之一部分高元先生谓之'前词'者），如'说明语'之不限于动字，如动字中'意动''致动'（如'正其衣冠'之'正'字，谓之致动，'彼白而我白之'之第二'白'字，谓之意动，详下）之作成法，如助字等，皆国文所特有者也。至于关系代名词，如像比较级之变化，如名字中固有名字、普通名字等分类，如主语之绝对不可缺，皆西文所特有，于国文则非甚必要。今使不研究国文所特有，而第取西文所特有者，一一模仿之，则削趾适履，扞格难通，一也；比附不切，求易转难，二也；为无用之分析，徒劳记忆，三也；有许多无可说明者，势必任诸学者之自由解释，系统歧异，靡所适从，四也；举国文中有裨实用之变化而牺牲之，致国文不能尽其用，五也。是故治国文法者，当认定其所治者为国文，务于国文中求其固有之法则，而后国文法乃有告成之一日。自有马氏文通以来，研究国文法者，往往不能脱模仿之窠臼，今欲矫其弊，惟有从独立的研究下手耳。"

——陈承泽：《国文法草创》，商务印书馆，1982 年，第 11～12 页。

通过比较认识中西文法的差异

金兆梓指出："刘勰《文心雕龙》上说：'心生而言立，言立而文明。'所以文字的出发点是思想。整理思想的规则就是名学，整理文字的规则就是文法；所以上文说要彻底的研究文法，不能不根据名学的现象。但是思想是仍须靠着文字而后可以发表的；所以思想整理好了，仍不能不靠有规则的文字给他写出来。只是思想是世界人类所同的，文字却是各有各的习惯，所以名学上的'辞'（Proposition）与文法上的'句'（Sentence）往往不能恰合。例如名学上的'辞'往常总以主词（Subject）、系词（Copula）、表词（Predicate）组织而成。今取'月圆'一语为例，按名学的'辞'

的组织分析之而用国语和英文来比较。如下：

	Subject	Copula	Predicate
国文	月		圆
国语	月	是	圆的
英文	The moon	is	round

照上表凡名学的辞，所应具的三要素，我国文字的习惯就缺了一个系词的要素。再取‘鸟飞’作一例来分析。如下：

	Subject	Copula	Predicate
辞	The bird	is	flying
国文	鸟		飞
英文	The bird		flies

照上表则中英文字的习惯均缺了一个系词——但这并不是缺少，是合系词表词为一了。又将两表比较起来，可以知道若是表词是指定相（Permanent Attributes）的，则英文句可以与名学的辞恰合，而中文句则以二要素代其三要素；若是表词是指动相（Changing Attributes）的，则中英文句均不能与之恰合，均以二代其三。又如拉丁语 Veni，Vidi，Vici——此三语系罗马大将恺撒（Caesar）战胜 Pontus 王 Pharnaces 之得意语——恰相当于我来了 I came，我见了 I saw，我胜了 I conquered 三语，则更以一字而含三要素了。

综上所说，从名学上讲，是表明‘我们所要发表的意思’；从文字习惯上讲，是表明‘我们所要发表的意思应该怎样把他说出’。‘所要发表的意思’是人人所同的；‘怎样把他说出’是各有各的习惯方法的，所以我们叫前者为名学的现象或论理的现象（Logical Categories），叫后者为文法的现象（Grammatical Categories）。”

——金兆梓：《国文法之研究》，商务印书馆，1983 年，第 3～4 页。

通过比较说明汉语语法的特点

王力认为：“本来，把本国现代的语法教本国现代的人，目的并不在教它们学话，或做文章。一切语法上的规律，对于本国人，至多只是‘习而不察’的，并不是尚待学习的。但是，我们并不因它们容易就略而不谈。我们的书虽不是为外国人而著，却不妨像教外国人似的，详谈本国语法的规律。譬如有某一点，本国人觉得平平无奇的，而外国人读了，觉得是很特别的，那么，正是极值得叙述的地方。甲族语所有而乙族语所无的语法事实，正是族语的大特征。咱们虽不知道世界各族语的结构方式共有多少种，但从两个以上的族语比较以后，往往发现某一种思想可以有两种以上的表现法，那么，这两种以上的表现法在各该族语里都是值得叙述的。中国学生学了十年英语，往往还不会说 yes 和 no，就因为普通的英语语法书里不曾说明关于问答的种种方式；而英语语法书里之所以不说明这点，又因为英美人没有一个不会作这种简单的答复。然而这到底是英语语法书的一个缺点，因为像 Are you not going tomorrow？No，I am not going 这一类的答语方式和一般东方民族的答语方式是相反的，正是英语语法的大特征（或可说是西洋语法的大特征）。若就中国语而论，词序（word-order）也是中国每一个人所不会弄错的，然而词序的固定却是中国语的大特征，不能略而不提。总之，族语结构上的特征就是语法的主要部分：如果乙族语区域的人，熟读了甲族语的一部语法书，而于甲族语的结构方式还不免误会的时候，这一部语法书一定是不完善的。”

——王力：《中国语法理论》（上），中华书局，1954 年，第 6～7 页。

西文语法对中国语语法的影响

王力认为：“受西文影响颇深的人，往往不知不觉地，或故意地，采用了一些西洋语言的结构方式。如果那结构方式是西洋语法的重要部分，越发容易影响到中国现代的文章里……

西洋每一个句子里，通常必须有一个主语；中国语则不然，当说话人和对话人都知道谓语所说的是谁（或什么）的时候，主语可以不用。近年书报上的文章，因为欧化的缘故，主语的数量渐渐增加了，所以不用的地方也用起来了。当初有意提倡的人，似乎是觉得每句有个主语然后意义更明显些，所以才这样做；但是现在一般不满 30 岁的青年，受了现代书报的影响，自然地多用主语，无所谓提倡欧化了。

提倡欧化的人虽主张尽量用主语，但他们对于‘无主句’（如‘下雨了’，‘是我害了他’之类），也不勉强添上一个主语。通常中国语可以不用，而欧化文章一定要用的主语只有两种：第一，是承说的省略和习惯的省略；第二，主语该是一般人，并不限于某一个或某一些人……

在西文里，形容词不能单独用为谓词，必须有系词介绍。例如中国话‘他的妻子很好'，在英文里该是 His wife is very good，而不是 His wife very good，这种语法也渐渐影响到中国来。现在有些人倾向于把判断句去替代描写句，例如避免'他的妻子很好'一类的句子，而说成'他的妻子是很好'一类的句子。于是'花红柳绿'变为'花是红的柳是绿的'，'父慈子孝'变为'父亲是慈爱的，儿子是孝顺的'等等……

但是，有些人却更进一步，创造一种中国本来没有的形式，求其与西文的形式相当。中国语由描写句变成的判断句，乃是'是……的'式，例如'花是红的'。现在却有人把'的'字也减去了，说成'花是红'之类，这是中国从前所没有的。中国本来虽也有'是'字加描写语而又没有'的'字跟着的形式，但是，那种'是'字并不是真正的系词，而是用来加重承认的语势的……不过，偶然有些欧化的描写句确也需要一个'是'字，因为形容词前面有欧化的末品，非用'是'字就觉得很不顺……但是，现代文人对于描写句加'是'字，似乎多数只是一种倾向，并未成为一种主张，所以同一个人在同一篇文章里，有时加'是'字，有时也不加'是'字。"

——王力：《中国现代语法》(下)，中华书局，1954 年，第 314～321 页。

汉语语法比印欧语语法更需要图解法

黎锦熙认为："中国语法的本身，应当是从本国人民的语言中归纳整理出来的，不应当沿袭外国语法。——《新著国语文法》的英文法面貌颇浓厚，颇狰狞；例如'图解法'，除了一长横两短竖之外，实在都是自创的规矩，跟英文法的图解方式并不相同，但书中偏要因袭引申 A.Reed 诸氏之说。三十年间同学朋友们用过这书的，往往对我说明他不能照本书的使用法讲完前三章就领导学生做图解练习的缘故，乃是因为他自己的英文不好，所以怕图解；这个误会应当由我负责。其实，相反的，英文法才不需要图解呢！印欧一系语文的语法都不需要图解，因为他们是'综合语'，文字拼法上就有了根尾变化的'语式'，何必还靠图解来表明词位排列的'语序'呢？图解是汉语语法特别需要的，因为汉语是各词孤立的'分析语'，依靠词的位次来表达意思，这'语序'一经图解，就把组织规律明白清楚地摆在眼前。特别是理论文中的长句子，不用图解法就很不容易说得明白清楚。图解法应当是我们对于自己正在发展中的民族语文自己创造的一种研究和教学上的武器。"

——黎锦熙：《新著国语文法》(今序)，商务印书馆，1924 年，第 7 页。

西藏语与列普差等语言之异同

君实认为："西藏别名为褒典大菩陀与褒典小菩陀。褒典大菩陀，东自中国四川云南之西，西迄拉德加，南入喜马拉雅山全部，北至昆仑山脉。其面积广大，为一千二三百年前宗赞王全盛时代之管辖地。当时在此范围之内，通行纯粹之西藏语。今则喜马拉雅山之种族，多用西藏之根源语古代语或讳语。其中尼帕尔国，共有语言十六种……舍哥尔加语外，其余十五种，皆与西藏语同系。其他如西金、不丹，亦皆西藏系之语。而西金之深山中土人，多用列普差语，印度东北亚萨洲之土人及比尔麦人，用语与西藏语同系而不相通。克什米尔北部之斯加德人，及中国西部青海附近阿姆特深山之人民用西藏之古代语。此等言语，缪劳氏场总称之曰婆塔语。Bhotya Language 即乞柏德语也。氏又分婆塔语为二，以比尔麦语及亚萨语为啰希乙语，而称其他曰幹瑞乞克语。至婆塔语究为何属，仍为疑问。但假定为属于骚斯邱拉赖尼安语系而已。

婆塔语之中，发达于上古而遗留于今日者，为上述西金之列普差语。其由上古至中古继续发达。今日在婆塔语系中最达于完全者，为西藏语。故欲解最古代发达之语言及其构成法，而因以明上古文明之程度，不可不研究列普差语。英国梅乃霖大佐，尝著列普差文法 *Grammer of the Lepcha Language* 一书，序文中于此端言颇详。其言曰：'列普差人生活之单纯而淳古，诚足兴吾人之惊叹。其平和温良之性质，因其言语之柔美仁慈而益显。其语中无一詈人之词，而类语之多，尤足以显至微之区别。与人议论，其词令之优美，雄辩之挥发，令人意满。喜马拉雅山中所生之植物，植物学家积多年之研究而不能道者，列普差人不难于片言之下。说明其种类名称效用，推至飞鸟蠕虫，靡不皆然。列普差语为单缀的 Monosillabie 之语言，其由来之古，远在希伯来语散斯克列德语之前。窃谓在近世界各国各种之语言中，当以列普差语为最古也。'其于列普差语，可谓推崇备至。书中更自述在列普差语之组织上，发现一切语言所成立之组织，世界各种言语之语源，列普差语文字之能力暨组织诸种语言之方法，悉存于此列普差语。并谓拟于此端详加组织，编成一列普差字典，以公诸世。惜天下假年，梅乃霖大佐旋即逝世。其所发现之世界诸种语言皆出自列普差语之原理及其组织，未获公表使大佐之言非诬，诚世界言语学上一大问题也。

与列普差语同系而最发达者，为西藏语。列普差语动词之语根，除少数外，皆无变化。但变助动词以示其时限动态及法而已。原西藏语则不仅助动词变化，而动词之语尾亦变。有几多动词，并变其语根。而语根前所置之前置词亦变者。其文法颇与散斯克列德语相类。因是等之变化而表其意义之殊异，亦与散斯克列德语同。然西藏语之名词，除少数外，其语尾并无变化。有类于日本语，特西藏语之单缀，与列普差语近，而与日本语大殊耳。故自言语进步之阶级言之。西藏语实在列普差语与散斯克列德语之中间。是以欲研究列普差语者，不可不研究西藏语也。

西藏语自其文法上观之，在世界之语言中，似有极巨之特色。创定其文字及文典者，为堵弥散婆塔，出于西历纪元第七世纪。文字之形，仿印度之瑙额理字体。然非印度之文字。其音亦西藏固有之音，非印度之音……

西藏文字之特征，即如上述。而其文学，亦复可称。一切藏经，未经汉译者甚多。此等藏经，梵语本大抵业已亡失，故在研究佛学上，可谓世界唯一之宝库。且汉译之经，每有杜撰舛误之处，迥不及藏译者能发微细之义。而解汉译之所不能解。又印度历史之黑暗时代，即西历七百年至千二百年时佛教全灭之际，西藏文字均详为记载。足补亡阙。此外西藏本地发达之医学及文学，为他国所未有，亦多丰富之材料。亦皆西藏之特征也。”

——君实：《西藏语之特征》，载《东方杂志》第 14 卷第 7 期，1917 年，第 93 ~ 98 页。

以辩证的眼光看待各种语法的特点

傅东华认为：“无论哪种语言的文法，总都有几分普遍性，也总都有几分特殊性，即如中国语的文法，没有‘述语’或‘言词’便不能成句，这是和欧西文法共同的普遍性，但是中国文法有‘语词’或‘助词’是印欧语系文法所没有的，因而不得不具有特殊性了。”

——傅东华：《三个体制的实例比较和几点补充的说明》，载《中国文法革新论丛》，商务印书馆，1987 年，第 45 页。原载《语文周刊》1939 年第 27 期。

不同语言的差异不仅仅是字眼不同

吕叔湘认为：“普通人的想法，两种语言不同，是因为所用的字眼不一样，比如汉语说‘书’，英语说 book，两个字的声音全不相同，所以说汉语和英语不同。这个话是对的，可是汉语和英语的区别不全在这一点上。汉语说‘两本书’，还是这个‘书’字，英语就得说 two books，books 和 book 就不一样。汉语说‘书的封面’，英语说 the cover of the book，英语的 of 似乎和我们的‘的’字相当了，然而不同，我们把‘书’

字装在‘的’字的前头，他们把 book 装在 of 的后头。”

——吕叔湘：《中国文法要略》，商务印书馆，1982 年，第 2 页。

汉语英语成句特点差异

金兆梓说：“我始终认为西文在一句（sentence）中，也可说是在每一句的陈述词（predicate）中不能没有一个定式动词（finite verb），只是西文的习惯，和国文法不相干。所以国人初学西文的，最最容易弄错的，就是学造句时往往忘记了一点——忘了用一个定式动词。这就是‘习惯移入’的明证。”“西文的习惯，既然每句中不能没有定式的动词，所以没有定式动词就不成其为句，只能算是仂句（phrase）。不但如此，而且仂句中有了动词也必得加上个符号，使它成为不定式动词才可以。例如英文的‘come’在仂句中必得是‘to come’或是‘coming’，若没有这些符号，单单用‘come’便已是句而不是仂句，国文国语就没有这种习惯。即以‘炒冷饭’一语为例，这原是一句极普通的成语。冷饭，你也好炒，他也好炒，我也好炒，原是一个无主词的成语，倘以英文之例衡之，单单‘炒冷饭’三个字，上面不加主词，必得又加上一个符号才行。我们能加个什么呢？还不只是一个‘炒’字就够了。西文因为有了这样一个习惯，所以成不成句，全要看那一字群（words group）里有没有定式动词——有便成句，没有便不成句。因此在他们的习惯里，形容词是没有陈述功能的，所以要用形容词做陈述词时，必得加上个系词（copula）如‘am’‘are’‘is’之类才能成句，于是本非动词的‘am’‘are’‘is’等字，也不能不硬拉到动词一块儿去。”

——金兆梓：《炒冷饭》，载《中国文法革新论丛》，商务印书馆，1987 年，第 7 页。原载《语文周刊》1938 年第 19 期。

汉语、印欧语述语构成的差异

傅东华认为：“从述语方面看，照英文及其他印欧语言的文法，述语中所最不能缺少的一个动词，国文则否，在国文，无论动词、形容词、名词，乃至于副词，都可以直接用做述语。”

——傅东华：《一个国文法新体系的提议》，载《中国文法革新论丛》，商务印书馆，1987 年，第 1 页。原载《语文周刊》1938 年第 16 期。

中国语中字和词的分别

王力认为：“在中国语法里，咱们有字和词的分别。词就等于英文的 word，字则大致可译为 a syllable represented by a character。

咱们知道，中国每一个字是代表一个音段（syllable），所以书本上每一个 character 叫做一个字，口语里每一个 syllable 也叫做一个字。如‘他低声说了两个字’，这字只是口语里的，不是书本上的。”

——王力：《中国语法理论》（上），中华书局，1954 年，第 13 页。

中国语中词的界定的复杂性

王力指出：“在吠陀文，古希腊语，及英语里，咱们可以凭轻重音去辨别词的界限，然而这种办法却不能适用于中国语。固然，北京语里有些字是念轻音的，而且在双音词中，凡念轻音的字都是第二个字。例如‘石头’的‘头’，‘衣裳’的‘裳’，‘葡萄’的‘萄’，‘骆驼’的‘驼’，‘这么’的‘么’，‘他们’的‘们’。这样，很可以帮助咱们辨别词的界限：凡轻音的字所在之处，必是一个词的终止点。但是，咱们不能反过来说没有轻音的地方就不是一个词的终止点，如‘随便’的‘便’，它虽居于一词之末，却并不念轻音；反过来说，‘吗’‘呢’‘的’‘罢’一类的字，它们虽念轻音，却仍是一个独立的词。

在英法德诸国语言里，我们又可以凭字典上的拼法（orthography），去辨别词的界限。在语言学上说，这是颇不可靠的方法，然而在中国语里，我们就连这种颇不可靠的凭借都没有。例如英法文的 monotone，显然是 mono（单）和 tone（调）两个字凑成的，但字典里既把它写成一个词，自然大家公认它是一个词了。中国呢，‘单调’显然是两个字，若要把它认为一个词，就只能凭英法文的对译去判别。但若遇着纯粹的中国词，如‘干妈’之类，又费踌躇了。

语言学家对于词的定义，本来就有许多不同的意见；而我们对于中国的词，更感觉得确当的定义实在想不出。中国语既没有曲折作用（inflection），轻重音又为华北（北京）所独有，而且不足为凭，我们只好从意义上着想了。我们可以暂时把词认为：‘语言中的最小意义单位’……

但是，‘意义’（meaning）本身就缺乏一种公认的定义。有些语言学家以为只有‘理解成分’（sémantème）是有意义的，‘语法成分’（morphème）是没有意义的，所以语法成分如代名词、否定词、连词、介词之类，不能认为独立的词。另有些语言学家却以为凡‘自由形式’（free form）都可认为词；名词、形容词、动词之类固然是词，代名词、否定词、连词、介词之类也该认为词。只有那些‘黏附形式’（bound form）如英语 kindness 中的 -ness，duchess 中的 -ess，playing 中的 -ing，虽也有其意义，却不能算为词。我们虽比较地赞成后一派的说法，但我们对于他们的词的定义还不能完全同意。因为他们以为词是可以单独成句的，所谓自由形式，就是可以自由地表达一个意思的形式。这种说法，对于西洋语言，已经有几分勉强（说 the 字可以单独成句，很难得多数人的了解和赞同）；对于中国语言，就更不妥当了。例如‘吗’字，它既能表示疑问，自然可说是有意义的。这种意义，我们可称它为语法上的意义。因此，我们该把它认为一个词。然而它是不能单独成句的，它不是自由形式。假使咱们以‘最小的自由形式’势必否认‘吗’‘呢’之类有词的资格。这是我们所不能赞同的。”

——王力：《中国语法理论》(上)，中华书局，1954 年，第 16～19 页。

汉语、西洋语的词类区分很难有一条绝对的标准

王力认为：“咱们知道，西洋的语法学家，有许多是凭曲折的形式去分别词类的。例如Varro，他把词分为四类，第一类是有格的变化（名词），第二类是有时的变化（动词），第三类是格的变化和时的变化都有的（分词），第四类是格的变化和时的变化都没有的（虚词）。若单就拉丁语而论，还不失为一种巧妙的分法。可惜近代欧洲语言如英法等，都没有格的变化了；而且大家知道，世上有些族语是连时的变化都没有，Varro 的分法显然是不适用于今日的了。然而咱们须知，现代虽没有再拿时的变化去做动词的定义，但英法德诸族语里的动词都还保存着时的变化，总难免有人以为时的变化确是动词的一种特征。德语里的动词叫做 Zeitwort，直译就是‘时词’的意思。不过，别种的词既不能再凭曲折形式去分类，所以近代的语法学家总算是放弃这一条路了。

现代西洋对于词类的分别，就学校所传授者而言，其标准是相当杂乱的。例如名词的定义，是以它所代表的概念为根据的，所以说：‘凡词之用以为生物或无生之物的名称者，叫做名词。’而动词的定义，却是以它在句子中的职务为根据的，所以说：‘凡词，能为谓语，或助谓语，或发出一个问题，或表示一个命令者，叫做动词。’形容词和副词的定义，却又是以词和词的关系做根据的，所以说：‘凡词之修饰一个名词或代名词者，叫做形容词。’又说：‘凡词之修饰一个动词，或形容词，或另一个副词者，叫做副词。’这样毫无系统的根据，显出曲折形式大部分丧失后的彷徨。

老实说，依现代英语词类的普通区分法，倒不如索性拿词在句子中的职务

（function）为根据还来的妥当些。例如说：‘凡实词，能在句子中居主格、领格，或目的格者，叫做名词；凡虚词，能代替名词而居主格、领格，或目的格者，叫做代名词；凡词能在句子中为谓语者，叫做动词；凡词能修饰主格、领格，或目的格者，叫做形容词；凡词能修饰谓词，或间接修饰主格（领格），或目的格者，叫做副词。’等等。但是，这种分类法仍不是我们所愿意采用的，因为我们以为词类是可以在字典中标明的，是就词的本身可以辨认，不必等它进了句子里才能决定的。根据词在句子中的职务而分的，我们叫做词品，不叫词类。

叶氏对于英语词类的区分，似乎也感到相当的困难。他是不愿意从词的职务上分别词类的；他只在各词的本身上观察。但是他感觉到准确而完备的定义是不可能的，只能多举例子使学者自悟。

我们很能了解叶氏所遇到的困难，但当我们研究中国语法的时候，这一类的困难就没有了。例如英文 honest 和 honesty 显然是同一词的概念；不过在某一些判断里，这一种概念是附着于具体的事物的（he is an honest man）；在另一些判断里，这一种概念是纯然抽象的（his honesty affected me）。因此，英语名词和形容词之分，竟寄托于整个判断之上：单凭词的本身，怎能断定它是哪一类的词呢？也许有人说，咱们可以凭词的形式去断定它的词类，例如 honesty 和 honest 的形式不同，因而断定它们的词类不同。其实 honesty 和 honest 本身并不能说是带有名词或形容词的标记：若说字尾 -ty 是名词的标记，则 dirty，nasty 之类何以不一定是名词？中国语对于 honest 和 honesty，只有一个概念，就是‘忠厚’。若不问其在句子中的职务，单就‘忠厚’本身而论，它只能属于一类的词，不能分律于两类。这样，恰能使中国词类的界限比英语词类的界限更为明显。英语里词类的定义差不多是不可能的，而中国语里词类的定义却是可以成立的。”

——王力：《中国语法理论》（上），中华书局，1954 年，第 20～23 页。

词类区分在不同语言的语法学上的地位不同

王力认为：“咱们应该承认，词的分类，没有绝对的标准；某一个词类和另一个词类之间，也没有极明显的界限。但是，咱们同时也该承认，中国语的词类比西洋现代语的词类，实在容易分些。就普通说，西洋词类，与其在句子中的职务的极密切的关系：某种职务的词有其一定的字尾（ending）及曲折形式（‘désinance’）。因此，如果不谈职务，则定义无从建立，字尾和曲折形式亦无从说明。西洋一般语法教科书之从职务上分别词类，自有其不可攻击之处。可惜字尾及曲折形式并非处处都能为辨别词类的标准；此种现象，到了今日更加显明。在法语里 Je suis fort 的 fort，和 Je suis roi 的 roi，非但形式上没有带词类的标记，而且它们的地位完全相同。这种情形之下，就只能凭概念区分词类了。由此看来，不凭概念，则有些词并不具备它的词类标记；若凭概念分类，则大多数的词仍因职务之同，而有字尾及曲折形式，以致概念的界限和词类的界限不能相当。至于中国的词呢，它们完全没有词类标记，正好让咱们纯然从概念的范畴上分类，不受形式的拘束。所以我们说，中国的词类比西洋的词类容易区分些，就是这个道理。

但是，我们也不能把词的分类看得太重要了。在屈折语（inflecting languages）里，词的分类确有相当的重要性，因为不知道词类，则曲折形式无从谈起。至于像中国语这样的‘孤立语’（isolating language），既然没有曲折形式，一个外国人仅可以完全不懂中国的词类就学会了它。恰因中国的词类可以从概念的观点上去区分，越发失了它在语法上的重要性。咱们研究词类唯一的兴趣乃在于看它和词品发生些什么关系，换句话说，是要看逻辑上的范畴在语句的组织里发生些什么关系。假使在中国语法上，仍像西洋传统的语法书，专以区分词类为能事，就是舍本逐末，离开语法学太远了。”

——王力：《中国语法理论》（上），中华书局页，1954 年，第 32～33 页。

中国语词的分类不能受西洋语法书的束缚

王力指出：“就词无定品这一点而论，英语和中国语颇相近似，但是，中国语比英语更进一步；因为中国语里的词，非但没有任何曲折形式，连词类的记号（如英语里的 -al，-ie，-ze，-ness，-ly，-tion，-ment，-ive，-able 等）也是不一定有的。老实说，若依西洋传统语法所下词类的定义，中国干脆就没有词类可言。同是一个‘人’字，‘人其人’的第二个‘人’叫做名词，第一个‘人’叫做动词，‘豕人立而啼’的‘人’叫做副词；同是一个‘君’字，‘君不君’的第一个‘君’叫做名词，第二个‘君’叫做动词，‘陛下君临天下’的‘君’叫做副词；同是一个‘云’字，‘江东日暮云’的‘云’叫做名词，‘香雾云发湿’的‘云’叫做形容词，‘天下云集响应’的‘云’叫做副词。这样，字典里竟没有注明词类的可能，或虽注也等于不注，因为差不多凡遇实词都得同时注出名形动三种字样，何必多此一举？

因为拿传统的词类说来看中国语法，有些语言学家觉得中国的词类实在难分。斯氏以为中国语既无曲折作用，虚词（他叫做 grammatical form-word）又少，专靠词的次序来表达意思，它的词类就比英语的词类更难辨认了。又有些语言学家以为中国词类的难分只是表面的，实际上用在句子中的词，它们的词类并不难分。这一派可以房氏为代表。两种说法都不能令我们满意。斯氏是把词类和词品缠在一起，房氏是把词品的易分去证明词类的易分。

总之，叶氏词品说的发明，对于英语语法的贡献很大，对于中国语法的贡献更大。二三十年来，中国的‘文法’专从词品上去辨别词类，使中国的词类毫无界限可寻。从前我在《中国文法学初探》里曾提出抗议，以为词有本性，有变性。本性者本有此性；变性者须受他词的影响，方有此性。例如中国语里虽有‘人其人，火其书，庐其居’的说法，但字典中决不能把‘人’‘火’‘庐’注为动词，因为这不过是‘人’‘火’‘庐’的一种变性而已。我从前所谓本性就是叶氏所谓词类；变性就是叶氏所谓名词用为次品或末品等等。我现在承认本性变性之说还不如词类词品之说来得明显，于是我欣然接受了叶氏的学说。中国语里，词类和词品的界限最为清楚：我们把它们分开了，中国非但有了词品，而且词类比西洋的词类更易区分，实在是一件快事。中国对于词类，本来没有传统的说法，咱们乐得接受最新的学说，又何必为一般西洋语法书所束缚呢？”

——王力：《中国语法理论》（上），中华书局，1954 年，第 45～47 页。

与西洋文法相比中国语语法研究较为滞后

陈定民认为：“依据语言学家的研究，世界上的语言，大概可以分为三种：欧洲各国的语言是最为进步的屈折语；日本、土耳其等国是较次的关节语；而中国语言却是最为不规则的单节语。单节语不能像印欧语一样，各个语词的形式常因其在语句上的功用不同而发生变化。中国语里既没有形式的变化，所以各个语词在语句上都是孤立的。从中国文字上看来，从象形文字演变到如今，虽然经过了半音半形的阶段，但他始终挣脱不了形的羁绊的，而一方面语音又不是多音缀或双音缀，一个文字仅能表示一个音，这种互为因果的关系，形成了如今不规则的语言。西洋的语言学者曾说：‘中国语言中的语词好像一套建筑的木料，都是同一的形式模样，集合拢来，构成所谓语句。’这样的譬喻，对于中国的单节语是很合适的。因此已经有了四千余年语文的中国，还没有正式的研究文法或语法的书籍。《公羊传》、《谷梁传》里已有分析词类，辨别词位的工作，但那不过是一两句的研究而已。直到清代高邮王氏父子的《读书杂志》、《经传释词》作成以后，可以说是一种进一步的文法研究，不过都是些中断的，而没有加以有系统的组织。清末马建忠的《文通》出世，可以说是中国文法学的始创。马氏深通中西语言文字，他用比较的研究法，发现中国文句的构造是与欧西不同的，而词类也有差异，如同语助词是在西欧的语文里没有的。但他却不能解释出一个所以然的缘故来。”

——陈定民：《语助词研究》，载《中法大学月刊》1933年第1期，第2~3页。

第二节　词　类

一、名词、方位词、处所词

汉语处所词单独立类的必要性

储泽祥通过跨语言的方所表述比较，在提出划分处所词和普通名词的句法标准基础上，主要从汉语历时变化和类型学角度，说明了汉语处所词单独立类的必要性。汉语的处所词是先秦汉语体词分化的结果，从西汉开始，普通名词逐渐抛开表示处所的词而自成一类，处所词自然也就成为另一类，这个过程是与方位短语的丰富发展相伴随的。如果把处所词作为类型学参项看待，那么，世界上的语言可以分为有处所词的语言和没有处所词的语言，有处所词的语言包括汉语、藏语、壮语、东乡语、京语、阿昌语、纳西语和仡佬语等，没有处所词的语言包括英语、德语、荷兰语、塔吉克语、蒙古语、撒拉语和克木语等。跨语言的比较显示：（1）同时使用介词、方位词或同时使用前置介词、后置介词表示方所的语言，如汉语、壮语这样的孤立语最容易产生处所词；（2）最典型的处所词是表示地名的词语；（3）汉语处所词的单独立类，有利于跨语言的对比研究，具有类型学价值。除此而外，文章还强调汉语历时语法研究应当重视与体词相关的发展变化情况。

——储泽祥：《汉语处所词的词类地位及其类型学意义》，载《中国语文》2006年第3期，第216~224页。

汉语和藏缅语住所词的同源关系

宋金兰认为：“汉语和藏缅语的住所词几乎都与洞穴词和土地词有密切的语音关系。这种现象暗示汉语和藏缅语的住所词可能来源于洞穴词和土地词。”“汉语和藏缅语的住所词大体上都可按其声母形式分为：k-（g-）、l-（r-）、d-（t-）、s-（h-）、b-（P-）这样五组。住所词这众多不同的形式是否可能从洞穴词和土地词的原始形式演变而来呢？一般说来，藏缅语是形态丰富的语言，而汉语的形态则很贫乏。但是越来越多的研究材料表明，古汉语并非没有形态，交替法和加缀法曾是古汉语构词的重要手段。而词在形态结构上的共同性及其变化模式的相似性正是确认同源关系的基本依据。”之后具体分析了下面五组词的词族。1. k-（g-）组，宫、巷、户、闬、话。2. l-（r-）组，弄、牅、窬、庐、里。3. d-（t-）组，邨、窦、宅。4. s-（h-）组，向、舍。5. b-（P-）组，房、坊、栊。作者认为：“汉语和藏缅语的五组住所词可以在组内或跨组结成若干个词族，这些词族又可以构成两个大的词族系统，一个系统与洞穴词相关，另一个系统与土地词相关。汉语和藏缅语的这两个词族系统之间存在着完整的、成系统的语音对应关系，它们有共同的基本词根和大致相同的音变模式。因此有理由认为汉语和藏缅语的住所词是同源词。”

——宋金兰：《汉语和藏缅语住所词的同源关系》，载《民族语文》1994 年第 1 期，第 41～49 页。

从方位词重叠看汉、藏语言的同源关系

王志敬总结出藏汉语共有的特殊重叠式包括方位词重叠、能愿动词重叠、AA 式形容词后置于名词作谓语。他指出方位词重叠是汉语魏县等方言土语和藏语拉萨话的共有语法手段，而且共有表“最”义的语法功能。方位词重叠及其功能非常特殊，这种藏汉语共有的特殊重叠现象既不可能出自借用，又不可能是相互影响的结果，并且极有可能不为藏汉语和民族语言之外的语言所有，只能归咎于出自同一原始语。

——王志敬：《藏汉语亲属关系研究》，民族出版社，2009 年，第 205～207 页。

汉藏语时间隐喻系统的共性和个性

张燕参照 Lakoff 的时间隐喻理论：时间隐喻系统的总隐喻是“时间流逝是运动”（Time passing is motion），有“自我在动”（the moving egometaphor）和“时间在动”（the moving time metaphor）两种类型。作者以汉藏语系语言为例，将收集到的语料进行梳理，发现可以将所选语言的时间隐喻分为以下几种类型：1. 时间是空间；2. 时间是容器；3. 时间是动体；4. 时间是距离；5. 时间是特征等。作者认为这些类型是人们对时间认识多样化的一种表象，其深层本质仍可归结于“时间是空间”隐喻。“时间是空间”

是根概念隐喻，其余是它下属的基本概念隐喻。

作者选取了汉语、景颇语、藏语、傣语等语言，对上述几种时间隐喻类型进行了比较分析，对汉藏语系语言时间隐喻的共性和个性进行归纳，指出：汉藏语系这几种语言都存在“空间隐喻时间”这一共性，时间隐喻类型具有相似性，都可以分为五类：1. 时间是空间；2. 时间是容器；3. 时间是动体；4. 时间是距离；5. 时间是特征。这是人类生理、心理、客观环境具有相似性造成的，认知语言学用经验客观主义较好地解释了这种普遍性。

这些时间隐喻还具有个性：第一，所选少数民族语的时间词形态理据较为明显；第二，所选的少数民族语更倾向于将时间拟人化；第三，汉语和藏语的时间隐喻在纵向维度上比景颇、傣语丰富；第四，所选的少数民族语中许多表示时间的词语是自然特征的接待。这些个性与各民族的地理环境、宗教信仰、历史文化等方面都有密切的关系。

——张燕：《时间隐喻的类型学试析——以汉藏语系语言为例》，载《中央民族大学学报》2005 年第 5 期，第 112～121 页。

中国语、英语名词和名词结合时的异同

王力指出：“名词和名词组合时，上一个名词居于次品的地位。在这一点上，中国语和英语大致相同。不过它比英语更显得自由罢了。因此，sea water 恰等于‘海水’，stone wall 恰等于‘石壁’，spring flower 恰等于‘春花’，lamp light 恰等于‘灯光’。有时候，中国语用连结词‘之’字，把次品联结于首品，如‘海之水’，‘石之壁’，‘春之花’，‘灯之光’等。普通喜欢拿这些‘之’字和英语的 of 相比，这是一种误解。先说，of 是联结首品于另一首品的：在 the water of the sea 里，water 和 sea 都是首品，可见它和‘之’字的职务不同。再说，名词次品和名词首品既有直接组合的自由，则连结词‘之’字可有可无；至于 of 之联结首品于另一首品，却是必需的，咱们不能取消了它，而单说 the water the sea。”

——王力：《中国语法理论》（上），中华书局，1954 年，第 54 页。

二、代　词

汉语和藏缅语单数第一、第二人称代词同源

李永燧认为：汉语和藏缅语单数第一、第二人称代词同源。他通过对上古汉语和藏缅语的人称代词进行了测拟，在此基础上进行语音比较，指出上古汉语的“吾”字与藏缅语单数第一人称代词有语音对应规律。如表 1 所示：

表 1　汉语和藏缅语单数第一人称对应

	上古汉语	古藏缅语	藏文	缅文
吾	*ŋɑ	*ŋa	ŋa	ŋa
五	*ŋɑ	*l-ŋa	lŋa	ŋa
鱼	*ŋĭɑ	*ŋya	nya	ŋa
银	*ŋĭən	*（d-）ŋul	dŋul	ŋwe
苦	*khɑ	*kha	kha（-tig）	kha

可见，上古汉语疑母 *ŋ、鱼部 *ɑ 分别与藏缅语的 *ŋ 和 *a 对应。属上古疑母鱼部的“吾” *ŋɑ 字与藏缅语单数第一人称代词 *ŋa 并非偶合，而是有着共同的来源。上古汉语单数第一人称单数的另外两个代词“我” *ŋa 和“卬” *ŋɑŋ 虽然都是疑母字，但它们分别属歌部 *a 和阳部 *ɑŋ，与藏缅语单数第一人称代词 *ŋa 的韵母不成对应规律，尽管它们的发音很相像。“吾”“我”“卬”之间的关系有各种说法，作者大体上接受上古汉语人称代词有形态变化的特点，认为“吾”和“我”（也许还有“卬”）是不同的变体，并且与藏缅语第一人称代词也都有渊源关系。而“吾”字似乎可以看作是它们的主要形式，因为它的声韵母与藏缅语都有明显的对应，作为它的变体的“我”（或“卬”）则只有声母对应。上古汉语“吾”字用于主格和领格，但不见于动词后的宾格（“我”字则以可用于宾格为主要特征）。这种情况，与作者上述语音比较所作的推论相一致。至于 *d 系的“余”“予”“台”“朕”等则与藏缅语不同源。

除单数第一人称代词外，作者还比较了上古汉语与藏缅语单数第二人称代词在语音上的对应关系。作者指出：上古汉语第二人称代词“汝”（女）“尔”“若”“而”“戎”

等都属古日母 *ȵ，只有“乃”属古泥母 *n。作者选取“汝”字来与藏缅语进行比较。

表 2 声母比较

	上古汉语	古藏缅语	藏文	缅文
	*ȵ	*n	ny	n
汝	*ȵɑ	*na-ŋ	（nyid 您）	naŋ
日	*ȵĭet	*niy	nyi	niy
迩	*ȵĭa	*ney	nye	ni（近）

上古汉语的日母 *ȵ 和藏缅语的 *n 对应。

表 3 韵母比较

	上古汉语	古藏缅语	嘉绒	缅文
	鱼部 *ɑ	*a-ŋ	o	aŋ
汝	*ȵɑ	*na-ŋ	no	naŋ
马	*meɑ	*mbra-ŋ	mbro	mraŋ

作者将上表 3 和表 1 联系起来观察。指出藏缅语的元音 *a 和汉语的 *ɑ（鱼部）有对应关系，表 3 和表 1 似乎分别可以用“阴阳对转”的道理来解释。上古汉语的“汝”字为阴声。古藏缅语单数第二人称代词则为阳声。这种现象也许与古人称代词的形态变化有关系，待进一步研究。但是，上古汉语的“汝”字和藏缅语单数第二人称代词有渊源关系，作者以为是不必置疑的。

通过比较，作者发现藏缅语单数第二人称代词和上古汉语的“汝”字比较密切。“尔”“若”“而”“戎”和“汝”同属古日母 *ȵ（“乃”属泥母也很相近），在声母上与藏缅语也有对应关系，但在韵母上则不成对应。作者指出，如果说这些字是相互联系着的不同变体的话，那么也可以说它们和藏缅语单数第二人称代词有渊源关系。从上古汉语和藏缅语反映出来的对应关系上去看，“汝”（女）字声母韵母都有对应规律，可以认为它就是上古汉语第二人称的主要形式。如果认为上古汉语第二人称代词有格的变化，“汝”字为主格的可能性最大，道理同“吾”字。

作者按汉语、藏缅语人称代词用作主格、所有格、宾格在句中的位置和功能，把它们分别称为人称代词主语、人称代词定语和人称代词宾语。认为它们在语序方面的状况，也反映人称范畴某些原始形式及其演化，可以相互比较来进一步认识人称代词的源流。

通过比较，作者指出：1. 人称代词主语，汉语和藏缅语有着共同的规律，它们在语序上反映的基本形式同样古老。2. 人称代词定语在中心词的前边，汉语和藏缅语相一致，它们所反映的形式也同样古老。3. 人称代词宾语，在语序上汉语有过两种格式，而在动词前的格式早已消亡，现代汉语人称代词宾语在动词后。藏缅语（如克伦语例外）没有人称代词宾语在动词后的格式。可以认为，人称代词宾语在动词前是汉语藏缅语共同有过的最古老的一种句式。4. 此外，作者还观察到汉语后置于动词的人称代词宾语与藏缅语（如嘉戎语）动词宾语人称后缀有对当关系。

——李永燧：《汉语藏缅语人称代词探源》，载《中国语言学报》第 2 期，商务印书馆，1983 年，第 271～287 页。

从第一人称代词“我”看汉语、藏缅语的同源关系

王志敬指出：第一人称代词是藏汉双语乃至人类语言中使用率最高的词之一，以［ŋ-］为声母的“我”既然可以作判定藏汉双语同源的标准，便可以此为依据在人类语言范围内寻证亲属语言。如下就是第一人称代词以［ŋ-］作声母的 24 种语言，其中 15 种韵母为［a］，与藏语相同；9 种语言的韵母与上举汉语方言相同，从而可判定与藏汉语同源。例如（马 282、436、437、293、321、377、381、397、437、494、498）：

彝　语［ŋa^{31}］	傈僳语［ŋua^{33}］	哈尼语［ŋa^{55}］
拉祜语［ŋa^{31}］	纳西语［ŋə^{33}］	怒　语［ŋa^{33}］
基诺语［ŋo^{51}］	载瓦语［ŋo^{51}］	桃坪羌语［ŋ-］
缅　语［ŋa^{33}］	扎坝语［ŋa^{13}］	纳木义语［ŋa^{33}］
嘉戎语［ŋa］	道孚语［ŋa］	独龙语［ŋa^{35}］
土家语［ŋa^{35}］	贵琼语［ŋø^{13}］	却域语［ŋa^{13}］
木雅语［ŋə^{53}］	史兴语［ŋɛ^{55}］	阿昌语［ŋɔ^{55}］
景颇语［ŋai^{33}］	白　语［ŋo^{31}］	珞巴语［ŋo:］
浪速语［ŋa^{55}］	藏　语［ŋa^{12}］	

上述论证表明，第一人称代词“我”的声母是否为［ŋ-］是判断同源关系的一条十分有效的标准。“我”的使用率在最高之列，其覆盖亲属语言的数目自当在最多之列：

不仅确立了藏汉双语的亲属关系，而且确立了载瓦语、阿昌语等24种不同民族语言的亲属关系。王志敬指出，语言是一个复杂的系统，同源关系的论证理应是多层面、多角度的，其中包括语料的古与今，标准语与方言，语音与语法，等等。每个层面、每个角度都会有各自的特殊方法，研究者试图在语法领域寻证藏汉语同源关系，方法论的创新自当最为重要，既要敢于创新，又要善于创新。

——王志敬：《藏汉语亲属关系研究》，民族出版社，2009年，第272～273页。

汉、苗、瑶语第三人称代词的来源

曹翠云在文中通过举例指出："汉、苗、瑶语最初都是没有第三人称代词的。现在的第三人称代词都是分别由名词'人'或无定代词'别人'或指示代词'那'发展演变而来的。"由此证明汉、苗、瑶语的第三人称代词都在走着一条相同的发展道路，它们的发展演变规律是一致的。

——曹翠云：《汉、苗、瑶语第三人称代词的来源》，载《民族语文》1988年第5期，第58～61页。

汉、苗、瑶语第三人称代词的发展演变具有一致性

曹翠云认为："古代汉语的第三人称代词'之、其'都是由指示代词发展演变而来的；现代汉语的第三人称代词'他'，也是由当'别人'或'别的'讲的无定代词'他'发展演变而来的。苗语黔东方言的第三人称代词 nen^{2}'他'、川黔滇方言的第三人称代词 ne^{4}'他'、瑶语布努话的第三人称代词 ni^{4}'他'、勉方言的第三人称代词 nin^{2}'他'和标敏方言的第三人称代词 nin^{2}'他'都是由名词'人'发展演变而来的。苗语湘西方言的第三人称代词 $pɯ^{4}$ 和 wu^{3}，虽然现在都有'他'的意思，但 $pɯ^{4}$'他'是来源于无定代词'别人'；wu^{3}'他'是来源于指示代词'那'。

汉、苗、瑶语最初都是没有第三人称代词的。现在的第三人称代词都是分别由名词'人'或无定代词'别人'或指示代词'那'发展演变而来的。因此，汉、苗、瑶语的第三人称代词都在走着一条相同的发展道路，它们的发展演变规律颇为一致。"

——曹翠云：《汉、苗、瑶语第三人称代词的来源》，载《民族语文》1988年第5期，第61页。

通过汉藏语比较推测古汉语中的指示词、第三身代词的原始汉藏语痕迹

高名凯指出："至于为什么在古汉语中由齿牙两种声母的指示词、第三身代词或规定词，则是一个不易解决的问题。我们考查汉藏语系，知道在汉藏语系中本来就有这两种用法。藏文'此'为 di 而'彼'为 de，所当注意者，de 于古典时代亦有第三身代词之义。藏文领格有以 -i 或 kyi 表示者。-i 或即 çdi 损失声母后的形态，但也可以是 kyi 的缩形。然而在较近的口语中，藏文的第三身代词则单数为 k'o，多数为 k'o-pa，k'o-wa，k'o-ts'o，k'o-caǐg 不过有的方言仍有以 de-dag，de-rnams 表示多数等三身代词者。暹罗文第三身代词亦以牙音为声母 khao 但指示词则'此'为 ni̱，'彼'为 naòn，n- 虽系鼻音，但仍是一种齿音，其与藏文。d- 系同源大约尚说得通：一个旁证即相当于印欧语的关系代词，暹罗语尚作破裂吐气、齿音 thi。至于元音的 -i，-an 相当于藏文的 -i，-e 更是说得过去。安南语的指示词是 nâyǐ，âyǐ 第三身代词为 noì，但有的时候，'彼此'的'彼'则作 kia。是齿牙两种声母的痕迹都有存在。老挝语'此'为 nī，'彼'为 năÞnn，而第三身代词则有作 khaìn 者，与暹罗文极其接近。倮倮语'此'为 ee，'彼'为 k'ē，而第三身代词亦作 k'ē（单数）k'ēcheì（多数）。仲家语'此'为 ni，与暹罗、安南同，但'彼'则保留原来之 te，与藏文相似。可注意者仲家语之 te 亦可作为第三身代词用，与古藏文之 de 同。巴那语（Bahnar）第三身代词有作 gar，ger，di（客气用语）者，而此语尚有一无定代词 de 颇足寻味。总之，从其他汉藏语系语言的研究中，我们知道汉藏语系的语言多有齿牙两种声母的指示词和第三身代词。我们看一部分的指示词多由 t- 而演为 n-，而古藏文又以 de 兼表指示词及第三身代词（牙音的 ke 是后来才有的），大约齿音是比较原始的形式，而牙音是后来才有的。然而，在各种语言中，大半都有齿牙两音的存在，汉语之'之'与'其'即其一例，又好像这两种音是同出于一源的。换言之，好像在原始的汉藏语中，已经有了这两种意义相同的语词，在上述各语言中都有其遗留的痕迹。当然汉藏语系的亲属问题，到现在尚没有确定的结论。这种相同说不定只是一种偶然的凑合。我们也只好存疑。可是古代汉语中有'之'、'其'两种指示词，这指示词后来又用在各种不同的引申意义上，则是我们所敢断定的。"

——高名凯：《汉语规定词"的"》，载《高名凯文选》，北京大学出版社，2010 年，第 183～184 页。原载《汉学》第 1 辑，1944 年。

从语音对应看藏语、汉语东南方言及部分藏缅语的第三人称代词

王志敬比较了拉萨话、汉语方言及民族语言后指出：汉语东南方言第三人称代词“他”与藏语拉萨话［k‘o^{54}］同声母的现象广泛存在，不仅如此，粤方言的元音［ɑe］与藏语元音［o］非常相近，有理由确认藏汉语第三人称代词同源。法国汉藏语言学家沙加尔在他的《上古汉语词根》里也把“他”作为同源词而收录。

不仅藏汉语方言里第三人称代词“他”存在以［k‘］作声母，民族语言里也存在，其中景颇语和基诺语就是如此。例如：

景颇语 khji^{33}　（马 336）　　基诺语 khɤ^{31}　（马 437）
洛巴语 kom　（马 149）

以［k‘］作声母的第三人称代词“他”把藏语、汉语、景颇语、基诺语和洛巴语连接为一个特殊的群体即亲属群。法国学者沙加尔在《上古汉语词根》一书中已构拟出藏汉语第三人称代词同源的语音形式，和我们的结论殊途同归。

——王志敬：《藏汉语亲属关系研究》，民族出版社，2009 年，第 274～276 页。

汉维篇章中第三人称代词的频率差异及原因

帕提古力·麦麦提指出：第三人称代词在汉维篇章中都很常用，在篇章的衔接与连贯上起着重要的纽带作用。但是由于两种语言表达习惯的不同，它们使用第三人称代词构成篇章时有较大差异，具体表现为汉语篇章中第三人称代词远多于维吾尔语，而维吾尔语中原词复现多于汉语。作者分别选取了几种汉维语的著作及其维汉语译本为样本，对其中的第三人称代词在篇章中的使用情况进行了统计，统计结果如下：

表 1　第三人称代词在双向翻译对应篇章语料中的使用情况

语　言	汉　语	维吾尔语
句子总数	1424	1452
第三人称总数	775	556

续表

语　言	汉　语	维吾尔语
第三人称单数总数	690	481
他	544	429
她	136	45
它	10	7
第三人称复数总数	85	75
他们	73	68
她们	7	6
它们	5	1

表 2　第三人称代词在汉语、维吾尔语原作中的使用情况

语　言	汉　语	维吾尔语
句子总数	54	47
第三人称单数总数	36	13
他	36	6
她	0	7

基于统计数据可知，汉维语第三人称代词在篇章中的使用频率有较大差异，汉语第三人称代词的使用频率远远高于维吾尔语。作者认为，造成这种差异的原因主要有以下四点：

1. 汉语书面语中第三人称代词有性别区别，维吾尔语没有这种区别。因此，汉语书面篇章中一个句子里同时用“他”和“她”的情况比较常见。而在维吾尔语篇章中一个句子里同时用两个“u”（他 / 她 / 它）的情况很少，当两个或两个以上人物出现在同一篇章中时，为了避免误解和理解困难，维吾尔语往往采用词汇手段，即重复专有名词或其中一个人用专有名词，另一个用第三人称代词“u”。

2. 汉语多用代词替代，维吾尔语多用原词复现。为了使篇章连贯，汉语较多运用照应（相对于维吾尔语），用代词替代原词。而维吾尔语中广泛采用的一个衔接手段就是把原词重复一下。例如，在朱自清的《背影》（1441 字）中，36 处用第三人称代词“他”来衔接上下文，“父亲”一词出现了 13 次；而在祖农・哈迪尔的散文《ata-animiz》（我的父母）（1141 字，中译本字数）中，只有 13 次用第三人称“u”，“dadam”（父亲）一词出现了 21 次，“anam”（母亲）一词出现了 13 次。

3. “他、她”的功能负荷量大于“u”。汉语中得“他、她”还承担反身代词“自己”的功能，“u”没有这个功能。

汉语：

三年后，他对教授说他要读博。

维吾尔语：

ytʃ jil øt -kɛn -din kejin，oʁul professor -ʁa øz -i -niŋ doktur -luq -ta oqu

三 年 过 构形动词 从格 后 男孩儿 教授 向格 自己 三领属 属格 博士 构形容词 时位格 读

-jdiʁan -liq -i -ni.

构形动词 构形名词 三领属 宾格

4. 维吾尔语中的零式指称汉语中人称指称。语言中为了避免过多的重复，使用零式指称，它是篇章中常用的一种衔接手段。维吾尔语中的零式指称包括主语的省略、定语的省略和宾语的省略。如果两个句子的动作的主体为同一个人，那么，前面的语句保留该主体做主语，后面的语句往往省略不用。零式指称也是汉语中得一种常见的篇章衔接手段。但维吾尔语确定人称句中的这种省略一般只限于第三人称单数的省略，而汉语的省略不限于第三人称。

——帕提古力·麦麦提：《汉维篇章中第三人称代词的对比分析》，载《中央民族大学学报》2007 年第 3 期，第 120～126 页。

从藏缅语反观上古汉语人称代词的“格”

金有景指出：“上古汉语人称代词从语音上说可以分为两类：第一类代词相互间是双声的关系，靠着韵母起屈折作用，即第一、第二人称；第二类代词相互间是叠韵的关系，靠着声母起屈折作用，即第三人称。”文章列出了上古汉语的人称代词系统：

第一人称分为两个系统：

（一）ŋ 系	ŋɑ 吾	ŋa 我	ŋɑŋ 卬
（二）d 系	dĭɑ 余，予	dĭə 台	dʻĭəm 朕

第二人称只有一个系统：

n 系　ȵĭɑ 汝　ȵĭa 尔　ȵĭɑk 若　nə 乃

5ȵĭə 而　ȵĭwəm 戎

第三人称也只有一个系统：

ĭə 系　g‘ĭə 其　ȶĭə 之（还有 kĭwat“厥”自成一类）

对上表进行分析可以发现，“上古人称代词具有相当整齐的系统，各词都有相配关系：‘吾’、‘余’、‘予’和‘汝’相配；‘我’和‘尔’相配；‘卬’和‘若’相配；‘台’和‘而’；‘朕’和‘戎’相配。‘乃’是‘而’的变体，‘厥’可能是‘其’的变体”。

金有景设想，以上严整的相配关系说明上古汉语的人称代词可能有“格”的变化。文章举出了上古文献中的用法来证明这个问题，但是作者发现，“光是依靠上古汉语的文献资料还不足以使这个问题获得解决。汉藏语系的亲属语言的材料可以使我们把这个问题看得更清楚”。该文列举了藏缅语族基诺语、景颇族载瓦语、纳西语、哈尼语、珞巴语中的人称代词的用法来证明这个设想。

（1）基诺语

基诺语的人称代词有格的变化。格有主格、宾格、领格三种，用元音或声调的屈折变化表示。例如单数第一人称主格、宾格、领格分别是 ŋɔ^{5}、ŋɔ^{6}、ŋɔ^{6}，第二人称主格、宾格、领格分别是 nɐ^{5}、nɐ^{6}、nɐ^{6}，第三人称主格、宾格、领格分别是 khɯ^{5}、khɯ^{6}、khɯ^{6}。

（2）景颇族载瓦语

在载瓦语里，人称代词有单数、双数和复数的区别。单数人称代词又有主格、宾格和领格三种形式，主要用声调表示屈折变化（双数、复数的人称代词没有格的区别）。例如第一人称单数主格、宾格、领格分别是 ŋɔ^{51}、ŋɔ^{31}、ŋa^{55}，第二人称单数主格、宾格、领格分别是 ŋaŋ^{51}、ŋaŋ^{31}、ŋaŋ^{55}，第三人称单数主格、宾格、领格分别是 ja̱ŋ^{31}、ja̱ŋ^{31}、ja̱ŋ^{51}。

（3）纳西语

纳西语（维西方言）人称代词无论单数、复数都有格的变化，共分主格、宾格、限领格、述领格四种格。例如单数第一人称通型、主格、宾格、限领格、受领格分别为 ŋɑ^{5}、ŋɑ^{2}nᴇ^{5}、ŋɑ^{2}ɣɯ^{5}、ŋɑ^{5}ŋkɐ^{5}nu^{1}、ŋ^{2}ji^{2}。第二人称通型、主格、宾格、限领格、受领格分别为 no^{5}、nᴇn^{4}nᴇ^{5}、nᴇn^{4}ɣɯ^{5}、nᴇn^{2} 或 nᴇn^{4}ŋkɐ^{5}nu^{1}、nᴇn^{2}ji^{2}，第三人称通型、主格、宾格、限领格、受领格分别为 t‘ii^{2}、t‘ᴇn^{4}nᴇ^{5}、t‘ᴇn^{5}ɣɯ^{5}、t‘ᴇn^{2} 或 t‘ᴇn^{4}ŋkɐ^{5}nu^{1}

或 t'ii²ŋkɐ⁵nu¹，t'ɛn²ji² 或 t'ii²ji²。

（4）哈尼语

哈尼语人称代词有格的变化，大部分格有后置助词，如主格有后置助词 ne³³，宾格常用后置助词 jɔ⁵⁵ 或 a³³，领格有后置助词 ɤ³³。

（5）珞巴语

珞巴语的人称代词有“主格”“宾格”的分别。如单数第一人称主格、宾格分别是 ŋoː、ŋom，第二人称主格、宾格分别是 noː、nom，第三人称主格、宾格分别是 koː、kom。

根据上述情况，文章最后指出：“以上属于汉藏语系藏缅语族的五种语言里，人称代词都有格的变化。不仅这样，这五种语言与上古汉语人称代词的语音形式还有一点点相似或相对应的地方：大致而言，第一人称都是 ŋ- 声母，第二人称都是 n-、ȵ- 声母，第三人称都是 g'-、k-、k'-、j- 声母等。这样看来，我们假定上古汉语人称代词有格的变化，能说没有一点根据吗？”

——金有景：《再论民族语言研究与汉语研究》，载《民族语文》1985 年第 5 期，第 58～59 页。

从人称代词格范畴看汉藏语的同源关系

王志敬通过对甲骨文、汉语方言客家话和藏语等我国六种民族语言人称代词格范畴比较后，清楚地发现它们的关系脉络：

a. 格范畴通常涵盖所有体词性成分，唯独人称代词有格变化系一类特例。

b. 格范畴通常包括施事格、受事格、与事格、工具格、时间格等十多类，而仅有主格、领格和宾格三类格范畴，则又是特殊一类。

c. 主格、领格和宾格三类格范畴，甲骨文中有，现代汉语方言客家话中有，藏语中有，我国诸多民族语言中都有。主格、领格和宾格三类格范畴把汉语、藏语和我国民族语言联结成一个特殊语群，为它们发生学关系的凭证增加了筹码。

d. 三类格范畴构成一个特殊的结构格局，是藏语、汉语、彝语、哈尼语、纳西语、怒语、基诺语同源的凭证。

e. 客家话是汉语方言中保留古老成分最多的方言之一。

作者还引述了徐通锵教授在《历史语言学》（p.31）中强调了词的形态变化在确定语言亲属关系时的重要性：“在印欧系语言的历史比较研究中，形态变化的相似性占有特殊的地位，一般都据此确定语言之间的亲属关系”。梅耶误解了汉语，“远东的那些语言，如汉语和越南语，就差不多没有一点形态上的特点”（徐，同上）。甲骨文、现代汉语方言、藏语及诸多民族语言，它们的人称代词就有格范畴。据此可确定藏汉语的同源关系。

——王志敬：《藏汉语亲属关系研究》，民族出版社，2009 年，第 70～73 页。

汉语嘴头话的人称代词与彝语的关系

王天佐认为：甘肃省甘谷县八里弯乡嘴头村的汉话（下称嘴头话）的“人称代词有与汉语普通话人称代词显然不同的特点，而与藏缅语族语言的人称代词，尤其与彝语人称代词更为接近”。

该文对嘴头话和凉山彝语的人称代词进行了对比。指出：“嘴头话和彝语的人称代词都有表示‘数’、‘格’、‘人称’等范畴的屈折变化。这两种语言的人称代词都分单数人称代词、双数人称代词、复数人称代词、反身人称代词和第一人称引述代词。嘴头话还有用于名词、名词性词组后表示受动主语和宾语的助词，而人称代词只在必要的情况下才带这种助词。”该文对这几种人称代词分别进行了比较：

1. 单数人称代词

“嘴头话与凉山彝语的单数人称代词有格的范畴，都区分主、宾、领三个格。”“在两种语言里，单数人称代词的词根来源相同。它们的变格都是在基本形式的基础上用声调屈折变化的方式来表达的。彝语第二人称代词的领格还兼有词内元音的交替。变格后，各人称代词的声调调值（除第三人称外），在同一语言里同格的声调调值相同。”列表如下：

	人称	主格	宾格	领格
嘴头话	一	ŋɯ^{33}	ŋɯ^{53}	ŋɯ^{55}
	二	ȵi^{33}	ȵi^{53}	ȵi^{55}
	三	tha^{33}	tha^{53}	tha^{212}
凉山彝语	一	ŋa^{33}	ŋa^{34}	ŋa^{55}
	二	nɯ^{33}	nɯ^{34}	ni^{55}
	三	tsʅ^{33}	tsʅ^{34}	tsʅ^{21}

经过对比分析，该文发现，“两种语言主、宾、领格的界限都是严格的”。而且，“两种语言的变格所表达的语法意义是一致的。不同的是嘴头话人称代词格形态在实际应

用中适用范围广；凉山彝语人称代词的变格受动词态（主动态、使动态）的范畴的制约和限制。彝语的领格代词可用在任何名词前表示领有关系，嘴头话只能用于指人的名词前。其他条件下要带领格助词 $tɔ^{33}$ ‘的’。如：$ŋɯ^{55}$ $tɔ^{33}$ $ʂu^{33}$ 我的书”。

2. 双数人称代词构成方式的对比

该文指出：“在凉山彝语和嘴头话里都有双数（或称集合）人称代词。其构成方式，两种语言都是在单数人称代词的基础上，用声调变化再加表示双数的后加成分构成，嘴头话加 lia（读轻声，是数词‘两’的变音与虚化），彝语加 $n̡i^{55}$（是数词‘二’的变音与虚化）。”对比如下：

	第一人称		第二人称		第三人称	
嘴头	$ŋɯ^{55}lia$	我俩	$n̡i^{55}lia$	你俩	tha^{212} lia	他俩
	$ŋɔ^{212}lia$	我们俩	$n̡ɔ^{212}lia$	你们俩	tha^{212} $vu^{33}lia$	他们俩
凉山	$ŋa^{21}n̡i^{55}$	我俩	$ni^{21}n̡i^{55}$	你俩	$tsh\text{ɿ}^{21}n̡i^{55}$	他俩
	$ŋo^{212}n̡i^{55}$	我们俩	$no^{212}n̡i^{55}$	你们俩	$tsho^{212}n̡i^{55}$	他们俩

“在这两种语言里包括式的代词词根用的是单音节复数代词。嘴头话第三人称无单音节复数代词的形式，是用双音节复数代词加 lia 的方式构成。彝语的第二人称是用单数代词词根声调兼元音屈折变化的方式构成。”

3. 复数人称代词构成方式的对比

该文指出：“在这两种语言里表示复数的人称代词都有两种不同的构成方式。”

第一种是“由单数人称代词，通过声调兼元音的屈折变化，构成单音节的复数人称代词”（以下简称 A 型）。对比如下：

	第一人称	第二人称	第三人称
嘴头	$ŋɔ^{212}$（排除式）$tshɔ^{212}$（包括式）	$n̡ɔ^{212}$	
凉山	$ŋo^{212}$	no^{212}	$tsho^{212}$

该文进一步指出：“在这两种语言里，复数人称代词都没有变格形式。它们在句子里的作用主要靠语序确定施动、受动关系或主语、宾语关系。在受动者居于句首即主语位置的被动句里，凉山彝语可在充当谓语的及物动词之前加辅助动词 $kɯ^{21}$ 但也可以不用；嘴头话则是在受动代词（受动者）后，用宾格助词 xa^{33} 标明受动主语。”

第二种是“由单数人称代词，通过声调兼元音屈折变化后，再加后加成分，构成的复数人称代词”（以下简称 B 型）。对比如下：

	第一人称	第二人称	第三人称
嘴头	ŋɔ^{212}vu^{33} ~ ŋɔ^{212}ɣo^{33}	ȵɔ^{212}vu^{33} ~ ȵɔ^{212}ɣo^{33}	tha^{212}vu^{33} ~ tha^{212} ɣo^{33}
凉山	ŋo^{212}vu^{33} ~ ŋo^{212}ɣo^{34}	no^{212}vu^{33} ~ no^{212}ɣo^{34}	tsho^{212} vu^{33} ~ tsho^{212}ɣo^{34}

该文经过对比，指出这类复数人称代词在两种语言里存在以下共性：“这类复数人称代词，原词根的屈折变化与 A 型完全相同，不同的是要在 A 型之后加表示复数的后加成分。这两种语言所加的后加成分也完全相同，都是加 vu 或 ɣo。在凉山彝语里 vu^{33} 与 ɣo^{34} 在一定的语音条件下是可以自由变读的……在嘴头话里表示复数的后加成分 vu^{33} 与 ɣo^{33} 也可以自由变读……在词根后加 vu^{33} 或 ɣo^{34} 都不改变词汇含义和语法意义。这说明嘴头话和彝语都保存了原来共同的成分。”“在这两种语言里，表示复数人称代词的后加成分 vu^{33} 与 ɣo^{33}（ɣo^{34}）不仅可以用在人称代词，还可以用在指人的名词后面表示复数。”

在上述认识的基础上，该文进一步阐述了两种语言中人称代词复数后加成分 vu/ɣo 的关系。“嘴头话和彝语表达复数的后加成分完全相同，都是 vu 或 ɣo，都可以自由变读，都可以用在指称人的名词后面表示复数，表达的语法意义一致。这两种语言表示复数后加成分的 vu 与 ɣo 的声母 v、ɣ 也有语音上的对应关系。因此，这两种语言表示复数后加成分的 vu、ɣo，不仅仅是词形相同，而是有历史联系的同源成分。”该文用嘴头话里与表示复数后加成分 vu、ɣo 读音相同或相近（与汉语西北官话读音不同的）的一些词跟彝语进行了对比，这些词是：复数后缀（们）、赢（得胜）、力（力量）、得（得到）、肿（皮肤）、数（动词）、卖、买。从对比的情况来看，“两种语言里的声母 v、ɣ 的关系是明显的，不仅声母相同，韵母也都是很近似的。这种语音现象进一步证实和说明了嘴头话和彝语人称代词表示复数的后加成分 vu^{33}、ɣo^{33}，与 vu^{33}、ɣo^{34} 之间是有历史联系的同源成分。关于这一点，还可以用白语碧江话的材料加以印证。白语碧江话的复数人称代词是：ŋɑ^{55}ɣo^{55}‘我们’、nɑ^{55}ɣo^{55}‘你们’、bɑ^{55}ɣo^{55}‘他们’。白语碧江话表示复数的后加成分与嘴头话和彝语的表示复数的后加成分也完全相同”。

4. 第一人称引述代词的类别及其构成方式的对比

该文认为：“这两种语言的第一人称代词都有专门用于转述语里的引述代词。这类代词在其他藏缅语族语言里还是比较少见的。这两种语言的引述代词除分单数、双数、复数、领属代词外；还有反身引述代词。”该文对单数、领属和反身引述代词的构成方式进行了比较分析，指出："这两种语言单数引述代词都是单音节词，是引述代词的基本形式。领属引述代词都是用变化引述代词的基本形式的声调构成的。反身代词是在用基本形式的声调或声调兼元音加韵尾的屈折变化之后，再重叠基本形式的方式构成（彝语只是声调的变化，嘴头话则是声调和元音的屈折变化）。" 对比如下：

	单数（基本形式）		领属形式		反身形式	
嘴头	$ʑe^{33}$	我	$ʑe^{212}$	我的	$ʑiŋ^{212}ʑe^{33}$	我自己
凉山	i^{33}	我	i^{55}	我的	$i^{21}i^{55}$	我自己

"从对比看，两种语言的单数引述代词（基本形式）、领属、反身引述代词的语音相近似，构成方式相同，所表示的词汇意义和语法意义相同……从引述语所表示的引述方式来看，两种语言都分为直接转述和委托转述两种。"

综上所述，该文认为可以得出以下结论：

"1. 通过汉语嘴头话的人称代词与凉山彝语的人称代词的比较，我们可以清楚地看出它们之间的历史上的联系。从对这两种语言的人称代词的音、义以及形态变化和语法功能的分析研究来看，认为它们具有同源关系是有根据的。

现代汉语的地方话里保留着与汉语普通话不同而与藏缅语族语言相一致的人称代词和形态变化，这种语言现象给汉语方言研究和少数民族语言研究都提出了新的研究题目，值得引起我们的重视。我们热切地期待汉语方言研究的普及和深入，并兼顾与少数民族语言的联系。这种工作一定会促进我国少数民族语言的深入研究。

2. 汉语嘴头话人称代词与彝语同源，乃至与藏缅语族语言同源，这个事实有力地揭示了操彝语支语言的民族古今流动的趋向。甘谷县古称冀城，原是古代西羌人的聚居地。唐武德三年（621 年）改冀城为伏羌县，1928 年改名为甘谷，今称甘谷县。甘谷县城位于渭河南岸（八里弯乡咀头村位于渭河以北的山区）。

关于彝族的来源，国内外学者的考证和结论分歧较大。根据有关的论著来看，大致可归纳为三种主张：北来说、东来说和土著说。本文论述的语言现象无疑是北来说的有力论据。

3. 现代汉语嘴头话里的人称代词及其形态变化，显然应看成是古代藏缅系统的语言在当地汉话里保存下来的'底层'成分。这些'底层'成分表明，在当地的居民中必定有西羌下属部族的后裔。这部分人在漫长的岁月里与当地的汉族居民长期相处，在转用汉语的过程中，把原语言的人称代词及其形态变化引入汉语，使之成为沿用至今的有效成分。这类成分当不仅于此，疑问代词、指示代词也极为相似；此外，有些材料尚待发现，有些词语的关系也有待进一步研究和阐明。”

——王天佐：《试说汉语嘴头话的人称代词与彝语的关系》，载《民族语文》1986年第4期，第28～34页。

从汉语和少数民族语言材料揭示指示代词的类型和共性

储泽祥、邓云华指出：指示代词的类型，一般认为包括二分和多分两类，但是，这里有个指示代词多分或二分的内部一致性问题，即：如果指方所、人或物的指示代词是多分的，那么，指时间、性状程度或方式的指示代词是否也同样是多分的？文章主要从共性入手，探讨不同语言指示代词的类型问题，以多分与二分位变异因素，考察指方所、人或物、时间、性状程度或方式等指示代词的共性变异限度，限度的两极是全部多分（如哈尼语、黎语）与全部二分（如壮语、佤语），中间是不典型的多分或二分现象（部分多分、部分二分，如白语、基诺语）。如下表所示：

全部二分	全部多分	举　例
+	–	汉语普通话、京语、佤语、壮语
–	+	哈尼语、黎语、汉语湘方言湖南隆回话
–	–	白语、基诺语、珞巴族崩尼－博嘎尔语
+	+	（未见报道）

这样做，就把共性与类型研究有机地联系在一起。本文还给出了倾向性明显的蕴涵共性序列：性状程度或方式 > 时间 > 人或物 > 方所。文章重视序列的连续性、空间性，并借助认知语言学的理论方法，分析了多分指示代词的相似性表现情况。

——储泽祥、邓云华：《指示代词的类型和共性》，载《当代语言学》2003年第4期，第299～306页。

傣语指示词和汉语“者”字的关系

张公瑾论证了傣语指示词和汉语“者”字的关系，指出：“西双版纳傣语指示词中使用得最经常的有近指的nĭ⁶和远指的năn⁶，它们分别相当于现代汉语里的‘这’和‘那’。从语音和语法两方面来看，西双版纳傣语的这两个指示词还保存着原始台语比较古老的面貌，它们与古代汉语指示词的读音和用法的某些形式有一种对当关系。”

“吕叔湘先生把上古汉语近指指示词构拟为 *t̂i̯ăg，与‘者’字古音极为近似。‘者’在广韵时代属照母三等字，从谐声系统来看，上古时与舌音的端、知系统相通，如‘终’和‘冬’是章（照三）端相通，‘猪’和‘诸’是知章相通，再看‘者’和‘都’的关系也极明显，因此，*t̂i̯ăg 实际上可以代表‘者’字的上古读音。”

作者举出了“鸟、多、刀、朝、趾”等 26 个词来说明上古汉语的舌尖塞音有一部分与傣语里同部位的鼻音［n］相对应。“傣语中舌尖鼻音［n］有相当一部分词的确与上古汉语的舌尖塞音字是相对应的。从汉语本身的演变情况来看，也有从舌尖塞音变为鼻音的，如‘鸟’字，而在傣语中成为舌尖鼻音的字就要多一些……傣语 nĭ^{6} 和 năn^{6} 在语音上与汉语‘者’字有共同渊源。至于汉语一个‘者’字怎么会与傣语中近指的 nĭ^{6} 和远指的 năn^{6} 两个词相当，这是由于傣语指示范畴的严密化之后随韵母的更替而出现的分化。nĭ^{6} 的本音应该是 năn^{6}，现在德宏傣语的指示词近指为 hăi^{4}（书面为 lăi^{4}），远指为 hăn^{4}（书面为 lăn^{4}），也是 ăi 和 ăn 的对立。同语族侗语、水语、仫佬语和毛南语的近指指示词仍读为 nai^{6}。因此，早期台语的近指指示词可以构拟为 *năi^{6}。西双版纳傣语的指示词大概是先有带辅音尾的 năn^{6}，后来分化出 năi^{6}，分别表示远指和近指，后来 năi^{6} 又受主语与谓语之间或句子前加状语与句子之间使用频率极高的隔语助词 nĭ^{6} 的影响而同化为 nĭ^{6}。另一方面，汉语的 *t̂i̯ăg 也因声母替换而分化出 *ńi̯ăg，分别表示近指和远指。”

该文还从傣语指示词的用法来反观“者”字在古代汉语里的用法。在傣语中，“当一个名词同时有几个单词或词组作修饰语的时候，修饰语中一般都习惯性地带一个指示词，而且指示词都处于所有其他修饰语的最后。”“指示词在最后的位置上不仅有指示的作用，同时也还有作隔语助词的作用，对一个组合复杂的修饰语表示到此终止的意思。”“指示词之所以具有隔语助词的功能，这是傣语中名词修饰语后置的语序特点决定的。如果像现代汉语一样，修饰语处在中心词之前，不论怎样复杂的修饰语，指示词也发挥不了隔语助词的作用。因此，现代汉语的名词不管有几个修饰语，一是不一定要用指示词，二是指示词的位置在若干修饰语的序列中并不固定在某一点上。现代汉语里的指示词的位置是根据语意表达的需要而灵活安排的，因此，指示词只具有单纯的指示作用。”但是古代汉语的“者”字在用法上却与傣语的指示词相一致。“在‘群臣吏民能面刺寡人之过者，受上赏’这一句中，后人用标点符号把它隔成两段。在古代没有标点符号，正是这个‘者’字起了整个修饰语的隔语作用。现代人知道用标点符号去隔它，却不完全理解‘者’字为指示词兼隔语助词这种性质。其原因就在于后来汉语修饰语都置于中心词之前，而修饰语后置现象已非主流；然而它在同语系的若干语言中，却是一种普遍的语序形式。”文中进一步论述了“者”的另外三种形式：替代形式（如“之歌者”）、紧随着完整形式后面的省略形式（如“商贾大者……小者……”）、独立运用的省略形式（如“歌者”“知者”）。比照傣语的情况后认为“中心词 + 修饰语 + 指示词兼隔语助词‘者’”（如“群臣吏民能面刺寡人之过者，受上赏”）这样的完整形式应该是最原始的形式。

“综观以上所述，傣语指示词在语音上与古代汉语的‘者’字是有联系的，在语法上又与‘者’字的早期用法相一致，那么，我们就不无理由设想，两者之间可能存在着同源关系，而指示词兼作隔语助词也应当是原始汉台语的一个共同特点。”

——张公瑾：《傣语指示词和汉语“者”字关系探源》，载《民族语文》1983 年第 4 期，第 54～60 页。

用民族语材料证明广州话近指词“呢”来源于第二人称“你”

张惠英认为：“广州话近指词‘呢’虽有多种读法，其来源相同。这个近指词的来源，大概就是第二人称‘你’”。作者借用了民族语的材料证明了自己的观点：

“武鸣壮语有个近指词 nai^{51}，壮文就借用汉字‘你’来写这个近指词……贵州高坝侗语和黔东苗语的指示词和第二人称代词同音同源。贵州省锦屏、剑河县辖内的高坝侗语，指示词除了近指 ai^6、nai^6，远指 i^6、ka^5 外，还有一个不分近指远指的 $ȵa^2$。这个指示词 $ȵa^2$ 和单数第二人称代词完全一致。也就是说，侗语的指示词 $ȵa^2$ 和单数第二人称代词同源……黔东苗语第二人称单数是 $moŋ^2$，指示不远处的相当于汉语普通话‘那’的词也是 $moŋ^2$”。

——张惠英：《广州话近指词“呢”的语源》，载张惠英：《汉语方言代词研究》，语文出版社，2001 年，第 124～127 页。

民族语的材料说明汉语指示词“者”和“这”的关系

张惠英认为：“‘者’、‘这’来自‘只’，和古韵书反切以及今方言语音相合。”在文中，作者用民族语的材料证明了这一点：

“武鸣壮语借用汉字‘则’（编者注：‘只’‘则’相通）可表指示义。李方桂在《武鸣壮语》所收集的壮歌中，就常见到‘则’字。‘则’是汉语借字，壮音［$θak^{35}$］。李先生在词汇部分，指出‘则’有‘任何一个’、‘约’、‘某’的意思，没有指出‘则’表示确指的意思。笔者对‘则’字用例仔细审核，觉得‘则’的指示用法是其常见用法。”

——张惠英:《指示词“者、这”考》，载张惠英:《汉语方言代词研究》，语文出版社，2001 年，第 173～192 页。

汉语反身代词在用法上不同于西洋语

高名凯认为:“汉语的反身代词和西洋语的反身代词在用法上颇有不同的地方。西洋语的反身代词多不能当主语用。汉语的反身代词则可。例如:

己所能见夫人者，有如河。（《左传·昭公三十一年》）

己频蹙曰:‘恶用是鶃者为哉？’（《孟子·滕文公下》）

吾起兵至今八岁矣，身七十余战。（《史记·项羽本纪》）

故身亲耕，妻亲绩，所以见致民利也。（《吕氏春秋·爱类》）

自织之与？曰:‘否！以粟易之。’（《孟子·滕文公上》）

陛下幸而赦迁之，自疾而死。（《汉书·贾谊传》）

这和西洋的反身代词有两个不同。第一，汉语可以单独用反身代词，而不必加上一个人称代词；西洋语，如英语，则非说 myself，yourself，himself 等不可。这种情形之下，我们可以说汉语的反身代词是中性的。当然，如要明白的说，汉语也可以把人称代词加上，如口语中的‘我自己’、‘你自个’、‘他自身’，但在古文则是例外。第二，在反身代词位于主格时，西洋语只能把它当作主语的对注者，不能当作纯粹的主语用；汉语的反身代词却可以独用，虽然作为主语的对注者用的也是有的。”

——高名凯:《汉语语法论》，商务印书馆，1986 年，第 143 页。

三、动词、助动词

从藏缅语使动范畴的屈折手段看古汉语使动词的屈折形式

潘悟云首先说明了上古汉语中三种表示使动意义的语音手段与藏缅语的对应关系。一是浊声母表示自动，清声母表示使动。“这种现象广泛地见于藏语、珞巴语、普米语、羌语、彝语、苏尔语、拉祜语……例如：载瓦语用松元音和紧元音的交替表示自动和使动。载瓦语的元音紧松对立来自古代声母的清浊对立，所以，载瓦语的自动和使动，归根结底也是通过声母浊、清屈折变化实现的。”

二是加后缀 s- 表使动。“中古去声从上古的 *-s 尾变化而来（Haudricourt 1954，Forrest 1960，Pulleyblank 1963）。去声表示动词的即事形式，已从藏语即事形式的 -s 尾，得到印证。但藏缅语的后级 -t 是否跟汉语的 -s 对应，现在还无法下结论，但是藏语的 -d 跟 -s 有某种相似之处，藏语中 -s 能使动词转化为名词，-d 也有这种功能。”

三是前缀 s- 表示使动。“藏语前缀 -s 表示使动，已有很多学者讨论过了……汉语的使动前缀 *-s 很少有人讨论过，原因是上古汉语声母的构拟很不成熟。”下面，我们就分别举例说明 s- 前缀的使动功能。s- 的自动和使动形态可能对应于景颇语的 ren（长）和 ʃāren（延长）。上古汉语的 *-r 常对应于藏缅语 -n。跟藏缅语 r 对应的为汉语来母字，但也不乏喻四的例子。景颇语 ʃa 是跟藏语 s- 对应的使动前缀。”“脱，他括切，跟喻四谐声，故拟作 khllot，可比较藏语的 glod 松脱，缅甸语 klwa，景颇语的 lot，原始苗语 G-lwat。”“引，引的上古音 *lǐn，伸与殀的上古音位 *sljǐn。藏语长为 rin，使动形式 srin（延长），与汉语两个形式严格对应。汉语的有些 in 可能从原始母语的 in 变来，n 受 i 的同化舌位前移。比较汉语的薪与藏语的 çiŋ（木柴），汉语的臣与藏语的 gin（仆人），有些喻四字与藏语的 r 对应。”……

该文在此提出一个问题：“为什么同一种语言里头，同一个语法范畴会有多种语音形式的形态表示。其实何止汉语如此，其他藏缅语中也能见到同样的现象。例如藏语的使动范畴既用清声母表现，也用 s- 前缀表现。”为了回答这个问题，作者提出了以下三种假设：

“1. 也许使动范畴还包括几种不同的语法小类别。”

“2. 也许它们反映不同时代的语法现象。各种藏缅语中后来都出现了分析手段表示使动意义，汉语也出现了‘使……’的分析手段，显然是后起现象，也许从前缀 s- 演化而来。既然我们肯定分析手段，是后起的，在更早的阶段，不同的屈折手段的出现时间有先后，当然也是有可能的。”

“3. 汉民族经历过几个部族的融合，夏、周跟商的融合，是众所周知的，在汉语里留下来的动宾词序、偏正词序，分别跟侗台和藏缅的语序一致，或许就是东西两大部族交融的结果。那么不同部族表示使动意义的语音手段，自然也有可能都在汉语中留下它们的踪迹。”

——潘悟云：《上古汉语使动词的屈折形式》，载《温州师院学报》1991 年第 2 期，第 48～57 页。

从藏缅语看上古汉语是否存在使动范畴

戴庆厦指出：一般认为古代汉语有屈折形式的使动范畴，这可以从文献资料中找到一些残存形式。但光从汉语本身研究，难度很大。若能结合藏缅语，可能会有新的突破。“藏缅语历史比较语法的研究已经证明，使动范畴是语法范畴中的一个最古老、最普遍的语法范畴，有可能通过亲属语言比较，从使动范畴同源词的语音对应规律中构拟藏缅语使动范畴的原始形式。藏缅语使动范畴的语法形式有屈折式和分析式两种，现存语言都以分析为主。屈折式仅是一种残存形式，但从比较中可以断定屈折式是古老的，先于分析式。屈折式有两种形式：变音式和加词缀式。变音式中又有多种形式，如加不加前置辅音、清浊交替、送气不送气交替、松紧元音交替、不同声调交替等。在这些形式中，加不加 *S 前置辅音应是最早的变音式，其他变音式以及加词缀式都是由这个源头分化出来的。屈折式在演变过程中出现里两个不同的途径：一是前置辅音与后面的声母合并，从复辅音声母变为单辅音声母，从而变为浊声母与清声母的对立。清浊对立的进一步演变，出现了多种形式。主要有送气不送气对立、松紧对立、不同声调的对立。二是前置辅音与后面的辅音分离，变为独立的音节，它已不再影响后面辅音的语音变化。古代汉语的使动词，也有通过清浊对立表示的。吕叔湘先生在《说‘胜’和‘败’》一文中指出：金文有败二例，一例是自败的意思，一例是败他的意思。藏缅语下面一组表示‘跨、败’义的使动词，显然与汉语有词源上的关系：

	跨（败）	使跨（使败）
普米语	bie^{55}	$phje^{55}$
怒　语	$bi\underline{a}^{53}$	$phi\underline{a}^{53}$
景颇语	$pjaʔ^{55}$	$phjaʔ^{55}$ 或 $ʃă^{31}pjaʔ^{55}$
载瓦语	$pjoʔ^{21}$	$phjoʔ^{55}$
独龙语	$bɹɯt^{55}$	$sə^{31}bɹɯt^{55}$
彝　语	$bi\underline{a}^{53}$	$phi\underline{a}^{53}$

如果能够从文献资料、方言材料中多找出一些汉藏语使动范畴同源词，就有可能构拟出原始汉藏语使动词形式，这对汉语使动范畴的历史研究会有很大帮助。”

——戴庆厦：《汉语研究与汉藏语》，载戴庆厦：《戴庆厦文集（第五卷）·汉语与非汉语比较研究》，中央民族大学出版社，2012 年 1 月，第 40～41 页。原载《语言》第一卷，2001 年。

汉藏语的使役动词后缀 *-d

金理新认为藏语（指书面藏语）和许多其他藏缅语族语言一样有自动和使动的对立，而表示这种自动和使动对立的语法形式较为复杂。使动前缀 s- 是藏语中最典型、最主要的形式。通过列举发现，藏语使动词除了由附加 s- 前缀构成之外，还可以由附加 -d 后缀构成，但是，藏语由附加 -d 后缀构成的使动词显然要比由附加 s- 前缀构成的使动词要少得多。文中通过列举指出："后缀 -d 在藏语和上古汉语中都是一个使动词后缀，而它们的语法构形功能都随着时间的推移而衰弱。"另外，文中还指出："有 -d后缀的和无 -d后缀的尽管存在着通转关系，但是两者谐声关系却是十分疏远的。除了极个别例子外，两者一般不构成谐声关系。而 s- 后缀则不同，上古汉语中相当活跃，因为谐声系统中有 -s 后缀的和无 -s 后缀的构成广泛的谐声关系。这说明了构词后缀 -d 起码在谐声时代已经只是一种残余的构形形式了。随着 -d 后缀作为构形后缀的消失，原先仅仅作为一个词的形态变体则独立出来成为新词而保留在上古汉语的词汇系统中。"文中以藏语为研究出发点，以上古汉语为佐证，证明了汉藏语均存在使役动词后缀 *-d，但较早时候被 *s- 前缀所排挤取代，从现存材料中归纳出来 *-d 后缀是一种例外形式。

——金理新：《汉藏语的使役动词后缀 *-d》，载《民族语文》2004 年第 2 期，第 38～45 页。

从藏缅语、汉语自主范畴语法形式的特征构拟其演变链

蒋颖认为："藏缅语和汉语都存在自主范畴，都有隐性的语法形式，但显性的语法形式只在藏缅语部分语言里出现。藏缅语族北部语群语言主要以显性的语法手段表达自主范畴。显性的语法手段可分为两种方式：一是屈折式（动词内部屈折），如藏语；二是附加式（变化与动词相关的后缀、添加自主助词），如普米语。南部语群语言以及汉语主要以隐性的语法手段即词语对立的方式来表达自主范畴。如仙岛语、汉语等语言都以'想'——'想起'、'睡'——'睡着'等动词词语的对立来表现自主范畴。词语对立可以分为两种形式，一是直接以根词构成对立的自主、非自主动词，二是在根词的基础上，以词根复合的方式构成新词而形成对立的自主、非自主动词。藏缅语、汉语的自主范畴具有变异性和交叉性，根据其演变的不平衡性可以构拟出一条演变链。即：以内部屈折变化为主的形式（早期形式）→以附加法为主的形式（中期形

式）→无形态变化，仅以语义和句法关系表示（后期形式）。”

文章在比较、讨论了亲属语言藏缅语和汉语里这一范畴所使用的语法手段的异同后，构建出藏缅语、汉语自主范畴的演变链。

——蒋颖：《藏缅语、汉语自主范畴语法形式的特征及其演变》，载《云南师范大学学报》2012 年 9 月第 5 期，第 18～24 页。

从汉藏同源词看 *s- 前缀在上古汉语里的名谓化作用

梅祖麟指出：“上古汉语的 *s- 前缀，也有名谓化的构词功用。”该文列举了两对上古汉语的同源词：

			反切	声母			反切	声母
1	林	*C-rjəm＞ljəm	力寻	来	森	*srjəm＞sjəm	所今	生
2	墨	*mək＞mək	莫北	明	黑	*imək＞xək	呼北	晓

“‘林’字上古声母 *C-r-，‘C’代表辅音，我们认为 *C-r-＞l- 是中古来母的主要来源，例如（Li Fang-kuei 1976；Coblin 1986；Manomaivibool 1975）：

	汉语	藏文	暹罗话
量	*g-rjang＞ljang	grang-ba	rang A2
凉	*g-rjang＞ljang	grang-ba	
六	*d-rjəkw＞ljuk	drug	hok＜*xr-DIS
蓝	*g-ram＞laɖm	khraam＜*gr-A2	
懒	*g-ranx＞laɖn	khraan＜*gr-C2	
烙	*g-rak＞laɖk	khlɔɔk＜*glD2L	

中古来母 l- 一般和藏文的 -r-、共同台语的 *-r- 对应，而藏文、共同台语的 -r- 前面另有个辅音前缀。见母 k- 的‘禁’字以‘林’为声符，‘林’字上古声母可能是 *g-r-。不管是否如此，上古‘林’字 *-r- 前的 *C- 式 *g- 是个无意义的前缀。‘森’字中古声母 s-；这个卷舌的 s- 上古的来源是 *sr-。据此，‘林’‘森’这对同源词上古声母是 *C-r- 和 *sr-，韵部相同，声调相同。换句话说，把 *s- 前缀加在‘林’字的词干声母 *r- 之前，就能派生出‘森’字。

‘林’是名词;《说文》‘森，多木貌’，‘森’是状词；*s- 加在‘林’前面起名谓化的构词功用。‘墨’‘黑’之间的词性关系也该和‘林’‘森’两个声母的关系平行。按照李方桂先生构拟的上古音，‘墨’*m-，‘黑’*hm- 的两个声母并不是 *C- 和 *sC-。我们可以推断更早的阶段，这两个同源词的声母该是：

2　墨　*mək＞mək　　黑　*smək＞*hmək＞xək

这样，*s- 加在‘墨’*mək 的前面，派生出‘黑’*smək，也是名谓化的作用。”该文还举了一些其他的例子来说明前缀在上古汉语里的名谓化功用。如：

名词 ＞ 形容词

3	條	*diəgw＞dieu	徒聊定	修	*stjəgw＞sjəu	息流心
4	潭	*dəm＞daɖm	徒含定	深	*sthjəm＞sjəm	式针书
5	考	*khəgwx＞khaɖu	苦浩溪	孝	*skhrəgwh＞xau	呼救晓
6	墟	*khjag＞khjwo	去鱼溪	虚	*skhjag＞xjwo	朽居晓

名词 ＞ 动词

7	帚	*tjəgwx＞tsjəu	之九章	掃	*stəgw＞saɖu	苏老心
8	爪	*tsrəgwx＞tsau	侧绞庄	搔	*s-tsəgw＞saɖu	苏遭心
9	途塗	*dag＞duo	同都定	徐	*sdjag＞zjwo	似鱼邪
10	術	*djət＞dzjuət	食聿船	遂	*sdjədh＞zjwi	徐醉邪
11	臭	*khrjəgwh＞tshjə̆u	尺救昌	嗅	*skhjəgwh＞xjə̆u	许救晓
12	甗	*ngjanh＞ngjɐn	语堰疑	獻	*sngjanh＞xjɐn	许建晓

——梅祖麟：《内部构拟汉语三例》，载《中国语文》1988 年第 3 期，第 172～173 页。

从藏语、独龙语看汉语动词、形容词的“名物化”

金有景认为：“自马建忠《马氏文通》、黎锦熙《新著国语文法》问世以来，许多语法著作都认为汉语里动词、形容词作主宾语跟作别的句子成分时性质不一样。”因而，语言学界出现了“名物化”等说法。但是朱德熙先生在《北京大学学报（人文科学）》1961 年第 4 期上发表了《关于动词、形容词“名物化”的问题》一文，对动词、形容词“名物化”问题提出了不同的看法，认为“名物化”的说法不仅在理论上站不住，在实际的语法教学上也是没有意义的。

该文以汉藏语系藏缅语族里的两种语言——藏语和独龙语的动词、形容词“名物化”的情况为参照，来认识汉语动词、形容词“名物化”问题。经过比较分析，金有景提出以下几点看法：

“第一，如果不把‘名物化’理解为‘名词化’，那末，就应该认为，在汉语语法研究中提出动词、形容词的‘名物化’概念是符合实际的。”

该文指出，“现代汉语里可以说已经没有形态。动词、形容词作谓语时和作主宾语时已经看不出形式上的差别，可是两者在意义上的差别还是明显的”。“而汉语的亲属语言藏语和独龙语里还存在着一些形式上的标志。在这两种语言里，动词、形容词在作谓语时和在作主宾语时，不仅意义上有差别，形式上也有差别。例如藏语动词（以及动宾词组）作谓语时和作主宾语时有着不同的形式标志：动词作谓语时要带时态助词之类的标志，而作主宾语时则要带名物化标志（研究藏语的人管它叫‘名物化成分’）。”文章举例如下：

（1）chøʔ^{53} lop^{55}tɕoŋ^{55} jaʔ^{11}ko^{53} tɕeʔ^{12} ko^{12} reʔ^{12}. 你要好好学习。

你 学习 好好 做 要 （判断动词）

lop^{55}tɕoŋ^{55} tɕeʔ^{11} jaʔ^{53} khɛ^{14} tɕẽ^{55}po^{53} tuʔ^{12}. 学习很重要。

学习 （名物化成分） 重要 （存在动词）

（2）khõ^{55} po^{55}lo^{53} caʔ^{12} ki tuʔ^{12}. 他正在打球。

他 球 打 （时态助词）（辅助动词）

po^{55}lo^{53} caʔ^{12} jaʔ^{53} su^{11}ku^{53} la pɛ̃^{55}toʔ^{53} jɔ^{11}reʔ^{53}.

球 打 （名物化成分）身体 （助词）好处 有

打球对身体有好处。

（3）khõ^{55} ri^{11}mo^{53} tʂhiʔ^{12} ki tuʔ^{12}. 他正在画画。

他 画 画 （时态助词）（辅助动词）

khõ^{55} ri^{11}mo^{53} tʂhiʔ^{12} jaʔ^{53} ta^{53} ki jɔ^{11}reʔ^{53}. 他正在看画画。

他 画 画 （名物化成分）看 （时态助词）（辅助动词）

（4）khõ^{55}'ji^{11}ke^{53} tʂhiʔ^{12} pa reʔ^{12}. 他写了字。

他 字 写 （时态助词）（辅助动词）

khõ^{55} ji^{11}ke^{53} tʂhiʔ^{12} jaʔ^{53} ɕ̃i^{53} ki tuʔ^{12}. 他会写字。

他 字 写 （名物化成分）知道（时态助词）（辅助动词）

该文指出："在独龙语里，动词、形容词作谓语时和作主语、宾语时有着不同的形式标志：作主语、宾语时要带名物化标志——现在研究独龙语的人管它叫'名物化（附加）成分'，而作谓语时则要带另外的标志。"以下为独龙语例句：

（1）aŋ^{53} ɹɯ^{31}nɑ^{53} bɯ^{31}. 他休息了。

他 休息 （后加成分）

ɹɯ^{31}nɑ^{53} ɑ^{31}jɑ^{55} gɯ^{31}măi^{53} gɔ̆ i^{55} sɑ^{31} e^{53}. 休息很重要。

休息 （名物化成分）很 重要（名物化成分）是

（2）ɑŋ^{53} sɯ^{31}lăʔ^{55} wɑn^{55} le^{31} ɑ^{31}gɯi^{55} di^{53}. 他买盐巴去了。

他 盐巴 买 （助词）去 （后加成分）

tăn^{53}ni^{53} ɑŋ^{53} sɯ^{31}lăʔ^{55} wɑn^{55} ɑ^{31}jɑ^{55} ɑ^{31}mlɑŋ^{53} bɯ^{31}.

今天 他 盐巴 买 （名物化成分）忘记 （后加成分）

今天他忘记买盐巴了。

（3）ɟɑ^{53} lɑi^{55}kɑ^{55} wɑ^{55}sɑ^{55} gɯ^{31}mă i^{53} tɯ^{31}ɕɑ^{55} e^{53}. 这件事情做起来很困难。

这 事情 做 很 困难 是

tɯ^{31}ɕɑ^{55} ɑ^{31}jɑ^{55} ɑŋ^{53} mɑ^{55} pɯ^{31} ɹĕʔ^{55}. 他不怕困难。

困难 （名物化成分）他 （前加成分）怕

（4）ɑŋ^{31} dzɑ^{53} pɯ^{31}tɕɯ̆ p^{55} di^{53}. 饭变酸了。

饭 酸 （后加成分）

dʑɯ^{53} ɑ^{31}jɑ^{55} pɯ^{31}tɕɯ̆p^{55} ɑ^{31}jɑ^{55} kɑ^{55} ɑ^{31}jɑ^{55}

甜 （名物化成分）酸 （名物化成分）苦 （名物化成分）

săi^{55} ɑ^{31}jɑ^{55} sɯ^{31}năʔ^{55} ăl^{53}.

辣 （名物化成分）都 有

甜酸苦辣都有了。

"其次，无论从汉语本身的情况看，还是从汉藏语系亲属语言的情况看，都可以看出，名物化现象不应局限于主语和宾语，还应该包括定语位置上的动词在内。"文中列出藏语动词做定语时名物化的例子：

（5）che^{55} ra·aː^{55} ma^{11} jõ^{55} jaʔ^{53} cuːm^{31}tsɛ̃^{14} ka^{11}re^{53} reʔ^{12}.

你 不来（名物化成分）的 理由 什么 是

你不来的理由是什么？

（6）ŋɛː^{14} se^{12} pɛː^{55} ɕiŋ^{55}　　toʔ^{53} ti^{12} ɕiːm^{11} po^{53} tuʔ^{12}.

我　吃的（名物化成分）水果 那 香　（存在动词）

我吃的那个水果很香。

“第三，众所周知，划分词类不应根据一个词在某一句子成分里表现出来的具体特点，而应根据一个词在它所能出现的所有句子成分里表现出来的概括特点。朱先生在词类划分上头持有与此相同的观点，只是他还提出了‘个体词’和‘概括词’的概念。他认为词类不是根据‘个体词’划分出来的，而是根据‘概括词’划分出来的。我们认为，在讨论动词、形容词‘名物化’问题时正好用得着‘个体词’、‘概括词’的概念。汉语动词、形容词的‘名物化’不是属于‘概括词’平面上的语法特点，而是属于‘个体词’平面上的语法特点。这一点，在藏语里可以看得更清楚。比如上述藏语例句（4）里，‘他写了字’、‘他会写字’两句里的‘写字’用的都是动词的形式 ji^{11}ke^{53} tʂhi^{ʔ12}，所不同的仅仅是前一句动词后加了时态助词 pa，后一句动词后加了名物化成分 ja^{ʔ12}（变调时读 ja^{ʔ53}）。”

最后，该文指出：“其实，动词、形容词‘名物化’这种现象不仅存在于汉、藏等语言里，也广泛存在于英、俄等许多其他语言里。也可以说，这是世界上很多语言所共有的类型学特征。在语法教学中揭示这一特征不仅是有根据的，也是有意义的。所以我们认为，在汉语语法研究中，不宜笼统地否定动词、形容词的‘名物化’问题。‘个体词’平面上的动词、形容词‘名物化’问题不仅不应否定，还应加以肯定。事实上，主张‘个体词’平面上的动词、形容词‘名物化’的观点，和朱德熙先生主张根据概括词来划分词类的观点也不矛盾。”

——金有景：《再论民族语言研究与汉语研究》，载《民族语文》1985 年第 5 期，第 48～50 页。

从壮语看汉语的“是”

陆天桥考察了汉语的“是”和现代壮语的 tɯk^{8}（是）的对应关系，认为二者具有同源关系。“从壮语的 tɯk^{8} 跟古代汉语的指示代词和后来的联系动词‘是’的对应的事实里，我们至少得知这两种语言历史关系的一段编年史。古代汉语的文献表明，汉语‘是’字的前置代词和系动词的用法代表了两个不同的年代：代词前置于动词的结构大量转变成后置于动词的结构，即这种语法手段的转换，大约发生在两汉时代（公元前 206 年—公元 220 年），指示代词‘是’转变成联系动词的年代也大约相当于这个时期。从壮语 tɯk^{8}（是）的介词以及连系动词的用法来看，壮语和汉语的关系在秦汉时期是很密切的。假如壮语的 tɯk^{8} 只有连系动词的用法，其语音特点又只跟中古以后的汉语有对应关系的话，那只能说这个成分很可能在两汉之后才从汉语中借入，具体年代不好查明；而如果壮语的这个成分只具有本文所叙述的那种介词的用法的话，就说明这个成分是周秦以前的共同成分，具体年代不得而知，以后一直没受到汉语的影响。我们知道，一个普通的名词或动词决不能与这个壮汉语同源词相提并论，后者代表了两种非常重要的语法手段，而一个名词或动词的变化或增减，对整个语言来说，其影响是非常有限的。所以，可以想象，这个共同成分表明了一种非常密切的语言关系。”

——陆天桥：《汉语“是”在壮语中的同源词》，载《中央民族学院学报》1989 年第 1 期，第 67～69 页。

苗语黔东方言的系词 ti^{13} 与汉语“是”的关系

曹翠云以贵州省黔东南苗族侗族自治州凯里县养蒿苗话为例，探讨苗语黔东方言中的系词 ti^{13}（是）。文章认为：“现代汉语的判断句一般要用系词来联系主语和表语，但在苗语判断句中，系词 ti^{13} 是不常用的……从以上三种情况来看，第一种不必用，第二种可用可不用，实际都是原来不用系词的。这类句子相当普遍。只有第三种句子要用系词。我们认为这是在现代汉语的影响下出现的，而且一般只出现在代词作主语的叙述句和否定句中。因此，我们认为苗语最初是没有系词 ti^{13} 的。”

该文进一步考察了苗语的系词 ti^{13} 的来源，认为“从表面看，苗语的 ti^{13} 不同于汉语的‘是’（ʂʅ^{51}），但从古音看，却是一回事”。文章从声调、声母、韵母三个方面论证了苗语的 ti^{13} 来源于汉语的“是”。从声调来看，“苗语的 ti^{13} 是个阳去字（第六调），汉语的‘是’也是个去声字”。从韵母来看，“苗语的 ti^{13} 韵母为 [i]，汉语的‘是’是承纸切，属于纸韵开口三等。高本汉构拟纸韵为 [ĭe]。中古音纸韵 [ĭe] 后来又分化成 [ʅ]（如：氏、纸、侈、此、豸……）和 [i]（如：倚、绮、婢、俾……）。因此，苗语的 [i] 和汉语的 [ʅ] 两个韵母实际来源于同一个纸韵”。从声母来看，“现代苗语 ti^{13} 的声母是个不送气的清塞音 [t]。张琨先生早就指出苗语的双数调是由浊声母消失演变而来，即 [t] 来源于相应的浊声母 [d]。”“现代汉语的系词‘是’是个禅母字……高本汉在分析汉语字音时也认为禅母的古音读 [ˆd]，与定母近。因此，钱大昕说照系字可归入端组（当然是照系三等字）。汉语的‘是’是照系三等字，它应该是来源于舌尖浊塞音 [d]。”“总之，无论声调、韵母和声母，苗语的系词 ti^{13} 和汉语的‘是’

来源是相同的。这就不难证明苗语的 ti^{13} 就是汉语的‘是’。”

最后，该文考察了苗语的 ti^{13} 从汉语借入的时间。文章认为，其一，“汉语的‘是’从汉代起，才由指示代词转为系词。汉代以前，汉语的‘是’除了表示‘正确’、‘对’、‘直’等形容词以外，一般主要是作指示代词……苗语的 ti^{13} 没有作指示代词用的，只作系词用。这就不难看出 ti^{13} 是在‘是’字用作系词以后才借过来的”。其二，“汉语的‘是’是在晚唐到宋代才开始由全浊上声变为去声的。……苗语的 ti^{13} 是个阳去字（第六调），应该说是在汉语的‘是’由浊上变去以后，才借入苗语的。时间约在公元一千年以后”。

——曹翠云：《苗语黔东方言的系词 ti^{13}》，载《民族语文》1981 年第 3 期，第 54～56 页。

用西方语言证明汉语也存在系词

高名凯将汉语和西方语言对比，试图证明汉语也存在系词。该文指出：“一般人认为中国语没有系词，这是看错了的。我们说：‘我们是中国人’，这‘是’字不是系词是什么？然而我们也可以不用‘是’，只说‘我们中国人’，语法形式虽然不同，其所表达的意义则是同样的。不过，中国语的‘是’虽是系词，他和西洋语的系词也不一样。西洋语的系词是用 verb to be，中国语的系词却并不是 verb to be。原来各语言的系词并不一定都是 verb to be，非洲斯瓦希里语（Swahili）就用代名词去表示系词，‘树他大’就等于英语的 the tree is big。中国语的系词也是这一类的用法，‘是’字本是指示词，他的意思是‘此’。这是用指代词来表示系词的一个办法。中国古代语的‘乃’也是指代词的一种，《史记》中的‘乃夜’，其他通用的‘乃父’、‘乃公’等都是指代词的用法，这一类的系词绝不是 verb to be。‘为’字虽是系词，但是它的意义原来是‘做’，‘吾为中国人’，就是现代的‘我做中国人’。‘我做中国人’的‘做’已经很近于系词。这是用 verb to act 当做系词用的。总之，中国语有系词，但是可用可不用，而且中国语的系词也并不是 verb to be。然而中国人也可以同样的表示‘某个东西的某种性质’的观念。”

——高名凯：《语言的结构与哲学思考》，载《高名凯语言学论文集》，商务印书馆，1990 年，第 11 页。原载《学原》第 1 卷第 12 期，1948 年。

与西洋语对比说明汉语“是”字的属性

何晚成通过与西洋语的对比，说明汉语“是”字的属性。认为：“第一，Adjunct，Adnex，Primary 都不过是代表一个概念，那么这个概念是不是一定要用一个词表示出来？第二，这些概念的结合反映成语词结合的时候，是直接的结合呢，还是要有另外的东西在中间起介系作用？第三，这两种结合反映成语词的结合时，语词的顺序如何？

现在先从第一个问题谈起。前面已经讲到概念的结合不管是单纯的概念还是复杂的概念。这反映到语词结合上来当然要得出结论说：做 Adjunct，Adnex，Primary 的。可以是单词，可以是连词，可以是子句。这正合乎中国语法的事实，但是拿这个结论来检查印欧语文法，我们就要发现印欧语的缺点来。首先印欧语没有拿子句做 adnex 的，于是套用西洋文法的先生们，遇着中国‘这间房子空气很好’，‘我肚子痛’这样的句法，就以为‘房子’和‘我’字后面省了一个‘的’字。其实在这两个句子中，它们的述语不是‘很好’和‘痛’，而是整个的子句‘空气很好’‘肚子痛’。换句话说，它们的构造应是：

主语	述语
这间房子	空气很好
我	肚子痛

这就是日本文法中所谓‘复主语’（有的书不用这个名词，而用‘副主语’或‘述语’这些名词）的句子。我国研究文法的人，到日本去过的也不少。但日本‘复主语’问题从提起到现在已经有三四十年的历史，我还未看见人把它移用到中国语法上来。套用外国的文法，为什么不拣更合适一点的套用呢？（关于日本本法中所谓‘复主语’，我尚有与他们不同的意见，首先‘复主语’这个名词就有毛病），然而因为与本题无关，不去讲它。

其次讲到结合中要不要‘介系’词问题。这个问题可与顺序问题放在一起来讨论。Nexus 的结合，在英文中，我们知道，如果述语是动词的话，就可以把述语直接结合到主语上去，如果是形容词名词的话，就必须用所谓 Copula（是 to be）来尽介词作用。（反过来说，有些词也正是要 copula 来联络，才分为形容词）在中国语中，述语是形容词的时候，也不须用‘是’字来联络。（‘花是红的’系另一问题，见后自明。）形容词做述语不须要 copula 作联系并不是中国语特有的现象。日本语也是这样，俄国语在

某种状况下也是这样。但是中国语在用名词做述语的时候，就必须用‘是’字来联络了。（文言不用‘是’字）

nexus 底顺序，一般的言语都是把主语放在前面，述语放在后面。除各种言语都有所谓倒装句法不说以外，我所知道，只有古埃及语在某种条件下把述语放在主语前面。

junction 的结合，在英文中是不要什么‘介系’词的。如果形容词是单独的形容词，一般的总是摆在被形容的名词前面；‘分词’则视其有无补语，或前或后；不定法则以后置为本；由前置词或关系代名词领导的形容联络或形容子句，总是放在被形词后面。中国语以位置来表示文法关系，因此 adjunct 不管是单词也好，连语也好，子句也好，总是摆在 Primary 的前面。也正因为这样，Adjunct 和 Primary 结合的时候，就要有‘介系’的字放在中间的必要。为什么呢？因为 Primary 一般的是名词或与名词相当的东西，（1）如果 adjunct 是名词的时候，两个名词并列在一块，不一定就能看它们一个有修饰另一个的关系。（2）adjunct 是动词的时候，如果没有‘的’字介在中间，也许要把后面的名词弄成动词的宾格或补语。如‘跑的狗’变成了‘跑狗’。（3）adjunct 是形容词的时候，固然像是不要‘的’字也没有问题，然而一方面由于类推（analogue）的作用，一方面由于中国‘词无定性’，形容词往往可转用为动词，所以有时也必须用‘的’字来介系，才能把 adjunct 的关系表示清楚。（4）至于 adjunct 是连语或子句的时候，就更不用说了；因为连语或子句的最后一个词说不定属于哪一个品词，一般地讲，必须要用‘的’字介系，才能把 adjunct 关系表示得清楚。

讲到这里，我们似乎不妨断定说：‘的’不是‘语尾’，不是‘介词’，不是‘关系代名词’了，它实在是一种有‘介系作用’而与通常所谓‘介词’不同的词。在文法中与‘是’字有同样重要的作用。中国多数的文法学家，把‘是’字当作动词的一种，名之为‘同动词’。这完全是受了西洋文法的影响。西洋人把‘to be’当做动词并不是没有理由的。因为一般动词所具有的‘number’，‘person’，‘tense’，‘mood’等等属性，也附随在‘to be’上面，他们势必非把‘to be’划到动词里去不可。但我们中国语是所谓分析语，把‘number’，‘person’，‘tense’，‘mood’这些附随的东西都分析了出去，因而‘是’字是否仍要划到‘动词’里面，就成为一个问题了。照我看来，倒是金兆梓大胆把‘是’‘了’‘系’‘即’这几个字单独作为一系，叫做‘系词’，颇有见地。但一则我以为‘是’‘的’和普通所谓‘介词’‘连词’有一点共同性，可以总括为一大类。二则‘系词’与上面所说的‘系语’容易混同。我主张把‘是’‘的’和普通所说的‘介词’‘连词’总称为‘介词’，而划分‘是’为‘系语介词’，‘的’为‘加语介词’，称普通的‘介词’为‘补语介词’，称‘连词’为‘连续介词’。”

——何晚成：《论“的底地得”的分合》，载《中国语文》1940 年 2 月，第 38～39 页。

从印欧系语言的系词演变论证汉语系词“即”

高名凯指出：“古文里有一个系词‘即’，现代的口语就说成了‘就是’。这两个系词的历史关系，我没有在《汉语语法论》里说清楚。那时候，我认为‘即’是指示词变来的，因为《尔雅·释诂》有‘即，尼也’的说法，而注里就说‘犹今也’，‘今’是时间上的‘此’，《汉书·高帝纪》有‘项伯许诺，即夜复去’的句子。但是细细的加以思索之后，我觉得这种解释不大妥当。按，《说文》：‘即，即食也’。甲骨文字‘即’字亦作人即食之形。它的意义就是‘就近’或‘靠近’，是个动词意义的语词。我们知道系词的作用在于联系主词和宾词。‘即’既是‘即食’或‘就食’之类的意义，这系词的‘即’其实就是这种意义的动词的借用。印欧各语言的系词都是借用动词的，如英语的 be（＜古英语 béo），古爱尔兰语的 biu，拉丁语的 fuit，斯拉夫语的 byti，bych ŭ 等都是梵语 bhávati 的同一个语词的演变，而 bhávati 的意义则是动词的‘他变化’。又如德语的 war，英语的 was 等都是梵语 vásati 的同一个语词的演变，而 vásati 的意义则是动词的‘我居住’；英语的 is，德语的 ist，拉丁语的 est，法语的 est 等都是原始印欧语语根 es- 的演变，而 es- 的原义则是动词的‘存在’；法语的 étais 是拉丁语 stare 的后身，而 stare 的原义则是表示状态的动词。虽然系词是名词的语法成分，他也可能是其他的语词（指示词，代名词等）变来的，如汉语的‘是’就是指示词的‘是’变来的，但是动词意义的语词也可以借作系词之用，则是不可否认的。‘即’既有‘就食’或‘靠近’之义，则把宾词靠近主词的系词或联系主宾两词的系词，其意义之系从动词意义的‘即’变来，可以说是很自然的事。我疑心《尔雅·释诂》注之认为‘犹今也’，这带有指示词意义的‘即’字其实也是‘即食’或‘就近’的‘即’的演变。‘即夜’就是‘就近那一夜’，因此有‘当夜’的意蕴。有此‘就近’的意义，于是，就带上了‘就如何如何’的意义。”

——高名凯：《语法杂识》，载《高名凯语言学论文集》，商务印书馆，1990 年，第 184～185 页。原载《燕京学报》1951 年第 40 期。

青海汉语助动词“给”与阿尔泰语言的关系

宋金兰认为：青海汉语助动词“给”，“无论就其所表现的语法意义来看，还是就其语音形式而言，都与阿尔泰语有着千丝万缕的联系”。作者用阿尔泰语系中几种同西宁方言关系较为密切的语言里的某些助动词和附加成分，来跟“给”作比较。“阿尔泰语中的助动词是已经虚化了的动词，它们附着在动词之后，用来表示语法意义和情态意义。下面这些助动词所表示的语法意义，以及所出现的位置，都与西宁话中的‘给’十分相近。试比较：

撒拉语　sen nitʃix lan　ber-dʒi？　你怎么回答的？
　　　　你　怎么　回答 给
西宁话　你阿么回答给的？
东裕固语　danda odo　taŋʃa uɣui　wai，tʃə danda niɣe　taŋʃa tal-dʒə og！
　　　　我　现在 主意 没有 是　你 我　一个 主意 放　给
西宁话　我现在主意没有，你我哈主意出给。
……”

“尤其值得注意的是阿尔泰语中祈使式动词的附加成分，它们带有浓厚的感情色彩，表现着说话者的主观意愿和情感，如希望、要求、命令、允许等。其中 -gi，-gə，-giə，-laga……这些附加成分所代表的语法意义，以及所包含的语音成分都酷似西宁话中的‘给’。”如“撒拉语 piser et-gi。我们做。西宁话 我们给做……”作者通过比较认为“阿尔泰语中的这些助动词和有关附加成分与西宁方言中的‘给’存在着渊源关系”。外族语言成分在西宁方言里以汉语词“给”的面目出现，其语音方面的原因是“上述助动词和附加成分大都包含着 g 这个共同音位，‘给’在西宁话中读 ki。西宁话属汉语北方方言，没有 g 这种浊辅音，阿尔泰语中的 g 到了西宁话里自然会转变为与 g 同发音部位的 k。事实上操西宁话的绝大多数人对 g 和 k 在发音方法上的差异是充耳不闻的。从历史上看，早在《蒙古秘史》中，汉语就用‘秃该’或‘秃孩’，来为蒙古语中表示希望，祝愿的祈使式动词的附加成分 -thωqai，-thu-kəi（-tuɣai，-tügei）注音。‘该’和‘孩’，就是尾音节 qai，kəi 的音读，qai，kəi 与前面所提到的附加成分在声音上的联系是显而易见的。‘该、孩、给’的上古音分别是 kə，ɣə，kiəp，中古音分别是 kɒi，ɣɒi，kiəp，可见这三个词从古至今都是近音词。那么，西宁话为什么不用‘该’和‘孩’，而用‘给’呢？这是因为西宁话极少使用‘孩’这个词，‘该’的使用频率也不高，作为 -g 这样一个如此常用的口语成分，其最佳选择自然是通俗常用的词‘给’了”。

此外，还有语义上的原因。“除了这种语音上的原因外，还有语义上的原因。这里有必要追溯一下阿尔泰语中这部分助动词和附加成分的来源。从阿尔泰语中众多后置成分的发展轨迹来看，它们基本上遵循着实词—虚词—附加成分这一发展规律。助动词直接脱胎于动词，由动词虚化而来。如蒙古语中的助动词 og（给）来自动词 og（给），撒拉语、西部裕固语的助动词 ber（给）来自动词 ber（给），东部裕固语的助动词 og（给）来自动词 og（给）等等。附加成分与动词、助动词之间也存在着或隐或显的关系。”作者认为 -g 与阿尔泰语中表示‘给予’义的动词之间有着一脉相承的关系。

	动词	附加成分
蒙古语	og（给）	-g（听任式）
		-aatag、-ootog（命令式）
土族语	oGo（给）	-gə、lagə（允许式）

“由于阿尔泰语中的上述助动词和附加成分与汉语词‘给’之间存在着这种语音上的相似性和语义上的相关性，从而形成了一种语言上的‘亲和力’，最终孕育出了西宁方言中的助动词‘给’。至于阿尔泰语中表示‘给予’义的动词是否与汉语动词‘给’有着发生学上的关系，还有待进一步研究。但即使它们确实同出一源，也会因为阿尔泰语和汉藏语是存在着重大差异的两大语系，而使它们分道扬镳，走上自己独特的发展道路。阿尔泰语中的这些助动词和有关的附加成分是有关动词的较晚的演变形式，它们对西宁方言的影响和渗透是后来才发生的。”

——宋金兰：《青海汉语助动词“给”与阿尔泰语言的关系》，载《民族语文》1990 年第 2 期，第 46～52 页。

用欧洲语的语法形式证明汉语的欲词“要”

高名凯指出：“说到欲词，我们就得先论所谓汉语动词的‘时间’。一般研究汉语语法的人，无论是以实用为目的的教士们也好，是摹仿西洋的语法格局的洋派语法学家也好，大半都把汉语的动词给它戴上时间（tense）的帽子，认为汉语的动词可以分为过去、现在和将来三种格式。这种观念的错误，我已经在我的《汉语语法论》中说得极乎详细，这里不必多赘。但是关于‘将来时’的问题，我们却有略加解释的必要。‘将来时’（future tense）是一部分印欧语所有的语法成分，传统的语法学家都学着拉丁语的办法也给现在一部分的欧洲语套上这一方式。然而，详细的分析起来，我们就很容易看出现代三个重要的欧洲语都并没有‘将来时’这个语法形式。英德法三种语言的动词有现在时和过去时的形式上的分别，都有一个特别的方式来表示动词所代表的动作或历程是发生于什么时间，但是在将来方面，这三种语言却都没有特别的将来时的形式，都只是用别的方式来表达，而这别的方式也只能说是含有将来时的意味而已，不能说他的作用只在于表示将来。比方说，英语的 I will go。这 will 和 go 两个语词的本身都是用现在时的形式出现的，will 而且有‘意欲’的意思。将来的动作或历程还没有实现，不过是我要其如此，欲其如此而已，所以所谓的英语动词的将来时只是表示意欲的欲词，不过所欲的动作或历程可以是将来的，故含有将来的意味罢了。德语、法语也是同样的情形。德语之 ich werde gehen，werde 是现在时第一身的形式，而 gehen 是动词原式（infinitive），丝毫没有特别的将来时的形式。法语的所谓‘将来时’表面上看来，似乎是特别的形式，其实是动词原式和动词 avoir 的现在时诸形式的结合。Je chanterai 之 chanter 是动词原式，而 -ai 则是 avoir 的现在时第一身的形式。重要的欧洲语的动词的将来时都成了问题，何况缺乏形态学的汉语。

原来一般人之误解将来时乃是摹仿西洋语法书的结果，不过这西洋语法书也只是通俗的语法书，其本身也不甚合理罢了。事实上，一般人所谓的汉语动词的将来时只是一种欲词而已。我们可以给这欲词加上一个英文的名目，叫做 desirative，或依希腊语法的术语称之为 optative，欲词的意思就是一种表达意欲的语法范畴。正如英语之用 will 一样，汉语也用‘要’字来表达。我们说：‘我要到天津去。’这句话的意思明明是我有到天津去的意欲。和‘我要一管笔’之有我有得到一管笔的意欲并没有什么不同。因为我所‘要’的，乃是还没有实现的未定的事实（eventuality），我们就以为这是表示将来的动作。然而这是看错了的，因为我们也可以说：‘前年我要上法国去的时候，刚刚好生了一场大病，结果也就去不成了。’在这一个句子之中，‘要上法国’的事情却是发生于‘前年’（过去），哪里谈得到是将来？其实，我要上法国去的意欲是已往的事情，那时候也只有此意欲而已，因为‘上法国’去这桩事情却被生病阻挠了，没有去得成。所以‘要’字所表现的语法范畴明明是意欲的表达，而不是动词的将来时，虽然因为意欲的事素总是未定的事素，有的时候和将来亦有相同的地方。”

——高名凯：《汉语之表意语法》，载《高名凯语言学论文集》，商务印书馆，1990 年，第 106～108 页。原载《燕京学报》第 32 期，1947 年。

用西洋语的语法形式证明汉语愿词“要是”

高名凯认为：“汉语尚有一种表达意志欲望的语法成分，即我们所谓的愿词（concessive）。愿望也是意欲的一种表达，一切心中所希望的都是愿望，但是我们这里所称的愿词则有它的特殊的含义。我们知道印欧语中有一种动词的虚拟式（subjunctive）和一种动词的条件式（conditional）。这两种形式其实也是表示未定事素的一种语法形式。不过条件乃是逻辑上的条件关系，而虚拟则完全是心理上的愿望。

这两种形式在欧洲语中往往是联结在一起的，如英语的 if I were a bird……既是条件，又是虚拟。关于这一类的语句，汉语也有用表示意欲的语词来表达的。最使我们感觉兴趣的，就是所谓条件式在汉语中除了用一些特别表示条件的‘如果’、‘倘然’、‘假使’等等之外，还用‘要’或‘要是’。我们说：‘要是你不去，我就不理你。’一般受过西洋语法格套影响的人都认为这种说法是动词的条件式。这当然是张冠李戴的办法。其实西洋语的条件式都有动词上的成分的变化，而汉语的动词却并不因为其含有条件的意味而生变化。这还不算是重要的问题。其实像‘假使’、‘假如’之类的用法固然可以说是表达逻辑上的条件关系，可是‘要是’或‘要’则是千真万确的愿词，他所表达的并不是逻辑上的条件关系，而是心理上的愿望。‘你不去’并不是实在的情形，不过是你愿其如此而已。所以，这个句子也可以说成‘你要是不去，我就不理你’。我们所以觉得这一类句子含有条件的性质，这是因为这一种条件并不是事实上的情形，乃是我们要其如此，愿其如此而已。西洋人解释虚拟式本来就有认定 subjunctive 可以表示愿望之一条；然而欧洲语的 subjunctive 还有其他的含义，而且是动词的一种特殊的语法形式。这一方面可以让我们相信汉语的‘要是’的确是表示愿望，一方面可以让我们知道汉语的‘要是’和欧洲语的动词的虚拟式确是两回事。这也是我们所以特别称之为‘愿词’的原因。不过，这里所说的愿词并不是指一般的意欲，一般的愿望，乃是指用愿望的方式来兼示条件意义的一种语法成分而言。”

——高名凯：《汉语之表意语法》，载《高名凯语言学论文集》，商务印书馆，1990 年，第 113～114 页。原载《燕京学报》第 32 期，1947 年。

通过与西洋语的助动词对比说明汉语表意欲的虚字的特性

高名凯认为：“意欲的表达还可以应用一些表示‘动词之性’的虚字。如果我们所欲求的是事物的话，代表这事物的就是句子中的目的词，而代表欲求的语词也就是动词。动词是句子中的主要成分，没有它，句子就不能成立，所以它是语义成分，并不是语法成分，我们也就把它放开，不来讨论。如果我们所欲求的是动词的话，我们就用一些代表意欲的语词加在代表所欲所意的动词的语词之前。例如：‘我希望到外国去走一趟。’这‘希望’两字表示‘到外国去走一趟’的动作只是我的希望，我的欲求，我之心志之所趋，并非果有其事。这一类的语词西洋人叫做 helping verbs（助动词）或 auxiliary verbs（辅助词）。虽然是‘助’或是‘辅’，然而总还是一种动词，所以，西洋语这一类的语词大多都和动词有同样的变化，大半都随着‘时间’和‘身’而生不同的变化。不过，西洋语的助动词范围极广，一切加在动词之上的另外一个随

‘时’随‘身’而变化的动词都叫做助动词。汉语的动词本来就没有‘时’‘身’的变化，而且只能够在句子中才有它的功能（换言之，离开了句子，这动词的本性就失掉了，因为他没有形态给他保证是动词，而在别的句子中也可以有名词、约词等功能），何况有一部分西洋语的助动词在汉语却拿没有任何动词意味的语词来代表。例如英语之 must，译成汉语则为‘必须’或‘必’，‘必’并没有任何动词的意味。他只是表示必然性的虚字，说明这动作是在必然性的情景之下罢了。所以，我们只简单的称这一类的语词为表示‘动词之性’的虚字，不过我们得注意这一类的虚字还没有十分纯粹化，因为有的时候也可以拿它来代表省略的句子。例如，回答‘你希望到外国去走一趟吗？’这句话时，我们可以省略的说：‘我希望。’

表示‘动词之性’的虚字很多，而‘动词之性’也不只是一种。意欲性的表达只是其中的一项而已。从另一方面说，句中所叙述的动作或历程并不是实在世界中所有的动作或历程，只是潜存于各种‘性’的景况之下的动作或历程（例如：必然性、应然性、可能性等），从另一方面来说，这些动作或历程之中有一种只是说话人的意志欲望的表现，并非实有其事。”

——高名凯：《汉语之表意语法》，载《高名凯语言学论文集》，商务印书馆，1990 年，第 116～117 页。原载《燕京学报》第 32 期，1947 年。

从能愿动词重叠看汉藏语的同源关系

王志敬从能愿动词重叠观察汉藏语的同源关系，指出：重叠是藏汉语法的基本特征，贯穿于整个语法体系。如果说他系语言也有重叠现象，但能愿动词的重叠则可能不为其他语言所有，而为藏语拉萨话和汉语东南方言所独有。能愿动词重叠的共有特点拉近了拉萨话和汉语东南方言的距离，能愿动词重叠极其少见，因而拉萨话和汉语东南方言的关系极其密切。

——王志敬：《藏汉语亲属关系研究》，民族出版社，2009 年，第 207～208 页。

藏缅语“有 / 在”类存在动词的特点及与汉语的关系

余成林指出：“藏缅语存在动词大多无共同来源，有人称、数和自动、使动的形态差异。否定形式有分析、屈折、分析兼屈折等类型。”作者指出藏缅语的存在句有两种类型，即：“一种是‘处所词（主语）+ 表人或事物的名词 / 代词（宾语）+ 有 / 在’，这种类型在藏缅语中的例子较多，是存在句的主要类型。另一种是：‘表人或事物的名词/代词（主语）+ 处所词（宾语）+ 有/在'。这种类型的例子较少。"

作者通过考察发现："藏缅语族各语言（方言）存在动词的形态变化既有共性特点，也有个体差异；有的具有屈折性特点，有的具有分析性特点，有的两者兼有。"作者归纳说："我们发现各语言（方言）'有/在'类存在动词之间大多没有同源关系。""藏缅语存在动词的否定形式有差异，主要是：'有的有分析性特点，这种形式占多数，是藏缅语存在动词否定形式的主要模式；有的有屈折性特点；有的则兼有分析性和屈折性特点。'我们推测，存在动词的否定形式是由屈折式向分析式发展。"

结语部分，作者总结说："藏缅语存在动词的数量丰富，种类繁多。与汉语相比，存在动词主要是类型学关系，而非发生学关系。二者既有相似的类型学共性，也有不同的个体差异。1. 藏缅语与汉语的存在动词都表示客观事物的存在，在句子中充当谓语。'有/在'类存在动词既可以表示存在义，也可以表示领有义。2. 藏缅语与汉语存在动词所处位置不同。藏缅语（白语、克伦语除外）的存在动词位于主宾语之后，汉语的存在动词位于主宾语之间。3. 藏缅语与汉语存在动词否定范畴的构成形式存在差异。藏缅语是黏着型语言，汉语是分析型语言。藏缅语既有屈折性特点，也有分析性特点，有的可以用不同的形态变化表示不同的人称、数和自动、使动；有的可以通过前加、后加表示否定的副词、词缀或者变化不同语素构成否定形式。汉语是典型的分析型语言，存在动词没有人称和数以及自动、使动的不同，只能通过前加否定副词构成否定形式。"

——余成林：《藏缅语"有/在"类存在动词研究》，载《民族语文》2011年第3期，第39～44页。

载瓦语存在动词与亲属语言相比存在共性与个性

朱艳华对载瓦语存在动词的类别、语义特征、语法特征进行了系统的分析，并将其与亲属语言进行类型学比较。作者认为："载瓦语的存在动词在语义特征上呈现出互补分布的状态，而决定其分布的要素主要是存在的主体、存在的方位、存在的处所以及存在的方式。存在动词属非动作性动词，与动作动词在语法特征上大同小异。""载瓦语的存在动词与领有动词、处在动词在汉藏语系亲属语言间的分合关系存在类型学上的共性和个性，而且不同的分合关系反映了语言使用者认知方式的差异。"

——朱艳华：《载瓦语存在动词的类型学研究》，载《民族语文》2012年第6期，第55～63页。

汉语、蒙古语中的身体行为动词与言说义

马云霞、宝玉柱指出：在汉语中有近百个身体行为动词都能引申出言说义，在蒙古语中也有同样表现。虽然这类动词的成类引申现象在两种语言中都存在，但又有不同。

不少身体行为动词在汉语与蒙古语中引申出的言说义时类似的，即在身体行为义，这些词在两种语言中所表达的词义基本一致，引申到言说义后，其言说义同样是一致的。在语义色彩上，其倾向性也是相同的。作者对比了汉语和蒙古语中的身体行为动词，找出了对应关系，如下表所示（先列汉语，后列蒙古语）：

		身体行为义→	言说义
肯定态度倾向	释 taila-xu	解开 解绳扣	解释；阐释 解释、讲解
	复 xari-gul-xu 回使动态	还，返回 使回去	告诉；回答；回复 回答
否定态度倾向	敲 balba-xu	敲击；叩打 敲打	讽刺；批评 老调重弹，反复唠叨
	刺 xadxu-xu	用锐利之物戳入或穿透 针刺	指责；讥讽（《大字典》） 讽刺、挑拨

从表中可以看出，两种语言中，每组词义类似的身体行为动词，也同样引申出类似的言说义，不但其词义相似，在语义色彩倾向上也是接近的。这也充分说明，这类词义引申具有跨语言的普遍性。

当然，身体行为动词在两种语言中，也表现出其言说义的引申互补相同。如：

	身体行为义→	言说义
举 ergu-xu tata-xu	举 拉；拽；抽	谈论；称引 提问；发问 抬举；奉承： ergu-xu；ergu-n magta-xu 举　　　举　　赞美 举例：jisiye tata-xu 　　　例$_{宾格}$ 抽 提问：asagu-xu

续表

	身体行为义→	言说义
斗 temeqe-xu	战斗；争斗 斗；争斗	批判；揭露 斗嘴；争先恐后地说： ama uru-ldu-xu 嘴$_{主格}$先$_{互动态}$

作者认为，身体行为动词言说义在两种语言中的不同引申，原因比较复杂，主要有：1. 动词本义不同，言说引申义也不同；2. 身体行为动词言说义弱，引申为言说义动词时多用词组；3. 身体行为动词义虚实程度不同，言说义引申动词的结构和色彩不同。

除上述外，作者还指出由于两种语言类型不同，有时一个意义在汉语和蒙古语中，所用的语言单位不同。从语言形式单位的角度看，两种语言对同一意义的表达有时相同，有时又有很大差异。同类语义范畴在不同语言中表达方式存在差异，这是必然的。

作者最后指出，汉语、蒙古语中的身体行为动词都能够引申出言说义，进入言说语义域。实际上这类词义引申是由跨语言的普遍性的，一些语言如英语、日语等存在类似的词义演变。从身体行为出发，认知、表达抽象的言说行为，在各种语言中是普遍的模式。然而，在各语言中，从身体行为出发，表达抽象的言说行为方式有所不同。这种差异来自于：1. 生活本身的不同。不同的民族生活环境、生活方式的差异，影响到语言表达。2. 概念映射不同，引申途径也不同。3. 语言类型不同，引申用的手段不同。4. 由于语言之间的接触，特别是通过翻译，不同语言之间的引申方式及其思维基础出现相互借鉴、类别和靠近现象。

——马云霞、宝玉柱：《汉语、蒙古语中的身体行为动词与言说义》，载《中央民族大学学报》2013 年第 2 期，第 112～117 页。

从不同语言的对比出发来研究汉语动词的时体表示法

马庆株从不同语言的对比出发来研究汉语动词的时体表示法，指出："从某个语种看汉语，会造成较大的局限性。扩大视野，从世界语言看我们中国的汉语，有可能有新的发现。观察常用印欧语和其他语言中动词有哪种形态，看汉语中相应意思是怎样表示的，再考虑能不能形成语法范畴。这是一种对于汉语作为第二语言教学、对于自然语言理解和处理有重要意义的研究思路。"

文中作者列出了印欧语系罗曼语族法语、西班牙语、意大利语等多个语言的时体形式。认为："我们可以考察别的语言中的一个个时体形式在汉语中是怎样表达的，再根据对立原则考虑能否建立语法范畴，如果能，再看看汉语中这些时体表达式可以分为多少类，这样可以确定汉语中这个范畴下应该设立多少种时和体。虽然别的语言中的范畴汉语不一定有，但从语言普遍性的角度来看，这不失为一种发现汉语与其他语言之间的共性的方法。与常用外国语的对比应该经常进行。"

"与同系的汉藏语系语言的比较有利于发现本语系的共性。与阿尔泰语系语言的对比也是很有意义的。下面列出部分突厥语族语言中动词的时体范畴的名称。维吾尔语有：

肯定过去时　　结果过去时　　叙述过去时　　讲话当时的现在时
延长现在时　　肯定将来时　　不定将来时　　目的将来时

阿尔泰语、巴什基尔语、鞑靼语有：

肯定过去时　　久远过去时　　现在时　　第一将来时　　第二将来时"

——马庆株：《略谈汉语动词时体研究的思路——兼论语法分类研究中的对立原则》，载马庆株：《汉语动词和动词性结构·二编》，北京大学出版社，2007 年，第 11～18 页。原载中国语文杂志社编：《语法研究和探索》（九），商务印书馆，2000 年。

闽方言和苗、壮、傣、藏诸语的动词特式重叠

李如龙认为："在汉语的闽方言和苗、壮、傣、藏诸语言中，存在着一种大同小异的单音动词的形态变化：在单音动词的前头或后头加上一个和它同声、同调而韵母有定的音节，可以按一定格式进行重叠。这种变化往往用来表示动作的某种情态——随意性、短暂性或反复性等。这是单音动词的一种特式重叠，即双声定韵的重叠式，或称准重叠式。它可能是汉藏语系诸语言的一种同源现象。"

"由此可见，各语言在这种特式重叠上有着不少共同特点：

一、多数点具有双音节的单叠式和四音节的双叠式，单叠式是一种准重叠式，双叠式是在单叠式的基础上构成的。

二、准重叠音节与单音动词双声，多数点还同调，韵母则受动词干的声母或韵母所制约而采取固定形式。

三、准重叠音节不能单用，离开这种重叠式就没有独立的意义。

四、多数点可在单音动词中普遍地类推这种准重叠式。

五、特式重叠所表示的语法意义是：动作的随意性，无一定的目的和规则。单叠式表示动作是短暂的，快速进行的或只进行一次；双叠式表示动作是反复进行多次并令人感到厌烦的。

六、经过这种特式重叠的动词一般只能单独作谓语，不能再带宾语。”

“闽方言和苗、壮、傣、藏等语言的这种动词特式重叠（准重叠式）可能是从常式重叠（全重叠式）衍化而来的。除傣语外，各点单音动词都另有全重叠式，而全重叠式与准重叠式的语法意义又往往有一定的联系和一定的差异。例如，闽方言单音动词的全重叠式表示动作的尝试性，反复性或概遍性（全数完成）；苗语、壮语全重叠式也表示动作的尝试意味。

值得注意的是，汉语闽方言和苗、壮、傣、藏等语言之间存在的这种大同小异的动词特式重叠究竟是民族语言之间的借用现象，还是汉藏系诸语言共有的同源现象。

看来，解释为借用现象是不合理的。因为：第一，各语种的特式重叠都有自己的结构规律，大量单音动词都可据此类推，这和语词的个别借用具有截然不同的性质；第二，各语种的特式重叠虽有‘大同’，也有‘小异’，这和语言间个别语法规律的原原本本或十分近似的借用也是显然不同的；第三，这不是个别语言间的雷同和偶合，而是多种语言间的大同小异。把这类单音动词的特式重叠解释为汉藏语系的亲属语言间动词形态变化的同源现象可能是比较合理的。”

——李如龙：《闽方言和苗、壮、傣、藏诸语的动词特式重叠》，载《民族语文》1984 年第 1 期，第 17～25 页。

从亲属语言反观汉语的动词重叠式

戴宗杰指出：除汉语外，我国境内的藏缅语、苗瑶语、壮侗语等很多汉藏语系语言的动词都可以重叠，构成多种重叠形式，表达不同的语法意义。

汉藏语动词的主要重叠形式有 AA、ABAB、AABB 三种，其语法意义分为“多量”和“少量”两级。作者考察了分属于不同语族的、不同类型的汉藏语，得出动词重叠式的形式—意义匹配关系呈现出以下特点：

1. 动词的 AA 式重叠式在一些语言中表示经常、反复、频繁、持续、周遍等多量义，如藏语、景颇语、纳西语，波拉语、仓洛门巴语等；在另外一些语言中则表示短暂、尝试、轻微等少量义，如苗语、布依语、莫语、侗语、基诺语、勉语、标话等；

此外，部分语言用AA式重叠式来表示互动态，如纳西语、普米语、羌语等；有的语言的AA式动词重叠式可以用来表达周遍义，如普米语等；有的语言的AA式动词重叠式还可以用作句子的话题，如景颇语等。

2. 双音节动词的ABAB式重叠式在多数有双音节动词且可重叠的语言中表示短暂、尝试、轻微等少量义，如基诺语、勉语、景颇语、仓洛门巴语等；在个别语言中表示反复、扩大、加强等多量义，如嘉戎语等。

3. 所有语言都采用AABB式来表达频繁、反复、持续、加强等多量义；个别语言还可以表示互动态，如纳西语等。

可见，汉藏语倾向于用ABAB式动词重叠式来表达少量义，用AABB式动词重叠式来表达多量义。单音节动词的重叠式AA式则可在不同的语言中分别表达多量和少量两种不同意义。多量义和少量义作为汉藏语动词重叠式最常表达的两种语法意义，在具体语言中存在竞争关系。二者之间的力量对比，主要体现在对单音节动词重叠式AA式的争夺上：在一种语言中，单音节动词重叠式AA式表达的语法意义，通常就是在竞争中占据优势地位的那种。

作者将景颇语、藏语、纳西语、普米语、嘉戎语、羌语、仓洛门巴语等多量义在动词重叠式语法意义的竞争中占据优势地位的语言称为“多量义优势型语言”，将基诺语、畲语、壮语、苗语、布依语、莫语、侗语、勉语、拉珈语、仫佬语、标话等少量义占据优势地位的语言称为“少量义优势型语言”，并给出其区分标准：如果一种语言的AA式动词重叠式表达多量义，则该语言为“多量义优势型语言”；如果一种语言的AA式动词重叠式表达少量义，则该语言为“少量义优势型语言”。作者分别以景颇语和基诺语为代表，将其形式—意义匹配格局表示如下：

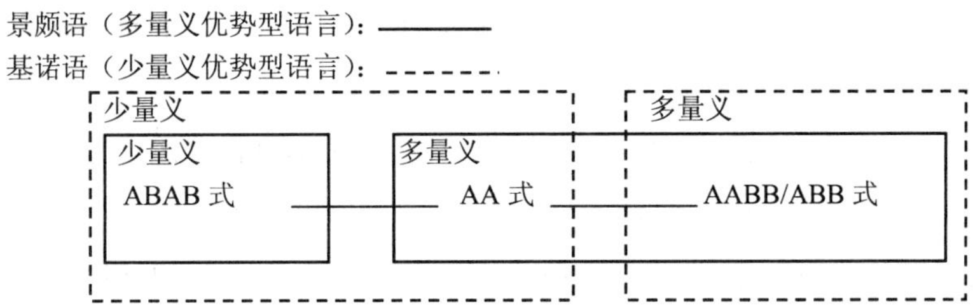

图1　景颇语和基诺语动词重叠式的形式—意义匹配格局

作者还指出，不同的“多量义优势型语言”和“少量义优势型语言”有多种不同的形式—意义匹配关系。如有的语言没有少量义的动词重叠式，多量义作为唯一语法意义，匹配其动词重叠的所有形式，如嘉戎语；有的语言动词不能以某一种或几种形式重叠，如傈僳语；等等。其共性是，“多量义优势型语言”的 AA 式动词重叠式一定和多量义相匹配，“少量义优势型语言”的 AA 式动词重叠式一定和少量义相匹配。

汉语动词重叠式的语法意义存在争议。多数学者认为表示“动量小、时量短、动作轻”等少量义，如范方莲（1964）、朱德熙（1982）、邢福义（2000）、邵敬敏、吴吟（2009）等；少数学者持相反意见，认为表示动作的“反复”、“延续”或“惯常”等多量义，如朱景松（1998）、钱乃荣（2000）等；此外，赵元任（1979）、吕叔湘（1982）、朱德熙（1982）认为动词重叠还可以表示“尝试”义；王还（1963）认为以“一次完整动作作为一个单位”的动词重叠式“有轻松悠闲的意味”，等等。

作者指出，Bybee 等（1994）在研究世界各语言的体（aspect）成分虚化过程时认为，各语言中动词重叠的最早意义是动作的重复、频繁或持续。汉语亦不例外。汉语史的研究显示，上古汉语即存在 AA 式动词重叠式，表示动作反复多次，连续不断地进行，含有多量意义。汉魏六朝时期 AA 式动词重叠式逐渐增多，但大多只见于韵文，且都是表示绵延、反复或久长等多量义。从唐代起，AA 式动词重叠式大量出现，大多仍是表示多量义；但在《敦煌变文集》等文献中出现的个别 AA 式动词重叠式，除按绵延、反复等多量义理解外，也可以理解为短时等少量义，有些 AA 式重叠式后面还带有宾语。除 AA 式外，《敦煌变文集》中还出现了汉语史上最早的双音节动词的 ABAB 式重叠式；此外，《敦煌变文集》中还能看到一些 AABB 式动词重叠式。宋元及以后，表示少量义的 AA 式动词重叠式正式形成且大量出现。到元末明初，随着少量义动词重叠式语法范畴的确立，双音节动词的 ABAB 式重叠式也开始大量产生。至此，AA 式基本丧失了其固有的表示反复多次、连续不断等多量义的功能，多量义转由 AABB 式来承担表达。

据此作者认为，汉语的 AA 式动词重叠式的语法意义在历史上发生过深刻的变化，即由表示多量义转为表示少量义。这一变化或萌芽于唐代，到宋元开始大量出现并最终形成语法范畴。在 AA 式被认为可能开始表达少量义的同一文献——《敦煌变文集》中，出现了汉语史上最早的 ABAB 式动词重叠式；而 ABAB 式的大量产生，则发生在少量义的 AA 式早已形成语法范畴的元末明初。这和我们在前文对亲属语言的考察中所得出的“汉藏语的 ABAB 式动词重叠式倾向于表达少量义”的结论不谋而合，也从另一个角度为汉语的 AA 式动词重叠式表达少量义的观点提供了依据。

在上述认识的基础上，作者总结出汉语和汉藏语系亲属语言动词重叠式的共同倾向：用 ABAB 式表达少量义，AABB 式表达多量义。除 ABAB 式外，汉语单音节动词的重叠式 AA 式也表达少量义。这反映出少量义作为汉语动词重叠式后起的语法意义，在与固有的多量义的竞争中占据了优势地位。汉语属于“少量义优势型语言”，其动词重叠式的形式—意义匹配格局可表示如下：

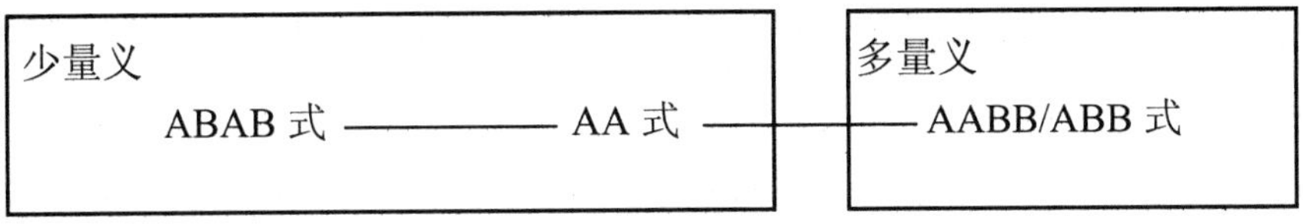

图 2　汉语动词重叠式的形式—意义匹配格局

——戴宗杰：《汉藏语动词重叠式的形式—意义匹配格局》，载《中央民族大学学报》2013 年第 2 期，第 118～123 页。

从敬谦动词看汉族和东亚文明区的共同习惯

马庆株指出："汉语动词表示敬谦手段显然是依靠词汇的选择，其中有一些从构词上可以看出与敬谦有关的意义成分，正是这种形式和意义的关联决定了动词的用法，有关动词小类对应于说话人在交际中的角色关系。人们可以通过选择适宜的动词来表明自己在人际关系中的地位。对别人的尊重和对自己的贬抑，是汉族人和东亚文明区共同的习惯。因此，敬谦动词的学习和使用对于掌握汉语的精神，理解中国和东方的社会与文化，具有至要的意义。

日本语敬谦动词和普通动词的区别：一是用词不同。敬谦动词分为三类：尊敬语动词如 goranninara；谦让语动词如 kenjyousure，haiken'itasu；此外还有郑重语动词，比普通动词更多地采用了音读汉源词。二是后接的补助词不同。

朝鲜语有尊敬阶、对等阶、基本阶三类阶称范畴，尊敬阶用于对尊长者和其他需要表尊敬客气的场合。"

——马庆株：《指人参与者角色关系取向与汉语动词的一些小类》，载马庆株：《汉语动词和动词性结构·二编》，北京大学出版社，2007 年，第 1～8 页。原载胡壮麟、方琰主编：《功能语言学在中国的进展》，清华大学出版社，1997 年。

与西洋语对比说明汉语动词没有及物不及物之分

高名凯通过与西洋语对比，说明汉语动词没有及物不及物之分："内外的分别实在不能说明 transitive 和 intransitive 两个术语，因为前者的动作或历程固然是达于外，而后者的动作或历程却不见得非'仍止乎内'不可。英语 I speak to him 的 speak 却明明是对 him 而动的。其实西洋人之分别 transitive 和 intransitive 乃视动词的宾语的格位如何而定。宾语之为直接役格（accusative）者，其动词则称之曰 transitive，表示动作或历程之影响直接达及事物；宾语之为间接役格（dative）者，其动词则称之曰 intransitive，表示动作或历程之影响不能直接达及事物。不过，直接役格和间接役格的分别，却在乎词尾的变化。古代印欧语的动词，它的宾格是一定的，不是直接役格，便是间接役格，而且不能混用。所以，一个动词不是及物动词就是不及物动词。然而这词尾的变化在大部分的现代欧洲语中已不存在。一般语言学家正在争论英语之 accusative 和 dative 是否还有分别的必要。不过，在现代的欧洲语中，如果直接役格和间接役格已无词尾的变化，后者和动词合用时却非加上介词不可。汉语在这一点上却又不同。汉语本来就没有纯粹的介词。‘我进城’和‘我进到城里’都是用‘进’字，我们绝不能说前一个‘进’字是‘及物动词’而后一个‘进’字是‘不及物动词’。

也许我们可以依照方德里叶斯的办法，认为有宾语的动词就都叫做及物动词，没有宾语的动词就叫做不及物动词，不管后面是否有介词。不过，就是如此，汉语的词也很难说是有及物和不及物的分别。首先，汉语就没有具有形态变化的动词，其次，汉语具有动词功能的词既可以当做及物用，也可以当做不及物用，不若西洋语之及物动词绝不能没有宾语。我们可以说：‘我说了’，也可以说：‘我说一句话’，不若英语之在前一情形必得用 speak，spoke，spoken，而在后一情形必得用 say，said 加宾语。当然，我们也可以说在前一情形之中，‘说’字是当做不及物动词用的，而在后一情形之中，它是当做及物动词用的。然而这不能证明‘说’字本来有及物或不及物的特性，也不能证明它到底本来是及物或是不及物。”

——高名凯：《汉语语法论》，商务印书馆，1986 年，第 212～213 页。

与西洋语对比说明中国语动词的范围

王力认为：“凡词之指称行为或事件者，叫做动词。这里所谓动词，其范围大致和英语 verb 的范围相当，然而其定义则与英语 verb 的定义大不相同。按 verb 由拉丁的 verbum 变来，原是‘话’的意思：凡说话，就不能不用 verb，故 verb 的作用实在和 predicate 的作用差不多。中国语就不然了，咱们说话常常可以不用动词，因为形容词和名词都可以用为 predicate，由此看来，我们所谓动词，严格的说。只能译为 action-word，不能译为 verb。不过，为免令人感觉不惯，也不妨用 verb 字对译，只是心知其意，不至于误会咱们的‘动词’完全等于 verb 就好了。

咱们首先要知道，西洋的 verb 有曲折作用，中国的动词没有曲折作用，所以在形式上咱们不能辨认中国的动词。中国语里，虽也有‘了’‘着’二字表示某一些时间上的范畴，但它们并不是专为动词而设的。我们可以说‘吃了饭’，但也可以说‘红了脸’；我们可以说‘做着工’，但也可以说‘大着胆’。‘吃’和‘做’虽是动词，‘红’和‘大’本身却不是动词。所以‘了’和‘着’并不是动词的标记。中国的动词既不能从形式上辨认，就只好从概念上辨认了。

我们以词之指称行为或事件者为动词，因为有些动词所指称者只是行为，不是事件，例如‘爱’只是一种精神行为，不是一个事件；有些动词却正相反，所指称者只是事件，不是行为，例如‘死’只是一个事件，不是一种行为。‘爱’和‘死’在字典里永远只能称为动词，因为它们永远是表示行为或事件的。在中国字典里，咱们没有一个词和法文的 amour 或英文里 death 相当。西洋所谓 action-noun，多数是和动词的形式不同的（amour：aimer；die：death），尤其是在罗马语系里。中国则从词的形式上看，无所谓 action-noun。

除了普通动词之外，我们以为中国语里还有一种助动词。‘把’字，在‘我把这只鸡卖掉’一个句子里，系帮助‘卖’字，表示这卖的行为是我对于这鸡的处置。‘被’字，在‘我被他骂了一顿’里，系帮助‘骂’字，表示这骂的行为不是我所施行的，乃是我所遭受的。‘把’和‘被’，在这种用途上，虽不能表示行为，却能表示行为的性质。它们本是由动词变来的，试比较‘把盏’的‘把’和‘把酒喝干’的‘把’，‘被祸’的‘被’和‘被人陷害’的‘被’，就知道助动词‘把’字确由‘把握’的意义演变而来，助动词‘被’字确由‘遭受’的意义演变而来。因此，它们现在虽不是纯粹的实词，我们也把它们附属于动词一类，比之归入其他的词类，较为妥当些。

我们这里所谓助动词，和英语里的助动词（auxiliary verb）是同名异义的。中国助动词的定义该是：‘词之帮助动词，以表示行为的性质者；’英语助动词的定义却是：‘词之帮助动词，以形成其态式时的变化者。’像英语中的助动词，咱们中国语里根本就没有：中国语的动词没有态（voices）式（moods）时（tense）的变化，自然用不着什么词来帮助它的变化了。‘能’‘可’二字，在现代都是副词；在古代‘能’字有时可作动词（论语：‘非曰能之’），‘可’字有时可作形容词（论语：‘可也简’），‘欲’‘想’‘要’都是动词，‘必’‘须’都是副词。所以中国助动词和英语的助动词相差很远，不能混为一谈的。”

——王力：《中国语法理论》（上），中华书局，1954 年，第 28～31 页。

与西洋语对比说明汉语动词的用法特点

陆志伟认为：张东荪的《从中国语言构造上看中国哲学》是一篇开拓园地的文章。他所举出的“第一点是因为主语不分明，遂致中国人没有‘主体’（subject）的观念……主语与谓语既是同等，则在思想上便不产生主从的分别，而一律是平等的……因为在语言构造上显不出对于‘主体’的重视来，所以，同时在思想上亦不把‘主体’发展为‘本体’。就这第一点而论，张先生是绝对主张凡是思想和哲学的形式都是跟着语句的形式而构造的。可惜文中‘遂致’‘则……便’‘因为……所以’等等说法，都没有充分的说明。说话的句子，逻辑的辞句（proposition）和哲学的筹范，是三个平面上的事实。如果在每一个平面上中国人和西洋人中间显出同一趋势的对比来，则张先生的主张就很有见地。在西洋这三个平面已经发生了三种学问。中国人在和印度人或西洋人接触之前，学问上无所谓逻辑那一门。哲学是有的，说话也是说的，有条理的筹范论和文法可是没有。故此在中国研究语言和思想的关系，须得先说明中国人如何用语言来表示意义。如果再要进一步和西洋的意义学相比较，则说话的分析更须清楚。至于中国式的文法如何组织，中国式的形式逻辑从何开始，中国式的形而上学如何受汉语的影响，这些都是艰深的工作，一时不容易说得具体”。

“第二，何以注重动辞……在欧洲语里，凡是有所谓，必定是说到某种东西的某作用，某动作，某某关系。西洋人特别注重动作。那指明动作等等的辞或字叫做动辞 verb。汉语有没有 verb？是否和西洋同一样用法？……

西洋文法上动辞的定义并非没有问题，可是没有不特别标明他是指称事物的动作的。专家们这样说，教科书更是跟着这样说。

……

西洋文法上动辞的定义虽然不能完全用在汉语，可是中文和西文的分别并不在乎一个有动辞而一个没有动辞。像张先生所说：‘中国文字没有语尾变化，便没有正式的动词……因为没有分明的动词，所以谓语不分明。’未免太说不过去了。其实欧洲语的动辞并非每次都能从单辞的形式上辨别出来。英文里那些安格罗撒克逊来源的单音动辞大多数可当做名词用，全不必变语尾。故此所谓‘基本英语’能把动辞一概免去。德法文的动辞加上某种语尾之后，有时候形式上也不能和他种辞类分别。一句句子有没有动辞和动辞有没有语尾并不是一回事。倒是张先生的第二句话，说到动词和谓语的关系，近乎事实。西洋人很肯定地说：凡有称谓，必须有动辞。可是话又不能说得太死了。动辞有种种形态。普通谓语之中，动辞是有‘限制’的。否则一个称谓又可以是蕴藏的 implied prediction，不是显明的。在 This is a closed book 一句中，动辞是 to be，很明显的引起一个谓语，然而，closed 又包含一个蕴藏的称谓。即此可见西洋人的思想可以和文法或逻辑相去很远。现在我们分析汉语，不必多受文法的拘束，未始不是好处。”

“第三，汉语动词的用法举例。

一、动辞形式的简单。单个的汉语的动辞形式上不表明人称，和时间性、空间性等等。这早已为人所注意。英语的动辞也几乎完全失去了人称的语尾，并且时间性的语尾也可以很含糊。将来英语的动辞也许会变成像中国的一样简单。据作者看来，语言学家可是从没有证明汉语的动辞原先本是有语尾而现在是退化（或是进化）了。至少是有史以来，就是这样。整个的动辞功用上等于欧洲语的动辞根。

二、一句句子可以没有主动者。动辞不但在形式上不表明人称。并且可以没有像西洋所谓名辞或代名辞之类做他的主辞。这些没有头的句子在汉语是‘常例’。张先生早已指明这一点。王先生（王力）又提到一种很有趣的现象：就是把几句没头句子排列起来，形式上看不出有什么改变，可是前句和后句所表现的动作不必属于同一个主动者。两位先生所讨论的都是语言的结构，不知何以要从《尚书》、《左传》举例子，现放着活人的话没有注意……

三、句子可以没有时间性。动辞既没有时间性，似乎必得用其他独立的辞来代表时间。比如‘今天去’和‘明天去’的分别不在动辞而在时间辞。欧洲语非得二者具备。这在中国人看来是浪费，是赘瘤。再把句子连起来，汉语的俭省法更显得清楚。因为一段文字之中，只需一句有了‘去年’‘正在’‘将来’之类的时间辞，下文的句子里只有秃头秃尾的动辞就够了。如果不念头一句，整段的文字都可以没有时间性。简直可说汉文汉语完全用 historical present（史的存在）。

有人以为这种简化的现象坏在中国人的时间观念的混浑。这话显然是错的。中国人学习西文从不会发生不能了解时间语尾的困难。应用不纯熟容或有之，至于时间的格局没有不能理会的。中国人如何应用种种独立的辞来替代欧洲各族语的不同的时间辞或时间语尾，这是值得研究的问题。也许欧洲语里边的某种用法在汉语可以用好几种形式来替代。比如英文用 being 之处，我们可以说‘正是’‘当’，或是用全句的格局来代表这个意思。换句话说，欧洲语的句子好比莲子，因为莲蓬可当做整句的时间皮，而每颗莲子又自有一层时间皮；汉语的句子不妨说是石榴子，只有外表包上一层大的时间皮。中国人说话做文章，常是把时间的背景先安置好了，以后闲话休提，单讲事情的变化。除非意义弄含糊了，中国人对于一句句子或是一个辞在时间上的地位是满不在乎的。”

“西洋的单句，就形式而论，通常分为四种，可是因为说话的口气和上下文的关系，形式和功用老是不相符合。这是文法上的常识。作者总觉得汉语的单句要比欧洲语更容易跟着口气而改变功用。这且不谈。先提出一个较为重要的问题来。一句简单的句子，既可以秃顶没有主动者，又可以不表明独立的时间性，那末，形式上怎样能辨别他是叙述式，还是命令请求式呢？试和英语比较，因为别种欧洲语大概是有命令语尾的。Let me go 和 You let me go 的分别在乎主辞的有无。汉语的‘让我去’究竟是什么格式呢？一般的问答就是看上文，或是听口气。这也不尽然。有些句子，像上文已经举出来的，‘打雷’，‘刮风罢’，‘下雾啦’，‘就是了’，‘不管他’，根本就没有主动者。他们的形式也是和英语的命令句差不多。故此我们的问题是有普遍性的，不单在乎主辞的可有可无……

英语的 Let me go，按一种口气说是命令，按另一种口气说是请求。You let me go 表面上是叙述句；把 you 说得响亮些，就变成命令；把 go 说成去声，有立刻变成请求。就汉语的立场来说，叙述，和命令，和请求的分别断不能在主辞上打算。无论是汉语或是欧洲语，我们最好先研究通常的一句命令句或是请求句是怎样用法的。”

“一、本文的动机，要在中国书本之外，从普通汉语研究一般中国人的思想形式。

二、说话必用句子，句子必有称谓，称谓大概须用动辞。西洋人以为一句句子的灵魂在乎动辞，并且说动辞是动作的名字。汉语的动辞未必在语言上占据同一地位，可是他的重要也是无可疑问的。因而本文专论动辞。

三、动辞如何用法。汉语的动辞没有语尾变化，也没有人称，和时间性、空间性。用在句子里，那句子可以没有主动者，并且这样秃头的句子可以排列起来，形式上似乎是一贯的，但是各句的动辞可不属于同一个主动者。这样的句子又可以全不表示时间性，都系用‘史的现在’格。

动辞是和静辞相反的，分别很清楚。有时可以互相假借。动辞容易变为静辞，静辞不容易变为动辞。动辞既然没有语尾，上面这句话也许可以换一种说法。也许动辞并没有变为静辞，乃是动辞的功用和欧洲语的不同；汉语的动辞可以用在有许多在欧洲语不能用 verb 的地方。

四、汉语单句的形式最近乎欧洲语的命令请求句，动辞也常带点命令请求的色彩。命令句的功用在乎使某种事物出现，或是在出现之后使他发生变化。说话的人先不想到谁是主动者，谁在变化。因此我们推想汉语动辞的功用，最主要的不在乎代表动作，那是指出一切变化。

五、汉语的动辞和欧洲语的所谓 preposition，conjunction 以及有些 adverb 同属一类。事物或是语句的关系，在汉语是属于动的方面，不像是在欧洲语，和 verb 不很相干。因此更可见动辞不单代表动作，也代表其他的变化。

六、动词的性质当然会影响逻辑，甚而至于玄学。这是逻辑家和哲学家所应研究的。”

——陆志伟：《汉语和欧洲语用动辞的比较》，载《燕京学报》第20期，1936年12月，第225~244页。

四、形容词

广东海丰话AA式形容词后置于名词作谓语与藏语的关系

王志敬将广东海丰话和藏语的形容词双音重叠式进行比较，指出海丰话形容词双音重叠式绝大部分只能作修饰语，为汉语普通话所无，与藏语同构，代表汉语的古老面貌。海丰话和藏语形容词双音重叠与名词性中心语组合而成的句法同构具有如下双重特殊性：

a. 跟其他语言相比较，藏汉语形容词AA式重叠具有特殊性；

b. 跟汉语普通话相比较，海丰话和藏语“NP+AA”类句法同构具有特殊性；

c. 特殊的藏汉语形容词AA式是通往原始汉藏语的第一步，特殊的海丰话和藏语“NP+AA”类句法同构是通往原始汉藏语的第二步。

——王志敬：《藏汉语亲属关系研究》，民族出版社，2009年，第208~209页。

从先秦汉语复音形容词的构词特征看水语复音形容词的形成轨迹

曾晓渝考察了水语复音形容词的结构特点，指出双声或叠韵形式的形容词“占水语复音形容词的80%之多”。

作者选择《诗经》《左传》《庄子》《楚辞》四部作品中的复音形容词作了统计分析，“总结出了先秦复音形容词的构词特征：重言词、联绵词居多，占一半以上；联合式、附加式结构次之；偏正式、动宾式结构极少，没有现代汉语形容词所具有的主谓结构（如‘胆怯’等），显然这几种形容词复合结构是后起的”。先秦复音词中的重言词基本是形容词性的，或是说，重言结构是先秦复音形容词的主要特征之一。

从汉语自身的演变规律看，单音节词向复音词转化的途径有两种：音变造词和结构造词。作者赞同马真先生的观点："先秦汉语词汇的复音化是从音变造词方式的基础上开始的"。认为"从音理上讲，音节重叠是复音化的最简便的方式，而音节重叠之后，又往往会发生语音变异，汉语的联绵词很多就是由重言词音变而来的"。先秦古籍中存在不少重言词演变为联绵词的例子。现代汉语各方言中，普遍存在着叠音词的后一音节一般会变调的现象。因此，"虽然，先秦汉语中的联绵词并不都是由重言词演变而来的，其中有不少是动植物名（如'蜉蝣'、'果蝇'）和种族译音名（如'昆吾'等），但由于先秦的重言词 98% 是形容词，重言词又往往会音变为双声、叠韵乃至非双声叠韵的联绵词，所以，可以得出这样的结论：先秦时期形容词性的联绵词，基本上是由重言词演变而来的"。

水语复音形容词也经历过先秦汉语那样的重言阶段，理由是：第一，水语复音形容词大部分是双声的，还有一部分是叠韵，而且其附加式结构的词缀与词根是一对一的关系，不同的词缀附着于不同的词根，一旦脱离词根，词缀便没有意义，有的则成为词义与之风马牛不相及的同音词。第二，从语义表达看，水语的双声、叠韵附加式形容词就是词根义的重复，从而达到强调特征或加强程度的修辞效果，因而，与之对应的汉译词往往是重叠式形容词。第三，汉藏语系诸语言的形容词普遍存在着重叠式。

从复音形容词的产生、发展的过程看，汉语和水语基本是一致的，即：单音节→重叠式→双声叠韵词。当然，二者还是有差异的，体现着汉语、水语不同的个性，但从总的演化方向看，汉语水语形容词复音化的共性是显而易见的。总之，汉语水语都根源于同一种原始语言，它们之间存在着历史悠久的亲缘关系。

——曾晓渝：《汉语水语复音形容词的历史比较研究》，载《中国语文》1997 年第 5 期，第 355～360 页。

汉语和藏语形容词生动形式的比较

王会银论述了汉语和藏语的形容词都有极为丰富的 AXX 式的生动形式，归纳了两种语言中的 AXX 式，大多是由形容词词干 A，后加重叠后缀 XX 构成。并且论证了在两种语言的 AXX 式中，不管是哪种词性的词干，一经同 XX 相结合，就变得具有形容词词性了。总结出汉语和藏语的形容词在构词上有很大的伸缩性（弹性），显示了两种语言独特的灵活性。形容词的各种重叠形式不少是能够相互转化的（但却很少有各种形式都具备的）。具体而言，在两种语言众多的相同处中，尤以 AXX 式与 AAXX 式，相互转化最广泛，不少的 AXX 式能扩充为 AAXX 式，AAXX 式也能紧缩为 AXX 式（当然不是所有的都能这样转化）。在两种语言里能够相互转化的 AXX 式与 AAXX

式，含有贬义色彩的远比褒义色彩的为多。AXX式能够在句中充当谓语、定语、状语和补语。最后，作者指出两种语言形容词的生动形式有许多相同或相近的地方。特别是对附加重叠式AXX式的讨论，作者发现汉、藏两种语言中AXX式，它们的构成方法、搭配关系、语音变化以及语法特点等方面基本上是相同的，相异的地方不多。

——王会银：《试论汉语和藏语的形容词生动形式——AXX式》，载戴庆厦主编：《汉语与少数民族语关系研究》，《中央民族学院学报》1990年增刊11月版，第17～46页。

湖北恩施话中的 te^{55} 与土家语的 le^{21}

龙庄伟指出："恩施话里的形容词在表示某种性质或属性的最高或最低的程度时，采用一种特殊的形式'X［te^{55}］X'，即重叠这个形容词，在中间加上一个重读音节［te^{55}］。"

龙庄伟指出："这里的［te^{55}］，说话时音长、音强、音高都明显地超过其他音节。表面上看，［te^{55}］近似于'得'，实际上不是，恩施话有'得'字。"例如：他跑得快［te^{55}］快。

作者认为，恩施话里所有的形容词都可以用"X［te^{55}］X"的形式表示性质或属性的程度，这个词构成了恩施话形容词的级。该文分析了恩施话"X［te^{55}］X"形式的用法，发现这个结构形式"既可作句子的谓语，也可作定语、补语来修饰中心词"。因而龙庄伟认为"恩施话形容词的级显然不属于西南官话的特点。在汉语各个方言中，我们都没有看到这种形式。在汉字系统中也找不到合适的字来记录［te^{55}］这个音节"。

该文比较了恩施话和土家语形容词的级的形式。"土家语形容词有级的形式，它分原级、加深级、最高级3种。原级由形容词本形表示，加深级由形容词重叠式表示，最高级由形容词加助词 $çi^{55}$ 引导的副词 $thai^{35}$、$x\tilde{e}^{55}$ 等述补结构表示。它的形容词重叠式，有中间带和不带重读音节 le^{21} 两种。"经过比照，龙庄伟认为，"恩施话形容词的级正是土家语加深级的遗迹，是土家语底层在恩施话中的反映"。"我们相信恩施话形容词的级形式来源于土家语。土家语的［le^{21}］，在汉语恩施话中变成了［te^{55}］。"

——龙庄伟：《湖北恩施话中的一个土家语成分》，载《民族语文》1988年第6期，第68～69页。

不同语言的形容词数量语义特征在认知上的差异

石毓智认为："对于同样一个语义范畴，不同的民族在范畴化时，由于认知的角度不同，它们的数量特征也不一样，因而具有不同的句法表现。比如，下面是英语和汉语概念义相对的一组词（参见 Quirk 等，1985）：

round—圆　　absolute—绝对　　square—方

英语的词不能用程度词序列修饰，不能用于比较句，属于正负值类形容词。英语中不能说 * very round 或者 * This table is rounder than that one。然而汉语的相应的词则是非定量的，可以用程度词'很'等修饰，也可以用于比较句。例如：

（a）他画的圈很圆。
（b）他画的圈比我的圆。"

——石毓智：《形容词的数量特征及其对句法行为的影响》，载《世界汉语教学》2003 年第 2 期，第 13～26 页。

五、数　词

自然数"1"表达有定性的认知基础

石毓智认为自然数"1"向定指标记的发展背后具有深刻的认知背景，指出："……在汉语广大方言、历史文献和少数民族语言中，以及世界上其他语言中，都广泛存在着用自然数'1'表示有定性的现象，其中大部分是'1'已经语法化为表有定性的语法标记。我们认为这种现象的出现不是偶然的，背后存在着深刻的认知根据。本章首先讨论这方面的语言事实，然后从两个方面对产生这种现象背后的理据加以论证：一是有定性表达的认知特点；二是自然数'1'的特殊性质。"

无独有偶，中国境内的很多少数民族语言中，数目'1'也演化成一个指代词。下面分别加以举例。

一、龙州话。龙州话为壮语的一种，它的数目‘1’、ʔi⁵⁵ 具有表示定指的作用，相当于‘这、那、这些、那些’。例如：

（24）tɕau¹¹pai³³ɸeːŋ³³ɸu¹¹bəːŋ²⁴haːŋ⁴ ʔi⁵⁵kən³¹ a⁵⁵
就　去　生　受边　旁　这些人（语气词）
‘就去谢谢邻居的人。’

……

四、海南临高话。海南临高话的数目‘1’为 hə³，它也可以用作指示代词表示定指。

（27）e² ！ kai¹ hu² hə³ dai¹ vɔi³
唉　鸡　只　一　死　了
唉！那只鸡死了。

上述这些少数民族语言中用数目‘1’表示定指的用法，跟汉语的历史或者方言也许有同源关系，但是这种可能性极小，更大的可能性是因为‘1’与有定标记之间具有内在的认知联系，因此在不同的方言里独立发展成有定性标记。但是不论如何都不影响我们后文的分析。自然数‘1’向定指标记的发展背后具有深刻的认知背景。”

——石毓智：《汉语研究的类型学视野》，江西教育出版社，2004 年，第 120～127 页。

汉藏语十个基本数词之间的关系

丁邦新对“汉藏语十个基本数词的关系说明如下：

（1）古汉语、古藏缅语、古侗台语、古苗瑶语都有同源关系的字：五、六、九
（2）古汉语、古藏缅语跟古侗台语有同源关系的字：二、三、七、八
（3）古汉语、古侗台语跟古苗瑶语有同源关系的字：一
（4）古汉语跟古藏缅语有同源关系的字：一
（5）古汉语跟古侗台语有同源关系的字：四、十
（6）古藏缅语跟古苗瑶语有同源关系的字：四

这个小统计显示以下几个现象：

一、古汉语、古藏缅语跟古侗台语有同源关系的字共有七个：二、三、五、六、

七、八、九，恐怕不能说是偶合。尤其古汉语跟古侗台语还有另外两个有同源关系的字：四、十，可见古汉语跟古侗台语的关系更近。我已经证明从‘五、六’两字看来，在古汉语的历史上找不到‘五’字读 h- 的痕迹，‘六’字也没有 xr- 声母的痕迹，因此说古侗台语的数字是从汉语借过去的，完全是无根的附会之词。

二、古苗瑶语的关系就难说了，‘五’字是因为我把陈其光拟测的 *prɛ 改为 *pra，才与其他语言发生关系；‘六’字很像是从藏缅语借过去的；‘一、九’两字很像是从汉语借过去的；‘四’字跟古藏缅语类似也可能是偶然的结果。没有系统的对应关系，个别的相关只能有疑似之间的推论，无法说定。

三、本文虽然没有讨论声调的问题，但是古汉语跟古侗台语的对应是很整齐的。”

——丁邦新:《汉藏语中的基本数词》，载《中国语言学论文集》，中华书局，2008 年，第 454～455 页。原载《历史语言学研究》1：17-26，2008 年。

与汉藏语系其他语言对比说明汉语基数词的来源

高名凯认为：“汉语的基数，在语音的探讨上，可以证明其为汉藏语系的本来系统。藏语的数目字和汉语极为接近。请比较之于下：

北京	上海	广州	福州	藏语
I	lˀ	jat	eik	xèig
ɚ	ni	i	nei	xnyis
sɑn	sɛ	sam	sɑŋ	xsum，sum
sɿ	sɿ	si	sei	bži
wu	ŋ	ŋ	ŋɔu	lṅɑ
liu	luʔ	luk	løyk	drug
tɕ‘i	tsiʔ	ts‘ɛt	ts‘eik	bdun
pɑ	pɑ	pɑt	pɛik	brgyɑd
tɕiu	tɕiu	kɑu	kɑu	dgu
sʅ	zeʔ	sɛp	seik	bcu

这些数目字实在是同一来源的。就是在其他汉藏语中，有的数目字虽不容易找出语音学的同源的根据，但有的数目字还给我们留下一些痕迹。例如越南语，除了借用汉语的一套自一至十的系统，近于汉语的唐音外，尚有一套本地的数目字：

汉越：	nhât	nhi	tam	tu	ngu	lok	that	bat	kun	thâp
越语：	một	hai	ba	bôn	nâm	sau	bây	tam	chiu	mnoi

这里头的‘五’和‘九’在声母上和汉语相类，其他如‘一’‘三’‘七’等则在韵母上与汉语相似。泰语之‘七’为 tset，‘八’为 pet，‘十’为 sip，这又与汉语相类。我们可以说在语言的立场上说，汉语的基数是从原始汉藏语遗留下来的。”

——高名凯：《汉语语法论》，商务印书馆，1986 年，第 156～157 页。

白语基数词与汉语、藏缅语的关系

李绍尼指出：白语在发展和形成的过程中，吸收了大量的不同时代的古今汉语词汇，逐步形成了独特的混合语言状态。在白语的各种词类中，数量词汇典型地反映了底层词汇的混合语状态。作者以汉语吴方言、闽方言、西南官话中的滇西土话，藏语和彝语支中南涧彝语、丽江纳西语、碧卡哈尼语同白语十个基数词的音节形式进行比较（详见后表）。

汉义	音节形式								白语同各语言声母部位比较
	白语	汉语			藏语	彝语支			
		滇西	吴音	闽音		（南涧）彝语	（丽江）纳西语	（碧卡）哈尼语	
一	ji^{33}	ji^{42}	iɪʔ^{5}	jit^{4}	tɕiʔ^{53}	tʂhɿ^{21}，ti^{21}	dɯ^{31}	thɤ^{31}	白语同汉语一致
二	kõ^{33}，ni^{31}	e^{24}	ȵi^{13}	li^{22}	ȵi^{55}	ɲ(l)^{21}	ȵi^{31}	nɛ^{31}	k，为白语独有音位；n，与汉、藏缅同源
三	sã^{55}	sã^{44}	sɛ^{53}	sã^{44}	sum^{55}	sa^{33}	sɯ^{31}	se^{55}	s，汉藏系同源
四	ɕi^{33}	sɿ^{24}	sɿ^{34}	sɿ^{21}	ɕi^{13}	l(ɿ)^{33}	lu^{33}	li^{31}	s、ɕ，同藏语、上、中古汉语
五	ŋo^{33}	wu^{53}	ŋ̍	gɔ^{22}	ŋa^{53}	ŋa^{21}	ua^{33}	ŋɔ^{31}	ŋ，汉藏系同源
六	fv̱^{33}	lu^{42}	loʔ^{2}	lak	tʂhuʔ^{13}	kho^{21}	tʂhua^{55}	khv̱^{31}	f，为白语独有音位
七	tɕhi^{33}	tɕhi^{42}	tɕhiɪʔ^{5}	tshɿ^{44}	tÿ^{16}	xɯ^{31}	ʂəɹ^{55}	sɿ^{31}	tɕh，与汉语同音位
八	pia^{33}	pa^{42}	paʔ^{5}	pueʔ^{44}	cɛʔ^{13}	hi^{21}	xo^{55}	xɛ^{31}	p，与汉语同音位
九	tɕə^{33}	tɕou^{53}	tɕiə^{35}	kiau^{53}	ku^{13}	ku^{33}	ŋgv^{33}	tsi^{31}	tɕ，与汉语同音位
十	tse^{31}	sɿ^{42}	zɿ^{13}	tsap^{24}	tɕu^{53}	tɕhi^{55}，tɕi^{33}	tshe^{31}	tsɤ^{55}	ts，与闽音、哈尼一致，实为汉藏系同源词

通过比较，作者指出：

1. 凡是白语与彝语支语言声母部位一致的数词，如“二”（ȵ- 或 n 起首的）、“三”（s- 起首的）、“五”（ŋ- 起首的）、“十”（ts- 起首的），都与汉语声母同部位。

2. “一、四、七、八、九”五个数词，白语与汉语保持完全一致的声母音位，而与彝语支诸语言声母音位不一致。

3. “二”读 $k\tilde{o}^{33}$，“六”读 $f\underline{v}^{33}$，这两个数词保持了既与汉语有别又与彝语支语言相异的特殊音位，是白语固有词汇。

4. 白语十个基数词中，不同于汉语，而与彝语支声母部位一致的，一个都没有。

5.“一、三、四、五、七、八、九、十”，这八个基数词是借自古汉语的；“二、六”两个是本语固有词，他们一起混合构成了白语的基数词。

可见，白语的数词是典型的汉语、藏缅语的混合语词。

为证明上述观点，作者还对白语的数词“二、六”的词源进行了分析，认为：白语的十个基数词的语源情况，典型地反映了白语是汉语、藏缅语混合语形态。用彝语支属来概述白语，显然内含太窄，它已包容不了以汉语词汇占绝对多数的混合语词汇形态了。

——李绍尼：《白语基数词与汉语、藏缅语关系初探》，载《中央民族学院学报》1992 年第 1 期，第 81～86 页。

从“位数词 + 数词”序列看汉藏语的关系

王志敬列举了甲骨文和敦煌藏文“位数词 + 数词”格式中所出现的“百”“二”“三”“四”“十”等五个数词，藏汉语都同源。论述了位数词“百”前数词为“一”时，“百”单独出现，系甲骨文和敦煌藏文共有的特殊类别和特殊功能。并且论证了倍数和位数之间是相乘关系时不用连词“有”，是相加的关系时可以用“有”，也可以不用“有”，系甲骨文和敦煌藏文又一共有的特殊格式。此外，作者还列出了三个同源理据：

（1）甲骨文例句“兔百有九十有九”实际是用句子表示数字，藏语相应的例子同样是用句子表示数字，是最古老，近乎原始语的表达方式。

（2）数词序列严格对应。甲骨文百位与十位之间、十位与个位之间都用连接词“有”，藏语百位与十位之间用连接词“和”，十位与个位之间用另一个连接词。藏汉语两个位置都用连接词，是“大同”；所用的连接词藏汉语又不完全相同，是“小异”。完全相同可能是借用，大同小异才可能是同出一源。连接词的存在，使藏汉语这两个数词序列呈现严格的对应关系。藏汉语这两个数词序列里，“百”“九”“十”都同源，而数词序列严格对应的同源证明力远大于三个同源词，因为它特殊而复杂，不可能偶合，也不可能为其他语言所有。需要指出的是，数词系词汇范畴，上述数词序列系语法格式范畴，二者处于不同的平面。上述数词序列藏汉语同源的结论，不可能依赖于三个数词同源，因为它们之间不存在因果联系。尽管藏汉语“百”“九”“十”三个数词都同源但在藏汉语上述数词序列同源的论证中，数词同源没有地位，即使这三个数词不同源，也不能否认数词序列同源。“位数词‘百’、连接词及其序列”是检验藏汉语是否同源结论的一条标准。这一序列可用来检验藏汉双语之外的其他语言是否和它们（之一）同源。根据甲骨文和藏语数词序列的比较，我们可以尝试构拟原始汉藏语“百”以内的数词序列为：百 – 连接词 –X 十 – 连接词 –Y。

（3）上引现代藏语材料有可能就是敦煌藏语的格式，只是由于敦煌藏语的材料十分有限所致：即使只是现代藏语材料，也和甲骨文有可比性。这是因为，如果藏语和汉语以同样的速度演变发展，把甲骨文和现代藏语作比较是十分荒唐的。而这两个藏汉语例句严格对应，正好说明上举数词序列现代藏语并不比甲骨文晚，完全适于比较，同时验证了 Jases Mtisoff 教授“藏语的发展比汉语晚 6000 年”的推断。

——王志敬：《藏汉语亲属关系研究》，民族出版社，2009 年，第 57～60 页。

从对应关系看壮侗语数词 soːŋ¹ 的来源

覃晓航认为：壮侗语族语言大都有一整套借自汉语的数词，但也保留着几个与常规汉语借词不相符的数词，如 deu¹“一”、soːŋ¹“二”、ha³“五”。对于这三个数词的归属，壮侗语学界有的认为是本族语词，有的则认为是汉借词。该文作者认为，deu¹、ha³ 两个数词为壮侗语的固有词，其中 deu¹ 所表示的“一”的数目概念是从“单独”的意义发展而来的，ha³“五”则是源于表“手掌”意思 ha³。

至于 soːŋ¹“二”，曾有人认为是壮侗语中典型的本族语数词，因为它与汉语的“二”*n̥i 在语音形式上没有任何相似之处。本文作者认为，soːŋ¹ 来源于汉语的“双”，两者在语音和语义上有对应关系。

一、语音方面，soːŋ¹ 和“双”的声母有对音关系。例如在壮傣语支中：

	壮	布依	傣	比较古汉语“双”
二、两	soːŋ¹	soŋ¹	sɔŋ¹	（上古）山母东部 *ʃeoŋ （中古）山江开二平

江　*ʃɔŋ 汉语山母与壮侗语借词中的 s 声母有整齐的对应规律。例如：

汉字	上古声韵部	中古声韵开合等调摄	壮	仫佬
生	山耕 *ʃeŋ	山庚开二平梗 *ʃɐŋ	$seŋ^{1}$	$sɛ:ŋ^{1}$
省	山耕 *ʃeŋ	山庚开二上梗 *ʃɐŋ	$seŋ^{3}$	$sɛ:ŋ^{3}$
爽	山阳 *ʃĭaŋ	山养开三上岩 *ʃĭaŋ	$sa:ŋ^{1}$	—
数	山候 *	山遇合三去遇 *ʃĭu	so^{5}	$sɔ^{3}$
缩	山觉 *	山屋合三入通 *ʃĭuk	suk^{7}	$sɔk^{7}$
漱	山屋 *ʃĭŏk	山宥开三去流 *ʃĭəu	sok^{8}	suk^{7}
色	山职 *ʃĭək	山职开三入曾 *ʃĭək	sak^{7}	sak^{7}
涩	山缉 *ʃiəp	山缉开三入侵 *ʃĭəp	sap^{7}	—
师	山脂 *ʃĭəi	山脂开三平止 *ʃi	sai^{1}	$sɿ^{5}$
所	山鱼 *ʃĭwa	山语合三上遇 *ʃĭu	so^{3}	$sɔ^{3}$

汉语的“双”是山母，与壮侗语 $so:ŋ^{1}$ 的声母 s 吻合。此外，在声调上，$so:ŋ^{1}$ 和“双”也有对应关系。可见，$so:ŋ^{1}$ 和“双”是一对关系词。

其次，从意义上看，$so:ŋ^{1}$ 和“双”也有密切关系。汉语的“双”除了包含“成对”的意义之外，还有“两”的意义和用法。而壮侗语的 $so:ŋ^{1}$ 亦具有同样的意义和用法。以壮傣语支为例：

壮	布依	傣	比较汉语
$so:ŋ^{1}$ $pa:i^{6}$	$soŋ^{1}$ $pa:i^{6}$	$sɔŋ^{1}$ pai^{2}	两（双）边
$so:ŋ^{1}$ $ɕaŋ^{2}$	$soŋ^{1}$ $ɕaŋ^{2}$	$sɔŋ^{1}$ $tsɛn^{4}$	两（双）层
$so:ŋ^{1}$ ta^{1}	$soŋ^{1}ta^{1}$	$sɔŋ^{1}$ ta^{1}	两（双）眼
$so:ŋ^{1}$ vun^{2}	$soŋ^{1}$ hun^{2}	$sɔŋ^{1}$ kun^{2}	两（双）人
$so:ŋ^{1}$ $seŋ^{1}$	$soŋ^{1}$ $seŋ^{1}$	$sɔŋ^{1}$ $səŋ^{1}$	双　生
$so:ŋ^{1}$ $fɯŋ^{2}$	$soŋ^{1}$ $fɯŋ^{2}$	$sɔŋ^{1}$ $nɯ^{2}$	两（双）边

在侗水语支中，这样的现象更为突出。它完全不用 $so:ŋ^{1}$ 来表示“二”的数目概念，而只用 $ȵi^{6}$ 来表示之。$so:ŋ^{1}$ 在侗水语支中是专门用来表示“成双”的意思。例如：

	侗	仫佬	毛南
双生子	$la:k^{10}$ $toŋ^{2}$ $ja:ŋ^{4}$	$la:k^{8}$ $søŋ^{1}$ $pɔ^{1}$	$la^{1}k^{8}$ $sɔŋ^{1}$ $sɛŋ^{1}$

侗水语支的 sɔŋ¹（soŋ¹）一方面与汉语的“双”有直接联系，另一方面又与壮傣语支的 soːŋ¹（sɔŋ¹）形式相一致，进一步印证了壮侗语 soːŋ¹ 与汉语“双”在意义和语音上的一致性。

据此，作者认为壮侗语的 soːŋ¹ 系从汉语中借入“双”后，在语言演变过程中逐渐开始表示数目概念的结果。

——覃晓航：《壮侗语数词 deu¹、soːŋ¹、ha³ 考源》，载《中央民族学院学报》1993 年第 5 期，第 80～83 页。

根据汉语与少数民族语言材料解释数词与复数标记不能同现的原因

储泽祥通过考察汉语、彝语、错那门巴语、珞巴族的崩尼—博嘎尔语、撒拉语、朝鲜语、白语、普米语、柯尔克孜语、鄂伦春语、图瓦语等诸多语言，得出确数词与复数标记不能同现并存具有普遍性。后经探讨得出这些语言里数词与复数标记不能同时出现的原因：（1）数（量）词修饰名词时，对名词有个体化的要求；（2）复数标记表示不定数量，与数词的定量性相抵触；（3）复数标记表示已知的数量信息，与数（量）词表示的新知数量信息相矛盾。

——储泽祥：《数词与复数标记不能同现的原因》，载《民族语文》2000 年第 5 期，第 58～64 页。

与西洋语对比说明汉语次数词的特点

高名凯认为：“除了表示事物数位的数位词之外，汉语还有一种表示动作次数的次数词。例如：‘打了一下’，‘踢了一脚’，‘来一趟’等。这种次数词的用法和西洋语的情形也有所不同。西洋语表示次数多半用副词或副词性的词组，如英语的 I come to school twice a week，法语的 Je viens à 'école deux fois par semaine。汉语也有‘三打祝家庄’之类的说法，‘三’相当于英语的 twice，以规定者身份来修饰‘打’，然而却放在具有动词功能的词之前，与英语不同。汉语也有‘去两次’的说法，‘两次’相当于法语的 deux fois，并且也是放在具有动词功能的词后面的。但是，西洋语表示动作次数的副词或副词性的词组为数极有限，只有几个副词，甚至于只有一两个副词，可以这样用，而汉语的说法却极其复杂，来路也极不相同，我们既可以说‘来一趟’，又可以说‘看一遍’，既可以说‘砍一刀’，又可以说‘打一阵’，这种情形则是西洋语所没有的，而是汉语的特点。”

——高名凯：《汉语语法论》，商务印书馆，1986 年，第 176 页。

由西方语法看中国语称数法的特征

王力认为：“中国人的称数法，乃是中国语法的一个主要部分。世界各族语的称数法并不相同：例如咱们所谓‘一万’，英法等语却称为‘十千’；咱们所谓‘八十’，法国人却称为‘四个二十’；咱们所谓‘七’，柬埔寨人却称为‘五二’。由此看来，一般人所认为‘当然如此’的称数法，在别的族语里并不一定是‘当然’的。中国人的称数法和别的族语不同的地方，就是中国语法的特征。”

——王力：《中国现代语法》（下），中华书局，1954 年，第 83～84 页。

六、量　词

普通话量词的研究需要跨方言、跨语言的宏观视角

刘丹青指出：“汉语中因为存在大量的个体量词，并且在语法上跟名词已有明显差别，所以需要让量词独立成类。但是，由于缺乏宏观分析，因此，对汉语为什么需要这个其他很多语言所没有的词类，还解释得不够，笔者认为，量词的存在与发展适应了汉语这个宏观系统的需要。”

“严格地说，量词不是汉语特有，而是汉藏语系特有。可是，量词又明显不是从未分化的汉藏祖语中继承来的，那么，汉藏语系各语言怎么会‘不约而同’地发展出这一新词类？

针对这个问题，笔者又作了跨方言、跨语言的宏观比较，发现汉藏各语言量词的发达程度相差很大，而且与地域有密切关系，量词最发达的是壮语及邻近壮侗语，其他语言和汉语各方言的量词发达程度大致与它们跟壮语等的邻近程度成正比。有理由假设，量词起源于某些古越族语言并向四周作辐射式扩散和推移（详情另文讨论）。这样的考察虽然超出了现代汉语的范围，但确实能帮助我们看清普通话量词的复杂现状和发展趋势。”

——刘丹青：《从汉语特有词类问题看语法的宏观研究》，载《江苏社会科学》1991 年第 2 期，第 83 页。

从藏缅语看汉语量词的发展、演变

金有景谈到汉语史的研究结合民族语言研究的意义，文中指出：“在汉语史研究的领域里，可以借助于汉藏语系亲属语言的资料，使一些问题得到澄清与印证。”文中举了量词的发展、演变问题的例子。

金有景认为：“上古汉语里，在量词正式产生以前，经历过一个‘名·数·名’组合的阶段。这个‘名·数·名’的组合在古汉语进一步发展过程中变成了‘名·数·量’组合。”“桥本万太郎教授在他的新著《语言类型地理学》里称上述‘名数名’组合为量词的‘反响类型’。”

文中指出：“这种反响型的数量结构，在汉藏语系藏缅语族亲属语言里还保存着。”例如：

（1）哈尼语			
tsho^{55} tɕhi^{31} tsho^{55}	一个人	tshe^{31} tɕhi^{31} tshe^{31}	一把锄头
人　一　人		锄头　一　锄头	
mja̠^{33} tɕhi^{31} mja̠^{33}	一只眼睛	lo^{31} tɕhi^{31} lo^{31}	一只船
眼睛　一　眼睛		船　一　船	
（2）景颇族载瓦语			
ʋap^{31} i^{55} ʋap^{31}	两间房	tʃoŋ^{31} i^{55} tʃoŋ^{31}	两所学校
房间　二　房间		学校　二　学校	
（3）纳西语			
mba^{11} ndɯ^{33} mba^{11}	一朵花	ʂər^{33} ndɯ^{33} ʂər^{33}	一件事
花　一　花		事　一　事	
（4）独龙语			
ŭɹ^{55} ti^{55} ŭɹ^{55}	一只手	mĕʔ^{55} ti^{55} mĕʔ^{55}	一只眼
手　一　手		眼　一　眼	

金有景认为：“上古汉语里‘名·数·名’这种组合，前一个‘名’是典型的名词，后一个‘名’可能已经带有一点量词的色彩。这一点，由于汉字不是拼音文字，从字音上已无从鉴别。而汉藏语系藏缅语族的亲属语言却可以为我们提供一点证据。”例如：

（1）哈尼语

a^{31}khɯ^{55} tɕhi^{31} khɯ^{55}　一只脚
脚　一　脚

le^{31}za^{31} tɕhi^{31} za^{31}　一把钻子
钻子　一　钻子

（2）景颇族载瓦语

mjoʔ^{31}tʃi^{55} i^{55} tʃi^{55}　两只眼睛
眼　睛　二　眼睛

lai^{31}ka̠^{55}puk^{55} i^{55} puk^{55}　两本书
书　二　书

（3）纳西语

kho^{33}lo^{33} ndɯ^{33} kho^{33}　一个洞
洞　一　洞

ku^{33}ku^{11} tshe^{11} ȵi^{33} ku^{11}　十二道弯子
弯　子　十　二　弯子

金有景在该文中指出："以上哈尼、景颇族载瓦、纳西三种语言，在反响型词组里如果数词前的是多音名词，则数词后的名词只取多音名词中的一个音节。由此不妨设想：在上古汉语'名・数・名'的组合里，数词前后两个'名'的读音也许会有不同。"

——金有景：《再论民族语言研究与汉语研究》，载《民族语文》1985 年第 5 期，第 57～58 页。

通过汉语景颇语量词比较解释汉藏语量词的起源、演变及类型学特征

戴庆厦、蒋颖指出认为："在系统分析比较汉语、景颇语量词的基础上，提取量词的功能、量词来源、量词语法化等问题，分析论述汉语、景颇语量词的异同，并作可能的解释。"关于汉藏语系量词的起源、演变以及类型学特征，该文得出了以下几个结论：

"1. 量词是后起词类，今日汉语和景颇语在量词上出现的异同主要属于类型学性质的问题。汉语和景颇语虽然都是亲属语言，但从量词的词源以及其他特征上，看不出量词有共同来源。也就是说，在原始汉藏语时期可能没有量词，或者量词刚刚萌芽。

2. 量词的发展存在不同的层次。汉语和景颇语虽然都有量词词类，但汉语属于发达型，量词发展比较充分，表义功能较强，语法化程度较高；景颇语属于萌芽型，量词发展比较缓慢，表义功能较弱，语法化程度不高。这代表了汉藏语量词发展的两种不同类型。

语序与量词的产生、演变有很密切的关联。汉语和景颇语量词短语的语序不同，名量词在汉语里是'数 + 量 + 名'语序，在景颇语是'名 + 量 + 数'语序；动量

词在汉语里是‘动 + 数 + 量’语序，构成动补结构，在景颇语是‘数 + 量 + 动’语序，构成状中结构。量词的语序状态对量词的发展有很大的制约或促进作用，也就是类型学所说的蕴涵关系。”

——戴庆厦、蒋颖：《论量词的功能与演变——汉语景颇语量词比较》，载戴庆厦：《戴庆厦文集（第 5 卷）·汉语和非汉语比较研究》，中央民族大学出版社，2012 年，第 184～196 页。原载《吕叔湘先生百年诞辰纪念文集》，商务印书馆，2010 年。

对比汉语和景颇语量词论证量词的发展层次

戴庆厦、蒋颖在系统分析比较汉语、景颇语量词的基础上，提取量词功能、量词来源、量词语法化等问题，分析论述汉语、景颇语量词的异同，说明汉语和景颇语量词的发展处于不同的层次，它们在量词上出现的异同主要受语言内部机制的制约，这是由不同的语言类型决定的。

文章从量词数量的多少、表义能力的大小两个方面论述了汉语、景颇语量词功能的异同；从借用量词和转用量词两个角度分析了汉语、景颇语量词来源的异同；从名量词和动量词两类量词的语法化情况探讨了汉语、景颇语量词语法化的异同。

“通过以上比较，可以得出如下几点结论：1. 汉语和景颇语虽然都有量词词类，但量词的发展处于不同的层次。汉语属于发达型，量词发展比较充分，表义功能较强，语法化程度较高；景颇语属于萌芽型，量词发展比较缓慢，表义功能较弱，语法化程度不高。这代表了汉藏语量词发展的两种不同类型。2. 汉语和景颇语虽然是亲属语言，但从量词的词源以及其他特征上，看不出量词有共同来源。也就是说，在原始汉藏语时期可能没有量词，或者量词刚刚萌芽。所以，现代汉语和景颇语在量词上出现的异同主要是原始共同语分化以后各自发展出来的，是不同语言内部机制分别作用的结果，属于类型学的讨论范围。3. 量词的语序状态对量词的发展可能有制约或促进作用，也就是类型学所说的蕴涵关系。汉语量词短语的语序与景颇语不同，并且已经形成稳定的、常用的结构模式，这就必然会影响量词的演变和发展。以名量词为例，汉语名量词的语序是‘数 + 量 + 名’，景颇语名量词是‘名 + 量 + 数’。从现有语言对比的事实出发，只能认为汉语这种语序状态（量词位于数词之后）有利于量词的发展。而景颇语的语序（量词位于数词之前）不利于量词的发展。”

——戴庆厦、蒋颖：《汉语、景颇语量词比较》，载戴庆厦主编：《汉语与少数民族语言语法比较》，民族出版社，2006 年，第 396～410 页。

汉藏语名量词起源的类型学特征

蒋颖指出："汉藏语名量词存在着大量的共性特征。其产生的类型学动因主要有三个：1. 语言类型的动因；2. 韵律的动因；3. 语言接触的动因。"作者分析说："凡分析性强、形态变化不发达的语言，其名量词中的个体量词通常比较发达。如汉语、壮侗语、苗瑶语等语言。凡分析性弱、形态变化丰富的语言，其个体量词通常缺乏句法强制性，处于可用可不用的萌芽期状态。如藏语、景颇语等语言。""一种语言如果数词和名词是以双音节为主的，量词就不容易产生；而名词、数词是以单音节词为主的语言，量词就容易产生，以适应双音韵律的需要。""语言接触对汉藏语名量词的制约，主要表现在名量词内部不同类别受接触影响的程度不同。主要表现在：非个体量词具有开放性，容易受别的语言影响，而个体量词具有封闭性，很难借用。"

——蒋颖：《汉藏语名量词起源的类型学分析》，载《中央民族大学学报》2007 年第 2 期，第 94～101 页。

语言接触中的土家语量词

田静指出："土家语的量词比较发达，基本特点与彝缅语接近。文章先分析土家语量词的基本特点，通过对量词共时特征的描写以及与汉语、其他亲属语言的比较，考察汉语保靖方言对土家语量词影响的方式、程度及特点。还进一步分析了在语言接触中土家语量词呈现出的新特征。在汉语的强烈影响之下，土家语量词在语言本体结构出现了新的特点。具体表现在：1. 汉语借词和本族语词的并存与竞争。如：土家语的量词与数词在语言选择上具有一致性：数词使用土家语，量词也用土家语；数词借用汉语，量词也借汉语。我们还发现，不仅借词和本族语词互相竞争，新老借词之间也存在竞争。同数词'一'到'六'结合时，使用老借词；在同'七'和'七'以上的数词结合时，使用新借词。2. 语音的不稳定性。汉语的强烈影响，使得仙仁土家语有些量词的语音不甚稳定，出现了两读。目前语音的不稳定只出现在借词的语音中，还没有影响到本族语词上。3. 新的音素的出现。反映在土家语量词上的新音素，主要是指 55 调的出现和鼻化韵的失而复现，它们都是汉语影响的结果。新的音素多分布在汉语借词上，还扩散到部分本族语词上。这是语言影响深化的表现。4. 名量词在短语结构中的语序发生了变化，出现了'数 + 量 + 名'的新语序，冲击了原来的'名 + 数 + 量'语序。相比之下，动量词与数词、动词结合的语序比名量词要稳固得多，

'数 + 量 + 动'的结构在语言接触中仍保留原有语序。"

——田静:《语言接触中的土家语量词》，载戴庆厦主编:《汉藏语系量词研究》，中央民族大学出版社，2005 年，第 189～211 页。

对比汉语与藏缅语论证甲骨文、金文存在反响型量词

蒋颖通过汉语与亲属语言藏缅语的比较，得出了甲骨文、金文存在反响型量词的结论，并认为：汉语与藏缅语反响量词之所以出现两条不同的发展道路，主要是由语序、句法关系、语音形式等方面的因素决定的。

"纳西语反响型量词的形式有与名词一样的（整体反响），也有与名词不同的（部分反响），正能说明反响量词与名词不是等同的。反响只是经济便捷的构成新量词的手段，而不是由于它还是名词或是要体现与名词的联系。从与亲属语言对比的角度看，汉语反响型量词与来源名词形式上的相同，不应该是判断其词类属性的决定标准。"

"综上所述，若结合汉语亲属语言反响型量词的发展历史和使用现状来看，把居后的'A'看成量词，承认其发生了从名词到量词的质变，更能反映量词演变的完貌，也更符合量词发展的事实，更契合亲属语言量词的情况。因此，笔者认为，在汉语甲骨文、金文中出现的'A+ 数 +A'（田十田）结构中，居后的'A'可以而且应该归入量词。"

"同是亲属语言，汉语反响量词后来逐渐消亡，而部分藏缅语还有大量仍活跃使用的反响型量词，造成这两条不同发展道路的原因是什么？也就是说，制约或者推进反响型量词发展的因素是什么？通过比较，笔者认为主要有以下 3 个因素对反响型量词的发展产生了决定性影响。（一）语序因素……（二）句法关系因素……（三）语音形式因素……"

"综上所述，汉语和藏缅语反响型量词虽然具有很多类型学共性，但在不同的语序、句法关系和语音形式 3 方面因素的合力作用下，二者走上了不同的发展道路。大部分藏缅语保留了反响型量词，在有的语言里反响量词还很活跃发达；汉语反响型量词则消亡了。汉语反响型量词消亡得较快，难以再找到其演变、过渡的痕迹，但可以在藏缅语中看到反响型量词的一般发展轨道。藏缅语反响型量词由于仍在使用和演变之中，其发展道路很清晰——典型的反响型量词向非典型的反响型量词发展（典型反响型名量词只能固定用于一个被限定的名词上，不能扩大到其他名词上；非典型反响型量词能够限定数个同词根的名词），非典型的反响型量词向一般个体量词发展（由能够限定数个同词根的名词发展到不受语音形式限制，可以限定形式上无关联的名词）。由此可见，汉

语反响型量词消亡后留下的空格应是被竞争中逐渐成熟的一般个体量词所占据。”

——蒋颖：《从藏缅语反观甲骨文、金文的反响型量词》，载戴庆厦主编：《汉语与少数民族语言语法比较》，民族出版社，2006年，第381～395页。

从凉山彝语的泛指冠词看汉藏语的量词

陈士林在《凉山彝语的泛指和特指》一文中对彝语冠词（注：该文认为彝语冠词不是独立的虚词，而是量词的虚用）、代词表达泛指、特指的用法进行了具体分析和论证。在此基础上，作者提出了对汉藏语量词研究的一个新思路。

作者指出：“量词是汉藏语系现代语言的特点之一，特别是侗泰、藏缅这两个语族中许多民族语都有这个共同特点。但是，我们对于量词的研究和认识基本上长期停滞于有‘区别事物类别’或‘标示名词的作用’，远远不能满足双语教学、古文献整理、语言翻译、语法研究等方面的需求。过去，人们习惯于：量词是单位词、数名连用（如‘三羊’）、数量连用（如‘三匹’）、数量词位于名词中心词之前（如‘三匹马’）等等。如果碰到与习惯相违的文献材料，人们往往不予承认或曲解其性质和作用。”该文列举了古文献中的几个例子：

“匹马只轮无反者。”（《公羊传·僖公三十三年》）

“月几望，马匹亡。”（《易经·中孚》）

“力不能胜一匹雏。”（《孟子·告子下》）

该文认为语言学界历来都不能合理地解释这几句的用法。然而，“解放以来，对壮侗语族、藏缅语族诸亲属语言的深入研究，帮助人们开拓了眼界”。

该文发现，“壮侗语有些名词在单念或在句首的时候，往往前面带上一个相应的量词”。如：

壮语：tu13 ma13　狗	侗语：pak323 siu53　凿子
只　狗	把　凿子

该文认为，“这种组合，与‘匹马只轮’很近似。听说有人把壮侗语例中的量词看作前缀。我们则认为：如果其他条件允许，把它们看作泛指冠词也未尝不可。而凉山彝语的

khɯ^{33} ma^{33}　狗　　　　　　　　mu^{33} ma^{33}　马
狗　　只　　　　　　　　　　　　马　　匹

则与《易经·中孚》的‘马匹（亡）’很近似。在进一步比较研究其他条件以前，我们不能妄谈‘马匹亡’的语法形式和意义。我们只想说明早在先秦、两汉的文献语言中，‘匹’出现在名词前后的文例都有，不要一碰着就把它排斥在量词之外。”

作者最后指出：“看来，先秦两汉语法史的研究，还大有可为。但是我们必须把汉语与同语系的诸亲属语言结合起来进行比较研究。”

——陈士林：《凉山彝语的泛指和特指》，载《民族语文》1989年第2期，第28～48页。

论台语量词在汉语南方方言中的底层遗存

游汝杰的《论台语量词在汉语南方方言中的底层遗存》一文“试用底层语言理论、历史比较法和字间组结（intersyllabic juncture）分析法，比较研究汉台语量词，力图说明台语量词及其语法作用在汉语南方方言（主要是吴、闽、粤方言）中留下了底层遗存；并为解决汉语量词作为一个词类的历史来源问题提供一些材料和线索”。

作者首先对汉台语泛指物量词和动量词进行了语音比较，指出：汉语方言中的物量词“个”，“在上古是歌部见母字，可构拟为 *kai。……原始台语中也有辅音 *k- 和复元音 *ai，而元音不分长短。这样，原始台语中的这个量词可构拟为 *kai。它和汉语‘个’的上古音相合”。“台语和汉语闽、客方言中最常用的动量词（相当于‘次’）的语音和用法也很接近。”文章还比较研究了汉语及其方言中的其它几个量词如：摆、稿、行、奇（汉字注音），认为这些量词“在汉语本身找不到来源，但是它们的语音面貌和使用范围却跟台语有关量词相似，这使我们不能不考虑它们可能来源于台语”。

接着对汉台语量词的语法作用进行了比较，对汉台语量词的六种语法作用（指示、替代、联系、构词、陪伴、帮助计数）在台语和汉语及其方言中存在的情况进行了分析，提出“我们把前五种量词的语法作用看作是汉语南方方言中的台语底层遗存。它们比较完整地保留在潮州话、广州话和温州话中，而零星地残留在福州话和厦门话中。这些底层遗存对于梅县话、苏州话和北方话及中古汉语的影响仅限于‘个’。可见它们发达于南方而波及于北方”。

进一步对台语用作名词词头的量词（L1）在汉语南方方言中的底层遗存情况进行了探究，发现“汉语南方方言中的一些小动物名词和古百越地区的地名人名都带有词头。这些词头在汉语本身找不到语源。它们的语音和用法跟台语的某些词头接近，它们是古台语的底层遗存。因为至迟在周秦时代就有汉人南迁到古百越所居地，所以‘L1 + 名’这种语法结构在当时就广泛使用。有一类古百越地名冠首字的语音和用法，跟台语量词 **ka:i 相通。考虑到一般是先有地名，后有文献记载，这类词头的历史还可以从周秦上溯到更为久远的年代”。

最后，对汉台语与量词有关的结构模式进行了比较，确定了九个结构模式的历史演变顺序，并得出结论：“汉台语中与量词有关的结构模式先起于台语，后起于汉语。”

——游汝杰：《论台语量词在汉语南方方言中的底层遗存》，载《民族语文》1982年第 2 期，第 33～45 页。

从壮侗语族诸语言看汉语单位词的发展

张公瑾在比较汉语与壮侗语族诸语言单位词的意义及来源的基础上，进一步探讨了汉语单位词的发展问题。

作者从壮侗语族诸语言中的大量专用单位词入手，指出：“它们并不是从名词或动词转化来的”。并以傣语西双版纳方言为例进行了分析。“在傣语中专作单位词用的这一类相当多，可分别为两类：一类是 then⁵（把）、lǎŋ¹（座）、bin³（张）等，在意义上比较具体，用于一定类的名词（then⁵ 用于可把握的劳动工具、lǎŋ¹ 用于建筑物、bin³ 用于纸张及其他片状物）；另一类在意义上比较抽象，使用范围比较广泛，如 ʔan¹（个）、noi⁵（个），而现代口语里有这样一种情况，即在同样的意义上可以用于同一对象的两个或两个以上的单位词，有的意义比较具体，有的意义比较抽象，在使用时可以根据具体语言环境进行选择……另外，还有一般意义较具体的单位词与意义较抽象的单位词可以交替使用的……”。例如：

a. kaŋ⁵ mɛ⁶ nɯŋ 或 luk⁸ nɯŋ⁶
　弩　把　一　　把　一
b. kaŋ⁵ noi⁵ nɯŋ⁶　一把弩

a. xo¹ lǎŋ¹ nɯŋ⁶
　桥　座　一
b. xo¹ ʔan¹ nɯŋ⁶　一座桥

a. xǎi⁵ luk⁸ nɯŋ⁶
　蛋　只　一
b. xǎi⁵ noi⁵ nɯŋ⁶　一只鸡蛋

a. kɒŋ² luk⁸ nɯŋ⁶
　山　座　一
b. kɒŋ² noi⁵ nɯŋ⁶　一座山

a. xɒ¹xă¹tsɛ¹ xɒ³ nɯŋ⁶
　钥匙　　把　一
b. xɒ¹xă¹tsɛ¹ ʔan¹ nɯŋ⁶　一把钥匙

"上面例子中的单位词，a 类的意义都是比较具体的，b 类的意义都是较抽象的，后者用得比较广泛，这与汉语中'个'字的广泛使用是很相似的。这种情况在壮侗语族各语言中普遍存在着。在傣语德宏方言中除了有 ʔan¹、hoi⁵（即西双版纳方言的 noi⁵）外，还有一个用得很广泛的 lăŋ¹，这三个单位词在德宏方言单位词的应用中占很大的优势。同样的，壮语的 lăŋ¹，水语的 dat⁸ 及 ni⁴，侗语的 mən¹、tak¹⁰，仫佬语的 ăt⁷，以及泰语中的 ʔan¹，也是这个情况。

这样，我们看到了壮侗语族诸语言单位词发展的一种情况，即一方面是专用单位词数量很多，使名词意义的范畴愈分愈细、愈来愈具体化、形象化，而同时为了把这种细密的分类概括起来，又发展出几个意义比较抽象、使用范围比较宽广的单位词，它们可以与意义比较具体的单位词根据需要交替使用，为语言的实际应用提供了充分的选择余地，这使语言的表达能力更精密、更生动、更科学了。这是这些语言中单位词发展的重要趋势。这个趋势与汉语单位词发展的历史过程是相似的。汉语到近代发展出了大量专用的单位词，并且在口语中成为名物称数不可缺少的中介，一个泛用的'个'字逐渐扩充了它的领域，变成了一个独占优势的单位词，而与其他单位词并存，而且常常可以交替使用，这说明汉语与上述壮侗语族诸语言单位词发展的趋势是一致的。"

——张公瑾：《论汉语及壮侗语族诸语言中的单位词》，载《中央民族学院学报》1978 年第 4 期，第 17～18 页。

从壮侗语族诸语言看汉语单位词的连接与替代功能

张公瑾指出，"现代汉语中的单位词，实际上也具有关系连词与替代词的性质。"他举例说明了汉语单位词的连接作用。如：

弟弟的书　　一本书
我的书　　三本书

新的书　　　　　　这本书

读的书　　　　　　那本书

作者认为，“‘的’字连接作中心语的名词（书）和作修饰语的名词（弟弟）、代词（我）、形容词（新）、动词（读）；‘本’字连接作中心语的名词（书）和作修饰语的数词（一、三）、指示词（这、那）。在这里，‘的’与‘本’明明都是关系连接成分，其不同只在于应用范围的分工，而不是什么性质的区别”。

“而单位词的替代词性质，也是同样的。如：

（这本书是）弟弟的，　　　　（他的书只有）一本，

（这本书是）我的，　　　　　（他的书共有）三本，

（这本书是）新的，　　　　　（他的书就是）这本，

（这本书是）读的，　　　　　（他的书就是）那本。

汉语中‘的’字与单位词上述应用范围的分工是很明显的，也很严格的。而在壮侗语族几个语言中，则连这样的分工也没有了，但不管有没有这样的分工，其性质相同，则是十分清楚的。”

——张公瑾：《论汉语及壮侗语族诸语言中的单位词》，载《中央民族学院学报》1978 年第 4 期，第 28～29 页。

壮语量词 pou^4 来源于古汉语的“夫”

覃晓航认为：壮语 pou^4 与德傣语 pu^1 是同源词，“在古音方面，pou^4 和‘夫’具有共同的特征。‘夫’在上古属帮母鱼部，拟音为 *piwɑ；在《广韵》中的反切是‘甫无切’，中古的音韵地位是帮母、虞韵、合口、三等、平声、在遇摄，拟音为 *piu。壮语的 pou^4 在武鸣、马山、都安等地读作 pou^4，在三江、凌乐、隆林、河池、东兰等地读作 pu^4。pu^4 与‘夫’的中古音很相近，pou^4 的韵母 ou 则与‘夫’的鱼部相应，因为古汉语的一部分鱼部字韵母在壮语老借词中读作 ou”。“但是，这当中，pou^4 的声调与‘夫’的声调不一致，这作何解释呢？我们知道，壮侗语族的声调与汉语四声调类的对应是很整齐的，因此，按照两者的声调对应规律，汉语的阴平调在壮语中应读作第 1 调。可是，壮语的 pou^4 是第 4 调，显然与‘夫’的阴平调不对应。解释这一问题，如果仅从壮语范围看，pou^4 与‘夫’的关系就难于成立；但是，若从整个壮傣语支看，这种声调关系的矛

盾问题就会得到合理的回答。因为在傣语（德傣）中存在一个与壮语 pou^4 有关系的人称名词词头 pu^1，它恰好出现在第 1 调，与汉语‘夫’的声调对应。pu^1 在德傣语中并不作量词用，但和壮语的 pou^4 在意义上和用法上有共同之处。”“可见，壮语 pou^4 与德傣语 pu^1 是同源词。”总之“壮语的 pou^4 和汉语的‘夫’在语音上有一致性”。

“在词义方面，汉语‘夫’字有三个义项与壮语 pou^4 的意义吻合。”“pou^4 也有‘男人’的意义，虽然此意义已因 pou^4 在壮语中被用作量词（或词头）而虚化，但仍可从 pou^4 表达事物性属的限定性中反映出来。例如，在一些方言土语（马山杨圩一带）中，pou^4 只能冠于表示男性性属的名词之前：

$pou^4sa{:}i^1$	男人	$pou^4ɕo^2$	小伙子	pou^4to^2	屠夫
$pou^4ba{:}u^1$	男青年	$pou^4kva{:}n^1$	丈夫	$pou^4ta{:}u^6$	道士”

“‘夫’的第二个义项是指从事体力劳动或被役使的人。”“壮语的 pou^4 在这方面也有同样的现象，但它所构成的词序与汉语‘夫’的词序相反。例如：

$pou^4pu{:}n^5$	小贩	$pou^4\ to^2$	屠夫
pou^4ru^2	船夫	$pou^4\ hoi^5$	佣人”

“‘夫’的第三个义项是‘女子的配偶’，即‘丈夫’。”“壮语 pou^4 也有‘丈夫’的意义，虽然这一意义在今天的语言运用中已经不太普遍，但仍保留在某些合成词中。例如，pou^4mai^4 是个反义合成词，意义是‘夫妇’。其中 pou^4 表示‘夫’（即‘丈夫’），mai^4 表示‘妇’（即‘妻子’）。”

“在句法关系方面，壮语的 pou^4 与‘夫’也具有共同点。在汉语中，‘夫’与其他词索组合起表示某一类人时，其所构成的句法关系为偏正关系。如‘农夫’、‘马夫’等。在壮语中，pou^4 与其他词素合成时所构成的句法关系亦然，例如：

$pou^4\ dam^1\ na^2$　种田人（$dam^1\ na^2$ 修饰 pou^4）
人　种　田
$pou^4\ ru^2$　船夫（ru^2 修饰 pou^4）
人　船

这里，所不同的是：‘夫’的词序处于修饰成分之后，而 pou^4 则处于修饰成分之前。这种句法关系相同而结构位置不同的相悖现象，是现代壮语‘定语后置’的语法特点所使然。一般来说，外来词在构词时，都要受到本民族语构词规则的制约。‘夫’进入壮语后，适应了壮语偏正式词语的构词规则，因而改变了原来在汉语中的‘前置’地位。由是观之，pou^4 和‘夫’在各自语言中所出现的构词词序的相悖现象并不能表明两者有什么不同。”

“综上所述，壮语量词 pou^4 来源于古汉语的‘夫’。”

——覃晓航：《壮语量词 pou^4 的来源》，载《民族语文》1992 年第 4 期，第 41～46 页。

苗语的量词是在汉语量词的影响下发展起来的

罗安源认为苗语的量词是在汉语量词的影响下发展起来的。该文首先对苗汉两种语言名量词的基础材料进行了整理。先将汉语 1200 个左右常用名词与量词的搭配关系列成明细表（参看罗安源《简明现代汉语语法》），从中得知，一个名物量词可以管一批名词，同一个名词又可以使用不同的名物量词。120 个名物量词与 1200 个名词交叉搭配，构成了汉语的名物量词系统。量词的管界有宽有窄，有 1 个量词只管 1 个名词的，有 1 个量词管 2～3 个名词的。在 120 个名物量词中，能管 4 个以上名词的量词有：

4 瓣包场点顶管间　5 层撮堆垛所篇批面种　6 笔份行　7 滴团门样
8 股架截株　9 次段节头　12 家套　13 台　14 场口双　15 件项
16 粒　18 道对　35 根　36 颗　43 块　56 把　65 条个

再将汉语 1200 个常用名词与苗语对照，其中苗语固有的、相应的、常用的名词只有 630 个左右，其余的 600 个左右都是借汉词。一部分借自汉语的名词连同量词借用，一部分借自汉语的名词用相应的苗语量词。在苗语固有的名词中，使用了 130 个左右的名物量词。在这 130 个名物量词中，有 30 个左右是从汉语借用的。也就是说，苗语本身固有的名物量词 90 个左右，管用了 630 个常用名词。苗语和汉语同样，也存在“一管多”或“多管一”的交叉现象。苗语中能管 5 个以上名词的量词有：

5 baod（包）、daob（道）、ghoub（根）、ncat（群）、zhenb（把）
6 loub（路）、ntongd（排）
8 gal（块）、pangb（张）
19 doul（把、架）
20 以上 ngongl（只）、zhus（株）、leb（个）

作者在介绍了汉语量词的起源与发展之后指出，苗语的量词也经历了一个从无到有，从少到多的漫长过程。但从苗语专用名物量词的虚化程度来看，苗语的量词较晚起源于汉语的量词。在苗语固有的90个左右专用名物量词中，大部分的名物量词仍然保持名词的特色，其虚化程度不高。从苗语借用的汉语量词来看，基本上都是近代或现代的汉语量词，这进一步说明苗语的名物量词晚起于汉语的名物量词。湘西苗语的量词与同时代汉语的量词相比，在数量上，湘西苗语的量词没有汉语的量词那么多；在范围上，湘西苗语的量词没有汉语的量词那么宽；而且湘西苗语从汉语借用了大量的量词。各个历史时期，湘西苗语都从汉语借用一批词语。相应的汉语量词就跟着进入湘西苗语了。由此看来，湘西苗语的量词是在汉语量词的影响下发展起来的。

在文章末尾，作者还提供了汉语与苗语常用名物量词的对照表，有较高的参考价值。

——罗安源：《从量词看苗汉两种语言的关系》，载《中央民族大学学报》2002年第5期，第117～124页。

汉、维吾尔语个体量词"个"和danɛ的认知语义特征比较

贺群选取"个"和danɛ这两个汉、维语中较为特殊的个体量词展开对比研究，考察它们的选择性共现关系，认为这对了解两种语言的概念结构方式，解决第二语言学习中的疑难问题有重要意义。

作者首先分析了"个"和danɛ的性质，指出"个"是汉语中使用范围最广、使用频率最高的个体量词，它能够称量的事物包罗万象，种类繁多，是汉语个体量词中最特殊的一个。danɛ是维吾尔语中使用范围较广的个体量词，主要用来称量表示个体单位的名词。两者的共同特性有：1. 通用性；2. 表量性；3. 色彩性。

作者还分析了"个"和danɛ对名词的语义选择，并从认知角度对两者进行分析，认为"个"在演变中逐渐发展成为一个仅为事物定量划界的个体量词，它与名词的组合是想着泛化、抽象化、模糊化的方向发展的，这一特性使它与其他个体量词形成互补，为言语交际提供了多种选择的可能性。danɛ也在使用中逐渐成为一个典型的个体量词，它与名词的组合是向着形象化、精细化、多样化的方向发展的，这也使它与维吾尔语传统的表量方式形成互补，丰富了维吾尔语的表达方式。

作者最后指出，量范畴具有很强的民族性，不同语言反映了不同民族认知方式和认知视点的差异。了解这些差异将有助于人们认识两个民族概念结构方式，对解决第

二语言学习中的疑难问题有重要意义。

——贺群：《汉、维语个体量词“个”和 danɛ 的认知语义特征比较》，载《中央民族大学学报》2011 年第 3 期，第 129～134 页。

通过与韩国语比较看汉语量词的功能和词类地位

崔健指出：“通过考察发现，汉语和部分量词语言之间存在一系列差别。在事件句里（主要指双宾语结构），汉语和韩国语等其他语言之间的强制性和非强制性倾向差异非常明显。汉语里尽管实现有界的手段不限于量词，但量词仍然是主要手段，在非双宾语结构里可以依靠其他手段。在非事件句里，汉语无论是判断句（‘是’字句）还是资格句（‘作为’句）都呈现非强制性倾向，但韩国语判断句强制性地排斥量词，资格句呈现非强制性倾向，但仍以不用量词为常。韩国语主要通过 NP1 和 NP2 之间单数的一致来体现个性化，而汉语主要通过量词，而且量词具有类似于语用标记的功能。”

作者还指出：“汉语数量组合中‘一’的脱落不仅造成了‘指量’这一特殊类型，而且提供了词汇化的结构条件并加速了固化的过程，‘指量’（尤其是‘这个’和‘那个’）呈现由指示和个体化的双重功能向专司指示的倾向。韩国语不具备‘指量’组合的结构条件，‘指 + 数量’功能也就相对简单一些。汉语‘量 NP’和韩国语‘NP 量’貌似神离，无论在语义上还是在形式上都存在重大的差别。汉语‘（一量）’都起到类似无定冠词的倾向，且这种倾向十分明显。韩国语的‘一’也带有这种倾向但远没有汉语明显，‘一量’只在特殊语境里起着类似的功能。在汉语有些方言里，‘量名’的独立使用，使量词进一步虚化为类冠词和定语标记。但不宜简单地归结为并非‘一’的省略。”

——崔健：《量词的功能差异和词类地位》，载《汉语学习》2010 年第 6 期，第 69～81 页。

与西文对比说明中国语量词的大量出现

王力认为：“英文名词的前面，在多数情形之下，须有一个‘冠词’（the article）。冠词共有两种：第一种是有定冠词（definite article），就是 the 字；第二种是无定冠词（indefinite article），就是‘a’和‘an’。咱们翻译英文的时候，遇到 the 字往往没法子翻译它，因为中文里没有一个字和它相当。至于遇到‘a’和‘an’的时候，咱们却处处可以用‘一’字翻译。又依现代中国语法，‘一’字后面往往带着单位名词，‘一个’‘一种’之类。

由于西文的影响，现代中国的书报，多数是不知不觉地用着无定冠词。凡是西文里该用无定冠词的地方，一般人就用‘一个’、‘一种’之类。”

——王力：《中国现代语法》（下），中华书局，1954年，第377～378页。

与西洋语冠词对比说明汉语数位词的特点

高名凯认为：“数位词实在是规定者的一种，它的作用，以意义的观点来说，也和西洋语的冠词相类似，然而却和冠词不同。西洋语的冠词多半都带有分别阴阳性、有生性、无生性的作用。在这一点上，冠词和数位词确有相类似的地方，因为数位词也是给具有名词功能的词一个范畴，表明其特性之所属的。可是，奇怪的很，汉语的数位词却刚刚好不求于阴阳性或有生无生性的区别，而在表示每一个事物的具体的形状而加以范围的。‘一条路’，具体的路是一条一条的，‘条’本来也可以是一个具有名词功能的词，它是细长的东西，现在就用它做数位词，来表示一切细长的事物。路是细长的，所以是‘一条路’。加上这‘条’字，在我们心目中就可能呈现出一个细长的道路的具体的印象，而且是很清楚的。这和西洋语之仅言‘一路’（uu chemim，one road，ein Weg）大不相同。前者可能引起具体的印象，而后者则无此作用。然而就另一方面说，数位词却比较冠词为抽象，不像冠词之具体。因为冠词不但多半是从指示词变来的，而且事实上都含有指示词的味道。法语 Ie garçon 的 Ie 除表示其为阳性外，尚表示其为‘此个男孩子’。指示其为此个，这是很具体的。然而‘条’字却没有这种作用，反之，它却把一切的路都归纳在‘条’的范畴之下；因为受了‘条’的影响，汉人要把道路看成非常细长的。再从语法的形式来说，西洋语的冠词必得是冠于名词之前，而且不能离名词而独立，然而汉语的数位词却不然。它可以放在具有名词功能的词前面，也可以放在它后面，甚至于可以离这词而独立存在，有时则和指示词连在一起。例如：

一只鸭子

鸭子一只

只儿很大（鸭子）

只数不多

论只不论斤

这只鸭子好

这种用法绝不是冠词所能胜任的。所以，我们尽管可以赞同方德里叶斯的说法，认为冠词也是一种类词（即我们所谓的范词，数位词之一种）；可是，这只是照其大体的共同处来说，实则两者的分别却是很大的，而汉语也实在没有冠词。汉语只有数位词。

一部分的数位词而且是汉藏语系的特色。比方说，越南语具有名词功能的词前面就须加上一个数位词：

một cây dŭ（一把伞）

một con trai（一个孩子）

cây 本来是‘树’的意思，因为伞的具体形状有类于树，于是就把‘树’做为‘伞’的数位词。西洋语却没有这种用法。然而这也并不是说西洋语中绝对没有和汉语的数位词相同的用法。我们说：‘一斤酒’，法国人也说：une livre de vin。我们说：‘一杯水’，德国人也说：Ein glass Wasser。我们说：‘一张纸’，英国人也说：a sheet of paper。然而西洋语之用这种字眼是有限制的。它们只用于（一)度量衡之单位，及（二）指明部分之 partitive 上。可是，汉语的数位词则是普遍的，一切具有名词功能的词上面都可以加用数位词。我们说数位词是汉藏语的特色，这是指其能普遍的运用而言，又指其数位词之一种、范词的特殊的用法而论。”

——高名凯：《汉语语法论》，商务印书馆，1986 年，第 160～162 页。

七、副词、状词

从苗语看古汉语的状词

曹翠云指出：“苗语中保存了很多和古代汉语相似甚至相同的东西，即很多在古汉语中曾经存在的词语，虽然在现代汉语中早已失传，但在现代苗语中还普遍存在着。”作者以贵州省黔东南苗族侗族自治州凯里市养蒿苗语为依据，对照苗语探讨了古代汉语的状词。作者首先论证了苗语中有一些音节是专门用来描绘事物的性质和状态的，它们的词义细腻，通常位于动词和形容词之后，作它们的状语，因此称之为“状词”，其次说明了古汉语中存在迭字或双声迭韵的连绵词，它既不同于汉语的副词，也不同于形容词，它经常居于谓宾结构之后，是一类独立的词，根据这类词的意义和作用，通常是在谓语之后表示各种各样的性质和状态，因此把它们看作古代汉语的一类状词。最后作者运用苗语的“动名状”格式和“形名状”格式解释了古汉语中的几个特殊现象，获得了满意的结果。

——曹翠云：《从苗语看古汉语的状词——兼释“行道迟迟”、“夏屋渠渠”等语文》，载《贵州民族研究》1984年第3期，第236～243页。

苗语和古汉语状词的特点相近

曹翠云认为：“动词或形容词后带单音或双音节的现象苗语三方言都存在有不少，而且都有的能插入名词（或名词词组），侗语的名词也有的可以把动词（或形容词）与它的后带音节隔开。这与古汉语的一些现象是相同的。”

“苗语黔东方言

haŋ^{1} kə^{1}ljə^{1}（慢慢地走）	可说成	haŋ^{1} ki^{3} kə^{1}ljə^{1}（慢慢地走路）
走 慢状		走 路 慢状
faŋ^{2} ka^{6}la^{6}（黄得难看）	可说成	faŋ^{2} maŋ^{4} ka^{6}la^{6}（脸黄得难看）
黄 黑黄状		黄 脸 黑黄状

苗语川黔滇方言

mo^{4} ȵo^{1}ȵau^{3}（慢慢地走）	可说成	mo^{4} ki^{3} ȵo^{1}ȵau^{3}（慢慢地走路）
走 慢状		走 路 慢状
la^{1} pli^{3}（微红）	可说成	la^{1} mua^{6} pli^{3}（眼睛微红）
红 淡淡状		红 眼睛 淡红状

苗语湘西方言

qhɯ$^{3、7}$ɖɑ^{5}ɖɑ^{5}（咚咚地敲）	可说成	qhɯ$^{3、7}$nɔ$^{4、8}$ɖɑ^{5}ɖɑ^{5}（咚咚地敲鼓）
敲 咚咚响声		敲 鼓 咚咚响声
qwe^{1} mɹɑ$^{3、7}$mɹɑ$^{3、7}$（黑嘛嘛的）	可说成	qwe^{1} me^{2}mɹɑ$^{3、7}$mɹɑ$^{3、7}$（脸黑嘛嘛的）
黑 黑嘛嘛状		黑 脸 黑嘛嘛状

侗语

bek^{3} bam^{4}bam^{4}（啪啪地拍）	可说成	bek^{3} xoŋ^{2} bam^{4}bam^{4}（啪啪地拍桌子）
拍 啪啪声		拍 桌子 啪啪声
təŋ^{5} təm^{4}təm^{4}（黑暗暗的）	可说成	təŋ^{5} mən^{1}təm^{4}təm^{4}（天暗暗的）
黑 暗暗状		黑 天 暗暗状

黔东的 $kə^1ljə^1$（慢状）、$kɑ^6lɑ^6$（黑黄状）；川黔滇的 $n̥o^1n̥au^3$（慢状）、pli^3（淡红状）；湘西的 $ɖɑ^5ɖɑ^5$（咚咚响声）、$mɹɑ^{3、7}mɹɑ^{3、7}$（黑嘛嘛状）等等，应是古苗语共有的一类状词。侗语虽然只把修饰动词的前（或后）加音节独立为一类声貌词，其实有的形容词和它的后带音节之间，也可以加进名词而使后带音节独立存在，说明上表中的 $bɑm^4bɑm^4$（啪啪声）、$təm^4təm^4$（暗暗状）等，也可以叫做'声貌词'或'状词'，它们的特点都是修饰动词或形容词，只是侗语和苗语湘西方言相近似，即很多已不能离开动词或形容词了，有发展演变为词尾的趋势，有可能很快与现代汉语的'红彤彤'、'绿油油'等取得一致。此外瑶族所说的勉语（属瑶语支）、布努语（属苗语支）、拉珈语（属壮侗语族的侗水语支）中也存在有动词（或形容词）后带音节的现象，毛宗武、蒙朝吉、郑宗泽在《瑶族语言简志》中也都把这类后带音节，统统确立为'状词'了。王辅世先生在六十年代早就发现了这类音节是一类独立的词，而且不论是表声貌的，还是表状态的，一律称之为'状词'，这是很有见地的。"

"古汉语虽然不及苗语三方言和侗语等这样明显，让人一看就知道有一类独立的状词，因此在解释这类语言现象时，很容易各行其是，得出各不相同的结论，但我们借助尚保存有状词（一称'声貌词'）的苗语三大方言、侗语以及瑶语的各种话，发现古汉语中也存在有很多用一个名词（或代词）把动词（或形容词）与它们后面的修饰词语隔开的现象。如：'凿冰冲冲'的'冲冲'是'凿'的响声；'磨刀霍霍'的'霍霍'也是'磨'的声音。又如'忠心耿耿'的'耿耿'也是修饰'忠'的；'夏屋渠渠'的'渠渠'也是'夏'（大）的样子。上面所列举的'冲冲、霍霍、耿耿、渠渠'都是从后面跨过名词（冰、刀、心、屋）去修饰名词前面的动词（凿、磨）或形容词（忠、夏）。这十分有力地说明'冲冲、霍霍、耿耿、渠渠'等叠字双音节是一类独立的词。与这完全相同的语言现象还有：《诗·大雅·生民》中的'释之叟叟'、'蒸之浮浮'等。这都是在动词（释、蒸）和后状语（叟叟、浮浮）之间，加上了一个代词宾语（之）。这两个'之'都是指代作祭品用的粮食。这两句的意思是'叟叟地淘洗粮食，热腾腾地蒸煮粮食'。只有这样解释，才符合《生民》一课的含意。这也十分清楚地说明'叟叟、浮浮'等都是从后面跳过代词宾语（之）去修饰最前面的动词（释、蒸）。因此，这也说明'叟叟、浮浮'是一类独立的词。"

——曹翠云：《再论苗语和古汉语的状词》，载《民族语文》1995 年第 2 期，第 26～32 页。

与西洋语对比说明汉语规定词的特点

高名凯认为：“规定关系的词语地位，不同的语言各有不同的排布法。印欧语言中，英语的规定者多在受定者的前面：He is a good student，但一部分的副词（规定者之一种）却在动词之后：go quickly。法语的规定者则多半排在后面，如：C'est une chanson française，但排在前面也不是没有，如：Il est un bon garçcon，而法语作为主语的名词或代名词（亦是规定者之一种）则大体上是在受定的词语的前面，除了是问句以外。在东方的语言中，泰语和越语的规定者大体在受定的词语之后，而汉语的规定者则多半是在受定的词语之前。不过论到这个地方，我们应当从形容句和动句两方面来说。拿形容句来说，汉语的规定者在古文里头有两种形式，普通的形式，规定者要在受定的词语之前，然而也有在被规定的语词之后的。如：‘王道平平’《书・洪范》‘车甚泽’（《左・襄二十八》）‘高楼七八座’之类。古文中规定者在受定者之后的，除偶然的用法，如‘王道平平’之类以外，可以归纳为原则的，大体有两种，一是带有‘数位词’的数目字或没有数位词的数目字，前者大体无例外，后者有时在受定者之前。”“第二种是一些相当于西洋语用来约束形容词或其他副词的所谓‘副词’。”

——高名凯：《汉语语法论》，商务印书馆，1986年，第283～284页。

与西洋语对比说明中国语语气副词的特点

王力认为：“从中西语言的比较上，也可以看得出某一个词是不是语气副词。凡居于副词所常在的位置，而西洋语言（如英语）又没有一个副词和它相当者，大约总是语气副词。咱们知道中国语气词在西洋语言里是找不着相当的词的；语气副词的空灵不让于语气词，所以它们在西洋语言里也找不着相当的词。‘我又不是鬼’的‘又’，非但不能译为again，即使译为at all，在性质上也不像。‘他偏送这个来了’的‘偏’，既不能译为unexpectedly，也不能译为unfortunately，因为它们的都太实了，而它们所带的情绪又远不如‘偏’字所带的强烈。在这一点上，可见中国语对于情绪的表示，工具是很多而且方便的，因为既有语气词，又有语气副词；西洋语言之于情绪，除了靠语调或若干情绪呼声（感叹词）表示之外，就只能靠特殊形式如特别的词汇和特别的词序等等，来表示了。”

——王力：《中国语法理论》（上），中华书局，1954年，第320～321页。

与英语对比说明中国语副词的范围

王力认为："凡词，仅能表示程度、范围、时间、可能性、否定作用等，不能单独地指称实物、实情或事实者，叫做副词（adverb）。这一个定义，只能适用于中国语，不能适用于西洋语言。英语里大部分的副词都是形容词变来的：我们既承认 clear，quick，slow，hard，easy，certain 是指称实情的，就不能不承认 clearly，quickly，slowly，hardly，easily，certainly 一样地能指称实情。在中国语里，单就词的本身而论，咱们只有些形容词，如'明''快''慢''难''确'等，和英语那些形容词相当；咱们不能把这些词变为一种副词的形式（如英语于形容词之后加字尾 -ly），所以咱们并没有另一些词和英语那些副词相当。这样一来，咱们中国语里副词比英语里的副词少了几倍，同时，我们的定义也可以成立了。"

——王力：《中国语法理论》（上），中华书局，1954 年，第 31 页。

八、介词、连词

从少数民族语言看"而"的虚化演变

蓝鹰指出，"而"在古代汉语中是一个使用频率很高，用法极为纷繁的虚词。众多的古汉语著作中详细地分析了"而"的词性及其语法功能，较为可信的是，"而"有代词、连词、语气词的用法以及相应的一些语法功能。"而"最初是一个名词。《说文》："而，颊毛也"，这是"而"字的本义，但在先秦时期已经不常用了，"而"的代词（通常为第二人称代词）用法应该是假借形成的。连词、语气词的用法则应该是虚化演变的结果。

作者分析了先秦时期七十多个连词的演变过程，发现指代词是连词的一个重要来源。作者还考察了汉藏语系的壮侗语族、藏缅语族的不少语言（含方言），发现语序同词语的虚化也有密切的关系。关于远古汉语的语序，日本著名语言学家桥本万太郎在《语言地理类型学》中有过论述。他认为汉语最初是顺行结构，但是很早就受到了"北方话"（逆行结构）的影响。在顺行结构中，指代词一般可以出现在三个位置上：句首、句中、句尾。其中处在句首和句中的指代词有可能虚化为连词，处在句尾的则有可能虚化为语气词。作者主要以壮侗语族的中指代词“那”作为参照，分别考察了处在三个位置上的“而”的演变情况。此处仅摘引其对句首位置的“而”与少数民族语言句首指代词的比较分析：

作者指出，指代词在句首，有体词性的，也有谓词性的。例如“而”：

（1）九月甲申，公孙敖卒于齐，奔大夫不言卒，而言卒，何也？（《谷梁传·文公十四年》）

（2）经纬天地而才官万物，制割大理，而宇宙里（理）矣。（《荀子·解蔽》）

例（1）的“而”是体词性的，例（2）的“而”是谓词性的。它们在句中起指代作用，复指前面的内容。再看壮侗语的指代词“那”：

（1）他又交代同回来，那咱们记住回来去家去喽。（汉译：他又让咱们一同去一同回，咱们可要记住回来的日子。）

（2）你进去扳腰，那让我捆口袋先。（汉译：你进去扳腰杆，那么让我先把口袋捆上。）

作者指出，上古汉语指代词有这样一些特点：首先，近指、远指具有一定的模糊性，而中指代词更是如此；其次，指示代名词和指示形容词不分。从少数民族语言的材料看，指代词还有虚指性的特点。当指代词高频出现时，很多根本没有指代意味，甚至数量词、形容词和首次出现的事物也可能被指代词修饰。指代词的这些特点对它虚化为虚词有着重要的意义。从理论上说，处在句首的指代词都有虚化为连词的可能。先秦的不少指代词都有连词用法，如“而”“然”“斯”“焉”“爰”“厥”等，有的指代词如“此”“兹”等，古汉语虚词辞典虽然没有列出它们的连词辞条，但也专门讲到它们有连接的作用。少数民族语言中有不少“这样”“那么”也几乎没有指代意味，有的被记录整理者译为“于是”，可见记录整理者认为它们在起承接作用。例如：

（1）皇帝逃跑快脱命了，时候这他恨人地方拉梭我们了，这样他就立刻叫人两边……（汉译：皇帝逃跑得快，保住了一条命。这场火灾，本来是皇帝贪心所引起的，可是皇帝却归罪拉梭人，因此他恨透了我们拉梭地方的人，于是立即带领左右大臣……）

（2）那些人啊看那些老百姓做工就真难做。那么马锡武就立刻拿棍啊就立刻拿人家打，打死两名人。（汉译：那些人啊，看那些老百姓做工（就）真为难。那么，马锡武就马上拿棍子呢就马上打人家，打死两个人。）

现代汉语的“那”“那么”已经被不少语法著作处理为连词。例如：

（1）蚕要是没有桑叶吃，那可就会完了。（《现代汉语虚词例释文》）
（2）你不拿走，那你不要啦？（《现代汉语词典》）
（3）要是咱们小组决定不了，那么就请上级决定。（《现代汉语八百词》）

“而”由指代词虚化为连词，最基本的用法是表示承接。可据上下文译为“那么”“于是”等，或不译。例如：

（1）王之诸臣皆足以供之。而王岂为是哉？（《孟子·梁惠王》）
（2）桓无会，而其致何也？远之也。（《谷梁传·桓公二年》）

以上例句中的“而”可译为“那么”“这样”，诗人可以感觉到指代词的痕迹。

除句首指代词外，作者还将出现在句中、句尾位置的“而”与少数民族语言（主要是壮侗语）的“那”进行了比较分析。作者最后指出，他们并不认为“而”和“那”在共时和历时上有着完全的一致性。但是两者在很多方面确有共同之处。首先，指代词可能虚化为连词。“那”在许多情况下没有指代意味而只起连接作用。古代汉语中许多指代词都有不同程度的连词用法，如“然”“斯”“焉”“厥”等。甚至其他语系的语言也有类似情况。其次，指代词虚化的连词有一个共同的特点，就是其基本作用是顺承，然后由于所连接的上下文意的不同而表示不同的连接关系。古汉语中其他有指代词虚化的连词有同一特点，“那”所起的连词作用也基本是承接。再次，由于指代词在左行结构中所处的位置，它还可能虚化为助词、语气词。“而”和“那”如此，其他的指代词如“尔”“然”“焉”等也有类似用法。作者认为，根据这些共同之处，可以从少数民族语言材料中看到“而”字的发展演变的过程及原因。

——蓝鹰：《从少数民族语言看“而”的虚化演变》，载《古汉语研究》1990年第1期，第64～70页。

西南官话里连词“两个”的用法在朝鲜语、东乡语里能找到句法参照

储泽祥、丁加勇、曾常红从西南官话区湖南常澧片，湖南慈利县通津铺镇方言里“两个”的连词用法为考察点，发现“两个”放在两个名词之间起并列作用，是常见的并列连词。这种用法表明汉语的并列连词并不都是源于动词，数量词也是并列连词的一个来源。“两个”表示偕同义，起连接作用，近代汉语里“两个”与“和”类虚词的配套用法，朝鲜语的共同格标记，东乡语的联合格标记都可以作为重要的句法参照。

——储泽祥、丁加勇、曾常红:《西南官话里“两个”的连词用法及其类型学意义》，载《汉语方言语法研究——第二届国际汉语方言语法学术研讨会论文集》，2004年，第34～50页。

元代汉语的后置词与阿尔泰语的关系

余志鸿指出:“金元时期，我国北方阿尔泰语与汉语频繁接触，互相渗透。元代汉语北方方言发生了深刻的变化。”“主要就元代汉语非常活欲的后置词系统（包括后置介词、后置连词）进行探讨。如表假设的‘呵/时’，表目的、因果的‘上/上头’，表场所、对象等的‘行/上’、‘根前/根底’、‘里/处’，我们还可以在蒙古语对译里找到与之相应的后置词或后级。更有意思的是这些后显词往往与汉语固有的前置介词或连词照应着用，形成PRE-POS并用结构，这便是两种不同结构语言互相接触产生的结果。”

“元代汉语有齐整的后置词系统（包括后置连词的‘呵’与‘时’、‘上’与‘上头’），有的已经消失，有的保留在部分方言中，有的被现代汉语继承了下来，由此我们可以窥探到汉语和阿尔泰语接触过程中语法结构‘借用’的效应（余志鸿，1989）。我们看到元代汉语常借用一些固有词语，来模拟蒙古语接尾词或后置词，但这些词语已不能用原有的词语意义去解释，而带有了与一般用法不同的语法意义（田中谦二，1962）。”

——余志鸿:《元代汉语的后置词系统》，载《民族语文》1992年第3期，第1～10页。

韩汉空间标记词的“共用”和“通用”现象

崔健指出：“空间标记词的‘共用’和‘通用’并不是偶然的巧合，而是基于客观世界的经验。同时，我们看到‘共用’和‘通用’的差别也不是绝对的，而是一种程度上的差别，无论在一种语言内部还是在不同语言之间，都是如此。韩国语中，处所和起点、方向和经由点同标，因此不能共现，汉语中尽管不同标，但也互相排斥。汉语中，起点和经由点同标，自然互相排斥，韩国语中尽管不同标，但也互相排斥。处所和位置，汉语使用同一个标记，韩国语使用不同的标记，但是共现时均受‘从大到小’原则的支配。处所主义理论认为空间标记词的‘共用’和‘通用’之成因提供了一把钥匙，但是在具体使用中受到来自语言内部其他因素的影响，这在第二语言（汉语）教学中也有直接的反映，我们的考察也证明了这一点。”

——崔健：《韩汉空间标记词的“共用”和“通用”现象》，载《汉语学习》2006年第6期，第51～58页。

与印欧语对比说明汉语介词与从属连词的特点

高名凯认为：“我们知道印欧语言的介词和连词是有分别的，而连词之中又分为并列连词（coordinate conjunction）与从属连词（subordinate conjunction）两者。其中从属连词与介词的分别，只在于前者介绍整个的句子，后者只介绍一个名词。例如：I write for you，for所介绍的是一个带有名词性质的代名词you；I write for that you will understand my idea，that所介绍的是整个句子you will understand my idea。印欧语中往往可以在介词之后加上一个that（英语），que（法语），dass（德语），使其变成连词。换言之，印欧语的介词和连词不但就其所介绍的有不同，事实上，如果要把介词变成连词，这that，que，dass等却非加上去不可。然而汉语的情形就不同了。汉语的受导词（即所谓‘介词’），不论其引导者（即其所介绍的）是一个词，或是一个句子，都是用同样的字，例如：‘从古到今’和‘从盘古开天辟地到现在’；‘因为雨，我不出去’，‘因为天下雨，我不出去’；‘按理，他绝不能成功’，‘按你说，我就不行了吗？’所以从语法的观点来看，汉语的所谓‘介词’和汉语的所谓从属连词，并没有什么不同。这些所谓‘从属连词’也都是具有动词功能的词演化而来而尚保留其一部分原有意义的词，也都是我们所谓的‘准动词’或受导词，因为它们和它们的宾语所生的关系是引导关系。我们可以说所谓汉语的‘介词’是介绍一个词的虚词或被一个词所引导的受导词，而所谓汉语的‘从属连词’是介绍命题（proposition）的虚词或被命题所引导的受导词。”

——高名凯：《汉语语法论》，商务印书馆，1986年，第334～335页。

中国欧化文章联结成分较多的原因

王力指出：“欧化的文章里，就普通说，联结成分总比非欧化的文章里多。所谓联结成分，是包括联结词，关系末品，以及近似联结词的动词而言的。大致说来，欧化的文章对于联结成分，可以有三种办法：

（1）扩充中国原有的联结成分的用途，如‘和’‘而且’‘或’‘因’‘虽’‘纵’‘若’等，都比从前更为常用；

（2）借中国本来的动词去抵挡英文的联结词，如以‘在’和in相当，以‘当’和when相当等；

（3）以中国动词和联结词合成一体，去抵挡英文的联结词，如以‘对于’或‘关于’和to或for相当等……

在英文里，两个以上的名词相联结，必须用‘and’字作为联结的工具。例如‘父子’必须说成the father and the son，不能说father son，在中国现代的文章里，像‘父子’这样极短的联结虽不一定加一个‘和’字（‘与’字）。但稍长的结合总是倾向于加上一个‘和’字的……

在英文里，两个以上的形容词相联结，也必须用‘and’字。在欧化的文章里，偶然也看见有用‘而且’联结两个以上的形容词或形容性仂语的；但是，这种风气并没有像用‘和’字联结名词那样普遍……

中国的条件式，不用‘若’‘倘’‘如’一类的字的，最为常见；在欧化的文章里，‘若’一类的字是条件式里所必需的关系末品，因为英文里的条件式也不能缺少关系词‘if’……

就中国语言而论，‘在’字当然是十足的动词。但是，当咱们用中国现代语去翻译英文in，on一类的关系词的时候，没有恰当的字可用，就只好借用动词‘在’字了。有些关系位的首品仂语，依中国习惯是可以直接地粘附在谓语之上的，然而依英文习惯却必须加一个in或on，于是欧化的文章在这种情形之下，也觉得非用‘在’字不可了……

英文的‘when’在中国语里没有适宜的字可以翻译，只好勉强用一个‘当’字或‘在’字；同时，又依照中国语的老习惯，在时间修饰语的后面加上‘时’字或‘时候’二字。

这样，咱们可以说，‘when’等于‘当……的时候’或‘在……的时候’。”

——王力：《中国现代语法》（下），中华书局，1954年，第352～361页。

由西洋语对比说明汉语“介词”的特点

高名凯认为：“一般人所谓的‘介词’是翻译西洋语的preposition的。西洋人所称的preposition不仅有‘前’（pre-）和‘置’（position）的词源的意思，因为置在前面的固不止是preposition，prefix也是置在前面的。Preposition实在有特殊的语法意义。西洋人所谓的preposition代表一个抽象的关系概念。在形式上，它是一个独立的词。如果不是独立的词而必得存在于词的前面，那就是prefix了。有的人以为存在于前面的就是prefix或preposition，而没有注意到这些语法成分的形式是独立的词抑系附加的成分，可以说是完全让prefix或preposition这两个字的词源弄不明白了。实则preposition必是一个独立而置在前面的表示抽象关系的概念的词。

西洋语的preposition有许多的来源，一部分是名词变化而来的，如法语的chez是拉丁语的casa变来的，casa是名词，它的意思是‘房子’。一部分是副词变来的，如英语的of是off变来的，off是副词，它的意思是‘出去’。一部分是动词变来的，如法语的excepté，英语的concerning，我们一看就知道它们是动词变来的。然而，汉语的所谓‘介词’却都是从具有动词功能的词变来的，而且还没有完全损失其原来的意义。汉语的所谓‘介词’和西洋语的‘介词’确不相同，这是我们所以不叫它做介词的原因……

然而，这并不是说汉语的‘介词’就是具有动词功能的词，因为我们明明知道具有动词功能的词是实词，而‘介词’是虚词，其中的分别并不是没有的。这分别就是在于它们在句子中的地位的轻重。具有动词功能的词是动句的主要的词，没有它，句子就不能成立。它的地位是很重要的。可是‘介词’并不是那样的重要，有的时候我们也可以去掉它。它只是次要的词。还有一点更重要的，即‘介词’的数目是有限制的，只有一部分具有动词功能的词可以作为‘介词’用的。我们可以说‘我住在北京’，也可以说‘我住北京’，甚至于‘我在北京’，但我们却不能说‘我在住北京’。所以我们不能说汉语的所谓‘介词’就等于汉语的具有动词功能的词。我们的意思只是说汉语的所谓‘介词’和西洋语的‘介词’不同，汉语的‘介词’都是由具有动词功能的词变来的；它还带有具有动词功能的词的某些特点；它还表示着相当具体的动作（或历程）的概念；它是从具有动词功能的词变为表示抽象的关系概念的过程中还没有完全成功的一个东西。因此，我们就称它做‘半动词’或‘准动词’。”

——高名凯：《汉语语法论》，商务印书馆，1986年，第316～318页。

与西文对比说明中国语关系词的表现

王力认为："语句乃是种种观念的综合。甲观念与乙观念综合，有时候用文法成分表现二者的关系，这是所谓'屈折作用'及'介词'；甲语句与乙语句综合，有时候用文法成分表示它们的关系，这是所谓'连词'。我们说有时候用它们，因为有时候也可以不用的。不用的时候，这些关系的表现，往往寄托在词的次序上；甚或不用文法成分与词的次序去表现，只把甲观念与乙观念并列着，甲语句与乙语句并列着，让对话的人自己去体会它们的关系。这种情形，在中国语里最常见。譬如英文的 while，if，to，法文的 lorsque，de 等关系词，译成中文，往往可省。反过来说，西文用不着关系词的地方，在中文里却用得着。例如副词与动词的关系，在西文里，因为它们各有特殊的形式并列，已经看得出它们的关系了；在中国的古文里，往往用得着关系词，把副词和动词焊接起来：

欲常常而见之，故源源而来。（《孟子·万章上》）
旦旦而伐之，可以为美乎？（《孟子·告子上》）
使我欣欣而乐与？（《庄子·知北游》）
往往而聚者百有余戎。（《史记·匈奴列传》）

但是，最令我们觉得中文的特点者，仍在文法成分之少用。事物关系之表现，在中文里往往是不显的。从这一点看来，中国的文字与口语很接近。懂得西洋语言的人都能观察出他们的关系词（包括关系代名词）在文字上比在口语里多了许多。例如'如果没有钱，就没有面包'这句话在法国人口里可以说成'Pas dargent pas de pain'，但写下来是必须写成'Si lon na pas dargent on naura pas de nain'。我们又注意到：西文里用许多介词、连词、关系代名词组成的很长的'复合句'（compound sentence），何尝在日常谈话里出现过？因此我们可以说中国的文章组织就是口语的组织的变相；文言文在上古是与口语一致的。"

——王力：《二十世纪现代汉语语法八大家——王力选集》，北京师范大学出版社，2002 年，第 43～44 页。原载《清华学报》11 卷 1 期，1936 年 1 月。

九、助词、虚字、虚词、语法标记

虚词是汉语的主要语法特点

高名凯认为："汉语的词法并不是没有形态，但形态并不是汉语特点的本质，汉语的特点在于运用较多的虚词去表示语法范畴，所以我们应当注意虚词的研究。西洋语言中并不是没有虚词，不过不如汉语之多而已。比方说，英语的 I did strike him，I can speak English，I go to bed 的 did，can，to 都是虚词。法语中的 je vais partir，jai bien de choses à faire 的 vais，de，à 等也都是虚词。梵语里的 iti，tu 等也都是虚词。然而因为形态的缺乏，汉语的虚词是特别丰富的。汉语的语法范畴多半都是用虚词来表示的。比方说，事物的复数是用'们'这个虚词来表示的。古代印欧语，如梵语的名词、代名词及动词等都有双数式（duel），而近代的西洋语却多半没有了这种格式。方德里叶斯就认为双数式是一种比较具体的概念；他又认为古代希腊及其他语言双数式的消长正是文化消长的反映，有双数式的代表文化的不进步，然而汉语却给我们一个反证。现代汉语却显然有一种形成双数式的趋向，即说两个人时，口语有说成'我俩'、'你俩'、'他俩'的趋向。这里'俩'是表示双数意义的虚词。可知，方德里叶斯的理论是错误的。汉语语法范畴之由虚词来表示者比比皆是，这不过是一个例子而已。总之，研究汉语语法，对于虚词加以系统的研究实在是一个好办法。"

——高名凯：《汉语语法论》，商务印书馆，1986 年，第 53～54 页。

与西文对比说明中国语虚字的特点

金兆梓认为："虚字也可以叫形式字（Form word）。英文法形式字的定义，就是'凡字之具有具体的形式而无具体的意思者，都叫形式字。'例如：

The earth is round.

句中的 The 和 is 两个字，虽然有他独立具体的形式，却没有独立具体的意思。这种字所以也叫虚字（Empty words），以别于实字（Full words）earth 和 round。但是就习惯讲，英文法中上引句内的 is 是顶要紧的一部分，就是所谓 Finite verb，没有这个字，就可以不成句。若是就理论的文法讲，这个字又实在不过一个形式字；没有这个字也未尝不可以达意的。这一层我只要将国文拉丁文和他一比较就可看得出：

英文	The earth is round.
国文	地　圆
拉丁文	Terra rotunda

国文和拉丁文都没有用这两形式字，但未尝不可成句，不可达意，这就可见英文中这两个虚字这样用法，是完全一种习惯了。那末我国一般讲国文法的，何必定要刻舟求剑地把‘是’‘为’等字列入动词呢？不过我国文字，这两个虚字固然是可有可无（上述这种虚字在我国亦并非绝对不用，如‘夫夫也为习于礼者’句中的第一个‘夫’字和‘为’字就同 the 和 is 两字相当了。不过并非如英文之非此不成句，所以说是可有可无，此其所以为虚字）。而其他的形式字，人家所没有的却也还多着咧。”

——金兆梓：《国文法之研究》，商务印书馆，1983 年，第 13～14 页。

临夏汉语方言虚词的运用与藏语相同

谢晓安、华侃、张淑敏通过对比的方式发现，“临夏方言时间状语与中心语之间必须有虚词［tʂɤ］，藏语也必须有虚词。临夏方言趋向补语与中心语之间必须有［tʂɤ］［kə］，藏语也必须有虚词”。“普通话单音节趋向动词‘来’可与其后面的动作行为动词组成连动结构，临夏方言不能组成连动结构，‘来’只能出现在动作行为动词后，形成动补结构（中补结构），补语与中心语之间必须有虚词［kə］。”“临夏方言由正反两个动作构成的连动结构中间，由两个谓词结构构成的因果关系的连动结构中间，都必须有虚词［tʂɤ］。藏语的同类结构也必须出现虚词。”

“临夏方言的虚词比普通话少，但有的用法很特殊。普通话有的句子成分间不能出现虚词的地方，临夏方言必须用虚词。这在时间状语与中心语、趋向补语与中心语、连谓之间最为突出。藏语也完全相同。”

——谢晓安、华侃、张淑敏：《甘肃临夏汉语方言语法中的安多藏语现象》，载《中国语文》1996 年第 4 期，第 273～280 页。

从白马藏族民歌看《楚辞》中的句尾语助词“些”

杨鸣键从白马藏族民歌与《楚辞》的对照中，发现了《楚辞》中特殊的句尾语助词“些”的踪迹。作者认为：“白马藏族民歌中的‘些’字，均居句尾，作为脚韵，有时具有语助词的作用，有时则为动词，使得整句成为宾谓倒置的形式，这与白马藏族整个语言的主、宾、谓句子结构特点正好一致。‘楚些’中的‘些’字，仔细推敲，亦带有上述意义。白马藏族民歌歌词句式的另一种最普遍形式，是以‘rai’（日哎切）或‘ra’（日阿切）居尾的七字句。这种句式与《楚辞》中以‘兮’置尾的七字句仅为韵脚发音的不同。‘rai’或‘ra’为‘是’的意思，整句便成以谓词置尾的形式。审度《楚辞》的‘兮’字，倒也有些隐伏的‘是’字之意。

据此，我们可以这样认为：‘楚些’的句式结构不同于《诗经》的四字句，而以‘些’韵七字句和九字句为主要特征的特殊形式，完全来源于当地一部分民间歌曲，很可能是屈原流放地区少数民族的民间歌曲。这种古老的民歌形式至今仍存活于某些发展缓慢的少数民族民歌之中。白马藏族民歌则是‘楚些’这一古老诗歌体裁的活标本。”

——杨鸣键：《“楚些”今踪——谈白马藏族民歌中出现的“些”》，载《中央民族学院学报》1988 年第 6 期，第 88～89 页。

参照彝语文训释《楚辞》中的“兮”和《老子》中的“唯、阿”

金有景在《再论民族语言研究与汉语研究》一文中谈道：“经过有关专家的研究，我们现在已经知道，《楚辞》《老子》《淮南子》等著作里楚语成分比较多。有些楚语成分在汉朝时经学家们就已经读不懂了，所以长期以来成了聚讼纷纭的问题，一直到现在也没有很好解决。如果我们参考与古楚语有密切关系的彝语文材料来训释这些疑难问题，往往会文从字顺，使问题得到比较满意的解决。”

文章论述了《楚辞》中的“兮”和《老子》中的“唯、阿”的训释问题。

1. 兮

“《楚辞》的兮，是骚体的形式特征之一。它是语气助词，用在句末或句中。兮字中古音胡鸡切，上古属支部。四川凉山古彝文文献中有个［ɕɪ］字，是个语气助词，用在句末或句中，表示希冀、祈使、感叹等语气，它的用法与音读都跟《楚辞》的‘兮’相近。

解放以来，不止一次地在舞台上听见把屈原作品里的‘兮’读为［xa］。无论从汉语上古音来看，还是从彝语文材料来看，这样读都是没有根据的。”

2. 唯、阿

“《老子》：‘唯之与阿，相去几何？’注曰：‘唯与阿，迟与阿，迟速小异’。按‘阿’字有‘曲从’、‘曲媚’之义，注家的意思是：唯诺与曲从，差距不大。其实，‘唯’与‘阿’都是楚语成分，脱离楚语来训释‘唯、阿’，难免有望文生义之弊。

四川凉山古彝文文献里有两个单音词，分别读作 $ŋɯ^{33}$、a^{31}，词义分别是‘是，肯定’、‘非，否定’。古彝文 $ŋɯ^{33}$ 与 a^{31} 的对立，实际上相当于老子所谓唯与阿的对立，即是与非、肯定与否定的对立。从辩证法的观点看，是与非、肯定与否定之间，相去并没有多远。这样理解，既符合‘唯、阿’的本义，也符合老子的思想体系。另外，从音转的可能性来看，‘唯’字中古以水切，上古属微部；按照近年的最新研究，‘唯’字上古声母是 l- 或 r-，与 ŋ- 同属次浊。”

——金有景：《再论民族语言研究与汉语研究》，载《民族语文》1985 年第 5 期，第 53 页。

“兮”字与梁山彝语的语气助词 $ɕi^{33}$ 的渊源关系

陈士林认为：“‘兮’字与凉山彝语的语气助词 $ɕi^{33}$ 有渊源关系。凉山彝语中的 $ɕi^{33}$ 兼有一定的句法上的关联作用，其附加色彩包括语体属性和表情色彩两个方面。彝语语气助词 $ɕi^{33}$ 的来历表明：楚声、南音与巫风、神曲具体结合，可能是产生以用‘兮’为特点的骚体形式特征的基础。”

——陈士林：《楚辞“兮”字说》，载《民族语文》1992 年第 4 期，第 1～6 页。

从欧洲语的形态变化看汉语句终词的特点

高名凯指出：“句终词的应用是汉藏语系的语言所特有的现象。西洋人学中国语往往不会应用这些句终词。我曾说过一切的语言都有方法把说话人心中的思想情意表达出来，只是表达的方式不同而已。欧洲的语言因为有丰富的形态学的变化来表达各种不同的语法成分，中国语在这一方面却恰恰好是贫乏的，因此，中国语在语次的安排上特别的严整，语次的颠倒往往是不同的意思的表现，‘我打你’和‘你打我’的意思就大不相同。‘东流水’、‘水东流’、‘流水东’的意思也不一样。欧洲语有‘格位’的形态学的变化，有形容词、副词等语尾的变化，所以语词和语词间的关系不大受语次的影响。因为这个道理，在询问型的句子里，欧洲语可以用语次的颠倒来表示，英语的 You will come. 是叙述句，而 Will you come？则是询问句。当然在询问句之中，也有语调的变化，然而语调的变化所表现的意思并不一致，所以还得有另外的语法成分。中国语在语调的应用上也和欧洲语一样，但是另外的语法成分却不能学欧洲语的办法，用语次的颠倒，因为语次的改换可以使人误会是语词和语词的关系发生变化。‘你要去’固然是 You will go 的意思，可是‘要你去’却不能有英语 Will you go？的意思，而近于英语的 You must go。要表现询问的意思，中国语就得用句终词‘吗’：‘你要去吗？’有了这个‘吗’字，就是没有语气的变化也可以表现询问的意思。所以，句终词的应用大半是必要的。这是中国语法和欧洲语法的一个不同的地方。不但是中国语和欧洲语的不同，而且是整个汉藏语系的语言的特征，所以要研究这个问题，我们应当先对中国各方言的语法加以分析，再来比较其他汉藏语系的语言，然后可以看出这些特征的所在。”

——高名凯：《汉语句终词的研究》，载《高名凯语言学论文集》，商务印书馆，1990 年，第 75～76 页。原载《燕京学报》第 31 期，1946 年。

从印欧语的句型变化看汉语句终词的作用

高名凯认为：“印欧语的句型变化多半是拿词序颠倒来表示的。汉语在表示感情的作用方面也是如此，但是其他的句型结构就跟印欧语不同了。譬如说，我们不能够用‘能你来？’来翻译英语的‘Can you come？’我们必须说‘你能来吗？’或‘你能不能来呢？’之类的方法来表达询问句型的句子。‘吗’和‘呢’都是句终词。用句终词来表示句型的变更是汉语的特殊语法结构。我们虽然也可以拿词序的颠倒来表示感情作用，词调的变化来表示感情、命令、疑惑、询问的口气，感叹词的应用来表示感叹的色彩，但是我们还可以在这些句子的尾巴上加上句终词。这种用法不但是古今语所共有的，而且是各方言所共有的。”

——高名凯：《论汉语语法的历史继承性》，载《高名凯语言学论文集》，商务印书馆，1990 年，第 236 页。原载《北京大学学报》，1955 年第 1 期。

白语 no^{1} 的定语标记、状语标记和补语标记用法是“同音复制”的结果

吴福祥先把“同音复制”定义为“同音复制是指复制语的使用者对模式语中某个同音模式的复制，从而导致复制语中出现与模式语相同的同音模式。这种语义复制的

典型情形是：复制语的使用者注意到，模式语里有一个词形（同音词）H 具有 x、y 两个意义（即 H［x，y］），于是他们利用自己语言里与 Hx 对应的语素 Dx，产生出与 Hy 对应的意义 Dy，从而复制了模式语的同音模式 D［x，y］。即：

（2）模式语　　复制语

H（x，y）=＞　D（x，y）　｛条件：Dx=Hx｝。"

接着，他通过将白语与汉语及中国境内其他民族语言比较，认为白语 no^1 的定语标记、状语标记和补语标记用法是语义复制模式"同音复制"的结果，且 no^1 的这种同音模式是受汉语标准语影响的产物。

他指出："no^1 的上述功能中，有一个非常罕见的语义关联模式，即定语标记（属格标记、关系化标记）与状语标记、补语标记采用相同的编码形式：

（8）白语 no^1 的定语标记、状语标记和补语标记用法（引自徐琳、赵衍荪 1984）

a. 定语标记

（a1）属格标记

ɣo^{2}khɛ^3 no^1 tsɿ̃^{1}.　鹤庆的酒。（64）

鹤庆　的　酒

（a2）关系化标记

ŋo^3 ɣɯ^7 no^1 mɯ^6 jõ^6 jõ^2 mo^3 vɛ^2 sɿ^4.　我研的墨要用它来写字。（73）

我　研　的　墨　要用　它　写　字

b. 状语标记

khuã^4 khuã^4 no^1 pe^6　慢慢地走（43）

慢　慢　地　走

tshɛ̃^{4} tshɛ̃^{4} no^1 vɛ^2　轻轻地写（43）

轻　轻　地　写

c. 补语标记

pɛ^{2}tso^2 lɯ^3 tsɯ^3 ko^4 no^1 lɛ^3 kã^4 lɛ^3 tuĩ^4.　这棵白杨长得又高又直。（69）

白杨　这　棵　长　得　又　高　又　直

jĩ^{6}phĩ^3 mɛ^7 no^1 xuɛ^4 ŋui^1.　太阳亮得晃眼。（70）

太阳　亮　得　晃　眼

我们的问题是，no^{1} 的定语标记（属格标记、关系化标记）、状语标记和补语标记三种功能之间是同音关系（homophony）还是多义关系（polysemy）？基于下述理由，我们认为应是前者（即同音关系）。

第一，定语标记（属格标记、关系化标记）、状语标记和补语标记所联系的句法成分迥然不同，它们所在结构式的句法关系也相距甚远，因此这三种语法标记之间不大可能有演变关系。另一方面，这三种语法标记也不可能是由名词化标记分别衍生而来，因为名词化标记很难进入谓词性结构并在这种结构里发生重新分析。

第二，定语标记（属格标记、关系化标记）、状语标记和补语标记采用同一语音形式，这种编码模式在中国之外的语言里未见报道；在中国境内的民族语言里也极其罕见。根据我们对国内目前发现的 120 余种语言的文献调查，在同时具有定语标记、状语标记和补语标记三种语法范畴的语言里，定语标记、状语标记和补语标记采用相同编码形式的语言只有白语和仡佬语（li^{33}）。后者如：

（9）仡佬语（张济民 1993）

a. 定语标记

tɒ^{33}tɒ^{33} li^{33} qɑ^{13} ŋkɛ^{21} mpɑu^{33} ȵtɕi^{21} tɒ^{13} ŋkə^{42}.　哥哥的腿被黄狗咬了。（168）

哥哥　的 腿　被　狗　　黄　　咬 了

b. 状语标记

su^{33}sa^{33} mɛ^{21} xau^{55} xau^{55} li^{33} hau^{13}.　你们要轻轻地拿。（241）

你们　要　轻　轻　地 拿

c. 补语标记

tau^{55} kau^{55} sa^{33} li^{33} lɛ^{33} ɯ^{55} tsau^{21}！　老人笑得流眼泪！（215）

老　人　笑　得 流 水 泪

第三，据我们考察，南方民族语言的补语标记通常来自‘获得’义动词，最常见的语法化模式如（10）所示：

（10）汉语和中国南方民族语言‘得’义语素的语法化模式（吴福祥 2009a：204）：

‘获得’义动词 ——→ 动相补语 ——→ 完整体标记

　　　　　　　　　　　　　——→ 状态 / 程度补语标记能性补语标记

　　　　　　　　　　　　　——→ 能性补语

综上所述，剑川白语中同时用作定语标记（属格标记标记、关系化标记）、状语标记和补语标记的 no^1 体现的是同音模式（导源于语音偶合）而非多义模式（导源于语义演变）。

我们需要回答的另一个问题是，上述 no^1 这种同音模式是该语言内部演变的结果还是接触引发的语言演变的产物？我们主张是后者，而且进一步认为是受汉语影响的产物。

首先，与白语具有发生学关系的其他彝语支语言均不见与 no^1 类似的同音模式，如表 1 所示。

……

其次，汉语的定语标记‘的’、状语标记‘地’和补语标记‘得’虽是语法功能截然不同的三个语法语素，但语音演变的结果导致这三个语素在现代汉语平面成为同音形式：

（11）[tə⁰]
- 定语标记‘的’　　‘老方的房子 | 老方前年买的那套房子’
- 状语标记‘地’　　‘踏踏实实地做学问’
- 补语标记‘得’　　‘会议开得很成功’

基于以上证据，我们将白语‘no^1 [定语标记、状语标记和补语标记]’这种同音模式的产生过程构拟如下：

（12）在与汉语的接触中，白语的使用者注意到，汉语定语标记‘[$tə^0$]’（‘的’）同时兼有状语标记和补语标记两种功能，于是他们赋予其定语标记 no^1 以状语标记和补语标记的功能，从而复制了汉语‘$tə^0$ [定语标记、状语标记和补语标记]’的同音模式，其结果导致定语标记 no^1 获得了状语标记和补语标记两种功能。

还有一个证据可为上面的拟测提供佐证：有些南方民族语言借用了汉语的定语标记‘的’。因为在汉语里，定语标记‘的’与状语标记‘地’语音形式相同，所以被借的定语标记‘的’在这些民族语言里也连带地用作状语标记。例如：

（13）木佬语（薄文泽 2003）

a. 定语标记：ti^{33}

ai^{31}，$kə^{53}$ $ŋa^{55}$ $zə^{53}$ ti^{33} $le^{53}la^{33}$.　噢，他是我的孙子。（97）

噢，他　是　我　的　孙子

b. 状语标记：ti^{33}

khei^{24} zau^{31} fa^{33} fa^{33} ti^{33} vai^{33}. 红旗慢慢地飘。（95）

旗　红　慢　慢　地　飞

（14）布庚语（李云兵 2005）

a. 定语标记：ni^{55}

khen^{44} o^{55} ni^{44} pi̠^{44} la^{44} mɯ^{55} tho^{31}. 我的碗比你的大。（159）

碗　我　的　比　格助词　你　大

b. 状语标记：ni^{55}

i^{31}ɣo^{31} sa̠ŋ^{31} ɣoŋ^{31} mbjaŋ^{31} ni^{55} n̥a̠^{31} a^{44}. 她急急忙忙地走了。（160）

她　急　急　地　走　了

比较：补语标记：ti̠^{31}

o^{31} lau^{44} ti^{31} ma^{24}ndzen^{44} a^{44}. 我冷得发抖了。（129）

我　冷　得　发抖　了

……

最后一个问题是，触发白语‘no^{1}［定语标记、状语标记和补语标记］’同音模式产生的模式语有没有可能是当地汉语方言而非汉语标准语？我们觉得这种可能性不大。云南汉语方言分为滇中、滇南、滇西和滇东北四片，跟白语有接触关系的汉语方言属于滇东北片，但在这个地区的汉语方言里补语标记与定语标记、状语标记并不同音。如大理话和保山话：

（16）大理话（云南省语言学会 1989）

a. 定语标记：［ne^{0}］

羊七村有个放羊的（［ne^{0}］）小伙子叫段赤诚。（527）

b. 状语标记：［ne^{0}］

只要好好的（［ne^{0}］）修持，老了嘿就可以到苍山去成仙。（526）

c. 补语标记‘得’：［te^{31}］

他把这些刀子磨得（［te^{31}］）飞快。（529）

（17）保山话（云南省语言学会 1989）

a. 定语标记：‘的’（ti^{0}）

他的（［ti^{0}］）父亲早就死了。（539）

b. 状语标记：‘地’（ti^{0}）

把它抬回家，恭恭敬敬地（[ti^0]）供起。（541）

c. 补语标记：‘得’（$tə^{33}$）

槟榔抱住妈妈，哭得（[$tə^{33}$]）死去活来。（541）

倒是在滇中片的昆明话里，这三种语法标记语音形式相同，例如：

（18）昆明话（云南省语言学会 1989）

a. 定语标记：[$nə^0$]

吴三桂的（[$nə^0$]）封号，是叫‘平西王’。（519）

b. 状语标记：[$nə^0$]

要真正真的（[$nə^0$]）晓得金殿的（[$nə^0$]）好玩处啊，还是请你们自己去玩去。（521）

c. 补语标记：[$nə^0$]

这两条龙雕得（[$nə^0$]）点儿模点儿样的（[$nə^0$]）。（519）

昆明话的结构助词‘$nə^0$’应是汉语标准语‘$tə^0$’的音变形式（‘t>l>n’），因此即便白语‘no^1［定语标记、状语标记和补语标记］’复制的是昆明话的‘$nə^0$’，那最终也是复制标准语‘$tə^0$’的同音模式。”

——吴福祥：《语义复制的两种模式》，载《民族语文》2013 年第 4 期，第 4～9 页。

从藏缅语定语助词的演变反观汉语

闻静认为：“汉语和藏缅语定语助词的发展脉络基本一致，都经历了从无到有、从少到多、再从多到少的过程。汉语方言间的差异是定语助词语法化过程中‘存古化’和‘层次化’特征的体现。汉语定语助词处于演变链的最高环节，其隐性特征、广泛的分布以及丰富的语法功能，正是演变链最高环节的特征体现。汉语的分析性特点决定了在表达复杂的概念时，必然采用有定语助词为标记的‘迂说式’，其后续的演变趋势只能是词汇化而非形态化。定语居前型语序是汉语定语助词得以产生和充分发展的有力语序条件。”

——闻静：《从藏缅语定语助词的演变反观汉语》，载《汉语学习》2012 年第 4 期，第 51～58 页。

从领属格标记证明汉藏语同源

王志敬将藏汉语领属格标记进行比较：

藏语拉萨话	kyi	gyi（古）	gi/（今）	ki（古）	［ɦi］/（今）	［ε］
汉语东南方言	［ȶi］	［gi］	［ki］	［ɦi］	［ε］	［e^{52}］

指出：拉萨话和汉语东南方言领属格标记数目相同，都为六个；所不同的是，拉萨话中的［gyi］和汉语东南方言的［e］互不具有，而拉萨话［gyi］与［kyi］为变体关系，因此基本具有一一对应关系，从而可以确定拉萨话和汉语东南方言领属格标记为同源关系。

作为藏汉语同源凭证的领属格标记［ε］［k-］及其变体，同样存在于部分民族语里，是对藏汉以及部分民族语同源的印证。例如：

①与［ε］相同相近（马 p.287、336、399、401、445、504、610）

怒语：ε　　尔苏语：$εi^{55}$-$ɑi^{55}$　　道孚语：ε

缅语：jε　　木雅语：ɣæ　　纳西语：ɣ

哈尼语：$ɣ^{33}$　　载瓦语：e　　怒语：e

景颇语：je　　克伦语：je

②与［k］相同相近

独龙语：kɯ　　石门坎苗语：ku　　纳西语：gə

——王志敬：《藏汉语亲属关系研究》，民族出版社，2009 年，第 278～279 页。

汉语形式词的特殊性

高名凯指出：“语言学家又认为各语言中，例如英语和法语，有一种在形态学上统一的分析的形式，即拿一个获得补助词性质的词来和另外一个词配合在一起，由两个词来共同表达某一语法意义的。例如英语的动词 go 可以和表示时间的 will，shall 等配合在一起，称为 will go，shall go。但印欧语的这种分析形式也有一个特殊的情形：即两个词本来都有自己的词形变化，现在不过是由两个词的词形变化来担负一个语法意义罢了。Will 和 shall 就是同一个词的词形变化，go 也有其一套词形变化，如果和 am，are，is 相配合的话，它就必须起着词形变化，说成 going。并且，will，shall 也必须和有动词词形变化的词（例如 develop）配合在一起，不可能和有名词词形变化的词（例如 development）相配合。我们无妨把汉语的‘了’、‘着’等也看做分析形式或词的外部形态，但这种外部的形态却和印欧语的分析形式不一样，因为印欧语用补助词作为外部形态的词本身还有它的内部形态，而这些补助词本身也还可能有内部形态，然而汉语的‘了’、‘着’本身却无形态变化，‘吃’、‘喝’本身也没有形态变化，何况和‘了’、‘着’相配合的词又可以和‘的’、‘一个’、‘这个’等相配合呢（例如‘运动’既可以和‘了’相配合，又可以和‘的’——‘运动的发展’，‘一个’——‘一个运动’，‘这个’——‘这个运动’相配合）。”

——高名凯：《汉语语法论》，商务印书馆，1986 年，第 89～90 页。

依据英语、法语、德语证明由“之”引申为领格虚字

高名凯文中指出：“‘之’于古代文字中之作为语助用者共有三义：（一）指示词，如《诗经》之‘之子于归’；（二）目的格代词，如《论语》之‘左丘明耻之’；（三）我们所谓的规定词，如《论语》之‘夫子之道，忠恕而已矣’，亦即葛兰言所谓之领格虚字。‘止于一’的‘往’意即走到一个指定的地方，由此而引申出指示词‘这个’、‘那个’，又由此而引申出目的格代词。‘往也’又引申为‘出也’的实义，由此则引申为领格虚字，因为属于某物的，为某物所有的，即系某物所出的。英语领格虚字 of 是副词 off（出去）演化而来，法语领格虚字 de，德语领格虚字 von 都有所由来或所从出的意义。”

——高名凯：《汉语规定词“的”》，载《高名凯文选》，北京大学出版社，2010 年，第 178 页。原载《汉学》第 1 辑，1944 年。

与西洋语对比说明汉语“的”字的用法

陈定民认为：“‘的’字在国语中究竟有几种不同的用法，已经有许多人研究过：如同胡适之先生的九种用法（见胡氏所著《‘的’字的用法》一文）和黎劭西先生的五种用法（见黎氏所著《国语文法》）那都是较系统的叙述，此外零星的解释很多，我们暂且不去说他。就以胡、黎二氏的解释看来，我们觉得胡氏失之琐碎，有许多重要的解说却反而没有加以说明；黎氏的意见大体上是我们赞同的，但也有几点不十分合

适。我们根据胡、黎俩先生的解释，归纳国语中‘的’字用法为六种：

1. 的字用作代名词领位

在‘我的书’、‘你的衣服’等文句里‘的’字是绍介代名词的，我们也可以说他是个介词。不过这种用法在西洋文字却不同了。如英语里的 my，your 等是表物主的代名词。在法语里 mon，ton，son（阴类 ma，ta，sa），mes，tes，ses，却是形容词所有格，（Adjectif，Possessif）我们觉得与其把国语中这个‘的’字当作介词，还不如说他是代名词领位比较方便些；这并不是迁就西洋文法。依着词句的性质看来，他确实表示物主的代名词。我们之所以不像法文文法一样，把他当作形容词所有格看待，也有一个原因。因为在语法里面，除了 mon，ton，son 一类的所有形容词外，还有一种代名词所有格，（Pronom Possessif）如：le mien，le tien，le sien（阴类：la mienne，la tienne，la sienne）……字。在‘ce champ est le mien，’或‘cette maisen est la mienne.’的句子，译成国语是：‘这田是我的。’‘这房子是我的。’与‘我的田’（mon champ）‘我的房子’（ma maison）是没有分别的。在英语里面‘this is mine’和‘my brother’‘my pen’也是没有区别的。这是中国语言构造单简的地方，也就是单节语的特殊地方。因此我们可以确定‘我的’‘你的’‘他的’，这里面的‘的’字是代名词领位。

2. 的字用作联接代名词

联接代名词就是英文的 Relative pronoun，法文里的 pronom relatif，或译复牒代名词，也译成关系代名词。《马氏文通》称作‘接读代词’，刘半农先生称之为‘关接代词’；我们依据黎劭西先生的《国语文法》，称他做联接代词，比较适当些。因为这个‘的’字在文句里并不是与西洋文一样，可以说并没有复牒的意味。如同在法语‘les livres que j'étudie sont très intéressants.’一句话里，que 字是 pronom relatif，他在这里代替 livre，是一种复牒的代名词。但我们在国语里‘的’字用作联接代名词，却不是这样。如同：‘学校里来了一个卖书的’‘抗日的不怕死’‘大豆产的最多的是东三省’‘泰山是我去年来过一次的’这些句子里面‘的’字，并没有复牒的意味，而是代替那个省却的名词。第一句就是：‘学校里来了一个卖书的人’第二句是：‘抗日的人不怕死’第三句是：‘大豆产的最多的地方是东三省’第四句是：‘泰山是我去年来过一次的地方’这是国语中的特殊文法，不能和西洋文混为一谈的。凡这类联接代名词之前，都有形容词的语句。如‘一个卖花的走了’。‘一个打虎的来了。’这里面被形容的宾体词省却了。

……

4. 副词语尾

副词语尾‘的’字，就与形容词语尾一样，他是没有什么意义的。他的位置是在副词与动词之间，说得显明一点，也不过是语言中的一顿罢了。这又是中国语言中所特有的。法语里面：il parle éloquement，总没有说成 il parle（de）éloquement 的。中国语里，副词总是在动词之前。如同：‘他慢慢地走。’‘我辛辛苦苦的读书。’像这类文句里的‘的’字，也绝不是介词，因为副词并不需要它来绍介给动词，只是语言的习惯罢了……

5. 介词

‘的’字用作介词，其实相当于英语的 of，法语的 de；但这里又有点不同，Préposition 有人译作前置词，总是用在所介的词之前。唯有国语里介词‘的’却是用在所介的词之后。如同法语里：‘le livre de mon frère’在中文里却是：‘我兄弟的书’所以在国语里，这个‘的’字用作介词，其实是后置词……

6. 语助词

说到语助词的问题就很复杂了。本来语助词在西洋语里是没有的。也就是中国单节语里的一种特殊词性（参见拙著《语助词研究》一稿）他只是单纯的表示语句的语气，丝毫没有意义可以解说。但是在语句中却有很大的效力。‘的’字作为语助词用，是表示语句的坚决。如同说：‘我是一定要去的’，这句话如果没有语助词‘的’字附在语尾，就觉得没有力量，加上这个的字以后，那种确定的语气就完全表现出来了。在法语里：‘un home poli’与‘cet home est poli’从读音的时候，就可以知道前一句是叙述，后一句有肯定的意味；但在国语里前一句是：‘一个有礼貌的人’，加了一个形容词语尾‘的’字，后一句却是：‘这个人是有礼貌的’，加了一个语助词。我们如果把他看作形容词语尾也未尝不可，但在这句话的语气看来，确实是表示坚决的口吻。因为我们如果把这句话的语助词‘的’字省略去，‘这个人是有礼貌。’就觉得不顺口，或者可以说简直没有能把我们所要表示的语气体现出来……”

——陈定民：《国语中“的”字之研究》，载《中法大学月刊》1933 年第 5 期，第 2～7 页。

由西方语言证明汉语的规定词“的”

高名凯认为：“‘的’字也可以叫做‘规定词’。所谓语法范畴，原并不外是表示一种关系的观念，不过关系的观念很多，也并不都是由语法来表达。在关系观念之中，有一种叫做规定关系，是一切语言所共有的。规定关系就是在两个或两个以上的语词，其中有一个是给另外一个语词一个范围去规定他的界限的，在中国语中，规定者是在被规定者之前的。比方说《金瓶梅》第八十八回有一句：‘这秃和尚贼眉贼眼的只看我’。‘和尚’是比较空泛的观念。‘秃’就是规定‘和尚’的一个语词。加上‘秃’字，和尚的范围就规定了。意思说：这只是秃和尚，而不是其他的和尚。‘看’也是一个比较空泛的观念。‘贼眉贼眼的’就给‘看’一个规定。意思说：这只是贼眉贼眼的看，而不是其他的看。这种规定关系有时只由语词的秩序来表示。‘秃和尚’就是一个例子。有的时候，就在规定者之前加上一个‘的’字。这种规定关系在印欧语言中有各种不同的表示较小观念的语法形式。比方说，形容词是规定名词的一种语词，印欧语的形容词有其特殊的形态，所以是一个语法格式。领格是规定被领的名词或代名词的一种语词，印欧语有其特殊的形态，所以是一个语法格式。副词是规定动词的一种语词，印欧语的副词有其特殊的形态，所以是一个语法格式。这是三种常见的规定词，实在可以算做规定词的固不止此。关系代名词也就是规定词之一种，因为中国语并没有特别的形态去分别这些观念，中国语只有一个‘的’字去表达这一切的观念。在中国人的语象里，我们只有一个‘的’字去表达规定的关系。这并不是说中国人只有一个规定关系的观念，并没有规定观念所包含的其他较小的观念。这只是说：中国人说话的时候，他只是表示较泛的规定关系的语法形式，而‘的’字的语法价值也只是在于表达这个观念而已。”

——高名凯：《汉语规定词“的”》，载《高名凯语言学论文集》，商务印书馆，1990年，第34～35页。原载《汉学》第1辑，1944年。

藏缅语宾语句法标记比较研究

田静以汉藏语系藏缅语族语言（以下简称“藏缅语”）宾语的句法标记作为研究对象，通过共时分析和历时考察，揭示藏缅语宾语句法标记的共性与个性特征。作者指出：“与汉语相比，藏缅语的形态相对发达些，藏缅语宾语的特点主要体现在句法标记上。以往对单一语言宾语的描写和分析的语法著作比较简单，而且受汉语语法框架的影响较深，较少考虑到藏缅语自身的特点和规律。所以，对语法事实的挖掘与描写，对语法规律的探索将仍是今后藏缅语语法研究最重要的任务。宾语研究也不能仅停留在简单的描写上，要加强跨语言的对比分析研究，重视对共性特征的总结和归纳。”

——田静：《藏缅语宾语句法标记比较研究》，中国社会科学出版社，2012年，第2页。

藏缅语的话题标记与汉语比较

余成林指出："藏缅语的许多语言都有话题标记。话题标记可分为强制性使用、非强制性使用和零标记三种类型，具有多功能性。藏缅语的话题标记是后起的，各语言没有同源关系。与汉语相比，二者属于类型学关系，不是发生学关系。"

作者首先介绍了藏缅语话题标记的三种类型。其次分析出藏缅语话题标记大多无共同来源。此外，总结了藏缅语话题标记体现出句法成分的多功能性。最后，作者将藏缅语的话题标记和汉语做了比较。作者认为："通过对藏缅语话题标记的分析，藏缅语与汉语的话题标记没有共同来源。藏缅语与汉语的话题既有亲属语言之间相似的类型学特点，有相同的语言演变基因，也有其发展的不同差异。1. 藏缅语和汉语都是有话题结构的语言，其结构形式都是'话题 + 述题'。话题和主语的关系，藏缅语与汉语都不是等同的。话题是语用成分，是句子关联的对象，必须位于句首；而主语是句法成分，是动词所述的对象，不一定在句首。话题与句子其他部分之间常有停顿；而主语和谓语之间不必有停顿，否则句子就会显得松散。与汉语一样，藏缅语的话题既可以是句子的主语，也可以是句子的宾语、状语，还可以是句子的插入成分或者小句。也就是说，藏缅语和汉语做主语的并不都是话题，其他成分也可以充当句子的话题，话题和主语既有交叉、一致的地方，也有一定的区别，话题范围远远大于主语的范围。2. 藏缅语与汉语的话题标记不同。藏缅语的话题标记都是由虚词充当，其具体来源及演变还需进一步考察；而汉语却可以用'啊'、'呢'、'吧'、'吗'、'嘛'等多个语气词充当话题标记。藏缅语除了话题标记以外，还有主语标记；而汉语只有话题标记，没有主语标记。3. 藏缅语与汉语的述题结构类型不同。藏缅语属于 SOV 型的黏着型语言，汉语属于 SVO 型的分析型语言。藏缅语的述题部分虽然是'OV'型结构，但符合藏缅语的句法结构特点，其'O'仍然是句子的宾语；而汉语的述题部分虽然也是'OV'型语序，这种语序被认为是一种'主谓谓语句'，其'O'不能认为是句子宾语的倒装。如：烈性酒他不喝 / 他烈性酒不喝。4. 话题在藏缅语和汉语中的地位不同。话题在汉语交际使用中非常广泛，话题的句法地位可能比主语的句法地位更加重要而明显，通过停顿、语序，尤其是话题标记可以较清楚地确认话题，而主语的句法身份因为经常空缺和缺少形式标记而不太突出。"

——余成林：《藏缅语的话题标记——兼与汉语比较》，载《中央民族大学学报》2011 年第 1 期，第 77～81 页。

从藏缅语反观汉语的因果句标记

戴庆厦、范丽君通过27种藏缅语的比较，就关联标记的语序类型、语源关系、功能特点以及语言接触等几个方面，归纳出藏缅语因果句的特点如下：

一、藏缅语因果句多是前因后果句

藏缅语因果句中因句和果句的位置有两种情况，一是前因后果句，二是前果后因句。藏缅语各语言中大多数句子都是前因后果句。

二、藏缅语因果复句关联标记的优先语序是居中

藏缅语因果复句关联标记在复句中的位置，有居中、居首和成对使用三种情况。藏缅语关联标记的优先语序是居于分句之间，前一原因分句的末尾。

三、藏缅语因果复句关联标记具有多功能性

藏缅语因果复句的标记，有的语言还兼有其他方面的功能。如有的语言，因果复句的标记还能连接连动结构，有的还能当别类复句的关联标记，如假设复句、目的复句等。有的还兼标补语的标记。但不同的语言，兼用的种类多少不一（最多的有三种，少的只有一种），兼用对象不一。

四、藏缅语不同语言的关联标记大多无同源关系

藏缅语因果复句的关联标记，是构成因果复句的主要语法形式。作者收集了27种语言的关联标记，并进行了对比。对比结果显示：大部分语言的关联标记不存在同源关系，只有少量比较接近的语言有同源关系。

得出藏缅语因果复句的以上特点之后，作者将藏缅语与汉语对比，从藏缅语的因果复句反观汉语，得出以下几点认识：

1. 汉语的因果复句的语法标记比藏缅语丰富。复句语法标记丰富与否，这与书面语发达与否密切相关。汉语因果复句比较丰富，形式多样，这与汉语长期有丰富的书面语有关。

2. 因果复句关联标记的位置不同。因果复句关联标记的位置与语言类型是前置型还是后置型有关。藏缅语术语后置型语言，所以关联标记居后的为多，前置型关联标记大多是因语言接触而受其他语言影响产生的。而汉语是前置型语言，所以关联标记居前。

3. 汉语因果复句关联标记的位置比藏缅语灵活。汉语的关联标记可以根据强调对象的不同而移动，可以位于分句主语的前后，具有一定的灵活性。但藏缅语的关联标记一般不能移动，都居于第一分句的后边或第一、第二分句的最前面，位置比较固定。

4. 汉语因果分句关联标记表意的细致性。藏缅语各语言关联标记不是很丰富，表

达因果关系复句时。表达的语义关系比较笼统、粗略，只是标明两个分句之间具有因果关系。汉语的因果关系的关联标记比较丰富，表达的语义更为细致。

5. 藏缅语因果复句关联标记的多功能性比汉语强。藏缅语因果复句关联标记的多功能性特点，与其不发达有关。而汉语因果复句关联标记一般还有一个意义，不表示与因果关系意义距离远的语法意义。

——戴庆厦、范丽君：《藏缅语因果复句关联标记研究——兼与汉语比较》，载《中央民族大学学报》2010 年第 2 期，第 74～80 页。

东亚大陆南北方非汉语的被动标志

桥本万太郎认为，“东亚大陆南方的各种民族语（主要是台语和一些南亚语系语言）大多数有专有被动标志”。他列举了以下两类被动标记：

1）在每个语言里或在邻近的语言里不和其他词语有明显的形式上类似。如：

临高话 ɓiaŋ^{3}	傣语——德宏方言 tso^{3}
苗语 zen^{13}	布依语 tɯk^{8} tso^{2}
黎语——通什方言 goːm^{3}	壮语 tɯk^{8}
保定方言 ia^{1}	越南语 bi，phái，đu'o'c 等

其中越语 bí 明显地是从汉语来的借词；傣语 tso^{3}、布依语 tɯk^{8} 和壮语 tɯk^{8} 是同系词，这不必说。但不管固有词、同系词或借词，这些语言被动式的宾语都可以省略，而这些标志事实上都可以把它们解释为及物动词；这正和汉语“被”字后面的词语（包括表示施动者的名词在内）作它的宾语是一样的。

2）不知为什么和邻近语言里有“给予、还给”意的动词有形式上的关联。如：

侗语 təu^{6}：	苗语（大南山）-ʈou^{44}“给予”	傣语（西双版纳）se^{1}：	侗语 saːi^{1}“给予”
	黎语（通什）deɯ^{1}“给予”	布依语 se^{1}	傣（德宏）saːi^{1}“还给”
	布依语 taːu^{5}“给予”		（西双版纳）saːi^{3}“还给”
壮语 təŋ^{1}：	黎语（保定）tụːŋ^{2}“给予”	水语 ŋaːi^{4}：	水语 haːi^{1}“给予”
	布依语 tiaŋ^{1}		布依语 ŋaːi^{2}
	毛南语 tiːŋ^{3}		壮语 ŋaːi^{2}
	瑶语 cʏŋ^{1}		

但水语、布依语、壮语的 ŋaːi² 很可能是从汉语来的借词“挨”。

布依语 ko⁴：苗语 kaŋ⁴²

和这些南方的各种民族语言构成鲜明对照的是东亚大陆北方的几种民族语言，主要是阿尔泰语系的满语族和蒙古语族里的语言。这些民族在过去历史上一直和北方汉族有着长期的接触，他们语言有着一个很显著的特点。那就是：都把使动标志当做被动标志。如：

	被动	使动
满语文言	-bu-/-mbu-	-bu-/-mbu-
满语富裕方言	-bu-	-bu-
锡伯语	-ve-	-ve-
鄂伦春语	-w-	-wkaan-/-whəən-　-wkoon-/-wheen-
土族语	-lɢa-	-lɢa-
东乡语	-ɣa-	-ɣa-

其中鄂伦春语里的情况比在其他语言里的复杂一点，使动标志有接中辞 -kaan-/-həən-　-hoon-/-keen-，但还是有 -w- 部和被动标志共通的。

——桥本万太郎：《汉语被动式的历史·区域发展》，载《中国语文》1987 年第 1 期，第 44～45 页。

从汉藏语 ta 类持续标记反观汉语方言“哒”类持续标记

罗自群认为：“‘哒’类持续标记是‘著’类持续标记的一种早期形式，当时不仅在汉语通行区域分布广泛，而且它的各种语法功能，包括在动词前或动词后做介词的用法，都被藏缅语族、壮侗语族中的许多语言或多或少地借用。这种语言接触的结果，使得我们能够借助非汉语中的借用成分进一步证明现代汉语方言‘哒’类持续标记的来源。”

作者对“汉藏语系 ta 类持续标记和汉语方言‘哒’类持续标记从语义、语音、语法等方面进行了详细的比较，总结出其对应关系，说明它们有共同的来源”，认为“汉藏语系 ta 类持续标记是借自汉语某一时期某一区域的汉语方言”。

从汉藏语系语言接触的角度反观汉语方言“哒”类持续标记，“通过考察汉藏语系非汉语的 ta 类持续标记，可以发现这些语言和汉语在历史上的某一段时期的语言接触特点”。作者从地理分布和语法功能两个方面进行了探讨。总结出“接触范围广泛”，“接触的程度不同”的特点。“从另一个角度也可以看到，‘哒’类持续标记在当时还有动词义，还能作为实词被非汉语借入。”

作者认为，“魏晋南北朝以前文献中出现的‘住 + 处所词’用法，和现代汉语方言中仍在使用的持续标记‘住’都来自‘遇摄御韵、知母、去声’的‘著’，只不过被人们写作同音字‘住’了。在现代汉语的一些方言中，‘住’除了做持续标记还可以作方位介词用，方位介词既有在动词前的，也有动词后的”。

“通过以上比较可以发现：(1) 不论是在动词前还是在动词后，ta 或‘哒’都有两种语义：一种是表静态的，比如表示‘在’义；一种是动态的，有趋向义，比如‘到’‘从’义等。(2) ta 做介词和处所词组成‘介词 + 处所词’结构时，无论在动词前还是动词后，语义都是一致的：表示静态时，指称动作存在的空间（‘在’义）；表示动态时，指称动作的起点（‘从’义）或动作的方向（‘到’义）。(3) 介词 ta 的语义，和句子中主要动词的性质有着直接的关系。比如上面例句中，主要动词为静态动词‘等’时 ta^{33} 就能被理解为‘在’义；如果主要动词为‘来’‘走’‘回来’等带有趋向义的动词时，ta^{33}、ta^{3} 和 ta^{6} 就容易被理解为‘从’——指示动作的起点。这种词义上的对等性，是光看汉语方言口语材料所难以发现的。也正因为它们和汉语史文献材料的相互呼应，不仅增强了我们对汉语史文献中有关‘著’的材料的感性认识，而且也丰富了我们对历史上‘哒’类持续标记的理解。”

“汉藏语系非汉语中 ta 类持续标记对中古汉语‘著’的包括动词义、动词前介词等各种用法的保留，从另一个角度提醒我们，在某一段历史时期或某一区域，汉语和这些非汉语之间曾经发生着一场正面的、直接的、比较深刻的语言接触，范围之广是我们一时难以想象的。非汉语 ta 类持续标记的这种多功能兼用并存的现象也说明，到了这个阶段，‘著’的各种用法并没有因为语法功能的多样性而发生语音上的分化——这就更说明了 ta 是‘著’发展史上的一种早期形式。”

“本文从语言接触的角度出发，站在整个汉藏语系的背景下，来探讨汉语方言持续标记‘哒’的来源。事实证明，汉藏语中的非汉语材料为我们认识‘著’类持续标记语法化的过程提供了鲜活的材料，值得高度重视并需要加以充分利用，不仅仅只是在语音、词汇上，语法也是如此。”

——罗自群：《从语言接触看汉语方言“哒”类持续标记的来源》，载《语言研究》2007 年第 4 期，第 47～53 页。

论藏汉语同源持续体标记

王志敬指出："三个'给'字并存是汉语西北方言里的特有现象。根据西北方言里'给'字时间层次的差异，分析了动词'给$_2$'的位移，由此确定了原始汉语的'主-谓-宾'语序，证明持续体标记'给$_3$'和藏语 $bsdad_2$、$bzhag_2$ 具有同源关系。"文章通过举例得出："藏语拉萨话和汉语兰州话双宾语格式都为'$S+O_1+O_2+$给'，双宾语都前置于动词，由此可窥见原始汉语的'主-谓-宾'序列。""汉语西北方言持续体标记'给$_3$'是上位词，涵盖两个下位词'给$_{31}$'和'给$_{32}$'。'给$_{31}$'标示指人名词动作行为的持续进行，'给$_{32}$'标示受事指物名词状态持续。藏语持续体标记也包含功能各异的两个变体 bsdad 和 bzhag。bsdad 标示指人名词动作行为的持续进行，同'给$_{31}$'；bzhag 标示受事指物名词状态持续，同'给$_{32}$'。"

——王志敬：《论藏汉语同源持续体标记》，载《语言研究》2007 年第 3 期，第 112～117 页。

现代汉语和台语助词"了"和"着"的相似性

邢公畹指出："现代汉语普通话中的'了'有 liǒo，·le 两音。重音'了'含有'完结'的意思。用'了'作动词，表示'完结'等义，似乎是从魏晋六朝间开始的；用'了'作助词，似乎唐以后才开始。""属于台语系统的各支语言里也有'了'，如泰语 $lɛ:u^4$。$lɛ:u^4$ 用做动词，含'完结'的意思，如：$lɛ:u^4$ set^5'完毕'；也可以用做助词，跟汉语'了'的语法功能基本一致。如：fon^1 tok^7 $lɛ:u^4$！下雨了！""汉语'了'的中古音可能是 $lieu^4$。"

他把汉语中的助词"了"的语义概括为：①表示"完结"（助词"了"记为 l_1）；②表示"一种新情况"（助词"了"记为 l_2）。根据"了"的语义，文章归纳了汉语中带助词"了"的词组的结构模式，用以下公式表示：① $DJ+l_1$（DJ 代表结束性动词），如：雨停了。② $DF+l_2$（DF 代表非结束性动词），如：表走了。③ $DZ+D(+B)+l_2$（DZ 代表助动词，D 代表动词，B 代表宾语），如：他会写了。④ $D_1+l_1+D_2+l_{1/2}$（D_1、D_2 表示连续谓语），如：走了就算了。⑤ $X+l_2$（X 代表形容词），如：他的头发白了。⑤' $X+l_2+B$，如：这张桌子高了三寸。⑥ $MS/SLZ+l_2$（MS 代表时间词，SLZ 代表时量词组），如：秋天了，树叶都落了。/这孩子三岁了。⑦ $D+DQ+l_2(+B)$（DQ 代表趋向动词），如：海面刮起了大风。⑧ $D+B+l_2$，如：他吃饭了。⑨ D/X＋l_1＋B，如：我多了一句嘴。/ 我吃了一碗饭。⑩（D＋l_1＋B）＋l_2，如：他吃了饭了。

他还分析了“了”在现代台语里的使用情况。作者发现：“泰语 lɛːu⁴ 有两个跟实词组或实词的相对位置，一个在主谓词组前，大致相当于北京话的‘完了就……’的用法……用作谓语；另一个位置在主谓词组或者动词、形容词后……”这个位置是助词的用法。文章按照上述公式，把泰语里使用助词 lɛːu⁴ 的句子分别加以叙述，发现泰语中有以下几种情况：（1）DJ＋l_1（公式①）（2）DF＋l_2（公式②）（3）DZ＋D（＋B）＋l_2（公式③）（4）X＋l_2（公式⑤）（5）X＋l_2＋B（公式⑤'）（6）MS/SLZ＋l_2（公式⑥）（7）D＋B＋l_2（公式⑧）。此外，不管是 D＋l_1，D＋l_2，还是 D＋B＋l_1，在选择疑问句里，泰语一律不加 lɛːu⁴。在属壮语南部方言的龙州壮语里，也有一个助词 tuːn³“完了”，文章认为“这个词跟汉语的‘了’在音韵上似乎没有关系”。“但是龙州有两个相当于汉语‘了’的虚字（龙州 l_1 和 l_2 不同形）：ja⁵（l_1）和 a⁵ 或 a¹、la⁵、la¹（l_2）。”

“壮语北部方言有 liːu⁴，与汉语‘了’在音韵上显然有关系；又有 lo⁶……可以看出在壮语北部方言中 l_1 与 l_2 也不同形，而且可以连用在一起。连用在一起的时候，liːu⁴ 在前，lo⁶ 在后。”榕江侗语里“有实词 ljeu⁴，如：ljeu⁴ so⁶（断气）；也有虚词 ljeu⁴，如：wo⁴ ljeu⁴（知道了），试比较泰语 ru⁴ lɛːu⁴（知道了）。值得注意的是，不仅侗语里的 ljeu⁴ 在用法上相当于泰语的 lɛːu⁴，一般指为语气词的 la⁴（或用 jaŋ⁴，相当于龙州的 a⁵ 及 la⁵），也相当于泰语的 lɛːu⁴……侗语 l_1、l_2 不同形。ljeu⁴ 是 l_1，la⁴、jaŋ⁴ 是 l_2”。“荔波莫话的‘了’liu⁴，有轻声的说法 · liu⁴，还有轻声弱式的说法 · li。此外还有 paːi⁶ 和轻声的 · paːi⁶……看来莫话 l_1、l_2 同形，跟泰语一样。”“值得注意的是莫话里有一个助词 ha¹，专用在否定句里表示新情况。”“布依语里的‘了’说成 leu⁴。贵州惠水县远羊寨布依语说成 ljau⁴，更近于现代汉语……可以看出，布依语不分 l_1、l_2……”

关于助词“着”的情况，作者发现，“汉语的‘着’，有好些方言变体和‘在’、‘着’交替现象”。“相当于汉语‘着’的助词，在泰语有 ju⁵，在龙州壮话有 ɬe¹，在荔波莫话有 ʐo⁴，在榕江侗话有 to³，在远羊寨布依话有 su⁵。”该文认为“泰语的‘着’，从动词‘在’变来，‘在’、‘着’是一回事”。“泰语将‘在’放在谓词及其宾语后作为‘着’用，这跟汉语唐宋时的口语是一致的。”“龙江壮语的 ɬe¹ 可以用在结果动词后面，但汉语普通话的‘着’不能这样用。安庆方言有这种用法如‘饭煮熟着’。但安庆话的这个‘着’作‘了’用，可能龙州的这个 ɬe¹ 也是‘着’、‘了’交替现象。还可以跟汉语一样，用在动词后、宾语前，这是跟泰语不一样的地方。”“荔波莫话的 ʐo⁴，本义是‘放置’。中古汉语的‘着’也有‘放置’的意思。”“远羊寨布依语 su⁵ 的本义，跟莫话一样，也是‘放置’的意思。布依语带‘着’的结构也跟莫话、泰语一样，有D/X·B·zh式。”

他还指出：“从汉语各方言看，‘了’、‘着’的表象是复杂的，比如长沙‘了’、‘着’都变成·ta⁶，广州 l_1 变成 tsɔ³，各有各的特殊性。但不管怎样复杂，它们后面都有个‘了’、‘着’的规律制约着。从台语看，‘了’、‘着’的表象也是复杂的，比如龙州的 l_1 是 ja⁵，泰语的‘着’是 ju⁵，各有各的特殊性，但它们后面也都有个‘了’、‘着’的规律制约着。把汉台两系语言里助词‘了’、‘着’的表象合在一起看，则更为纷纭复杂。这些助词在古汉语和古台语里的发生、发展情况，目前还说不清楚，但它们在纷纭复杂的特殊性中却显示出一种普遍性：汉台两语在演变过程上分明存在着类似的‘了’、‘着’结构单位和结构形式，存在着一种平行发展迹象。这种现象可以说明汉语和台语是从一种共同语里分化出来的。好比相距不太远的两条河，我们因故无法得见上游，但是这两条河有大致相同的流向，从水样里又分析出这两条河里的水都含有不同于其他河流的矿物质和化学成分（从语言来说，就是作为共同生活过的证据的社会实践在两种语言的词汇和语法结构上的投影），那么我们或者可以推断这两条河的上游是同一条河。”

——邢公畹：《现代汉语和台语里的助词“了”和“着”》(上)，载《民族语文》1979年第2期，第84～96页；《现代汉语和台语里的助词“了”和“着”》(下)，载《民族语文》1979年第3期，第206～211页。

汉语助词“了”“着”与阿尔泰诸语言的关系

宋金兰认为：“‘了’同阿尔泰诸语中的词尾-l、-r存在着某种对应关系。”“‘了’的语法意义和功能与阿尔泰诸语中的未完成过去时、过去时、现在——将来时词尾及目的式副动词附加成分等大致相当。其中与蒙古语未完成过去时的惊人相似处尤其令人瞩目。‘了’，上古音为liau，中古音是lieu，轻读当为lə，la，lɔ等。上述词尾读lə、la、lo……或rə、ra、ar……阿尔泰诸语的l和r有对应关系。由于汉语里没有颤音，外来语的颤音r，一般音变为边音l。因此，从读音上看，‘了’与这些词尾的读音大体相同或相近。”

宋金兰还认为：“‘着’与阿尔泰语的词尾-d，-dʒ有着大量的对应关系。”“‘着’与阿尔泰诸语的词尾-d，-dʒ从语音形式到语义、功能都存在着一种趋同现象。从语音上看，‘着’的上古音是diɑk，中古音是ȡiɑk。上古无ȡ音，ȡ是从d中分化出来的，分化的时间大约在6世纪（王力，1958，73）。估计‘着’在唐宋时仍有d、ȡ两种读音并存的情况。ȡ与dʒ音近，汉语中的蒙古语借词电dʒam（站）读作ȶiɛm（ȡ清化则为ȶ）。有趣的是，阿尔泰诸语里的d与dʒ关系也很密切，dʒ源于更为古老的d。如‘种马’，蒙古语是ɑdʒirgɑ，古突厥语是ɑdɣir；‘大麻’，维吾尔语是kəndir，东裕固语是

keŋdʒir。突厥语族语言的过去时词尾大多是 -di，但也有变为 -dʒi 的，如撒拉语。在保留蒙古语古老特征较多的东裕固语中，表示动作进行的词尾 -dʒ 与 -d 可以互换，所表示的意义不变。-dʒ 源于 -d。鄂伦春语的进行体词尾和撒拉语的过去时词尾同是 -dʒi，蒙古语持续体词尾 -dʒɛɛ 与过去时词尾 -dʒee，在语音上的相似，等等，都使我们联想到兼表持续义和完成义的'着'。"

作者把"了"、"着"放到其产生和发展的宏观背景上去观察。认为："纵观'了'、'着'的发展史，其间正是操阿尔泰诸语的北方民族进入中原，与汉民族发生民族融合与语言融合的重要时期。此时，汉语、胡语并行中原。成语'胡言乱语'便源于'胡言汉语'，其本义反映了当时规模空前的双语情况。这从有关的文献记载中也可见其一斑。《南齐书・魏虏传》载北魏'诸曹府有仓库，悉置比官，皆通虏（胡）汉语，以为传译。'《太平寰宇记》卷 35 引《隋书经杂记》说，隋代胡人'其状似胡而语中夏'。唐岑参《奉陪封大夫宴》诗云：'座参殊俗语，乐杂异方声。'（全唐诗，473）宋陆游记韩吉元 1173 年使金在汴京的见闻时说：'汉使作客胡作主'，'庐儿尽能女真语'。（剑南诗稿，4）这种长达数百年之久的、大规模的双语现象，对汉语的发展无疑是一个重要的外在动力。同时，大批汉化了的操阿尔泰诸语的民族在放弃自己的母语之后，不可能绝对完善地掌握新的第二种语言——汉语，底层语言的成分必然要渗入到他们使用的汉语中去。可以设想，像 -l，-r，-d，-dʒ 这类高频词尾完全有可能被作为底层现象留存下来。这类词尾或相当于汉语的同源词、同音词，或类似汉语的多义词。因此，只要其中的一两个词尾被保留下来，就有可能带进来一系列相关的意义和用法。我们知道，语法成分的渗透较之词的借贷要困难得多，语言结构的差异越大，渗透的难度便越大。汉语要使这类具有粘附性质的词尾成为自身的一个有机的组成部分，需要一个长时间的消化、吸收过程。与此同时，还得按照汉语的特殊性对其进行改造、变通。这两方面的因素使得'了'、'着'的性质从广义上讲，是多种异质要素的杂糅。'了'、'着'的发展又在相当大的程度上表现为由实到虚的演变过程。这里还想顺便指出，'了'、'着'所以能在口语中得以推广，并最终进入书面语，也是越来越多的操阿尔泰诸语的民族融于汉族，并进入上层统治集团和知识分子阶层内部有一定关系的。"

"综上所述，有理由认为，阿尔泰诸语对汉语'了'、'着'的产生和发展施加过重大影响。'了'、'着'语义的复杂性和功能的多样化，是在阿尔泰诸语有关语法成分对汉语的长期渗透下逐渐丰富和发展起来的。从一定意义上说，'了'、'着'是语言影响的产物。"

——宋金兰：《汉语助词"了"、"着"与阿尔泰诸语言的关系》，载《民族语文》1991 年第 6 期，第 59～67 页。

从维吾尔语反观汉语“着”的特点

苗东霞运用类型学的语言对比等方法，从维吾尔语反观汉语“着”字结构，发现其在形式上具有隐性、限制性特点，语义上具有多层次特点，语用上具有预设性特点。

一、汉语“着”字结构的隐性、限制性特点

作者指出，维吾尔语是黏着性语言，时态标记主要体现在动词谓语的时态变化上，呈显性特点。汉语的动态助词“着”用在动词后，表示动作行为的持续状态，基本结构形式为“V着”类，包括动态意义的“V着”和静态意义的“V着”两种形式。前者在维语中一般多用现在进行时或持续时来表达，即在动词原形后加“-watidu”或“-maqta”等附加成分；后者在维语中一般多用将来时表达，即在动词原形后加“-idu”等附加成分。因此，维语的时态附加成分是显性的“体”标记，而汉语的“V1着V2”结构中，当“V1”是“协同”类“带、领、陪、帮、伴、引、押”等动词时，动词不带“着”也可以表示“持续”意义，“着”呈隐性特点。这和重形态的维语存在较大差别，说明汉语的“着”在结构上有隐性特点。

维语的时态附加成分对动词谓语没有限制，但汉语的动态助词“着”对动词谓语有较强的限制性。汉语的“着”在使用上会受到前面动词的制约，在不表示持续行为的动词、表示心理活动的动词、表示结束性动作的动词等后边一般都不能带“着”。

二、汉语“着”字结构语义的多层次特点

作者通过对应比较和偏误分析，指出维语的时态附加成分只是彰显时间，呈现出“有时性”的特点；而汉语的“着”则根据句子结构的不同、独立语境和条件语境的不同，有着不同的语义，具有多层次的语义特点，并归纳出汉语“着”的7种语义类别：1.表静态的持续意义；2.表动态的持续意义；3.表示进行意义；4.表示伴随意义；5.表示起始意义；6.表示祈使意义；7.表示评价意义。

三、汉语“着”字结构语用的预设性特点

作者还指出，汉语的“V着”类不但结构复杂，而且语义细密。有些与“V着”有关的问题，还需要到语用中去寻求解释。汉语的“V着”结构具有预设性的特点。

作者认为，这种比较将有助于确定汉语“着”的概念；有助于揭示汉语“着”的结构特点和深层的语义特点以及语用特点；有利于“着、了、过”的深入研究和第二语言教学。

——苗东霞：《从维吾尔语反观汉语“着”的特点》，载《中央民族大学学报》2009年第2期，第109～114页。

罗马语系的时态表示法和汉语表示时间的“情貌”的对比

王力指出：“时间的表现，大多数族语是有的，然而各族语对于时间的看法却不相同。大致说来，人们对于事情和时间的关系：第一，着重在事情是何时发生的，不甚问其所经过时间的远近，或长短；第二，着重在事情所经过时间的长短，及是否开始或完成，不甚追究其在何时发生。前者可以罗马语系（法语、意大利语、西班牙语等）为代表，后者可以中国语为代表。

但是古代中国语里所表现的时间观念，远不如现代的完备。这是中国语法的一大进步。在现代中国语里，咱们有事情开始的表示，继续的表示，正在进行中的表示，完成的表示，又有经过时间极短的表示等。这些虽也涉及时间的过去现在将来，然而不以过去现在将来为主。它们是表示事情的状态的，可称为情貌，简称曰貌。”

——王力：《中国现代语法》（上），中华书局，1954 年，第 311～312 页。

通过英汉比较解释将来时标记向认识情态功能衍生的原因

石毓智、白解红提到：“从跨语言或者同一语言的不同历史时期的角度来看，语法化往往具有高度的规律性这一方面表现在同一语法标记往往来自有限的词类别，另一方面则表现在同一语法标记会再向相同的方向发展……将来时标记向认识情态的发展是人类语言的一个共性。这种发展见于英语、德语、希腊语、保加利亚语、斯瓦希里语等多种语言中……无独有偶，古今汉语所出现的多种将来时标记也都发展出了认识情态的用法。这种发展的背后存在着深刻的认知基础。”

作者将将来时所衍生出来的认识情态分为“必然性”“可能性”和“虚拟性”三个量级，以英语和汉语最常用的将来时标记为例逐一进行了说明。例如：“表示事件发生的必然性。英语中的 be going to 可以用来表示主观信念中某个事件一定会发生……类似的，汉语最常见的将来时标记‘要’也可以表示主观信念上某种事情一定会发生。”

在讨论了英汉从将来时到认识情态的发展规律后，作者进一步解释汉语史上先后出现的“行”“欲”“将”三个将来时标记的特殊用法。证明了它们也都衍生出了表达预测、估计等认识情态用法。认为：“将来时有向认识情态发展的倾向性，而认识情态又属于主观判断范畴，那么就很自然地引申出类似‘认为’的主观判断义。”

最后，作者总结道：“语言发展具有相似的规律。如果从跨语言的角度看问题，一些语法标记从表面上看来扑朔迷离的用法就可以得到合理的解释，一些奇异的发展就可以找到产生的根据。将来时标记的概念内容包含着强烈的主观因素，因此它倾向于发展出多种认识情态用法，该用法可以分为三种量级：必然性、可能性和虚拟性。英语和汉语的将来时标记之间存在着平行的认识情态用法，这不是偶然的，它们的背后存在着深刻的理据。”

——石毓智、白解红：《将来时标记向认识情态功能的衍生》，载《解放军外国语学院学报》2007年第1期，第1～4页。

第三节　句　法

一、语　序

藏缅语的形修名语序

戴庆厦、傅爱兰以第一手调查语料为对象，用类型学跨语言比较的方法，对10种藏缅语的形修名语序进行了初步研究。主要探讨了：1. 复合词与短语形名结构的一致性和差异性。2. 形容词定语前置与后置于核心名词在形式和功能方面的差别。3. 形容词定语和指示词定语、数量定语共同修饰名词时可能出现的语序及其等级序列，影响等级系列的条件。

——戴庆厦、傅爱兰：《藏缅语的述宾结构——兼与汉语比较》，载戴庆厦主编：《汉语与少数民族语言语法比较》，民族出版社，2006年，第335～347页。

从哈尼语、汉语的对比看古代汉语的“名＋形”语序

李永燧比较了哈尼语和汉语的形容词修饰语（用A表示）与中心名词（用N表示）的语序，发现哈尼语为NA式，而汉语为AN式。如以下例句：

哈尼语（NA）	汉语（AN）
lo^{55} bje^{55} $jo^{33}go^{31}$	高桌子
桌子　　　高	

a^{31} ȵu^{31} jo^{33}ɕe̠^{31}	瘦牛
牛　　瘦	
ɣo^{55} mo^{55}u jo^{33}xɯ^{31}	粗大的身体
身体　　　　大	
jo^{55}tɕho^{31} jo^{33}mɯ	好朋友
朋友　　　　好	
nɔ^{55}ma^{33} lɔ^{55}tshø^{33} ne^{33} du̠^{33} la^{55} a^{55}.	暖乎乎的太阳出来了。
太阳　　暖乎乎　的　出　来　了	
a^{55}si^{31} tɕhu^{55} dʑu^{33} ne^{33} tɕhi^{31} mo^{55}.	一个甜蜜蜜的果子。
果子　甜　　蜜蜜　的　一　个	
ɮa^{31}xø^{55} go^{31}sa^{33} ne^{33} tɕhi^{31} mo^{55} tsu̠^{33}.	盖一座高高的房子。
房子　　高高　　的　一　座　盖	
a^{55}je̠^{33} ȵi^{55}tɕhu^{55} ne^{33} je̠^{33} a^{55}.	红艳艳的花开了。
花　　红艳艳　　的　开　了	

“但是，在古汉语里我们还可以找到形容词后置于名词的修饰形式 NA。”作者引用了吕叔湘《中国文法要略》中的例句：

僧富者不能至，而贫者至焉。

儿女大者攀衣，小者乳抱。

大夫之忠俭者从而与之，泰侈者因而毙之。

牛之佳者不大胜亦不大败……

因此，李永燧指出：“古汉语形容词用作后置修饰语，也象数词和量词用作后置修饰语一样，可以使人测拟哈尼汉远古有过修饰语后置于被修饰名词后边的共同形式，同出一源，或者虽不同源但有过大致平行的发展，只是后来才发生了不同的分化。”

——李永燧：《哈尼语和汉语的名词修饰语》，载《民族语文》1985 年第 3 期，第 14 页。

从哈尼语、汉语的对比看古代汉语的“名＋数＋量”语序

李永燧分析了这两种语言的指示词、数词、量词修饰名词时的语序，指出：“哈尼语指示词、数词和量词修饰名词时，一律在被修饰的名词后边，汉语则在被修饰的名词前边。”

以下为文中的用例（注：用A表示修饰语，用N表示被修饰的名词——中心词）。

哈尼语（NA）	汉语（AN）
a^{31}ȵu^{31} ø^{55}（ȵi^{31}）khɔ^{55}	那（两）头牛
牛　　那　二　　头	
mi^{31}ȵe^{31}ɕi^{55}（mɯ̱＋ȵa^{33}）tɕha^{33}	这（几）件事
事　情　这　（几）　　　　件	
za^{33}ma^{33} tɕhi^{31} mo^{55}	一只象
象　　　一　　只	
ka̱^{33}mja^{31} tshe^{55} mja^{31}	十根箭
箭　　　　十　　根	

李永燧把哈尼语的数词、量词修饰名词的语序与汉语进行对照，发现：“在古汉语里，数词和量词可以是后置于名词的修饰语。记账或者列举的时候，现代汉语也可以把数词和量词放在被修饰的名词后边。也就是说，在上述条件下哈尼语和汉语数词和量词做名词修饰语时词序一致。”文中举出了古代汉语的用例与哈尼语进行比较：

汉语（NA）

贝十朋。（殷墟文字甲编777）

不稼不穑，胡取禾三百廛兮。（诗经·魏风）

皆赐玉五，马三匹。（左传·庄公十八年）

汉王赐良金百溢，珠二斗。（史记·留侯世家）

哈尼语（NA）

tshe^{55}nɔ^{55} sɔ^{31} ja^{55} dzɔ^{31}　谷穗三百捆

谷　　穗　三　百　捆

mo^{31} sɔ^{31} khɔ^{55}　　马三匹

马　三　匹

sɿ^{55}　ȵi^{31}ja^{31} mje̱^{33}　黄金二百两

金子 二 百　两

李永燧认为："这种词序的对应关系似乎暗示我们：汉语哈尼语数词和量词做修饰语，在古代有过后置于名词的共同形式，而汉语前置于名词的形式也许是后起的。现代汉语记账或列举的时候，数词和量词后置如'笔一枝，纸三张，书十本'，可以说是古代用法的遗迹。"

——李永燧：《哈尼语和汉语的名词修饰语》，载《民族语文》1985年第3期，第13～14页。

土家语定中语序的类型学研究

朱艳华通过对土家语领属定语、形容词定语、关系从句定语、指称类定语与中心语的语序的分析，发现土家语定中语序并不完全符合语言类型学中的普遍性原则和蕴含性原则，这说明统计学推测的普遍性原则和蕴含性原则是不全面的，同时也说明像土家语这样的与其他语言有着长期、频繁接触的语言已经不能成为语序类型学研究的理想化的语言了。

——朱艳华：《土家语定中语序的类型学研究》，载《高等函授学报》，2009年2月第2期，第31～33页。

从方向词的组合顺序看汉藏语的同源关系

王志敬将古今藏语和古今汉语做横向比较得出：在方向词的组合顺序方面，藏语古今相同，而汉语则古今差异很大。作者举例如下：

古今藏语	བྱང་ཤར།	བྱང་ནུབ།	ལྷོ་ཤར	ལྷོ་ནུབ
	byang shar	byang nub	lho shar	lho nub
	北　东	北　西	南 东	南 西
甲骨文	北东	北西	（缺）	（缺）
现代汉语	东北	西北	东南	西南

由例子可以看出：以甲骨文为基点，下联现代汉语，甲骨文的“北东”变为“东北”，“北西”变为“西北”；以今推古，现代汉语的“东南”“西南”，在甲骨文或更古时期，应该是“南东”“西东”，这样正好和藏语排序完全相同。于是，从藏语到甲骨文，再到现代汉语，方向词两两组合的排序形成一个链条状分布。最后作者引用徐通锵教授在《历史语言学》(p40)中的话：“这种链条状分布的语言是语言分化的产物。”来证明自己汉藏语同源的观点。

——王志敬：《藏汉语亲属关系研究》，民族出版社，2009年，第70页。

壮汉代词、数词、量词和名词结构形式的比较分析

季永兴“通过对壮语和汉语的代词、数词、量词和名词结构的比较分析，说明结构的主要差别在于代词位置的不同，壮语时间词有不同于汉语的表达方式，壮语数词‘一’既有后置的 deu^{1}，又有前置的 it^{7}。壮语在代词位置上同时出现人称代词、指示代词，或在这一类结构中插入其他成分，各个成分在结构关系的紧密程度上，跟汉语是不一致的。壮语量词系统跟汉语量词系统有很大的不同，在结构层次和结构关系上却有一致性”。

“代词、数词、量词、名词的结构共有10种形式，在壮语、汉语中，它们的语序有一定差别。”

“（1）壮语的数·量·名·代形式和汉语的代·数·量·名形式

$so:ŋ^{1}$	pou^{4}	$lɯk^{8}ȵe^{2}$	nei^{4}	这两个孩子	ha^{3}	$po:n^{3}$	$saɯ^{1}$	te^{1}	他的五本书
两	个	孩子	这		五	本	书	他	

……

从上例看，壮语、汉语的数词、量词都在被修饰的名词前面，只有代词（包括人称代词、指示代词）壮语放在被修饰的名词后面，汉语放在被修饰的名词前面。”

“（2）壮语和汉语的‘数·量·名’形式

这种格式无论在壮语中还是在汉语中都是最常见的，并且结构形式基本一样。如：

$sa:m^{1}$	ko^{1}	fai^{4}	$soŋ^{1}$	bak^{7}	na^{2}	$sa:m^{1}$	mau^{4}	$saɯ^{2}$	ha^{3}	tu^{2}	mou^{1}
三	棵	树	两	块	田	三	亩	薯	五	头	猪

……”

“（3）壮语的‘数·名/名·数’形式和汉语的‘数·名/数·量·名’形式

壮语、汉语的名词一般都不直接跟数词组合。这种格式的中心名词限于时间词，壮语有的不需用量词的地方，汉语有时也需用量词。可以说，汉语量词系统比壮语严密。如：

sa:m¹ pi¹　三年　　　　ha³ ŋon²　五天
三　年　　　　　　　　五 天
……”

“（4）壮语的‘名·代’形式和汉语的‘代·名’形式

me⁶ te¹　他母亲　　　　nu:ŋ⁴ kou¹　我弟弟/妹妹
母亲 他　　　　　　　　弟弟/妹妹 我
……”

“（5）壮语的‘数·量/量·数’形式和汉语的‘数·量’形式

壮语数词做量词中心语的定语时，语序有三种情况：

用 deu¹（一）做定语或用 10 以上表示次第的基数词做定语，要放在中心词的后面。这跟汉语的语序不同。如：

an¹ deu¹　一个　　　　tu² ɕip⁸ ɣok⁷　第十六只
个 一　　　　　　　　只 十 六

壮语序数词作定语，可放在中心词的后面或前面。放在中心词前的形式可能是受汉语影响的结果。用上述两类以外的数词作定语，都要放在中心语的前面，跟汉语一致。”

“（6）壮语的‘量·代’形式和汉语的‘代·量’形式

tu² nei⁴　这只　　　　pou⁴ han⁴　那个　　　　ko¹ laɯ²　哪棵
只 这　　　　　　　　个　那　　　　　　　　棵 哪
ko:n³ kou¹　我的一支　　　　keu¹ mɯŋ²　你的一件
支　我　　　　　　　　　　件　你

壮语代词放在量词之后，汉语代词放在量词之前。指示代词分表近指或远指，人称代词表示计量物品的所属关系。壮语表所属的人称代词能直接跟量词结合，汉语表所属的人称代词不能直接跟量词组合。”

“（7）壮语的‘数·代’形式和汉语的‘代·数’形式

这种格式有很大的局限性。汉语限于‘俩仨’之类语义上的数量复合词，后面不能再接‘个’或其他量词。汉语如：我俩，他仨。壮语的 so:ŋ¹ tou¹‘我们俩’，soŋ¹ɣau²‘咱们俩’，so:ŋ¹sou¹‘你们俩’，so:ŋ¹ te¹‘他俩’是体词性代词，也不能再跟数词、量词直接组合。壮语的‘你们两个’，的结构形式为 so:ŋ¹ pou⁴ sou² 或 sou¹ so:ŋ¹pou⁴，后一形式当为受汉语影响所致。”

“（8）壮语的‘量·名·代’形式和汉语的‘代·量·名’形式

这种格式可以看作是数词省略的形式，省略的数词限于‘一’。例如：

an¹ ta:i² nei⁴ 这张桌子	pou⁴ lɯk⁸ȵe² han⁴ 那个小孩
张 桌子 这	个 小孩 那

集体量词、泛指量词也暗含着数词‘一’。”

“（9）壮语的‘数·名·代’形式和汉语的‘代·数·名’形式

sa:m¹ vun² te¹ 他三人	so:ŋ¹ ɣa:n² nei⁴ 这两家
三 人 他	两 家 这”

“（10）壮语的‘数·量·代’形式和汉语的‘代·数·量’形式

so:ŋ¹ pou⁴ kou¹ 我两个	ɕat⁷ ɕi¹ nei⁴
两 个 我	七 支 这”

“（8）、（9）、（10）三种格式，壮语、汉语结构的主要区别在于代词的位置不同，壮语代词后置，汉语代词前置。

根据上文比较分析的结果，我们可以得出下表：

结构形式	壮语	汉语
（1）数·量·名·代	代·数，量·名	异或同
（2）数·量·名/量·名·deu¹	数·量·名/（数）·量·名	异

(3) 数·名/名·数	数·名/数·量·名	同/异
(4) 名·代	代·名	同/异
(5) 数·量/量·数	数·量	异
(6) 量·代	代·量	同/异
(7) 数·代	代·数	异
(8) 量·名·代	代·量·名	异
(9) 数·名·代	代·数·名	异
(10) 数·量·代	代·数·量	异

‘代·数·量·名’的10种组合格式，壮语、汉语的主要差别在于代词位置的不同，如(1)、(4)、(6)、(7)、(8)、(9)、(20)等。(3)式说明，壮语时间词有不同于汉语的表达方式。(2)式的区别主要在壮语既有后置的数词 deu^1‘一’，又有前置的数词 it^7‘一’。前置的 it^7 当借自中古汉语现代粤语广州话‘一’的读音亦为 jat^7。”

——季永兴：《壮汉代词数词量词名词结构形式比较分析》，载《民族语文》1993年第4期，第63～66页。

从汉语和非汉语比较看多重定名结构中形容词的类别和次序

马庆株从普通语言学和汉藏语言学的高度看汉语。通过汉语、藏语词序比较发现在汉语和藏语纯由形容词作定语的多重定名结构中相应的形容词的词序相反，呈镜像关系。“藏语词序与汉语不同，但修饰的顺序是相同的，纯由形容词作定语的多重定名结构，与汉语的同类定名结构词序相反，呈镜像关系……汉语、藏语形容词加助词以后，与名词的关系就不那么紧密了。汉语形容词后加‘的’字出现在不带‘的’的形容词之前，藏语名词首先和后面的形容词组合，‘形 + 助’在名词前面出现，修饰‘名 + 形’构成的偏正结构。从组合层次上看还是一样的，只是位置上有所不同。”例如：

mthun-sgril dang shes-rig ldan-pa phyug-po bcas kyi bod-ljongs gsar-pa
团结　　和　文明　具有的 富裕　　等　的 西藏　　新
团结、文明、富裕的新西藏。

又从英语、法语的同类格式与汉语的对比中看出语言的某些共性。例如：

une table ovale ancienne　　（法）一张椭圆形旧桌子

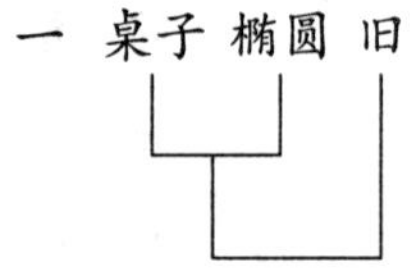

a small round wooden table　（英）一张小圆木桌

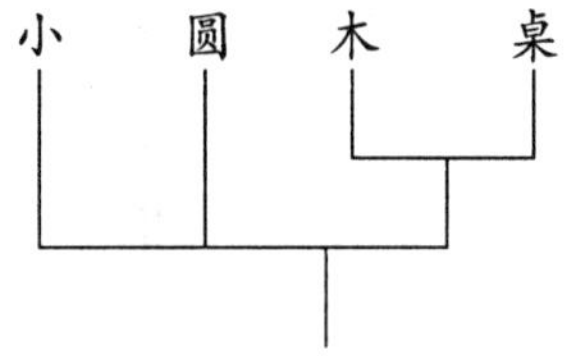

作者最后总结道："虽然相应的词的句法位置不同，但从组合的层次上看，相应的形容词所处的层次与核心的距离还是相同的。"

——马庆株：《多重定名结构中形容词的类别和次序》，载马庆株：《汉语语义语法范畴问题》，北京语言大学出版社，1998 年，第 85～104 页。原载《中国语文》1995 年第 5 期（中国社会科学院语言研究所 45 周年纪念刊），第 357～366 页。

通过语序链看汉藏语的同源关系

王志敬归纳了拉萨话和汉语东南方言共有的与语序相关的七类句法格式：①格式"V+ 能愿"，②格式"V+ 快"，③格式"V+ 有"，④格式"多少 + 形容词"，⑤格式"数量结构 +V"，⑥补语后置于宾语，⑦ SOV 语序。

通过上述比较不难发现，拉萨话和汉语东南方言的句法同构多达 7 个，超过语序中可容纳句法成分极限的一半；若考虑重要句法位置的因素，所占比例更高。若由该 7 项构成一个语序链，为藏语、汉语、部分民族语之外的其他语言所有的几率不会高，甚至不可能。

——王志敬：《藏汉语亲属关系研究》，民族出版社，2009 年，第 304～305 页。

汉语比较标记和差比句的语序类型

邓凤民在汉藏语背景下讨论了汉语比较标记和汉语差比句的语序类型。通过与汉藏语系非汉语比较标记对比，提出："汉语比较标记的动词性质及其语法化程度决定着汉语的差比表达格局，同时制约着汉藏语系其他语言对汉语比较标记的借用和接受程度。”在结语中，作者总结说：“‘比’的语法化在一定程度上掩盖了其作为动词的历史面目，使得学界单纯在共时层面将其纳入前置词和后置词的框架中去讨论，得出现代汉语差比句违背联系项居中原则的结论。从藏缅语差比句的否定形式观察，‘比’的动词特性尤为显著。受此影响，汉语差比句的比较标记‘比’和比较基准只能出现在比较结果之前。同样，‘比’只能处在比较主体和比较基准之间，而不能像汉藏语其他语言的比较标记那样，处在比较基准和比较结果之间。事实上，就联系项来说，‘比’在比较主体和比较基准之间实际上也起到联系和介引的作用，只不过与语言类型学家所概括的联系项的属性不同罢了。”

——邓凤民：《汉语比较标记和差比句语序类型》，载《汉语学习》2012 年第 2 期，第 36～44 页。

从藏缅语看汉语“宾动”倒句的成因

余志鸿指出：“上古汉语各种文献中，‘宾动’式与‘动宾’式往往并存不悖，从甲骨文资料中可以找到最早的证据：

羌十人用。　　　　（乙，2124）
用六羌，卯窜。　　（前，3.23.5）
贞：王亥不我祟。　（乙，5403）
我家旧老臣亡壱我。（前，4.15.4）
王亩沚䀉从？　　　（乙，2099）
王勿从沚䀉？　　　（乙，2109）

其中动词所表示的意义相同，词序却不同；有否定句，有疑问句，宾语也不一定是代词。说明语法学家经常说的宾语前置的种种条件，在这里不适用。两种完全不相容的语言结构共时地并存于上古汉语，颇令人深思，其中必有一种是原始汉语固有的，另一种是借自别的语言的。”

为了说明原始汉语的形成和发展不是孤立的，余志鸿详尽地阐述了上古中原地区的民族交融情况。他认为：“汉语在上古时期经历了与周围民族密切交流的复杂过程，它们的接触异乎寻常，因而我们在谈论上古汉语面貌的时候，必须把这一因素充分地考虑进去。”

余志鸿解释了“宾动”倒句要加宾格助词的原因。“当‘宾动’式可能被解释成‘主谓’

式，而意义迥异时，为了防止误读必须从结构内部进行某种调整。这样，便需要安插一个后置的宾格助词，以此显示前置的语言单位不可能是别的成分而只能是宾语。这便是上古汉语‘宾——是（之）——动’句式的秘密吧。”

余志鸿进一步比较了藏语、羌语、傈僳语、纳西语、彝语中与汉语“宾——是（之）——动”结构相似的句式，指出，这些语言中“宾格后助词的出现，都是在‘宾动’式可能被误解的情况中，与古汉语的情况相似”。文章对古汉语的“是”“之”的拟音 *djigx＞źjĕ（是）、*tjəg＞ts'i（之）与上述语言中的宾格助词（藏语 laʔ、羌语 ti/zie、傈僳语 dɑil、纳西语 to、彝语 ts'ɿ/die）的语音形式进行了对比，认为“上古汉语的‘是’和‘之’不仅在音韵形式上，而且在宾动句的语法形式上都与藏缅语何等相似！我们完全可以肯定地说，上古汉语的宾动语序与古藏缅语有深刻的内在联系”。

他还找出了现代汉语方言定襄话中的“行”字句、临夏话中的“哈”字句，指出“这个‘哈’或‘行’，我们从元曲中也可摸到它的历史踪迹，虽然关于它们的语源尚待进一步讨论，但这一种‘宾语 + 哈（行）+ 动词’的语序，和上古汉语‘宾语 + 是（之）+ 动词’的语序非常相似。出现‘哈（行）’标记的方言，大多与宾动语序的阿尔泰语、藏语相邻，这是非常令人深思的现象”。

最后，余志鸿指出：“否认语言交融，否认汉语曾经受到来自南北两种结构语言的影响，否认汉藏语系内部的分化，硬把上古汉语与现代汉语看成直线继承关系，这是不科学的。现代科学也已证实，在中国古老的大陆上，曾经生活着两种不同发源、不同语言的原始人。上海市输血研究所应用血清中的 GM 血型技术，首先揭示我国以北纬 35° 左右为分界线，中华民族分为南北两大发源地。那就是说，南北语言的差异乃是人类起源的差异，而上古汉语中出现的两种语序，无疑正是南北民族交流而造成的原始交融状态！我们不妨从上古的‘宾 + 是（之）+ 动’和中古的‘宾 + 行 + 动’、现代西北方言的‘宾 + 哈 + 动’等现象去分析，结合汉语现代南北方言的复杂分歧，对汉语的历史来一个新的估量。如果把汉语的历史变化和地理推移，作一番综合的比较研究，那么我们对上古汉语的语言结构类型，将会有一个全面的了解。”

——余志鸿：《“宾动”倒句和语言交融》，载《民族语文》1988 年第 3 期，第 57～60 页。

从藏语看古汉语带“是”“之”的宾语前置句

俞敏探讨了古汉语里带“是”“之”的宾语前置句的来源问题。该文指出：“在同系的藏语里有两个指示代字。近指是 adi，跟古汉语的‘时’、‘之’相当。《尚书·汤誓》‘时日易丧’用‘时’,《墨子·小取》‘之马之目大’用‘之’。《春秋》以后,‘之’代替了‘时’了……藏语远指是 de，跟古汉语‘是’，‘寔’相当。”

该文从藏语的远指代词、近指代词与古汉语的“是”“之”的对应关系入手，指出：“原始汉语跟藏语都保留汉藏母语的特点：止词在前，动字在后；中心词在后。汉人入中土以后，也不知道为什么（受被征服的民族影响？），词序演变得颠倒过来了。只有在止词遇上强调的时候，老词序才保存下来。代字出现频率高，所以用代字的句子更保守。不光止词本身受这股保守力量影响，连它后头的修饰语（指名代字）也一块保存下来了！”

该文进一步指出：“经过两千多年的磨损，现代北京口语里只剩下一些残余。比方：

你什么事都不懂。

他呀，带翅膀的不吃风筝，四条腿的不吃板凳，剩下的什么都吃。

在‘连’字后头还更多点。这就是为什么说语言是比较保守，常常用‘渐变’的缘故了。”

——俞敏：《倒句探源》，载《语言研究》1981 年第 1 期，第 78～82 页。

OV/VO 语序与状语位置关系的类型学考察

郭中认为：“汉语作为 VO 语序的语言，其状语与动词和宾语之间的语序采用 XVO 型，迥异于其他 VO 语言的 VOX 语序。本文以此为切入点考察了中国境内属于 VO 语序的少数民族语言，发现也均采用 XVO 语序为基本语序，然后解释了 XVO 语序存在的动因更多的是受到‘可别度领先’原则和‘焦点后置’原则等语用因素共同作用的结果，因此把以汉语为代表的 XVO 语序语言归入‘语用突出型语言’。”

“总的来看，在 OV 语序的语言中，状语的位置比较灵活，可前可后，没有特别强的倾向性。其原因是同时受到几个因素的作用，而且作用的方向三者无法统一，所以才导致状语的位置不稳定。”

“在 VO 型语言中，状语的语序相对来说比 OV 型语言的要更有规律性，从逻辑上来说，状语 X 可以出现的位置也同样是三个，即可以有 VOX、VXO 和 XVO 三种语序，但是这三种语序不像 OV 型语言那样不相上下，而是在出现的语言数量上相差悬殊，所以倾向性也就更明显。我们从表一中可以看到，在 VO 型语言中，其状语的语序几乎是一边倒的 VOX 语序，一共有 210 种，而 XVO 只有 3 种，VXO 则一种都没有。”

“综上所述，我们可以得到以下几点结论：第一，Dryer& Gensler（2011）统计的VO语言中状语的语序情况不是很准确，XVO语序的语言不仅仅只有汉语，除汉语外，还有21种中国的民族语言也属于XVO语序。第二，以汉语为代表的一批VO型语言的状语采取与众不同的XVO语序而不是普遍的VOX语序，是由于受到‘语义靠近’原则、‘紧密度’、‘可别度领先’原则和‘焦点后置’原则的共同作用而产生的。首先，‘语义靠近’原则要求X和O在结构上都尽可能靠近动词核心V，那么XVO无疑是最佳选择，这样的格局使得二者都离V最近。其次，在‘可别度领先’原则作用下，‘可别度’较大的状语会前移，同时由于‘焦点后置’原则的作用，‘可别度’即使不高的状语也会被挤到前面，以让出句末位置给焦点成分。在前移的过程中，因为VO间的紧密度特别高，中间很难插入别的成分，所以状语成分就只能移到动词前，于是构成XVO语序。若要强调状语部分的话，就会出现后置状语或者把它提升为补语放在句末。第三，同为VO型语言，为何以汉语为代表的那22种语言采取XVO语序，而以英语为代表的189种语言采取VOX语序呢？这说明以汉语为代表的那22种语言对‘可别度领先’原则和‘焦点后置’原则更加敏感，也就是这两个原则对以汉语为代表的那22种语言的影响力比以英语为代表的那189种语言的要强，所以才会导致那22种语言的状语前置于动词核心，而另外的那189种语言的状语后置于动词和宾语。因为在‘语义靠近’方面，XVO和VOX语序中的V和O的距离都是一样。Li（1976）首先提出汉语属于‘话题突出型的语言’，而英语属于‘主语突出型的语言’，陆丙甫（2004a）则提出汉语是‘自然焦点突出型语言’。显然，汉语是‘话题突出型语言话’是符合事实的，这与‘可别度领先’原则是一致的，因为话题属于旧信息，因此倾向于前置。而说汉语是‘自然焦点突出型语言’也没有错，因为从‘焦点后置’这个角度来看确实如此。话题和焦点是一对语用的概念，所以我们不妨把汉语称之为‘语用突出型语言’，刘丹青（1995）也曾提出类似的‘语用优先’概念。那么以汉语为代表的那22种语言我们都可以把它们归入到‘语用突出型语言’中。”

——郭中：《OV/VO语序与状语位置关系的类型学考察》，载《民族语文》2013年第1期，第46～57页。

通过跨语言比较考察谓语时间词状语与谓语动词的语序类型

余志涛采用跨语言比较的方法，考察了55种语言的材料后，发现这些语言的时间词都可以自由、独立地充当状语、时间词做状语有两种情况：一是作谓语状语直接修饰谓语动词，一是作句首状语修饰全句。

通过考察作者发现，时间词和谓语动词的语序与该语言里宾语和谓语动词的语序存在某种相关性。一个完整句子的主要成分是 S、V、O。在这三者中，V 和 O 的关系比 S 和 V 的关系密切。而充当谓语状语的时间词 t 在语义和语法功能上同 V 的关系比同 S 或 O 的关系更加密切。因此，作者选择把 t 与 V 的语序和 V 与 O 的语序作为考察的参数，也由于 t 和 S 的关系相对来说不紧密，S 与 t 的位置关系只在必要的时候才作说明。

根据对这 55 种语言的考察，作者得出一条蕴涵共性：如果一种语言的宾语在谓语动词之前出现的话，那么充当谓语状语的时间词也在谓语动词之前出现。

作者指出，这条蕴涵共性从逻辑上说包含以下四种可能性：

1. 宾语和谓语的时间词状语都在谓语动词前面出现；

2. 宾语在谓语动词前面出现而谓语时间词状语在谓语动词后出现；

3. 宾语在谓语动词后面出现而谓语时间词状语在谓语动词前面出现；

4. 宾语和谓语时间词状语都出现在谓语动词的后面。

根据这条蕴涵共性，作者列出四分表如下：

OV，tV	*（OV，Vt）
VO，tV	VO，Vt

在作者考察的 55 种语言中，符合该四分表第一项的语言包括被考察的所有 32 种 SOV 型语言。

符合第二项的语言在作者的考察种没有发现。

符合第三项的语言包括锁着考察的所有 17 种 SVO 型语言。

符合第四项的语言有 SVO 型的克木语、壮语、克伦语、莽语、黎语、佤语、英语、德语、法语、俄语等 10 种语言，VSO 型的阿眉斯语、排湾语、泰耶尔语、布农语、鲁凯语等 5 种语言，以及 VOS 型的赛德克语。

作者还以所考察的 55 种语言为基础，对 O、V 和 t 三者的语序组着情况进行了统计。统计结果如下表：

OV & tV	32
OV & Vt	0
VO & tV	13
VO & Vt	16
合　计	61

作者认为，该表统计的第一项和第二项可以说明 OV 和 tV 之间存在着语序和谐关系、第三项和第四项统计数据说明 VO 和 Vt 是和谐语序。

——余志涛：《类型学视野下的时间词研究》，载《汉语学报》2006 年第 1 期，第 88～94 页。

通过跨语言考察汉语和民族语中程度副词后置于谓语的成因

唐贤清、罗主宾认为：“大部分语言的副词包括程度副词只能居谓词前作状语，但部分语言存在程度副词作补语的现象。”作者归纳了民族语和汉语方言中的这类现象，并作了成因探讨。民族语中个别程度副词只能作补语的语言有：“侗语（石林 1997）、布兴语（高永奇 2004）、壮语（韦庆稳、覃国生 1980）、黎语（欧阳觉亚、郑贻青 1980）、京语（欧阳觉亚、程方等 1984）、基诺语（盖兴之 1986）、纳西语（和即仁、姜竹仪 1985）、浪速语（戴庆厦 2005）、阿昌语（时建 2009）、勉语（毛宗武 2004）、苗语（王辅世 1985）。”

“此外，程度副词只能作补语的还有傣语（喻翠容、罗美珍 1980）的 tɛ^{11} ‘很’，布依语（喻翠容 1980）的 laʁi^{35} ‘太’，毛南语（梁敏 1980）的 hən^{51} ‘很’，拉珈语（毛宗武、蒙朝吉 1982）的 ɑʁk^{24} ‘很’，苏龙语（李大勤 2001）的 bua^{55} ‘最’、du^{55} ‘很’，基诺语（盖兴之 1986）的 se^{44} ‘极’，景颇语（徐悉艰、徐桂珍 1984）的 laʔ^{55} ‘极’、tik^{21} ‘顶、很’，载佤语（徐悉艰、徐桂珍 1984）的 tik^{31} ‘极’，布努语（毛宗武、蒙朝吉 1982）的 ɕi^{33}nɣ^{231} ‘很’，布朗语（李永燧、聂锡珍等 1986）的 kaʔ^{21}ʑɣʔ^{21} ‘最’，排湾语（陈康、马荣生 1986）的 arava ‘很’等。”

“有些语言个别程度副词修饰动词或形容词时，既可以在前面也可在后面，但在意义表达方面分两种情况。一是用作状语和补语意思一致。如仡佬语（贺嘉善 1983）的 hen^{33} ‘很’：hen^{33} ɒ^{33} ～ ɒ^{33}hen^{33} ‘很好’。仫佬语（王均、郑国乔 1980）的 kon^{53} ‘很’：i^{42} kon^{51} ～ kon^{51} i^{42} ‘很好’。京语（欧阳觉亚、程方等 1984）的 thət^{22} ‘很’：thət^{22}ŋan^{45} ～ ŋan^{45}thət^{22} ‘很短’。一是用作状语和补语意思不一致。如壮语（韦庆稳、覃国生 1980）：能用作状语和补语的副词有 laʁi^{24} ‘稍、最’，但意义不同，用作状语时是‘稍’，用作补语时是‘最’。如 laʁi^{24} diŋ^{24} ‘稍红’，diŋ^{24}laʁi^{24} ‘最红’。另外韦景云、覃晓航（2006）也指出，壮语有些程度副词在修饰、限制动词和形容词时，有两种结构，即副词可作状语和补语，但其意义不同。如：lai hoengz ‘多一点红’ ～ hoengz lai ‘太红’。义都语（江荻 2005）：修饰形容词的词语一般都是表示程度的副词，可以作状语也可以作补语，但意思不一样，作补语的程度副词表示程度过度的意思。如 $ka^{33}tio^{33}ja^{55}bra^{55}$ ‘太短’，$ka^{33}mbra^{55}$ ‘非常苦’。”

作者进行了比较与归纳，并指出：“在我们所调查的范围内，不论是 OV 型语言还是 VO 型语言，程度副词大部分都作状语，但都不同程度存在作补语的现象。程度副词可作补语的语言在各语系里表现很不均匀，阿尔泰语系很少有这类现象，南亚语系和南岛语系也相对较少，汉藏语系相对较多，其中壮侗语族这一现象比较突出。在这些语言里，状语在 VP 之后是固有的自然语序，前置状语很可能是汉语影响的结果。在数量上，往往也只有个别程度副词，如‘很、极’等，个别语言还有‘最、太’等，壮语和侗语相对多一点，侗语程度副词修饰形容词时只能作补语；在组合方式上，作补语的‘很’类程度副词前不用加‘得’，‘极’类程度副词后面一般不带后缀‘了’；在表达上，有些民族语言程度副词作状语和作补语语义不同。”

作者还指出：“在汉语方言里，‘很’、‘极’可直接加在形容词后，以‘形 + 程度副词’形式出现。”……“通过列举以上材料可以看出，汉语方言里同样存在程度副词作补语的现象，并且有些方言里一些程度副词只能作补语。从类别上看，一般表现为跟共同语‘很、极’相当的程度副词；从地域上看，主要集中在浙江等南方地区；从组合方式来看，在方言里存在‘谓词 + 很’，‘谓语 + 得 + 极’这样的格式。”

“我们认为这种程度副词居名词后起修饰作用的现象更是后起的，是在语言类推的影响下形成的。程度副词‘很’、‘极’修饰谓词时位置可前可后，既然程度副词可以修饰名词，受语言类推的作用，程度副词也可居名词后起修饰作用。如下所示：

	程度副词居谓词前	程度副词居谓词后
程度副词修饰谓词	程度副词 + 谓词	谓词 + 程度副词
程度副词修饰名词	程度副词 + 名词	—

剩下的空格可在语言的类推作用下产生‘名词 + 程度副词’这一语序排列。”

最后，作者对其成因进行探讨并指出：“我们通过跨语言考察也注意到，越是靠近壮侗语的南方地区程度副词作补语越发达，并且特征与壮侗语相似，所以我们认为程度副词作补语是南方汉语和壮侗语言接触而保存下来的一种壮侗语言的遗存现象。有趣的是，由于南方民族语与汉语接触历史悠久，南方方言里保存了壮侗里的底层语言现象，而汉语共同语又影响到壮侗语言的演变。在程度副词上，体现为一些壮侗语借用了汉语的一些程度副词；语序也发生了变化，程度副词可以放在动词形容词之前；引进了补语标记‘得’，出现了由‘得’引出的程度补语等，这里不再详细讨论。”

“通过跨语言考察，我们发现一般语言里程度副词大都作状语，在类型学上这是一种优势语序。程度副词作补语不是汉语共同语的特有现象，在汉语方言和国内民族语里也存在，而且在能作补语的语言里也不只是表现在个别的程度副词上，只是在汉语共同语里程度副词作补语时一般会有标记形式。汉语共同语、南方方言以及主要是壮侗语族里存在的程度副词作补语现象可以从类型学上得到解释，作状语是优势语序的结果，而作补语是和谐原则、历时发展以及南方汉语与壮侗语言接触共同作用的结果，南方汉语方言和南方民族语有着与汉语共同语不一样的程度副词作补语的现象，从接触语言学上来说是南方汉语方言对南方民族语言的底层保留。”

——唐贤清、罗主宾：《程度副词作补语的跨语言考察》，载《民族语文》2014年第1期，第34~40页。

从动词述语、宾语和补语位置变化中的镜像关系看汉藏语的同源关系

王志敬通过对甲骨文、现代汉语方言、敦煌藏文以及现代藏语的比较发现，汉语补语经历了从前置于宾语到后置于宾语的演变过程，语序由“动—补—宾”转换为“动—宾—补”。古今藏语名词、形容词补语至今依然保持在宾语之后、动词述语之前的位置不变，语序为“宾—补—动”。甲骨文中的语序“动—补—宾”和藏语语序“宾—补—动”形成镜像关系。

作者认为这两种不同语言语序变动中的镜像关系，其一必然是初始状态，其二必然是最终状态，因为语序的转换是极其缓慢的，而只有同源关系的语言，才可能具有这种镜像关系。语序变动中的镜像关系，是藏汉语同源的凭证。其可靠性在于：述语和宾语的位置关系，不是宾语在述语之前，就是宾语在述语之后，位置前后变化与发生学关系相去甚远。三个句法成分的位置关系则不同，其中一个句法成分的位移，同时要受到其他两个句法成分的制约。作者还补充举例说世界语言中，只有法语一种语言的宾语由动词述语之前位移到动词述语之后，位移非常缓慢。

作者判定语序变动中由三个不同的句法成分构成镜像关系的概率几乎是零，且说明语序变动中包含藏汉语共有的特殊句法成分补语，由此得出结论：是亲属语言导致藏汉语动词述语、宾语、补语镜像关系的形成。

——王志敬：《藏汉语亲属关系研究》，民族出版社，2009年，第67~69页。

从阿尔泰、藏缅、侗台诸语言看古汉语补语的移位

余志鸿用语言类型推移的理论解释了古代汉语动宾补三者的词序关系。该文指出，“动宾补上古汉语的常见词序是 V+O+D（一般补语）”，“在汉语后来的发展中宾语提前的趋势越来越强，除了部分补语（如一部分地点语）被提到句前外，都紧跟在动词的后面了。尤其是谓语性成分的结果补语，更是如此”。

该文认为，这种变化与语言类型在地理上的推移是相吻合的。“我们很快就发现在属于逆行结构语言里，一律是 $O+V_1+V_2$。”如蒙古语、东乡语、彝语。“在顺行结构语言里，它总是被宾语隔开而成 V_1+O+V_2 式。”如傣语、壮语、黎语。

该文把“亚洲大陆两种语言结构作一模式排列，我们将看到由南向北的轨迹——从南方动宾结构紧密转向北方动补结构紧密：

阿尔泰语		$O+V_1+V_2$
藏缅语		$O+V_1+V_2$
汉语	北方	$O+V_1+V_2$/ V_1+V_2+O
	南方	V_1+V_2+O/ V_1+O+V_2
侗台语		V_1+O+V_2

现代汉语南方方言正反映了这种推移的过渡状态，也恰好与中古发生的‘钩衣破’与‘吹散之’词序相照应”。

该文还探讨了汉语的 V_1+O+V_2 向 V_1+V_2+O 转变的原因。作者注意到，近年来，台语也出现了 V_1+V_2+O 的句式。例如：

壮语：ȵiŋ² taːi¹ soːŋ tu² kuk⁷（打死两只老虎）
　　　打　死　两　只　虎

仫佬语：hai² tsaːn¹ kɣaŋ⁵ hu³ lɔ（我吃饱饭了）
　　　　我　吃　饱　饭　了

该文提到张公瑾认为这是“由于接受了汉语语序的影响”。由这一现象，作者认为，“既然台语 $V_1OV_2 \rightarrow V_1V_2O$ 是受了汉语的影响，那么汉语的 $V_1OV_2 \rightarrow V_1V_2O$ 又来

自什么影响呢？只能归因于动补结构紧密的北方逆行结构对汉语的不断渗透”。

——余志鸿：《论古汉语补语的移位》，载《语言研究》1984 年第 1 期，第 106～107 页。

通过跨语言比较证明汉语是尤为突出的自然焦点后置型语言

陆丙甫、徐阳春、刘小川认为“对‘可别度领先’原理的敏感，是汉语对语用更敏感的表现之一。另一个表现是汉语对自然焦点（或称‘信息焦点’)的敏感。Kiss(1998) 的目的是区分语言的结构化类型。她把语言分成两个类型：话语概念结构化语言和非话语概念结构化语言，话语概念结构化语言之下再分话题概念结构化语言和焦点概念结构化语言，以及话题和焦点概念都结构化的语言。本项研究证明汉语也是焦点，特别是自然焦点结构化的语言（陆丙甫 2004b，Lu & Wu2009)”。

“程度 / 结构补语的原型是状语的自然焦点化（Lu & Wu2009），但是已经高度语法化了，带有语法化标志‘得’，并且已经成了汉语中的一个‘显赫范畴’（刘丹青 2012）。这表现在它兼任了其他语言中由其他句法成分表达的内部，可以表示其他语言中系动词句的功能（比较‘他长得很高、他退休得早’和英语的 He grew very tall，He retired young）以及致使句加结构从句的功能（比较‘气得他说不出话’和 to make him so angry that he cannot speak）等。”

“英语中，虽然方式状语以后置为常，但是某些方式状语也能前置，并且前置、后置时在形态上有微妙的差别。前置方式状语在英语中必须用副词形式，而后置状语往往可以用形容词来充当，如下例中，后置时用 slow 和 slowly 都可以，但前置只能用副词形式 slowly。

（4）a.He drove slow（ly）. 他开得很慢。

（4）b.He slow*（ly）drove. 他慢慢地开。

英语中，一般说来，如果方式状语比较长而复杂，就只能后置。长而复杂的成分往往是强调的成分，具有更大焦点性。尽管后置方式状语在英语和其他许多语言中也有表达自然焦点的情况，但这一位置和语用意义之间的对应关系的语法化程度没有汉语高，因为汉语有专门的补语标志‘得’。

后置形容词状语其实已经具有更多谓语性质，因此可用形容词（英语中形容词可做谓语而副词不能）。而汉语的补语也有较大的谓语性（有些语法学家甚至认为补语就是谓语），这一点又是跟英语一样的。”

“由此可见，自然焦点后置是人类语言的共性，不过在汉语中表现得更为突出，特别是在补语中。”

——陆丙甫、徐阳春、刘小川：《现代汉语语序的类型学研究》，载《东方语言学》第 12 辑，上海教育出版社，2012 年，第 132～145 页。

通过与英语的对比看汉语的语序特点

张世禄认为：“英国的文法书，多因袭于拉丁文典，而现代的英语，确有进入分析的趋势，语词在语句中的序次，已成重要的现象了。英语上，大概主语在述语之前；宾语在动词之后；补足语在述语之后；形容词附加语，如不甚长，总在名词之前，只有副词附加语，或在前，或在后，没有十分固定的，除了疑问句里要把主语和动词或助动词的序次颠倒，以及表示某种特殊的情感时偶尔颠乱的以外，总是依照这种序次的。中国语里，语词序次大致和英语里的相同，而较英语尤为固定，在措辞的表现上尤为重要。中国语里的疑问句，用了疑问的助词或代名词，或他种疑问的语式，便无需把序次颠倒了。”

——张世禄：《因文法问题谈到文言白话的分界》，载《张世禄语言学论文集》，学林出版社，1984 年，第 200 页。原载《语文周刊》1939 年第 30、31、32 期。

对比汉英语语法演化史论基本语序对语法系统的影响

石毓智指出：“汉语从古到今都是 SVO 语言，这在很大程度上决定了汉语语法系统的整体面貌；但是现代汉语也存在着背离典型 SVO 语言的类型学特征，这主要是近代汉语的内部发展所引起的。古英语是 SOV 型的，从 15 世纪之后变成了 SVO 语言，与此同时，它的标记系统也发生了重大变化。对这种现象的对比研究，可以给我们一些重要的启示。”

首先，作者分析了 SVO 语言的典型句法特征：“……古汉语则跟今日的英语一样，具有典型的 SVO 语言的类型学特征，动宾之后可以有各种各样的成分出现。下面以最常见的七种句子类型分别举例加以说明。（一）被动句。被动句是一种语言最常见、最基本的句子结构。古汉语跟今日英语一样，都是在谓语之后用一个介词短语引出动作的施事……（七）结果短语。在古汉语里，表示动作结果的词语，如果有宾语的话，也是出现在动宾之后的，这一点也与现代英语的句法特点一致。”

其次，作者又分析了古汉语与英语的其它语法相似性：“（一）疑问、否定和强调时的语序变化。古汉语和英语的疑问代词都是置于谓语动词之前，而相应的普通词语的正常位置都是在谓语动词之后……（二）数量短语结构……古汉语跟今日英语的情况是一样的，也没有量词，数词直接修饰名词。汉语的普通量词最早见于汉代，那时只是极为个别的现象，经过长期的发展，其数量由少到多，直到 13 世纪左右，量词作为一种语法要求的规则才最后建立……（三）形态手段（inflection）的使用……古汉语也利用形态表示一些重要的语法范畴……在动补结构出现之前，汉语是用曲折形式表达使成观念……使成式的发展方向上，汉语和英语也表现出了高度的一致性，都是由形态手段变成分析手段。”作者通过分析认为：“汉语和英语并没有同源关系，它们之间的共同语法特征很难说是纯出于偶然，我们认为，这些是由基本语序 SVO 所带来的相关类型学特征。”

再次，作者分析了句子的基本语序对语法标记系统的影响。例如：“汉语西北的一些方言，由于受藏语的影响，基本语序发生了重要变换，SOV 语序成为更基本、更普遍的，与此同时，它们也出现了宾格标记，用以标识谓语动词之前的名词语义角色。”

此外，作者通过与英语的比较，对现代汉语句子组织信息原则的形成做了分析。考察了时间词的分布、“在”所引进的地点介词短语、“给”字短语的分布。作者认为：“现代汉语句子的组织信息的原则并不是单纯的语法临摹现象，而是语法系统内部长期发展整合的结果。”

最后，作者认为：一种语言的整体语法面貌是由其基本语序是决定。“凡是采用 SVO 语序的语言，其形态标记系统往往比较简单，语法形式主要是分析性质的，往往依赖语序来表示各种语法范畴。”

——石毓智：《论语言的基本语序对其语法系统的影响——兼论现代汉语句子组织信息的原则形成的历史动因》，载《外国语》2002 年第 1 期，第 17～27 页。

二、句法结构、句子成分

对比壮语和古汉语特殊语法现象解释壮侗语和汉语的同源关系

覃晓航对古汉语和广西壮语马山话特殊的语法现象进行了对比，发现二者有较多的一致性，从而论证了壮侗语和汉语的同源关系。他认为古汉语中的“无系词判断句、名词直接作状语、动词直接作状语、定语后置”等语法现象都在壮语马山话里保留着。

“尽管近年来，有人对壮侗语和汉语的亲属关系产生了怀疑，但不能否认两者之间有很多相似性。这种相似性表现在语法方面就是两者语法规则的基本一致。如，壮语语法与现代汉语语法大多相同，不同的地方则与古汉语特殊语法现象一致，也就是说壮语语法与古今汉语语法完全吻合。今天，壮语和汉语虽然都同时经历了漫长的历史演变过程，但由于语言发展的不平衡性，致使现代壮语方言土语中仍保留着一些古代汉语的特殊语法现象，这种现象可以作为早期壮、汉语关系的历史见证。”

“语法结构是语言中最稳固的部分，一般不易受外来的影响。很难想象一种语言会全部借用另一种语言的语法，因此壮语语法和古汉语特殊语言现象的一致性，反映了两者的同宗关系。”

——覃晓航：《壮语和古汉语特殊语法现象比较》，载戴庆厦主编：《汉语与少数民族语言语法比较》，民族出版社，2006 年，第 514～522 页。

通过与壮侗语比较解释粤语特殊语法现象的形成

李锦芳认为：“仔细分析粤语的语法系统可以看到其中一些特殊的规则既不是古汉语语法的继承，也不能与其他方言取得联系，但是在壮侗语中有类似语法规则。这是千百年汉越语言交融的产物。

1. 状语后置

汉语动词、形容词中心语的修饰成分——状语，一般置于中心语之前，但是粤语有状语后置的现象。壮侗语状语的位置有在中心语之前的，也有在中心语之后的，个别副词可以放在中心语之前也可以放在后边，意义不变。粤语状语后置现象当与壮侗语影响有关……

2. 双宾语句直接宾语前置

汉语双宾语句一般是间接宾语在前，直接宾语在后，但粤语双宾语句却是直接宾语在前，间接宾语在后。粤语这种双宾语句的位置形式与壮侗语相同，可能也是汉越语言融合的痕迹……

3. 疑问句宾语前置

汉语和壮侗语都有一种利用肯定和否定方式表示疑问的疑问句，在这种句型中，如果出现宾语，汉语置于否定部分之后。如：普通话‘你喝不喝水？’而壮侗语置于肯定部分之后（在否定部分之前）。部分粤语地区（特别是西路）这种疑问句的宾语可置于否定部分之后亦可置于肯定部分之后，此亦当与壮侗语影响有关……

4. 比较句中心语提前

汉语比较句一般由‘比字结构’做状语放在中心语前，如普通话‘小郑比小许勤快’。但粤语比较句的形式是：主语 + 谓语（中心语 + 补语），与壮侗语相同，这可能也是汉越语言融合的痕迹……

5. 量词单独修饰名词

汉语的量词一般要结合数词、指示词才能修饰名词，如普通话‘一头牛、这只鸭子’，只有在数量上为‘一’时才能去掉‘一’，量词直接修饰名词，如‘来碗米饭’。粤语除了这种情况可以省掉‘一’之外，一般也能省掉指示词。壮侗语的量词能和数词、指示代词结合修饰名词，也可省掉数词‘一’或指示代词，直接修饰名词，或者紧附于名词之前共同表达一个名称。粤语量词的特殊用法很可能是壮侗语影响的产物……

以上比较研究表明，粤语中存在古壮侗语成分，这是古代汉越语言交流的结果。与此同时粤语当中也存在一部分与苗瑶语特别是瑶语相同的方言语词，其中有使用于粤语和苗瑶语的，更多的则是粤语、苗瑶语和壮侗语同时使用……

以上讨论说明粤语中存在少数民族语言（主要是壮侗语）成分，这是形成其独特个性的重要因素。粤语是除北方方言之外使用人口最多、具有广泛影响的一支汉语方言。因此，加强粤语和少数民族语关系研究有助于揭示汉藏语研究中一些悬而未决的问题，对于揭示汉语发展轨迹中的疑点，进一步认识汉语和少数民族语关系以及丰富我国语言学理论的发展都具有特殊意义。同时，这一课题的研究对于历史学、人类学、人口学、民俗学和民间文学等人文科学的研究也将产生积极的影响。”

——戴庆厦主编：《汉语与少数民族语言关系概论》，中央民族学院出版社，1992年，第 338～343 页。

通过与壮侗语比较解释闽语特殊语法现象的形成

李炳泽认为：“闽语中相当的词语及一些特殊的语法现象很难从古辞书或其他书籍中找到来源，但却可在现代壮侗语中找到语音对应、语义相符的词语及类似的语法结构。这些语言成分只能解释为闽语从古越语吸收而来，是少数民族语言的成分……

（二）语法

通过把闽语语法和汉语其他方言语法及壮侗语言语法进行比较研究，我们可以看出它的某些特殊语法规则很难解释为是古汉语的继承，而可能是像粤语一样，受古越人的影响而产生的。

1. 量词单独修饰名词

在汉语中，量词必须和数词、代词结合才能修饰名词……而壮侗语的量词却可以单独修饰名词，闽语中的闽南话可能受这种结构的影响，量词可以单独修饰名词，这种情况也见于粤方言……

2. 状语后置

在汉语中，状语一般是置于谓语前头，只有在古越人分布地区发展起来的方言如粤语、闽语中，才出现状语后置现象。壮侗语中，状语后置仍很普遍……

3. 比较句谓语前提

汉语比较句的结构一般是‘主语 +（比）+ 谓语’，如：他比我高。闽语中的闽南话却仍有这种的比较构结构：主语 + 谓语 + 补语，与壮侗语的比较句谓语前提特点完全吻合。这种现象在其他方言中也只见于受壮侗语影响的粤方言……”

——戴庆厦主编：《汉语与少数民族语言关系概论》，中央民族学院出版社，1992年，第 345～351 页。

通过与苗瑶语比较解释闽语特殊语法现象的形成

李炳泽认为：“今天闽语中有些语言现象在汉语中找不到其对应形式，而与苗瑶语有关系。

……

2. 语法

1）词法

闽语的名词性偏正式合成词的中心成分在修饰成分之前。这一点与苗瑶语同。壮侗语、粤语也有这种形式。如：

……

闽语表示动物雌雄性别的词素一律放在动物名词之后。苗瑶语族除苗语外，其他语言也是这种形式。如：

……

壮侗语、粤语、吴语、赣语都有类似形式。值得注意的是分布在贵州、湖南的苗语、侗语、水语都把表示性别的词素放在前面。这也许是后来的变化形式。对汉语这种现象，桥本万太郎指出，有一条南北分界线，贵州处在南方型和北方型的共现区。

2）句法

闽语的‘程度副词＋形容词＋量词’形式中，量词作形容词的补语，和苗瑶语同……

闽语中的比较句，除了使用‘我比你高’句式外，还有‘N1／Np1＋（较）＋A＋N2／Np2’句式。如：

我（的）笔好汝（的）笔

伊（高）悬我。

在这个基础上，潮州、海南的闽语因受粤语影响又有‘N1／Np1＋A＋过＋N2／Np2’句式。如：

牛大过猪。　　北京寒过海南。

苗瑶语在受汉语影响之后出现‘N1／Np1＋A＋（比）＋N2／Np2’句式，原来的句式和闽语相同。如（黔东苗语）：

nen² ɣa⁶　ɕhaŋ⁵ vi⁴　　　他比我聪明。

他　聪明　超过　我

lɛ¹ noŋ³ ɣu⁵ ɕhaŋ⁵ lɛ¹ ɛ¹　这个比那个好。

个　这　好　超过　个　那”

——戴庆厦主编：《汉语与少数民族语言关系概论》，中央民族学院出版社，1992年，第351～356页。

壮语句法成分与古汉语有相似点

覃晓航认为，语言结构作为语言中最稳固的部分，一般不易受外来的影响，但在一定的历史条件和语言关系中，一种语言吸收另一种语言的语法成分，以完善自己的语法规则也不是不可能的。在历史上，壮族和汉族之间有过长期、密切的接触。在语言接触的过程中，壮语不断接受汉语的影响，除吸收汉语的大量词汇外，也吸收了一些新的语法规则。尽管壮语和汉语都同时经历了漫长的历史演变过程，但由于语言发展的不平衡性，致使现代壮语方言土语中仍保留着一些古代汉语的特殊语法现象，这种现象是早起壮汉关系的历史见证。

作者以广西壮语马山话为例，列举并分析了壮语所保留的古汉语特殊语法现象，简述如下：

一、无系词判断句

上古汉语判断句不用系词，有四种主要形式。其中第四种既不用“者”字提顿，也不用“也”字煞尾，形式最为简练。如：

荀卿，赵人。　　　（《史记·孟轲荀卿传》）
刘备，天下枭雄。（《通鉴·赤壁之战》）
此人力士。　　　　（《史记·魏公子列传》）
韩，天下之咽喉。（《战国策·秦四》）

壮语中的无系词判断句亦不乏其例，其句式类似汉语的第四种形式，这是因为语言的借用一般都趋从与简练的形式。例如：

me^{6} te^{1} lɯk^{8}bɯk^{7} wu^{3}miŋ^{2}.　　他的母亲是武鸣人。
母　他　妇女　　武鸣

te^{1} lɯk^{8} ɕaːŋ^{6}jɯ^{1}.　　他是医生的儿子。
他 儿子 医生

pou^{4} haːi^{1} ɕi^{1} te^{1} pei^{4} kou^{1}.　　那个开车的人是我哥哥。
个　开　车 那 兄　我

roːk^{8} taːŋ^{3} tiːk^{8} taːi^{6} hek^{7}.　　外厅是待客的地方。
外　厅　地　待　客

tu^{2} pja^{1} te^{1} pja^{1}lei^{4}.　　那条鱼是鲤鱼。
只 鱼　那　鲤鱼

poːn^{3} saɯ^{1} nei^{4} tu^{6} kou^{1}.　　这本书是我的。
本　书　这　我

在马山壮语中，也有用系词 tɯk^{8}“是”的橘子，但多用于强调。例如：tɯk^{8} te^{1} kaːŋ^{3}“是他说”。少数用于判断的 tɯk^{8} 也多出现在只是代词作主语的判断句里。例如：

nei⁴ tɯk⁸ tu² ma¹.　这是一只狗。
这　是　只　狗
te¹ tɯk⁸ tu² mou¹.　那是一只猪。
那　是　只　猪

汉语判断句是在西汉以后才使用系词“是”的。据一些学者研究，上古汉语的“是”与壮侗语的 tɯk⁸ 属“关系词”。这样看，壮语无系词判断句显然属于早期现象，其系词 tɯk⁸ 的使用也和汉语“是”的情况一样，属于晚期现象。

二、名词直接作状语

壮语和汉语在名词直接作状语方面有两点是一致的。

1. 名词表示行为动作所凭借的工具。例如：

上曰：“人告公反。”遂械系信。　（《史记·淮阴侯列传》）
群臣有后应者，臣请剑斩之。　（《汉书·霍光传》）
先生如其指，内狼于囊，肩举驴上。　（马中锡《中山狼传》）

te¹ bou³ laːu⁴ sat⁸，ɕaːk⁸ ɕuk⁸ te¹ hɯn³ tau³.
他　不　老　实　绳　捆　他　起　来
他不老实，用绳子把他捆起来。
mɯŋ² ɕaːi⁵ da⁵，jap⁷ kou¹ ko⁴ fou³ paːk⁸ mɯŋ².
你　再　骂　一会儿　我　就　斧　劈　你
你再骂，待一会儿我就用斧头劈你。
dak⁷ fai⁴ nei⁴ fɯŋ² riu³ bou³ dai³，ba⁵ kɯːt⁸ ɕo⁶ dai³.
块　木　这　手　提　不　行　肩　扛　才　行
这块木头用手提不行，用肩扛才行。

在现代汉语和现代壮语的一些方言土语中，如果要表达类似的状语，一般都要在名词之前加上相应的介词（汉语用“用”，壮语用“au¹”）。例如：

用绳子把他捆起来。
用肩挑。

au[1] ɕaːk[8] ɕuk[8] te[1]. 用绳子捆他。　　au[1] ba[5] raːp[7]. 用肩挑。
要 绳 捆 他　　要 肩 挑

显然，壮语“名词直接作状语”的现象与早期汉语同类语法现象有关系。

2. 名词表示行为动作的时间

古汉语中的“日”“月”“岁”可以单独放在具有行动性的动词之前，用作状语，分别表示“每日”“每月”“每年”的意思。例如：

君子博学而日参省乎己。（《荀子·劝学》）
今有人日攘其邻之鸡者。（《孟子·滕文公下》）
良庖岁更刀，割也；族庖月更刀，折也。（《庄子·庖丁解牛》）
岁赋其二。（柳宗元《捕蛇者说》）

壮语 ŋon[2]“日”、duːn[1]“月”、pi[1]“年”也有同样的用法。例如：

kou[1] ŋon[2] si[3] paːk[7] ɕi[6] saɯ[1]. 我每天写一百个字。
我 日 写 百 个 字
laŋ[1] te[1] pi[1] ɕiːŋ[4] ha[3] tu[2] mou[1]. 他家每年养五头猪。
家 他 年 养 五 头 猪
te[1] duːn[1] pan[2] bat[7] piŋ[6]. 他每月得一次病。
他 月 成 次 病

在现代汉语中，“日”“月”“年”单独做状语的现象已经不多见，代之而起的是“每日”“每月”“每年”。但在壮语中，“日”“月”“年”单独作状语的现象仍十分普遍，保留了古汉语语法的特点。

三、动词直接作状语

古汉语和壮语的部分动词都具有一个共同的特点：能直接放在位于的前边作状语，构成状语和中心词的偏正关系，表示动作行为的手段、方式或状态。例如：

因顿首杖下，俯伏听命。（马中锡《中山狼传》）
向河立待良久。（《史记·滑稽传》）
相如前进缶，因跪请秦王。（《史记·廉颇蔺相如列传》）

儿惧，啼告母。（《聊斋志异·足织》）

现代汉语在表达这一类句子时，一般要在两个动词之间加助词“着”。例如“站着说”“睡着看书”“追着打”等。但在现代壮语马山话中，动词直接放在谓语前作状语的现象仍占据主流。例如：

muŋ² dɯn¹ kaːŋ³. 你站着说。
你 站 说
te¹ nin² jaɯ³ saɯ¹. 他睡着看书。
他 睡 看 书
te¹ tai³ lɯn⁶ kou¹. 他哭着告诉我。
他 哭 告 我

汉语和壮语在“动词直接用作状语”方面还有一个共同点，即这些动词都不是及物动词，可见两者在这方面的高度一致性。

四、定语后置

在古汉语中，以“者”字煞尾，将定于置于中心词之后的形式很常见。例如：

求人可使报秦者，未得。（《史记·廉颇蔺相如列传》）
遂率子孙荷担者三夫。（《列子·汤问》）
使吏召诸民当偿者，悉来合券。（《战国策·齐策》）

定语后置是壮语典型的语法规则，其后置形式与古汉语定语后置形式非常相似，尤其是跟上述用“者”字煞尾的形式相比较，几乎如出一辙。例如：

ra¹ saːm¹ pou⁴ vun² ro⁴ kɯi⁶ ɕi¹ he¹ pai¹ naːm²niŋ².
找 三 个 人 会 骑 车 去 南宁
找三个会骑自行车的人去南宁。
ken³ kei³ ta⁶ pan² saːu¹ he¹ pai¹ haːk⁸ hei⁵.
挑 几 个 成 漂亮 去 学 戏
找几个漂亮的姑娘去学戏。

vun^2 ro^4 kaːŋ^3 kun^1　te^1 tau^3 kva^5 laŋ^1 kou^1.

人　会讲　汉话那来　过　家　我

那个会说汉话的人来过我家。

pou^4 tau^2 laːn^2 te^1 baːn^3 kou^1.

个　投　篮　那村　我

那个投篮的人是我村的。

前两个例句中的 he^1 本义为“一”，但在这些句子中并没有数目意义，而只是为定语后置格式作煞尾只用，相当于汉语定语后置格式中的“者”字。后两个例句中的 te^1 虽然是指示代词，但在这里也同时兼有煞尾作用。且据一些学者考证，te^1 与汉语的“者”有密切的联系：“者”在上古属章母鱼部，拟音为 ȶia，与 te^1 的读音相近。如果这个考证能够成立，那么上述壮语定语后置的格式就与古汉语完全一致了。这种一致表明上述定语后置的格式并非壮语所特有，而是壮汉语所共有的。这种共有的语法现象是两种语言长期接触的结果。

作者认为，上述壮语中所保留着的古汉语特殊语法现象，反映了壮汉语关系的悠久性和密切性。

——覃晓航：《壮语中的古汉语特殊语法现象》，载《中央民族学院学报》1991 年第 5 期，第 70～74 页。

《楚辞》特殊语句与苗语相似

曹翠云指出：“黔东苗语中有部分语法规律和现代汉语不同，但和古代汉语《诗经》、《楚辞》有惊人的相似，而古汉语专家对古汉语中的特殊句的解释和翻译不尽相同。”作者通过对苗语的研究发现，苗语的“谓状式”“谓宾状式”“谓宾定式”以及“主谓式”等，在很大程度上与古汉语《诗经》《楚辞》中存在的特殊语句极为相似，甚至相同。

1.“谓状式”即谓词后带单音或双音节做修饰语，这些音节不但有明显的词汇意义，而且还能重叠，甚至还可以离开谓词而存在，是一类独立的状词。《楚辞》中的“菲菲、郁邑”就是一类主要做后状语的状词。

2.“谓宾状式”即在“谓状式”词组之间，加入一个名词性词组做宾语，使状词退居到句子的末尾。《楚辞》中的几个特殊句和苗语的“谓宾状”格式基本一致，所不同的是《楚辞》特殊句的“谓宾状”中多一个“之”字，而这个“之”字正好是古汉语谓词带后状语，或名词带后定语的标志。

3.“谓宾定式”即中心词作宾语，苗语单音节词或由单音词重叠成双音节做定语，放在中心语之后，构成“谓宾定式”。《楚辞》中的“谓宾定”格式虽不及苗语那么普遍，但也有不少，且是特殊句中最难解释的部分，用苗语“谓宾定”分析，易于解释，翻译也很通顺。

4.“主谓式”，苗语中有些状词可以离开动词而独立存在，充当句子的谓语，《楚辞》中也有些和苗语十分相似的语句，即由状词单独做谓语的主谓结构。

作者试着用苗语的上述语法规律，解释《诗经》《楚辞》中的特殊句，几乎都得到了较满意的结论，揭开了古汉语特殊句理解上的难题。

——曹翠云：《〈楚辞〉特殊语句像苗语——兼释“扬云霓之晻蔼兮，鸣玉鸾之啾啾”》，载《中央民族大学学报》2001年第5期，第98～103页。

从苗语反观《诗经》中的“动名状”“形名状”格式

曹翠云认为：“《诗经》中有一些特殊句与黔东苗语的语法规律有惊人的相似，古汉语专家对这些特殊语句的解释不尽相同。”作者参照苗语“动名状”和“形名状”格式进行语法分析，对《诗经》中的特殊语句得到了较满意的解释。

1.“动名状”格式。苗语的“动名状”格式是由动词、名词和状词组成，参考苗语“动宾状”的这一语序，可以十分通顺地解释《诗经》中90%的“动名状”语句。

2.“形名状”格式。苗语中的“形名状”格式，状词从跳过名词去修饰最前面的形容词。参照苗语“形状名”的语法结构规律，有助于正确理解《诗经》中的一些特殊语句。

《诗经》中的四音格语句与苗语“动名状”和“形名状”语言格式大体相似、甚至相同的大约有50句，但有些是状词作谓语等的四音格。作者认为在研究上古汉语的特殊语句时，可与我国一些历史悠久的少数民族语言进行对比，互为参证，使之获得更合理的解释。

——曹翠云：《〈诗经〉特殊语句像苗语新解——兼释“明星煌煌”、“明星晢晢”等》，载《中央民族大学学报》2002年第6期，第102～107页。

汉语河州话与藏语的句子结构比较

仁增旺姆认为："河州话的主要句子结构，与藏语是很相似的。二者不仅在语法手段的模式上相似，而且在语音表现形式上也是有对应规律可循的。我们是否可以这样设想，由于历史的原因，河州地区的居民曾经在很长一个时期内主要是藏汉 / 汉藏两个民族。在当时特定的历史条件下，汉语作为新的、外来的语言，对当地固有语言无论是强制的同化还是自然的渗透，都具有一定的冲击力。而这种冲击力只是对当地固有语言的表层产生了影响，其深层结构则根深蒂固，没有改变。经过长期发展，最终形成了这种由藏语的句子结构和汉语的语音、词汇合成的新的语言混合体——河州话。"

"从语言发生学的角度讲，河州话产生的基础是藏汉两种语言。至于阿尔泰语言与河州话句子结构的相似，应属于类型学的问题。当然也不能绝对排除阿尔泰语言对河州话产生一些影响的可能，因为河州话毕竟是当地各族人民的共同交际语。"

——仁增旺姆：《汉语河州话与藏语的句子结构比较》，载《民族语文》1991 年第 1 期，第 12～18 页。

汉藏语的"的"字结构

戴庆厦、闻静认为："汉藏语'的'字结构的共性特征是类型学上的共性，而非发生学上的共性。'的'字结构的发达与否与语言的分析性强弱存在着蕴涵关系，即分析性强蕴涵着'的'字结构发达或趋向发达，反之亦然。此外，还对汉藏语'的'字的同源关系，以及汉语对少数民族语言'的'字结构的影响进行了探讨。从非汉语反观汉语的'的'字结构，可以看到汉语的两个特点。一是汉语的'的'字功能强，在多数句法结构中不可或缺；二是'的'字是隐性的，同一音节具有多种功能，要通过句法分析才能揭示其不同的类别。汉语同一个'的'，在其他亲属语言里面有的有两个或两个以上，如景颇语就有三个不同的'的'，不同的'的'职能界线清楚。"

——戴庆厦、闻静：《汉藏语的"的"字结构》，载《汉语学报》2011 年第 4 期，第 11～20 页。

从藏缅语的“的”字结构反观汉语

闻静认为：“藏缅语‘的’字结构的发展具有不平衡性；在定语居前的定中结构中，‘的’的使用具有强制性，无‘的’标记的定中结构是一种更为普遍的结构形式；‘的’是语言转换过程中形态脱落的一种补偿手段。藏缅语与汉语‘的’字结构的共性是由亲属语言基因的同质性使然，而非发生学上的共性。汉语‘的’字结构是一种隐性的结构形式。”

——闻静：《藏缅语的“的”字结构》，载《中央民族大学》2011年第6期，第129～134页。

广东开平方言的“的”字结构与侗台、苗瑶语相似

余霭芹在文中主要讨论的是广东开平方言里定语结构和名词性结构中的“的”，她认为：“开平方言里体词性偏正结构以零标记和可选性‘中心语＋修饰语’词序为特征。当修饰语是名词性短语时，中心语必须包含一个量词或一个指示词；当修饰语是动词性短语时，它有可能服从其中心语名词化，这一中心语必须包含一个指示词或一个复数标记。另一个方面，名词化结构则以一般性量词［kɔi^{44}］为标记。”她推测：“两类结构的这种标记性区别大概是粤方言语群的本色特征，它与古代汉语及邻近地区某些非汉语语言在类型学上具有一致性。”在很多侗台、苗瑶语言中定语都不用标志，定语跟在被修饰语后；在比较新的借词层次里，定语加上标志，出现在被修饰语之前；名词化则用量词做标志，如壮语、布依语、毛南语、仫佬语、苗语、瑶语等都用量词作为名词化的标志。究其原因，开平方言定语结构和名词化结构与这些少数民族语接近是因为南方曾经是百越之地，长期的接触和交流使它们产生了类型上的相似。

——余霭芹：《广东开平方言的“的”字结构》，载《中国语文》1995年第4期，第289～297页。

壮侗语族“的”字结构的类型学特征

闻静在认为：“壮侗语族存在两种语序类型的‘的’字结构；存在两种定语助词，在不同的语序中两种定语助词的出现具有互补性；定语助词与量词在领属性结构中有着一定的替代关系。壮侗语的这些特点显示了以下类型学特征：壮侗语符合SVO语言

关系从句后置的优势语序，汉语、壮侗语‘的’字结构语序类型的差异是由 SVO 型特征是否典型而造成的；在‘联系项居中’原则的作用下，量词系统的充分发达以及量词的‘中介位置’使壮侗语、汉语的量词能够兼具定语标记的功能。”

——闻静：《壮侗语族“的”字结构的类型学特征》，载《语言研究》2013 年第 1 期，第 121～126 页。

汉语与藏缅语通比性的“很”字结构

储泽祥、肖扬、曾庆香列举了汉语与藏缅语族的一些语言里程度副词修饰心理动词和一般动作动词的例子，进而缩小范围讨论汉语中的“很”字结构，试图为解释这种较为普遍的现象提供一些线索。文中首先指出“很”字结构有三大类九种类型，其语义特征是“通比性”；其次，认为“很”表示通比性程度，且带有主观性，“很”的规约作用包括显示作用、强化作用、整合－转化作用和凸现作用；再次探讨了“很”后 VO 的内部搭配；最后列举说明了某些“很”字结构的协同组合。

——储泽祥、肖扬、曾庆香：《通比性的“很”字结构》，载《世界汉语教学》1999 年第 1 期，第 36～44 页。

汉壮语的体词向心结构

袁家骅指出：“该文以汉语和壮语的描写语法为根据，试图运用泛时的结构类型学原理，对这两种语言的体词组合进行分析，也或多或少地引用了侗语、水语、黎语、泰语（以上属于壮侗语族）、苗语、藏语……的一些例子，以比较其间的异同。”“这样的语法结构类型的比较研究，主要目的是为了同类型的汉藏语系诸语言和方言的描写语法进行沟通，希望将来能有助于在同系属的姐妹语言之间开展历史比较研究。”

在文章中，作者把体词结构定义为名词、量词、数词、人称代词和指示词这五类词的组合形式。其中，名词、量词和数词（或指示词）三者的组合叫做基本形式，汉语和壮语体词结构的基本形式有四种词序格式：（1）数＋量＋名；（2）名＋数＋量；（3）名＋量＋数；（4）量＋名＋数。前三种格式中，“数词和量词的次序，不管哪个在先，哪个在后，照例总是紧挨在一起的。只有第四种格式，壮语数词 deu^1（一）和量词之间，给名词隔离了。这个格式只限于数词 deu^1”。

关于量词与数词的关系，作者认为，“数词规定量词；量词是中心语，数词是修饰语”。关于名词与数词的关系，作者认为“名词不直接受数词的修饰，这一点就现代汉语口语和壮侗语族诸语言说，在很大范围内是一致的。汉语口语中只说‘一个，一只……’，很少说‘一人，一马……’（除非在成语或特殊场合）；壮语可以说 pou^{4} deu^{1}（个人），tu^{2} deu^{1}（只一），不能说 *vun^{2} deu^{1}（人一），*ma^{4} deu^{1}（马一）”。“同样，指示词可以修饰量词，而不直接修饰名词。”在人称代词跟名词组合以表示领属关系时，作者认为，“汉语和苗语一样必须借助一个助词（汉语的‘的’），壮语方言内部却出现了分歧”。有的不必借助别的词语，有的必须借助别的词语，如：来宾话需要借助一个 tu^{6}，这个词“在语源上同水语的泛量词 tɔ^{2} 可能是同一的”；龙州话需要借助一个 huŋ^{1}，这个词可能跟泰语的 khɔŋ^{1} 是同源词。作者认为，“壮语方言里表达领属关系的形式尽管有分歧，但人称代词的位置在后却是各方言一致的”。……“量词跟人称代词的结构关系，同量词跟数词或量词跟指示词的关系，是大致平行的。只是人称代词还能修饰名词，指示词和数词不能修饰名词。”

此外，作者还发现：“如果量词和名词都出现在同一个语段，那末在汉语里可能给旁的成分隔离，在壮语和苗语里却经常紧挨在一起的。我们不妨把这个紧凑的形式叫作‘量名组合体’。”比如汉语中的“两朵红花”，壮语和苗语的语序则是“两朵花红”，即量词和名词在汉语里给隔开了，而在壮语和苗语里却是连接在一起的。文章认为，“单就壮语看，在量名组合体这个体词结构形式中，量词和名词之间不能插入任何其它成分。……这种形式经常出现，判断它们是合成词还是词组……界限是很难划分的”。作者发现，“量词和名词的选择或搭配关系，有时非常严格，在形式上是完全一致的”……这种量名组合体“与其说是修饰或限制关系（不管是量词修饰名词——照汉语的说法，还是名词限制量词——照壮语的说法），倒不如干脆说是同位关系”。因此，汉语的复杂形式“我那两朵大红花”中，“‘大、红’总是修饰‘花’的，整个词组以‘花’为核心”。“可是在壮语里，相对当的词组却有充分理由以‘朵’或‘朵花’为核心……所以，在量词和名词完全一致或形成同位语的例子中，如果还有旁的修饰成分，我们有理由说这些修饰成分都是跟名词一道依附于量词的，因为后面的这些定语都可以单独修饰量词，其中指示词只能修饰量词，不能修饰名词。”

最后，作者提出：“壮语体词结构以量词或‘量名组合体’为核心，略如以上所说。我们对壮语语法结构的分析和了解，往往受到汉语语法体系和术语的影响和拘束，这是可以理解和纠正的。事实的复杂性还在于，壮语语法长期以来受了汉语语法的深刻影响，壮族知识分子又都兼通壮语和汉语，他们使用壮语有时——甚至常常掺有汉语的影响，那是另外一个复杂问题，这儿就不扯得太远了。”

——袁家骅：《汉壮语的体词向心结构》，载《民族语文》1979 年第 2 期，第 113～118 页。

以古汉语的并列衰减为基准点可知三个台湾南岛语言存在相关现象

蔡维天以古汉语的并列衰减现象为基准点讨论了三个台湾南岛语言中的相关现象，指出并列结构的语法化有两个主要方向，得出结论：南岛语的祖语很可能和古汉语很类似，是一个并列结构强势的语言，以致许多语义层次的并列关系都直接反映在句法结构之上。

“下面本文将以这些关系类型的演化为基础，来检验三个台湾南岛语（邹语、泰雅语和阿美语）中的并列衰减现象，并使用跨语言的对比分析来揭示其语法化的原理与通则。”

“邹语中含有 ho 的并列结构发展也可以分成下列三组，和古汉语中‘而’的演化相映成趣：

Ⅰ. 并列式 + 并列式 → 样貌、工具、地点述语 + 非限定补语句

Ⅱ. 并列式 + 并列式 → 主要述语 + 限定状语句

III. 并列式 + 并列式 → 结果、频率、期间述语 + 并列限定句”

“阿美语（Amis）的连接词 a 也有类似样貌结构的用法，可以引介非限定补语句；不同的是表样貌的述语 palifud 必须要加上 -sa 或 -han，和汉语状语标记［地］的用法颇为类似，如（33）所示（AM：adverbial marker）：

……

到了泰雅语（Atayal）的赛考利克方言（Squliq），不但连接词 ru 不能出现，连状语标记也不见踪影，开始有了偏正结构的雏形，有（34）为证：

……”

“公式中央是语法化的起点，为并列式（或连动式），其句法结构可图解如下：

（36）ConjP

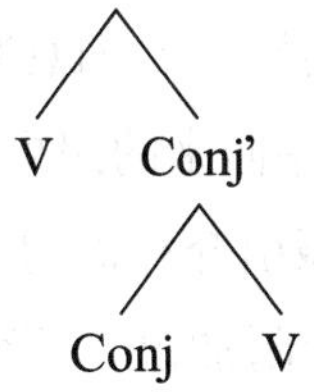

向右发展有两种情况：其一是对等连接词重析为补语连词，形成述补结构如（37），最后经并入（incorporation）而产生复合词：

（37）
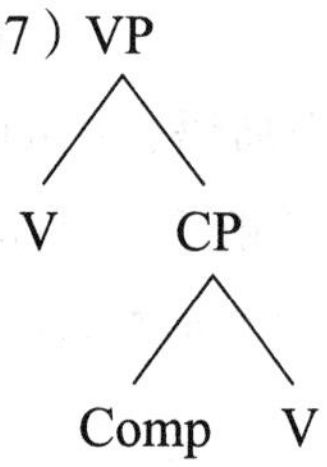

第二种情况也是对等连接词重析为补语连词，然而其所引介的句子整个裂解出去成为状语，加接（adjion）到动词组上：

（38）
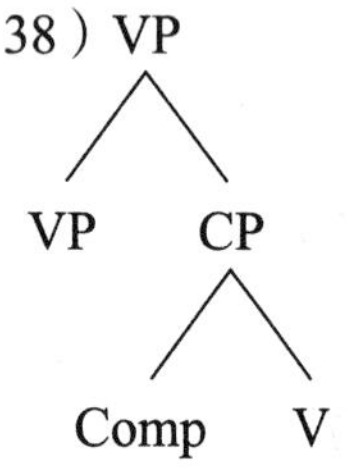

向左发展的第一步则是状语标记的出现，之后连接词完全失落形成偏正结构，今图解如下：

（39）
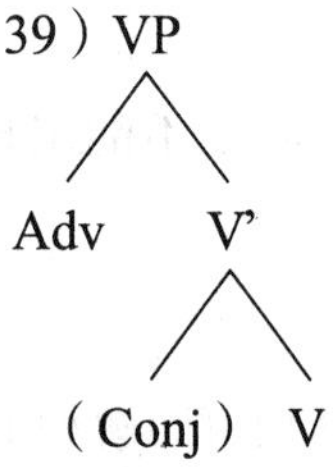

我们发现邹语是并列衰减较为舒缓而明确的语言，在许多结构里我们都能找出这个现象的蛛丝马迹；阿美语其次，而泰雅语似乎是站在演化的前端，并列衰减已走到了尽头，因此只保有并列结构的典型特质，亦即加成用法和依时序而来的因果关系。”

“并列衰减似乎是语言演化上一个相当普遍的现象：右向衰减引介补语句，之后补语连词失落，进一步缩减为复合词；另一个可能是分裂出去成为附加语，因而有了时间句和条件句的用法。左向衰减则引介状语，终至失落连接词成为彻头彻尾的偏正结构。如此一来，我们不但能将邹语、阿美语、泰雅语从比较句法的角度区分开来，也得以勾勒出南岛语祖语的部分面貌，并借以探索其与古汉语共通之演化机制。”

——蔡维天：《谈古汉语和台湾南岛语中的并列衰减现象》，载《东方语言学》第3辑，上海教育出版社，2008年，第5～14页。

藏语与汉语述宾结构对比

王志敬在书中使用标记理论比较藏、汉两种语言的述宾结构。还对两种语言的宾语特点（包括双宾语）进行了对比。作者认为：“藏语述宾结构的分析首先必须从形式入手，根据格标记的有无将藏语分为带格标记和无格标记两类，然后再作语义分析并与汉语进行比较。汉语宾语无格标记，只有一步到位的语义分析。”文章从六个方面对两种语言进行了对比分析：（1）藏语 la^{12} 标记宾语。（2）藏语标记 $ɦi^{12}$ 标记宾语。（3）零标记宾语。（4）不定数量结构充任宾语。（5）藏、汉语特有的宾语。（6）双宾语结构。

——王志敬：《藏语与汉语述宾结构对比》，载戴庆厦主编：《汉语与少数民族语言语法比较》，民族出版社，2006年，第155～176页。

从土家语的述宾结构反观汉语

田静在文中讨论了土家语述宾结构中句法成分与语义成分的配位、述宾结构的语法标记以及土家语的濒危在述宾结构上的反映等问题。作者希望通过研究达到两个目的：“一是揭示出土家语述宾结构的基本特点；二是从跨语言的角度通过与汉语的对比研究，反观汉语述宾结构的特点，揭示土家语与汉语述宾结构的类型学特征。”作者总结说：“土家语和汉语是亲属语言，而且在地域分布上相毗邻，彼此接触频繁。从共时特征看，土家语和汉语的述宾结构既有共性又有个性。共性特征有的可能是发生学上的同源关系，有的只是类型学相似。从施受程度连续系统来考察，土家语的受事、工具、地点和施事等语义成分之间并不具有连续性。在藏缅语的其他亲属语言中，由于有格助词的标记，语义成分与句法成分的配位也呈现出与土家语相同的特点。土家语和其他藏缅语由于格助词的指示，语义成分之间似乎并没有表现出类似于汉语的连续性和非离散性，它们语句法成分之间是一一对应的关系。”作者认为，“从藏缅语反观汉语，汉语述宾结构中地点、工具和施事等非典型受事宾语具有特殊性，不具普遍性。非典型受事宾语的形成可能是由于语用等因素影响句法结构的结果。此外，在土家语和汉语的基本句式中，受事一般都以无标记的形式进入句法结构。土家语体现‘施受动’的SOV语序、汉语体现‘施动受’SVO语序，都是无标记的语序”。作者还认为：“土家语因有格助词标记，能够为汉语提前受事名词句法地位的确立提供参考。”

——田静：《土家语的述宾结构——兼与汉语比较》，载戴庆厦主编：《汉语与少数民族语言语法比较》，民族出版社，2006年，第219～229页。

藏缅语的述宾结构

戴庆厦、傅爱兰在抽样出代表藏缅语族语言不同类型的藏、普米、独龙、景颇、载瓦、哈尼、纳西、彝8种藏缅语述宾结构主要特点的基础上，重点分析了诸如形态、格助词、语序等语法标记及其优先等级，并尝试与汉语进行比较，进而提出几点认识：

“1. 8种藏缅语述宾结构的语法标记有格助词、语序、形态变化等几种，其中最重要的是格助词。具有‘作格性’型特点的藏语、普米语，通过作格或施事格标记主语，而使宾语带零标记。具有‘主格——宾格’型特点的景颇语、载瓦语、哈尼语、纳西语，主要使用宾格助词。

2. 3种语法标记中，格助词和语序是直接的、充足的标记宾语的手段，而动词形态是间接的、不充足的手段。

3. 直接标记宾语的两种手段中，格标记和语序是互补的、协同的。格助词越丰富、标记名词短语的主、宾语句法身份功能越强的语言，语序的句法作用就越不重要，语序的变化被用于表明语用角色。8种语言中，格标记和语序句法功能由强到弱的次序可大致排列如下：格标记：藏语——普米语——景颇语、哈尼语、纳西语、载瓦语——独龙语——彝语。语序：彝语——独龙语——纳西语、载瓦语、哈尼语、景颇语——普米语。

4. 动词的及物性、名词的生命度和有定性是影响受事宾语是否加格标记的几个因素。

5. 藏缅语宾语类别比较简单，主要是受事宾语，没有施事、工具、处所、时间等宾语。藏缅语大多数语言，主语、宾语与施事、受事是一致的，即主语是施事者、宾语是受事者。”

作者在文章最后还附带谈论了汉语的VO型在先还是藏缅语的OV型在先的问题。作者认为采用什么语序或语序如何演变，是由该语言自身的语法系统决定的。

——戴庆厦、傅爱兰：《藏缅语的述宾结构——兼与汉语比较》，载戴庆厦主编：《汉语与少数民族语言语法比较》，民族出版社，2006年，第133～154页。

藏缅语、汉语述宾结构比较

戴庆厦，傅爱兰抽样出代表藏缅语族语言不同类型的藏、普米、独龙、景颇、载瓦、哈尼、纳西、彝八种语言进行对比，分析藏缅语述宾结构的基本特点，并与汉语进行了比较。

从语序上看，藏缅语的述宾结构除了克伦语是VO型、白语部分是VO型外，均为OV型，句子的主语、宾语、状语一律出现在动词谓语前，因而述宾结构、主谓结构以及部分状谓结构（如时间状语和处所状语）在语序上是一致的。

从宾语的类别上看，藏缅语宾语类别较少，主要是受事宾语，汉语的工具宾语、方式宾语、处所宾语等在藏缅语中几乎全是状语，与动词构成状谓结构，至于材料宾语，在大多数语言中也是状谓结构，只有个别语言中是述宾结构。

从语法标记看，藏缅语述宾结构的语法标记有助词（或格助词）、语序、动词的形态变化三种。这几种语法标记在每种语言中的地位都不相同，在同一种语言中也存在优先等级。由于藏缅语的语法特点存在不同的类型，有的语言形态变化比较丰富，有的语言分析特点比较明显；有的语言具有“作格—通格”型语言的某些特点，而有的语言主要属于“主格—宾格”型，因而述宾结构的语法标记及其等级因语言类型的不同而不同。藏语和普米语是具有作格性（ergativity）特点的语言，没有专用宾格助词，但有专用施格助词（或作格标记），主要依动词的自主性和及物性来选择格标记：自主的强及物动词句中，主语一般用作格（藏语）或施事格（普米语），宾语为零形式，普米语施事格的使用还取决于受事的生命度特征，只有当受事的生命度较高时，施事助词才出现；不自主的弱及物性的情感动词句中，主语不用作格，宾语带有非专用格助词，普米语除情感动词外，意愿动词（“想、要”）所涉及的对象后也要加非专用助词bie^{55}，但bie^{55}主要用于生命度高于主语的宾语和有定宾语后。具有主格—宾格型语言特点的景颇语、载瓦语、哈尼语、纳西语等都具有专门的宾格助词。这类语言中，S/A往往是零形式，有生性的O/P带有宾格助词，无生性的O/P主要靠语序来标志，有了专用宾格助词，宾语的语序比较灵活，可以随表达的需要移至主语之前。独龙语的宾格助词尽管不专用，但使用范围远远超过藏语和普米语，因此也归入主格—宾格型语言。凉山彝语既缺乏宾格助词，也没有主格助词，还缺少形态变化，基本靠语序来标记主语和受事宾语，但当施事、受事均为人时，部分低降调单音节动词可通过本调和变调来区分基式和变式。

主格—宾格型语言内部也有所不同，景颇语、独龙语形态变化比较丰富，载瓦语、纳西语、哈尼语形态变化很少。景颇语除了宾格助词外，句尾词也能表示主语的人称、数或同时标记主语和宾语的身份，但句尾词对宾语的作用不是专用的，既表示主语、宾语的人称、数，又表示谓语的式、体、方向，标记宾语的功能不如宾格助词明确，而无生性宾语通常是靠语序标记。独龙语动词的形态变化能起到指示宾语身份的作用，助词 le^{31} 能标记宾语，但不是宾语的专门标记，主要用于表示动作的目的和指向，带 le^{31} 的名词或动宾短语也不能前置到句首，因此独龙语标记宾语的主要手段是语序。载瓦语、纳西语、哈尼语除宾格助词标记有生性受事宾语外，其他受事宾语都靠语序来确定。

汉语中的双及物动词谓语句在藏缅语中的情况不同，藏语、普米语、彝语有专门的与格助词，与事成分出现在课题宾语及谓语前，可看成是状语，所以说没有严格意义上的给予类双宾式，而只有“与格式”。景颇语、载瓦语、哈尼语、纳西语，与事宾语和客体宾语享有共同的助词，给予义动词便存在双宾句。独龙语宾格助词不是专用的，一般情况下可以省略，而同形的与格助词却是强制性的，可见双及物动词句在独龙语中更宜看作“与格式”。

文章通过对述宾结构特点的分析提出一些认识：藏缅语述宾结构的语法标记是多样的，而且主要以宾格助词为语法标记，大约与这些语言的 OV 型语序有关。汉语的情况不同，既无指示述宾结构的形态变化，又无指示宾语的结构助词，只能靠语序和语义关系来区别述宾结构和别的结构的区别。事实上，在藏缅语中，尽管格助词、词的形态变化、语序是区别施事、受事的三类标记手段，但语义在主宾语辨认中的作用也不可忽略。三种语法标记中，格助词和语序是直接的、充足的标记宾语的手段，而动词形态是间接的、不充足的手段。格助词和语序互补协同，格助词越丰富，标记名词的主、宾语句法身份功能越强的语言，语序的句法作用就越不重要。藏缅语大多数语言，主语、宾语与施事、受事是一致的，即主语是施事者、宾语是受事者，即使受事者在施事者之前，也还是宾语。宾语类别比较简单。汉语则不同，宾语类别比较复杂，除受事宾语外，还有施事、工具、处所、时间等宾语。藏缅语亲属语言述宾结构的比较说明，语序类型与语法类型的系统特点密切相关。

——戴庆厦、傅爱兰：《藏缅语的述宾结构——兼与汉语比较》，载《方言》2001年第 4 期，第 289～300 页。

从藏缅语述补结构反观汉语

戴庆厦、黎意指出，藏缅语诸多语言中，除处于北部地区的部分语言无述补结构外，大多数语言都有述补结构。藏缅语述补结构的特点主要有：1. 发展不平衡，呈现出不同的层次类型，有零状态述补结构、不发达的述补结构、发达的述补结构。2. 结构方式有黏着式（无标记式）和分析式（有标记）两种，二者比例因不同的语言而不同，同一意义的述补结构，在有的语言里两种形式都有，在有的语言里只有一种形式。3. 补语不同程度地出现了语法化趋势。

汉语的述补结构与藏缅语相比，类别上的对应主要有：1. 汉语的述补结构在缺乏述补结构的藏缅语里，均用状中结构、加词缀、含述补语义的单个谓词等方式表示。2. 汉语的带结果补语的述补结构、带趋向补语的述补结构、带程度补语的述补结构等在有述补结构的藏缅语里大都有相同形式的对应，但并不完全相同。3. 汉语的带可能补语的述补结构是分析式，在藏缅语里大都用黏着式对应，有的是分析式和黏着式两种形式都有，有的则用状中结构对应。4. 汉语的由介词结构或数量词充任补语的述补结构在藏缅语里都不用述补结构表达，而用状中结构。由短语（包括主谓短语、述宾短语、述补短语、状中短语等）充当的补语在汉语里比较开放，能产性强；而藏缅语相对比较贫乏，即使是动词、形容词作补语，藏缅语的数量也远远不及汉语。至于补语的语法化，藏缅语语法化的程度要比汉语高，这大约与汉语分析性强有关。

相比较而言，汉语的述补结构比藏缅语种类多，发展得较充分。与语言的类型特点密切相关。首先，按照联系项居中的原则，SVO 型语言倾向于采用“VP+P+NP”语序，汉语有“动词 + 数量短语”的述补结构，而藏缅语中没有。其次，形态及构词特点也制约着具体语言述补结构的形成和发展。凡是分析性强的语言，述补结构都比较发达，反之亦然。藏缅语、汉语中述补结构的不平衡发展说明藏缅语和汉语的述补结构的发展没有共同来源，但是通过述补结构的历史来源的对比，不难发现，安多藏语的 V_1+ni+V_2（P）和 V_1+V_2 分别与古汉语时期的“A 而 B”和“AB”（即“V_1+V_2”）两个格式存在着某种一致性。

——戴庆厦、黎意：《藏缅语的述补结构——兼反观汉语的述补结构》，载《语言研究》2004 年第 4 期，第 119～125 页。

藏汉语述补结构比较得出的启示

王志敬从古今汉语述补结构的发展和现代藏汉语补语意义类的比较后得出如下一些启示：

①甲骨文只有三类补语：结果补语、角色补语、时地补语，从甲骨文到现代汉语的三千多年，汉语补语的类型新增加了四个，即趋向补语、程度补语、数量补语、可能补语。现代藏语的补语，除没有可能补语之外，六类补语和汉语相同。试看如下表格：

	藏语	汉语
结果补语	+	+
趋向补语	+	+
程度补语	+	+
数量补语	+	+
时地补语	+	+
可能补语	-	+
角色补语	+	+

②如此高度一致并非偶然，只有一个可能的解释：藏汉两种不同的语言是在沿着同一个方向平行性地向前发展，而只有具有发生学关系的语言才有可能具有这种平行性发展关系。

③在没有原始汉语及原始藏语语料的条件下，藏汉语同源关系的确定逻辑推理是不可或缺的。

④在发生学的研究中，材料越古越好之说固然正确，但因材料越古越少而显得苍白无力；相反，平行性发展关系理论，正在为现代语料争夺发生学研究的半壁江山。

⑤充任补语的词类是分析补语的又一重要视角。充任现代藏汉语补语的词类也相同，即形容词、介词结构、名词和动词。

——王志敬：《藏汉语亲属关系研究》，民族出版社，2009 年，第 80～81 页。

从壮侗语与汉语的对比看壮侗语述补结构

黎意选取了壮语、侗语和黎语三种壮侗语族语言，考察其述补结构，并与汉语对比，初步总结出壮侗语述补结构的特点如下：

第一，在结构形式上，壮侗语三个语支都存在粘合式和分析式两种述补结构。壮语背部方言上林话主要以粘合式为主，分析式的结构方式收了汉语的影响而产生的一种新的用法，但并不是对汉语分析式的借用，而是一种模仿。武鸣话中分析式述补结构比较丰富，有 $tək^{24}$、$'dai^{55}$ 和 $kə^{55}$ 三个专职的结构助词充当补语标记，在用法上各有分工。侗语的述补结构系统与汉语十分相似，粘合式与分析式并重，分析式中以结构助词 ni^{33} 作为唯一补语标记。与汉语相比，侗语述补结构特有的特征并不突出，这种与汉语述补结构系统的整体相似体现了侗水语支述补结构的现状。黎语述补结构中补语如果是词，一般都采用粘合式来组合述语和补语；补语如果是短语，一般采用分析式来组合述语和补语。汉语中的一些方言也有与黎语类似的表达，如粤方言等。

第二，名词、象声词充当补语是壮语的一个特色。除程度副词可以充当补语外，各语支中表时间的副词“先”和“后”，以及一些范围副词在句法中也多置于谓词之后充当补语。

第三，方式补语和原因补语是壮语特有的两种补语意义类型。方式补语主要由形容词和象声词充当。在汉藏语多数语言中，说明动作行为方式的成分一般出现在状语的位置上，但汉语象声词充当谓语修饰成分时，既可置于谓词之前作状语，也可置于谓词之后做补语，前者具有普遍性，比较自由，后者收到一定的限制。壮语的原因补语一般由动词、形容词等来充当，直接谓语动词（一般为不及物动词）之后。这种述补结构在古汉语中也能找到类似表达。

第四，转动与表比况的述补结构有自己的特点。汉语的一些方言中有相同的表达式。如粤方言比较句的句式“A＋ 形容词 ＋ 过 ＋B”，与壮侗语中部分表比况的述补结构一致。

——黎意：《壮侗语与汉语述补结构的对比分析及其类型学特征》，载《中央民族大学学报》2009 年第 6 期，第 107～113 页。

苗汉语述补结构的共性和差异

黎意指出，述补结构是苗语的重要句法结构之一。它能产性强，使用频率高，能表达丰富的意义。在结构及表义上，苗语的述补结构与汉藏语诸语言既有相同或相似的类型特征，也有自身的特点。该文在对川黔滇、黔东和湘西苗语的述补结构的共时描写的基础上，与汉语继续比较，分析苗语述补结构的主要特征及类型学特征。

通过语料分析，以及苗语与汉语的对比，作者对苗语述补结构做出以下几点总结：

1. 在结构形式上，汉语述补结构存在黏着型和分析型，黏着型产生的时间比分析型早，分析型比黏着型发达。从目前发展来看，黏着型基本上是封闭的，分析型则是开放的，具有很强的能产性。三种苗语中得述补结构，川黔滇苗语只有黏着型没有分析型，黔东苗语和湘西苗语中都存在黏着型和分析型两类结构类型，但以黏着型为主。相比之下，黔东苗语的分析型要比湘西苗语发展得丰富一些。两种苗语方言分析型述补结构中连接述语和补语的是两个不同的词，之间没有同源关系。

2. 通过对黏着型和分析型在苗语中的分布及结构情况的考察，并参照汉语述补结构产生、发展的研究成果，可以将述补结构在苗语中得发展大体上分为三个层次：黔东苗语的述补结构相对发展得比较成分，述补类型和表意都较为丰富，属于发达型；湘西苗语次之，善于与中等发达型；川黔滇苗语相对发展得不够充分，属于初等发达型。

3. 与汉语相比，苗语中存在具有补语特征的名词。这种现象与量词发展程度的高低有关。苗语量词发展的程度较高于北方汉语。

4. 与汉语相比，苗语中存在差比句补语。造成这种区别的原因是苗语的 SVO 型和前置词型特征比汉语典型。

5. 与现代汉语相比，苗语中存在丰富的状词补语。这种类型的补语与古汉语中的联绵词补语在结构和表义上具有共性特征，但它们在两种语言中发展方向不同。汉语趋向于衰退，很多联绵词补语已经转化为状语。苗语则趋向于丰富、细腻。

——黎意：《苗语的述补结构——兼与汉语对比》，载《中央民族大学学报》2005 年第 5 期，第 107～112 页。

藏缅语与汉语连动结构比较

戴庆厦、邱月通过亲属语言藏缅语与汉语连动结构的比较，包括共性和个性的提取，认识藏缅语与汉语连动结构的特点。认为："藏缅语与汉语的连动结构存在诸多共性：都是语法中一个独立的结构；制约连动特点的因素都是多方面的，而语序是最重要的；连动的补语都容易出现语法化，其制约条件也大致相同。二者的差异主要是连动结构的紧密度不同，以及连用动词的顺序受'临摹原则'制约的强弱不同，其原因是 OV 型、VO 型语序的差异造成的。"

"通过藏缅语与汉语连动结构的比较，可以形成以下几点认识：1. 汉语与藏缅语都存在连动结构，而且存在诸多共性。如：二者都有不同的句法结构类型，都有语法化现象，都与认知规律有一定的联系。这种共性是由二者的亲属关系的基因和类型学的因素所决定的。2. 制约连动特点的因素是多方面的，但语序是最重要的，其中谓语的语序尤为重要。由于 VO 型汉语和 OV 型藏缅语的语序差异，使得连动结构的连用特点出现差异。汉语带宾语的连动结构，连用动词被宾语隔开；而藏缅语则不然，不管是两个动词带有同一个宾语，还是其中一个动词带宾语，都不影响动词的连用。3. 连动结构的紧密度，汉语不如藏缅语。汉语在两个连用动词之间可以较灵活地插入宾语、连词和助词等成分；而藏缅语大多数则紧密相连，不易插入别的成分，凝聚力强。这就是说，汉语的连动结构具有一定的松散性，这个特点使得汉语连动结构包括的内容比较庞杂，被人称之为'大杂烩'，在范围的划定上出现种种困难，以致长期争论不休。4. 藏缅语和汉语连动的补语都容易出现语法化，其制约的条件也大致相同，主要是：位置居后的动词容易语法化、高频率的动词容易语法化、单音节动词容易语法化。5. 连用动词的顺序受‘临摹原则’制约的强弱不同，其原因是 OV 型、VO 型语序的差异造成的。总的看来，‘临摹原则’对 VO 型语言的解释力强于 OV 型语言。”

——戴庆厦、邱月：《藏缅语与汉语连动结构比较研究》，载《世界汉语教学》2008 年第 2 期，第 14～26 页。

OV 型藏缅语连动结构的类型学特征

戴庆厦、邱月在文中指出：“连动结构是一个以语义语法范畴为链条组成的结构。从语义上看，是指同一主体发出的一个以上的动作行为；从语法上看，是指一个句子有一个以上存在连用关系的动词。连动结构描述的是完整的一个事件，一个事件可能由一个以上的次事件组成，是对可以概念化为彼此关联的、按一定顺序结合的若干次事件进行编码。按照类型学的观点，句子的基本语序与句法结构特点及其演变之间存在着蕴含关系。连动结构的特点依语序类型而异，OV 型藏缅语族语言（下文简称为‘藏缅语’）与同语系的 VO 型语言的连动结构特点不尽相同。本文就连动结构的句法关系类型、与宾语的制约关系、受否定副词的限制以及语法化等几方面，研究 OV 型藏缅语连动结构的类型学特征。在研究范围上，有两点要说明。一是连动结构的动词有两个和两个以上的，本文主要分析两个连动动词的结构；二是连动结构有紧密相连无插入成分的，也有中间加连词或其他助词等插入成分的，由于有插入成分的连动结构范围可大可小，涉及的问题很多，本文主要分析无插入成分的连动结构。”

“综观藏缅语连动结构的特点，大致可以得出以下几点认识。1. 连动结构是句法结构中的一个独立单位，与并列、修饰、补充等句法结构不在一个层次上，两者有交叉。对 VO 型汉语连动结构在句法结构中是否独立的问题，学术界存在不同的认识。有些人认为它是一个独立的结构系统，如赵元任（1979）说：‘连动式是介乎并列结构和主从结构之间的一种结构，但更接近后者。’吕叔湘（1979）也认为：‘一直有人要取消它，也一直没取消得了。’‘看样子连动式怕是要终于赖着不走了。’有些人则认为连动结构没有独立存在的必要。如张静（1977）首先列出了代表各家关于连动式（包括异名同实的）分类的 18 个例句，根据各种结构类型特有的语法意义和语法形式特点，对这 18 个例句逐项加以分析批驳，最终全部否定它们是连动句。他批评连动式‘是一个包罗万象的大杂烩’，‘连动式’的存在完全是多余的，对语法分析有害无益。从藏缅语的语言实际看，由于 OV 型语序的原因，连动结构出现的频率大大高于 VO 型语序的汉语。不同动词构成了系统的连动语法关系，这就决定了藏缅语连动结构独立存在的必要。2. 藏缅语的连动结构能够大面积地存在，这是由 OV 型语言的内部机制所决定的。OV 型语言，动词谓语都在主语、宾语之后，构成了‘两大板块’，不像 VO 型的汉语的连动结构，随时可以被宾语隔开。藏缅语的动词谓语由于处于后一板块中，因而允许不同的动词连用。而且，OV 型藏缅语连动结构的各种结构关系，紧密度比较高，在句中是作为一个整体充当句子成分的，可受否定副词的限制。除少数连词外，一般不能插入实词成分。这一特点与 VO 型的汉语不同。汉语连动式的结合度相对较松，如果有宾语的话，还可以放在连用的动词之间；如果哪个动词要表示时态，时态助词还可以根据语意表达的需要或放在两个动词之后，或放在两个动词之间。3. 藏缅语连动结构的词序先后与认知特点有关，但无绝对的蕴含关系。并列关系、修饰关系、补充关系的连动结构大多是先出现的动作居前，后出现的动作居后。但也有反例。主要是一些语言居后的‘来’、‘去’，则表示动作先行。而支配关系的连动结构，先发生的动作支配语在后，不符合上述规则。”

——戴庆厦、邱月：《OV 型藏缅语连动结构的类型学特征》，载《汉语学报》2008 年第 2 期，第 14～26 页。

从藏缅语族语言反观汉语的被动句

戴庆厦、李洁认为，对汉语被动句认识的分歧主要存在于：在定义上，汉语究竟有没有被动范畴；在分类问题上，有的学者从结构形式角度对被动句做了广义上的划分，认为汉语被动句包括有词汇标记的被动句和无词汇标记的“意念被动句”两种，而有些学者则认为所谓“意念被动句”的提法不妥。在对“被”字的词性和句法功能上，也存在不同看法。分歧的主要原因主要是，由于汉语属于分析型语言，其被动句的语法标志不像英语由“be+v-en”的形态变化那样易于被确认，因而在对分析成分的认识上容易产生分歧。此外，汉语的语法结构是受语义强烈制约的，因而如何结合语义来研究语法是个难题，也不容易取得一致的意见。在语序方面，由于语序的排列除了有固定特点外，还存在灵活性的一面，这也容易造成认识上的分歧。还有，被动句在口语和书面语上的差异，在方言和共同语上的差异，也是一个不易弄清楚又容易产生观点分歧的问题。

藏缅语的被动表述手段有虚词、语序和形态变化等三种。虚词和语序是最常见的手段。虚词是使用格助词、介词表示施受关系。形态变化主要有以下几种：（1）声调屈折表被动；（2）动词后附词素表被动；（3）动词前缀表被动。从意义和形式两个参项入手，可以把汉藏语被动句分为三种类型：1. 被动句含有较强的被动义，也有词汇标志，如白语等。白语的被动标记词有 e^{42}、tɕo^{35}、tɯ^{35} 等三个。pɔ^{33} tɯ^{35} tɛ^{44} tɯ^{44}

tui[44]。他被打了一顿。2. 被动句只含有轻微被动义，没有被动词汇标记，如景颇语、哈尼语等。3. 含有被动义，并且有外部的形态标志，这种类型被动句的形态标志，有动词前附和动词后附两种。属于这一类的语言有拉坞戎语、扎巴语、义都珞巴语等。此外对有些语言的情况还不完全清楚或存在争论。总的看来，藏缅语被动句的特点是多元的。除了少数语言使用形态变化构成被动句外，大多数语言都是通过词汇（包括介词、动词、格助词）手段构成被动句。在被动义的含量上，除了白语等少数语言外，大都比较弱，特别是用格助词表示施受关系的句子被动义就更弱了。

通过藏缅语和汉语被动句的比较，可以得到以下几个认识：

第一，通过对比，我们看到汉语和藏缅语在被动表述上存在较大的差异。在语法标记上，汉语主要靠介词“被”组成的结构表示被动，而藏缅语有多种被动表述方式。有的是格助词，有的是用“着”等，也有少数语言用形态表示的。在语义上，汉语的被动义比藏缅语突出、鲜明。这些重要差异，说明汉语和藏缅语在被动表述上没有共同来源，可以认为汉语的被动表述是原始汉藏语分化为不同的语族后产生的。

第二，印欧语的被动表述与汉语、藏缅语在类型上是不同的。汉语、藏缅语之间被动表述的类型学特征也不同。他们之间分析性强弱的不同，直接影响被动表述采取哪种语法形式。汉语主要用“被”字结构表达被动，而藏缅语主要用格助词外还有形态变化。认识藏缅语与汉语被动表述类型学特点的不同，有助于帮助汉语研究者扩大视角认识汉语被动表述的特点。

第三，“被”字是构成汉语被动句的关键要素，也是汉语被动句的特色所在，是其他亲属语言所没有的。

——戴庆厦、李洁：《从藏缅语族语言反观汉语的被动句》，载《云南师范大学学报》2006 年第 3 期，第 52～57 页。

藏缅语“受动者 + 施动者 + 谓语”的句型特征

戴庆厦、李洁认为藏缅语彝缅语支、景颇语支等语言没有像印欧语那样的被动句，也没有像汉语那样的被动句或“被”字句。藏缅语中翻译英语或汉语的被动句时所采用的“受动者 + 施动者 + 谓语”句式被有的论著称为被动句，其实不然，这种句式是一种特殊的句型，即“强调式施动句”。

文章指出，“被动态”是从印欧语的动词形式中归纳出来的，当主语是动词的受动者（Patient/Subject）时，动词的形式称为被动语态。在英语里，主动句和被动句在语法形式上和语义上都存在差异。在语法形式上，英语被动句有严格的形式标记，由

[Subject+be+V—en] 构成（其中的是过去分词），引导施事的 by 介词短语可以省略。在语义上，被动句表示动作、行为不是主动的而是被动的。汉语情况复杂，马建忠、黎锦熙、王力明确提出汉语有被动句或被动式。然而 20 世纪中叶后一些学者开始对汉语有没有被动态产生怀疑。有人认为，汉语有被动句，但和英语被动句的性质、功能和表现形式都不同；有人认为，汉语缺少形态变化，没有“被动态”，最多只能算是“被”字句型。同样，在藏缅语的语法研究中，也存在类似于汉语的情形。因此，本文以彝缅语支、景颇语支语言为分析对象，剖析了“受动者 + 施动者 + 谓语”这一句式的性质、特点及类型学特征。

从语义上看，藏缅语中的“受动者 + 施动者 + 谓语”句式不是被动义，更无遭受义，而汉语中被动句的被动语义比较明显。从语法形式看，藏缅语中大多数语言在施动者后要加上表示施动意义的助词，也有少数语言在施事者后面不加格助词，仅是在受事者后面加上表示受动意义的助词。施动助词是为了使施受关系更加明确，对施事者起到强调、凸显的作用。再者，施动助词往往具有多功能性，像景颇语的 e^{31} 除表示施动外，还能引申表示动作行为发生的处所、时间，哈尼语的 ne^{33}，除表示施动外还可以表示“从由”、处所、工具等语法意义。所以说，表示施动意义的助词是一种语法标志，但不是被动句的语法标志。

藏缅语中强调式施动句的形成与藏缅语动词的形态状况、谓语动词与施受者的关系以及语序等因素有关。彝缅语、景颇语以分析性为主的特点，决定了它们的语序比较固定，但也有一定的灵活度。在基本语序上，这些语言以 SOV 为主，但在一定的条件下也可以是 OSV，具备了产生强调式施动句的语序基础。同时，分析性的特点决定了结构助词在语法手段中的重要作用。施动助词的出现，不仅使这些语言的施受关系句子增加了一个强调式施动句，而且还使受动宾语提前成为可能。另外，彝缅语、景颇语的句法是一种以谓语为中心、重视施受关系的语言。这个特点使得强调式施动句的出现成为可能。在信息的传递上，这类语言注重明确哪一个是施动者，哪一个是受动者，而施动和受动的区分主要有两种手段：一是靠结构助词，二是靠语序。一般是施事者在受事者之前，若违反了这个语序，则要以结构助词予以辅助。结构助词放在体词之后，能够指明该体词是实施者还是受事者。

当然，藏缅语的彝缅语、景颇语没有被动态，也没有被动句，其强调式施动句也不是被动句，但并不是说这些语言就不能表示被动义。它们的被动表述是通过别的手段表示的。

——戴庆厦、李洁：《藏缅语的强调式施动句——与汉语被动句比较》，载《语言研究》2005 年第 3 期，第 112～117 页。

藏缅语的强调式施动句与汉语被动句比较

戴庆厦、李洁认为：“藏缅语中有些语言如彝缅语支、景颇语支等语言没有被动态，没有像印欧语那样的被动句；也没有像汉语那样的被动句或‘被’字句。但这些语言则有一种强调施事的施动句，即‘强调式施动句’，其语法手段是在施动者后加施动助词，构成‘受动者 + 施动者 + 谓语’的句式。强调式施动句的形成原因与该语言的分析性特点，包括谓语动词的形态状况、谓语动词与施受者的关系以及语序等因素有密切关系。”

——戴庆厦、李洁：《藏缅语的强调施动句——兼与汉语被动句比较》，载戴庆厦主编：《汉语与少数民族语言语法比较》，民族出版社，2006 年，第 261～271 页。

从藏缅语族语言反观汉语的被动句

戴庆厦、李洁指出：“通过藏缅语与汉语的比较，反观汉语被动句的如下特点：汉语与亲属语言藏缅语在被动表述上没有共同来源；汉语被动表述有不同于其他语言的类型学特点；‘被’字是构成汉语被动句的关键要素，也是汉语被动句的特色。”

——戴庆厦、李洁：《从藏缅语族语言反观汉语的被动句》，载《云南师范大学学报》2006 年第 3 期，第 52～57 页。

汉语和藏缅语被动表述比较

李洁认为：“（一）汉语和藏缅语在被动表述上没有共同来源。两者在被动表述上存在较大的差异：1. 在语法标记上，汉语主要靠介词‘被’组成的结构表示被动，对施事、受事格成分的区分主要是依赖语序，而并不靠形态。较之汉语被动句，藏缅语族诸语言的被动表述则具有多元化特征。而藏缅语则有多种被动表述手段和相关句型，除了介词型、结构助词型两种主要类型之外，还有声调屈折变化、连动式、使动结构以及动词前附加成分等表示被动的句式。除了少数语言（如拉坞戎语）使用形态变化构成被动句外，藏缅语大多数语言都是通过词汇（包括介词、动词、格助词）手段构成被动句，并以格助词表示施受关系的情况居多，除个别语言（如白语等）之外其他语言大多没有专用的被动形态标记。而且，这些不同的被动表述在藏缅语诸语言中有不同的分布：大多数语言只有一种被动表述方式，如白语以介词做被动语法标记，景颇语、纳西语、拉祜语等以格助词来表示施受关系；而有的语言在以格助词表示被动的同时还可以跟其他被动表达方式并用，如彝语表被动可以用施事格助词和声调屈折两种方式，载瓦语除了以格助词表达被动关系之外还可以用动词的使动变化表示被动义，哈尼语被动句施事出现时用格助词表施受关系、施事不出现时用连动结构表被动。2. 在语义和语用上，汉语被动句突显和强调的是行为动作的‘被动性、承受性，乃至不可抗拒性’，其被动义较突出、鲜明。而藏缅语除了白语等少数语言外，大都比较弱，特别是用格助词表示施受关系的句子被动义就更弱了。这些重要的差异，说明汉语和藏缅语在被动表述上没有共同来源，可以认为汉语的被动表述是原始汉藏语分化为不同的语族后产生的，不可能追溯到原始汉藏语阶段，因而要重建原始藏缅语的被动表述形式是不可能的。即使是藏缅语内部不同语支的语言，被动表述的语法标记和语法意义也有较大差异。拿藏缅语共有的格助词来说，不同语言之间大多是不同源的，这说明它们是后来各自产生的。既然被动表述不是原始汉藏语原来就有的，汉语的被动表述就应该是汉语从汉藏语分化出来之后产生的，其产生由汉语内部机制和条件所决定。这一认识对于认识汉语的被动表述特点具有宏观的指导意义。

（二）汉语被动表述有不同于其他语言的类型学特点。印欧语的被动表述靠的是屈折式形态变化，而汉语、藏缅语缺少屈折式形态变化，主要靠词汇和语序，在类型上是不同的。汉语、藏缅语之间，被动表述的类型学特征也不同。虽然汉语和藏缅语都属于分析性语言，但分析性的程度不同。从总体上看，汉语的分析性比藏缅语更强，藏缅语的不同语言都不同程度地保留了一些形态变化。分析性强弱的不同，直接影响被动表述采取哪种语法形式。汉语主要用‘被’字结构表达被动，而藏缅语主要用格助词外还有形态变化。认识藏缅语与汉语被动表述类型学特点的不同，有助于帮助汉语研究者扩大视角认识汉语被动表述的特点。

（三）‘被’字是构成汉语被动句的关键要素，也是汉语被动句的特色所在。汉语‘被’字句是藏缅语等其它亲属语言所没有的。汉语被动句的形成与‘被’字的语法化过程是分不开的。‘被’字能够成为汉语被动句词汇标记，与其自身的语义基础有密切关系。汉语的‘被’字，源自于动词，本义是‘覆盖’义，后引申为‘及于’义、‘蒙受’义等，虚化为介词。一般认为，‘被 + 动’式的被动句出现于战国末期。关于‘被’字语法化过程，有的认为‘到十三世纪才完全语法化’（刘世儒 1956），有的认为‘在十三世纪就已经语法化了’（宋采娃 1958）。‘被’字的语法化与被动句的形成是相辅相成的。‘被’字成为介词后，随着表达的需要，‘被’字结构也在不断发展，出现多种不同的表述形式。‘被’字结构的发展，既丰富了语言的表达功能，又充实了语法的结构模式。因而，‘被’字及被动结构的研究始终成为汉语语法学家关注的热点，也将是今后继续深入研究的课题。汉语、藏缅语的被动表述的异同与两类语言各自的语序类型和词类划分有密切关系。汉语属 SVO 型语言，分析性较强，词类系统中有介词一类。这些特征使得汉语被动句发展得较充分，以介词作为专用的语法标记词，语法标记单一明了，'被动'义较强。然而，藏缅语则不同，虽然藏缅语中与汉语被动句对译的句式是一种独立句型，但这种句型无论在表述手段还是语义表达上都与汉语被动句不同。这是为什么？藏缅语属 SOV 型语言，词类系统中有数量丰富的结构助词而无介词。这就使得藏缅语受事居前的施受关系句型无专用的介词标记，而只能以格助词来表明语义成分之间的关系，所表达的被动义较弱。藏缅语的格助词在性质上不同于汉语的介词被动标记，但它在表明藏缅语施受关系的过程中发挥了重要的作用，对语义关系的准确表达来说不可或缺。藏缅语结构助词型被动句，正是在句法结构固定性和灵活性的相互对立又相互补充的关系中，应运而生。结构助词在藏缅语语法手段中具有极其重要的意义，它不但能够连接不同的语法成分构成不同性质的短语结构，而且还能与词序一起加强对语法意义的表达，或弥补词序功能的不足。语言中最基本的词序，表达的是该语言'最自然的语法、语义和语用的范畴'，因此它被视作'无标记词序'；适应新的表达需要，对原有结构进行补充或变换，就产生了具备新的表达功能的新结构，这种结构是有标记结构。'越是语义上不容易混淆的施受关系，越是不需要形式标记，相反，越是语义上容易引起角色混淆的，越是需要强制性的显性语法形式去明确语法角色'，人类语言中普遍存在这种情况。标记施受者的结构助词不仅使受动宾语提前成为可能，使施受关系更加明确，而且还能对施事者、受事者起到强调、凸显的作用。结构助词是藏缅语表达施受关系的一种语法手段，但它不是被动句的专用语法标记词。总之，藏缅语被动句的特点是由其自身的语法机制决定的，这从汉语的反观中能够看得清楚。与汉语相比，藏缅语的被动句不是很典型，只能称之为'类被动句'或'准被动句'。这个概念是从汉语反观中提出的。"

——李洁：《汉藏语系语言被动句研究》，民族出版社，2008 年，第 162～164 页。

通过亲属语言对比证明拉祜语存在"类被动句"

李洁从共时角度对汉语和拉祜语被动句的特点、性质进行初步的比较和剖析。认为拉祜语存在"受事 + 施事 + 动词"语序的句型，并且也能表示"被动"义，只不过这种"被动"义较之汉语显得较弱，可称之为"类被动句"。

"拉祜语被动句与汉语被动句在语义、语用功能、结构类型、性质等方面既有共性也有个性，二者相似但并不等同。语序类型的不同决定了两种语言被动句在具体表现形式上的不同。”

“汉语的被动句发展得较充分，被动义较强，在语法意义、语法形式的范围、类型上都较为丰富。相比之下，拉祜语的被动句是不发达的。虽然拉祜语的被动句不能算作真正意义上的被动句型，但可以肯定的是，它在语法上、意义上有不同于拉祜语语法系统中其他句式的特点，所以应视为一种独立的句型。”

“拉祜语没有被动语态，也没有类似汉语以介词‘被’为标记的‘被’字句，但并不是说拉祜语与汉语被动句相对应的句型就不能表示被动义。实际上，拉祜语被动句也带有一定的被动义，只是这种被动义较弱。”

“基于以上原因，笔者认为拉祜语被动句可以被视作汉藏语言被动句若干类别中的一种。类别是指‘共同具有某些形式特征或语义特征的实体的集合’。所以，为了把拉祜语被动句与汉语被动句相区别，可将其称作‘类被动句’。”

——李洁：《拉祜语的类被动句——兼与汉语被动句表述对比》，载戴庆厦主编：《汉语与少数民族语言语法比较》，民族出版社，2006 年，第 294～310 页。

拉祜语的类被动句与汉语被动表述对比

李洁从共时角度对汉语和拉祜语被动句的特点、性质进行初步的比较和剖析。

首先，作者认为：“拉祜语存在‘受事 + 施事 + 动词’的语序的句型，并且也能表示‘被动’义，只不过这种‘被动’义较之汉语显得较弱，可称之为‘类被动句’。”作者首先总结了汉语、拉祜语被动表述的共性，即：“1. 语义表达的多样性。2. 语序起主要作用。3. 都有基式和变式的类型划分。4. 句首多为受事。5. 施事在特殊的语境下可省略。6. 受事可以作话题。7. 施事的生命度通常较高。8. 被动句中谓语动词通常要带补语成分。9. 被动句多叙述已经发生过的事情。10. 都可以将被动句分为肯定式和否定式。”

其次，作者分析了汉语、拉祜语被动表述的个性及其成因。“1. 汉语、拉祜语被动句在形式标记、语义、语用、性质等方面有着各自不同的特征。2. 汉语、拉祜语被动句个性差异的原因主要与两种语言的类型学特征有关。”最后，作者归纳了拉祜语被动表述的一种句式——类被动句。作者认为拉祜语被动句可以被视作汉藏语被动句若干类别中的一种。

——李洁：《拉祜语的类被动句——兼与汉语被动表述对比》，载戴庆厦主编：《汉语与少数民族语言语法比较》，民族出版社，2006 年，第 294～310 页。

布汉被动结构对比研究

周国炎在文中将布依语和汉语（贵州土语）中被动式的特点和表义特征进行了对比分析。首先，在作者认为布依语和汉语被动意义的表现形式都有两种：一种是无被动结构标志词的语句，一种是有被动结构标志词的语句。作者把后者作为了文章探讨的重点。其次，作者指出：

“布依语中被动结构的标志词各地分别有 teŋ^{33}（不同地区分别又变读为 ti:ŋ^{11}、tiaŋ^{33} 等）、tɯk^{33}、tso^{31}（不同地区又变读为 tɕo^{11}）。其中的 teŋ^{33} 和 tɯk^{33} 是布依语固有词，而 tso^{31} 及其变读形式 tɕo^{11} 则是从汉语贵州土语中借入的，即来源于汉语的‘遭’。”再次，作者将布依语、汉语被动句结构类型进行比较，布依语中含被动句标志词的句子从结构上看可分为以下几种类型：

一、被动句标志词 + 动词 + 助词（了、过）。贵州汉语（口语）中也较多这类结构的被动句。

二、受事主语 + 被动句标志词 + 谓语动词 + 助词（了、过）。贵州汉语（口语）中也有与此结构类型相同的被动句，但有些在贵州汉语里面一般不用被动句标志词。

三、被动句标志词 + 谓语动词 + 施事宾语 + 助词（了、过）。贵州汉语中这种结构的被动句也比较常见。

四、受事主语 + 被动句标志词 + 施事宾语 + 谓语动词 + 助词（了、过）。贵州汉语中也有与此类型相同的被动句。

五、（受事主语）+ 其他成分 + 被动句标志词 +（施事宾语）+ 谓语动词 + 补语 +（助词 < 了、过 >）。贵州汉语被动句中的动补结构一般有两种形式，一种是动词后面直接跟形容词或另一个动词作补语，这时句末必须带时态助词“了”“过”；第二种是动词后面用“得”引出一个多音节形容词作补语，句末用语气助词“的”或语气助词加时态助词“了”，不用时态助词“过”。

六、受事主语 + 被动句标志词 + 施事宾语 + 谓语动词 + 受事宾语 +（时态助词 < 了、过 >）。这类结构比较复杂的被动句在各地布依语中都是很少见的，这是受汉语书面影响的结果。即使是在贵州汉语的口语中，碰到这类被动句时，也多改用主动句或“把”字句的形式来表达。

通过对布依语以上六个类型和汉语的比较，可以看出：“布依语被动句的一大特点是谓语动词后面的结构非常简单，这一特点也是与布依族有广泛接触的贵州汉语（口语）所共同拥有的。”随后，作者将布依语被动句所表示的语义概括为以下三条：

1. 施事宾语所实施的行为给受事主语带来不如意，不愉快的结果。2. 对事实的一般陈述，句子本身不体现说话者的任何感情色彩，受事者被提到主语的位置只不过起到一种强调的作用。3. 动词所表示的行为给受事主语带来的是一种如意的、愉快的结果。从总体来看，到目前为止，无论是布依语还是贵州汉语（口语），用被动句，尤其是带标志词的被动句来叙述对受事主语来说是如意、愉快的事情的现象并不十分普遍，相反，被动句用来叙述不如意、不愉快的事情的现象仍占主导倾向，特别是口语中更是如此。最后，作者总结认为布依语被动句在结构类型上与汉语的确存在很多相似之处，尤其是与汉语的贵州土语，布依语中今天普遍存在被动句的现象可以说在很大程度上是汉语不断影响的结果。

——周国炎：《布依语汉语被动结构对比研究》，载戴庆厦主编：《汉语与少数民族语言语法比较》，民族出版社，2006 年，第 311～331 页。

通过亲属语言对比证明汉藏语非汉语的被动句是不发达的

戴庆厦从共时角度分析景颇语“$NP+e^{31}$”式的语义、语法及语用特点，探讨景颇语“$NP+e^{31}$”式与被动结构的关系。认为“$NP+e^{31}$”实际上是一种强调式施事结构，不同于被动结构。这种结构在景颇语句子里使用频率低，被动意义弱。通过与汉语及其他亲属语言比较，还可知汉藏语系非汉语的语言有标志的被动句是不发达的。

“‘$NP+e^{31}$’式在句子中均充当主语，这一点不同于汉语……景颇语没有汉语那种‘被骂、被骗、被偷、被打’等缺少主动者的被字句……汉语被动句使用的是带有实词意义的词汇标志（‘被、叫、让’等），而景颇语则是以结构助词——虚词来作语法标志，二者性质不同。以虚词为语法标志的，其语法化程度比‘被’字句高，当属不同的层次。”

“根据以上对‘$NP+e^{31}$’式的分析，笔者对景颇语是否存在被动句初步有以下几点看法：1. 景颇语‘$NP+e^{31}$’式组成的句子，在语法上、意义上有不同于其他句子的特点，应视为一种独立的句型。但其被动义较弱，并不典型，应视为强调施事句……”

“总的看来，汉藏语系非汉语语言的被动句是不发达的，用来表示被动义的词素语法化程度不高，特别是藏缅语中有不少语言被动义较弱。相比之下，汉语的被动句发展得比较充分，在语法意义、语法形式上特点比较丰富。”

——戴庆厦：《景颇语的“$NP+e^{31}$”式——兼与汉语被动结构对比》，载戴庆厦主编：《汉语与少数民族语言语法比较》，民族出版社，2006 年，第 272～280 页。

被动句的跨语言类型对比

黄行、唐黎明选取汉语以及我国境内的不同系属、不同类别的诸少数民族语言，对其被动句进行跨语言的类型对比。该文指出，我国不同系属或不同类型的被动句的形态表现为：动词被动态—名词与格（阿尔泰语言）> 动词零态—名词施事 / 工具格（藏缅语、汉语）> 动词零态—名词零格（侗台语、苗瑶语）的序列分布。藏缅语表被动的施事 / 工具格助词有些来自实词虚化；阿尔泰语系语言的各种语态后缀之间有历史的联系，最初也可能来自实义动词，兼有构词形态和构形形态的性质。汉藏语系语言主动句 / 被动句变换后的语义格关系不变，动词和施事者的人称—数的一致性关系不变；阿尔泰语系语言的语义格和动词一致性关系都要发生变化。汉藏语系语言被动句话题化程度高，阿尔泰语系的被动句不是话题句型。

——黄行、唐黎明：《被动句的跨语言类型对比》，载《汉语学报》2004 年第 1 期，第 16～22 页。

汉语与哈萨克语被动句的类型学比较

成燕燕通过对汉语无标记被动句和哈萨克语被动句的类型学比较，认识汉语和哈萨克语在句法结构、语法标记和概念化方式上存在的类型学差异。

哈萨克语是 SOV 语序语言。在句法结构中，主语、宾语、状语等多种句法成分都在动词谓语前，形成多种成分的语序同一性，因此要靠助词和格标记来区分各种句法成分。由于各种句法成分有相对固定的标记，所以语序相对灵活些。不论语序如何变动，主语与谓语的一直关系是不会改变的。哈萨克语的被动句和汉语一样，主语是受事，但施事者一般不出现，谓语动词为被动态。当施事者必须出现时，带有专门的助词和格标记。

汉语史 SVO 语序语言，分析型的特点决定了被动句缺少形态该特征。其无标记被动句受制于主语是否为受事及“伴随特征 + 谓语中心 + 结果状态”的基本语序，标记并不是必备的条件。汉语无标记被动句约占被动句的 80%。

语言的概念化方式具有高度的规律性和系统性。语言概念化差异会影响到句子的表层结构，不同的民族语言具有不同的概念化方式。哈萨克语动词概念化比较复杂，内涵丰富，而语法表达方式比较简单。汉语的动词概念化有鲜明的个性。动词行为的概念化比较简单，不考虑方向、地点、结果等因素，因此在进入句子表达方向、地点、结果等意义时需要借助其他词语的概念补充，语法表达方式比哈萨克语要复杂得多。

——成燕燕：《汉语与哈萨克语被动句类型学比较》，载《中央民族大学学报》2008 年第 6 期，第 82～86 页。

通过语言对比发现汉语主客观态度与被动表述的关系

马庆株指出：“《国际歌》汉语歌词和法语原文，以及英语、德语、俄语译文的对比研究，说明汉语与欧洲主要语言的差别在于，汉语属于倾向于‘主观’表述的语言，而印欧语言属于倾向于‘客观’表述的语言。

……

据我们所知，各种语言都可以表达被动意义。然而不同语言中选择被动表述形式的情况是不一样的。例如，汉英学术论文的提要，明显的中英文差异是，中文使用主动表述多，而英文使用被动表述多。

一般说来，主动表述比较容易与主观表述相联系，而被动表述比较容易与客观表述相联系。可是汉语的被动标记多带浓厚的主观色彩，与客观表述的要求形成了一对很难调和的矛盾。修辞习惯影响到了语法结构形式的选择。这大概是印欧语系语言采用被动形式比较多，汉语采用被动表述比较少的原因之一。

……

英语的被动表述也注重‘客观性’，被动表述中的动词用的是动词的过去分词，在英语的有标记被动句中，导致受事体出现某种结果的直接的原因必须出现。

……

汉语被动表述多有主观色彩，这说的是意义方面。语义是语法的基础。汉语被动表述形式的主观色彩跟被动标记的来源、被动标记的本来意义有关。口语被动标记‘叫’、‘让’、‘给’是由表示有主观意图的动作的动词语法化为介词的。

……

被动标记的主观色彩与被动表述一般所具有的客观性相冲突，因而汉语采用被动表述形式使用比较少。

在西方主要语言的影响下，汉语在近代被动表述形式有所增加。被动表述形式的增加，一方面使得被动表述的主观色彩淡化了，同时另一方面被动表述的客观性增强了，就是在没有不如意的意思的时候也可以采用被动表述形式。尽管如此，汉语中被动表述形式的使用还是很受限制的。

因此，就大的方面来看，英语的被动表述是客观的，汉语的被动表述多是主观的。”

完成这个课题的研究，作者认为："我们对语言类型的差异在被动表述中的反映有更清楚的认识。对多种语言的互译也提供了参考。"

——马庆株：《主客观态度与汉语的被动表述》，载邢福义主编：《汉语被动表述问题研究新拓展》，华中师范大学出版社，2006年，第230～241页。

从比较句看布依语与汉语的内在联系

王国宇、王伟对布依语的比较句作了详细的描写，再按照词性结构的规律归纳成相应的句式。在这个基础上，作者将布依语先和闽南方言进行比较。两者具有同样的句式，只是用词和语音差别较大。此外，作者将布依语的比较句与古代汉语相应的比较句进行比较得出：二者在结构上也相同，而且古代汉语的比较词在闽南方言中还普遍地使用着。通过将布依语、闽南方言和古代汉语比较，不仅反映了三者在结构上的一致性，而且还说明了这种共同性远在先秦时代就具有了。作为比较词的"于"和"过"以及相当的"to^1"和"$kɯ^6$"在闽南方言和布依语中也还普遍地使用着，而在现代汉语普通话中已经不存在了。

——王国宇、王伟：《从比较句看布依语与汉语的内在联系》，载戴庆厦主编：《汉语与少数民族语关系研究》，《中央民族学院学报》1990年增刊11月版，第165～171页。

从双宾语句格式的链条状分布看拉萨话与部分汉语方言的同源关系

王志敬指出双宾语句分化的链条状包括如下三个环节：

a. 双宾语可自由换位，此类格式出现在拉萨话、客家话、上海话、浙江金华话、湖南湘乡话和广东阳江话里；

b. 双宾语格式为"主—受事宾语—与事宾语—V"，与事宾语后置于受事宾语，此类格式出现在粤方言、宁夏固宁话、河南罗山话、湖北话、湖北鄂南话里；

c. 双宾语句格式为"主语—与事宾语—受事宾语—V"，常见于普通话。

这一结论为我们的藏汉语比较提供了时间参照，藏语拉萨话代表古老面貌，汉语东南方言或西北方言中有别于汉语普通话而与藏语拉萨话同构的格式，代表古老格式。在上述藏语和汉语方言所呈现的分化链条状中，藏语总处于分化的早期，是对这一结论的验证。

——王志敬：《藏汉语亲属关系研究》，民族出版社，2009年，第338～339页。

从汉语“把”字句看布依语处置式的来源和发展

周国炎认为，现代布依语的处置式有两个来源，一个由连动结构中得一个动词虚化后演变而来；一个借自汉语的“把”字句。作者在大量第一手材料的基础上，对布依语处置式的结构类型进行了描写，并通过“把”字句历史发展过程的比较分析，对这种句式的来源进行了初步的探讨。

作者首先分析了布依语处置式的结构类型包括：

（一）施动者 + 标记词 + 受动者 + 谓语动词 + 结果补语。

（二）施动者 + 标记词 + 受动者 + 谓语动词。

（三）施动者 + 标记词 + 直接受动者 + 谓语动词 + 间接受动者。

（四）施动者 + 标记词 + 受动者 + 谓语动词 + 介宾结构。

（五）施动者 + 标记词 + 受动者 + 谓语动词 + 数量结构。

（六）施动者 + 标记词 + 受动者 + 介宾结构 + 谓语动词。

由此指出和现代汉语以“把”（书面语又是也用“将”）字作为处置式的标记一样，布依语处置式也有一个标记，置于“施动者”和“受动者”之间。这一标记由动词虚化而来。大多数地区的布依语都以 $ʔau^1$、$kuə^6$ 作为处置式的标记词，分别是实义动词“要”“做、作”的虚化。此外，望谟布依语中还用 $ðiu^3$（有动词“提、拿”虚化而来）、平坝布依语中还用 $tə^2$（由动词“拿、带”虚化而来）作为处置式的标记。近现代以来，由于受汉语的影响，很多地区的布依语中还借入了“把”字句。布依语处置式的主要句法格式是：“施动者 + 标记词（虚化动词）+ 受动者 + 谓语动词”，可详细划分为七种句式类型。布依语的处置式在结构形式上与现代汉语的“把”字句大体相同。

关于布依语处置式的产生和发展，作者认为布依语与汉语同是汉藏语系语言，对现代汉语“把”字句和“将”字句的来源和发展过程的探讨对于理清布依语处置式的发展脉络有很大的帮助。在对汉语“把”字句和“将”字句的来源和发展过程进行回顾之后，作者指出现代汉语的“把”字句和“将”字句，是从古代汉语中“把”字和“将”字连动句演变而来的。布依语处置式的来源和发展历程与现代汉语“把”字句和“将”字句的情况有不少共同之处，如布依语处置式标记词 $ʔau^1$、$kuə^6$（ku^6）、$ðiu^3$ 等与汉语“把”“将”一样都是从实义动词虚化而来的，都具有将受动者提至谓语动词之前的功能。在现代布依语中，标记词 $ʔau^1$ 字将受动者提至谓语动词之前的句式是典型的同时也是最普遍使用的处置式句。

在相当一部分地区，汉语的“把”字句在布依语中普遍使用，将要取代或已经取代了布依语中能固有的处置式的介词。随着汉、布依两个民族交往的不断加深，布依族人民汉文化程度的不断提高，这将是布依语语法发展的必然趋势。

——周国炎：《布依语处置式的来源及其发展》，载《中央民族大学学报》1999年第3期，第84～92页。

汉语布依语介词提宾句式对比

周国炎以布依语标准音点（望谟话）以及笔者母语（贞丰布依话——属布依语第一土语）的语言材料和汉语普通话的材料为主，对汉、布两种语言中的介词提宾句式进行对比分析，指出它们在结构和意义上的相似和相异之处。并参照汉语“把”字提宾句式的产生及发展情况，通过对布依族丧葬经文中的 ʔau（要）字句结构形式进行分析，探讨布依语介词提宾句式的来源。分析出汉语“把”字提宾句式在布依语中一般采用：（1）“$ʔau^{1}$（要，拿）”或“$ðiu^{3}$（提，拿）”字提宾。（2）“kuə（做）”字提宾。（3）“施动者 + 受动者”这三种句式来表达。从句子的结构形式上看，前两种句式与汉语“把”字提宾句式基本相同，都是以一个介词将受动者提在谓语动词前面，成为“施动者 + 介词（汉语是‘把’布依语是 $ðiu^{3}$，$ʔau^{1}$，$kuə^{5}$）+ 受动者 + 谓语动词”这样一种句式。作者围绕着这一主要的语法格式，根据附加的其它成分在语法功能和结构形式上的不同，在布依语中可以划分七种类型：

（一）施动者 + 提宾介词 + 受动者 + 谓语动词 + 结果补语。

（二）施动者 + 提宾介词 + 受动者 + 动词。

（三）施动者 + 提宾介词 + 受动者 + 谓语动词 + 处所（方位）名词。

（四）施动者 + 提宾介词 + 直接受动者 + 谓语动词 + 间接受动者。

（五）施动者 + 提宾介词 + 受动者 + 谓语动词 + 介宾结构。

（六）施动者 + 提宾介词 + 受动者 + 谓语动词 + 数量结构。

（七）施动者 + 提宾介词 + 受动者 + 介宾结构 + 谓语动词。

此外，作者总结出汉语中的一些较长，结构比较复杂的提宾句式，在布依语中只能采用别的句式来表达。随着汉、布两种民族交往的不断加深，布依族人民汉文化程度的不断提高，“pa^{4}（把）”字句式将更要多地取代布依语固有的“$ʔau^{1}$（$ðiu^{3}$）”字提宾句式，这是布依语语法发展的必然趋势。

——周国炎：《汉布介词提宾句式对比研究》，载戴庆厦主编：《汉语与少数民族语关系研究》，《中央民族学院学报》1990年增刊11月版，第99～111页。

汉语、维吾尔语致使句型比较分析

邢欣指出，致使［＋cause］是具有普遍特征的一种范畴意义，从动词角度来看，致使意义属于轻动词短语结构，在不同的语言中，都存在着致使意义的表达句式。不过，有些语言用显性语法手段（形态词尾）表达，有些语言用隐性范畴表达。该文对现代汉语和维吾尔语致使意义句型的异同进行探讨，并将两种语言的致使句型进行比较分析。

作者对两种语言的致使句考察发现，汉语的轻动词致使范畴［＋cause］是空语类，所以可以用不同的句型表达，主要有兼语式、致使复句、特殊补语“得”字句、形容词/不及物动词带宾语句、动词短语宾语句表达。其中的兼语动词句只是一种表达式，兼语动词的［＋致使］特征是动词虚化（语法化）后的一种映射标记，不是轻动词本身。

维吾尔语是形态丰富的黏着语，轻动词都有显性标记，因此［＋致使］范畴是线性语法范畴标记，不是映射标记。

作者将两种语言的致使句型进行对比后指出，汉语属于轻动词用空语类表达的语言，维吾尔语属于轻动词用显性语法形态表达的语言。这不仅局限在［致使］轻动词上，还可以体现在其他轻动词范畴上。

——邢欣：《现代汉语与维吾尔语致使句型比较》，载《汉语学报》2008年第2期，第62～68页。

从朝鲜语反观汉语致使结构的类型学特点

金海月指出，致使范畴是句法语义范畴，在人类语言中普遍存在。在不同的语言中，致使范畴呈现出不同的表现形式。有的表现为特定的语法结构，有的表现为词的形态变化，有的表现为无标记的零形式。朝鲜语与汉语虽分属两种不同的语言类型，在类型学上有共性又有个性。通过朝鲜语与汉语的对比，从彼此的反观中能够看到单一语言研究看不到的现象与特点。作者从朝鲜语的视角，揭示现代汉语致使结构中存在以下几个类型学特点：

一、汉语致使结构的隐性特点

朝鲜语是黏着性语言，致使结构大多是有标记的、显性的，主要有以下三种形式：1.-ke/torok hata/mantəlta 结构；2.-sikhita 结构；3. 形态型致使结构，致使形态有 -i、-hi、-ri、-ki、-u、-ku 等。而汉语的致使结构大多是无标记的、隐性的。汉语致使结构分为分析型和词汇型，其中只有“使”字致使结构是有标记的致使结构，其他表示致使意义的“得”字致使结构、“把”字致使结构、兼语致使结构、倒置致使结构以及词汇型致使结构都是隐性的致使结构。

二、语义表达的细密性特点

由于朝鲜语表示致使意义的手段主要有三种主要结构形式，而汉语则有七种主要结构形式，因此相比较而言，汉语表达致使语义较细致，包括一些只能意会难以言传的差异。如下面的例句，朝鲜语用一种形式表示的致使语义，汉语则用多种形式与之对应。

朝鲜语

kanhowən ɯm hwantʃarɯl nuphyətta.

护士 话题格 患者 宾格 躺 致使词缀 过去时态

汉语

A. 护士小姐让患者躺下。

B. 护士小姐扶患者躺了下去。

C. 护士小姐把患者抱到床上。

在这个例句中，朝鲜语的致使词缀既可以表示强制使令，也可以表示致事成分辅助性地参与致使行为，还可以表示致事成分独立施行致使行为，三种语义朝鲜语可以用一种形式表达，而汉语则必须用不同的形式。A 句使用“让”字表示强制使令，B 句使用兼语句表示致事成分辅助性地参与致使行为，C 句使用“把”字表示致事成分独立施行致使行为。作者认为，汉语致使结构之所以存在表达细密性的特点，这与汉语分析型历史长、语义发展比较充分有关。分析型的发展主要是不断扩大语义对语法的制约比例，使得语法结构与语义紧密黏合在一起。分析型语言的语法研究一步也不能离开语义。致使型结构如此，其他句法结构也是如此，只是程度不同而已。

三、词汇型致使结构的稳固性特点

所谓“词汇型”，是指致使义主要靠词汇来体现，词汇起到主导作用。朝鲜语致使形式中也存在少量词汇型致使，但从古到今都以形态型与分析型占绝对优势。而汉语史的研究显示，词汇型致使结构从先秦就开始存在，并一直沿用到现在，在致使结构中起到主导作用。汉语的词汇型致使结构分为两类：一是使动词知识结构，二是述结式致使结构。

作者从以上三个方面，通过朝鲜语来反观汉语致使结构的类型学特点，并进一步指出：非亲属语言对比对深入认识语言的特点能够起到重要的作用，大有可为。

——金海月：《从朝鲜语反观汉语致使结构的类型学特点》，载《中央民族大学学报》2008 年第 5 期，第 109～113 页。

与西洋语对比说明中国语使成式的复杂性

王力认为："现代中国的使成式，比西洋 causative 所能表示的概念更复杂些，正因前者系由两个词合成一个仂语的缘故。中国使成式共有两种：第一种的末品补语是形容词，例如'缩短''放大'，这种和西洋由形容词转化而成的及物动词颇相近似，'缩短'可比英语的 to shorten，'放大'可比英语的 to enlarge；第二种的末品补语是不及物动词，例如'录入''拿开'，这种往往只等于西洋一个普通及物动词，'录入'可比英语的 to enter（enter a name in a list），'拿开'可比法语的 enlever。但是，中国的使成式着重在使成的方法，叙述词的本身可以表示方法上的变化，例如'缩短'之外还可以有'删短''割短''削短'等，'放大'之外还可以有'加大''扩大''吹大'等，'录入'之外还有'放入''推入'等，'拿开'之外还有'推开''岔开'等。由此看来，中国的使成式系由两个概念结合而成，比之西洋的 causative 只表示一个简单的概念，当然显得有更多的花样了。"

——王力：《中国语法理论》（上），中华书局，1954 年，第 158～159 页。

从羌语、景颇语、傣语看时间词、处所词做主语问题

金有景认为，汉语语法研究中对时间词、处所词做主语的问题一直存在分歧，一种认为句首的时间词、处所词是主语，一种认为不是主语而是状语。如果能看看汉藏语系亲属语言的情况，也许会有新的认识。

该文列举了羌语、景颇语、傣语里有关主语、状语的情况：

"在藏缅语族的羌语里，专门有一些助词作为句中的主语、宾语、状语等的标志。其中有一类叫主宾助词：用来指示主语的是 i^{33}，用来指示宾语的是 zie^{33}。"例如：

pho^{55} mɑ^{33}ʁu^{55} i^{33} sɿ^{31} χgy^{33} zi^{31}. 风把树吹倒了。
树 风 （助词）（前加）倒 （后加）

tha^{55}lə^{55} qɑ^{55} zie^{33}　phei^{55}phiŋ^{31} pu^{51}i^{31}.　他批评我了。
他　我（助词）批　评　（后加）

“还有一类处所和时间助词，有 ko^{33}、χe^{33}、qə^{33} 三个，加在名词后边，表示事物存在的处所或行为、动作进行的时间。加了助词 ko^{33}、χe^{33}、qə^{33} 的名词，在句子里作状语用。”文中分别阐明了这三个助词的用法：

1）ko^{33} 加在名词、副词或数量词组后，表明处所或时间。

tsuə^{33} ko^{33}　dzɿ^{33}χu^{33}　dio^{241} tshyi^{31}.　水里有很多鱼。
水　（助词）鱼（后加）多　厉害
pə^{33}əɹ^{55} tʂuə^{33} tshi^{55} pə^{55} ko^{33}　pɑ^{55}pɑ^{33} tə^{31}　ʃe^{53} i^{31},
孤　儿　三　岁（助词）爸爸　（前加）死（后加）
ʁuɑ^{33} pə^{55} ko^{33}　mɑ^{55}mɑ^{55} nə^{33}　tə^{31}　ʃe^{53}　i^{31}.
五　岁（助词）妈妈　也（前加）死（后加）
孤儿三岁死了父亲，五岁又死了母亲。

2）χe^{33} 加在名词后，指明处所。

bɑ^{33}　χe^{33}　χmi^{55}　bɑ^{33}mə^{33} nbɑ^{241}n̥i^{31}.　背肥料的在坝子上休息。
坝子（助词）肥料　背者　休息

3）qə^{33} 也加在名词后，表明处所。

tshuə^{55} qə^{33}　pho^{55} ye^{33}.　山上有树。
山　（助词）树　有

金有景指出：“在羌语里，像‘三岁死了父亲’、‘山上有树’这类句子中的‘三岁、山上’等表时间、处所的词语都是状语（后面有助词 ko^{33}、χe^{33}、qə^{33} 作为标志），而不是主语。我认为这就值得汉语语法学家们考虑了。”

他对景颇语中的类似情况也进行了分析，以下是景颇语中的例句：

1）khɑʔ^{31} e^{31}　ŋɑ^{55} ʒoŋ^{33} mɑʔ^{31}ɑi^{33}.　水里有鱼。
水（助词）鱼　在　（语尾助词）

2）$n^{33}ts\breve{a}^{33}$ $m\breve{a}^{55}len^{51}$ e^{31} u^{31} pen^{33} ηa^{31} ai^{33}.
高 空中 （助词）鸟 飞 在 （语尾助词）
高空里鸟飞着（鸟在高空里飞着）。

3）$m\breve{a}^{31}nam^{31}ni^{33}$ $n^{55}ta^{51}$ e^{31} $tu\eta^{33}$ ηa^{31} $ma^{31}ai^{33}$. 客人们坐在家里。
客人们 家 （助词） 坐 在 （语尾助词）

4）$n^{55}ta^{51}$ e^{31} $m\breve{a}^{31}nam^{31}ni^{33}$ $tu\eta^{33}$ ηa^{31} $ma\text{ʔ}^{31}ai^{33}$. 家里坐着客人。
家 （助词）客人 们 坐 在 （语尾助词）

5）$m\breve{a}^{55}na\text{ʔ}^{55}te\text{ʔ}^{31}$ $an^{55}the^{33}$ $t\text{ʃ}\breve{a}^{31}khi^{33}$ $l\breve{a}^{55}\eta ai^{51}$ mi^{33} $\text{ʒ}im^{31}$ la^{55} $s\breve{a}^{55}ka\text{ʔ}^{55}ai^{33}$.
昨晚 我们 麂子 只 一 捉 拿 （语尾助词）
昨晚我们捉了一只麂子。

6）$an^{55}the^{33}$ $m\breve{a}^{55}na\text{ʔ}^{55}te\text{ʔ}^{31}$ $t\text{ʃ}\breve{a}^{31}khi^{33}$ $l\breve{a}^{55}\eta ai^{51}$ mi^{33} $\text{ʒ}im^{31}$ la^{55} $s\breve{a}^{55}ka\text{ʔ}^{55}ai^{3}$.
我们 昨晚 麂子 只 一 捉 拿 （语尾助词）
我们昨晚捉了一只麂子。

文中指出："在景颇语里，处所词 $n^{55}ta^{51}$ e^{31}（家里）与时间词 $m\breve{a}^{55}na\text{ʔ}^{55}te\text{ʔ}^{31}$（昨晚）可以放在句首，也可以放在句中。但是无论放在句首或句中，它们都是状语，不是主语。因为景颇语里'语尾助词'与主语在人称上有一致关系。例如上述例句（4）的'语尾助词 $ma\text{ʔ}^{31}ai^{33}$ 表示主语是第三人称复数，所以这句的主语只能是 $m\breve{a}^{31}nam^{31}ni^{33}$（客人们）而不是 $n^{55}ta^{51}$ e^{31}（家里）。其他各句也都是同样情况。"

文中还举出了傣语的例子，说明"汉藏语系壮侗语族诸语言里，时间词、处所词在'昨晚他回家来、家里坐着客人'这类句子里的职能基本上一样，都是做状语，而不是做主语"。

hau^{51} ma^{51} $van^{51}va^{51}$ $ka\text{ː}\eta^{55}x\text{ɯ}n^{51}$. 我们昨天晚上来。
我们 来 昨天 晚上

$van^{51}va^{51}$ $ka\text{ː}\eta^{55}x\text{ɯ}n^{51}$ hau^{51} ma^{51} $th\text{ɯ}\eta^{55}$ $ti^{33}ni^{33}$. 昨天晚上我们来到这儿。
昨天 晚上 我们 来 到 这儿

——金有景：《再论民族语言研究与汉语研究》，载《民族语文》1985 年第 5 期，第 51～53 页。

从民族语看上古汉语的后状语和后定语

曹翠云撰文指出，在王力、潘允中和向熹等先生的汉语史著作中，没有提及后状语和后定语的问题。作者根据汉藏语系中十多种民族语言和上古汉语的大批语言事实，详细论证了上古汉语存在有后状语和后定语。

作者指出，与汉语关系十分密切的许多民族语言，都存在有前状语和后状语。作者列举了大量民族语言中后状语的例句，认为许多少数民族语言都或多或少地存在着后状语，尤其是苗、瑶（勉）、瑶（布努）、瑶（拉珈）、侗、毛南、京等族语言，都存在着专门修饰谓词的状词（侗语、京语称“声貌词”，毛南语称“象声词”）。除瑶族勉语外，状词一律位于谓词之后，故称后状语。例如：

勉语：	ma^{6} da^{6}　先看 看　先	da^{1} hai^{6}　很香 香　很
壮语：	bin kən^{2} fai^{4}　在树上面飞 飞　上　树	dam^{1} dat^{7}　漆黑 黑　漆黑状
珞巴语（博嘎尔）：	po ru　最好 好　最	in ram　甭去 去不用

在民族语后状语的启示下，作者认为上古汉语中的一类经常位于谓词（或为此结构）之后的修饰性成分，也应看作是后状语，例如：

鸣啾啾、鸣积极、飞薨薨、响丁丁、翩冥冥、漂翻翻、纷总总、斑陆离

有的状语也可以离开谓词而位于谓宾结构之后：

凿冰冲冲、诲女谆谆、忧心忡忡、采蘩祁祁

古文中有部分介宾结构，前辈专家以其位置在谓词之后，一律处理为补语，其实有些也是可以前移的后状语。如：

故令之以文，齐之以武，是谓必取。（《孙子兵法·行军篇》）

以义制事，以礼制心。（《尚书·汤誓》）

子击磬于卫。（《论语·宪问》）

子于是日哭。（《论语·述而》）

作者还指出，与汉语有密切关系的很多民族语言中有前定语，但也存在着比后状语更多的后定语。例如：

布努语：	ka^{2} mpai^{5} 猪肉	ka^{1}fa^{3} kwen^{2} 黄毛巾
	肉 猪	毛巾 黄
壮　语：	fak^{8} mit^{8} nei^{4} 这把刀	saə^{1} mo^{5} 新书
	把 刀 这	书 新
傣　语：	tsin^{4} mu^{1} 猪肉	pa^{1} ha^{3} to^{1} 五条鱼
	肉 猪	鱼 五 条
错那门巴语：	te^{53} cher^{55}po^{53} 白马	a^{35} pli^{53} 四条鱼
	马 白	鱼 四

在民族语后定语的启发下，作者认为最早的甲骨卜辞和《尚书》，以及后来的《史记》和《汉书》等古籍中，都存在不少后定语。例如：

获兔七，隹卅。

俘人十出五人。

帝喾高辛者，黄帝之曾孙也。

复为羽声慷慨。

求人可以报秦者。

作者由此论证，发展较慢的许多关系密切的亲属语言，保存了不少的后状语和后定语，以及它们正在由后向前移动的现象；同时我们不能以今律古，应该充分肯定古汉语存在不少后状语和后定语的历史事实，这和许多民族语言大致是一致的。

——曹翠云：《从少数民族语看上古汉语的后状语、后定语》，载《中央民族大学学报》1999年第1期，第83～91页。

跨语言比较可为汉语中的动量短语作定语提供证据

刘辉撰文从汉语内部和跨语言比较两个角度论证了汉语中动量短语作定语这一现象。关于跨语言比较，作者主要从三个方面为“定语说”寻找证据。

“笔者希望通过统计可以初步对下面三个问题作出回答：

（17）a. 在有动量词的语言中，动量短语和 O 类成分的关系是否普遍比较密切？

b. 在‘V…O / O…V’这一环境中，动量词和名量词共用一个语法槽的普遍性如何？

c. 动量词的存在是否依赖于名量词？”

“首先考察 D 和 O 的关系。根据附表表示，SVO 语言全部采用‘动词 + 动量短语’的格式，因此 D 和 O 都是在动词的右侧。同时，所有的 SOV 语言全部采用‘动量短语 + 动词’的语序，D 和 O 都在动词的左侧。这样得到了（18）：

（18）在有动量词的 SVO 和 SOV 语言中，D 和 O 总在动词的同一侧。”

“再来看看和（17b）有关的数据。这方面的数据无法从（16b）和（16c）推导出来，因为对它们的了解并不能确定名量词和动量词在‘V…O / O…V’环境中的具体位置。所以必须结合（16d）来考察。但遗憾的是，由于文献较少反映 V、D、O 三者之间的语序（一般只描写 V 和 D 的语序），样本中只有 13 种语言的情况得到初步确定。

首先还是考察 SVO 语言。在这 5 种语言中（详见附表），蔡家话和汉语都能够实现动量词和名量词共用一个语法槽的情形，区别仅在于语序不同：汉语的槽位处在 V 和 O 之间（如 14 所示），而蔡家话的槽位则在（V）O 之后。茶洞话允许两种语序：VOD 和 VDO。如果是后一种语序更为基本，那么茶洞话的情况和汉语一样；如果前一种语序更为基本，那么茶洞话中不可能形成两种量词共用的槽位。具体情况还需调查……

和 SVO 语言不同，SOV 语言内部统一性较强。除蒙古语和维吾尔语以外的 6 种语言（详见附表）都允许 ODV 语序，名量词和动量词可以有共用的语法槽。蒙古语和维吾尔语同时允许 DOV 语序，需要进一步考察。”

“最后，根据附表反映出来的情况，我们可以得到（22）：

（22）动量词的存在蕴涵着名量词的存在。

附表中的数据实际是名量词和动量词呈等值分布。笔者目前收集到的文献中也没有特别提到哪种语言存在名量词而没有动量词。不过，由于汉语学界一般认为汉语中的名量词先于动量词产生和成熟，因此笔者没有把（22）表达为等值式。”

“综上所述，动量短语和 O 有着密切的关系，而动量词的句法表现也和名量词有着很高的相似性。由于材料有限，目前还不能判断动量短语作定语的情况在多大范围内存在，因此不妨把现代汉语（或许还有朝鲜语）看作上述倾向的一种极端表现：动量短语成为宾语的一部分，动量词和名量词的分布基本一致。”

“笔者也希望通过这个初步的研究表明，对具体语言深入研究可以并且应当和跨语言对比结合，互相促进。同时，本文的结论也还需在更大的样本中进行验证，特别是SVO语言和不属于‘严格词类’（rigid subtype，Greenberg1963）的SOV语言。谨以此文抛砖引玉。”

——刘辉：《动量短语作定语及相关类型学考察》，载《东方语言学》第3辑，上海教育出版社，2008年，第82～89页。

通过跨语言比较看汉语“动词＋X＋处所”结构中“X”的隐现

罗天华通过跨语言的比较，认为汉语“动词＋X＋处所”结构中“X”的隐现还与主语/宾语和谓语动词之间的关系、处所宾语的性质有关，具体与主语/宾语的自控度、处所宾语的复杂程度、处所宾语的定指度相关。

文章首先从跨语言的角度论证了“X”的隐现还与主语/宾语的自控度有关。

“主语的自控度与‘X’的隐现关系密切，比较下例：

（1）a. 张三骑马。

（1）b. 张三骑在马上。

二者的细微语义差别在于，（1a）更强调‘骑’的对象，（1b）更强调‘骑’的处所，（1a）‘张三’的自控度比（1b）的‘张三’大：（1a）的‘张三’通常会骑马，（1b）的‘张三’不一定会骑马。是否使用‘在’取决于‘张三’对‘骑’这个动作的控制能力。

（2）a. 他住北京。

（2）b. 他住在北京。

例（2）与（1）有类似的自控度差别：‘住北京’的‘他’更像是主人，更可能是长期、一直住在北京；‘住在北京’的‘他’更像是客人，更可能是暂时住在北京。无‘在’有更强的主观选择性，加‘在’就事论事的客观性比较强。用一个式子来表示上例（1-2）

中主语的自控度差异就是：不用‘在’≥用‘在’。

作为与例（1-2）相应的对比，英语有‘ride the horse’（骑马）和‘ride on the horse’（骑在马上），还有‘wander the world’（漫游世界）和‘wander in the world’（在世界漫游），等等（陆丙甫、郭中 2005）。前后的差异在于介词的使用，直接反映在前者主语的自控度比后者大。

除主语的自控度外，宾语的自控度（即宾语名词短语在多大程度保留对动作的控制能力）亦需考虑。”

接着作者以 Comrie（1989：181）提出宾语的自控度由大到小的等级：工具格＞与格＞宾格为前提，通过跨语言的比较，以我国不少民族语言里工具及处所与施事有联系的现象为证据而对宾语自控度的等级序列进行了修改，得出宾语的自控度高，需要用“X”，自控度低，不用“X”的结论。

“……据此，上文的自控度等级（5）或可修改为：

（9）工具格＞处所格＞与格＞宾格”

“一句话，宾语的自控度高，需要用‘X’；自控度低，不用‘X’。回到例（1），‘骑马’的‘马’和‘骑在马上’的‘马’是不同的：前者自控度通常较低，不用‘在’；后者自控度可能较高（例如：马把人摔下来），用‘在’。”

文章接着从跨语言的角度论证了“X”的隐现还与处所宾语的复杂程度有关。

“与自控度描述的是名词论元和谓语动词之间的关系不同，处所宾语的复杂程度（长度和结构复杂度）是宾语名词短语的自身特性。本节讨论将显示，处所宾语的复杂度对‘X’的隐现有直接影响。比较下例：

（10）a. 他住（在）北京。

（10）b. 他住（在）北京西郊。

（10）c. 他住（在）北京西郊中关村。

（10）d. 他住？（在）北京西郊中关村农场一间小屋（里）。

（10）e. 他住？？（在）北京西郊中关村农场一间破旧不堪的小屋（里）。

不难看到，处所宾语越复杂，越需要显性的‘X’来标记，这是一种‘复杂度 - 标记’对应。此外，（10e）尤其不能省略‘在’的另一个原因是（10e）处所宾语内部使用了助词‘的’，导致结构复杂化。”

接着作者论述了英语、法语、西班牙语、葡萄牙语、哈尼语也存在这种“复杂度-标记”对应的现象。

紧接着文章从跨语言的角度论证了“X”的隐现还与处所宾语的定指度相关。

“动词后的所处短语若有数量短语修饰，一般需要‘在’：

（17）a. 照片挂在一面墙上。他坐在一把椅子上。他住在一家宾馆。

（17）b.* 照片挂一面墙上。* 他坐一把椅子上。* 他住一家宾馆。

上例‘一面墙／一把椅子／一家宾馆’虽然不是定指的（definite），但至少是特指的（specific）。看来，加‘在’是特指的需要。”

“对于成分的长短和有定性之间的关联，徐烈炯（Xu 1997）指出，越长的名词性成分，因为修饰语多，内容也越具体，定指性也越大。如‘一条狗进来了’一般不说，但是‘一条白白胖胖的狗进来了’就比较好，因为主语比较有定。”

——罗天华：《从类型学看汉语“动词 +X+ 处所”结构中“X”的隐现》，载《东方语言学》第 9 辑，上海教育出版社，2011 年，第 158～169 页。

通过语言对比看汉语施事宾语句与 SVO 型语言施事、受事的区分参项

储泽祥考察了汉藏语系中以藏缅语为例子的 SOV 型语言和以汉语、侗台语和苗瑶语为例子的 SVO 型语言施事宾语句，首先指出了施事宾语句的分布类型，主要是分布在 SVO 型语言中；其次，指出施事、受事成分的区分参项：1. 以格标记为主要区分参项，辅以语序-层次或语义-语用参项的语言如藏缅语族的景颇语、载瓦语、哈尼语、纳西语、毕苏语、傈僳语、阿昌语、基诺语、藏语和普米语；阿尔泰语系的东乡语；印欧语系的塔吉克语。其施事、受事区分情况如下：①主要靠格标记来区分，大多是标记受事，藏语和普米语的作格结构标记施事；②当施事的生命度高而受事的生命度低、不需要强调受事时，有可能不用标记而靠常规的语序来区分施事和受事。2. 语序-层次参项和语义-语用参项并用的语言，SOV 型的如彝语、土家语、独龙语和错那门巴语，SVO 型的如苗语、瑶语、壮语、佤语等。这些语言不管受事的生命度和动词的及物性如何，都不用标记，语序可以用来区分施事和受事。SOV 型施事在前受事在后，SVO 型因为动词前后的句位都可以利用，所以施事在动词前受事在动词后，但也有受事在动词前施事在动词后的可能。靠语序区分施事、受事是不够充分的，需要解读者

凭借动名语义关系和具体语境做出最终的判断，由此认为汉语能把施事安排在宾语位置，直接的原因是话题化或“信息结构驱动”。从类型学角度看，汉语不是用格标记参项，而是靠语序－层次参项和语义－语用参项来区分语义论元，这使汉语的句位丰富、论元解读灵活，为施事等非受事成分进入宾语位置提供了基础。有了这个基础，再加上话题化或信息结构要求的驱动，施事宾语句得以形成。因此，靠语序－层次参项和语义－语用参项来区分语义论元，是施事宾语句形成的底层原因。再次，作者通过分析认为汉语施事宾语句的施事性弱或施事、受事对立模糊，可以从动词、动名语义关系和名词本身找到一些原因，但这些并不是全部的原因，施事宾语句不同的构式和构式义影响了施事的特征表现，对支配性特征的影响尤其明显。最后作者得出汉语属于孤立语，是话题优先型语言，汉语是靠语序－层次参项和语义－语用参项来区分语义论元，句位丰富且利用充分，因此，汉语具有“句位高效”的类型特征。话题优先、非格标和句位高效是相互联系的，并不矛盾，也可以说是从不同侧面观察汉语类型特征所获得的不同结果。

——储泽祥：《从汉语施事宾语句与SVO型语言施事、受事的区分参项——兼论汉语“句位高效”的类型特征》，载《民族语文》2010年第6期，第27～38页。

通过与英语的对比看汉语谓辞、属辞的特点

傅东华通过英语对比，考察汉语谓辞、属辞的特点，指出：“国文之有谓辞，犹英之有predicate也，然两者所须之字类迥别。英文之predicate必须有一verb，其既有一verb而辞意犹未尽者，则又须一complement以足之。国文则凡有实义字皆可为谓辞，有时即词部中之助词、指词亦可尽谓辞之职，且国文之谓辞无论何类字，皆可直接系之于命辞，无须copulative verb为之缀合。如英文言The flower is red，国文止须曰‘花红’。‘红’为静言字，而可直接为谓辞。英文言Confucius is a sage，国文则曰‘孔子圣人也’。‘圣人’为名字，而亦可直接为谓辞。自馀如‘二之日栗烈’，则以训字为谓辞；如‘无乃不可乎’，则以助词为谓辞；如‘是谁欤？’如‘所以者何？’皆以指词为谓辞。味乎此例，乃或谓此为‘同动词’之省略矣！故国文、英文之须谓辞而后成辞也同，而谓辞所须之字类则不同。”

“国文之有属辞，犹英文之有adjuncts也。英文之adjuncts分为两系：其系于名词者曰adjective adjuncts，系于动词、形容词及副词者曰adverbial adjuncts。其间畛域厘然，不得相混。国文则凡字皆可为属辞，初无系统之分别，且皆可直接加于其所属，不须它字为之介。如言‘落日’，是以动字为名字之属辞；言‘西沉’，是以名字为动

字之属辞；言‘可人’，是以助字为名字之属辞；言‘他往’，是以指词为动字之属辞。凡此之例，皆国文之所固有，而英文之所必无者也。”

——傅东华：《文法稽古篇》，载《中国文法革新论丛》，商务印书馆，1987年，第151～152页。原载《东方杂志》36卷20号、21号，1939年。

从英语的比较看汉语“（既）不……（又）不”句式的特点

吕叔湘认为：“两非句指用‘（既）不……（又）不’等词连系的句子。这一类句子的肯定式，也许是加合，也许是交替，既经否定，结果是一样。例如‘不麻不秃’，可以说是‘又麻又秃’的否定，也可以说是‘或麻或秃’的否定。肯定的时候，加合和交替是两种关系：二者兼有，或二者有其一；否定的时候，只有一个意义：二者皆无。（中文用‘（既）不……（又）不’），是当作加合句的否定，更确切点说是否定句的加合；英语用 neither…nor，是当作交替句的否定。”

——吕叔湘：《中国文法要略》，商务印书馆，1982年，第348页。

与英语对比说明汉语仂语的等次

王力指出：“在理论上，我们说仂语的用途等于一个单词；但是，咱们切不可误会，以为每一个仂语都能有一个古代单词或一个英语单词和它相当。复杂的仂语，即使在古代或在英语里，也往往仍是仂语。如‘走小路’在古代至少须用两个词：‘由经’；‘不很长’在英语里仍须用三个词：not very long。像‘说得太过’等于英语单词：exaggerate，这类例子是很少的。

但是，咱们另有一个法子辨别仂语。在主从仂语里，仂语的品必与其中心词的品相同；例如‘小牛’的‘牛’是首品，‘小牛’也就是首仂；‘微笑’的‘笑’是次品，‘微笑’也就是次仂。在等立仂语里，仂语的品必与其所包含的实词的品相同；例如‘父母’里面的‘父’和‘母’都是首品，‘父母’也就是首品了。”

——王力：《中国现代语法》（上），中华书局，1954年，第53页。

与西洋语法比较说明中国语无主句的大量存在

王力认为：“西洋的语法通则是需求每一个句子有一个主语的，没有主语就是例外，是省略。中国的语法通则是：凡主语显然可知时，以不用为常，故没有主语却是常例，是隐去，不是省略。就句子的结构而论，西洋语言是法治的，中国语言是人治的。法治的不惯主语用得着用不着，总要呆板地求句子形式的一律；人治的用得着就用，用不着就不用只要能使对话人听得懂说话人的意思，就算了。”

——王力：《中国语法理论》(上)，中华书局，1954 年，第 64 页。

中国语与西洋语句子形式的差异

王力指出：“中国语里的句子形式，处于被包含的地位时，究竟和西文的 clause 不尽相同。第一，在西文里，每一个 clause 必须包含着一个 finite verb，所以咱们可以凭 finite verb 的数目去断定句中所含 clauses 的数目，中国语却没有这种表现，于是我们就很难断定某一个语言形式是不是一个 clauses 了。例如‘昨天早上来的客人今天又要来了’，若依英语语法，这个句子该是两个 clauses 合成的：The man who came yesterday morning will come again today；但是，若单说中国语而论，‘昨天早上来’并不具备一个句子形式，因为它没有主语。它在形式上和下文所谓‘谓语形式’是毫无分别的。第二，中国的次品句子形式是放在其所修饰的首品的前面的，如‘我们住的房子已经塌了’；西文的次品句子形式是放在其所修饰的首品的后面的，如 The house we lived in has fallen down。第三，中国语的次品句子形式只由后附号‘的’字表示它的式品（如‘我们住的房子’），首品句子形式则是自由的粘附于谓语之后的（如‘我知道他很快乐’）。关于这两点，英语和中国语破相近似：The house we lived in has fallen down。/ I know he is happy。叶氏把这一类的形式叫做‘接触句’(Contact-clauses)。但罗马语系就必须用关系副词或关系代词，不能这样自由，它们是没有‘接触句’的。例如法语必须说成 La maison où nous résidions sest écroulée./Je sais qu il est heureux。中国语的末品句子形式也往往是直接地放在其所修饰的句子的前面，不用‘连词’(Conjunction)为联结工具的。关于这一点，连英语也不能像中国语的随便了。

当咱们把西文译成中文的时候，次品句子形式使咱们遇着很大的困难。西文的次品句子形式放在其所修饰的首品的后面，而且有关系代词或关系副词，故便于造成长的句子；中文的次品句子形式放在其所修饰的首品的前面，而且没有关系代词或关系副词，故不便于造成长的句子。如果遇着两重的次品的句子形式，除非把它拆成一种 parataxis，否则翻译几乎是不可能的。例如：They murdered all they met whom they supposed to be gentlemen，若直译为‘他们杀害了他们所遇见的他们以为是上流人的一切’，简直是一句不可解的中国语。又如遇着‘非限制的’次品句子形式（non-restrictive clause）的时候，咱们的直译也是无法使它和‘限制的’次品句子形式（restrictive clause）有分别的。试比较 He had four sons，who became lawyers，/He had four sons that became lawyers，咱们若用直译法，就没有法子把它们译成两种不同的形式。

由此看来，中国语里的句子形式和西洋语里的 clause 差别颇大。尤其是次品句子形式，它在中国语里只等于一个单词的用途，所以它在语法上和次品词是受同等待遇的。”

——王力：《中国语法理论》（上），中华书局，1954 年，第 68～70 页。

与西洋语对比看中国欧化文章的句子特点

王力认为：“试把红楼梦一类的书和现代欧化的文章相比较，则见前者的长句子很少，后者的长句子很多。这并不是偶然的。西洋的句子本来就比中国的句子长。中国人如果像西洋人那样运用思想，自然得用长句子；翻译西洋的文章，更不知不觉地用了许多长句子。因此句子的延长也是欧化文章的一种现象。

句子的延长，就是多用句子形式和谓语形式构成次品和末品。本来，复音词的增加，已经使句子加长了一倍；再多用次品句子形式之类，自然更长了……

中国语本来的习惯，普通的末品谓语形式后面加‘的’字的，甚为罕见；但是，现代欧化的文章喜欢用谓语形式构成末品，而又不是常见的末品谓语形式，于是只好加一个‘的’字（‘地’字），以表示它的性质。例如：

（A）你一定不迟疑的甘愿进地狱本身去试试。（徐志摩《我所知道的康桥》）

（若非欧化，可说成：‘你一定甘愿进地狱本身去试试，毫不迟疑。’）

（B）有一个白胡子的船家往往带讥讽地对我说。（同上）

（若非欧化，可说成：‘……往往讥讽我说。’）”

——王力：《中国现代语法》（下），中华书局，1954 年，第 325～333 页。

与西洋语对比说明汉语句子的特点

高名凯认为：“一个句子是一群有关系的词语的组合。我这里所谓的‘句子’和英语所谓的 sentence 并不一样，和拉丁语的 sentencia 也有不同。英语拉丁语所谓的 sentence，sentencia，按照一般语法学家的说法，必是表达一个完整的意思，而其句子必得有主语和谓语。但这种说法显然是受了亚里士多德哲学的影响，与一般语言所有的现象并不一致。原来就思想的背景来说，一个完整的‘意念’（complete idea）并不一定非有所谓‘完整的句子’（即有主语和谓语的句子）去表达不可。一个词未始不可以表达一个完整的意念。比方说，当我们看见一朵花时，我们说‘花！’这虽然只是一个词，但是我们的意思已经整个地表达出来。一般硬要做成所谓‘完整的句子’的语法学家也许要故意把这句话写成：‘这是花’；以为这样一来，这个句子之中就有了主语和谓语。然而这显然是人工的做作，事实上这一类的句子，到底是‘这’为主语或是‘花’为主语都成了问题。所以我们不必认为必有主语和谓语的组合才算句子。凡是能够代表一个判断或完整的意思的，不论其用哪一种方式表达出来，我们都可以叫它做句子。当然当‘花’字只代表一个单独的概念时，它就只是一个词，而不是句子。印欧语系中的梵语、俄语、希腊语平常都不用 copula，光光把名词放在主语名词旁边也就称为名句。我们不能说在这些语言中这一类的句子是有毛病的。汉语的系词常常是不用的，而光光一个名词又往往可以形成一个语言的单位。”

——高名凯：《汉语语法论》，商务印书馆，1986 年，第 276～277 页。

与西洋语对比说明中国语复合句的特点

王力指出：“中国的复合句往往是一种意合法，在西文称为 parataxis。本来，如果没有任何语法成分把两个句子形式联合起来，无论它在意义上是怎样关联，也不能认为一个复合句。但是，如果在语音里，句子形式之末是一个‘逗调’（pause-pitch），仍可构成一种 parataxis；在这种情形之下，‘逗调’也就是一种担任联合的语法成分。英语里的‘逗调’是一种升调（rising pitch），‘句调’是一种降调（falling pitch）。中国语里无所谓‘逗调’‘句调’，然而还可说是有‘逗顿’（clause-pause）和‘句顿’（sentence-pause）的分别：逗顿较短，句顿较长。例如‘你死了，我做和尚’，‘了’字后的停顿很短，可以显出它不是一句的终点，这样也就造成了一种 parataxis。Parataxis 在西洋语言里是一种变态，在中国语里却是这一种常态。咱们不能说‘你死了’是‘如果你死了’的省略，因为在平常的语言里不用连词的时候比用连词的时候更多。”（P115）

“主从句的结构方式，大致说来，是和西洋恰恰相反的：西洋的主要部分在前，从属部分在后；中国的主要部分在后，从属部分在前。这种结构，和组合式的结构正相符合，因为中国语里组合式的主要部分（首品）也是在后的，从属部分（次品）也是在前的。

主从句次序的固定，是连词可以不用的一个主要原因；正像组合式里首次品的位置固定，是次品不必有 adjective-form 的原因。英语里两个名词相联结，我们知道上一词是次品，这是因为次品的位置必须居前的缘故；中国语里两个句子形式相联结，虽然没有连词，我们还知道上一个句子形式含有'虽''从''若''如''倘''既''因'等意义，这是因为从属部分必须居前的缘故。

因为中国的复合句多数是 parataxis，所以句的界限不很分明。尤其是按断式和申说式，它们的结构是相当松弛的，句子越长，越有分为两句的可能。但是，这也不能完全归咎于连词的缺乏；按断和申说的本性就不是限于一个句子的范围之内的。法语的 done 和 car 可以用于句首，其所判断或申说者乃是前一个句子，甚至前一段话：可见连词和句的界限没有必然的关系了。"

——王力：《中国语法理论》(上)，中华书局，1954 年，第 115 页，第 125～126 页。

与西洋语法的对比说明中国语法的构成

王力认为："西洋古代所谓语法，本包括三部分：(一) 音韵学 (phonology)；(二) 形态学 (morphology)；(三) 造句学 (syntax)。后来音韵学的部分渐渐扩大，现在已经独立成为一种科学，于是现代普通所谓语法，就只剩有形态学和造句法两部分。所谓形态的部分，是叙述各词的曲折形式，例如英语'饮'字，因人称和时间的不同而有 drink，drinks，drank，drunk，drinking 的分别。所谓造句的部分，是叙述各词的任务和句子的结构方式，如词在句子中的次序，事物关系的表现等。汉语没有曲折作用，于是形态的部分也可取消。由此看来，中国语法所论，就只有造句的部分了。

恰巧造句的部分是向来被西洋语法学家所轻视的。多数的梵语语法，希腊语法，拉丁语法，都只包括音韵和形态。这种习惯深入人心，以致西洋竟有人说中国没有语法！有时候，虽也有些西洋人编著中国语法，然而除了音韵部分之外，就只把西洋形态学所有的范畴，硬搭配在没有形态部分的汉语上。对于西洋人学中国语，也许有多少便利，然而对于中国语法学，就相隔千万里了。马伯乐先生 (H.Maspéro) 说得好：'中国语法只有些位置上的规律，换句话说就是只有造句法，这是大家久已知道了的。然而语法学家们因为念念不忘西洋语言的原故，仅管自己承认了这一点，仍是常常忽略了。嘉贝兰 (Gabelentz) 的语法，素称为科学的中国语法的模范，仍旧保存一切旧的术语；他实在太离不开西方的种种概念，所以他不能随着词的位置去寻求它们的价值。'(马伯乐对于 M.Courant 的《中国语法》的书评，见 B.E.F.O.Tome XIV，No.9，pp.76-77.)"

——王力：《中国语法理论》(上)，中华书局，1954 年，第 8～9 页。

与西洋语法对比说明中国语的结构特点

王力认为："专就简单的连系而论，中西语法是大致相似的；如果把相关的两件事情并成一句，中西语法就大不相同了。西洋语的结构好像连环，虽则环与环都联络起来，毕竟有联络的痕迹；中国语的结构好像无缝天衣，只是一块一块的硬凑，凑起来还不让它有痕迹。西洋语法是硬的，没有弹性的；中国语法是软的，富有弹性的。惟其是硬的，所以西洋语法有许多呆板的要求，如每一个 clause 里必须有一个主语；惟其是软的，所以中国语法只以达意为主，如初系的目的位可兼次系的主语，又如相关的两件事可以硬凑在一起，不用任何的 connective word。"

——王力：《中国语法理论》（上），中华书局，1954 年，第 197 页。

三、句子的类型

汉语、藏缅语特指问句的构成和来源

孙宏开在文章中指出藏缅语中表示疑问的方式有很多，文中主要介绍了其中四种常见疑问句式和三种特殊疑问句式的构成及特点。

四种常见疑问句式分别是：1. 特指问，句中通常用疑问代词，这种句式在藏缅语中最普遍，所有的藏缅语里都有这种形式。2. 反复问，句中通常用谓语的肯定加否定来构成疑问方式，这也是藏缅语中常见的一种疑问方式。3. 选择问，句中通常用两种动作的选择来表示疑问。这种句式与是非问的不同之点是句中没有否定副词，句子结构比是非句更松散。4. 语气问，句中通常用疑问语气词来表示疑问。

三种特殊疑问句式分别是：1. 谓语特指问，采用在动词或形容词前加一前加成分构成疑问句，与特指问句有密切联系，可能同出一源。2. 重叠问，这种疑问句的构成是采用重叠句中的动词或形容词构成，目前仅在彝语北部方言中较普遍地使用。3. 句调问，用句调问来表示疑问在汉语、壮侗语、苗瑶语中几乎普遍存在，在藏语中很少见。

作者在简要介绍 7 种疑问句式的基础上，对藏缅语中的特指问句和谓语特指问句的构成、来源进行了初步分析，特别指出汉语书面语中及汉语方言中特指问句的形式和来源与藏缅语同出一源，在藏缅语中，动词、形容词前加附加成分构成疑问方式大体分布在藏语支、羌语支、彝语支、景颇语支等语言中，其前加成分大体有以下几种形式：1. 用 ə、ɛ、ɑ 或 a 作前加成分。2. 用 kəˀ、khəˀ、gɯ、xəˀ、mɑ、tɑ 等形式作前加成分表示疑问，这类前加成分在藏缅语中不多见，但在汉语方言中则比“阿”分布的面广。

由此可见，汉语方言和藏缅语种都有在动词或形容词前加附加成分构成疑问的谓语特指问句，作者进一步指出汉语和藏缅语构成特指问句的疑问语素在发生学上有同源关系，文章还试探性地构拟了疑问语素的原始形式，并简要论述它的演变途径和趋势。

——孙宏开：《藏缅语疑问方式试析——兼论汉语、藏缅语特指问句的构成和来源》，载《民族语文》1995 年第 5 期，第 1～11 页。

藏缅语、汉语选择疑问句比较研究

戴庆厦、朱艳华梳理了 28 种藏缅语选择疑问句的特点，并与汉语进行对比，对二者的共时特点和历时演变进行分析。从共时特点看，藏缅语和汉语同中有异：最大的共性是二者的句法结构都分为有标记和无标记两类；在表现手段上，藏缅语和汉语都用语法手段和语音手段来表达选择疑问范畴，但是藏缅语的语法手段多数是分析手段，少数是屈折手段，还有个别语言分析、屈折手段兼用，而汉语只有分析手段；在句式上，藏缅语比汉语丰富。藏缅语有选择疑问句、正反问句、重叠问句三种形式，而汉语只有选择问句、正反问句两种形式。从历时演变的角度来看，藏缅语选择疑问句中的传疑标记先于关联标记产生，藏缅语表达选择疑问范畴的句法结构存在以下演变链：

无标记的选择疑问句 → 有标记的选择疑问句 → 无标记的选择疑问句
↓ ↓ ↓
无标记的正反问句 → 有标记的正反问句 → 无标记的正反问句 → 重叠问句

表达疑问范畴的句式从无标记到有标记再到无标记，当然，后来的无标记句式和初始阶段的无标记句式产生的背景不同。根据现有材料及前人研究成果，汉语的选择疑问句在历时演变上存在以下特点：汉语疑问语气词、关联词经历了由繁趋简的过程；选择问句和正反问句也经历了从有标记到无标记的演变过程；句式上“A-Neg？”的正反问句与“A-Neg-A？”式的正反问句并存；没有重叠问句。

从藏缅语的演变历史反观汉语，汉语的选择疑问句的演变链可以再向前延伸，其初始形式应是无标记的选择问句和无标记的正反问句，如果将汉语方言纳入研究视野，则汉语选择疑问句的演变链还可以向后延伸，有可能发展出重叠问句。制约选择疑问句演变的因素应是语言类型和语言系统的特点。

——戴庆厦、朱艳华：《藏缅语、汉语选择疑问句比较研究》，载《语言研究》2010 年第 4 期，第 1～8 页。

拉萨话和汉语部分方言的反复问句

王志敬指出反复问句里有三种不同的类型：

a. 格式“VP＋ 有 mo”

“有 mo”位于“VP”之后。此类格式存在于拉萨话、客家话、闽方言和成都话里，处于同一个历史阶段同，代表了较早的时间层次。

b. 格式“有 ＋VP＋ 无”

在以后的演变中，“有”从 VP 之后移位到 VP 之前，出现了格式“有 ＋VP＋ 无”，以闽语为代表，表现晚于“VP＋ 有 mo”的时间层次。

c. 格式“有没有 ＋VP”

“有没有”位移至 VP 之前。以北京话为代表，是最晚出现的格式。

如上分析可明显看出，反复问句中的“有没有”经历了从 VP 之后位移到 VP 前 N 之后，再由 VP 前 N 之后位移到 VP 之前的历史过程。拉萨话和客家话、成都话、闽方言、北京话，它们的演变形成链条状，是出于同一个祖语的有力凭证。

——王志敬：《藏汉语亲属关系研究》，民族出版社，2009 年，第 335～336 页。

从反复问句看汉藏语的同源关系

王志敬指出藏汉语的反复问句都包括“VP 不 VP？”“VP 没有？”和“FVP？”三种最常见类型。这三种类型，藏语可追溯到 1300 年前的敦煌藏文文献，汉语可追溯到南北朝。在现代藏汉语方言里，这三种类型依然覆盖着祖国南北的广袤大地。数千年以来，藏汉语尽管沿着各自的轨道演变发展，但是，这三种类型在藏汉语里依然存在，像基因一样一脉相承。具体情况如下：

其一，疑问副词是特殊词，“特殊性不易改变”（梅耶），不同语言的共有特殊词是通往原始语的桥梁。在我们所掌握的语料里，疑问副词只为藏、汉、缅语所有，首先不为印欧语、日语等语言所共有，似乎可证明藏汉语的同源关系，首先是拉萨话和苏州话为同源关系，还可证明藏、汉、缅三语的同源关系。

其二，“VP+ 有没有”是拉萨话、客家话、闽南话、福州话所共有的结构格局。首先，“结构格局是语言系统的核心。‘语音内容’容易变化，而‘结构格局’却很稳固、保守，‘变得远不如语音本身那么快’。比较这种保守的结构格局，可以比同源词的语音对应的比较更能深入地了解语言或方言之间的关系的亲疏远近”（徐 392）。在我们所接触的语言里，结构格局“VP+ 有没有”似乎只为藏汉语所共有，首先不为印欧语、日语等语言所共有，因而很可能可作藏汉语同源关系的凭证。

其三，否定词“不”“没”“没有”后置的反复问句代表汉语的古老面貌（朱 103），也代表藏语的古今面貌，它启迪我们关于原始汉语“不”“没”“没有”后置的思考。

其四，藏汉语反复问句三种最常见类型“VP+ 不 +VP”“VP+ 没有”及“FVP”都一一对应，极大地增加了藏汉语同源的几率。

其五，藏汉语“有”“没”为同源词（施，2000），因而藏汉语反复问句共有的结构格局“VP+ 有没有”为同源结构格局。因为，“有没有”是结构格局“VP+ 有没有”的核心，决定该结构格局的类型，而 VP 则不占有决定性地位。疑问副词“阿”[$aʔ^4$]是对藏汉语反复问句同源这一结论的印证。

——王志敬：《藏汉语亲属关系研究》，民族出版社，2009 年，第 398～408 页。

通过汉藏语比较解释谓词重叠疑问句的语言共性

刘丹青指出，汉语部分方言及一些藏缅语言中有一种谓词重叠是非问句，如用“吃吃？”表达“吃不吃”的问题，其中多数语言、方言中，这种重叠疑问句与紧密型的正反问句（A-Neg-A 问句）并存，可以确定前者系由后者脱落否定词 Neg 而形成。在某些方言和语言中，已只有重叠问句而没有正反问句，但比较邻近方言或亲属语言，可以推知重叠问句也是由正反问句因否定词脱落的固化而造成的。

在观察问句材料时，作者发现了一个有趣的不对称现象。即：在出现重叠疑问句的方言或语言中，单音节谓词 A 的重叠式都是 AA 式（吃吃？），其中有的语言还有变调现象，有时看得出就是否定词的声调融进了邻字；而汉语方言中的双音节谓词 AB 的重叠问句一律是前一谓词脱落后字 B 的 AAB 式（喜喜欢？要要紧？），有重叠问的藏缅语则必然是后一谓词脱落前字 A 的 ABB 式，找不到一种语言、方言使用不脱落 B 或 A 的完整 ABAB 式（* 喜欢喜欢？）。正反问句本是可以让双音词完整地重复出现的，如“喜欢不喜欢”“要紧不要紧”，为什么否定词脱落后就不能完整地重叠了呢？这是该文要解决的核心问题。

通过对语言材料的考察，该文归纳出两条语言共性，即：

共性一：因双音节谓词 AB 的正反问句脱落否定词而造成的重叠文体局，只能重叠其中的一个音节（A 或 B）构成 AAB 式或 ABB 式，不能重叠整个双音词构成 ABAB 式。

共性二：在使用重叠问句的方言中，如果有双音节谓词量词都完整出现的 AB-Neg-AB 式正反问，则肯定有其中一次谓词脱落一个音节的正反问 A-Neg-AB 式或 AB-Neg-B 式。

作者指出，以上共性只是摆出了现象，由此而来的一个自然的问题是，为什么脱落操作无法应用与 AB-Neg-AB 式问句，是逻辑上存在的 ABAB 式问句实际不存在？作者提出了解释此问题的四条原则：

原则一：词语的脱落不能以导致语义改变为代价。

原则二：词语内部音节的脱落不能改变词的整一性和语义同一性。

原则三：越是整体性、凝固性强的构式其内部成分越容易脱落。

原则四：经济原则在一个结构内的作用顺序是成分的语义贡献由小到大。

此外，作者也注意到重叠问句有 AAB 式和 ABB 式而没有 ABA 式和 BAB 式。AAB 式和 ABB 式的实质分别是 A-AB 和 AB-B，分别来自 A-Neg-AB 和 AB-Neg-B；而 ABA、BAB 可能的切分 AB-A 和 B-AB 及其逻辑上的来源 AB-Neg-A 和 B-Neg-AB 并不存在。对于此问题，作者借鉴金立鑫、陆丙甫、Hawkins & Cutler（1988）和 Whaley（1997）的观点，特别是陆丙甫的“首尾重要原则”进行了相关解释。

——刘丹青：《谓词重叠疑问句的语言共性及其解释》，载《语言学论丛》第 38 辑，商务印书馆，2008 年，第 144～164 页。

与西洋语对比说明汉语命令式句型的特点

高名凯认为：“许多的语言，所谓命令式都分有强制式和客气式二者……法语平常的命令式，除了由代词的客气式（vous）和不客气式（tu）而生的两种命令式外，就是在由代词的客气式而来的命令式之中也还可以再分为更客气和平常客气式二者。Dites-moi!（告诉我）固然是比 Dis-moi！来得客气，但和 voulez-vous me dire？比，却又显得没有那么客气了。在这里，汉语的命令式也有强制式和客气式的分别。平常强制一点的就说：‘告诉我！’客气一点的，就说：‘请告诉我！’这和法语的情形很相像，但其不同的地方也很多。我们暂且不讨论其他的，只就语气论，就显然有分别。固然强制式在中法两语中语气都比较的粗沉，而客气式的语气都比较的轻柔，但是法语的 voulez-vous me dire？是用询问的口气来表示命令的，而汉语的‘请告诉我！’却不是询问的口气。”

（P494～495）“命令既然是动句，因此许多语言的命令式都是动词的一种词形变化。换言之，都把命令式归入动词的范围之内。欧西的通俗语法学都是把命令放在动词之下讨论的，这其实也并不是绝对错误的办法，因为欧西的语言，它的命令式却是存在于动词的变化之上；有的语言甚至于跟着动词之有将来式，而分命令式为现在时命令式、将来时命令式，前者要人立刻遵办，后者要人以后来做，如拉丁语的 mone 是现在时命令式，而 moneto 却是将来时命令式。然而因为这种情形而只认为命令是纯粹动词的问题，则是错误。命令其实不是光动词的问题，而是整个句子的问题。我们说：Bring me your book！这句话并不是仅仅命令‘带’的动作，而是命令‘你’来‘带’给‘我’‘你的书’。句子里的各部分都属于命令的范围。印欧语命令式之由动词变化来表示，这是自然的现象，因为动句主要的词是动词，不过是以此来代表整句的‘型’而已。然而这并不是说命令的问题只限于动词。欧洲语中而且有不用动词变化的形式来表示命令的。上面所举法语之 Voulez-vous me dire 就是一例。其实不但是法语，其他如英语德语等也都有这一类的命令式。然而这却并没有动词的变化，并不是光光动词的命令式，而是整个句子的结构（包括口气语调等等在内）来表示句子的命令型的。所以命令实在是句型的问题。

命令之为句型的问题更可于汉语语法中明显的表示出来。汉语的命令式就不是用动词的变化来表示的，而是用整句的说法和口气的变化来表示的；有时甚至于用‘命令词’（或‘命令虚词’）加在句中来表示，然而也绝不是动词的变化。”

——高名凯：《汉语语法论》，商务印书馆，1986 年，第 494～496 页。

四、形态、韵律、语法标记

从前缀音可看出藏语和汉语的重要关系

李方桂指出：“在藏语里非常清楚，s- 表示使役性，对吧？你查查词典，就能看出藏语——但是，s- 在多数情况下是个使役性前缀，而 s- 不是唯一的使役性前缀，还有别的一些前缀，但它们不是如此容易辨认。所以说这方面可有某些迹象表明。现在梅祖麟在汉语里发现某种似乎是表使役的前缀 s-。我认为，这非常有意思。它表明在藏语和汉语之间存在大量重要的关系。”

——李方桂：《李方桂全集（第十三集）：李方桂先生口述史》，清华大学出版社，2008 年，第 93 页。

通过汉藏语材料解释上古汉语 *m– 前缀

金理新以带 *m- 前缀的上古汉语作为研究对象，以藏语相应的例子作为佐证，说明上古汉语的 *m- 是一个有多方面意义的前缀。作者认为："除了是一个名物化前缀外，上古汉语的 *m- 和其他诸如 *s-、*ɦ- 一样也是一个动词前缀。附加 *m- 前缀构成的动词既不同于附加 *s- 前缀构成的使动词也不同于附加 *ɦ- 前缀构成的自动词，是一个'中间态'动词。此外，上古汉语的 *m- 也是一个形容词性质的前缀。"

——金理新：《上古汉语 *m- 前缀的意义》，载《语言研究》2005 年第 1 期，第 73～77 页。

*m- 是汉藏语共有的肢体名词前缀

金理新认为："基于鼻音 *m- 是藏语以及上古汉语的肢体名词前缀这一事实，我们认为鼻音 *m- 是汉藏语共有的肢体名词前缀，即汉语和藏语的肢体名词前缀 *m- 都是对原始汉藏肢体名词前缀 *m- 的继承。"

——金理新：《汉藏语的肢体名词前缀 *m-》，载《温州师范学院学报》，1999 年第 1 期，第 51 页。

上古汉语肢体名词前缀 *s- 和原始藏缅语肢体名词前缀 *s- 同源

金理新利用历史比较方法与内部构拟方法证明 *s- 是汉藏语的肢体名词和动物名词前缀。文中指出："藏语中 s- 前缀具有构成肢体名词的构词功能是十分清楚的，当然藏语中的 m- 前缀也具有和 s- 前缀相似的构词功能。""而就目前能掌握的材料看，上古汉语的 *s- 前缀具有构成肢体名词的构词功能。"通过比较，作者认为上古汉语中的肢体名词前缀 *s- 和原始藏缅语的肢体名词前缀 *s- 同源无疑。作者还证明了前缀 *s- 在原始藏缅语和上古汉语中也是一个动物名词前缀，并且两者也是同源无疑。由此，作者认为原始藏缅语的肢体与动物名词前缀 *s- 和上古汉语的肢体与动物名词前缀实际就来自于原始汉藏语的肢体和动物名词前缀 *s-，但汉藏语肢体与动物名词前缀 *s- 的来源目前还无法确定。

——金理新：《汉藏语的肢体与动物名词前缀 *s-》，载《温州师范学院学报》，1998 年第 4 期，第 49～54 页。

构词前缀 *m- 与苗瑶语的鼻冠音

金理新在文中通过苗瑶语和上古汉语、藏语的比较，论证了现代苗瑶语鼻冠音的由来。文中指出："现代苗瑶语的一些语言或方言有丰富的鼻冠音，比如石门坎苗语。从事苗瑶语研究的学者有一种相当普遍的看法，认为原始苗瑶语和现代苗瑶语的一些语言或方言一样有鼻冠音。显然，原始汉藏语并没有鼻冠音，有的也是具有语法形态意义的鼻音前缀。我们通过苗瑶语和上古汉语、藏缅语等同源语言的比较，认为现代苗瑶语的鼻冠音是后起的，它和藏缅语等语言的鼻冠音一样也来自构词前缀。这个构词前缀我们认为是鼻音 *m-。这个鼻音前缀 *m- 后来在语流中受到其后面辅音的影响演变成现代苗瑶语的同部鼻冠音。"

——金理新：《构词前缀 *m- 与苗瑶语的鼻冠音》，载《语言研究》2003 年第 3 期，第 119～124 页。

通过汉藏语比较发现上古汉语存在 *-l- 中缀

金理新利用历史比较法和内部拟构法证明上古汉语存在一个构词中缀 *-l-。这个中缀可以使一个动词转换为名词，或可以使一个名词变成另一个意义有所不同的新名词。作者以上古汉语作为研究对象，在汉藏同源对应中寻找材料支持，证明上古汉语 *l 是一个构词中缀，上古汉语本来有动词和名词的差别，部分动词和名词的差异在于名词是在动词的基础上插入一个构词中缀；这个构词中缀不但能使动词改变词性变成名词，也可以使一个形容词改变词性变成名词，也可以使一个名词变成另一个意义有所不同的名词，其名词词缀的性质十分清楚，这些结论在现代高棉语中也得到了佐证。除此而外，作者还发现上古汉语语法形态中古汉语已经消失，中古汉语里的一等和二等之间的异读实际上是上古汉语非名词和名词之间形态变换的一种残余，一等和二等谐声以及异读的根本原因是构词中缀在起作用。

——金理新：《上古汉语的 *-l- 中缀》，载《温州师范学院学报》2001 年第 5 期，第 18～25 页。

临夏汉语方言名词后缀"们"和"头"受藏语影响

谢晓安、华侃、张淑敏通过运用对比的方式分析发现，临夏方言中的名词后缀"们"和"头"受藏语的影响，异于普通话。"临夏方言的'们'可以出现在任何名词性词根后表示事物的群体。如菜们、麦子们、牛们、衣服们、房子们、饭们、铲子们。这些‘们’的意义和用法，同藏语名词后缀［tɕ'o］完全相同。‘们’除了出现在单个名词词根后表示群体外，还可以出现在并列的两个名词词根后表示群体，藏语的［tɕ'o］亦如此。藏语的［tɕ'o］一般都表示群体，但在少数语境中则不表群体，表示零群体，临夏方言的‘们’受其影响，一般也表群体，少数语境中也表示零群体。”

“临夏方言的‘头’有与普通话相同的方面，可以出现在动词性词根后，同动词性词根组成表示事物的名词，也有与普通话不同的方面，不表示事物的‘价值’。‘想头’并不表示‘值得想’，‘看头’并不表示‘值得看’。这显然来源于藏语，受藏语的影响。”

——谢晓安、华侃、张淑敏：《甘肃临夏汉语方言语法中的安多藏语现象》，载《中国语文》1996 年第 4 期，第 273～280 页。

汉韩复数表达差异

崔健从句法位置、真值语义、复数标记本身的功能等角度考察了汉韩“数”标示的差别。指出：“汉语复数标记的使用受句法位置和真值语义条件的交叉影响，而韩国语主要受后者的影响。类指名词的［+/- 集合］有强弱之分，文章对类指名词进行了初步分类，并注意到汉韩之间的一些差别。汉韩复数标记都表示个体的集合，但是韩国语复数标记还可以凸显集合的个体成员。这些差别主要是语言结构类型特点和复数标记功能差异造成的。”文中最后说：“汉语和韩国语在复数表达上表现出不同的倾向性，汉语复数标记的使用受句法位置和真值语义条件的双重交叉制约，韩国语更多地受真值语义条件的制约。这种差别无疑跟语言结构类型特征有关。‘们’和‘təl’还可以凸显集合的个体成员，二者功能相似但不相同。这是汉韩复数标记的一大差别。影响复数标记使用的原因是多方面的，‘数’标记和指示代词有定 / 无定的关系、类指 N 的范围、语序类型的差异等问题也都需要进步探讨。此外，量词系统对‘数’标记的使用产生重大的影响，汉韩都属于既有量词又有复数标记的语言，但是呈现根本的差别，韩国语复数标记跟数量词可以相容，汉语一般排斥，不过复数代词就可以跟数量词同现，比较‘他们三个’和‘* 学生们三个’。”

——崔健：《汉韩复数表达对比三题》，载《语言教学与研究》，2009 年第 6 期，第 40～47 页。

从名词的性别后缀看汉藏语的同源关系

王志敬指出：无论拉萨话还是汉语东南方言，还是我国部分少数民族语言，动物性别对立的表示方法，其词缀都后置，表示雄性的后缀都是双唇清塞音，表示雌性都是双唇鼻音。彝语支诸语言表雌性后缀的 mo，都是由“母”一词意义虚化而来（马 429），拉萨话、汉语东南方言、我国部分少数民族语言表雌性后缀的 mo 是语系层级的特征，极可能是拉萨话和汉语东南方言同源的凭证。

——王志敬：《藏汉语亲属关系研究》，民族出版社，2009 年，第 311 页。

汉藏语的完成体后缀 *-s

金理新在文中认为藏语有未完成体和完成体的对立，藏语动词完成体带 -s 后缀，动词变名词也带 -s 后缀，藏语的附加 *-s 后缀的名词是由动词既事式动词（即完成体，藏语动词既事式和完成体相同）演化而来；上古汉语动词也有未完成体和完成体的对立，以藏语动词变名词和动词现在式变动词既事式采用相同的 -s 后缀的形式可以证明去声或附加 *-s 后缀是上古汉语完成体构成的标记，上古汉语原先由动词派生而来的名词也来自动词的完成体。但是，这一形态规则产生之后，自然也就脱离了原先的动词完成体，成为独立的构词规则。四声别义中，动词变名词为去声，而名词变动词也为去声。随着动词完成体为新兴的分析词缀所替代，由动词完成体演化而来的名词后缀渐渐扩展开来。

——金理新：《汉藏语的完成体后缀 *-s》，载《民族语文》2005 年第 2 期，第 1～6 页。

汉语和藏缅语中一个表疑问的附加成分

竟成指出：“在藏缅语族的不少语言里，有一种很特别的是非疑问句，就是在动词前添加一个附加成分来表示疑问。具备这种疑问句的语言有：藏语支：白马语。彝语支：纳西语。景颇语支：独龙语。羌语支：普米语、木雅语、尔龚语、史兴语、尔苏语、扎巴语、纳木义语。

除了缅语支外，涉及整个藏缅语族，而且集中表现在羌语支。”

作者分析发现，这个附加成分从语音形式可分为三种：

a. 零声母［ɛ］、［ɑ］、［ə］

普米语附加成分为 ɛ¹³，扎巴语附加成分为 ɛ¹³，木雅语附加成分为 ɛ⁵⁵，纳木义语附加成分为 ɛ⁵⁵；尔苏语附加成分为 ɑ⁵⁵，史兴语附加成分为 ɑ⁵⁵，尔苏语、木雅语均为 ɑ⁵⁵。史兴语的 ɑ⁵⁵，也可作 ɛ⁵⁵；纳西语附加成分为 ə⁵⁵，白马语前加成分为 ə⁵³。

b. 带双唇鼻音声母［mɑ］

独龙语独龙河方言中，以［mɑ⁵⁵］加在动词前，表示疑问。

c. 带舌根塞音声母［g-］

独龙语怒江方言中，此成分为［gɯ⁵⁵］。

“我们把 ɑ（ɛ、ə）与 mɑ，gɯ 看成是同一语法成分的不同变体。理由很简单：1）语法功能相同；2）语音上的明显联系；3）下面讲到的汉语材料（即‘可-’=‘阿-’=‘莫-’）可作旁证。”

分析汉语的情况后，竟成发现：“在汉语中，也有一个加在动词前表示疑问的附加成分。其语音形式与藏缅语的相类似。”

文中列举了现代吴语中的“阿-”［aʔ］、“可”的用法，以及成书于9世纪的《祖堂集》中的“还”字句和近代汉语中的“莫”字句的用法，“归纳起来，汉语里表示疑问的附加成分也有［o-］、［m-］、［k-］这三种，它们与藏缅语的相应成分是一致的，应当看作是同源成分”。

——竟成：《汉语和藏缅语的一种是非问句》，载《民族语文》1988 年第 2 期，第 35～37 页。

西夏语表疑问的词头 ʔa 与某些藏缅语乃至汉语的疑问词头同出一源

马忠建指出，西夏语的词头 ʔa 能够用作疑问前缀，附在动词或形容词之前构成疑问形式。例如：

mʉ jẽ　ɣuo ʔa　tɕh- dǐu？　天有头乎？

天助　头　疑问　有

sui dǐuo nǐɛ ʔa　ɕǐo？　从谁初发心？

谁 助 心　疑问 起

thi nǐa ʔa ʐer？　此事实否？

此事 疑问 实

作者还指出，在动词、形容词等前缀接表疑问的词头，不仅是西夏语构成疑问的方式之一，也是缅语支意外的藏缅语族四个语支的部分语言（或方言）构成疑问的一种共同方式。例如：

藏语（安多）：

tɕho n̥ thoŋ ə re？　　　　你喝了吗？

你　喝　疑问 是

独龙语（怒江）：

na^{53} gɯ^{55} nɯ^{31} dʑi^{53}？　　　　你去吗？

你 疑问人称 走

纳西语：

u^{33} tʂhɯ^{33} ȵi^{33} ə^{55} bɯ^{33} le^{33}？　　　　你今天去吗？

你 今 填 疑问 去 语气

柔若语：

ȵo^{31} tsu^{55} ta^{53} tsou^{31}？　　　　你吃饭了吗？

你 饭 疑问 吃

普米语：

tə^{55}gɯ^{55} ȵa^{13}mi^{55} ɛ^{13} də^{13}？　　　　他是纳西族吗？

他　　纳西族 疑问 是

却域语：

ȵe^{13} a^{55} pɕɛ^{13} ro？　　　　你看吗？

你 疑问 看

除藏缅语外，在动词或形容词前附加词头构成疑问的方式，还运用于古代汉语和现代汉语的诸多方言之中。例如：

《左传·宣公十二年》：今罪无所，而民皆尽忠以死君命，又可以为京观乎？

《诗经·魏风·葛屦》：纠纠葛屦，可以屦霜？掺掺女手，可以缝裳？

曹雪芹《红楼梦》：若天天过来替嫂子解解闷儿，可好么？

《论语·先进》：夫子何哂由也？

王充《论衡·问孔》：伐孔子之说，何逆于礼？

《诗经·魏风·伐檀》：不稼不穑，胡取禾三百廛兮？

《论语·为政》：或谓孔子曰："子奚不为政？"

《尚书·商书·西伯戡黎》：天曷不降威？

吴语上海话：阿有啥勿好？（有什么不好吗？）耐阿好？（你好吗？）

安徽、江苏、江西、云南、贵州等地区现代汉语方言中也存在类似疑问词头和疑问形式。如：

安徽贵池：

khəʔ^{55} sɿ^{53} ka^{33} tɕhi^{53} tsoʔ^{55}？　你是不是回家了？

疑问　是　家　去　着

江苏张家港：

ŋɛ^{214}səʔ^{55} kɤ^{35} hɔ^{35}？　颜色好吗？

颜色　疑问　好

作者对上述藏缅语及古代汉语、现代汉语方言中得疑问词头的语音进行了构拟和比较，认为除个别语言外，其他众多语言或方言的疑问词头在语音结构上均表现出惊人的一致，这绝不可能是偶然的巧合。它雄辩地证实西夏语、部分藏缅语及汉语可能有过一个共同的古老的疑问词头，从而说明西夏语的疑问词头 ʔa 与这些语言（或方言）的疑问词头之间存在着发生学上的共同渊源。

——马忠建：《关于西夏语的词头 ʔa》，载《中央民族大学学报》1995 年第 1 期，第 85～94 页。

临夏汉语方言形容词、远指代词、副词同于藏语的语音手段

谢晓安、华侃、张淑敏通过对比研究发现，临夏方言的形容词、远指代词、副词以语音拉长为语法手段，其所表示的意义或为程度的加深或为强调。"临夏方言的重

叠式单音节形容词与藏语相同都可以拉长，也可以不拉长。不拉长，其所表示的意义比单音节的要深，这和普通话单音节形容词重叠式作状语表程度加深相似；拉长在第二个音节，主要是韵母，拉长部分开口度稍大，声音上扬，所表示的意义比不拉长所表示的意义要深，拉得越长，表示的程度越深。最长的有五六个音节的长度，短的也有两个音节的长度。”

“临夏方言和藏语前一分句远指代词都不拉长，第二分句的一定拉长，表示距离说话的人较远，拉长部分声音上扬。”

“范围副词可以不拉长，但没有强调的意思。拉长在第二个音节，主要是韵母，拉长部分声音上扬，表示强调。”

据此，作者认为临夏方言中形容词、远指代词、副词的语法手段特点异于普通话，和藏语的形容词、远指代词、副词完全相同。

——谢晓安、华侃、张淑敏：《甘肃临夏汉语方言语法中的安多藏语现象》，载《中国语文》1996 年第 4 期，第 273～280 页。

通过汉语与藏缅语的比较构拟上古汉语的形态

潘悟云认为：“由于汉字是表意字，从字形已不能直接得到它的语音形式，这就给构词方式的研究带来很大的困难。比较可行的方法是先从历史比较入手。”“藏语与汉语之间的亲缘关系，大体上已为语言学界所承认。”“藏文的形态不是在增加，而是在不断地减少”，“现代汉语的形态变化已经很少了，但是古代汉语显然有丰富的形态”。因此，藏语和古代汉语之间的形态之间，很可能存在相对应的关系。例如：“使动意义在现代汉语是通过‘使……’、‘叫……’等分析形式来表示的，但是在古汉语中则通过内部屈折来表示这种语法意义。在声母方面，比较明显的构成方法是清浊对立，自动词一般读浊母，使动词一般读清母。”“这种用声母清浊交替来表示使动范畴的方式，也普遍地见于藏缅语。”

例如下面藏文的例子：

	使动		自动
bkog	拔摘	gog	脱落
btšug	投进	žugs	进入
bsil	捏碎	zil	碎散
phab	使降	bab	降

phug	打眼	bug	有眼儿
phujung	使出来	bjung	出来

又如："声调区别是汉语表示使动意义的另一种重要方法；去声表示使动词，非去声表示自动词……汉语的去声来自上古的 *-s 尾。所以去声的使动功能，实际上就是后缀 *-s 的功能。汉语的这种后缀 -s 也许跟藏语中另一种表示其他语法意义的 -s 有历史的联系。"（梅祖麟 1980：439）

通过上面的比较，作者认为："汉语在古代本来是有形态变化的，后来在发展的过程中还渐用分析成分取代了屈折成分。""今后摆在音韵学家面前的任务，不仅要给每个字构拟出上古读音，而且还要构拟出每个形态变体的语音形式。"作者举例如下。

"雇"，侯古切、古暮切二读。中古的一等舌根音 K- 可能来自上古的 *K-。也可能来自 *Kl-，试比较：

谷，缅文 khjk < *khɔk（谿谷）。

钢，藏文 glang（牛）。

裤，佤语 khlaʔ（裤子）。

有些从"户"得声的字已确定带有流音成分，如"扈"为二等字，上古当带介音 *-r-。"妒"当故切，据 Bodman（1980：108-112）的公式，与舌根音谐声的端母字当来于 *k-1-。所以"雇"，的上古声母很可能是 *gl- 与 *kl-。又据 Haudrieourt（1954）、Pulleyblank（1961-2）和梅祖麟先生（MeiTsulio 1970）的研究，中古上声来自上古 -ʔ尾，故"雇"的两个读音上古是 glaʔ 和 klas。汉语的上声字大部分对应于藏文的开音节。如：

汉语	苦	五	睹	女	肘
藏文	kha	lŋa	lta	na	gru

藏文的"雇"，现在时为 gla，过去时为 gals，恰与汉语的两个异读对应。由此看来汉语"雇"的两个异读绝不是方音现象，而是上古形态的遗留，去声一读当是过去时形式。

——潘悟云：《谐声现象的重新解释》，载《温州师院学报》1987 年第 4 期，第 57 ~ 66 页。

从汉语和少数民族语言看汉藏语词素音位的变换

严学窘提到："现代汉藏语系词素音位变换现象在汉藏语系各语言中大体或多或少地可以看到。它们是词汇发展过程中的构词或构形手段……综观现代汉藏语系各语言构词构形音位变换模式，大体可分为两大类型。

一、变换

现代汉藏语系各语言词素音位变换虽然模式多样，但用辅音声母、元音和辅音韵尾的变换来表示不同的语义（包括词义、词性以及语法作用等）是共同具有的主要的基本特征……现就各语言词素音位变换现象举例如下。先看汉话现代方言……在古汉语中最有孳生力的构词和构形手段，就是利用同一词根换辅音声母、元音和辅音韵尾以及变换声调派生许多新词。现代汉语的这种变换式趋向简化了。从中还可观察出每一对词都有语源关系。虽然在各方言有不同的读音，那是平行发展的结果，变换的手段和类型大体一致，形态音位的迹象显然。现在我们再看看藏语现代方言……从上可知现代藏语各方言表达语法意义的变换模式的多样性，特别是安多方言和拉萨、康方言变换方式不同，反映着不同的变换历史层次。

二、增添

现代汉藏语词素音位变换，可以说是内部屈折，无论辅音声母，元音、辅音韵尾或者声调，变与不变，总是对立而存在的。这变换的成分可称为构词义素或构形词素。现在所讨论的增添是指在词根或词干的基础上增添成音节的词头或者词尾和前加或者后附成分的音缀。这都体现外部屈折的各种变化形态标志各种不同的功能，使人们能够辨认并确定各种语法范畴。现就汉藏语系各语言增添现象摘要举例如下：汉语现代方言中，除一般的词头如阿、老，词尾如儿、们外，引人注意的是添尾。

干 ta^{55}（厦门）ta^{33}（潮州）

湿 tam^{24}（厦门）tan^{33}（潮州）

……

在现代藏语安多方言里，'睡'的自动态读 ȵa，使动态读 ɣtu；'熄灭'的自动态读 ta，使动态读 ɣtu，这是增添词头的。拉萨方言的'山羊'读 ra^{12}，'母山羊'读 $ra^{11}mo^{43}$；'公犏牛' tso^{11}，'母犏牛'读 $tso^{11}mo^{43}$，这是增添词尾的。

……

从汉藏语系总的发展历程看，外部屈折性的增添出现较早，而内部屈折性的变换出现较晚。从一种语言的内部发展趋向看，也多由外而内，由多而少。由于复音词的发达，词素音位变换或增添现象已成残迹。这从古藏文书面语和现代藏语方言，古汉文书面语和现代汉语方言进行对比考察，就不难得到回答。

现代汉藏语系词素音位的变换或增添是构词或构形的手段。我们可不可以认为它们的同根是历时性的深层结构、隐含着词义的共同基本成分。深层的词义延伸，形成共时性的义素音位变换，背后隐藏着历史词义延伸的网络。这样，把音位学的区别性特征原理应用到词义学，就可以摆脱汉语传统训诂学讨论音义结合关系的主观性、随意性和陈旧性。”

——严学宭：《论现代汉藏语系词素音位变换的作用》，载严学宭：《严学宭民族研究文集》，民族出版社，1997 年，第 146～152 页。

节律和形态里的前后不对称现象的跨语言考察

陆丙甫、应学凤指出：“跨语言的调查表明，在动词短语中，前置论元比起后置论元，跟核心动词的节律关系较为松散（前松后紧），并且更需要或需要更多表示它跟核心动词间的语义关系的形态标志（前多后少）。名词短语中的情况正好相反，后置定语比起前置定语，跟核心名词节律关系通常较松散（前紧后松），并且需要更多形态标记（前少后多）。”

作者首先选取了中国境内语言的有关语料来证明这种节律和形态的前后不对称关系。指出：“‘学习 / 张三’中，前后两个成分很紧凑，除了插入动词后缀外，不能插入任何句子成分。而‘向张三 // 学习’前后两部分相对松散，中间可以插入不少成分，如‘向张三 虚心地 学习’。这就是以动词为核心的动名组合（动核名从组合）内部的‘前松后紧’现象。”

除上述外，作者还列举了大量汉语的例子来显示这种区别的普遍性。并且指出，“类似的现象在我国 SVO 型民族语言中也大量存在。如侗语可以把后置宾语前移到动词前，此时要加前置词标志 təi（本义是‘拿’）（梁敏，1980：57）。

（14）təi^{2} man^{5} ja^{5} ȶa^{5} phje^{5} to^{3} n̥ən^{2} hu^{3}.　把那些田分给穷人。
　　把 些　田 那 分　给 穷　人

（15）maːu^{5} təi^{2} jaːu^{2} kaːj^{2} laːu^{3} jaːn^{3} ma^{1}.　他把我拉进屋里来。
　　他　把 我　拉　进　屋　来

白语基本上也是SVO语言，其宾语后置时不需要标志，如果前移到动词前，就需要带后置词 nɔ⁴⁴（赵燕珍、李云兵，2005）。

（16）a. nɔ³³ ȵo⁴⁴ pɯ³³ tso⁴⁴ tsɯ³³ nɯ³³ tsɯ³³. 你不要砍这棵树。
你 要 不 砍 树 这 棵
b. nɔ³³ tsɯ³³ nɯ³³ tsɯ³³ nɔ⁴⁴ ȵo⁴⁴ pɯ³³ tso⁴⁴
你 树 这 棵 宾标 要 不 砍
c. tsɯ³³ nɯ³³ tsɯ³³ nɔ⁴⁴ nɔ³³ ȵo⁴⁴ pɯ³³ tso⁴⁴
树 这 棵 宾标 你 要 不 砍

此外，仫佬语、毛南语、布依语也有相似表现”。

作者还援引了戴庆厦（2012a）的观点：“与藏缅语相比，汉语的述宾结构类型特别多，既有受事宾语，又有工具、处所、时间、施事等宾语；但藏缅语的宾语类别简单，主要就是受事。汉语中受事宾语之外的其他宾语，翻译成藏缅语时大多改为状语。”戴文认为，“这种差别与语法的分析性程度和基本语序是VO还是OV有关。作者指出，就这个现象跟基本语序的关系来说，与本文的观察也有关。藏缅语各语言基本都是SOV语序，从属语基本前置，因此容易带各种标志得到分化。这些成分后置，因为‘前松后紧’，就不那么容易保留多种标志，从而形式上汇合成无标志的‘宾语’”。

作者还指出，本文所说的节律和形态的前后不对称，是强烈的倾向，不是绝对规律，并对一些例外进行了力所能及的分析解释，寻找干扰因素，以期使倾向最大程度的共性化。例如某些藏缅语NP中后置定语问题，戴庆厦、傅爱兰（2002）指出，藏缅语中许多语言，如安多藏、羌、普米、景颇、独龙、纳西、凉山彝、哈尼、克伦等语言中，{名-形}组合不是“前紧后松”，而是“前松后紧”。作者援引了朱德熙（1982：145-150）和戴庆厦（2012b：248-251）的观点，认为藏缅语中的这些例外，实际应该看作是复合词，而非短语结构。

——陆丙甫、应学凤：《节律和形态里的前后不对称》，载《中国语文》2013年第5期，第387～405页。

通过印欧语词组对比说明现代汉语词缀的范围和性质

马庆株分析了各家关于现代汉语词缀范围的观点分歧的症结。同时，通过与几种印欧语的词组的对比说明了现代汉语词缀的范围和性质，提出了确定现代汉语词缀的标准。

“如果把在汉语中与外语词缀对应的形式一律当作汉语的词缀，虽然有利于外国人学习汉语，有利于说汉语的人学习某种外国语，但这样做容易忽略汉语的特点，因而这种办法是不足取的。我们既要重视汉语的特点，真正做到从汉语的实际出发，又要充分注意到语言的共性和外国语构词法对汉语的影响。避免片面性，才有可能把现代汉语词缀问题的研究再向前推进一步……

与欧洲主要语言相比，汉语是另一种类型的语言。汉语词缀显然主要是自源性的固有语素。汉语里没有欧洲语言里常见的前缀如 anti-、in-、pre-、rc-、de-。也没 -ik、-ism、-ist、-or、-ion / -tion 等后缀，可见渗透性很强的词缀对于汉语的渗透性并不强，反过来说，汉语的抗渗透力是很强的。汉语既可以用派生词也可以用复合词来翻译欧洲语言的派生词，换言之，欧洲语言里的词缀在汉语中的对应形式不仅有词根语素，也有词缀。含有这些词根和词缀的词有的是国产的，有的是日本利用汉语语素造出来又传入中国并使用开来的。不管是哪种情况，语素材料总还是汉民族的。因此，汉语词缀是自源性的……

由常用的几种欧洲语言看来，词缀是‘定位的不成词语素’这种表述仅仅基本上适用于英语。词缀论意义则有虚有实，论来源则有一些本来是副词、介词、代词的成词语素以语素的身份用作定位的构词成分成了词缀，论功能也不一定都标示词性，因此把词缀规定为不成词语素，规定为虚化语素，规定为标示词性的成分，规定为多少个，都值得商榷。由本节的分析可以看出，以往汉语学者对词缀的认识与普通语言学或多或少地有些距离。我们了解了词缀的本来意义，就可以按照国际语言学界对词缀的一般理解来寻找更适于汉语的标准来确定词缀了。”

——马庆株：《现代汉语词缀的性质、范围和分类》，载马庆株：《汉语语义语法范畴问题》，北京语言大学出版社，1998 年，第 154～202 页。原载《中国语言学报》第 6 期，商务印书馆，1995 年，第 101～137 页。

与西方语言对比说明中古汉语和汉语方言也有虚词的曲折形式

高名凯认为：“虚词是个词，因此也可以有词形变化，英语的指示词有 this 和 that 的屈折，法语的冠词有 le，la，les 的屈折，德语的反身代词有 mich，dich，sich 的屈折。汉语的虚词也有以屈折表示语法意义的变动的，例如中古汉语的‘地’（di）和‘的’（ti）分用，以辅音的屈折来表示语法作用的不同，现代汉语方言中，福州话以 tsui，xui；tsia，xia；

tsia-tsui，xia-xui 等屈折来表示‘这个’和‘那个’。只是北京话里，这种情形还不容易找到。这种屈折并不是构词法上的形态，而是同一个词的词形变化，但只表现在虚词上。”

——高名凯：《汉语语法论》，商务印书馆，1986 年，第 95 页。

第六章　词汇类

第一节　同源词、关系词、对应词、同族词

汉藏语同源词的确定应建立在形态研究的基础上

金理新认为目前同源词的确定从总体上来看是零星的、不成系统的，其主要原因是在同源词的确定过程中忽略或排除了形态，同源词的确定应建立在形态研究的基础上。作者从几组声母的对应关系上来论证这一问题。

藏语附加 ɦ- 辅音前缀的舌根塞辅音 kh- 和上古汉语的影母对应。

"涫，《说文》'沸也'。藏语 ɦ-khol-ba '水沸、煮水沸腾' ……" 金理新认为："藏语附加 ɦ- 辅音前缀的舌根塞辅音 kh- 和上古汉语的见母同源对应是整齐的。见组之见母在上古汉语中是一个舌根清塞辅音 *k-，且见母一、二、三、四等字都存在，藏语附加 ɦ- 辅音前缀的舌根塞辅音 kh- 并没有固定于见母中的哪一类声母。如此看来，藏语的 ɦ- 辅音似乎并不参与汉藏同源对应之中，即藏语的 ɦ- 辅音似乎应该从汉藏同源对应中剔除。为什么藏语偏偏多出一个辅音前缀 ɦ- 呢？若我们要是注意利用沉淀着上古汉语形态的谐声材料，上述揣测就会消除。谐声系统中，见组固然和见组广泛自谐，但是见组也和影母谐声关系密切。也就是说，我们从谐声关系中发现上古汉语见母和影母辅音屈折的形态变换关系。藏语附加 ɦ- 辅音前缀的舌根塞辅音 kh- 固然和上古汉语的见母同源对应，但这并不等于只能和上古汉语的见母同源对应。事实上，藏语附加 ɦ- 辅音前缀的舌根塞辅音 kh- 还和上古汉语的影母同源对应，如：怏，《说文》'不服怼也'。藏语 ɦ-khaŋ-ba '埋怨、怨恨'。温，《诗经・燕燕》'终温且惠'。藏语 ɦ-khul-ba '服帖、依顺' ……"

“藏语附加 ɦ- 辅音前缀的舌根塞辅音 kh- 和上古汉语的影母对应同样整齐。可见，藏语附加 ɦ- 辅音前缀的舌根塞辅音 kh- 既和上古汉语的影母同源对应也和见母同源对应。但是，影母和见母不论如何在上古汉语中也应该是有所不同的。影母和见母在上古汉语中应该拥有相同的基辅音。因为，影母不仅和见母广泛谐声而且存在大量的异读、通假等。影母和见母在上古汉语中只有具有相同的基辅音声母，它们彼此之间的谐声、通假、异读等才有可能。更重要的是影母和见组之间的辅音屈折不仅只是语音的也是语法的。试看如下例子：关 / 弯。关，《后汉书 · 张衡传》‘施关发机’。关，用作动词则读为影母弯……”

“故此，影母和见母之间的辅音屈折来自于黏着，即影母是在见母的基础上黏着一个词缀后演变成中古汉语的喉塞音的。藏语 ɦ- 辅音是一个动词前缀，且见母和影母之间的辅音屈折所表达的语法意义和藏语 ɦ- 辅音前缀所具有的语法意义完全一致。因此，可以这样说，藏语附加 ɦ- 辅音前缀的舌根塞辅音 kh- 应该和上古汉语的影母同源对应而不是和上古汉语的见组之见母同源对应。藏语附加 ɦ- 辅音前缀的舌根塞辅音 kh- 和上古汉语的见母同源对应实质上反映出这些见母字在上古汉语中应该还有一个读为影母的形态变体词存在，而这个读为影母的形态变体词在《切韵》时代或许已经消失了或许未为我们所发现；或者藏语这些附加 ɦ- 辅音前缀的语词本来还有一个不附加 ɦ- 辅音前缀的变体词存在，而这种形态变体词或许已经消失了或许没有发现。”

云母和匣母同和藏语的 sg- 复辅音声母同源对应。

“就中古汉语来看，云母在上古汉语中基辅音也为舌根浊塞辅音 *g-。上古汉语的舌根浊塞辅音 *g- 中古三分也是汉语音韵学中一直争吵不清的一个大难题。既然匣母上古附加 ɦ- 辅音前缀而群母附加 *d- 辅音前缀，那么云母上古又该如何呢？前面我们已经说过，影母三等上古有附加 *s- 辅音前缀的舌根塞辅音 *k- 的一源。那么，中古汉语的云母在上古汉语中应该是附加 *s- 辅音前缀的舌根浊塞辅音 *g-（影母和云母韵图列为一类）。藏语舌根浊辅音 g- 之前的 ɦ- 前缀可以和 s- 前缀交替而使一个自动词变成一个使动词，如：

ɦ-gag-pa 阻滞、不通、停顿　　s-gag-pa 勒、绞紧

……”

“根据前面匣母在上古汉语中为附加 ɦ- 辅音前缀的舌根浊塞辅音 *g- 的假设，要是云母为附加 *s- 辅音前缀的舌根浊塞辅音 *g-，那么匣母和云母之间的屈折也应该具有使一个名词变为动词以及使一个自动词变为使动词的形态意义。事实正是如此。匣母和云母之间屈折可以使一个名词、形容词变成动词，或一个自动词变成一个使动词

试看如下例子：回 / 围。回，《说文》‘转也’。围，《周礼 · 庐人》注：‘圜之也’……”

“如‘行’，上古可以为动词也可以为名词，但‘往’则只能是动词；且从甲骨文来看，‘行’的本义正是名词。又如‘皇’和‘王’都可以用于名词，但是‘王’则可以用于动词。可见，云母和匣母之间的内部屈折跟影母三等和一等之间的内部屈折是相平行的，且和上古汉语 *s- 辅音前缀的功能完全一致。除了上述语法意义外，*s- 还是上古汉语一个肢体、动物名词前缀。我们从谐声系统中惊人地发现这一事实，即一组谐声字中个别读为云母的正是动物名词。如：雄，《说文》‘鸟父也’。熊，《说文》‘熊兽似家，山居冬蛰’。鹕，《说文》‘鸥鸭’。李方桂先生的系统中有 *sg- 复辅音声母，但是李方桂先生认为 *sg- 复辅音声母演变成了中古汉语的从母、邪母。实际上，谐声系统中见母和从母的谐声关系比起见母和心母的关系来更加疏远，即两者之间的谐声关系充其量只是极其个别的例外。因而，中古汉语中的某一辅音声母应该是上古汉语的 *sg- 复辅音声母的主要继承者。谐声系统中，匣母和云母广泛谐声，且可以交替构成自动和使动关系。故此，就中古汉语的整个辅音声母来看，认为中古汉语的云母是上古汉语 *sg- 复辅音声母的主要继承者最为合适，即见母三等 *dk->kj-、溪母三等 *dkh- >khj-、群母 *dg->gj-、影母三等 *sk->ɦj-、晓母三等 *skh->xj-、云母 *sg- >gj-。这可以解决上古汉语舌根浊塞辅音 *g- 中占三分的根本矛盾。所以，石母可以和藏语附加 s- 辅音前缀的舌根浊塞辅音 g- 同源对应，试看：运，《庄子 · 徐无鬼》‘匠石运斤成风’。藏语 s-gul-ba‘摇动、撼动’……”

“也就是说，云母和匣母同和藏语的 *sg- 复辅音声母同源对应。我们要是撇开‘形态’，就必然无法确定和藏语 sg- 复辅音声母同源对应的到底应该是上古汉语的云母还是匣母。由于在上古汉语中是一个名谓化、使动化的辅音前缀，所以要是把匣母构拟为 *sg- 复辅音声母自然就难以解释匣母中这个辅音前缀 s- 的语法意义。故此，上古汉语的匣母尽管也和藏语的 sg- 复辅音声母同源对应，实质上仅仅展示出在上古汉语中还有一个附加 *sg- 辅音前缀的语词——云母字存在，只是这个声母为云母的同源异型词后来或消失了。也就是说，形态是确立汉藏声母彼此对应的关键我们要是抛开汉藏语‘形态’的考虑，那么不仅藏语的 ɦg- 复辅音声母如此，而藏语的 ɦg- 复辅音声母也是如此，无法确定真正意义上的汉藏同源对应关系。从某种意义上说，剔除形态之后，汉藏之间并不存在所谓的语音对应规则：因为，藏语的一个复辅音声母可以和上古汉语的多个声母构成语音对应关系，比如藏语的 ɦg- 复辅音，它就可以和上古汉语的匣母、见母、疑母、群母、云母等多个声母同源对应。但是，一旦‘形态’参与了汉藏同源对应，那么我们就可以从匣母、见母、群母、疑母、云母中选出一个真正对应的上古汉语辅音声母，建立起各自的语音对应规则。由此可见，‘形态’在汉藏同源对应中起着极其重要的作用，它能使我们摆脱以往无序的凌乱的状态，建立起整齐且系统的汉藏同源词体系。”

——金理新：《论形态在确定汉藏同源词中的重要意义》，载《民族语文》2000 年第 3 期，第 41～49 页。

挖掘同源词是进行汉藏语系比较研究的奠基工程

严学窘指出：“由于汉藏语系各亲属语言变化发展进度极不平衡，它们的音韵体系、构词结构和形态范畴复杂多样，繁简不一，不易找到同源词。要像印欧语历史比较语言学那样，寻找出大量的同源词，构拟出不少原始型，对各亲属语言的各个同源词每个因素都得到合理的解释，显示出重建的共同印欧基础语和它的各个后代语言之间严整对应的规律，我们还没开步走，当前连挖掘同源词的奠基工程亦尚待破土。挖掘同源词，不仅要注意纵的分化，还要留心横的交流，防止把外来词混进同源词中去，造成‘鱼目混珠’；发掘同源词，应选择最基本、最具体的词，避免用抽象或游移的词。大概人体各部位和亲属名称以及主要的代词、数词、动词，通常是属于民族固有词，它们是从有亲属关系的共同基础语沿袭、继承和发展下来的。各民族本属同源的固有词经过长期发展变化，必有变异不合之处，故挖掘同源词要求语音相似、词义相通和形态相符。可是这实在不易做到，不可俯拾即是。”

——严学窘：《谈汉藏语系同源词和借词》，载《民族研究文集》，民族出版社，1997 年，第 58～59 页。

参照汉藏系等亲属语言探讨汉语词源

马学良认为：“亲属语言对汉语词源学的研究也必将开阔新的视野。比如我们试探讨《诗・小雅・谷风》‘维风及颓’的‘颓’的词源。‘颓’属上古音的微部定纽字 dh-。又据《尔雅・释天》‘焚轮谓之颓’，并比照《释器》‘不律之笔’的辞例，‘颓’的原始音应是 bhl- > dh-（韵母为‘文’‘微’对转）。在义的方面，《毛诗故训传》和孙炎《尔雅注》释‘颓’为一种旋风，而据闻一多考证，‘焚轮’即‘丰隆’，‘颓（霆）’应指雷，二说似相矛盾。但是如果参考藏语 ˊbrug（比较汉语‘奉隆’）兼有‘旋风’和‘雷’二义，而藏语中也有 ˊbr- > d- 式音转，就知道汉儒旧诂和闻先生新解原可并存不悖。这样，我们就可以初步推断：‘颓’的原始音是 bhl-（ > dh-），原始义是‘风雷’。彝文经籍《宇宙人文论》中说‘主管云的是云君，叫弥宏陇’。弥宏陇盖即丰隆之译音，其义与屈原《离骚》‘吾令丰隆乘云兮，求宓妃之所在’之云君恰合。要是没有亲属语言作旁证，这个问题是难以评说的。又如杨雄《方言》中所收词汇，除各地汉语方言外，也包含着一些非汉语成分。例如：卷八第一条：‘虎，陈魏宋楚之间或谓之“李父”，江淮南楚之间谓之“李耳”。’今湘西土家语称虎为 li，公虎为 li pa，母虎为 li ni ka，正分别相当于‘李父’和‘李耳’。今汉藏语系藏缅语族语言多称虎为 li、la、lu 等音。已往注疏家不知《方言》中还包含其他民族语词，因而多望文附会。《孟子》所记‘晋之乘，楚之梼杌’，‘鲁之春秋’，均为各地史籍不同名称，注家不知‘梼杌’之语源，因释为古代传说中的怪兽明，与史籍何关。疑‘梼杌’为当时楚地苗语 *teu 之拟音，至今苗语犹称文字史籍为 teu。可知参照亲属语言，不但对古汉语语音、语法有启发作用，对探讨汉语词源亦将有裨益。”

——马学良：《汉藏语概论》，民族出版社，2003 年，第 33 页。

少数民族语言在比较词源学中的价值

刘宝俊指出：“主要通过汉语同国内少数民族语言词汇中无借贷、非同源关系的若干词的词源结构对比研究，以体现少数民族语言在比较词源学研究中的价值，阐明比较词源学作为语言学本体研究的意义。”

一、“赤子”与“红色”

“‘赤子’是汉语中一个历史悠久的常用词，其本义是指‘初生的婴儿’。这样一个常见复合词的词源意义本不难理解。清代以前，历代学者训释典籍时都认为‘赤子’的词源意义即是‘赤色之子’。”

“我国许多少数民族语言中，表示‘婴儿’的词也大多同汉语一样，是由两个词素组成的复合词。在这一复合词中，又大多包含有意义为‘红’的词素。例如下列表示‘婴儿’意义的词的词源结构：

壮侗语族：傣雅语 lok^{8}（仔）ljaŋ^{1}（红）
　　　　　傣德语 ʔe^{1}（仔）lɛŋ^{6}（红）
　　　　　壮语 lɯk^{8}（仔）diŋ^{1}（红）
　　　　　布依语 ȵe^{2}（仔）diŋ^{1}（红）
　　　　　黎语（黑土）dɯːʔ^{7}（仔）deːŋ^{3}（红）
苗瑶语族：勉语 ku^{2}ŋa^{4}（仔）si^{7}（红）
　　　　　布努语 ŋe^{2}（仔）lɣŋ^{1}（红）
藏缅语族：基诺语 zɔ^{33}（仔）n̥ə^{44}（红）
　　　　　阿昌语 tsɔ^{31}（仔）na^{55}（红）
印尼语族：（台湾高山族）阿眉斯语 kahəŋaŋaj（红）a（助词）wawa（孩子）

将上述少数民族语言中表示婴儿的词与汉语‘赤子’一词进行对比，从语音上可看出它们之间不存在同源或借贷关系，完全是各自平行发生的结果。但它们在词义和词源结构上却不约而同。由此可知汉语的‘赤子’一词的命名理据应该是也只能是‘赤色之子’。”

二、“东方”与“太阳”

在汉语中，关于“东”的字源有很多解释。认为“东”的解释有以下几种：“从日在木中”、同“橐”、同“束”、同“种”等。作者又列举了民族语言中表示“东方”意义的词的词源结构：

壮侗语族：傣语 van^{2}（太阳）ʔɒk^{9}（出）

水语 da^{1}wan^{1}（太阳）ʔuk^{7}（出）

黎语（通什）tsha^{33}van^{31}（太阳）thəːn^{33}（出）

苗瑶语族：苗语（养蒿）n̥hɛ^{33}（太阳）ta^{55}（出）

苗语（威宁）sam^{55}（边）n̥u^{55}（太阳）dha^{35}（出）

……

藏缅语族：藏文 ɕar（太阳升起）

藏语 ɕa^{55}（太阳升起）

彝语（喜德）bu̠^{44}（太阳）du̠^{33}（出）

彝语（弥勒）tɕi^{33}（太阳）du̠ ^{33}（出）

……

突厥语族：古回鹘文献 kyn（太阳）toquʃ（出）

撒拉语 gun（太阳）tʃixɢanjan（出）

塔塔尔语 kyn（太阳）tʃəʁəʃ（出）

哈萨克语 kyn（太阳）tʃəʁəʃ（出）

满－通古斯语族：鄂伦春语 dɪlatʃaa（太阳）jʉʉrəkkəəki（出）

印尼语族：（台湾高山族）布嫩语 insumas（上升）vahli（太阳）

泰耶尔语 hətəganwagi（太阳出）

“如此众多的民族语言各自平行地都以‘太阳升起’作为‘东方’的命名理据，这一语言普遍现象绝不是偶然的，而是内在的语义类型和词源通则制导的结果。我们完全可以预见，在世界其他语言中，还会发现更多地以‘太阳’作为认知东方的例证。把汉字的‘东’同其他语言进行词源比较，用其他语言形成的语义类型和词源通则来检验‘东’字的字源，‘东’是‘从日在木中’，还是同‘橐’、同‘束’、同‘种’……就十分清楚了。罗常培先生说，云南的少数民族语言对于方位的观点往往拿日头的出没做标准，因此对于东方，昆明近郊的倮倮叫做‘日出地’［$dʑi^{21}du^{53}mi^{33}$］，福贡的倮倮叫做‘日出洞’［$mĩ^{33}mĩ^{33}du^{55}$］……汉字的‘东’字‘从日在木中’会意……英语的orient的本义也是‘日出’，实际上全是从这共同的出发点来的。所谓的‘共同的出发点’，也就是人类认知‘东方’的普遍类型和通则。李学勤、罗常培之所以认同‘东’字‘从日在木中’取意，正是他们突破汉字、汉语的局限，将汉语同其他民族语言进行词源比较的结果，也正是他们高人一等的地方。”

三、“瞳”与“童（僮）”“独”

作者认为：“词源比较可证明汉语‘瞳’的意义来源于‘童’，‘童’的意义则可能来源于‘独’。请看下列民族语言中表示‘瞳孔’意义的词的词源结构：

壮侗语族：侗语 $noŋ^4$（弟、妹）ta^1（眼睛）

水语 nu^4（弟、妹）da^1（眼睛）

苗瑶语族：苗语（贵州台江）tai^{53}（孩童）nai^{55}（人）

苗语（湘西腊乙坪）te^1（孩童）ne^3qe^1（眼睛）

布努语 $tuŋ^{1}$'ne^{2}'（孩童；瞳子）

藏缅语族：墨脱门巴语 miŋ（眼睛）za（孩童）

格曼僜语 min^{55}（眼睛）sa^{55}（孩童）

印尼语族：（台湾高山族）阿眉斯语 tamław（人）nu（助词）mata（眼睛）

基于瞳孔中能映现出小小的人的影像而以‘孩童’命名‘瞳孔’，是一种‘语言普遍现象’。除上述国内民族语言外，语义学家乌尔曼发现世界各地竟有三十余种语言，都不约而同地使用‘孩童’、‘学童’、‘小男童’、‘小女童’等词来指代‘瞳孔’。例如英语pupil‘学童，弟子、瞳孔’；法语pupille‘孤儿、瞳孔’；意大利语pupilla‘女学童、瞳孔’（均来自拉丁语pūpilla‘女孤儿、瞳孔’）；西班牙语nina‘女童、瞳孔’；葡萄牙语menina‘女童、瞳孔’；印尼语orangan‘假人、影像’；mata（眼睛）‘瞳孔’。”

“事实说明，汉语的‘瞳’应当属于这一语义类型，服从这词源通则。而且尤其引人注意的是拉丁语pupilla和法语pupille中表示的‘孤儿’的意义，它可能为汉语‘童，独也’的词源意义提供佐证。”

——刘宝俊：《比较词源学研究四例》，载《民族语文》1999年第2期，第37～43页。

从汉藏语系亲属语言看汉语同族词变换的先后

严学窘指出：在一组同族词中谁在先在后，谁变谁的问题，现在还难清楚地说明白。但从汉藏语系各亲属语言的启示，可以看出具有唇音辅音韵尾 -m、-p 的语词常常孳乳为 -n、-ŋ、-t、-k 等的新词。在汉语中也有这种迹象。如：

含 ɣəm：混 ɣwən	堪 khəm：肯 khən	岌 ŋəp：屹 ŋət
禁 kjəm：忌 kjək	纳 nəp：内 nəd	答 təp：对 təd

——严学宭：《论汉语同族词内部屈折的变换模式》，载《中国语文》1979 年第 2 期，第 87 页。

依据汉藏名词对照表可考藏文 Sog 所指

李方桂认为依据汉藏名词对照表可考藏文 Sog 所指。“斯坦因（Sir Aurel Stein）在敦煌发现的西藏编年史里，公元 694 年有这样一段记载：mgar sta gu sog dagis bzung，意思是 Mgar Sta gu 被 Sog 人逮捕。Bacot 等 1940 年将 Sog 译作‘蒙古人’，加注说明：‘藏文的 Sog 现在只能指称后来的蒙古人；要说那时已经有蒙古族群，未免言之过早。’

这段记载值得注意，它似乎是少数吐蕃与伊朗民族彼此往来的记录之一。Sog 不应该像现在的用法，这个词并不指称蒙古人。伯希和（Pelliot）1912 年在他出版的论文《吐谷浑之诸藏文名称》（*Les noms tibetains des T'ou-yu-houen*）里提到，他所发现的某些敦煌残卷里有汉藏名词对照表。在那当中，我们发现藏文的 Sog po 相当于汉语的‘胡（Hu）’。伯希和在他的笔记里强调：‘藏文的 Sog po 现在指称蒙古人，但这个词的指涉对象可能颇为分歧。如果当时与 Sog po 对应的汉语‘胡’一样，‘胡’通常指称中亚的伊朗民族；但‘胡’偶尔也指称土耳其人，甚至也指称印度人，尽管是误用。’

这是事实，汉语的‘胡’在主要的书面文献里，往往宽泛地指称不同族属的外国人。但是，正如伯希和的观察，汉语的‘胡’，常常是指伊朗民族，特别是为数众多、与突厥杂处的、属伊朗人种的粟特人（Sogdians）；而 6 世纪中叶以后，突厥人控制了粟特地区（Sogdiana，即‘索格底亚那’）。在汉语史料里，‘胡’和‘突厥’每每对比的指称不同人种，也许正是反映当时口语的用法。似乎也有一些体制特征，口语区别所谓的胡人与突厥人。以下所引述的事例，也许能佐证这个论点……

这些事例显示，‘胡’和‘突厥’在当时的口语是有所区别的；不像某些文献以‘胡’泛指所有的外国人。‘胡’和‘突厥’必然指称两种不同的民族。我们也可以从伯希和列出的名词表中发现‘胡’和‘突厥’之不同：藏文 Dru gu 的相当于汉语的‘回纥’

（Uigur，突厥的一支），而藏文的 Sog po 相当于汉语的‘胡’。

蒲立本（Pulleyblank）最近的论文说得更明白，他说‘胡’通常指粟特人，是一般熟知的九姓胡人之一。很可能藏文的 Sog 只不过是 Soghd 的音译，恰好狭义地对应到当时汉语口语通行的‘胡’；藏文的 Sog，未必像汉语书面文献里的‘胡’，泛指一般外国人。至于为什么蒙古人进入西域，藏文的 Sog 就转变指涉的对象，却不是本文想要解答的问题。”

——李方桂：《藏文 Sog 考》，载《李方桂全集（第一集）：汉藏语论文集》，清华大学出版社，2012 年，第 520～521 页。原载 *Central Asian Journal*，3：139-142，1957。

汉语的“其”跟藏语的 gji“同根”

俞敏通过将汉语的“其”和藏语的“gji”比较，说明了“其”的几种用法，进而指出它们“同根”。

“汉语的‘其’字儿有几种用法儿，历来没个好讲法儿，有一种就压根儿没人理会过。要净指着中国书，怕是永远找不出个解决的法子来了。不过要肯承认汉语跟藏语原是一个系统的话，再肯承认汉语用‘其’字儿跟别的写法儿所记的那个话正跟藏语的 gji 伍的是同根（cognate）的话，就可以把这几种用法儿讲得极透亮。”

“在先秦的书里‘其’字儿当‘他的’讲，比方说《易经·咸卦》的‘咸其 x’那种句子里用的。也有当‘许要’讲的，比方像《诗经·伯兮》篇的‘其雨其雨’那种句子里用的。这算是两样儿顶普通的。可是还有一种用法儿，跟古汉语的‘之’字儿，现在北京话的‘的’ti 字儿，客家话的‘介’kai，kɛ 字儿，广州话的‘嘅’kɛ 字儿，厦门话的‘个’e 字儿苏州话的‘格’kəʔ 字儿一样。这种例子，过去的语法学者差不多全给忽略了。现在把它们写到底下，再加上拿北京话翻出来的说法儿，好比着看……

这些句子里是‘其’字儿，作注儿的人多半都没注，也有注的乱七八糟的。

西藏话的 gji 字儿的用法儿正跟这 1，2，3，8，9 五个例子一样，比方 ŋad kji 我的，dei 那个的。要是像 4—7 那几个例子的，他们都半用 par 字儿。”

“古汉语的‘其’字儿有粘到前边儿的字上拆不开的，像《诗经》《扬之水》《羔裘》《汾沮洳》《椒聊》《候人》五篇里一共有十四句‘彼其之子’，《扬之水》的《郑笺》说：‘其或作“记”或作“己”，读声相似。’……‘彼’字儿也有写‘夫’的……

单分析‘彼其’或者‘夫己’，是有点儿为难。因为汉语的习惯，在‘彼’‘此’‘这个’‘那个’这一类指示字（demonstratives）后头，向来不许再加别的‘之’‘的’那一类字。可是一翻藏语里去，可就找着对点子的了。藏语的p‘agi是个指示字，意思是‘那边儿的’或者‘那边儿’。用他的时候儿，可以放到让他规定的那个字头里，可是放到后头也行，像ri p‘agi，ri p‘agi，‘那座山’。p‘agi后头还可以再加gji，像p‘agii gji，‘那边儿的山’。要拿‘彼其’伍的跟他一比，咱就可以懂了：1.‘彼’字儿的真正的意思是‘那边儿’，和后头的‘其’不拆开讲。成公十六年《左传》：‘彼其子重也。’就等于‘那边儿是子重’。2.周朝人拿‘彼其’当一个单位看，正好像西藏人拿p‘agi当一个是的。由这儿还可以推出，3.‘彼其之子’就等于西藏的p‘agi mi adi‘那个人’。”

“先秦的古书里用‘其’字儿，还有粘到‘何’‘曷’字儿上的……

照汉语的习惯，‘何’跟‘哪个’这一类疑问字后头也不用规定助字（等于genitive of possession的不算）‘之’跟‘的’那一类字。那么单就汉语讲，‘何其’又不好分析了。可是一翻到西藏话里，马上就碰上个gagi，意思是‘哪一个’或者‘什么’，用起来当一个单位。咱才知道周朝人用‘何其’也是当一个单位用，这就省得说‘其’是什么‘词品’了。

藏语的gagi，也有说的gaŋgi，经典里用的很多。可是这许是由ganagi→gangi→gaŋgi来的。原来的语根，实在光是ga，可以从ga-adras怎么样，gana哪儿，ga tsam多少，ga ru上哪儿，gare什么，gala在哪儿，这些话里看出来。所以知道gagi的构造是ga + gi。汉语的‘何其’想必也是这么回事儿喽。

再回来看，敢情‘实维何期’也就是de gagi red，‘子曰何其’也就是k‘jod kji gsuŋ ba adi gagi red呀！”

“我已经把汉语的‘其’字儿跟西藏话的gji像得到利害的地方儿指出来了。到了儿说这是同根的现象还是碰巧了，那随您的便。可是我觉乎着我把‘配天其泽’‘彼其之子’跟‘子曰何其’这三种句子结构分析清楚了。我原来想作的正是这个。第一种除了《书经》以外就没见过别处有用的。第二种在《左传》以后也没了。第三种呢，要从《汉书·东方朔传》那一段儿‘受赐不待诏，何无礼也？拔剑割肉，壹何壮也？割之不多，又何廉也？归遗细君，又何仁也？’看起来，大概也只有‘齐鲁之间’还用罢了。”

——俞敏：《俞敏语言学论文集》，商务印书馆，1999年，第167～183页。

藏文sdod与汉语“辍”的同源关系

冯蒸从词义、音韵等方面入手对藏文的sdod与汉语的“辍”同源关系进行了证明。

一、从词义上看藏文的sdod与汉语的“辍”系同源关系

作者认为藏文的sdod与汉语的“辍”都有“止、停止”义。“《说文》：‘辍，车小缺复合者。从车，声’大徐音‘陟劣切’。段玉裁注：‘形声中有会意。’按：《说

文》所释‘辍’的意义当是‘辍’的所谓本义，它在上古文献中的主要意义实是‘止，停止’。”“上古文献中，关于此义的用例甚多，如《论语·微子》：‘耰而不辍’。‘辍’的‘车小缺复合者’义与‘止、停止’义之间通常认为是本义和引申义的关系。”“关于藏文 sdod 的词义，一般的藏文词典只收‘坐’一义，不太全面。西北民族学院藏文研究组编的《藏汉词典》对 sdod-pa（动）的释义是：‘未来式及过去式为 bsdad，命令式为 sdod。坐，停，住。’比较准确全面。”

二、从音韵方面证明藏文的 sdod 与汉语的“辍”系同源关系

关于声母方面的证明，作者认为：“本文以《广韵》的注音为准，只取‘辍’字‘止也，已也’义的‘陟劣切’一读。”“藏文 sdod 与汉语‘辍’字读音的不同，一是带有词头 s-，另外词根声母是 d-，与‘辍’字的端母 t- 有清浊之别。词头的有无可以不论，至于词根声母发音方法上的差异在汉藏语的比较研究中是很常见的。”

关于韵母方面的证明，“月部字对应于藏文的 -ad 和 -od 这两类韵母应是无可置疑的。其中 -od 应主要对应汉语月部的合口字，所以我们把藏文的 sdod 与汉语的‘辍’相比，韵母的对应应属正常”。“郑张尚芳构拟的上古六元音体系确切地说应称为是‘收喉各部每部一主元音，收舌、收唇各部每部三元音’说。月部为收舌 -t（郑张尚芳体系作 -d）韵部，郑张尚芳拟月部有 -ad，-ed，-od 三个韵，而‘辍’字正属于 -od 韵，与藏文的韵母形式正相密合，当非偶然。”

三、与“辍”同声符的其他汉藏同源词的启发

认为藏文 sdod 与汉语的“辍”同源还受到了与辍同声符的其他汉藏同源词的启发。郑张尚芳认为，汉语同一声符的谐声字原则上应属于一个上古韵部，但是又不限于一个韵部，即可以有变通形式。即“共‘声’同源词比较”理论。把郑张尚芳的理论引入文章的比较发现：与“辍”字得声情况相同的汉藏同源词还有“錣”字“叕”字和“缀”字。

根据上述字与藏文的对应情况看来，作者认为月部字藏文对应除了俞敏提议的 -dd，-od 两类韵母外，或还应增加 -ud 一类。同时，从“叕”得声的汉藏比较情况，更证明了作者提议的藏文的 sdod 与汉语“辍”同源的可信性。

——冯蒸：《藏文 sdod 与汉语“辍”》，载《民族语文》2007 年第 1 期，第 31～34 页。

以藏语的 'brug 训释《尔雅·释天》中的“焚轮”

金有景指出：“《尔雅》是我国最早解释词义的专著，这部书里也有好多词义不好懂，至今仍然众说纷纭。如能参考民族语言的材料就会使某些问题得到解决。”他举

了《尔雅·释天》中的“焚轮”为例：

《尔雅·释天》：“焚轮谓之颓。”曹魏孙炎《注》训为回风，而近人闻一多（1899—1946）认为“焚轮”即“丰隆”，“颓”即“靁”，意思都是“雷”。其实，“焚轮谓之颓”辞例同于《释器》的“不律（plĭwə̆t）谓之笔（pĭwə̆t）”。“焚轮”和“颓”是所谓一语之转：声母为bhl->dh-，韵部为“文”“微”对转，它们兼有“雷”与“回风”二训，正如藏语 'brug 兼有雷与回风两义一样。因此，《尔雅》孙炎旧诂和闻氏新解可以并存不悖。

——金有景：《再论民族语言研究与汉语研究》，载《民族语文》1985年第5期，第55～56页。

吴谚中“孛辘”与藏语 brug 的同源关系

南宋范成大（1126—1193）《秋雷叹》诗自注引吴谚：“秋孛辘，损万斛。”“孛辘”（bhluk）义为雷，与藏语 'brug（Balti 方言为 blug）音义相符，二者当是同源。

《尔雅·释天》：“焚轮谓之穨。”曹魏孙炎《注》训为回风，而近人闻一多（1899—1946）非之，认为“焚轮”即“丰隆”“穨”即“靁”，义并为雷。今按：焚轮谓之穨辞例同于《释器》的“不律（plĭwə̆t）谓之笔（pĭwə̆t）”。“焚轮”和“穨”是所谓一语之转：声母为bhl->dh-，韵部为“文”“微”对转；它们兼具“雷”与“回风”二训，正如藏语’brug 兼有 thunder 与 whirlwind 二义，《尔雅》孙炎旧诂和闻氏新解可以并存不悖。

——张永言：《语源札记三则》，载《民族语文》1983年第6期，第24页。

哈尼语和汉语的关系词

王尔松指出：“挑选了60多个哈尼语词，从声母、韵母、声调几个方面与古汉语作一番比较。这些‘关系字’的比较，可为哈尼语和汉语的历史研究提供资料。”

“下面以哈尼语的部分元音和上古汉语韵部的对应关系来进行说明。

哈尼语元音 a 和汉语上古鱼部的对应：

哈尼语音		古汉语音	哈尼语音		古汉语音
ŋa^{55}	吾	꜁ŋa	ŋa̱^{31}	五	꜃ŋa
ŋa^{31}de^{55}	鱼	꜁ŋja	xa^{31}	苦	꜂kh ɑ
ba^{31}	薄	bɑk꜇	pha^{31}	父（子）	꜃bjɔ
pha^{31}	缚（水癸话，不注为绿春话）	bjɔk꜇	sa^{55}	索（要，求取）	sɑk꜆

前 7 个例子绿春话的元音读 a，水癸话的元音都读 ɔ。

哈尼语绿春话的元音 ɔ 和汉语上古鱼部对应的有：

tu^{31}khɔ^{31} 胯（水癸话）　khɑ꜄　xɔ^{55}phu^{31} 瓠（葫芦）　꜁ɣɑ

哈尼语元音 o 和汉语上古鱼部对应的有：

no^{31}（宾格）no^{55}（主格）汝（你）꜁ȵiɔ tho^{31}la^{33} 兔子 thɑ꜄
tho^{31} 着（着地，水癸话）djɔk꜇　mo^{31}　马　꜃mɔ
mo^{31} 耄　mɑ꜅　ɣo^{31}（一）户（水癸话）　꜃ɣɑ

“有的汉语音韵学家把上古鱼部里的模韵（平上去同）字，分为开口和合口两类。开口类有吾、五，哈尼语读元音 a；合口类有胯，正好哈尼语读元音 ɔ。可是开口类的兔，哈尼语读元音 o，用哈尼语证明汉语上古鱼部开合口的区分，有时相合，有时不相合。哈尼语读 a、ɔ、o 的不同，可能代表着不同的时间层次。”

——王尔松：《哈尼语和汉语关系字初探》，载《民族语文》1990 年第 6 期，第 61～65 页。

羌汉语言接触形成的一组同源字

赵小刚首先指出，在古代汉语中，“卢”有黑义，并论述了地域—齐跟族体—羌的关系，认为“卢”一词来源于古羌语。

作者指出，民族史家认为，古羌人是近现代藏缅语族各民族的先民。这些民族包括彝族、傈僳族、纳西族、哈尼族、拉祜族、基诺族、白族、藏族、景颇族、独龙族、普米族、怒族等。并观察了意义为黑的词在这些民族语言中的表现：

民族及语言（方言）	词义	词音
彝（凉山）	黑	nɔ^{33}
（黑江）	黑	ne^{33}
（威宁）	黑	na^{33}
傈僳	黑	nɛ^{44}
纳西（宁蒗）	黑	nɑ^{13}

（丽江）	黑	nɑ³¹
哈尼	黑	na³¹
拉祜	黑	na⁵⁴
普米（箐花）	黑	ȵɑ¹³
（桃巴）	黑	ȵɛ³⁵
基诺	黑	na⁴²
藏	黑	naʔ
怒	黑	nɑ³⁵nɑ⁵³

作者认为，以上各语言中表黑义的词是一组同源词，甚至可以看做是一个词的变异形式。如果将这组同源词跟古代汉文献中的有关材料加以比较，就可以看出羌语及藏缅语族其他语言的古今联系。

作者通过对《后汉书·西羌传》《尚书·禹贡》《西域水道记》《括地志》《旧唐书·东女国传》等文献的考察，指出“弱水”中的“弱”是羌语词。弱水在汉语中又称黑河。可见“弱”是黑的意思。学者们为古羌语中意义为黑的词拟音为 nak。而汉语中“弱”的上古音为 ȵiɑuk，词音极为接近，显然是羌语词音译进入汉语后用近音字撰写的结果。作者进一步指出，在古代汉文献中，黑水、黑河、黑江等河流概念又用泸水、若水、诺水等名称呼，就河流位置来看，它们都在古羌人分布范围内。由此，作者认定这里的泸、诺和若是同一个羌语词的不同汉译转写。就汉字而言，古音泸字属来母，诺和若字属泥母，这里来、泥二母混用，可能是译写者口音中二母无别使然。前人译写藏缅语族的一些词语是，也出现了同类的例子，如段伶解释怒江得名原由时指出：“根据元代地理志书记载：‘蛮名怒江’、‘潞江俗称怒江，出潞蛮。’……也就是说，怒江的‘怒’是少数民族语，‘潞’和‘怒’云南古今同意，‘潞蛮’和‘怒蛮’指同一个民族。”据此，作者把来和泥两个声纽看做是一个音位的变体。就韵部而言，古音泸字是鱼韵。若、诺两字是铎韵，鱼铎阴入对转。学者们为“泸”“若”和“诺”三个汉字构拟的古音分别是 lɑ、ȵiak 和 nɑk，这后一个音与古羌语中表黑义的词音完全相同。从“卢”跟“泸”的音义关系来看，二者同一声符，且都有黑的意思，同源无疑。

除“卢”“泸”之外，作者还分析了“垆”“栌”“鸬”等其他同源字。

——赵小刚：《羌汉语言接触形成的一组同源字》，载《中央民族大学学报》2004 年第 6 期，第 125～128 页。

从土家语看《方言》中“虎”的两个读音的来源

西汉杨雄（53 B.C.—A.D.18）编撰的《方言》卷八第一条对“虎”一词的读音作出说明：“虎，陈魏宋楚之间或谓之‘李父’，江淮南楚之间谓之‘李耳’。”张永言在《语源札记三则》一文中对此说明提出异议，“今湘西土家语称虎为 li，公虎为 li pa，母虎为 li ni ka，正分别相当于‘李父’和‘李耳’。可见这是古代属于藏缅语族彝语支的一种语言里的两个词。它们的区别在于所指公母不同，而不是通行地域有异”。

——张永言：《语源札记三则》，载《民族语文》1983 年第 6 期，第 23 页。

汉台语同源字对当关系有待大量发掘

丁邦新指出：“这里还有两个问题要交代：一、上文在讨论时，除去一个地方，特别没有提到藏缅语的同源字，因为现在还不到把藏缅语和汉台语相提并论的时候，汉台语同源字有系统的对当还要大量地发掘。二、古台语的元音系统本身就是非常复杂的，如何跟汉语上古音联系起来更是一个棘手的问题。但不能因为问题棘手，就因噎废食。”

——丁邦新：《论汉语与台语的关系——李方桂汉台语同源论的检讨》，载《中国语言学论文集》，中华书局，2008 年，第 435～436 页。原载丁邦新、余霭芹编：《汉语史研究：纪念李方桂先生百年冥诞论文集》，台北，“中央”研究院语言研究所，2005 年。

汉台关系词的相对有阶分析

陈保亚把关系词按普遍对应程度的高低分为高阶关系词和低阶关系词，考察了关系词在高低阶的分布。

一、直接有阶分析

“通过台汉、台侗、台水、台黎关系词阶分布的比较和对照来讨论这些语言的语源关系。通常把侗水语分成北部、中部、南部三个组。北部组我们以侗语、仫佬语为代表，简称‘侗’。中部组以水语、毛南语为代表，简称‘水’。南部组的代表语言是拉珈语。由于拉珈语的资料我们掌握得较少，不能满足我们的完备分析所需要的词汇量，没有纳入比较，待以后材料掌握齐全后再纳入比较。侗水语的选点情况和旁证语言的选用情况请参考《报告》。为便于核实，有序对应规则表中的侗水语实例尽量以《简志》和《词集》的选定和记音为标准，在《简志》和《词集》缺少实例或有误的情况下，动用其他语言，并注明。为谨慎起见，其他语言一般得有两个以上语言点的实例才能代表语支或语组的证据。黎语的材料主要根据《简志》和《词集》。”

“现在来观察台汉关系词、台侗关系词、台水关系词、台黎关系词的分布差异：

［高阶样本：446　低阶样本：608］

	高阶	高阶比例	低阶	低阶比例	阶分布指数
台汉关系词	119	0.27	321	0.53	0.51
台侗关系词	354	0.79	440	0.72	1.10
台水关系词	371	0.83	420	0.69	1.20
台黎关系词	150	0.34	68	0.11	3.01

汉语和台语的关系词都是高阶词明显低于低阶词，阶分布指数小于1。而侗水黎语和台语的关系词都是高阶词高于低阶词，阶分布指数高于1。由于我们比较的材料比较多，对应规则都控制得比较严格，材料的疏漏不太可能影响到阶分布的走向，因此，我们有理由认为台汉关系是接触关系，而台侗关系、台水关系、台黎关系是同源关系。”

陈保亚认为：“关系词的多少并不是区别同源和接触的标准（陈保亚 1996，下编 9.1），在相对阶分析中，我们又观察到了这种现象。台汉关系词比台黎关系词多，但台汉关系词的分布是高阶词比例低于低阶词比例，而台黎关系词的分布是高阶词比例高于低阶词比例。”

二、剩余有阶分析

陈保亚认为通过“直接有阶分析”确定了台侗关系、台水关系、台黎关系是同源关系，这并不是说这些语言之间的关系词一定是同源词。“汉语和台语有不少高阶关系词，这些关系词有些也和侗语、水语、黎语有对应关系，比如好些数词、金属词、农业工具词、家畜词等。因此，台侗之间、台水之间、台黎之间的许多关系词实际上是从原始汉语和原始侗台语的关系词传递下来的，这意味着在有阶分析的操作中，我们可以销去某些关系语言的关系词，来观察另一些语言中关系词的分布，以确定语源关系。我们把这种方法称为‘剩余有阶分析’。先观察销去台汉关系词后台侗、台水、台黎关系词的分布情况：

[高阶样本：446 低阶样本：608]

	高阶	高阶比例	低阶	低阶比例	阶分布指数	所销关系词
台侗关系词	255	0.57	211	0.35	1.65	台汉
台水关系词	275	0.62	225	0.37	1.67	台汉
台黎关系词	118	0.26	42	0.07	3.83	台汉

销去台汉关系词以后，台侗、台水、台黎的关系词仍然是高阶关系词的比例高于低阶关系词的比例，阶分布指数仍然大于1。更重要的是，阶分布指数上升了：

相关语言	所销去的关系词	销去台汉关系词前阶分布指数	销去台汉关系词后阶分布指数
台侗关系词	台汉	1.10	1.65
台水关系词	台汉	1.20	1.67
台黎关系词	台汉	3.01	3.83

这说明台语和侗、水、黎语之间有一套内在的同源词，销去台汉关系词后这套同源词的阶分布走向更明确。由于台汉关系词更多的分布在低阶词中，减去这部分台汉词反而会增加侗台语内部关系词的阶分布指数。这进一步说明台语和汉语确实没有同源关系，而和水语、侗语、黎语有同源关系。”

“再看侗台语内部剩余有阶分析的情况：

[高阶样本：446 低阶样本：608]

	高阶	高阶比例	低阶	低阶比例	阶分布指数	所销关系词
台侗关系词	35	0.08	101	0.17	0.47	台水
台侗关系词	242	0.54	391	0.64	0.84	台黎
台水关系词	52	0.12	81	0.13	0.88	台侗
台水关系词	255	0.57	376	0.62	0.92	台黎
台黎关系词	38	0.09	19	0.03	2.73	台侗
台黎关系词	34	0.08	24	0.04	1.93	台水

这时的关系词分布指数发生了质的改变。台黎关系词阶分布指数下降了。台侗、台水关系词阶分布指数不仅下降了，而且已经小于1，这说明台侗水黎之间都有同源

关系，它们之间共享有特定的同源词，一旦某两个语言的关系词被销去，由于同源关系的传递性，其它同源语言关系词的分布走向会受到很大影响。”

——陈保亚：《汉台关系词的相对有阶分析》，载《民族语文》1997年第2期，第46～48页。

汉语和壮侗语的关系词

蒙斯牧指出：“在汉语和壮侗语（富宁壮语）中发现了560个关系词，比南岛语和壮侗语的同源词还多。如果认定汉台关系词是同源词，必须有以下条件：要么否定壮侗语和南岛语的同源词，要么论证汉语和南岛语有亲缘关系。这两点只要做到一点，就算成功。然而多年来，还没有谁能否定壮侗语和南岛语的同源词。另外，如能证明汉语和南岛语有同源关系，汉台关系词不言而喻就是同源词了。就我们自己来说，不能证实多音节的南岛语与单音节的汉语的亲缘关系，又由于能找到壮侗语里的许多固有词，因此就认定这些数量众多的汉台关系词基本上是借词，不是同源词。”作者认为百越语受汉语的影响而发生单音节化，并不断借入数量众多的汉语词。关于汉语词进入百越诸语的方式，他认为有以下几种：

“（一）秦、汉时代华夏势力进入百越地区，在汉语影响古越语并使之单音节化的前后时期，汉语的许多文化词就被借入越语里，从而丰富了古越语的词汇。例如（汉语/壮语里的借词）：锛/vaːn^{35}斧子；弦/jen^{33}二胡；箸/tɯ^{55}筷子；盏/saːn^{11}杯子……（二）壮侗语里已有的词，也要从古汉语里借，形成固有词与借词并存并用的现象。由于我们能找到固有词，就可以认定这些汉台关系词是借词。例如（汉字，壮语里的借词/壮语固有词）：路，lo^{55}/hɔn^{35}；羊，juŋ^{33}/ʔbe^{11}；一，ʔit^{33}/ʔdeu^{31}；少，saːu^{33}/noi^{55}……（三）在并存的固有词与借词（汉语词）中，也发生了借词排挤固有词，使固有词只遗存于古籍或存在于一些偏僻山区群众、年长者口语中的现象，这可能是壮族先民吸收汉语词后，固有词使用日少而被遗忘的结果。而汉语借词变成了常用的词汇。可以说，这是借词与固有词并存并用现象的发展趋势，是一种减少词汇累赘的方法，符合‘语音经济原则’。例如（壮语里的借词/被排挤的壮语固有词）：豆，to^{55}/tsaːŋ^{35}；桃，taːu^{33}/pɔŋ^{35}；姜，hiŋ^{35}/za^{33}；梨，li^{33}/kɔt^{31}……其它壮侗语里，目前还没有古籍参照，不好确定哪些词是被排挤的词，但是可以肯定有借词排挤固有词的情况。如与壮侗诸语言比较，会发现有的语言只有借词，有的语言只有固有词。例如（借词/固有词）：肺，（傣）pɒt^{35}，（水）put^{35}，（布依）pɯt^{35}/（黎）kau^{55}……”

“壮侗语里的固有词大多数与南岛语有渊源关系。从黎语、布央语、普标语和拉基语等还保存一套固有基数词的情况看，我们认为壮语、布依语、傣语、侗语、仫佬语、水语、毛南语的‘三、四、五、六、七、八、九、十’等固有数词，已被汉语数词（借词）排挤掉。”

“壮侗诸语里有少数的固有词，既与南岛语有渊源关系，又与汉语有关系。如：‘火’雷德语 pui/ 壮语 fi^{33}，汉语‘火’（古）晓微；‘肩’雷德语 mra/ 壮语 $ʔba^{31}$，汉语‘髆’（古）帮铎；‘酸’雷德语 msăm/ 壮语 sam^{11}，汉语‘酸’（古）心元；‘白’雷德语 kŏ/ 壮语 hau^{35}，水语 kwa^{33}，汉语‘皓’（古）匣幽。这些数量不多的词是不是这也是从古南岛语发展而来？但是我们又无法解释大部分的汉语词（或汉台关系词）怎样从古南岛语发展而来。我们怀疑这些词是偶同，或是借用，但是弄不清谁借谁。”

“汉语的 560 余个词进入壮侗语（壮语），是以上述方式进入的。为了避免主观性，我们尽量以词汇的本义为准，不以词汇的转义、引申义为语义基础进行词汇对比研究。拿汉语与壮侗语（壮语）作比较，很容易找到语音对应规律，如汉语和壮侗语都有相同的声调系统（四声八类），都有声母、韵母的对应规律。汉语和壮侗语关系词（借词）极多，调类又能串通起来，这就使得壮侗语与汉语的关系十分密切，超过了汉语和藏缅语的关系。”

——蒙斯牧：《汉语和壮侗语的密切关系及历史文化背景》，载《民族语文》1998 年第 4 期，第 43～50 页。

从傣语、依语、壮语、布依语考证《越绝书》中的“越人谓人‘铩’也”

东汉袁康《越绝书》卷三《越绝吴内传第四》提出“越人谓人‘铩’也”的观点。张永言发现：“这一条记录爱吉士（Eduard Erkes 1891—1958）曾经提到，但无所考证。闻宥认为古越语中的这个‘铩’可以比证现代台语称‘男人’的一个词，如傣语 tsaːi/ 依语 tsaːi/ 壮语 saːi/ 布依语 saːi。今按：壮侗语族壮傣语支里的这个词除见于汉代文献外，还见于唐代作品。李贺（790—816）《黄家洞》诗：‘官军自杀容州槎。’容州在今广西壮族自治区。李诗中这个作动词‘杀’的宾语的‘槎’在汉语中无合适义训，应是当地民族语中上述称男人的那个词的记音字。”

——张永言：《语源札记三则》，载《民族语文》1983 年第 6 期，第 23 页。

汉语和台语“五”和“六”的同源关系

丁邦新认为“五、六”两字无论在汉语的历史上及现代的方言中，声母从来没有读过 h-，所以台语的 h- 不可能是从汉语借过去的，而且调类有阴阳的差异，可以反证两者有同源关系。

接着作者论证了“五”字是从 **hŋɑg 变来的：

古汉台语 **hŋɑg ⎧ 上古汉语 *ŋɑg（上）
⎩ 古台语 *hɑᶜ

“在汉语中前置辅音脱落，变成 ŋɑg；而在台语中则不仅前后辅音脱落，声母也经过 hŋ- 变成 h-。汉语‘五’字是疑母上声字，各方言分阴阳上的都读阳调，上声相当于古台语的 C 调，但台语大部分方言都读阴调，两者并不相同。可见在声调产生的时候，古台语保持清声母 hŋ- 或 h-，而汉语上古音却变为浊声母 ŋ-。古台语的清声母后来变阴调，汉语上古音的浊声母后来在方言中就变阳调。”

作者认为“六”字是从 *xxrjəkw 变来的：

古汉台语 **xrjəkw ⎧ 上古汉语 *rjəkw＞*ljəkw
⎩ 古台语 *xrok

“在汉语中前置辅音脱落，变成 *rjəkw，后来变成 *ljəkw；而在台语中则 -j- 丢失，元音 ə 受韵尾的影响变成 o，然后韵尾 -kw 变成 -k。台语方言中‘六’字在暹罗泰语读 hok，龙州读 huk，Ahom 语读 ruk，武鸣读 rok，田州读 lok，所以李先生拟测为 xrok。根据梁敏、张均如（1996：427）的研究，古台语的 xr- 在邕宁话读 hlok，可见拟测的可靠性。汉语的历史中来母字一直是 l-，到最近才知道来自 r-，也没有 xr- 声母的痕迹。如果这是汉语借入台语的借字，试问 xr- 是从哪里来的？是从古汉语的哪一个阶段借过去的？这个问题既不能回答，就得从另一个方向来想一想，假定台语和汉语有亲属关系。跟‘五’字一样，在声调产生的时候，古台语保持 xr- 的清声母，而古汉语已变为浊声母的 r-，后来进一步变成 l-。古台语的清声母后来变阴调，汉语上古音的浊声母后来在方言中就变阳调。”

——丁邦新：《说“五”道“六”》，载《民族语文》2005年第3期，第1～6页。

壮语的ɬoːŋ¹与汉语的“双”和“两”

曹广衢对李如龙《闽西北方言“来”母字读s-的研究》（载《中国语文》1983年第4期）中关于龙州壮语的语音分析提出了不同的看法。李文认为龙州壮语的ɬoːŋ¹与汉语的“两”字音义相合，而曹广衢则认为“龙州壮语的［ɬoːŋ¹］与汉语的‘双’字音义相合，与汉语的‘两’字的读音不合”。

曹广衢从声、韵、调三个方面分别比较了汉语的“两”“双”与龙州壮语［ɬoːŋ¹］的语音对应关系。同时也列出了武鸣壮语的读音，以作参考。

“先看‘两’字。‘两’，《广韵》是宕摄开口三等上声养韵的来母字。汉语‘来’母的字，在壮语里一般都作[l]。”该文列举了“龙、锣、镰、蓝、零、柳、路、腊、两、六”等十个字在武鸣壮语和龙州壮语中的读音证明了这一语音对应关系。“汉语阳韵（养漾药）的字，武鸣壮语一般读作［aːŋ］［iːŋ］［aːk］。龙州壮语一般读作［aːŋ］［əːŋ］［aːk］。”该文以“杨、象、鹊、墙、梁、抢、常、匠、羊”九字的读音证明这一语音对应关系。“汉语浊声母的平声字，在壮语中一般都读作第二调。”该文以“银、铜、城、油”四个字的读音证明了这种对应关系。

“再看‘双’字。‘双’，《广韵》是江摄开口二等平声江韵的生母字。汉语‘生’母的字，武鸣壮语一般读作s，龙州壮语一般读作ɬ。”该文列举了“沙、蛳、师、双”四字在武鸣壮语和龙州壮语中的读音来印证这一语音对应关系。“汉语江韵觉韵的字，武鸣壮语一般读作［aːŋ］［aːk］，龙州壮语一般读作［aːŋ］［oːŋ］［aːk］［oːk］。”该文以“讲、雹、学、角、双、窗”六字来证明这种对应关系。“汉语清声母的平声字，在壮语中一般都读作第一调。”该文以“金、西、葱、开、斤、东”六字为例证明这一语音对应规律。

“从上列壮、汉两种语言的语音对应关系看来，把龙州壮语的［ɬoːŋ¹］看做汉语的‘两’是说不通的，把［ɬoːŋ¹］看做汉语的‘双’却能说通。”

——曹广衢：《一点意见——读〈闽西北方言“来”母字读s-的研究〉》，载《中国语文》1984年第5期，第359～360页。

“圩”与古越语及侗台语的关系

韦树关认为：“南方汉语方言中作‘集市’解的‘圩（墟、虚）’原本读作 $*hɯ^1$，借自古越语 $*fɯ^4$。而古越语 $*fɯ^4$ 由 $*bɯ^4$ 演变而来，其本义为‘码头’。后来的侗台语又从将‘集市’称为‘虚’的汉语方言中借入 $*hɯ^1$ 等。”

“汉语称‘集市’为‘圩（墟、虚）’的地区，均为古越人分布的区域，‘圩（墟、虚）’的来源有古越语的背景是确切无疑的。”“既是古代越人始称集市为‘虚’，要弄清‘虚’的本义，还得从古越语的后裔——今壮侗语族语言入手。”在壮侗语族语言中，“集市”一词的读音大致归为两类：“布依语、毛南语的 $hɯ^1$，临高语 $həu^1$ 及壮语的第一种说法 $haɯ^1$ 为一类，仫佬语 fai^3 和壮语的第二种说法 $faɯ^6$ 为一类”。“第一种我们可以构拟出古音 $*hɯ^1$，第二种可以构拟出 $*bɯ^4$（壮侗语的第四调相当于古汉语的阳上调，有的地方浊上变去并入第六调，有的地方阴上和阳上不分，变为第三调）。如果这两种语音形式是同源的，为什么调类对应不上？壮侗语族语言固有词中，极少有第一调和第四调的对应。因而说 $faɯ^6$ 是 $haɯ^1$ 的方音变化也缺乏依据。”

“那么，汉语的‘虚’究竟译自古越语的哪一种语音形式呢？我们认为应译自第二种语音形式，即 $faɯ^6$、$fai^3 < *bɯ^4$。据张均如先生研究，壮侗语族语言和汉语一样，也是本无轻唇音的。现代壮侗语族语言的 f 声母，部分来自于古 b 声母。古壮侗语的 $*bɯ^4$ 先演变为 $*fɯ^4$，进而发展成为今天的 $faɯ^6$、fai^3。当 $*bɯ^4$ 发展到 $*fɯ^4$ 这个阶段时，汉族人在越地接触到这个词，发现越人对‘集市’的称谓与北方不同，于是就将这个词借进汉语里。但汉语没有 $*fɯ^4$ 这样的语音形式，所以只好用一个读音相近的字‘虚’来对译。虚，中古是晓母遇摄鱼韵开口三等字，在南方汉语中应当有过读 ꜀hɯ 的阶段，这从越南语汉越音（一种隋唐时期借入越南语的汉字音）‘虚’读 $hɯ^1$，可以得到证明。以 ꜀hɯ 译 $*fɯ^4$，语音上接近。”

“至于壮侗语中‘集市’的第一种语音形式，即 $haɯ^1$、$hɯ^1$、$həu^1 < *hɯ^1$，当是壮侗语在南方汉语将‘集市’称为‘虚’后，转而从汉语中借进的。南方汉语方言中作‘集市’解的‘虚’，借自古越语 $*fɯ^4$，而壮侗语的 $haɯ^1$、$hɯ^1$、$həu^1 < *hɯ^1$ 是壮侗语对汉语‘虚’的转译，这从语音上看是说得通的。但 $*fɯ^4$ 在壮侗语中的最早含义又是什么呢？我们在上文说过，壮侗语本无轻唇音，现代壮侗语中的轻唇音来自古重唇音 b，所以 $*fɯ^4$ 应从 $*bɯ^4$ 发展而来。我们认为 $*bɯ^4$ 最早应是‘码头’的意思，而且汉语也曾从古越语中音译过这个词，这就是作‘码头’解的‘步’或‘埠’。从语音上看，‘步’、‘埠’中古汉语读 $*bu^4$，用来对译古越语的 $*bɯ^4$ 是十分接近的。”

“至此，我们可以给汉语方言中作集市解的‘圩（墟、虚）’的来源、含义及语音演变作一个概括：‘圩（墟、虚）’借自古越语的 $*fɯ^4$，而不是 $*hɯ^1$，$*hɯ^1$ 是壮侗语对汉语‘虚’的转借；$*fɯ^4$ 由 $*bɯ^4$ 演变而来，其本义为‘码头’。‘圩（墟、虚）’的语音演变图示如下：

古越语 $*bɯ^4$（码头）→汉语“步”、“埠”*bu꜄
↓
$*fɯ^4$（码头）→汉语“虚”、“墟”、“圩”*꜀bu
↙
壮侗语 $*bɯ^1$”

——韦树关：《释“圩（墟、虚）”》，载《民族语文》2003 年第 2 期，第 42～45 页。

广东闽方言中若干台语关系词

林伦伦认为：“汉人进入广东之后，汉语肯定有过一个很长的跟土著语同时使用的混合过程。因而不可避免地使汉语和土著语之间发生了语言成分互相吸收的现象，尤以词语更为突出。现代广东闽方言中存在的与台语有关系的词就是两种语言接触结果的遗存。”

“现在通行潮汕话的粤东地区和通行雷州话的雷州半岛，新中国成立后一直没有操壮侗语的少数民族居住，因而我们估计广东闽方言中与台语有关系的词并非现代借入的；但由于我们没有古代台语的资料，所以直接从古台语中找资料已不可能。假如我们肯定扬雄的《方言》里的吴越语、楚语（包括南楚、荆楚）等含有古代的壮侗语或苗瑶语的话，倒可以从中找到不少至今保留在闽方言中的例子。这方面已有人作过研究，本文只准备把广东闽方言中与现代壮侗语族诸语言相同或相近的词语找出若干来，以证明其关系。”

“1. 抱着娃娃哄其入睡，潮汕话叫［oŋ］。壮、侗、傣语均谓抱为［um］，黎语中沙话叫［ʔom］，西方话叫［uŋ］，潮汕话与壮、傣、黎相似。

2. 背东西或人，雷州话叫［me］，广州话也叫［me］，与傣语［pa^2］、壮语、仫佬语的［ma］和毛南语的［ʔma］相近。

3. 次，回，潮汕话、雷州话均叫［pai］，如‘一 pai’‘二 pai’，‘上次’叫‘上 pai’，壮语、布依语均称‘次’‘回’为［pai］，黎语通什话叫［faːi］……”

从以上例子看来："广东闽方言中的这些与台语有关系的词，从意义上看，大部分还保留原词的词义，但有的词意义已有所演变，如壮侗语的［um］是'抱'，潮汕话的［ɔŋ］不是一般的'抱'，而仅指抱小孩哄其入睡。雷州话的［pi］是'哨子'，黎语原来指'笛子'。在结构上，这些词大部分在广东闽方言中还用作词儿，但有些只用来作构词语素，如'pa 毛'、'pa 浪'中的'pa'（其构词结构也仿自壮侗语：被修饰成分 + 修饰成分'pa 毛'即'毛鱼'，'pa 浪'即'浪鱼'）。"

——林伦伦：《广东闽方言中若干台语关系词》，载《民族语文》1990 年第 3 期，第 78～79 页。

白土壮语中的汉语山摄对应词的历史层次

蓝庆元"以汉越语和现代学者的古汉语解音为参照，把壮汉对应词分为现代、近代、中古、前中古和上古等五个历史层次，认为现代、近代、中古和前中古层次都是汉语借词，上古层次既有同源词又有借词"。

作者主要以广西河池市白土乡壮语中的山摄汉语对应词为例讨论分层问题。

1. 现代层次。"这一层次的汉借词借自汉语官话，它们有两个重要特点：（1）调值和当地的汉语官话非常接近，调类和中古汉语除了阳平调外基本不对应。白土壮语现代借词的调值和调型与当地的汉语官话非常接近。例如中古入声在当地官话中都归入阳平调，读降调，借到壮语里也都读降调，官话调值是 31，壮语是 21。"

2. 近代层次。"在白土壮语中，近代层次的借词比较少，但也有一些，如白土壮语数词'万'读 $va:n^6$ 就是近代层次的借词。'万'是微母字。微母的八思巴字对音是 w，这个 w 又用于拼写高元音韵尾 u。所以，陆志韦先生订为 w，说明是半元音性质的唇齿音。杨耐思先生为了简便，写作 v。但是，白土汉语官话'万'读 wan，和壮语形式非常相近，壮语的'万'会不会是个现代借词呢？不会，因为前面我们已经说过，官话的去声字借到壮语里读第 4 调而不是第 6 调。因此，在把现代层次区分出去以后，壮语中微母读零声母或 v- 的，可以确定为近代音。"

3. 中古层次。"（蓝庆元，1999）越南语的汉语借词可粗略地分为汉越语（Sino-Vietnamese）和古汉越语（Old Sino-Vietnamese）。前者从中古汉语传入，后者是中古以前从汉语借入。（王力，1980）壮语中的汉借词和越南语的汉借词语音形式非常相似。因为有汉越语和平话作为参照系，就很容易把壮语中的中古以后借词与上古借词区分开来：凡是与汉越语、平话语音形式较为相近的是中古借词"。作者通过比较认为，"白土壮语中的汉语山摄对应词，凡具有以下特点的，大致可认为是中古层次：（1）开口一二等读 a:n;（2）开口三四等读 i:n（t）;（3）合口一等读 u:n;（4）合口二等读 va:n（t），合口三四等在唇音声母后读 a:n（t），其他声母后读 u:n（t）”。

4. 前中古层次。作者通过比较，认为壮语、古汉越语、日本吴音的二等读音很相似。因此，“古代华南一带的一些汉语方言曾经有过二等读 e 的层次，它还保留在壮语、古汉越语和日本吴音中，说明这个现象所覆盖的地区可能很广。但是，我们不把它们放在上古层次的原因是中古的二等在上古有好几个部的来源，主元音也都不一样。它们在华南的许多方言中变成同一个主元音 e 或 E，那是上古以后的事，所以我们把它们叫作前中古层次，表示它们处在上古与中古之间的一个历史层次”。

5. 上古层次。“对壮语中的现代、近代、中古、前中古层次作了以上讨论以后，我们实际上已经有了划分上古层次与非上古层次的标准：壮汉对应词中，凡是不属于现代、近代、中古、前中古层次的，我们暂且都把它们归到上古层次去。”

——蓝庆元：《白土壮语中的汉语山摄对应词的历史层次》，载《民族语文》2000 年第 6 期，第 14～23 页。

通过与壮侗语比较解释粤语中一些语词的来源

李锦芳认为：“词汇是语言结构中最活跃的成分，语言间的相互渗透在词汇部分表现最明显。粤语中有不少语词在古籍文献中没有记载，与其它汉语方言也没有联系，但是在壮侗语里存在与之语音对应、词义相当的词，我们认为这是古代漫长的汉越语言交融之中被汉语吸收的百越语成分。同时也是千百万百越及其后裔放弃自己的语言转用汉语后留下的语言底层……

以上列举的仅仅是广州话中来自古代壮侗语的部分语词。西路粤语中所含的这类语词比以广州为代表的珠江三角洲粤语更为丰富，这无疑与岭南东部越族先于西部越族汉化有关。粤语中这部分来自古壮语的词多为动词、形容词及部分亚热带地区特有的动植物名称，使用频率很高。它们与粤语中固有的汉语语词共同构成了丰富的语库，增强了粤语的表达能力。比如有的与原有汉语词并存并用，构成同义或近义词，使语言表达更细腻、生动。例如 $m\varepsilon^3$（歪）和‘偏’、$to\eta^5$（竖立）和‘立’。再比如有的与原有汉语词组合成新词或作为词根派生新词，丰富了词汇。例如：猪 na^3（母猪）、lat^7 手（失受）；lat^7（脱）—lat^7 手、lat^7 鸡（丢失）。它们已经成为粤语中不可或缺的组成部分。”

——戴庆厦主编：《汉语与少数民族语言关系概论》，中央民族学院出版社，1992 年，第 334～338 页。

通过与壮侗语比较解释闽语中一些词语的来源

李炳泽认为："闽语中相当的词语及一些特殊的语法现象很难从古辞书或其他书籍中找到来源，但却可在现代壮侗语中找到语音对应、语义相符的词语及类似的语法结构。这些语言成分只能解释为闽语从古越语吸收而来，是少数民族语言的成分。"

"闽语中有不少词比较特殊，在汉语古辞书中没有记载，在其他方言中也找不到相应的词，只好用同音汉字记录或创造方言俗字记录，甚至只有其音而无其字。把这些词同壮侗语比较，却可以找到语音相近、语义相符的对应词。这类词我们认为它们不是来源于汉语本身，而是来源于古越人的语言。"

以下试举部分来源于古越人语言的闽语词。为利于比较，闽语的声调也一律标调类。

【舔】

闽语：福州 liaʔ^{7}，古田 leiʔ^{7}，宁德 lɛp^{7}，周宁 lɛ^{7}，福鼎 leʔ^{7}，莆田 liou^{5}，大田 lɛ^{6}，尤溪 li^{7}，永安 lɑ^{7}，建瓯 lɑ^{7}。

壮侗语：壮语 ri^{2}，lei^{2}（南部）；布依语 zie^{2}；临高话 lek^{7}；傣语（西双）le^{2}，（德宏）le^{2}；侗语 lja^{2}；仫佬语 ljam^{5}；水语 ljɑːk^{7}；黎语 zim^{2}。

【蟑螂】

闽语：福州 ka1laʔ^{8}，莆田 kɒ^{8}ɬuaʔ^{8}，厦门 ka^{6}tsuaʔ^{8}，永安 tsuɒ^{4}，建瓯 tsuɛ^{8}，福安 saʔ^{5}，福鼎 ka^{5}saʔ^{8}。

壮侗语：壮语 tu^{2}sɑːp^{7}；布依语 tuə^{2}sɑːp^{7}；临高话 siɑː^{2}lɑp^{7}；傣语（德宏）mɛŋ^{2}sɑːp^{9}；侗语 kwaːp^{9}；仫佬语 ʔðəp^{7}；水语 laːp^{7}。

……

——戴庆厦主编：《汉语与少数民族语言关系概论》，中央民族学院出版社，1992年，第 345～346 页。

壮侗语词 tak^{8} 与汉语词"特"的历史关系

覃晓航从语音形式、词汇意义、词与词的结合三个方面考察了壮侗语的 tak^{8} 与汉语的"特"的关系。

在词汇意义方面，作者引用汉语史籍，指出“特”的原始意义是：1）“公牛”（《说文》）。2）“公马或其他雄性牲畜”。

作者分析了“特”在上古和中古的读音：“‘特’字从‘寺’声（《说文》第二篇上第2页）；《广韵》‘徒得切’（第509页），定母德韵，开口呼，一等入声曾摄，拟音为 *dǒk。在上古，‘特’是之部入声，定母职韵，拟音为 *dək，演变程式为：*dǒk꜀ > *dək꜀ > tak꜀（广州）。‘特’在上古和中古时代的声母都是浊塞音，而在广州话里则已清化为同部位的清塞音。”

作者列举了壮侗语称“公的”（牛和马或其他牲畜）词与汉语的“特”对比：

壮语	布依语	侗语	仫佬语	水语	毛南语	傣语	临高话
tak^8	tak^8	tak^8	tak^8	tak^8	tak^8	pu^4	$hɔk^8$

作者认为：“上述诸语言在表达‘公的’意义时，除了傣语外，都用 tak^8 或与 tak^8 有关的词来表示。临高话中的 $hɔk^8$ 虽然与 tak^8 不同，但它们之间却有对应关系。因为壮侗语汉借词中送气的 th 声母在临高话中一般都读作 h（在 m、k 韵尾前的 a 读作 ɔ），它们有着整齐的演变规律。”“傣语的 pu^4 与 tak^8 没有语音上的联系。在壮语和布依语中仅限于表示雄性禽类或昆虫类动物，不能用于表示雄性牲畜类动物，而在傣语中既可用于表禽类动物，也可用于表畜类动物。这种用法可能代表壮傣语支早期表达雄性动物（包括禽类、昆虫类和畜类）的方式。”

作者指出：“古代汉语的‘特’还有表达‘牲一头’的意义。”“壮侗语的 tak^8 也具有‘牲一头’的含义，它一般置于名词之前，表示事物的单一性。”例如：

壮　语：nei^4 mi^2 tak^8　$va:i^2$.　这里有一头公牛。
　　　　这　有　一头公　牛

布依语：$tɯ^2$ tak^8　$va:i^2$ $pɛi^1$.　把一头公牛牵走。
　　　　拿　一头公　牛　去

在语音方面，“壮侗语的 tak^8 和古代汉语的‘特’关系也很密切。汉语‘特’在上古和中古时代都以浊塞音为 *d 声母，即定母。壮语一些土语如都安话至今仍保留这个浊塞音声母”。例如：

	都安地苏	都安七百弄	都安东庙	都安保安
“公的”	dak^8	dak^8	$ʔdak^8$	$ʔdak^8$

作者进一步分析发现，“壮侗语的声母在都安的地苏、七百弄中读作不带喉塞音的浊音 d，在东庙、保安则读作带喉塞音的浊音 ʔd。但在大多数壮语土语以及其他壮侗语族语言中，浊塞音 ʔd、d 已经清化为相应的清塞音 t，这和汉语定母的演变是一致的。另外，古代汉语‘特’的主要元音在上古为短音，壮侗语的 tak^8 的主要元音也为短音，基本上保留了古汉语上古音的面貌”。

在词与词的结合方面，“壮侗语的 tak^8 和古代汉语的‘特’，在结构关系上也有相同的现象”。作者以古代典籍中的“特牛”“特豚”“特豕”等词与侗语的 tak^8 kwe^2“公牛”、tak^8 $ŋu^5$“公猪”，水语的 tak^8 kui^2“公牛”、tak^7 $m̥u^5$“公猪”以及临高话的 $hɔk^8$ $təi^3$“公牛”进行比较，认为这些语言“表达同样的内容，也运用了与古代汉语相同的词序”。在这些语言中，“tak^8 是修饰成分，直接修饰 kwe^2‘牛’、$ŋu^5$‘猪’……中心成分，与汉语的表达方式一样，都是修饰词在前”。作者指出，“壮语、布依语、仫佬语以及毛南语则把修饰词置于名词之后，与汉语的词序相反”。例如：

	壮语	布依语	仫佬语	毛南语
公马	ma^4 tak^8	ma^4 tak^8	ma^4 tak^8	mja^4tak^8

“很显然，汉语的‘特牛’和壮语等的 ma^4 tak^8 虽然在词序上不一样，但两者的句法关系却是一样的，即都是偏正关系。修饰成分 tak^8 的‘后置’是受壮、布依等语言语法规则所制约的结果。”

“综上所述，壮侗语的 tak^8 和古代汉语的‘特’有着非常密切的关系，但是，要确定它们是同源词还是汉借词却不太容易，因为壮侗语老借词和民族词的语音构造已经水乳交融，很难分辨出它们之间的明确界限。然而，这种分辨上的困难是相对的，事物的性质总是通过一定的现象反映出来。tak^8 是同源词还是老借词总会在语言要素里留下某些痕迹。根据 tak^8 与‘特’的比较以及和 tak^8 有关的语言、历史现象，笔者认为 tak^8 是壮侗语的早期汉借词。”

作者从三个方面论证了“tak^8 是壮侗语的早期汉借词”的观点。

“首先，从 tak^8 与临高话 $hɔk^8$ 的对应规律中可以检验出的借词性质，因为壮侗语族诸语言（除临高话外）中凡是与临高话 h 对应的 t 声母的词都是汉语借词。这些汉借词的一个显著特点是：它们在现代汉语词汇系统中相应的声母都是送气音声母，如塘、太、铜、通、踢、退、炭、糖等。但在上古和中古汉语中，这些声母并不一定都是送气音，其中浊平声母为不送气音，如塘（潭）、铜、糖等；清平声母和仄声声母为送气音，如太、通、退、炭等。壮侗语中相应汉借词的声母多数保留了古代汉语的这类语音特征。”“由于壮侗语 th（t）声母与临高话 h 声母有对应关系，凡是声母 th（t）构成的词都是汉借词。因此 tak^8 与 $hɔk^8$ 也应该是汉借词。”

“其次，从长短元音上看，也可以推测出 tak^8 是上古汉语借词。上古汉语‘特’的主要元音为短音。壮侗语元音分长短，tak^8 的主要元音也是短元音，而不是长元音，与上古汉语的语音特征相吻合。”

“再次，傣语 pu^4（与 tak^8 意义相同）的存在和使用特点也可以为 tak^8 的来源提供佐证。壮侗语族中的壮傣语支语言一般都有表示动物性属的 pu^4（壮语是 pou^4），但不同的语言有不同的使用特点。壮语、布依语、泰语的 pu^4 仅用于表示禽类动物或昆虫类动物的性属，不能用于表示牲畜类动物的性属，表示牲畜类动物的性属时一般都用 tak^8。这样，tak^8 和 pu^4 在这些语言中构成了不同的使用范围。而傣语则不然，它的 pu^4 既可以表示禽类动物的性属，也可以表示牲畜类动物的性属。例如 kai^5 pu^4‘公鸡’，ma^4pu^4‘公马’。由于傣语没有 tak^8，所以‘雄性动物（包括禽类、兽类动物）+ pu^4’就是傣语表示动物性属的唯一方式，这种表达方式很可能就是壮傣语支语言表示动物性属的早期语言现象。tak^8 进入壮侗语后，原来表示雄性牲畜类动物性属的 pu^4 就为 tak^8 所取代。因此，出现了 pu^4 和 tak^8 的分工：pu^4 专门表示禽类动物的性属，tak^8 专门表示畜类动物的性属。”

——覃晓航：《壮侗语词 tak^8 与汉语词“特”的历史关系》，载《民族语文》1989 年第 2 期，第 65～68 页。

侗台语的 luk^8 与汉语“子、儿”的渊源关系

邢公畹指出：设想的汉藏语系中的备支语言都是从同一祖先语里分化出来的。其中侗台语群（即题目所称“台语”）中的各种语言，在亲属关系上跟汉语尤为靠近。

……

“本文举出台语和汉语中非常相当的两个虚字来做个对比，即现代汉语用做词尾的‘子’、‘儿’，和台语里的其义也是‘子’或‘儿’的 luk（$lɯk^8$ 或 lək）。”

……

“在现代汉语方言中，词尾‘子’字在北方和南方的普通话区、吴语区、粤语区大致都用；词尾‘儿’字只通行于北方普通话区，南方普通话区情况不一样，吴、粤、

闽、客家等方言区就完全不用。而且这两个词尾在语词组合时分配的情形，各方言也不尽相同……看安庆方言加‘子、儿’两个词尾的语词，大别可以有两类：一类是加上词尾‘子、儿’之后就变成新词的；一类是加上词尾‘子、儿’之后，意义却并不改变的。”

……

从对 luk^8 一字的用法看，以上几种台语方言大别可以分为两类：一类是龙州话和傣语，它们只把 luk^8 用在“后裔，晚辈”的语词前；一类是布依、莫家、侬、鹿、暹罗等语言，它们不但把 luk^8 用在“后裔，晚辈”的语词前（如汉语“子孙”［子字重读］和莫话 $la:k^8$ 的用法），而且还有跟汉语词尾“子、儿”相一致的用法（如汉语“儿子”［子字轻读］和莫话 lə 的用法）。

……

我们从台语用 luk^8 的规则中，或者可以取得可以做研究汉语“子、儿”用法的渊源的参考。

一）从一部分汉语方言“子、儿”两个词尾可以互相置换的现象看，这两个词尾的语法功能可以说是一样的；

二）汉语“子”的本义是自本身而下的晚辈之称，不分男女，《礼记·曲礼》注所谓“言子者通男女”，这跟台语 luk^8 的本义是一样的；

……

六）汉语“子、草、胎、轫、哉、祖、落”诸字同为舌尖音声母、闭舌根音声尾，跟台语 luk 的发声部位、收声部位都相同。

七）台语 luk^8 加在所附加的词前，汉语“子、儿”加在所附加的词后，词序不同，但汉语杜宇称“子规”，小鸡称“子鸡”，小猪称“子猪”……“子”的词序跟 luk^8 相同。

——邢公畹：《汉语“子”“儿”和台语助词 luk 试释》，载《邢公畹语言学论文集》，商务印书馆，2000 年，第 340～357 页。原载《国文月刊》第 68 期，1948 年。

“人”字在苗瑶、壮侗、汉语中的对应关系

蒙朝吉论证了“人”字在苗、瑶、畲三种语言中的同源关系，并进一步探讨了苗瑶语中的“人”跟壮侗语、汉语的“人”的对应关系。

作者首先列举了苗、瑶、畲三种语言中“人”和脚印的“印”的语音对应规律：

字	勉语支			苗语支				
	勉语			布努语		苗语		畲语
	兴安	金秀	宁远	都安	三江	惠水	威宁	博罗
	瑶话	瑶话	瑶话	瑶话	瑶话	苗话	苗话	畲话
人	mjen^{21}$_{(2)}$	mwan^{31}$_{(2)}$	mjəŋ^{31}$_{(2)}$	no^{13}$_{(2)}$	mɦjɛ^{33}$_{(2)}$	ȵin^{55}$_{(2)}$	nɦɯ^{35}$_{(2)}$	ne^{53}$_{(2)}$
脚“印”	mjen^{52}$_{(3)}$	mwan^{53}$_{(3)}$	mjəŋ^{45}$_{(3)}$	m̥o^{43}$_{(3)}$	mɪ^{53}$_{(3)}$	m̥hin^{13}$_{(3)}$	n̥ɯ^{55}$_{(3)}$	me^{33}$_{(3)}$

“不难看出，‘人’和脚‘印’两个意义无关的词，各点的韵母，不管怎样变化，基本上能保持一致。调类对应也很严整。像这样一对一对的语音对应得这么严整的词，在苗、瑶、畲的语言里，还有不少。这种在语音上一直保持同步变化的民族固有词，最能说明各语言在词汇上的同源关系。”为说明这三种语言的同源关系，该文另举了“杀、死、鱼、稻、三、我们、路、蛋、四、毛”10个词在兴安瑶话、都安瑶话、毕节苗话、博罗畲话中的读音，指出：“上面勉语、布努语、苗语和畲语的‘人’与脚‘印’两个词的韵母和声调对应得那么整，绝非偶然，正反映出它们在发生学上的关系。至于，从‘人’字的声母来看，苗语支和瑶语支之间，虽然有差别，但从发音部位来看，还是接近的。在语音的演变中，m和n相互交替变化现象在苗瑶语中是常见的。如：勉语的ma^{231}$_{(4)}$‘马’、ma^{12}$_{(6)}$‘母亲’、mjen^{52}$_{(3)}$脚‘印’等词，在苗语川黔滇方言（毕节先进话）里，却分别读作nen^{21}$_{(4)}$、na^{24}$_{(8)}$、n̥en^{55}$_{(3)}$，很显然，勉语双唇音的m在苗语里变成舌尖鼻音的n。更能说明问题的是，在布努语巴哼话的‘人’字仍然读作mɦjɛ^{33}$_{(2)}$，与勉语的‘人’字mjen^{21}$_{(2)}$很相似。这说明了在苗语支的语言里，‘人’字的声母，有的也保留着跟勉语系统相近的现象。看来，在苗族、瑶族和畲族语言里的‘人’字，是一个古老的同源词。”

作者进一步探讨了苗瑶语族中的“人”字与壮侗语族和汉语的关系，认为它们之间“关系也十分密切”。“如‘人’字的声母，勉语是mj、m；布努语是n、mɦj；苗语是n、ȵ；拉珈语是ŋj；侗语是ȵ；壮语是v；毛南语是z。在现代汉语里，日母，北京话是ʐ；汉口话是l、n；成都话是z；兰州话是ʐ、v；汕头话其中有读n的（如‘人’读naŋ^{55}）；上海话，其中也有读ȵ的（如‘人’读ȵiŋ^{24}）。在李方桂先生编的《上古音研究》（商务印书馆1982年版）一书里，他认为上古汉语的日母是nj。这是符合实际的。在瑶族布努语里，古歌中，有很多古汉语借词，凡借‘人’字的，都读作ȵen^{13}$_{(2)}$（如ȵen^{13}$_{(2)}$人、θhɯ^{43}$_{(3)}$死、ȵen^{13}$_{(2)}$人、lɔ^{221}$_{(6)}$落‘人死’）。看来，这是比较接近日母字‘人’的古音。综上所述，苗、瑶、壮、侗和汉语的‘人’字，声母发音部位很相近，有的还保持一致的读音，他们可能有共同的来源。从调类来看，

汉语的阳平，与苗、瑶、畲、壮、侗等语言的第二调对应（包括老借词和同源词）。所以，瑶族勉语的‘人’兼自称的mjen$^{21}{}_{(2)}$‘勉’字，不仅跟布努语、苗语和畲语的‘人’字是同源的，跟壮侗语族和汉语的‘人’字，也是有共同的来源的。”

——蒙朝吉：《苗族瑶族畲族的“人”字试析》，载《民族语文》1987年第6期，第54～56页。

“别离”一词在汉语台语里的对应

邢公畹构拟出“别”字的上古音为 *bjiat꜀，“离”字的上古音为 ꜀ljig。“别离”的用法较早、较多，“那么它的假定形式当为 *bjiat꜀-꜀ljig，可以跟现代泰语 p'lat^8-p'la:k^8‘别离’对应。由此可以说明龙州的 pi:t^7 还不能肯定是汉语借词，也许是跟 pja:k^8 组合起来的台语的一种双声重言形式（alliterative reduplication）pi:t^7—pja:k^8”。

“李方桂用泰语的另一个词 p'ra:k^8‘别离’跟龙州 pja:k^8‘别离’，剥隘的 pja:k^8‘别离’，以及当‘别离’讲的阿含 p'āk^8，老挝 p'a:k^8，掸语 p'ak^8，整董 p'ak^8，武鸣 plak^8 相对应，从而构拟原始台语声母 *br-（李方桂 1977，90 页）。这个字可以跟藏语 k'a-bral‘别离’，bye‘分离’比较。”

“武鸣还有一个 plek^7‘劈开，使分裂，分离’，跟泰语 p'ɛ:k^7，龙州 p'e:k^7 对应，李方桂据此构拟其原始台语声母为 *p'l/r-（李方桂 1977，88 页）。”

据此，邢公畹认为：“作‘分解骨肉’讲的‘别$_1$’（*pjiat꜀）跟台语的 *p^{h}l/r- 可以对应，作‘人相离’讲的‘别$_2$’（*bjiat꜀）跟台语的 *br- 可以对应，不过台语这个字的韵尾是 -k，汉语是 -t。”

对照台语、藏语的复辅音声母 br-、pl- 等说法，作者提出：汉语“离别”这个词在前上古音时期原是一个字——꜀bliag；后来这个字分化两个音节——꜀bjiag-꜀ljig，到上古音时期，“其中，꜀bjiag 的 -g 尾受后面舌尖音 l- 的影响，发生逆同化（regresssive asssimilation），变为上古音的 -t；同时，꜀bjigcc 的 -ia- 也发生异化（dissimilation），变为 -i-。但 ꜀ljig 无文字可以表示，所以就借用当‘离黄鸟’讲的‘离’字来表示”。

作者还指出，作为本义“分解骨肉”解的汉语“别”字，跟泰语 pɔ:k^7-lɔ:k^8“剥皮”义近，但这个词有汉语“剥落”（pɔk꜀-lɑk꜀）一词跟它对应。不过泰语 pɔ:k^7-lɔ:k^7 之义重在“剥”，汉语 pɔk꜀-lɑk꜀ 之义重在“落”。看来汉语和台语里的这个词也是一个带复辅音 *pr/l 的词的分化形式。藏语 bral-brul“叶落，果落”可以为证。

——邢公畹：《“别离”一词在汉语台语里的对应》，载《民族语文》1983年第4期，第31～34页。

汉语台语中的关系字

邢公畹以傣雅语 -a 韵和 -a:i，-ai 韵的字为分析对象，论证了汉语台语关系字研究的重要性。

作者在研究汉语台语关系字时，“台语词形（form）主要引证傣雅，但也列出西（西双版纳傣语），德（德宏傣语）和泰（曼谷泰语）做参照。泰语后注出李方桂先生原始台语声母拟音（李 1977）。为了便于跟汉语平上去入四声对比，把原始台语声调构拟符号的次序改成 A1，A2，C1，C2，B1，B2，D1，D2；符号本身改用数字 1，2，3，4，5，6，7，8，在字的右上角标写。汉语调类也用同一方法标写，但汉语中古音和上古音则用传统的圈角法表示。傣雅和泰语一样，A1 调分为两类：一类是原始送气的，我们用 1’表示（但 7’，8’表示长入）；一类是原始不送气的，我们用 1 表示。傣雅、泰语的 3 调和 6 调相混，泰语 2 调和 1 调相混，但从泰文写法上可以分辨（凡用低音声母写的是 6，2 调）。在论证方法上，我们先找出汉语可以用来对应的字，再用广州话的说法，通过汉语中古音和上古音（用李先生构拟形式）跟傣雅语（参照原始台语声母构拟形式）比较”。

作者首先分析了傣雅语中 -a 韵母的字，以“腿、盖子、贩卖、天、乌鸦、眼睛、涂抹、渡口、布、马、茶、芝麻、脸，面、五、午（地支）、鱼、田”这 18 个字为例，论证了“傣雅语 -a 韵母字跟汉语上古音鱼部（-ag）的某些字有可以比较的关系”；以“渣滓、篱笆、价钱、稻秧、嫁、去、张（嘴）、劈（柴）、骂”9 个字为例，论证了“傣雅语中 -a 韵母的字跟汉语上古音歌部（-ar）的某些字有可以比较的关系”；以“等待、来、疯、背（物）、右边”5 个字为例，论证了“傣雅语中 -a 韵母的字跟汉语上古音之部（-əg）的某些字有可以比较的关系”。该文接着分析了傣雅语中 -a:i，-ai 韵母的字，以“开（门）、改、得，能、儿子、咳嗽、猜、鲤、狐狸、病”这 10 个字为例，论证了“傣雅语 -a:i，-ai 韵母的字跟汉语上古音之部（-əg）里的一些字有可以比较的关系”；以“遗失、羞愧、抓（痒）、口水、火”5 个字为例，论证了“傣雅语 -a:i，-ai 韵母的字跟汉语上古音微部（-əd）里的一些字有可以比较的关系”；以“热、死、梯子、多、犁、花纹、水牛、下面”8 个字为例，论证了“傣雅语 -a:i，-ai 韵母的字跟汉语上古音脂部（-id）里的一些字有可以比较的关系”；以“哭、鸡、解、鱼笼、摆动”5 个字为例，论证了“傣雅语 -a:i，-ai 韵母的字跟汉语上古音佳部（-ig）里的一些字有可以比较的关系”；以“树、木头、蛋、带子”4 个字为例，论证了“傣雅语 -a:i，-ai 韵母的字跟汉语上古音入声屋部（-ug）里的一些字有可以比较的关系”；以“顶、梢、摇（头，尾）、远”4个字为例，论证了“傣雅语 -aːi，-ai 韵母的字跟汉语上古音宵部（-iagw）里的一些字有可以比较的关系”；以“露水、旱田、卖、呕吐”4个字为例，论证了“傣雅语 -aːi，-ai 韵母的字跟汉语上古音鱼部（-ag）里的一些字有可以比较的关系”；以“放置、堤坝、肠”3个字为例，论证了“傣雅语 -aːi，-ai 韵母的字跟汉语上古音阳部（-jaŋ）里的一些字有可以比较的关系”。

综上所述，作者认为：“通过以上对一部分（只限于傣雅 -a 和 -aːi，-ai 韵）汉语台语‘关系字’的分析就已经可以看出汉语台语亲缘关系的线索了。”

——邢公畹：《论汉语台语“关系字”的研究》，载《民族语文》1989年第1期，第12～27页。

比较汉台语的构词法看汉台语的语源关系

邢公畹指出：“在现代汉语中，那些用一个以上的词所造成的偏正式实词性的‘复词’（compound）的形成方式有两类：第一类是由前一成分限制后一成分而造成的，譬如：‘干粮’、‘笑脸’、‘酒壶’、‘马车’、‘丸药’等；第二类是由前一成分说出小名（special name），后一成分说出大名（general name）而造成的。

……

“在大多数印度支那系语言（Indo-Chinese language）之中，我们若想辨认一个语句中某一语词的功能（function），就要看它所占有的借以与其他语词发生关系的地位，就是所谓‘词序’。在台语中，譬如暹罗语，它的形容词（静谓词）和主有词（genitive）必须放在所形容者和所主有者的后面。这是跟汉语的词序（形容词和主有词放在所形容者和所主有者的前面）刚好相反的。

……

“就以上所举的例子看，我们可以知道汉台两语中都有用一个成分表大名、用另一个成分表小名的构词方法；所不同的地方，不过是汉语先出小名，后出大名；台语则先出大名，后出小名罢了。这个方法（选择法）不但用之于构词法，而且用之于汉语的造字法。

……

“在构词法中选择法与限制法是有其错综的关系的，就好像形声字与会意字之有错综的关系一样。因此在汉台两语中，那些用选择法所造成的实词性复词，它们的词序跟用限制法所造成的合词是相同的。”

由此，作者提出了两个问题：“第一，用选择法所造成的实词性复词，是不是应该与用限制法造成的相并而成为一个语法范畴呢？第二，若是我们注意到汉语和台语在原始汉台语（primitive Sino-Tai）的推测中，就这两种相反的词序看，怎么能有同源关系呢？”

作者通过古代典籍中存留下来的语言现象找到了解决这两个问题的线索：

“在古代典籍中。‘干粮’、‘酒壶’式的实词性复词少有倒置的现象；但‘松树’、‘苋菜’式的实词性复词则有倒置的现象。俞曲园《古书疑义举例》中《以大名冠小名例》云：‘《荀子·正名篇》曰：‘物也者，大共名也；鸟兽也者，大别名也。’是正名百物，有共名别名之殊。乃古人之文，则有举大名而合之于小名使二字成文者，如《礼记》言‘鱼鲔’，鱼其大名，鲔其小名也。《左传》言‘鸟乌’，鸟其大名，乌其小名也。《孟子》言‘草芥’，草其大名，芥其小名也。《荀子》言‘禽犊’，禽其大名，犊其小名也。皆其例也。”

——邢公畹：《汉台语构词法的一个比较研究——大名冠小名》，载《邢公畹语言学论文集》，商务印书馆，2000年，第358～369页。原载《国文月刊》第77期，1949年。

汉语与苗瑶语同源关系探讨

龚煌城指出，汉语与苗瑶语之间存在相当数量的音义相似的词汇，这些语词究竟是同源词还是借词，乃是决定汉语与苗瑶语是否属于同一语支的关键。该文针对此一问题，将过去学者研究汉语与苗瑶语的系属关系所提出的“同源词”加以收集；另一方面也直接从苗瑶语的语料中收集了苗瑶语与汉语音义都接近的词汇，加以分类整理，并且从原始汉藏语音韵系统的观点，参照确实可靠的汉语与藏缅语之间的同源词，重新加以探讨，以此来了解真正的性质。

作者将过去学者所提出的汉语与苗瑶语同源词及该文所收集的汉语与苗瑶语音义接近的词汇，改写成王辅世、毛宗武（1995）所构拟的原始苗瑶语，在必要时加上作者认为可靠的、相关的汉语与藏缅语同源词做比较检讨，发现了下面几个现象：

第一，汉语与藏缅语同源词与汉语与苗瑶语的相关语词之间很少有共同性。汉语与藏缅语的同源词包含很多基本词汇，但这些词汇在苗瑶语都很少有关系词。

第二，被认为是汉语与苗瑶语的同源词则大多不属于基本词汇，而且都是容易移借的词汇。

第三，少数同时见于藏缅语与苗瑶语的相关词汇（包括基本词汇），也都是藏缅语接近上古汉语，而苗瑶语则接近中古汉语或仅与汉语有一点类似而已，苗瑶语的这些语词与汉语之间并无任何音韵对应规律。

第四，个别的苗语往往接近现代汉语词形，而构拟的原始苗瑶语则反而与汉语相差颇远。

第五，王辅世、毛宗武（1995）所构拟的原始苗瑶语有些词汇仅见于苗语，有些则仅见于瑶语，与汉语音义相近的字往往只是两者中的一个而已。

第六，最能显示汉语与苗语或汉语与瑶语之间词形相似的词汇属于借词，是苗语与瑶语分别借自不同的汉语词汇，或借同一个词汇，但借自不同的汉语方言。

第七，另外还有不少曾被指为汉苗同源词的字，只不过是汉语与苗瑶语之间声母或韵母偶然有点类似而已，有些甚至完全看不出汉苗语词之间有任何相似的地方。

此外，作者还分析了陈其光（2001）所提出的汉语与苗瑶语关系词的语音对应关系，指出它们之间的对应毫无规律可言。根据这样的对应关系，实不可能构拟汉语与苗瑶语共同的来源，要将汉语与苗瑶语视为同语系的语言，从这些关系词上无法得到支持。

综上，该文认为汉语与苗瑶语并不是同源的语言，它们之间音义相近的词汇，一部分是属于借词，一部分则是属于偶然的类似。汉语与苗瑶语的比较研究，虽然经过许多学者的努力，仍然不能找到语言之间严整的对应关系，这是因为汉语与苗瑶语之间的关系词，只是在不同时代，从不同的汉语方言借进去的语词，而这也是这些关系词为什么很少有基本词汇的原因。

——龚煌城：《汉语与苗瑶语同源关系的检讨》，载《中国语言学集刊》第 1 卷第 1 期，中华书局，2007 年，第 245～259 页。

通过与苗瑶语比较解释闽语中一些词语的来源

李炳泽认为："今天闽语中有些语言现象在汉语中找不到其对应形式，而与苗瑶语有关系。

……

（二）闽语中的苗瑶语底层

1. 词汇

在闽语中有些词汇有音无字。这些词汇与苗瑶语有关系。如：……

此外还有只在黔东苗语中发现的，如：'栗暴（曲指击人）' 闽南话 kue^2/ 黔在苗语 ko^2、'骂' thai^1/tha^5、'闪电' laÞ/lja^3。

'在' 是一个介词，如闽语 '在先' tai san，黔东苗语 tu^1 ȶo^5 pəu^5 noŋ^3（放在这里）。

上列词的语音对应情况：

1）声调对应

平　栗暴

上　坏、躲（m-）

去　在（穿上甲）

入　眨、闭、躲（p-）、闪、跳

2）声母对应

苗语‘坏’古属浊音，在清化过程还一度为浊送气，与闽语 ph- 相类。‘穿山甲’一词闽语、瑶语为□，苗语、畲语为 ɣ-、ʐ-、ŋ-。其对应情况可能与复辅音声母有关，详见本书《苗瑶语族与汉语》一节的讨论。”

——戴庆厦主编：《汉语与少数民族语言关系概论》，中央民族学院出版社，1992 年，第 351～355 页。

从苗语看《方言》中“貔”一词的来源

《方言》卷八第二条对“貔”一词在不同地区的读音作出说明：“貔，陈楚江淮之间谓之‘䝚’，北燕朝鲜之间谓之‘貊’，关西谓之‘狸’。”张永言援引古人典籍，发现对这个词的来源“文献无征”。作者以苗语中的称呼来对照：今黔东苗语称猫为 pɪ（剑阿）/ pi（台江）/ p^hai（雷山、凯里），正可与“貊”相证合。据《仪礼·大射仪》“奏狸首”郑玄（127–200）《注》“狸之言‘不来’也”，郭璞《方言注》“今江南呼为‘貊狸’”，又《尔雅注》（《释兽》“狸子隸”条）“今或呼‘豾狸’”，以及今云南苗语方言称野猫为 ple，这个词的声母当原为 pl-/p^hl，念作 p- 或 p^h- 或 l- 乃是后来复辅音离散的结果。《方言》所著录的这一组词应是来源于古代属于苗瑶语族苗语支的语言。

——张永言：《语源札记三则》，载《民族语文》1983 年第 6 期，第 23 页。

从一组关系词看苗瑶语和汉语的关系

王辅世指出，戴维斯把苗瑶语列入孟－高棉语族、白保罗把苗瑶语列入澳台语系都显得证据不足。作者认为：“苗瑶语和汉语有密切关系，这种关系绝不是简单的苗瑶语从汉语吸收借词或者汉语从苗瑶语吸收借词的关系。”

为阐明这一观点，作者列了一个苗瑶语与汉语有关系的词表，表中列举了汉义的

“百、破开、败（坏）、抱、买、卖、目（眼）、麦、沸、豝（猪）、园子、芋头、马、母狗、补、辫子、吹火、耳朵、鱼、糯、鬃、灶、接受、千、漆、钱（衡的单位）、凿、早、蓑衣、送、答、得、断、炭、铜、豆、人、老、两（衡的单位）、中、箸（筷子）、梨、廪（仓）、利（锐）、里（村）、镰刀、量米、里（度的单位）、收、升（量的单位）、酒、穿针、骑、臼、银、秧、伸、羊、养家、角、金、鸡、甘（甜）、孔（洞）、客、鸽、价、渴、下去、狗、鬼、滚、瓜、广（宽）、过、黄、煌（亮）、滑（脱）、喝”，在中古汉语的拟音、在古苗语中声母的构拟以及在苗语（吉卫、养蒿、先进）和瑶语（财喜）中的读音。

作者对这些词进行分析发现，“有的在汉语、苗语、瑶语声母完全相同，韵母相同或相近，如‘百’、‘破’、‘买’、‘卖’、‘目’、‘麦’、‘鬃’、‘得’、‘炭’、‘老’、‘两’。有的在汉语、苗语、瑶语声母虽不同，但只是清浊的不同或发音部位上稍有不同，韵母还是相同或相近的，如‘败’、‘抱’、‘断’、‘铜’、‘豆’、‘箸’、‘银’、‘骑’、‘臼’等。以上举的这些声、韵母在汉、苗、瑶三种语言中相同或相近的词，其声调在三种语言中也大多是相同的。我们认为这些汉语与苗瑶语在语音上相同或相近的词必定是来源相同的”。

作者注意到：“汉语不带鼻冠音的声母和苗语带鼻冠音声母对应的例词，如‘沸’、‘豝’、‘补’、‘中’、‘鸽’、‘价’、‘渴’等。这些词在苗语湘西方言和川黔滇方言声母都是带鼻冠音的。除‘豝’、‘鸽’二词以外，汉语和苗语声调也相同，这就不能算作借词了，因为汉语没有带鼻冠音的声母。不可能从汉语借一个没有鼻冠音声母的词，到苗语以后，在声母上加上一个鼻冠音。”

作者“从表上注意到几个中古汉语‘来’母字和古苗语的 r 声母字对应的现象，这些词在苗语三个方言，声母分别读作 ʐ、ɣ、ʐ，在瑶语读作 l。若说这些词是借词，我们是不能同意的。因为苗语有 l 这个声母，从汉语借 l 声母的词，不读 l 而读 ʐ、ɣ、ʐ 是说不过去的”。这样的词除了表上列举的四个外，该文还举了“龙”“力”两个词，认为这两个词也是苗汉同源词。

作者还对构拟为小舌音的古苗语声母在汉语中都是舌根音与之对应这一现象进行了分析。这一现象“用中古汉语的术语来说即苗语的小舌音和见、溪、匣母对应，表的最后一部分就是很明显的例证。值得注意的是我们构拟的古苗语声母虽然是小舌音，但在现代的苗语中可不一定仍读小舌音。例如：古苗语声 *NG 在养蒿就读作 ŋ；古苗语声母 *ql，在养蒿读作 l̥，在先进读作 tl̥；古苗语声母 *qɭ 在养蒿读作 l̥j，在先进读作 tɕ̥；古苗语声母 *qlw 在吉卫读作 kw，在养蒿读作 f，在先进读作 tl̥；古苗语声母 *ɢlw 在吉卫虽有 qw 的读法，但也有 kw 的读法，在养蒿读作 f，在先进有 tl̥ 和

k 两个读法。我们认为古苗语小舌音声母在中古汉语都以舌根音声母和他们对应，而苗语各方言反而读作唇音（f）、舌尖中音（tl̥），正好说明有这种对应关系的词是苗汉同源词，而不是借词。如果是苗语借自汉语的，必定各方言都用舌根音来读汉语借词，而不可能用唇音、舌尖中音来读汉语借词。使我们看出苗语小舌音声母和汉语舌根音声母对应的同源词最重要的根据当然是这些词苗语和汉语的声调相同，但如果没有湘西方言把古苗瑶语的小舌音声母读作小舌音或舌根音，我们也不敢以唇音、舌尖前音和汉语的舌根音联系”。

作者指出，上述同源词声母和声调的对应关系大部分都能看出，而韵母的对应关系看不出来，这是因为古苗瑶语有 m、n、ŋ、p、t、k 六个辅音韵尾，而古苗语只有一个鼻音韵尾。“这些丢失韵尾的古苗瑶语的韵母都并到没有韵尾或只有韵尾 n、ŋ 的古苗语的韵母中去了。中古汉语韵母是带 m、n、ŋ、p、t、k 六个韵尾的，以中古汉语的韵母和苗语的韵母对应都很困难，更不用说古苗语的韵母到现代苗语中又有所合并，一般的方言土语只有十几个韵母，所以现代苗语和中古汉语韵母没有明显的对应规律。”虽然如此，作者指出：“我们还是能找到一些对应的痕迹如‘秧’、‘量米’、‘养家’在中古汉语是宕摄开口三等韵，在苗语是第二十三古苗语韵类，这个韵类在吉卫、养蒿、先进分别读作 ɛ、e、o，‘秧’在吉卫读作 ʑɑŋ^{1}，这不符合对应规律，是一个汉语借词。‘秧’在养蒿读作 ʑi^{1}，这符合对应规律，因 ɛ 接舌面音时变为 i，所以 ʑi^{1} 实为 ʑɛ^{1}。‘秧’在先进读作 ʑo^{1}，正合对应规律。‘量’在吉卫没有同源词，在养蒿读作 lji^{2}，这合乎对应规律。因为 lji 是舌面音，ɛ 接舌面音时变为 i，所以 lji^{2} 实为 ljɛ^{2}。‘量米’在先进读作 lo^{2}，正合对应规律。‘养家’在吉卫没有同源词，在养蒿读作 ʑi^{6}，这合乎对应规律，因 ʑ 是舌面音，ɛ 接舌面音时变为 i，所以 ʑi^{6} 实为 ʑɛ^{6}。‘养家’在先进读作 ʑo^{6}，正合对应规律。又如‘龙’、‘中’在中古汉语是通摄合口三等韵，在苗语是第二十九古苗语韵类，这个韵类在吉卫、养蒿、先进分别读作 oŋ、oŋ、aŋ，‘龙’在吉卫、养蒿、先进分别读作 z̥oŋ、ɣoŋ、z̥aŋ，‘中’在吉卫、养蒿、先进分别读作 ɳʈoŋ^{1}、ʈoŋ^{1}、ɳʈaŋ^{1}，都合乎对应规律。此外，‘送’在中古汉语是通摄合口一等韵，也并入古苗语第二十九韵类，‘送’在吉卫没有同源词，在养蒿、先进分别读作 shoŋ^{5}、saŋ^{5}，合乎对应规律。合乎汉苗语音对应规律的还有宕摄合口一等韵的‘黄’、‘煌’、‘广’，梗摄开口二等入声陌韵的‘百’、‘客’，蟹摄开口二等韵的‘买’、‘卖’等，不再一一叙述。”

——王辅世：《苗瑶语的系属问题初探》，载《民族语文》1986 年第 1 期，第 1～17 页。

结合汉藏语系语言释读《广韵》的“豝、獌、䏨、跁、篴、借”

金有景指出：“《广韵》所收的字，大多数在现代汉语里已经不用。有意思的是，这些不用的字当中，有一些还活在汉藏语系亲属语言里。”该文以例证的方式介绍了《广韵》中的“豝、獌、䏨、跁、篴、借”在汉藏语系亲属语言中的读音。

1. 平声麻韵：“豝，伯加切，豕也。”

苗语“猪”：养蒿 pa^{44}（5），吉卫 mpa^{53}（5），先进 mpua^{44}（5），石门 mpa^{33}（5），青岩 mpo^{43}（5），高坡 mpa^{43}（5），宗地 mpa^{55}（5a），枫香 mpa^{55}（5）；布努语“猪”：mpai^{5}；仡佬语“猪”：mpa^{33}；黎语“猪”：通什 pau^{4}，保定 pou^{1}；羌语“猪”：pa^{33}。

2. 平声删韵：“獌，莫还切，又莫干、晚贩二切。狼属。”

去声换韵：“獌，莫半切，又音万。狼属。貘，上同。”

去声愿韵：“獌，无贩切。獌㹶，兽长百寻，说文曰：狼属也。尔雅曰：貙獌似狸。䝙，貙獌似狸，或作此䝙。”

苗语“狼”：养蒿 m̥haŋ^{44}（5），石门 m̥aɯ^{33}（5），宗地 ma^{35}（5b）。

3. 平声盐韵：“䏨，汝盐切，说文曰：颊须也。髯，上同。”

去声艳韵：“髯，而艳切，又人占切。颔毛。”

苗语“胡须”：养蒿 ȵaŋ^{13}（6），吉卫 ȵi^{42}（6），高坡 ȵaŋ^{22}（6），宗地 ȵa^{33}（6），复员 ȵen^{24}（c），枫香 ȵoŋ^{31}（6）。

苗语的“胡须” ȵaŋ^{13}（6）等与《广韵》去声艳韵而艳切的“髯”字相当。

4. 上声马韵：“跁，傍下切。”按《康熙字典》足部：“跁，广韵傍下切，集韵部下切。并音罢。跁跒，行貌。玉篇：跁跒不肯前。李建勋诗：跁跒为诗跁跒书……”

勉语“踩”：tshaːi^{3}，ba^{4}。

5. 入声屋韵：“篴，直六切，竹名。”

苗语“竹子”：先进 teu^{24}（8），石门 dɦey^{31}（8 Ⅱ），青岩 tau^{54}（8），高坡 tə^{55}（8），宗地 tə^{21}（8），枫香 tɕɛ^{13}（8）。

6. 入声昔韵：“借，资昔切，又资夜切，假借也。”

现代汉语里“借”字入声（资昔切）一读已不多见，甚至可能已不存在。可是这个读音在苗语里还保存着：

苗语“借钱”：先进 tsai^{33}（7），石门 tsai^{11}（7），青岩 tsai^{43}（7），高坡 se^{43}（7），

宗地 se^{44}（7a），枫香 $sɛ^{53}$（7）。

——金有景：《再论民族语言研究与汉语研究》，载《民族语文》1985 年第 5 期，第 56～57 页。

从殷商甲骨文追溯朝鲜语 sɛ pa ram 中 sɛ 的语源

金珠英认为："sɛ 认定为'东'，完全正确，但是 sɛ 并不是朝鲜语固有词，它的渊源可以追溯到殷商时期甲骨文的记载。"

"甲骨文以后的历史文献中也有关于四方名及风名记载。这些记载与甲骨文的记述基本相合，特别是关于东方的记述，尤为一致。如《山海经・大荒东经》中东方为'折'；《尚书・尧典》为'析'。《说文解字》'析，破木也，一曰折也'。析、折二字不仅义同，而且形也相近。"

"18 世纪朝鲜学者李瀷在《星湖僿说》中第一次明确记录了 sɛparam 一词。他说'东风谓之沙……'，'沙'就是 sɛ 的记音文字。李瀷的记录省略了'风'的记音。如朝鲜语词中'南风'叫 maparam，李瀷记为'南风谓之麻'。实际上'沙'与'东'，'麻'与'南'是相对应的。'沙'上古属生母、歌部。中古属生母、麻韵开口二等平声字。《广韵》的反切是所加切。'沙'的上古音即先秦音的拟音为 ʃeai，汉代音（公元前 206—公元 220 年）的拟音为 ʃea；魏晋南北朝音（公元 220—581 年）的拟音为 Jea；明清音（公元 1368—1911 年）的拟音为 ʂa。"

作者列举三个理由证明李瀷记录"东风"用的"沙"的汉音是上古先秦音 ʃeai。

其一，"比李瀷稍晚的丁若镛（1762—1836）在其著作《舆犹堂全书・4》中的《耽罗鱼歌》里用'高鸟风'三个字记了李瀷文中东北风即'高沙风'。'鸟'在此处用的是训读音。而'鸟'在 16 世纪初的《训蒙字会》里的音是 sai，到现代发音变成 sɛ。现代朝鲜语中的元音 ɛ 是后期才由复合元音 ai 变来的。可丁若镛时代朝鲜语词中'鸟'的训读音念 sai。与'鸟'的训读音可替换的'沙'的元音是带 i 韵尾的复合元音。'沙'的汉语读音只在上古音时带 i 韵尾"。

其二，"比李瀷早两百年的《金刚经三家解》里有一段用朝汉字夹杂记下的句子：'塞 sɐi 是东方北方之隅。'《古语辞典》的编者把 sɐi 解释为'东'。'塞'与东方有关联是肯定的，而且以'塞'来对朝鲜文字音 sɐi 也是很贴切的。因为'岑'字在魏晋南北朝时有去入两读，《广韵》有两读反切，一为先代切，另一是苏则切。去声字读 sɐi。《中原音韵》有 sɿ（支思部）和 sai（皆来部）两读，现代则有 sə 和 sai 两读"。

其三，"'沙'字很早就在古代地名记录中用来表示'东'。《三国史记・地理志》

是记录高句丽地名的现存最早的资料。尽管它是12世纪的文献，它所记的音无疑是高句丽语音”。

因此，作者认为“从殷商甲骨文字中的‘东方曰析’到朝鲜李瀷《星湖僿说》‘东风谓之沙’，朝鲜语中从上古起在‘东’这个词的语音上经历了ʃeai-sai-sɛ的发展过程”。

——金珠英：《朝鲜语词中sɛ pa ram中sɛ的语源考》，载《民族语文》1987年第4期，第41～45页、第62页。

朝鲜语、汉语的早期对应词

侯玲文以《说文》时代的谐声为系联方式，采用李方桂（1980）和郑张尚芳（2003）的上古拟音体系，朝鲜语中世语语音依据李基文（1978）的拟音体系，现代语音依据朴炳采（1996）的注音，选取谐声字与朝鲜语的对应词进行了比较。

作者将“枼”这组词主要归为两类：“第一类是定母，反切多为‘徒协切’；第二类是以母，反切为‘与涉切’。它们的上古音依据李方桂拟音分别是 *diap，*rap；依据郑张尚芳拟音分别是 *leeb，*leb。朝鲜语与之相对应的有 rəp、nap、nəp、nip、jeʔp、jəp、yap、yəp、yʌp、ip。朝鲜语的这些形式可以分为三类：起首辅音是r；起首辅音是n；首音为j、y、i。朝鲜语曾经历了 *r＞n＞Ø（脱落）的音变。韩国学者朴炳采（1996）指出，单词起首辅音r在中世朝鲜语固有词和汉字词中都不少见。rakuy‘驴’、rosay‘骡’、rʌyil‘来日’等形式仍然存在，同时 nakuy‘驴’、nosay‘骡’、nʌyzil‘来日’等词已表现出‘r＞n’的变化。单词起首辅音n在i、j（或i、y）前脱落。如中世语nip‘葉，叶子’，现代语为ip，n脱落。由于语言发展的不平衡性，ip‘楪，窗牖’至中世朝鲜语时期可能已经完成n的脱落，因此在中世语资料中没有nip‘楪，窗牖’形式。这样我们可以构拟朝鲜语与汉语‘枼’声对应的基本语音形式是 *rap，而 rəp、nap、nəp、nip、jeʔp、jəp、yap、yəp、yʌp、ip 应为后来演变形式。”

此外，作者指出：“‘皮’声符字词都是重纽三等字，对于重纽三等字多数古音学家认为存在介音，李方桂先生拟作 -ji-，郑张尚芳先生拟作 -r-。朝鲜语的对应音节是辅音p、ph、ʔP、m和流音r或1构成的双音节或单音节。这些‘皮’的谐声字都是歌部字，李方桂先生拟为 -r，郑张尚芳先生拟作 -1。朝鲜语曾经历了广泛的‘r（1）’音的脱落，如：niril-ta＞niri-ta‘至’，parʌl＞parʌ‘海’，mɨlskyəl＞mɨskyəl‘波’，nari＞nɛ‘川’。因此可以推测朝鲜语对应‘皮’声的基本语音形式是 *p-r-l。”

“诸如此类的对应关系在朝、汉两种语言中还有许多，如汉语以‘寿’、‘圭’、‘刃’、‘者’、‘介’、‘各’等为声符的字。朝鲜语与汉语对应词可能反映朝、汉语早期的关系。这一领域的研究对语言学界一直未能解决的‘朝鲜语系属’问题将提出一个新的探索思路；对汉语谐声系统研究、上古汉语特别是上古语音的研究都将有一定的帮助。”

——侯玲文：《朝鲜语汉语的早期对应词》，载《民族语文》2006年第2期，第14～18页。

朝鲜语固有词与上古汉语之间的语音对应

侯玲文选取“甲”“介”声符对应词，进行音义比较。得出以下语音对应规律。

“1. 汉语辅音韵尾对应朝鲜语第二音节初声。朝鲜语的音节分为初声、中声、终声三部分，分别相当于汉语的声母、元音（韵头和韵腹）、韵尾。如‘甲’、‘介’声符对应词中，汉语都是单音节，而在朝鲜语中有单音节和双音节两种对应形式。朝鲜语为单音节形式时，其初声、中声、终声分别与汉语的声母、元音（韵头和韵腹）、韵尾对应。如‘界’*kreeds:kʌs、kʌz（疆界）；‘甲’*kraab:ˀkap-（外壳，皮）。朝鲜语为双音节形式时，第一音节是开音节，其初声、中声分别与汉语的声母、元音对应，第二音节的初声与汉语的韵尾对应，如：‘介’*kreeds:*kʌ-si＞sʌ-zi（间隔；中间），汉语的 -ds 尾对应朝鲜语第二音节的初声 -s-（或 -z-）。再如‘甲’*kaab:tso-ka-pi（贝壳）；‘胛’*graab:kal-pi（肩胛）；‘狎’*graab:ka-pun-（轻，轻便，轻松），汉语的 -b 尾对应朝鲜语第二音节的初声 p-（或 p‘-）。”

“2. 汉语复声母第二辅音 -r- 对应朝鲜语复辅音韵尾中的 -l-。‘甲’、‘介’声符字都是二等字，雅洪托夫、李方桂等许多古音学家已证明二等带 -r-，构成复辅音声母。‘胛’*graab:kal-pi（肩胛）中，朝鲜语第一音节终声位置有一个与 -r- 很相近的 -l-。这种现象在我们考证的其他系列对应词中还有许多，如：夹 *kreeb:kal-pi（重叠的）；涩 *srɯb:stəlp-ta（涩）；白 *braag:pʌlk-ta（明亮）；石 *djag:tolk（石头）。因此，这里的 -l- 可能与复辅音声母有关。现代朝鲜语没有起始复辅音，但有语中、语末辅音群。崔鹤根（1991，230）认为：‘朝鲜语象 ㄼ（-lp-，-lb-，-lp）这样的语中（含语末）辅音群（inlautende konsonanten gruppen），特别是复辅音韵尾的形成是非语源性的，而是后来形成的。可能主要是第二音节及其后音节中的元音脱落造成。’我们推测갈비（kal-pi）可能经历了这样的音变：*ka-lap＋-i（-i 是名词后缀）＞*ka-la-pi＞kal-pi。现代朝鲜语在吸收有起始复辅音的外来语词汇时，往往在复辅音中间嵌入元音，把几个辅音分成几个音节。如：group（‘组’英语）kɨ-rup；Greek（‘希腊语’英语）kɨ-rik；brown（‘褐色’英语）pɨ-ra-un。我们也许可以这样推想，古朝鲜语对复辅音声母也遵循了这样的

音变规律，*klap＋-i（-i 是名词后缀）＞*kɨ-lap-i＞*ka-lap-i＞*ka-la-pi＞kal-pi。”

通过以上对比研究，作者还指出，“有些对应词是一个汉语词和朝鲜语的两个系列词对应，如汉语‘甲’*kaab 和朝鲜语 kap-，kəp- 两系列词对应；汉语‘介’*kreeds 和朝鲜语 kas，kəs 两系列词对应。按照朝鲜语中声（元音）可归纳为 -a-、-ə- 两系列”。

——侯玲文：《朝鲜语固有词与上古汉语的对应关系》，载《民族语文》2006 年第 5 期，第 56～61 页。

以帮母字为例分析汉越语关系词层次

咸蔓雪指出，越南语中存在的大量汉语关系词呈现出复杂的面貌。作者对汉越语关系词的界定提出了自己的看法，并对汉越语关系词层次分析的操作方法作了初步的探索。作者以帮母字为例，运用历史比较法对声母、声调和韵母的对应进行了分析，确定对应规律，进行了初步的层次分析。

——咸蔓雪：《汉越语关系词层次分析——以帮母字为例》，载《语言学论丛》第 37 辑，商务印书馆，2008 年，第 125～143 页。

印尼语汉语对应词

吴安其为了说明南岛语与汉语的关系，“挑选了上古汉语 a、am、an、aŋ、ap、at 和 ak 韵的字组，对照闽方言厦门话与印尼语对应词比较。尽量在每一对关系词下另举其他南岛语及壮侗语对应的词，或拟出古南岛语（古马来语）的形式，以补充说明”。

“平声 *-a

	湖	图	孤	居（住）	悟
古汉语	*ŋa（匣鱼）	*da（定鱼）	*ka（见鱼）	*ka（见鱼）	*ŋa（疑鱼）
厦门话	hɔ	tɔ	kɔ	ku	ŋɔ̃
印尼语	telaŋa	peta	tuŋgal	tiŋgɑl	eŋa

（1）‘湖’，印尼语 telaŋa，查莫罗语 laŋo，菲律宾语 ilog（河），萨斯特语 tolɳœ，古南岛语 *talaga 汉语‘泽’*drak 可能来自 *darak，亦可与 *talaga 比较。

（2）‘图’，画也（《广雅》）。《周礼·天官》：‘三曰听闻里以版图。’注：图，地图也。印尼语 pe-ta‘图，地图，画’。‘图’汤加语 ta-，斐济语 taba（音节交换）。

（3）‘孤’，独也（《广雅》）。印尼语 tuŋgal，‘单一，孤独’。‘一’爪哇语 setuŋgal，马都拉语（西爪哇）settoŋ。查莫罗语 sottero ‘单个的’。古马来语‘单一的’或可拟为 *（se）degal。古汉语‘独’ *dok 可与 *degal 比较。

（4）‘居’，住也。‘居’，蹲也（《说文》），坐也。《礼记・乐记》：‘子曰，居，吾语汝。’注：居，犹安坐也。印尼语 tiŋgal ‘居住’，‘留下’。斐济语：tiko ‘住’、‘坐’，汤加语 sike ‘蹲’。古南岛语‘住’、‘坐’ *tega。黎语‘住’ tɯːʔ^{8}（通什），toːŋ^{3} 才（保定），可以与印尼语 tiŋgal 的第一音节比较。

（5）‘悟’，觉也，从心吾声（《说文》）。‘吾’中古平声，‘悟’去声当后起。eŋa（h），雅加达方言‘领悟’。”

——吴安其：《从汉印尼几组词的对应看汉南岛的关系》，载《民族语文》1995 年第 4 期，第 14～29 页。

南方汉语中的古南岛语成分

邓晓华发现一批闽、客汉语方言与南岛语的同源词，“这反映了南方汉语中有不少古南岛语成分，而这些同源词的语音形式将会改变许多已被语言学家接受的汉语上古音构拟形式”。并且认为：“闽、客南方汉语方言的形成是中原汉文化区与南岛文化区长期交互作用的结果。”关于汉 - 南岛同源词比较，以“飞廉”为例进行说明。“飞廉。此词大量出现于上古汉语文献，如《楚辞・离骚》：‘前望舒使先驱兮，后飞廉使奔属。’王逸注：‘飞廉，风伯也。’又《远游》：‘前飞廉以启路。’王注：‘风伯先导以开径也。’又，‘风伯为余先驱兮’。王注：‘飞廉奔驰而在前也。’《汉书》卷八十七上《杨雄传上》载《反离骚》：‘鸾皇腾而不属兮，岂独飞廉与云师？’颜师古注引应劭曰：‘飞廉，风伯也。’飞廉被人格化。如《孟子・滕文公》：‘周公相武王，诛纣代奄……驱飞廉于海隅而戮之。’赵岐注：‘飞廉，纣谀臣。’《史记》卷五《秦本记》：‘蜚廉善走。’张永言据文献材料考证‘飞廉’词的内部形式是‘疾风’。事实上，‘飞廉’是古南岛语‘风’的汉语音译词。试比较：

	卑南	阿眉斯	排湾	壮	布依	临高	傣侗	仫佬	毛南	水
风	bali	fali	vali	ɣum^{2}	zum^{2}	van^{3}	lum^{2}	ləm^{2}	ləm^{2}	ləm^{1}ləm^{1} 旋风

从语音形式看，临高话 van^{3} 与高山诸语第一音节对应。壮侗语‘风’似来源于高山诸语的第二音节，但两者的对应关系还需要作进一步论证。李方桂将上古汉语

‘风’构拟为 *pjəm，但另一个同声符的‘岚’构拟为 *bləm。这个形式与壮侗语‘风’很相近。《楚辞》反映的是古代南方的语言，‘飞廉’很可能记录的是古代南方少数民族语词。”此外，还有雷、杀等同源词的比较。“闽、客南方汉语方言中为什么会在基本核心词保留着这么多的古南岛语成分？原南岛语何时在中国大陆上绝迹？这一直是考古学家、人类学家迷惑不解的问题。从考古学文化角度来解释：南方汉语的形成是中原汉文化区与南岛文化区长期交互作用的结果。根据考古学证据，在公元前两千年左右，龙山形成期的文化很有力地涉及东南海岸，这个文化与汉藏语系关系密切。至汉代，南下的中原文化开始在南方形成其统治地位，随汉人南迁的中原汉语不断地融合了南方土著语言即古南岛语。这种融合是一种双向互动的交汇，所以形成与北方汉语有很大差异，且独具特色的南方汉语。南方汉语保存了古南岛语底层。”

——邓晓华：《南方汉语中的古南岛语成分》，载《民族语文》1994 年第 3 期，第 36～40 页。

第二节　借　词

少数民族语言中汉语借词的研究价值

曾晓渝认为：“少数民族语言里不同历史层次的汉语借词，是研究汉语史及少数民族自身音系历史演变的重要材料，少数民族语言里各个历史层次的汉语借词，是我们洞察了解汉语语音史的一扇窗口。同时，借助于古汉语借词的读音，可以探寻少数民族语言自身的历史音变规律。所以，少数民族语言里的历代汉语借词可以弥补古代汉语方音及少数民族语言缺乏历史记载的缺憾，这是中国语言学研究值得重视开拓的新领域。”

——曾晓渝：《汉语水语关系论》，商务印书馆，2004 年，第 175 页。

藏语汉借词和汉语的语音对应关系

薛才德认为“汉借词进入藏语的时间、地域、方式、途径等不同，造成藏语汉借词与汉语的语音对应关系呈现出极其复杂的状况”。藏语汉借词和汉语原词的声母有较齐整的对应关系如下表：

汉语	藏语	例字	汉语	藏语	例字
p	p	北杯白半	ɕ	ɕ	线响靴戏
ph	ph	坯帕盘片	ɕ	s	细蓿相
ph	b	盆菩瓶	ɕ	ʑ	席夏
m	m	面亩馍门	tʂ	kr	篆中张毡
f	ph	分粉腐	tʂ	tɕ	钟桌竹
t	d	弹豆提兑	tʂh	tɕh	抽绸尺唱
th	th	洮太唐堂	ʂ	hr	纱水
n	n	瑙	ʂ	ʑ	石上尚书
l	l	梨蜡里老	ʐ	r	人
k	k	高杆关锅	ts	ts	子遵藏
k	g	弓国公艮	tsh	tsh	醋测寸菜
kh	kh	坤坎	s	s	司苏岁丝
x	h	侯罕滑花	s	z	算三松僧
tɕ	tɕ	稷金尖京	θ	ʔ	雅委阿
tɕ	dʑ	经剪酱郡	θ	w	文圆王瓮
tɕh	tɕh	起乾亲切	θ	j	胰洋鸭油

“从表上看，藏语汉借词没有带单辅音声母 ŋ-、ȵ- 和 ɦ- 的音节（带 ɦ- 的音节下文有），带 n- 和 r- 的音节也较少。藏语汉借词带 w- 和 j- 的音节分别对应于汉语零声母的合口呼和齐齿呼音节。藏沿汉借词带 s- 的音节可以跟汉语来自于‘尖音’的‘细蓿相’对应。汉语 f- 声母对应于藏语汉借词的 ph- 声母，表明带这些 ph- 声母音节的汉借词借入藏语的年代较早，汉语‘古无轻唇音’。藏语汉借词有一组舌面音声母跟汉语卷舌音声母对应。汉语这些相应的卷舌音声母字大部分来自中古章组字，小部分来自中古知组字。一般认为，中古章知两组字都读舌面音。可见，这些汉借词借入藏语的年代

也是比较早的。汉语清声母 ph-、t-、k-、tɕ-、s- 等各有一个藏语汉借词浊声母与之对应。这不表明这些藏语汉借词浊声母音节都来自古代汉语的浊声母音节。例如：藏语 b- 组‘盆菩瓶’，d- 组‘弹豆提兑’，ʑ- 组‘席夏’确实来源于古代汉语的浊声母音节，但 g- 组‘弓国公艮’，z- 组‘算三松僧’则来源于古代汉语的清声母音节。藏语汉借词 ʑ- 声母既对应于汉语 ɕ- 声母，又对应于汉语 ʂ- 声母。但是，藏语汉借词这些带 ʑ- 的音节也不都是来源于汉语浊声母音节，如其中的‘书’在汉语里从来是清声母音节。造成差异的原因可能同汉借词借入藏语的年代不同有关。”

“除比较齐整的对应外，还有不少藏语汉借同同汉语的对应关系与上述情况不一致，显得十分散乱。例如：‘卜、盆、碟、徒、库’，汉语为 p-、ph-、t-、th-、kh-，藏语为 ph-、p-、th-、t-、k-……”

藏语汉借词韵母同汉语比较齐整的对应关系如下表：

汉语	藏语	例字	汉语	藏语	例字
	i	司丝字	iɛn	en	乾天渐连
	i	事脂师	uan	an	关缎官碗
i	i	戏梨稷帝	ən	in	门震人艮
u	u	书竹土亩	uən	on	坤寸顿巽
u	o	铺菩主	yn	un	君郡
a	a	蜡茶大玛	aŋ	aŋ	唱张党唐
ia	a	鸦鸭夏	iaŋ	aŋ	相墙酱香
ua	a	滑画卦	uaŋ	aŋ	王黄皇
ou	u	大太	əŋ	iŋ	丞成城
ai	ai	菜芥太	iŋ	iŋ	经铃葶
ai	e	帽毛	uəŋ	aŋ	瓮
au	ao	栏干三板	uŋ	uŋ	红笼铜公
an	an	面线辫尖	uŋ	oŋ	东钟松弓
iɛn	an		yŋ	uŋ	凶

“由于藏语韵母没有介音，藏语汉借词转译汉语时，通常是将汉语的介音省去；有时将声母 j- 或 w- 加在韵母前来转译汉语的齐齿呼或合口呼音节。韵母数量多于声母，藏语汉借词同汉语的对应关系也就显得更加复杂。除表上比较齐整的对应外，还存在许多不齐整的对应。例如：‘苏、侯’，汉语 -u、-ou，藏语 -eu。‘哥、芃’，汉语 -ɤ、 iau，藏语 -o、-e……”

“值得一提的是，‘碟、夹、石、桌、尺、测’等汉语古入声字，它们在藏文里的形式分别为 -eb、-ab、-ig、-og、-ag、-eg。可以想象带有这些音节的汉借词借入藏语的年代是汉语入声韵还带着塞音 -p、-t、-k 收尾的年代。”

——薛才德：《藏语汉借词的特点》，载《民族语文》1999 年第 3 期，第 75～80 页。

羌语汉借词的语音特点

孙宏开以羌语南部方言桃坪土语曾头话为代表，分析了羌语汉借词的语音特点。认为：“羌语中的汉语借词主要从当地汉语中借入，其中有早期借词、近期借词和新中国成立后借入的新词术语。

羌语中的早期汉语借词语音上有以下几个特点。

（1）保留了浊音。例如：

guə^{33} 柜子　də^{33} 豆子　ʥʅ^{241}ʥʅ^{241} 文字　bɑ^{241} 赔偿

ʥo^{33} 坐　gua^{33} 蹲（原义为跪）　ʥo^{33} 凿　çi^{55}ʥie^{241} 钱（çi^{55} 铁）

（2）为适应羌语的特点，脱落了鼻音韵尾。例如：

ia^{33} 烟　tɕe^{55} 斤　lɑ^{33} 狼　ye^{33} 用

（3）前响的复元音变成了单元音。例如：

xo^{31}xe^{55} 祸害　xe^{55}tsy^{55} 海（辣）椒　xe^{55}thu^{33} 核桃　tsia^{55}tu^{55} 剪刀

（4）汉语四川方言一般都有四个声调，早期汉语词被羌语吸收以后，适应了羌语的语音特点。因此，目前看来早期汉语借词的声调比较混乱，看不出声调调类和调值的对应关系，往往汉语同一个调类的词，在羌语中可以读成不同的调值。例如：汉语四川话为阳平：huaŋ^{31}lie^{31}‘皇历’，羌语中读成 xuã^{31}lie^{55}。汉语四川话为去声：çiɑ^{213}tsʅ^{213}‘夏至’羌语中读成 çɑ^{31}ʧʅ^{33}。

也有将不同调类的汉语借词，读成相同的调值的现象。例如：

汉语四川话为阴平和阳平：ku^{55}ie^{31}‘姑爷’，羌语中读成 ku^{55}ie^{55}。汉语四川话为上声和去声：kuɑ^{51}fu^{213} ‘寡妇’，羌语中读成 kuɑ^{55}fu^{55}。

新中国成立前后吸收的近期借词，特别是新中国成立后借的新词占的比重很大，它们的语音和汉语四川话大致相同，它们的特点和早期借词比较起来，有下列几点不同。

（1）存在着与汉语四川话相对应的 n 与 ŋ 两个韵尾。例如：

kuŋ^{13}tʂhan^{51}tɑŋ^{51}	共产党	kuŋ^{55}liɑŋ^{31}	公粮
tʂuŋ^{55}luŋ^{31}	中农	iŋ^{31}xɑŋ^{31}	银行

（2）保留了汉语四川话中前响的复元音和三合元音。例如：

thu^{51}kai^{51}pu^{33}	土改	thiɑu^{31}tɕan^{13}	条件	tai^{31}piɑu^{51}	代表
khai^{55}xue^{13}pu^{33}	开会	lɑu^{31}tuŋ^{13}pu^{33}	劳动		

（3）借词的声调调类与四川话一致。在调类和调值方面有明显的对应关系，同时借词在各地的调类也基本一致。其中汉语借词的阴平读成高平，阳平读成低降，上声读成全降，去声读低升。此外，汉语借词中还保留了入声调，这是因为川西北有些地区的汉语中仍保留入声调的关系。汉语借词的入声读中平。例如：

阴平：tho^{55}lɑ^{55}tɕi^{55}	拖拉机	阳平：mɑ^{31}fan^{31}	麻烦
上声：iuŋ^{31}kan^{31}pu^{33}	勇敢	去声：ʂai^{13}xue^{13}	社会
入声：tsie^{33}tɕe^{33}	积极”		

——孙宏开：《论羌族双语制——兼谈汉语对羌语的影响》，载《民族语文》1988年第4期，第59页。

羌语汉借词的词义演变方式

孙宏开以羌语南部方言桃坪土语曾头话为代表，分析了羌语汉借词的词义演变方式。认为：汉语借词进入羌语以后，一般都按照原义使用，但其中有一部分借词的词义有扩大、缩小或转化的现象。分述如下：

（1）借词词义比原义有所扩大的。即该词的原义仍使用，但又增加了新的词汇意义。例如：

借词	tshu33	sɿ55	dʑo33	tʂuɑ33	mɑ31zʅu55	tsuŋ55nə33
原义	槽	丝	坐	抓	木耳	棕
增义	缸	琴弦	住	把（量词）	菌子	蓑衣

（2）借词词义比原义缩小的。例如：

借词	原义	今义	并存的民族词
pie33	闭	专指闭口	sie33 闭眼
si31li55	细的	专指质量好的瓷器	dʑe55 指面粉细
min31nə33	命	命运、运气	su55 性命
……			

（3）借词词义已由原义转化的。即原义已不使用，而转化为新的意义。例如：

借词	tsie55	gua33	sye55
原义	尖	跪	算
今义	锋利、快	蹲	数、点（动词）

——孙宏开：《论羌族双语制——兼谈汉语对羌语的影响》，载《民族语文》1988年第4期，第62～63页。

凉山彝语固有词与汉语借词的关系

朱文旭认为："凉山彝语中的汉语借词和固有词比较中可以明显看出以下有关现象。

（一）一义多词

一义有两个和两个以上的说法，有些说法是来自汉语借词。

住 i55，dzʅu33（借）

挑 tɕhɿ33，thi33（借）

奶 bo33，ne33（借）

剪刀 tshɿ21；mu33，ȵe33ta33（借）

垫 khu21，te33（借）

单 thi33，ti33（借）

老 mo21，li33（借）

砍 dzi55，khe33（借）

阉 khɔ33，ti21，khe33，ʂə55（借）

打 ndu21，ti21（借）

话 do^{21}，ho^{21}（借） 门 ŋgə^{21}li^{33}，i^{21}kho^{33}（借）
包 dʑo^{55}bi^{21}，po^{33}fu^{33}（借）

（二）异化

汉语借入凉山彝语后原意发生变异。例如：

衙门→ʑe^{33}mo^{33}→高楼大厦　　玉石→ʑo^{55}ʂɿ^{21}→玻璃
玛瑙→mo^{21}nə^{33}→耳珠　　难办→le^{33}pa^{33}→错误

（三）省声

汉语借入凉山彝语后其一些音节的声母消失。例如：

玉米→i^{55}mɿ^{21}　　门口→i^{21}kho^{33}　　一会儿→i^{33}ho^{33}

（四）合成

汉借词和固有词的合成。合成词中有的借词在前，有的借词在后。

a. 借词在后固有词在前的。如：

坝 pa^{55}→dʑo^{21}（坪）pa^{55} 坪坝　　酒 tɕɿ^{33}→ndʐɿ^{33}（酒）tɕɿ^{33} 酒
半 pha^{33}→gu^{44}pha^{33} 半边　　糯 n̥o^{33}→tʂhə^{44}（米）n̥o^{33} 糯米
砍刀 khə^{21}thə^{21}→do^{44}mu^{33}（刀）khə^{21}thə^{21} 砍刀

b. 借词在前固有词在后的。如：

醋 tshu^{55}→tshu^{55}ʑɿ^{33}（水）醋　　紫 tsɿ^{33}→tsɿ^{33}n̥i^{33}（红）紫
洋伞 ʑe^{21}sa^{33}→ʑe^{21}sa^{33}l̥u^{55}bu^{21}（斗笠）伞　　鼓 kə^{33}→kə^{33}dzi^{33}（鼓）鼓”

——朱文旭：《凉山彝语中的汉语借词》，载《民族语文》1997 年第 4 期，第 39～41 页。

彝语古汉语借词的一种形式

朱文旭认为："彝语及彝语支语言元音从藏缅、汉语来看，早期应该有韵头、韵腹、韵尾之类的东西，但随着语言的发展变化，韵母系统也不例外地起相应的变化，故今天的彝语及彝语支语言韵母基本上都只残留单元音。特别是辅音韵尾之类的现象根本看不到了。随着彝语及彝语支语言辅音韵尾的消失，伴随其互补的条件是加强了声母和元音分松紧。有关彝语及彝语支语言松紧元音的来源问题，已有不少文章论及。"

除此之外，他还通过调查和比较研究发现："凉山彝语中很多后起的双音节词和多音节词，其后一音节词可能与古代彝语中的古汉语借词辅音韵尾有关。例如凉山彝语：

独	中古定母 k 尾	$te^{33}le^{33}ge^{33}$
终	上古章纽 m 尾	$ts\eta^{21}m\eta^{21}$
涩	中古山母 P 尾	$tsh\eta^{55}pa^{55}$

……"

"所以，我们认为研究彝语元音问题除了元音本身以外还牵涉到一些词汇问题。过去，对于以上一些双音节或多音节词汇的后一音节，因不知其来源问题而困惑，也不好解释其是什么意思。故在一般情况下，需要直译这些词的词义时，都只直译前一音节词的实在意义，对后一音节词只好留下空白。虽然这样处理是对的，但还是应该进一步解释其来源才对。

需要说明的是，以上的每一个例词一般都不能拆开使用。"

——朱文旭：《彝语古汉语借词的一种形式》，载《民族语文》1999 年第 6 期，第 76 页。

现代白语中的古汉语词

杨品亮指出："大理文化与楚文化的关系早就引起学者们的注意。楚国神话与大理神话有许多类似的情况也早被人揭示过。然而，某些诗经语言仍流传于现代白语中的事实却鲜为人知。"为说明这一事实，他还举出一些例子，分别从出处、词义以及对其在现代白语中的延伸情况作一扼要的分析。

"《诗经·野有蔓草》中，'有美一人、清扬婉兮'一句，其中的'婉'是'畹'

的通假字，专指眼睛，说明古代曾把眼睛称为‘畹’。现代白语仍然把眼睛称为‘畹’，而且，凡与眼有关的词都对应地用‘畹’来表达。”

“《诗经·绸缪》、《诗经·白驹》中都有‘刍’字，作‘草’解。现代白语仍然把‘草’称之为‘刍’。如：茅刍（茅草）、水刍（水草）、买刍（买草）、青刍（青草）、芼刍（拔草）、种刍（种草）……”

“《诗经·谷风》中的‘贾’，作‘卖’解。现代白语仍然如是用。如：贾薪（卖柴）、贾米（卖米）、贾羊（卖羊）、贾百货（卖百货）……”

“《诗经·谷风》中提到的‘蓄’、《诗经·北风》中提到的‘嚼’、《诗经·驷驖》中提到的‘阜’‘喈’、《诗经·击鼓》中提到的‘丧’、《诗经·氓》中提到的‘贸’……无论其音其义都完整地在现代白语中得到保存。此外，‘楚声兮’这种句式在现代白语中也不鲜见。如：野蛮兮（野蛮得很啊）、甘味兮（甜得很啊）、酸兮（酸得很啊）、泽兮（滑得很啊）等等也从另一个角度证明了现代白语与古老的楚语有着密切的联系。”

“有一些古汉语词在现代汉语中已消失，但仍保存在白语中。如：射数（赌博）、作觱（当兵）、觱马（兵马）、大觱（大军）、水觚（水壶）、酎觚（酒壶）、酐醯觚（醋壶）、酐醯（醋）、诟怫（生气）、酎醉（酒醉）、窠（床）、招豸（生虫）、化土豸（蚯蚓）、麦杆豸（竹节虫）、宙间（时间）、寝间（寝室、卧室）、寝睡（睡着）、寝醒（睡）、睥羊（牧羊）、睥演（看戏）、睥电视（看电视）、睥电影（看电影）、睥阴阳（看风水）、象牙筯（象牙筷）、漆筯（漆筷）、胯髀（大腿）、搿鸡（捉鸡）、搿贼（捉贼）、幄幅（帐篷）、恨鸣（哭，鸣）、扊门（关门）、鲒（田螺）……”

“还有一种情况非常值得注意，即白语中有些词的字义与汉语相同，但文献中查不到，而这些词是以汉字组词是肯定的。例如：正手（右手）、弼手（左手）、嗜酸（怀孕）、古本（故事）、脚踪（脚印，脚字读古音）、反臂力（左撇子）、砸陂（筑坝）、水陂（水坝）、漏子（筛子）、汩面液（流泪）、宿客子（旅客）、牲信嬷（祭祖宗、信嬷一词来自梵语）、腑胰伤（肚子疼）、黹衣（缝衣服）、驾马（赶马邦）、端户（竖房子）、捞粑（钉粑）、壁虱（臭虫）、寻妇（娶媳妇、妇读古音）、步途（走路）……”

“白族文化、历史的研究应当在前人的基础上继续发展，如能进一步开拓白语和古汉语关系的研究，不仅有助于对白族的研究，而且对中华民族古老文化的研究也具有重要的意义。”

——杨品亮：《现代白语中的古汉语词》，载《民族语文》1990年第4期，第75页。

壮语自汉语借入大量量词

覃小航指出："在壮语量词词汇中有90%以上是汉借词，其中，表示度量衡单位和货币单位的量词全部来自汉语，就是表示天然单位的量词也几乎是汉借词，甚至一些长期以来被视为本民族语的量词也与汉语有关。"

"壮侗语量词研究成果表明，壮语量词的来源有四个渠道：第一，借自名词；第二，专有量词的产生；第三，部分吸收汉语量词；第四，来自词头。壮语量词的来源看来是多渠道的。但是这几种来源渠道在量词产生和发展方面的作用并不是对等的，其中只有一种起主导作用，成为诸来源渠道中的主渠道。从壮语量词产生的时代背景、壮语量词的借用规律、壮语量词词汇的总体构成、壮语量词的发展历程和壮语受汉语影响的程度等诸方面看，'吸收汉语量词'是壮语量词来源的主渠道。"

据他统计，"在100个壮语量词中，有90个以上是汉借词，占总数的90%。其中，表示度量衡单位和货币单位的量词全部来自汉语。这些量词的借用痕迹显而易见，属于显性老借词。除了显性老借词外，壮语还有一种与之相对的隐性老借词。这种老借词有三个特点：第一，看不出其任何的借用痕迹；第二，它与本民族语词的语音构造已水乳交融；第三，有较高的出现频率和较广泛的代表性。这些词长期被人们视为本民族词。然而，事实并非如此，它们的形成与汉语量词的影响有密切的关系，即有的直接吸收汉语的量词，有的间接从汉语名词转变而成"。

"此外，从量词的发展历程来看，壮语量词是后起的。壮语早期表达事物数量时跟古汉语的情况一样，直接把数词放在名词的前面，中间没有量词。至今，这种现象仍保留在壮语马山话（广西马山县）基本词汇的运用中。可见，壮语早期没有量词，其量词是后来在汉语的影响下产生的。汉语量词的大量借入，也必然伴随着其语法特征和生产方式的引入。如汉语量词位于数词之后构成数量词组，并可作定语、状语或补语，单音节量词可以重叠等语法特征都可以在壮语中看到。又如汉语量词借自名词或动词的产生方式也被壮语所采用，并诱发壮语本民族语量词的产生。"

——覃小航：《壮语量词来源的主渠道》，载《语言研究》2008年第1期，第121～126页。

壮语中古汉语借词及汉越语与平话的关系

蓝庆元认为"壮语中古汉借词、汉越语和平话的读法相似，应有共同的来源"，关于声母问题，壮语/汉越语/平话的声母对应关系为：

帮母 p/p/p	滂母 p/fh/ph	并母 p/b/p
明母 m/m/m	非母 f/fh/f	敷母 f/fh/f
奉母 f/fh/f	微母 m，f/v/m	端母 t/d/t
定母 t/d/t	透母 t/th/th	泥母 n/n/n
来母 l/l/l	精母 s/t/ts	清母 s/th/tsh
从母 s/t/ts	心母 r/t/ɬ	邪母 s/t/ɬ
知母 s/tʂ/ts	彻母 s/ʂ/tsh	澄母 s/tʂ/ts
娘母 n/n/n	庄母 s/tʂ/ts	初母 s/ʂ/tsh
崇母 s/ʂ/ts，ɬ	山母 s/ʂ/ɬ	章母 s/tɕ/ts
昌母 s/s/tsh	船母 s/th/ɬ	书母 r/th/ɬ
禅母 s，r/th/ɬ	日母 ȵ/ȵ/ȵ	见母 k/k，ʑ/k
溪母 k，h/th/kh	群母 k/k/k	疑母 ŋ，ȵ/ŋ，ȵ/ŋ，ȵ
影母 ø，j/ø/ø	晓母 h，j/h/h	匣母 h，j/h/h
云母 j，v/h，v/h，w	以母 j/z/j	

白土壮语没有送气音，汉语送气音在壮语里读相应部位的不送气音；浊声母在现代壮语里和平话一样已经演变为清声母；白土壮语只有擦音，没有塞擦音，他们用 s- 对译汉语的塞擦音，用 r- 对译汉语的擦音；晓、匣一二等读 h-，三四等读 j-；越南语没有 ph- 声母，所以用 fh- 转写汉语的 ph- 声母；汉越语中的以母 z- 是后来变化的结果，据 Maspero（1912）说，这个 z- 在 17 世纪前还是 j-，与壮语、平话同。

"壮语中的汉语关系词和平话的声调系统中有六个舒声调和两个促声调，与汉语的平上去入各分阴阳的八个调类一致。1、2、3、4、5、6 调分别对应汉语阴平、阳平、阴上、阳上、阴去、阳去。7 、9 调对应汉语阴入，8、10 调对应汉语阳入。汉越语有六个调，舒声调的平声、玄声、问声、跌声、锐声、重声，我们分别用 1、2、3、4、5、6 来代表，分别对应于汉语的阴平、阳平、阴上、阳上、阴去、阳去，入声调的锐声、重声分别对应于汉语的阴入、阳入。汉语 / 壮语 / 平话 / 汉越语的对应关系如下：

阴平 /1/1/1	阳平 2/2/2	阴上 3/3/3
阳上 4/4/4	阴去 5/5/5	阳去 6/6/6
上阴入 7/7/5	下阴入 9/7/5	上阳入 8/8/6
下阳入 10/8/6"		

通过对三者从音韵、声母和声调方面进行对比发现："壮语的中古层次汉借词、汉越语与平话的渊源关系虽然比较深，但是不等于它就是从平话借入。在中古的西南地区曾经流行着内部比较一致的汉语方言，它可能是壮语中古汉借词、平话、汉越语的共同祖先。这种方言内部也存在着一定的差异，这可解释壮语中古层次汉借词与汉越语、平话不一致的地方。"

——蓝庆元：《壮语中古汉语借词及汉越语与平话的关系》，载《民族语文》2001年第3期，第48～61页。

壮语汉借词的词义和语法意义变异

李锦芳指出，壮语中的汉借词的变异主要表现为词义变异和语法意义及语法作用的变异等几个方面。词义变异包括词义转移、词义范围缩小、词义范围扩大几方面。语法方面的变异包括词类词性的转变、动词的主动被动的转变、形容词虚化成后附成分等。作者分别列举了例词或例句，现摘要列举如下。

词义转移　壮语中发生词义转移的汉借词一般已不保留原义，而是通过引申、联想等途径产生出与原义有一定关联的意义。

面——miːn^{6} 米线，榨粉（形状似面条的圆形长条米食）。例如：miːn^{6}（榨粉）taːm^{6}（泡汤）"泡汤吃的榨粉"。

肩——tɕen^{1} 胳膊。"肩膀"用固有词 ba^{5}。如：tɕen^{1}（胳膊）nu^{1}（老鼠）"胳膊腱子肉"。

词义范围缩小　此类借词比汉语所指范围小，只涵盖汉语原词义范围的一部分，其他部分则用固有词或其他相关汉借词表示。

刀——taːu^{1} 剪刀。其他刀类用固有词 ɕa^{4} 或 mit^{8}（小刀，尖刀）表示。

君——kwaːn^{1} 丈夫。与固有词 pau^{5}（另有"祖父、男子"义）并用。例如：

kwaːn^{1} laːu^{4} kwa^{5} ja^{6}.　　丈夫比妻子年纪大。
丈夫　大　过　妻子

词义范围扩大　此类借词在保留汉语原义的同时，还通过引申、比喻、比拟，以及常见、常用概念泛称相关事物等办法，派生出与原义有一定关联的新义，或扩大涵盖面，增加指称对象。

冒——maːu^{6} 冒出；说大话，吹牛。例如：paːk^{7}（嘴）maːu^{6}（吹牛）"说大话"。

秫——ɕut^{8} 糯性（谷物）。秫原指糯小米，借入壮语后被用以指称所有的糯性谷物。例如：hau[4]（稻）çut[8]（糯）“糯稻”；hau[4]tai[5]（玉米）çut[8]（糯）“糯玉米”。

词性转变　除词义变异外，也有一部分词在词义变化的同时也发生语法方面的变化，主要是词性的转变。例如：

a. 名（量）词变动词

寿（名词）——tçau[1] 活（动词）。例如：tçau[1]（活）dai[4]（得）dɯə[4]（久）“活得长”。

对（量词）——tuːi[6] 相伴而行（动词）。例如：çam[6]（一起）tuːi[6]（相伴）pai[1]（去）hɯ[1]（墟）“相伴赶墟”。

b. 动词变名词、形容词

卷（动词）——tçuːn[2] 卷粉、切粉（名词）。

绞（动词）——kweu[4]（肚子）绞疼状（形容词）。

c. 动词的主动被动变化

少数动词借入壮语后，出现了主动被动的转化，有的助动词已不能带宾语，变成承受动作的被动词；有的则相反。例如：

拔 pɔt[8]——指树被大风连根拔掉，或建筑物、墙、路等根基坍塌。例如：

la[5] lum[2] ni[4] laːu[4] tça[6] çi[6]，ko[1] mai[4] hen[2] ta[6] laːk[8] pɔt[8] ja[0].

阵 风　这 大　得　很　棵 树　边　河 根　被拔 啦

这阵风真大，河边那棵树被连根拔掉啦。

——李锦芳：《壮语汉借词的词义和语法意义变异》，载《中央民族大学学报》2001 年第 3 期，第 115～121 页。

通过汉傣语天干记数法比较探讨其同源关系

吴安其通过汉傣天干记数法的比较，探讨这两种语言的语源关系：“下表为汉语天干字的上古音、所代表的记数部位名和版纳傣语天干字的古音及所代表的记数部位名的比较：

天干	汉语上古音	记数部位	版纳傣语	台语古音	记数部位
甲	*krap	指甲	kap[7]	*klap	指甲
乙	*qrit	指节	dăp[7]	*ʔdap	（指）关节
丙	*p-kraŋ	手掌	lai[2]	*lar	手背
丁	*g-leŋ	手腕	mɯŋ[2]	*məŋ	手腕
戊	*mo（-s）	小臂	bɤk[7]	*C-bək	臂

己	*kə	肘	kăt⁷	*kot⁷	肘
庚	*klaŋ	上臂	kŏt⁷	*kut⁷	胳膊
辛	*skrin	肩	loŋ⁴	*loŋ	背
壬	*nəm	颞	tău⁵	*tu	乳房
癸	*m-kit（-s）	头	ka⁵	*ka	头

汉、傣语的天干读法对应于各自肢体部位的叫法，故可推测它们的天干读法来自同一种肢体记数法。两种记数法所使用的记数部位皆自指尖（指甲）至头，'丙''辛''壬'对应的部位有所不同。汉语的'甲'*krap 侗台语的 *klap 读法相近，仅此而已。

侗台语词有三个主要来源：汉藏语同源词，南岛语的底层和借词，上古晚期和中古以来的汉语借词。傣语天干的用词是古老的，未见后来的借词。

汉语天干读法的来历早于商代，可能早于文字时代。甲骨文'丁'之后天干字的字形与肢体的象形无关，假借器物名来表示，当为天干的读法来历久远所致。最初只是口耳相传的记数法，后来才以文字记录。即商代之时'丁'之后诸词的本义已不为文字的使用者所知。"

"汉语的数词和藏缅语的有渊源关系，是从五进位数词发展起来的。藏缅语中未见有天干记数法。汉语与藏缅语分家以后，分布在黄河下游，与古侗台语和南岛语有密切的接触关系。我们可以从汉语中找到一些古南岛语借词。沙加尔（Laurent Sagart）曾举出汉语与南岛语成组的对应词以说明汉语与南岛语的发生学关系。汉语与藏缅等的关系比较密切，与南岛语的关系较远。沙加尔文章中部分汉语与南岛语的对应词应是古南岛语借词。如'吴'，见于甲骨文一期（4.29.4）和周早期的金文。《说文》：'吴，大言也。'段注：'大言即谓哗也。'上古音 *ŋa。'喊'，爪哇语（m-）bəŋɔʔ，梅柯澳语（巴布亚新几内亚）ŋaŋa，古南岛语 *ŋaŋa。'吴'的读法应借自古南岛语。若是同源词，与汉语关系更近的藏缅语中应有类似的说法。汉语'丁'等与古南岛语'腕'*gəlaŋ 等比较也是这个意思。"

——吴安其：《汉傣天干研究》，载《民族语文》2005 年第 4 期，第 6～10 页。

台语的"十二地支"的借贷时间不晚于中古汉语

李方桂选取十二地支"子丑寅卯辰巳午未申酉戌亥"等文化词作为研究对象，以阿函语、傣仂语、仲家语为台语代表，将之与上古汉语、中古汉语对比。通过分析它们之间声调、声母、韵母的对应关系，得出"这些地支名称借贷的时期不可能晚于中古汉语（公元 6 世纪）"的结论。

“上文的说明：台语的形式具有不少上古特色。例如：韵尾 -d 的保存（如‘未’），复声母 pl-、zŋ、sm- 的迹象（如‘丑’、‘午’、‘戌’）以及韵母的大势。显然，这些地支名称借贷的时期不可能晚于中古汉语（公元六世纪）。虽然韵尾 -g 的消失也许表示借贷晚于上古汉语时期，但是我们也无法排除这种可能，即在台语也有平行的发展导致 -g 的消失，因此借贷也可能产生在上古汉语时期。我们希望，从上古到中古这个过渡时期的更多资料（特别是晚周时期，秦及西汉）能够帮助我们精确地推断借词发生的年代。”

——李方桂：《李方桂全集（第一集）：汉藏语论文集》，清华大学出版社，2012 年，第 89～96 页。

标话中的古汉语借词

标话是汉藏语系侗台语族侗水语支的一种语言，其与汉语有长期的接触关系，长期与壮侗其他诸族的语言隔离，标话中存在不少上古、中古层次的汉语借词。林伦伦主要通过以下 14 个例词的对应关系，考证标话中的上古层次的关系词及少数中古层次汉语借词。

标话 ʔɔ¹“要”：求取的意思，与汉语的“要”有对应。

tsak⁸“雄性”：与汉语的“特”有对应关系。

tsam²“池塘”：与汉语的“潭”有对应。潭，定母侵部，上古音 *dɯm。这个词广泛分布于侗台语族中，属于上古层次。

tiak⁹“打猎”：与汉语“得”有对应关系。得，端母职部，上古音 *tɯŋ。原始侗台语的 *-ɯ- 在标话中已经演变为 -ia-。

taŋ⁵“饱”：应该借自汉语的“胀”。胀，知母阳部字，标话说 taŋ⁵，保留了汉语“古无舌上音”的特点。上古汉语“胀”读 *krlaŋ，标话等应该是上古后期或中古前期从汉语借入。

hɛːn⁴“旁边”：和汉语的“舷”对应。舷，匣母元部，上古音 *geen，中古音 ɦen，标话的形式更接近中古音，故这个词应该在中古时期或者上古后期从汉语借入，但是语义有转移，从“船的边沿”演变为“旁边”。

kɛːp¹⁰“窄”：应与汉语的“狭”对应。狭，匣母盍 2 部，上古音 greeb，中古音 ɦɣɛp，从声母可以看出，这是个上古层次关系词。

tsap⁷“捡”：与汉语的“拾”对应，拾，从手合声，禅母缉 3 部，上古音 *gljub。标话的声母为塞擦音 ts- 是后来发生的演变。

paŋ⁶“依靠”：与汉语“凭”对应。凭，並母蒸部字，有“扶冰”、“皮证”两切，标话第六调，与“皮证切”对应。

luŋ²“箱子”：与汉语的“笼”对应。笼，来母东部，和标话对应关系非常明显。

haŋ^{6} “小腿”：与汉语的“胫”对应。

ȵiak^{9} “牛轭”：与汉语的“轭”对应。轭，影母锡部字，上古音 *qreeg，中古音 ʔɣɛk。标话的声母为 ȵ-，与上古中古均距离较远，但是通过和其他侗台语的“牛轭”比较，就可以找出他们之间的关系。

kiak^{10} “木板鞋”：应借自汉语的“屐”，屐，群母锡部字，上古音 *greg。从读音上看是个上古层次关系词。但是从分布上看，这个词只出现在台语支语言中，因此可以认为是个汉语借词而非同源词。

ŋɛ^{4} “儿童”：与汉语的“儿”对应。儿，中古有日母支韵与疑母齐韵两读，分别来自上古的 *ŋje 与 *ŋee。标话的 ŋɛ 来自后者。

“根据我们的调查，‘标话’和汉语的接触，主要是粤西粤方言。在其词汇系统中，已经有过半的词语是粤语借词。而上述的 14 例关系词或者汉语借词，却不是粤语的常用词，说明‘标话’不是向粤语借用的。这些词语绝大部分是‘标话’从原始侗台语分化以前从汉语借入的。”

——林伦伦：《标话中的古汉语借词》，载《民族语文》2007 年第 6 期，第 34～39 页。

临高语汉借词的一字多音现象

刘剑三认为临高语汉语借词的多音现象除历史层次不同外，还有来自不同方言等因素。

一、不同历史层次的一字多音现象的特点

“临高语的汉借词可以分为上古、中古、近代和现代几个层次。来自上古的比较少，绝大多数是后三个层次的。”有的不同读法不容易区分历史层次：一是词义词性不同不易区分；二是用法不同即使用范围呈互补状态的词亦不易区分。

二、临高语借词的来源及不同读音的表义功能

“海南岛居民来源复杂，其中海南闽语、儋州话、粤方言和客家话的操用者从东、西、南三面把临高人夹在中间，临高语也从这几种汉语方言中吸收一些词语。海南闽语和儋州话的操用者上岛较早，人数较多，对临高语的影响也较大，客家话的操用者上岛较晚，粤方言操用者人数较少，对临高语的影响较小。由于来源途径不同，一个字就可能产生不同的语音形式。”但是“每种语音形式在表意功能上是不一样的，有的可以独立成词，因而可以单用，有的则不能单用，只能与别的语素组合成词”。

临高语借词一字二音的字在用法上有三种情况：“1. 两种语音形式都能单用；2. 一种语音形式能单用，另一种不能；3. 两种语音形式都不能单用。”临高语借词一字三音的字在用法上有四种情况：一是三种语音形式都能单用；二是两种语音形式能单用，一种不能；三是一种语音形式能单用，两种不能；四是三种语音形式都不能单用。

“一般说来，如果一字多音是由于历史层次不同而造成，那么来自上古和中古两个层次的语音形式绝大多数都能单用，而来自近代和现代两个层次的语音形式绝大多数都不能单用，这和汉语词汇的发展是互相吻合的：中古以前汉语是单音词占统治地位，近代以后双音词的比例越来越高。”

三、临高语新老借词读音与中古汉语音系的对应关系

“无论新老借词，都与中古声母有着很整齐的对应关系。拿老借词与固有词相比，后者只比前者多了ȵ。新老借词相比，主要有两点不同。一是精庄章三组的清擦音，临高语新老借词均三合为一，但老借词为舌尖中音 t，而新借词为舌尖前音 s。二是全浊音即浊塞音和浊塞擦音老借词中声母相同，新借词却依平仄一分为二。另外，微母在老借词中有两个层次，m 为上古层次，v 为中古层次，而在新借词中只有 v 一个层次。日母和云母在老借词中也有两个层次，前者为 j 和 ŋ，后者为 j 和 v。”

“新老借词韵母与中古韵母系统有着很整齐的对应关系，不仅 -m、-k、-t、-p 保存得很整齐，而且阳声和入声韵尾配对整齐。老借词与固有词的韵母基本一致，只是个别韵母未发现借词，因此新借词比老借词韵母数目大为减少，主要是少了以 e 和 o 为主要元音的韵母，它们是：eu、en、em、eŋ、ep、et、ek、o、oi、on、om、oŋ、op、ot、ok。”

临高语老借词有 6 个调类，新借词有 5 个调类，它们与中古声调的关系各自如下：

	平		上		去		入	
中古声调	清音	浊音	清音 / 次浊	全浊	清音	浊音	清音	浊音
老借词调值	13	55	33	21	33	21	33	55
新借词调值	33	13	21	55	55	55	55	55
例　字	车	爷	写 / 友	下	泻	谢	叔	熟
老借词读音	sia^{13}	jia^{55}	tia^{33}/ju^{33}	ha^{21}	tia^{33}	tia^{21}	tok^{33}	tok^{55}
新借词读音	sia^{33}	je^{13}	$sia^{21}/jəu^{21}$	hia^{55}	sia^{55}	sia^{55}	suk^{55}	suk^{55}

“由于新老借词两个音系有明显的差异，所以如果拿它们来检测来自不同历史层次的借词，很容易判定哪一个是老借词的音，哪一个是新借词的音。声、韵、调三方面，调比较简单，也比较容易操作，来自不同历史层次的借词一般只要看其声调，便很容易地分辨出其新老来了。”

——刘剑三：《临高语汉借词的一字多音现象》，载《民族语文》2006 年第 2 期，第 42～47 页。

拉珈语汉借词的层次分析

蓝庆元认为："拉珈语中的汉语借词可分为现代层、近代层、中古层和上古层四个大层次。现代借词是从西南官话的金秀话和桂林话中借入的。近代借词有两个次层次：广府片粤语层为清朝末年陆续借入，勾漏片粤语层为明朝以后陆续借入。中古借词来自一种未知的古代南方汉语方言。上古层次可能是借词也可能是汉语、侗台语同源词。"

他对每个层次的具体情况做了详细分析。

一、现代层（官话层）

"官话层用词反映五四运动以后特别是新中国成立以来的政治、经济、军事、文化和教育生活。这个层次语音上有如下特点：1. 曾、梗二摄舒声韵（洪音唇音字除外）与臻、深二摄合流，都是［n］尾。如：sin^3- 胜（利）、-$tsin^3$-（辩）证（法）（以上为曾摄）；-sin^3（记）性、$tsin^3$- 政（府）（以上为梗摄）。2. 只有四个声调。"

二、近代层（粤语层）

"这个层次在语音上的共同特点是：1. 声调按调类对应：借词的 1、2、3、4、5、6 调分别和古汉语的阴平、阳平、阴上、阳上、阴去、阳去对应，古汉语的阴入、阳入按韵腹的长短各分为两个调，即 7、9 调对阴入调，8、10 调对阳入调。2. 完整保留 p、t、k、m、n、ŋ 韵尾。3. 帮端母字读清声母 p、t。4. 疑母字读 ŋ。5. 微母读作 m。"

三、中古层

他认为中古层的借词大都是一些基本词汇。

四、上古层

"由于上古时期拉珈语还没有从侗台语中分化出来，所以这些借词应该是原始侗台语从汉语借入的。但是我们在研究中发现拉珈语中上古层有两类：第一类是在整个语族中出现。第二类是只在拉珈语中出现。只在拉珈语中出现的借词很可能是拉珈语从侗台语族分化出来后与某个还保留上古音的汉语方言接触借入的。"

五、从壮语借入的汉语词

拉珈人很早就和壮族人民接触，因此拉珈语中有许多壮语借词，同时也借入了一些壮语中的汉语借词。从壮语借入的汉语借词的特点是：古滂母、透母、清母、彻母、穿母和溪母读不送气声母。拉珈语有送气音，按照演变规律，古滂母、透母、清母、彻母、穿母和溪母的字应该读送气音，但是有一部分字去读不送气，而金秀县境内及其周边县份的壮语属于壮语北部方言区，没有送气音，汉语中送气音借到壮语里都变成相应部位的不送气音。另外还有一些中古以后借入的汉语词，从声调上看和粤方言层次对应，但是声母或者韵母却对不上的词，应该也是这个层次的词。比如拉珈语“灾难”说 tsa:i[1] na:n[6] 的“灾”，从声调和声母上看可以归入粤方言广府片，但是韵母却对不上。拉珈语中的广府片借词咍韵读 o:i。从声调和韵母上看可以归入勾漏片粤语层次，但是勾漏片粤语精母、清母读 t，th。若认为是从壮语中借入，则可以解决这些问题。

——蓝庆元：《拉珈语汉借词层次分析》，载《民族语文》2005 年第 6 期，第 1～9 页。

三江侗语的中古汉语借词

曾晓渝认为：“从中古汉语借词的读音，可以了解三江侗语送气声母发展的历史，以及第三调和第六调的分合情况等。三江侗语中古汉借词的借源应是当时桂北地区的一种权威汉语方言，而不是六甲话。”

一、中古汉语借词内部的层次差异

“总的看来，三江侗语里中古汉语借词的语音特点是很清楚的，但仔细分析，其声母、韵母系统内部存在着一些层次差异。声母方面，主要是有个别唇音字如‘父、肥’等声母读作重唇 p-，但其韵母声调合乎中古借词规律，这两字应视为中古早期借词。”韵母方面，“中古早期借词的韵母形式与《切韵》的韵等对应更整齐，晚期的则部分合流了。比较而言，二者最明显的差异是二等韵字主要元音的演变：早期 e＞晚期 a”。“由于中古借词的这些层次差异只是零星的，就整体音系而言是比较统一的，所以，我们没有将中古借词分为早期和晚期两部分来分别论述。”

二、中古汉语借词声母送气 / 不送气交替的解释

（一）清塞音声母汉借词送气 / 不送气自由变体问题

三江侗语汉借词的中古层次存在清塞音声母送气与不送气的自由变体，而这种现象在现代借词里却基本没有，究其原因，作者认为：“三江县以及广西的各种汉语方言桂柳话、六甲话、平话、土拐话、客家话等，其清塞音的送气和不送气特点与中古《切韵》的全清、次清音是基本一致的，即属于中古全清声母的见、端、帮母字的读音一律不送气，属于中古次清声母的溪、透、滂母字的读音一律送气。不仅在广西，全国的汉语方言也基本上如此。现代汉语各方言清塞音送气与不送气音的音位对立，是在中古《切韵》音系时就形成了基本格局。由此可以设想，三江侗语里中古汉借词清塞音声母送气 / 不送气的交替现象，其原因不在所借的汉语方面，而是缘自侗语本身的特点”。

“从三江侗语的汉借词读音看，侗语在中古时期可能已有送气声母了，否则，中古汉借词就不会有送气 / 不送气的交替现象。由此我们推测：1）中古时期三江侗语里已经存在送气塞音声母；2）中古时期三江侗语里塞音声母的送气与不送气尚未完全形成

音位对立。”

（二）全浊塞音汉借词送气 / 不送气的问题

“中古汉语的全浊塞音声母字，在三江侗语里，中古汉借词无论声调平仄大多都不送气，这一特点与广西平话、六甲话等汉语方言基本一致；现代汉借词则一般平声送气，仄声不送气，这与广西的西南官话桂柳话基本一致。”“根据三江侗语全浊声母汉借词的读音情况，我们推测侗语自身音系的全浊声母大约是中古后期清化。由于中古时期侗语里还有全浊声母，正好可以与全浊声母的汉借词相匹配，所以，侗语里的中古全浊声母汉借词基本没有像清塞音声母那样表现出较普遍的送气 / 不送气的交替现象。”三江侗语里的汉借词中，近现代的借词借自当地的西南官话，中古及中古前的借自当地的一种通用汉语。

三、三江侗语中古汉语借词来源考证

作者不认为三江侗语中古汉语借词来自六甲话、土拐话的论述。又根据中古汉语借词一、二等韵的分合情况与程阳壮语、白土壮语、黄金镇仫佬语的比较。推测出：“在中古时期，广西北部可能存在着一种势力较大的通用汉语，其音系特点与《切韵》非常接近，这种汉语方言是该地区侗台语中古汉语借词的共同来源。由于中古时期广西南北汉语方言很可能不是统一的‘古平话’，所以，三江侗语里中古汉借词的源方言名称尚待斟酌。”

“由于三江的汉语方言六甲话、土拐话在声调格局、韵类分合这些深层语音特点上与三江侗语中古汉语借词不一致，且六甲话、土拐话大概在宋代之后才进入三江地区，再通过相邻亲属语言的比较，可以说，三江侗语中古汉借词的借源不是六甲话，而是当地早于六甲话的一种权威性汉语方言。”

——曾晓渝：《三江侗语中古汉语借词》，载《民族语文》2006 年第 4 期，第 15～27 页。

三江侗语早期汉语借词来源于早期六甲话

陈宗林比较了三江侗语早期借词读音和现代六甲话，认为有如下特点：

1. 大部分早期借词声调与六甲话的声调对应，作者分析了“借词声调与六甲话声调的相似性，如阴平读高降调，阳上读高升调，阴入、阳入各分长短而且调型相同等等。但这种相似仅限于一部分现代借词，而早期借词由于借入时代较早，已随着时间的推移而逐渐融入本族语的语音系统，其声调调值已基本适应了本族语的声调系统，与六甲话的声调形成了比较整齐的对应关系。如下表：

	阴平	阳平	阴上	阳上	阴去	阳去	阴入（长）	阴入（短）	阳入（长）	阳入（短）
借词	55/35	11	33/23	31	53/453	33	33/23	55/35	31	11
六甲	53	343	44	35/22	41	22	33	55	11	13

借词中大多数早期借词的调值与当地六甲话不同，虽然有些调类的调型相似，如高降调 53 和次高降调 41，但调值毕竟产生了差异”。

2. p → f “借词中还保留着中古‘轻重唇不分’的痕迹，如奉母字‘肥’读 pi^{11}、‘父’读 pu^{31}，声母皆读重唇。其中的 pi^{11}‘肥’在六甲话中读 fi^{343}，二者声调对应，韵母相同，而声母已由重唇变成了轻唇”。

3. a → e “借词中 ja^{55}‘爷’是当地外来杨姓家族对‘父亲’的专称，而杨姓又恰恰是六甲人十二姓之一，因此 ja^{55} 可能是六甲话借来的词，但现在六甲话称‘父亲’为 je^{53}‘爷’，元音和声调都不同。‘爷’古书多借用‘耶’，从这两个字的声调来看，它们都为阴平调类的调值，故本字应为阴平的‘耶’字。‘耶’属假摄开口三等麻韵，其中古音读作 ja，借词的 ja 正好与之相同，因此我们可以说 ja 是现代六甲话 je 的早期形式，元音 e 由 a”。

4. a → ø，ou “借词果摄开口一等有 a、o 两种韵母，代表两个不同时代层次的韵母。a 与中古音接近，是 o 的早期形式，如 la^{11}‘锣’、ha^{55}‘河’、lo^{11}‘罗’等。现代六甲话中古果摄开口一等字读与 o 相近的 ø、ou 一韵，如 lou^{35}‘罗、锣’，hou^{34}‘河’，$tø^{343}$‘驼’等，它们都比 a 产生晚，并且由 a 演变而来”。

5. aːi → oi “借词两读现象往往反映了借入早近两个层次。三江侗语汉语借词中古蟹摄合口一等字的韵母多有 waːi 与 oi 两读，例如‘退’$thoi^{453}$/$thwaːi^{453}$、‘对’toi^{53}/$twaːi^{53}$、‘罪’soi^{31}/$swaːi^{31}$。显然 waːi 反映了较早的读音。oi 是从现代六甲话直接借来的近期借词读音，试比较六甲话的 $thoi^{41}$‘退’、toi^{41}‘对’、$tsoi^{41}$‘罪’三个词，由于受原来的介音 -w- 的影响而使早期的 a 元音高化而成现代的 o”。

“通过上述早期借词读音与现代六甲话的比较分析，我们可以看出早期借词保留了六甲话的某些古音特点。这些特点虽然在现代六甲话中已经消失，但我们可以通过与汉语中古音的比较再现出来。三江侗语的早期汉语借词与六甲话密切相关，它们很可能来源于早期六甲话。但是早期六甲话的具体形式如何，尚无文献证明，也很难通过现代六甲话去溯源，唯一的途经还是要借助于三江侗语的早期汉语借词。”

“当然，我们这里所说的早期借词，主要是就韵母而言的，声母的变化比较大，如浊音清化，轻重唇分立，知、庄、章三组声母合流等等。但是在汉语语音史上，这种变化唐宋时期就已开始发生了。如果我们能够证实六甲人是在唐宋时期进入三江县的话，那么三江侗语的早期汉语借词所反映的语音现象正好与当时的汉语语音相同。由此我们可以进一步推断三江侗语的早期汉语借词大概是唐宋时期从六甲话借来。这时的六甲话声母已经发生了上述变化，韵母却仍然保留着以前的语音特征。如果，假二摄虽有共同的a类韵，一二等、三四等在效、咸等摄中有分化的痕迹（其区别主要表现在元音开口度大小的不同或主要元音的不同）等等，但是绝大多数韵母已开始简化，如一二等韵相混、三四等韵相近。如部分梗摄与曾摄、咸摄与曾摄、果摄歌戈二韵已开始相混、相近等等。这种简化趋势占优势的语音特点大致可与唐宋时期的汉语语音互相印证。因此，我们可以从三江侗语的早期汉语借词追溯唐宋前后汉语语音由繁到简的变化过程，从而真正弄清唐宋时期汉语语音简化前后的面貌。”

——陈宗林：《三江侗语早期汉借词来源于六甲话考》，载《民族语文》1999年第5期，第68～73页。

侗语中汉语新借词的读音

石林认为：“侗语的汉语新借词服从于侗语的音韵系统。调类不同调值相同是侗语新借词的声调规律。具体而言，除启蒙、新街侗语有入声调外，其他地方的侗语新借词都没有。各地阴平调的调值都是中平33，阳平是低平或低降11或22或21，上声是降调31或53或21，去声是升调35或24或13。总之，侗语新借词借入汉语声调调值的规律是，对升调、降调、高平调、低平调的借入要求不很严格，两者的调值如相同则最好，如不一致时只要侗语的调值或调型与汉语的相近即可借入，不再增加新的声调。但对中平调33的借入要求很严，只有两者的调值完全相同才能借入，没有相同的调值则要借入新的调值33而增加了一个新的声调。从我们现在所掌握的资料看，除了阴平调（调值为33）有从汉语借入新的声调的现象以外，其他声调均没有从汉语中借入声调的。”

“汉语新借词声母的借入要服从于侗语的声母系统的。本民族没有的声母借入就很困难。如舌尖塞擦音声母ts、tsh和唇齿擦音声母f，由于大多数地方的侗语都没有这几个声母而很难借入。这些声母往往以本族固有的塞音声母ȶ、ȶh和双唇擦音声母w所取而代之。一些没有送气声母的侗语方言也很难借入汉语的送气声母。除了一部分地方因新借词而增加ts、tsh、f、c、ch、ç这几个声母以外，大部分地方都没有从汉语吸收新的声母。这是就一般情形而言。而一些靠近汉族居住区的地方和一些受过长期汉语教育的人，他们所讲的侗语中的汉语新借词声母则与当地汉语的声母没有什么差别。此外，新借词声母的借入也受到侗语声母、韵母固有配合规律的限制。也就是说，侗语虽然也有汉语那样的声母和韵母，但由于没有这类声母和韵母所组成的音节，而把这些声母换成在侗语中能与这些韵母相拼的声母。通常是 p、ph 换成 ȶ、ȶh(在效摄三等韵前，即 iau 前)，t、th 换成 ȶ、ȶh（在细音前即以 i 为韵母或以 i 为介音的韵母前），如‘标’piau^{33}、‘飘’phiau^{33} 变为 ȶau^{33}、ȶhau^{33}，‘敌’ti^{22}、‘提’thi^{22} 变为 ȶi^{22}、ȶhi^{22}。”

“侗语新借词的韵母与当地西南官话的韵母基本相同，这是因为侗语的韵母比当地汉语的韵母多得多的缘故，当地汉语的韵母基本上都能从侗语的韵母中找到。从汉语中借入的韵母只有两个：一个是舌尖元音 ɿ，一个是撮口韵母 y。少数地方连这两个韵母也难以借入。高坝侗语至今把 y 仍读为 i，如‘鱼’y^{22} 读为 lji^{22}。程阳等地把 ɿ 读为 i，如‘资’tsɿ^{33} 读为 ȶi^{33}。这说明，凡是侗语的固有韵母中所没有的汉语韵母，侗语的借入也是很困难的。这也是侗语新借词韵母的一个特点。新借词韵母的另一个特点就是中古汉语的等、摄、开口合口、舒声入声和声母在新借词的韵母中有不同的表现，即普通话的同一个韵母因来源的不同而在侗语新借词的韵母中有不同的读音。”

——石林：《侗语中汉语新借词的读音》，载《民族语文》1994 年第 5 期，第 11～23 页。

新晃汉语中的侗语成分

姜莉芳认为，湖南新晃汉语属西南官话，其中存在侗语成分，主要表现在词汇和语法两个方面。词汇方面，该文指出新晃汉语口语中的 20 多个词汉语文献无证，却与侗语说法吻合，它们可能来自侗语。他对这 20 多个词逐一列举，并以侗语的亲属语言作为参照。例如：

汉语意思	新晃汉语	南部侗语	北部侗语	侗语的亲属语言	
屎	kɛ^{42}	qe^{4}	ke^{4}	仫佬 cɛ^{3}	水 qe^{4}
欺骗	lo^{42}	ləu^{4}	ləu^{1}	布依 lo^{4}	水 jo^{4}
傻	ŋaaŋ^{53}	ŋaaŋ^{5}	wa^{4}	仫佬 ŋaaŋ^{5}	水 ʔwa^{3}
痞	phai^{42}	phe^{5}	ʔe^{1}	仫佬 phaai^{3}	水 phe^{5}
冻僵	khua^{313}	kwa^{3}	kwa^{3}	仫佬 kɣa^{3}	水 ȶak^{7}

此外，新晃汉语形容词生动式里还有一种特殊的 ABB 式，A 是汉语，B 是侗语，

分别在汉语、侗语里对应相同的意思。新晃汉语从侗语中引入原本为实词的 B，并把它虚化成词缀，附着在 A 的后面，侗语成分起加注、说明、增强形容词生动色彩的作用。这类词在形式上和汉语普通话里的形容词 ABB 式语法功能相当。举例如下：

juɛn^{313} tuŋ^{313} tuŋ^{313}	圆鼓鼓	ai^{42} tɛ^{313} tɛ^{313}	矮墩墩
圆　△　△		矮　△　△	
kɛn^{44} so^{44} so^{44}	干巴巴	kuɑŋ^{44} tuŋ^{42} tuŋ^{42}	赤裸裸
干　△　△		光　△　△	

作者指出：“新晃汉语中的侗语借词可分两类，一类是将侗语的一个完整的词经语音改造后借入汉语，词汇意义和语法意义基本上不改变，相当于全借。另一类是汉侗混合词，相当于半借。”

除词汇层面外，作者还从句法方面分析侗语对新晃汉语的影响，指出了新晃汉语与侗语相仿的若干句法现象。其中有的句法现象，并非新晃汉语独有，在其他一些西南官话里也可以看到。作者推想这种现象可能是受南方少数民族语言，尤其是侗台语言影响的结果。

——姜莉芳：《新晃汉语中的侗语成分》，载《中央民族大学学报》2004 年第 2 期，第 103～106 页。

龙州话的汉借字

李方桂将龙州话里的汉借字的声韵调系统与中古汉语进行对照，探求出了龙州话里汉借字的成分，该文认为：“所以从借字上说至少我们可以看出三种成分来：一种占借字的大部分，是一种粤语方言，也许含有较古的借字；一种是近代通行粤语所谓‘普通话’的借字，占少数；一种是官话借字，包括较文一点的词项。但是此外不免还有混合读音，如生，如是官话借字，当读 ɕəːŋ 或 səːŋ，可是声母换上 ɬ-（sound substitution）；下（在下海 hia˩haːi˥ 一词）如是官话借字当是 hia˧，可是声调仍保存 ˩（阳去），与 ja˩ 下的调相同，等等。”

“龙州话里的汉语借字既然如此复杂，所以上面表上所表示的音变是很不一律。这是因为表里头的字不是一个系统而是好几个系统的借字。从这些表里只能看出变化的大致倾向。要知道哪个读音是哪一个系统的字，非得另外再作一番分析工作不可。在前面有些字因为他是某方言特有的字，或音韵上的特别变化与某方言相合，在注里都注明了。其余的必须等我们知道了龙州附近的粤语方言、官话方言，及附近台语的借字系统之后，才能作更满意的解释。”

——李方桂：《李方桂全集（第三集）：龙州土语》，清华大学出版社，2005年，第20~36页。

《切韵》重纽字在汉台关系词中的反映

郑伟指出：“汉台关系词在认识重纽的介音对立及其对元音的影响方面，具有重要的参考价值。它一方面证明了为重纽三等拟测 -r- 介音是正确的，另一方面揭示出了和朝鲜译音等类似的韵母特点，即重纽三等字的介音或主元音为偏央后的［ɯ］、［ə］，或者是韵母变为合口，有时重三字的主元音读低元音［a］；重纽四等除了与重三字的读音不同，其韵母元音往往与纯四等韵字在侗台语里的关系词保持一致，韵母为偏前高的［e］或［ɛ］。”

——郑伟：《〈切韵〉重纽字在汉台关系词中的反映》，载《民族语文》2013年第4期，第28~36页。

仡央语群语言中的汉语借词及其时间层次

周国炎认为：“在仡央语群中，每一种语言都有大量借自汉语的词汇，可以说，汉语借词已成了仡央语群语言词汇系统的重要组成部分。按借入时间的先后，汉语借词可分为早期借词（或称古借词）和近现代借词（或称新借词）两大类。”

“早期汉语借词均为单音节词，是从上古或中古汉语中借入的。一部分这类借词至今仍保存中古乃至上古汉语的语音特征；一部分词由于借入时间较早，或是在借入以后受仡央语群语言的影响而出现了较大的语音变异，有些词已经发生了语义的转移。仡央语群语言中大量汉语借词的存在与仡央人和汉民族之间长期以来一直保持着接触和频繁交往是分不开的。仡央人的历史来源最早可以上溯到春秋战国时期的越人，并可能与秦汉时期的夜郎濮人有渊源关系。早在两千多年前，仡央人的先民就已经与北方汉民族的先民有了接触。秦、汉以后，随着中央王朝对西南少数民族统治的不断加强，汉文化对少数民族的影响也日渐加深。这期间，中原地区及四川、湖南、江西一带的汉族曾数次向仡央人先民的居住地——贵州北部和东北部地区移民。同时，历代中央王朝也不断地向这些地区派驻官兵。另一方面，汉人的到来又致使一部分仡央人先民离开原居地，向黔西南、桂西北、滇南及越南北部一带迁徙，造成了多次较大规模的人口流动，也使仡央人先民与汉人有了更进一步的接触。汉人进入仡央人先民的地区，带来了先进的农耕、纺织等技术和生活经验。随着交往的加深，这些技术和经验也逐渐为仡央人的先民所学习和借鉴。表现在语言中的是大批汉语借词的出现。

这一时期的汉语借词范围较广，涉及生产、生活的很多方面。从语音上看，保存了上古或中古汉语的特征。例如：'城'，今音 $tʂhəŋ^{35}$，西南官话 $tshən^{31}$，上古属禅母耕部，拟音 ʑieŋ，《广韵》是征切，禅清开三平梗，拟音 ʑǐɛŋ，仡佬（六枝）den^{31}（相同的语音形式在同语群的木佬、拉基等语言中已转义为'邻居'）……"

"近、现代汉语借词包括从西南官话形成以后至今借入仡央语群语言中的汉语语词。汉语方言学研究资料表明，西南官话大约形成于明代，当时的西南官话已属近代汉语，在语音上与现代西南官话已无太大差异。贞丰仡佬语中的一部分汉语借词的语音形式反映出了近代西南官话的某些语音特征。贞丰仡佬族可能是在 18 世纪末'南笼起义'失败后从贵州中北部地区迁往黔西南一带租垦荒山的移民中的一部分，贞丰仡佬语中的一部分汉语借词在语音上表现出了与当地汉语明显的差异。例如：'平'，讫佬语 $phiŋ^{35}$，当地汉语 $phin^{31}$；'盆'，仡佬语 $phəŋ^{35}$，当地汉语 $phən^{31}$……"

"进入 20 世纪 50 年代以来，随着少数民族地区社会经济文化的日益发展，新生事物不断涌现，大量的现代汉语词汇被借入仡央语群语言中。这一时期的借词反映了社会政治、经济、文化生活的各个方面，在语音上接近当地汉语方言（属汉语西南官话），声调的调值与当地汉语稍有区别。在音节构成上以多音节词为主，同时也有一部分单音节词。与古代借词所不同的是，这一时期的借词除大量名词外，还有动词、形容词、副词等。例如：'争'，仡佬（贞丰）$tsən^{42}$，木佬 $tseŋ^{33}$，拉基 sen^{33}；'记'，仡佬（贞丰）$tɕi^{42}$，普标 $tɕɯ^{53}$，水拉哈 $tɕɯ^{343}$；'空'，仡佬（贞丰）$khuŋ^{42}$，木佬 $khuŋ^{33}$……"

"此外，由于现代汉语语法结构的借用，一些表示句法结构关系的语词，如介词、连词等也进入了仡央语群语言。例如：'或者'，仡佬（贞丰）ho^{42}，仡佬（安顺）$hue^{31}tse^{33}$……" "在部分语言中，甚至一些基本词汇也借自现代汉语。例如：'肺'，贞丰仡佬 fei^{42}，木佬 fei^{53}，'胃'，贞丰仡佬 $tu^{35}tsɿ^{42}$（肚子）……"

——周国炎：《仡央语群语言中的借词》，载《民族语文》1999 年第 1 期，第 43～48 页。

从苗瑶语方言汉语借词的语音对应区分同源词和借词

金理新根据苗瑶语各个方言汉语借词的语音对应关系，寻找汉藏语系语言区分借词和同源词的方法。认为："单独就一种语言或一种方言而言，判断借词可能会有一些困难。然而，即使这一种语言或方言，判断借词也绝非不可能，只要理清楚两种语言或方言之间的语音关系，借词的本来面目还是会显示出来的。但是，对于一个语族或语支来说，判断借词却是比较容易的。尽管借词也有语音对应关系，但是借词构成的语音对应关系是一种不完全语音对应关系，跟同源词构成的完全语音对应关系不同。如果我们把这些语词放到整个语支或语族的所有语言里面，借词就暴露出来了。因为，借词是通过传播扩散到整个语族、语支里面的。通过传播，就一定会显示出借词在一个语族、一个语支内部的不平衡性。借词没有语音对应关系的观点，验之于汉藏语系语言，显然是难以站住脚的。相反，语音对应关系却是确定借词的必要条件。如何区别借词和同源词，应该从语词的语音形式和意义内容两方面着手加以解决。”

——金理新：《借词的形式判别标准——以苗瑶语中的汉语借词为例》，载《民族语文》2008 年第 5 期，第 44～51 页。

京郊火器营北京话中的满语词语音特点

赵杰探讨了京郊火器营北京话中满语词的轻音及儿化音的特点。

一、轻音

“我们知道，北京语口语中有两种音重成分，即轻声和轻音。轻声是声调的轻化，如‘妈、麻、马、骂、吗’之‘吗’。约定俗成的词，如‘东西’之‘西’，‘媳妇’之‘妇’，‘老爷’之‘爷’等均发轻声，但北京话中还有一种轻音，它属于音重的范畴，即相对于重音，（适）中音之外的轻音，这是老北京人或北京土话的口音。其实，它是受具有音重特征的阿尔泰语系契丹、女真、蒙古、满洲诸民族语长期影响的后果，只是表现在清代满语上更加明显更加丰富而已。火器营这种满式汉语的轻音可以说覆盖整个词汇，以下仅举数例：

汉字	北京标准音	火器营轻音	汉字	北京标准音	火器营轻音
宝顶	pau^{35}tiŋ^{214}	pau^{35} · tiŋ	瓦丁	wa^{211}tiŋ^{55}	wa^{211} · tiŋ
修理	ɕiou^{55}li^{214}	ɕiou^{55} · li	影壁	jiŋ^{211}pi^{51}	jiŋ^{211} · pe
清楚	tɕhiŋ^{55}tʂhu^{214}	tɕhiŋ^{55} · tʂhu	地方	ti^{51}faŋ^{55}	ti^{51} · fəŋ
钱粮	tɕhiɛn^{35}liaŋ^{35}	tɕhiɛn^{35} · liəŋ	皇上	xuaŋ^{35}ʂaŋ^{51}	xuaŋ^{35} · ʂəŋ

……

这些轻音往往比轻声弱得多，只是一带而过，尾部的元音发得不够响亮。由于高度弱化，有些轻音词里的元音已经央化或脱落。”如“‘地方’之‘方’的 a 变成 ə，‘皇上’之‘上’的 a 变成 ə……”

二、拼合儿化和东北儿化音

正像北京话里存在两种音重现象即轻声和轻音一样，北京话里也存有化合和拼合两种儿化现象。如前所述，轻音是最直接受满语影响而来的，同样，化合儿化是明代北京和东北话已有的语音现象，但拼合儿化却是清代满族旗人进北京由满语转成满式汉语中的音变结果，后来再由满式汉语传向北京广大市民。在这方面火器营的满式汉语表现得很充分。先比较一下化合和拼合：

	标准北京化合儿化	火器营拼合儿化
花儿	xuɐ	xuɐ-ɚ
那儿	nɐ	nɐ-ɚ
……		

“这类儿化是标准北京音和火器营所代表的清代满式汉语音的区别，标准北京音都是化合音，即发儿化音节元音的同时实施卷舌动作。”火器营的拼合音，“即在原化合音的基础上又粘附了一个卷舌成分，这是满语偏低偏后的元辅音发音习惯移至满式汉语所至。这种拼合儿化音今天只有老北京人特别是二环路以内的原清代北京内城人和西郊外三营的旗人后裔这样说，火器营的发音恰好做了一面镜子”。又如：

	北京标准音	火器营儿化音
半拉儿	$pan^{51}la^{55}$	$pan^{51}lɐr^{214}$
（84）周儿	$tʂou^{55}$	$tʂrou^{55}$
……		

“这类儿化不同于上一种，它们不是儿化种类的不同，而是儿化不儿化的区别。标准北京音不儿化，火器营音是化合儿化，正好反映了旗人几百年前从东北带来的化合儿化音：火器营化合音还有一个特点，即舌尖后辅音都是再向后的卷舌，如 zʅr、tʂr、tʂhr，舌根辅音也是再向后，发成小舌或声门音，如 k 发成 g，x 变成 χ 等。这又是北京旗人话和北京标准音的不同。旗人之所以这样说，是因为他们的满式汉语前的满语有元辅音偏低偏后的语音特征，这种发音习惯随着满族人由满语转向汉语时不知不觉

地迁移进来。”

——赵杰：《京郊火器营北京话中的满语词》，载《民族语文》2002年第1期，第65～69页。

满语“白”同汉语副词“白”的借贷关系

胡增益通过比较满汉相关资料认为：“满语的baibi和bai来自汉语的‘白白’和‘白’。‘白白’和‘白’，特别是‘白’借入到满语之后，产生了新的词义。汉语又从满语回借了这个‘白’字。因此汉语的副词‘白’，实际上包括了两个来源的‘白’：一个是汉语固有的‘白’——白H；一个是在满语中词义有了发展的‘白’，也就是满语的‘白’——白M。白M在文学作品中使用过，集中表现在《红楼梦》、《儿女英雄传》中，同时也在口语里出现过，例如北京话里直到现在还有它的痕迹。但白M并没有为使用汉语的地区普遍接受，随着岁月的推移变得愈来愈不能被人理解，进而几乎完全消逝。”

文章首先统计了满语、满－通古斯语资料中baibi、bai和汉语资料中“白白”“白”的各种用法及使用频率。然后从语音、词义、注释等方面推断满语的baibi、bai来自汉语的“白白”“白”。接着又从baibi、bai译为汉语和白、白白译为汉语的情况及汉语和北方民族语言中的辗转反借，满语中bai的活跃性强、汉语中“白”的某些意义消失得快等现象推断汉语又从满语回借了产生新义的“白”字。

“根据上面讲的情况，我们认定baibi、bai来自汉语的‘白白’、‘白’。”

“这样看来，除了‘平白无故’、‘无效果’、‘无代价’这些意思外，‘只’、‘有些’、‘随便’以及‘闲’的副词用法，可能是满语baibi、bai所有而汉语‘白’所无的。”

“上面列举的情况说明，相当数量的满语口语词、日常用语被汉语所吸收。这些词进入汉语的程度不同：通用、部分地区通用、部分家庭通用。表现了一个词成为借词可能经过的不同阶段。因此一个满语词随着经常掺杂在汉语里说，最终进入汉语并达到通用的程度。这对理解‘白’有启发。”

“‘白’已经消失的用法，主要使用在北方地区，现在只有北京话还保留着这个‘白’的某些用法。‘白’的某些意义消失得这么快，说明‘白’的这些意义不是汉语固有的，而是借来的。”

——胡增益：《满语“白”同汉语副词“白”的借贷关系》，载《中国语言学报》第5辑，商务印书馆，1995年，第265～299页。

蒙古语科尔沁土语中的汉借词

波·索德从科尔沁土语中的606个汉借词探讨了这些汉借词的特点：

“1. 科尔沁土语中的汉语借词明显多于察哈尔土语及书面语。在科尔沁土语4600个常用词语中，有汉语借词606个，占全部常用词的13%，而察哈尔土语中远远少于这个比例。蒙古书面语中则更少，在相应的4600个常用词语中汉语借词只有123个，占全部常用词中的3%。这表明在常用词中，汉语借词具有明显的地域性特点。

2. 从按词类分布的情况来看，科尔沁土语常用词的汉语借词中名词占绝大多数，并且大部分都属于文化词。从借词所反映的文化层次来看，科尔沁土语常用词汇中的汉语借词多数为反映物质文化的词语。同时，反映制度文化的汉语借词也很多。

3. 有一部分汉语借词的读音与察哈尔土语及书面语相同，其中有些是早期借词。

4. 有一部分汉语借词的读音与察哈尔土语相同，而与书面语不同。它们在书面语中与蒙古语固有词相对应。

5. 在科尔沁土语中，有一部分汉语借词与蒙古语固有词并存并用。值得注意的是，这些并用词的大部分属形容词和动词，但这类汉语借词中的一部分具有不稳定性。也就是说，科尔沁土语中的一些形容词、动词类借词还没有完全替代固有词。

6. 有些汉语借词进入科尔沁土语时意义有了变化，因而与原词义不完全对应。”

——波·索德：《蒙古语科尔沁土语中的汉借词》，载《民族语文》2005年第5期，第77～80页。

青海话中的民族语借词

贾晞儒从语音和语义两个方面分析了青海话中的民族语借词的特点。他认为：“青海的语言除汉语外，还有藏语、蒙古语、土族语、撒拉语。汉语青海话在多语言环境中吸收了当地少数民族语言的许多成分，与汉语其他方言在语音、词汇、语法等方面有一定差异。借词受语言习惯、语言意识和思维模式的影响与制约，使原词的读音、词义产生偏移或转化。借词的读法迁就母语的语音，给每一个借词以一定的声调（安多藏语、蒙古语、土族语和撒拉语等，都没有声调），原词义也可能发生某些变化，如使原词义概括范围缩小、扩大和转化等，从而使借词基本具有了汉语的‘资格’而被认可。”

一、民族语借词的语音特点

那些比较稳定地长期使用于青海汉话之中的那部分借词，在语音方面大致有以下几个特点。“1. 增音、减音，借词中与汉语的 /tɕ/tɕh/ɕ/ 相同或相近似的采用 /tɕ/tɕh/ɕ/ 后，如果没有 i 都必须嵌入 i 元音。”“2. 语音交替，藏语的 thɔmpə 青海话读作 thɔ̃²⁴pu¹³ ‘铜布’（勺子），ʂtsampa 读作 tsã⁴⁴pa⁴⁴ ‘糌粑’ 等。借入词因受方言语流音变的影响而发生异化。其中的 m 辅音被其后的 m 辅音异化，分别读作鼻化元音 ɔ̃ 和 ã。”“有些借词保留原词的某个读音或采用与其近似的音，代替汉语原有的音，形成方音与汉语语音相对应。”

二、民族语借词的语义特点

民族语借词的语义主要有以下特点：1. 语音有变意义基本相同。2. 音义基本相近。3. 音义有变，有的借词不但改变了原词的读音，而且使其意义也发生了转化或缩小、引申，使原词词义隐匿不现。

——贾晞儒：《青海话中的民族语借词》，载《民族语文》2006 年第 2 期，第 48～50 页。

汉语中的“胡同”源于蒙古语的“水井”

照那斯图指出：“据张清常先生考证，汉语中出现‘胡同’最早追溯到元代；他发现有关胡同的语源记载见于沈榜《宛署杂记》（1593 年刊行）：‘衚衕本元人语。’；他反复论证‘胡同’源于蒙古语的‘水井’，指出有水井即有人烟，北京城区有许许多多胡同因水井而得名，它的‘音加意译’（如水井胡同、东井儿胡同、西井胡同、南井胡同、北井胡同，等等）的名称就是胡同源于水井的旁证，为‘水井’说提供了不少有力证据。”照那斯图提供了一些新资料为这一说作进一步论证。

“第一，在距今 150 年前刊行的藏蒙对照工具书《详解月光辞典》（蒙古文名为 nere udqa-yi tododqaɣči saran-u gegen gerel kemegdekü doqiyan-u bičig oroši-bai）中其作者阿拉善语文学家阿格旺丹达尔对‘井’（书写为 qudug）作出了 yeke jegeli ‘大街’的解释（见上册十五号），这是我们迄今所发现的最早的‘水井’说。”

“第二，明人茅元仪所辑《武备志》（1621 年刊行）译语（见卷二百二十七）里收有‘井’，译音是‘苦都四’即 qudus（quduɣ 的复数形式）。这个译语后他又附录另一种译语，说：‘北虏译语别类业详，近有蓟门防御考，所载略异，或今昔之殊，风气变更也，且有此详彼略，故备载之于左。’此外所引《蓟门防御考》中又有‘井’，但其注音确与《武备志》译语不同，竟然是‘忽洞’，在语音结构上与‘胡同’简直没有多少差别了，而且直接反映了它与quduɣ之间的等同关系。《宛署杂记》与《武备志》两书刊行时间只差28年，前者说的是胡同的语源——元人语即蒙古语，后者说的是胡同的语义——‘井’。《武备志》这一条材料，大概可以成为胡同原义为水井的最有力的文献证据。”

“第三，事实上‘忽洞’、‘胡同’等这种‘井’的最早译音形式至今还有大量保留。从《中华人民共和国内蒙古自治区地名录》的‘居民地名称表’中查得，带有quduɣ地名共见180条，其译音汉字多用呼都格等后期译法，但其中还有不少早期译法，用字与《蓟门防御考》完全相同者即‘忽洞’有23个，与现在通用形式完全相同者即‘胡同’有3个，其他‘胡洞’、‘胡筒’、‘湖洞’等8个转录如下：

汉字名称	蒙古文	类别	旗县别	北纬	东经
阿盟忽洞	aman quduɣ	大队	察右后旗	41.5°	113.4°
阿马忽洞	amaquduɣ	大队	察右中旗	41.5°	112.8°

……

这里还应该说的是，《蒙古秘史》、《华夷译语》等汉字标音的蒙古语文献中，对蒙古语的音节收尾音ɣ一般用小的‘黑’字译音，但还有其他处理方式，其中包括用ŋ对译ɣ，如在《蓟门防御考》中就有这样的例证：

泉　卜浪（<bulaɣ）　　甲　忽样（<quyaɣ）

这种译法，在上述内蒙古地名录材料中仍然可以见到，在此只举几例：

baraɣun bulaɣ	西乌不浪	自然村	乌前旗	40.7°	109.3°
qalǰin bulaɣ	哈常扑浪	自然村	鄂　旗	38.5°	107.1°

……

因此，蒙古语quduɣ与汉语‘胡同’之间，无疑存在合乎规律的语音对应现象。如果把我们上述三点与张清常先生的考察成果综合在一起，对‘胡同’的语源和语义有足够的理由作出明确的结论，汉语的‘胡同’就是来自蒙古语的quduɣ‘水井’。”

——照那斯图：《论汉语中的蒙古语借词“胡同”》，载《民族语文》1991年第6期，第30～35页。

焉耆话的借词

刘俐李认为，“焉耆话‘借词多’含两层意思，一是语源多，二是数量多。据现有资料统计，焉首话借自阿拉伯语的词有一百多条，借维吾尔语的近百条，波斯语借词有三十多条，俄语借词近十条，还有蒙古语借词和英语借词。借词在使用频度和与固有词的对应上出现不同层次”。

根据借词的语源类型，“借词的语源类型以阿拉伯语、波斯语、维吾尔语三类借词为主，还有俄语、蒙古语、英语借词，共计六类”。“阿拉伯借词，例如：买斯孜的 masdʒed［mɛ51sɿ21tsɿ24ti21］‘清真寺’”；“波斯语借词，例如：板呆 bande［pan51tɛ21］‘（真主的）奴仆，忠实的信徒’”；“维吾尔语借词，例如：帕坎儿 pakar［pha24khɐr51］‘矮子’”；“俄语借词，例如：卡德儿 кадры［khɑ21tər24］‘干部，头儿，大干部’”；“英语借词，例如：嘎斯 gas［ka24sɿ51］‘瓦斯气’”；“蒙古语借词，例如：戈壁［kɤ21pi24］‘戈壁滩上的沙石’”。

“据使用频度给焉耆话借词分类，有三类：常用词，次常用词，少用词。显然，这里的‘常用词’、‘次常用词’、‘少用词’既包含已取得焉耆话词汇资格的借词，也包含活跃于焉耆话词汇系统边缘、尚未完全取得焉耆话词汇资格的借词。这是一种动态分类，与通常所用的这三个概念的内涵不完全相同。”“常用词已完全取得焉耆话词汇资格，通行范围较广，使用频率较高。一般是焉耆汉民和回民都使用的词。常用词多与物质文化生活和人的行为举止相关。其中维吾尔语借词最多，阿拉伯语次之，波斯语又次之。”“维吾尔语常用借词，例如：巴旦母 badam［pa21tan44mu51］‘巴旦杏’（新疆名果）；”“阿拉伯语常用借词，例如：穆斯林 mosulman［mu24sɿ21liŋ24］‘伊斯兰教教民’”；“波斯语常用借词，例如：别马儿 beemar［piɛ21ma24ər51］‘生病’”。“次常用词，已基本取得焉耆话词汇资格，但通行范围有限，使用频度较低。大致有两类：一类是回民常用而汉民不用的阿拉伯语、波斯语借词，多与宗教活动相关。另一类是使用频度较低的其他语源借词，以维吾尔语借词为主。”“罕用词，仅少数人使用的词，通行范围窄，使用频率低。主要是在一些宗教活动中阿訇们使用的阿语、波语借词，以及懂维语者用焉耆话交际时使用的维吾尔语借词。这些词尚未完全入籍焉耆话词汇系统而取得焉耆话词汇资格，应是双语人或准双语人的‘跨界词’。但它们不时出现于部分焉耆人的话语中，其他人也大致能懂，是徘徊于焉耆话词汇系统边缘的‘临界词汇’。从区分‘语言’和‘话语’的角度考察，它们或许能算作焉耆话的‘话语词汇’，我们统称作‘罕用词’。还有一些是通常意义的罕用词——使用频率很低，行将被淘汰。”如“阿拉伯语借词罕用词：猫的 mawt［$mɔ^{24}ti^{21}$］‘死亡，死神’”。

根据借词与本词的对应关系划分，“借词与焉耆话词汇系统本词间的对应有两种关系：一是焉耆话词汇系统本无与借词词义对当的词；二是焉耆话词汇系统有与借词对应的词”。“无本词对应的借词大多是有关伊斯兰教义、教规、教历和宗教生活的阿语、波语借词，其次是当地特有物品名称的维语借词。”如“阿拉伯语借词例：比达二的 bid’ atee［$pi^{51}ta^{21}ər^{44}ti^{21}$］‘不合伊斯兰教规规范的言行和人’”。关于与固有词对应的借词，其对应关系有三：一是借词的使用频率远远超过固有词，固有词几乎被淘汰。如维吾尔语借词：“皮牙子‘洋葱’”；二是借词和固有词共存。如维吾尔语借词：“拜来‘絮叨’”；三是借词的使用频率低于固有词。如维吾尔语借词：“皮克儿”（意见、牢骚）。

——刘俐李：《焉耆话的借词系统和人文背景》，载《民族语文》2000 年第 1 期，第 73～79 页。

汉语中的突厥语借词

喻捷对汉语中的突厥语借词的类别、借入方式和文化内涵进行了考察分析。作者以《汉语外来词词典》中所收录的 105 个突厥语借词为样本，将其类别和数量统计如下。

① 宗教词：9 个；② 官职：6 个；③ 称谓：21 个；④ 生活用品：11 个；⑤ 食物：6 个；⑥ 生产设施与工具：2 个；⑦ 动植物：5 个；⑧ 珠宝首饰：3 个；⑨ 货币、度量衡单位：3 个；⑩ 处所：3 个；⑪ 其他物品：3 个；⑫ 神话、传说：4 个；⑬ 体育、音乐、舞蹈：20 个；⑭ 民族节日：4 个；⑮ 问候语：2 个；⑯ 数词、形容词：3 个。

汉语中突厥语借词的借入方式主要有译音、译音加表意成分和半译音半译意等三种。译音即将突厥语词的语音和意义一起借入，以这种方式吸收的突厥语借词共 85 个，占突厥语借词总数的 82%；译音加表意成分即在突厥语译音词后加一个汉语词，以这种方式吸收的突厥语借词共 12 个，占突厥语借词总数的 12.5%；以半译音半译意的方式吸收的突厥语借词只有 2 个。

作者最后指出，借词是两种文化交流的结晶，透过它可以看到固有语言文化和外来语言文化的消长、变化和互相融合。研究汉语中的突厥语借词，一方面可以观察突厥语对汉语的影响，但更重要的是可以从交流的另一方的角度，通过借词这面透镜窥视汉民族与突厥民族文化交流的历史与现实，肯定突厥文化对汉文化的影响。

——喻捷：《略谈汉语中的突厥语借词》，载《中央民族大学学报》1994 年第 2 期，第 81～84 页。

《突厥语大词典》中的中古汉语借词

陈宗振认为："公元 11 世纪麻赫穆德·喀什噶里编著的《突厥语大词典》中有一批古代汉语借词。国内外前辈学者的著述中指出了其中的一部分，但少数词值得进一步探讨。"作者还讨论了词典中的另一些汉语借词，指出："它们往往具有中古汉语的语音特点或西北汉语方音的特点，而且有些词沿用至今并派生许多新词。"

作者指出："前辈学者著述中的汉语借词，例如：lav'蜡，封口蜡'（3-212）（ДТС: lav < 蜡）。[首先，古代突厥语中以 l 开头的固有词很少，多为借词。'蜡'中古音韵地位为'咸开一入盍来'，lav 的 v 是韵尾 p 弱化的结果。]

前辈学者的见解值得商榷的古代汉语借词，例如：ʊaŋ'扬琴'（3-487）（ДТС < 钲）。[ДТС 注明来自汉语'钲'，'类似铜锣的乐器'。所举例句一为摘自回鹘文《金光明经》的 tʃaŋ，其俄文词义为'小铃'，'铃铛'。另一引自《词典》的例词 tʃaŋ，其俄文词义为'铙钹'。这些词义与古代汉语'钲'不是一回事。从现代维语 tʃaŋ 表示'扬琴'来看，这个词以及《词典》中的 tʃaŋ 如果 ДТС 所说'来自汉语'的见解是正确的，那也应该是来自'筝'。因为，'筝'中古音韵地位为'梗开二平耕莊'与 tʃaŋ 接近。现代维语 tʃaŋ 表示'扬琴'，是古代汉语借词词义变化的结果。]

《突厥语大词典》中的其他汉语借词，例如：kɛnzi（1-551）'缣'（< 缣子）。[词典编著者解释 kɛnzi 说'红、黄、绿等颜色的中国绸缎'。据《辞海》，'缣'是'双丝的细绢'。《释名·释采帛》：'缣，兼也，其丝细致，数兼于绢，染兼五色，细致不漏水也。'……'缣'中古音韵地位为'咸开四平添见'，kɛn 与其吻合。zi 则应来自汉语'子'。因此，《词典》中的 kɛnzi 就是来自古代汉语西北方言的'缣子'。]

《突厥语大词典》里的古代汉语借词，有些在当时就有派生词。例如：bɛg'官员，丈夫'（3-212）→ bɛglɛ-'当成官员、认为是官员'（3-399），bɛglɛn-'出嫁，嫁人'（2-347）。kyg'诗之韵律，曲调，歌曲'（3-180）→ kyglɛ-'唱歌'（3-411），kyglɛn-'自己唱歌'（2-369）。

《突厥语大词典》中有些已经消失、有些保存至今，但其中某些词的语音或词义略有变化以及一部分词又派生出更多的新词的情况。（1）已经消失了的古代汉语借词，例如：sirkɛ'虱虮'（3-330），qunʊuj'公主'（3-330），lety'冷淘'（3-326），limkɛn'林檎'（1-578）。（2）保存至今的古代汉语借词，其中的某些词语音或词义略有变化，例如：bɛg'官员，丈夫'（3-212）→ bɛg'伯克'，ʤinʊy'真珠、珍珠'（1-544）→ yntʃɛ'珍珠'。（3）有些保存至今的古代汉语借词，经过历年的发展，出现了更多的派生词，例如：bɛg‘伯克’→bɛgtʃɛk‘少爷’，bɛgzadɛ‘王子，阔少’，bɛglik‘王位，公国’。（4）还有少数保存至今的古代汉语借词可以与其他词组合成各类复合词，例如：tɛŋ‘相等，平等’→tɛŋ-barawɛr‘平等’，tɛŋtuʃ‘同龄人，同辈人’，tɛŋqur‘年龄相近’。”

作者认为：“虽然某些借词因为社会的发展变化而消失，但更多的词保留至今，并派生出大量的派生词，其词义又有所扩展，有少数词还可以与其他词组成复合词。所以，《词典》中的古代汉语借词在古代突厥语和现代维吾尔语词汇的发展历程中发挥了积极的促进作用。”

——陈宗振：《〈突厥语大词典〉中的中古汉语借词》，载《民族语文》2014 年第 1 期，第 56～64 页。

新疆汉语方言中维吾尔语借词的读音特点

廖冬梅通过比较现代维吾尔语书面语和新疆汉语方言辅音和元音的对应关系，说明了新疆汉语方言中维吾尔语借词的读音特点。

辅音对应关系的特点：“（1）维吾尔语的不送气浊塞音 b、d、g 和不送气浊擦音 z，在新疆汉语方言里往往读成不送气的清塞音 b［p］、d［t］、g［k］和清塞擦音 z［ts］。”“（2）维吾尔语舌叶擦音［ʃ］，新疆汉语方言通常用擦音‘什’［ʂ］或［ç］与之对应。”（3）“维吾尔语里的小舌清擦音 χ、小舌清塞音 qh 和舌根清塞音 kh，在新疆汉语方言中变为舌根清擦音 h［x］和舌根送气清塞音 k［kh］”。

元音对应关系的特点：“1. 维吾尔语无复合元音，而新疆汉语方言复合韵母多达 12 个，它们是：ai、ei、ɤu、ia、iɤ、iɔ、iɤu、ua、uɤ、uai、uei、yɤ。在借入维吾尔语词语时往往把单元音变为复合韵母，或在首音节为单元音的 o、u 前增加辅音 v、x，即 o 变为‘v+u’或‘v+ei’，u 变为‘x+u’。”“2. 维吾尔语有舌尖边音 l 和舌尖颤音 r，没有新疆汉语方言的卷舌韵母 ɚ，新疆汉语方借入维吾尔语词语时，大多把 l、r 读成 ɚ 化韵。”“3. 维吾尔语词以 tʃh、ʃ、z、m、j、s、ph、kh、th、qh 收尾的闭音节辅音，新疆汉语方言往往在这些辅音后增加一个适当的元音，构成一个音节。”“4. 维吾尔语无声调，有重音。维吾尔语的重音一般落在词的最末一个音节上，而新疆汉语方言有声调，还有轻声，所以维吾尔语的重读音节，在新疆汉语方言里读为音强特别减弱的轻读音节。”

——廖冬梅：《新疆汉语方言中维吾尔语借词的读音》，载《民族语文》2005 年第 1 期，第 58～60 页。

维吾尔语哈密土语中汉语词的特点

彭燕认为："哈密位于新疆维吾尔自治区的东部，素有'西域襟喉'、'新疆门户'之称。居民以维、哈、汉、回为主。""维吾尔语哈密土语（以下简称哈密土语）属于维吾尔语中心方言的一支，保留的古代维吾尔语特征较多；又因其所处的地理位置和历史上的特殊地位，保存了不少汉语词。"彭燕介绍了几种汉语词并进行了分析。

一、音韵发生变化的汉语词，即保留着古代读音痕迹的汉语词

"syktʃi'肃州（今甘肃酒泉）人'。按维汉合璧法，由汉字'肃'+tʃi（维吾尔语构词词缀，意为'……人'）构成。'肃'古音读作 suk。《辞源》（第 1212 页）释：'胥郁切音宿屋韵'。又：'肃州，汉酒泉郡。晋时西凉都此。隋置肃州。清时为直隶州。属甘肃。民国改为酒泉县。'《宋本广韵》（第 438 页）也有记载：'……又州名古月氏国地汉匈奴昆邪王杀休屠王并其众来降遂置酒泉郡后魏以酒泉为甘州隋分福禄县置肃州……息遂切二十三'。由此可见，肃州就是今甘肃酒泉，在隋朝建置。'肃'中的屋韵古读 iuk，iuk 后变 uk，息为心［s］母，故'肃'字读作 syk……"

二、在汉语古典文献中能找到相同或近似意义的汉语词

"daŋzɑ'档子'，指当铺里的记账簿。《红楼梦》（以下简称《红》）中'当子'和'档子'。前者指当铺开给贷款人作为凭证的票据，贷款人到期凭此赎回抵押品。如《红》五十七回：'你且回去把那当子叫丫头送来……'；后者指记账用的簿册、账目、卷宗等，如同书第十一回：'并镇国公牛府等六家，忠靖侯史府八家，都差人持了各帖送寿礼来，俱回了我父亲，先放在账房里了。礼单都上了档子了。'根据哈密土语中所表示的意义来看：'档子'就是 daŋzɑ……"

三、消亡的旧词

"由于旧事物的消失或是认识的变化引起一些词的消亡。例如：dʒo'轿'，即用以抬人的轿子。Jupɑŋ'油坊'，农户榨植物油的小作坊。"

四、汉语词的语音特点

"（1）一些词语中保留了较为古老的入声韵尾，如 syktʃ'肃州人'< 肃（suk）+tʃi 中的 suk，mu（r）dʒuq（～ʁ）'门轴'中的轴 dʒuq（～ʁ）<tʂuk。（2）减音，尤其是复韵母的汉语词在哈密土语中音素减少的现象较为明显，如 jigojɛnlik tʃɑpan<jiguojuən'一裹圆'+lik+tʃɑpan，dʒantsa<tʂuɑŋtsɑ'庄子'这些词，在哈密土语中都依维吾尔语自身的语音规律减少了元音音素。（3）语音代替，指对一些汉语中特有的而维吾尔语没有相应的音，就用相近的音代替。如汉语中的［tɕ、tɕh、

tʂ、tʂh、ʂ］音在哈密土语中用［dʒ、tʃ、ʃ、s］代替。如 dʒuŋtsɑ＜tʂoŋ（盅）+ tsi（子），tʃojlɑ＜tʂɑoli‘笊篱’，sɑsuŋ＜ʂɑtʂoŋ‘沙葱’等。”

五、词汇特点

“（1）词的构成使用维汉合璧法，即根词为汉语，词缀为维吾尔语构词词缀，如 syktʃ＜肃（suk）+ tʃi，jigojɛnlik tʃɑpɑn＜一裹圆（jiguojuən）+ liktʃɑpɑn，nolɑʃ＜挠＜（nao）+ lɑ，χuturɑʃ/χutulɑʃ＜糊涂（χutu）+ rɑ/lɑ。（2）保留有一定数量的近代汉语词，如 dɑŋzɑ‘档子’、dʒogɑzɑ‘主腰子’、χopiŋ‘火盆’等。（3）词义方面也有所变化。如前所述，dɑŋzɑ‘档子’，本意为账册，在哈密土语中指当铺中的记账本，词义缩小。tʃojlɑ‘笊篱’，本指竹制的滤米用具，而哈密土语中则指柳条等编成的滤米、面的用具，词义扩大。还有 jigojɛnlik tʃɑpɑn‘一裹圆长衫’，本是便服，且是无袖不开衩的，在哈密土语中指长袖的锦制长袍，词义发生了转移。”

——彭燕：《维吾尔语哈密土语中的汉语词》，载《民族语文》1999 年第 5 期，第 43～45 页。

通过“丝”字考证朝鲜语中的上古汉语借词

潘悟云通过“丝”字探讨了朝鲜语中上古汉语借词的追踪方法。作者认为：“朝鲜语‘线’（sil）借自上古汉语的‘丝’。‘丝’中古心母之韵，上古属之部，把它构拟成上古汉语就是 *sɯ 或 *slɯ。后来之脂合韵就变成 *si 或 *sli。”

为了弄清这个问题，作者先讨论了另一个上古语词“鲜支”。认为：“现代闽语中厦门话‘支’还读 ki^{55}。所以古代的‘鲜支’当拟作 selkje。它与满语的 sirge‘生丝，丝线’语音非常接近。可见‘鲜支’实际上是北方民族一种丝绸织品的译音。sir 即‘丝’字的译音，与朝鲜语中的‘丝’sil 音相似。ge 或 ke 可能是另一个后加的语素，表示‘纺织品’之类的意思。当丝传到北方民族，这些民族做成一种白色的丝织品又返回到中国市场，其名称可能是 sirike 之类的音，当地的汉人用‘鲜支’selkje 对译。颜师古用‘鲜支’来解释‘缟’，说明中古时期在中国与周边国家还广为流传以‘鲜支’命名的丝织品。因为丝是从中国来的，ʃerica 也就成了中国的名称。‘丝’的译音可以分作两类：一是 sirk(a)、serka（a）之类，如满语、蒙古语、俄语、英语等；一是 serik（a）、sirik（a）之类，如希腊、拉丁、波斯、阿拉伯等语。后头的 k（a）是‘丝’字后头加上去的一个语素，把这个后加语素除去，‘丝’这个语素在这些语言中就 sir、ser 与 sin、seri 两类译音。”

“上古汉语带复辅音声母的词，借到朝鲜语中往往拆成两个音节，而且后一个音节在弱化的过程中失去韵母，与前一个音节结合成一个闭音节。”“因为汉语的‘丝’是

slɯ>sli，所以 siri 可能是更古老的译音，在古代亚洲北部的民族中没有复辅音，就把汉语的复辅音 sli 拆成了两个音节译成 sili 或 siri 最后一个音节的元音失落就成了 sil 或 sir。也就是说朝鲜语中的 sil 来自汉语的‘丝’，复辅音拆成两个音节，第二个音节的韵母失落：sili>sil。”

——潘悟云：《朝鲜语中的上古汉语借词》，载《民族语文》2006 年第 1 期，第 3～11 页。

越南语中的汉语借词

阮江灵、亓华指出：“越南语中的汉语借词主要包括三个部分：古汉越词、汉越词和越化汉越词。古汉越词是汉字尚未大量传入越南以前，零星传到越南口语里的字音，是唐代以前传入越南的最古老的汉语借词。越化汉越词是汉越词往前发展了一步，按越南语的发音习惯进行了改造。越南人已经不把它们视为外来词，而把它们看成纯粹的越南语词。”他们分别论述了各类汉语借词的特点及其在越南语中的地位。

“古汉越词是以汉语古音为标准，它与上古汉语的声韵有一定的对应规律。王力在《汉越语研究》一文中初步列出 113 个古汉越词。越南语言学家王禄又在此基础上把确认的古汉越词数量增加到 332 个。例如：Bo 是汉语‘父’字；Buon 由汉语‘烦’字演变而来，‘忧愁’的意思；Mui 是汉语的‘味’；Chen 是汉语的‘盏’，是‘酒杯’的意思；Chua 是汉语的‘主’；Chuong 是汉语的‘钟’。”

“越化汉越词受越南语的影响而发生了音变。跟古汉越词一样，它也包括一些日常生活的基本词汇，使用频率相当高。例如：In 是‘印’的越化形式；Gan 是‘肝‘的越化形式；Gieng 是‘正’的越化形式，‘正月’为 Thang Gieng；Dao 是‘刀’的越化形式，其他如‘停’-Dung、‘来’-Lai、‘记’-Ghi、‘方’-Vuong、‘青’-Xanh、‘为’-Vi、‘个’-Con 等。”

“古汉越词和越化汉越词因为和地道的越南语很相似，所以难以区分，研究者的意见也有分歧。关于这两者的数量，据南方语言学家 Le Gia 的最新统计，大约有 3 万以上单音词和多音词属于古汉越词和越化汉越词范畴。关于这两者的性质，王力先生说得很恰当：‘古汉越语好比汉族人在越南住了十几代，现在已经没有人知道他们是汉族的血统了。越化汉越语好比汉族人和越南人结婚生的儿子，事实上他们已经不是纯粹的汉族了’。

“越化汉越词和古汉越词在越南语中的重要性在于它们帮助构成越南语的最基本词汇。像 Bo‘父’、Me‘母’、Chen‘盏’、Bat‘钵’、An‘咽’、Lai‘来’、Cuoi Ga‘娶嫁’等都属于这两类词。不认识字的人和很有学问的人一样都在日常生活里使用这些词。

越南人似乎不把它们当作外来语对待，也从没有人反对使用。所以，成为攻击对象的‘汉语借词’这一概念，在大多情况下，是针对汉越词而言。”

“在各类汉语借词中，汉越词占绝对优势。它的读音是唐代传入越南的一套读音。这可能是属于公元八九世纪唐人在交州地区传授的汉语语音。这种读音在当地语音规律的影响下，逐渐发生变化，形成越南人特有的发音规律。其中有六七千个最常用的汉越字读音有很强的系统性和规律性，与《切韵》音系有严格而整齐的对应关系。”

——阮江灵、亓华:《重新认识汉语借词在越南语中的地位和作用》，载《民族语文》2001 年第 1 期，第 33～37 页。

从西方语言借词的演变证明汉语外来词的发展

高名凯指出：“某些在语言中根深蒂固的外来词，尽管就其来源来说，是来自外语的，但却成了本族语言的根深蒂固的词汇成员，并且可以成为本族语言的构词基础，假如汉语的‘佛’原是梵语的 Buddha 经过改造而进入汉语的，这个词已在汉语中根深蒂固，成为其他的词（如‘佛手’、‘佛山’、‘佛牙’、‘佛性’……）的构词基础。但不是所有的外来语都能在本族语里生根。汉语曾经在其历史的发展过程中出现过无数的外来词，但是它们并没有共同的命运。

来自梵语 sādharika（音学术语，‘平声’之意）、kaisika（音学术语，‘长声’之意）、sāsika（音学术语，‘质直声’之意）、sǎgikrām（音学术语，‘应声’之意）、sādava（音学术语，‘应和声’之意）、tūlu（棉布）、gomūtra（牛尿）、acva（马）、vibhāsā（笺注）、khakhara(僧仗)、āmalaka(余甘子)的‘娑陀力’、‘鸡识’、‘沙识’、‘沙侯加’、‘沙腊’、‘兜罗绵’、‘瞿摸怛罗’、‘阿舍婆’、‘毗婆娑’、‘隙弃罗’、‘庵摩勒’；来自古波斯语 falūri（金币）、sabhari（黑色琥珀）、mirdāsang（黄丹）、danishmend（读书人）、bahadur（英雄）、tersa（基督教）的‘哺噜黎’、‘撒巴尔’、‘密陀僧’、‘达实密’、‘莫贺咄’、‘达沙’；来自阿拉伯语的 qāqulah（豆蔻）、ambar（一种香名）、sūf（一种毛织品）、yāqūt（一种石名）、kadi（一种礼仪）的‘葛古罗’、‘俺八儿香’、‘销袱’、‘鸦忽’、‘加的’，来自突厥语的 ilügäsi（国家的光荣）、yagbu（官职之名）、bägui（酒）、semmür(黑尾麛)、böz(棉布)、ulaq(驿马)、sat(庙前之旗杆)的‘颉于伽思’、‘叶护’、‘匐你’、‘已设’、‘勃布’、‘邬落’、‘刹’（后世佛寺之称为‘刹’乃‘刺’之书误，‘刺’来自梵语的 lasti）；来自蒙古语 sira（黄）、ordo（行宫）、tchagan（白）、kechik（皇帝之侍卫）、bitketchi(录事)、bagatur(英雄)、taisang(酋长)、batu(无敌之勇士)、anda(把兄弟)的‘昔刺’、‘斡耳朵’、‘察罕’、‘怯薛’、‘必阇赤’、‘霸都鲁’、‘寨桑’、‘拔突’、

‘安答’；来自满语 sishe(褥子)、sisi(核桃)、singgeri(鼠)、sirin(铜)、songgiha(鼻子)、sirga（鹿）、karum（侦探）、ulme（针）、higabun（灯）的‘失失黑’、‘失失’、‘申革’、‘失望’、‘双吉’、‘失儿哈’、‘哈剌安’、‘兀鲁脉’、‘非本’；来自藏语 rkandun（一种鼓名）、kri（国王宝座）、skye-dman（妇女）、mo-man（王后）、rna-mon（骆驼）、lunrigs-bzer（高贵之人）、sbra（毛毡账幕）的‘干动’、‘可黎’、‘京面’、‘末蒙’、‘儿阿蒙’、‘农力热’、‘拂庐’；来自马来语 ipar（姐夫或妹夫）、kantor（办公室）、sumur(井)、sumpah(出汗)、jĕruk(一种柠檬)、kĕras(强)的‘移八’、‘干刀’、‘孙物’、‘孙巴’、‘日落’、‘葛叻’；来自意大利语 peregrimo（一种鸷鸟之名）、girofalco（一种鸟名）的‘百勒基诺’、‘入而发儿学’；来自西班牙语 oro（金）、plata（银）、viento（风）、monte（山）、cielo（天）的‘阿罗’、‘巴罗礁’、‘绵除’、‘文池’、‘西罗’；来自葡萄牙语 aljofar（珠）、céo（天）、panta devbufalo（牛角）的‘亚佐肥’、‘消吾’、‘般打地天化立’等，都只是昙花一现地出现在汉语中。

而来自梵语 ullumpana（救出）、māra（鬼怪）、candana（香木之名）、ksana（一秒之四千五百分之一）、sphatika（晶体之一）、bimbara（果名之一）、patra（食器）、mullik（植物名）、arhat（僧徒之修行得道者）、dhātu（行脚僧）、dhyāna（思惟静虑）、samādhi(寂静)、nirvāna(死)、mandāra(天妙花)、kalpa(大时分)的‘盂兰盆’、‘魔’、‘旃檀’、‘刹那’、‘玻璃’、‘苹果’、‘钵’、‘茉莉’、‘罗汉’、‘头陀’、‘禅那’、‘三昧’、‘涅槃’、‘曼陀罗’、‘劫’；来自伊朗语或古波斯语 buksuk(植物名)、sūrnā(乐器名)、fārang(一种工艺品)、sĕr(兽名)、chaj(舞名)、bādaga(果名)的‘苜蓿’、‘销榇’、‘珐琅’、‘狮子’、‘柘枝舞’、‘葡萄’；来自突厥语 qorau（官象）、ghyunluk（香名）、labai（乐器）的‘可汗’、‘熏陆香’、‘喇叭’；来自阿拉伯语 babghā（鸟名）、murr（药名）、hulbah（药名）、zummurud（翠玉）、afyun（花名）、rukhām（云母石之类）的‘八哥’、‘没药’、‘胡卢巴’、‘祖母绿’、‘阿芙蓉’、‘绿丹’；来自蒙古语 eltsin（驿）、joo（寺庙）、gobi（沙漠）、haban（狗之一类）、horal（会议）的‘站’、‘昭’、‘戈壁’、‘哈巴狗’、‘呼拉尔’；来自满语 beile（爵号）、hasima（一种河鱼之名）、hochi（伴侣）、hosoo（哨兵）、kalum（关卡）的‘贝勒’、‘哈什蚂’、‘伙计’、‘哨’、‘卡伦’；来自藏语 mkanpo（大寺院之方丈）、btsan po（国王）、lama（和尚）的‘堪布’、‘赞普’、‘喇嘛’；来自马来语 pinang(药名)、kemban(妇女用之胸巾)、kajang(草名)、bungai（鸟名）的‘槟榔’、‘干缦’、‘茭葦’、‘蒙雕’；来自意大利语 fascisti（反动政党之名）、tempo（音乐进行之速度）、sonata（奏鸣曲）、oboe（高音笛）的‘法西斯（蒂）’、‘停波’、‘梭那他’、‘欧伯’；来自西班牙语 cigarro（烟名）、cacao（植物之名）的‘雪茄’、‘可可’等，则在汉语里生了根。能够生根的比不能持久的要少得多。

外来词所以能够生存要有内外的条件。从外部的条件说，要有交际中谈到外语的词所指明的新事物的要求。如果新的事物只与一部分说话人有关或只在狭小的范围内使用，这种外来词要随着这种交际环境的消失而消失。许多梵语来源的外来词所以不能在汉语中生根，就是因为这些词只是一部分佛教徒在狭小的范围内使用的，随着这种交际场合的消失而消失。但是有了外部的条件，还不一定就能产生外来词。外来词尽管是本族语言的词汇成员，在结构上大体上要和本族语言的词的结构相适应，但还具有外语的词所遗留下来的某些结构特点，因此，尽管交际时有说明外语的词所指明的新事物的必要，人们却不见得就要吸收外语的词，加以改造成外来词，常常要用本族语言的构词成分去构造新词，借以指明外语的词所指明的事物。不过，由于交际的需要是迫切的，人们往往来不及运用本族语言的构词成分去构造新词，最初的时候，更多的情形是要把外语的词搬过来，加以改造。所以，在两族人民发生接触，彼此传布文化的时候，往往有许多外来词产生。不过，由于外来词毕竟不如纯粹本族语的新词那样地容易适合本族语音的内部结构的特点，人们往往事后再用本族语的构词成分所构造的纯粹本族语的新词去代替它，使它失去存在。这是许多外来词不能在语言中生根的缘故。例如来自梵语 kalavingka 的‘迦陵频伽’由于后来改用‘好音鸟’而失去存在；来自梵语 karma 的‘羯摩’由于后来改用‘业报’而失去存在；来自梵语 niraya 的‘泥犁’由于后来改用‘地狱’而失去存在，来自梵语 tāna 的‘檀那’由于后来改用‘施主’而失去存在。由于最初搬用外语的词往往是在交际条件的迫切要求下进行的，可能由于不知道本族语言里已经有指明同样事物的词，这种外来词往往会在原有指明同样事物的词的竞争下失去存在。例如来自梵语 nāga 的‘那伽’由于汉语中原有‘龙’这一个词而失去存在；来自梵语 puchya 的‘弗沙’由于汉语中原有‘彗星’这个词而失去存在；来自梵语 surā 的‘窣罗’由于汉语中原有‘葡萄酒’（‘葡萄’本来也是外来词，但于汉语中出现‘窣罗’之前，早已在汉语中生根，成了那时候汉语词汇的一个成员）而失去存在。在和语言中原有指明同样事物的词或和另有新创而指明同样事物的纯粹本族语言的词相竞争的情况下，一般的情形，外来词要受到淘汰。例如，来自梵语 yava 的‘耶婆’在和汉语原有的词‘麦’的竞争下失去存在；来自梵语 vih ā ra 的‘毗诃罗’在和后来新创的纯粹汉语的词‘精舍’的竞争下失去存在。正是这个缘故，除非是在‘急不择待’或无从创造纯粹本族语言的词（因为有的外语的词所指明的事物是本族语言原有的词或新创的词不能确切表明的）的情况下，人们往往要尽力设法用本族语言原有的词或运用本族语言的构词成分去构造纯粹本族语言的新词。像人名地名这样指明特殊事物的词，甚至都在某些情况下由于运用创造的纯粹本族语言的词而更容易被保留下来。例如佛教的一些‘义译’的神名更容易为汉人所掌握。‘观世音’甚至于是译错了的，然而却是汉人所最熟识的一个佛教神名。‘观世音’梵语原文是avalokiftecvara，其中的avalok-意为‘观’，-ēçvara意为‘能者、高人’，avalokiftecvara原来的意思是‘能够观察下界的神’，因为译者把它看成avalokasvara，其中的构词成分-svara意为‘音’，就把它错译为‘观世音’。但是，尽管是错译，却因为是义译，也就更普遍地传开了。当然有的时候，由于外来词已经在语言里生了根，再改用新创的纯粹本族语言的词已无必要，后来的人们就是想要改用，也难于成功。例如，来自梵语kalpa的‘劫’已经生了根，后来就是有人把它说成‘大时分’，也不能使‘劫’失去存在。有的时候，外来词和改用的纯粹本族语的新词相竞争，可以由于运用的人的不同社会环境而两者并存。例如，来自梵语sāla（一种树名）的‘娑罗’，尽管后来有人改用‘木棉’，但是某些人却仍然把北京近郊潭柘寺的这种树称为‘娑罗树’。有时为了适应不同的交际场合，同一个人可以忽而运用外来词，忽而运用指明同样事物的纯粹本族语的词。例如，来自梵语namah的‘南无’，在汉语里创立纯粹本族语新词‘皈依’之后，可能在某种场合中依然存在，如‘南无阿弥陀佛’与‘皈依’并存。现代各语言都有所谓‘国际词’和本族语的词两套并存的现象，有的也是由于不同的场合而有两者并存的现象的实例。”

——高名凯：《语言的内部发展规律与外来词》，载《高名凯语言学论文集》，商务印书馆，1990年，第526～531页。原载《光明日报》，1962年7月3日。

第三节　构　词

景颇语四音格词产生的机制及其类型学特征

戴庆厦、孙艳认为景颇语和汉语是同属汉藏语系的亲属语言，尽管它们都有丰富的四音格词，但其特征有明显差异。将景颇语的四音格词与汉语比较，有助于反观这两种语言的特点，对认识整个汉藏语四音格词的特点也会有所帮助。

把汉语中由四个音节按一定的固定格式构成的语言单位都列入四音格词的范围。其中既有单纯词，又有固定词组；有语音和谐的，也有语音不和谐的。从语音上看，汉语虽然也有与景颇语相同的音节类型，但两种语言各类的比例不同。如表1、表2。

表 1　景颇语四音格词音节类型表

音节类型	1）ABAC	2）AABB	3）ABAB	4）ABCB	5）ABCC	6）ABCD
音节关系	1、3 音节重叠	1、2 音节，3、4 音节重叠	1、3 音节，2、4 音节重叠	2、4 音节重叠	3、4 音节重叠	音节之间不重叠
数量 / 个	866	54	11	16	7	171
%	77.0	5.0	1.0	1.4	0.6	15.0

表 2　汉语四音格词音节类型表

音节类型	ABCD	ABAC	AABB	AABC	ABCB	ABCC	ABCA
音节关系	无音节重叠	1、3 音节重叠	1、2；3、4 音节重叠	1、2 音节重叠	2、4 音节重叠	3、4 音节重叠	1、4 音节重叠
数量 / 个	3001	155	79	43	24	18	12
%	90						

从表中的统计说明，汉语的四音格词没有景颇语那样典型的音节关系，90% 的四音格词是无音节重叠的。其余 6 类有不同的音节重叠关系，只占总数的 10%，其中最多的一类 ABAC 式与景颇语相同，但仅占 4.7%，而景颇语的这一类型却占 77.0%。从音节之间的韵律关系上看，景颇语严格受韵律规则的制约，而汉语基本上没有严格的规则限制，除四音格象声词和部分形容词外，绝大多数无音节和谐关系，也就是说，它基本上不受音节重叠或押韵关系的制约。

景颇语的四音格词比汉语更讲究韵律特征，这与二者语音系统的差异有关。从音节类型上看，景颇语闭音节比开音节多两倍，闭音节占优势；而汉语则是开音节占优势的语言；景颇语的音素结合类型以辅音收尾的出现频率最高，音节的押韵关系多样且严整；而汉语除鼻韵尾收尾外，没有辅音尾类型，音节的押韵形式较少，韵律关系更多地依赖于声调，而景颇语的声调在韵律关系中的作用不大。

景颇语的四音格词比汉语更讲究韵律特征，还与二者的类型特征的差异有关。景颇语与汉语虽然都属于分析型语言，即以词序和虚词作为主要语法手段。但景颇语的形态变化比汉语多，具有较多的屈折变化。而汉语则更靠近分析性一端，屈折变化极少。四音格词的韵律特征实质上是一种形态变化，严格地说，是一种反映在构词变化上的形态特征。它的强弱、范围和形式是与形态的整体特点相一致的。汉语的分析性特征更为突出，大多不受韵律的制约，而受语义支配和句法结构关系的限制。汉语独有的“意合语法”和“语义句法”，即依靠词语成分的意义来组织和安排词组结构和句法结构的特征决定了其四音格词的结构类型的多样性。

从语法特征上看，景颇语四音格词的句法结构关系比汉语简单，汉语四音格词的句法结构关系复杂，结构方式多样，句子及短语的结构关系在四音格词中普遍存在，甚至包括古代汉语的某些句法结构关系；而景颇语只有并列关系一种。可以说，汉语结构关系的多样性及复杂性均高于景颇语。

从书面语与口语的关系上看，汉语四音格词的丰富和发展受书面语（包括文学语言）的影响和制约，具有比较典型的书面语体特征；而景颇语由于书面语的形成较晚，其四音格词的丰富与发展主要受文学语言的影响和制约。

从汉语史的角度看，景颇语四音格词的特点与上古汉语的相似点多一些。汉语在《诗经》时代也有大量音节关系比较严整的四音格词。这一情况与景颇语四音格词的现状相似，我们据此推测汉语在《诗经》时代，其四音格词处于初期阶段。此后，由于双音化的形成、语法构词的发展以及历代文人对经典语句的引用传承等多方面因素的作用，汉语的四音格词逐步突破了语音构词的制约，向结构类型的多样化发展，进入到了一个新阶段。总之，景颇语的四音格词的结构仍以语音规则为主，而汉语的四字格则较早地突破了这一规则，出现多样的结构形式和复杂的结构关系，具有更高的能产性。

通过景颇语与汉语的比较，我们看到景颇语和汉语虽为亲属语言，但四音格词存在较大差异，似无共同来源，其共同特征是类型学上的一致。

——戴庆厦、孙艳：《景颇语四音格词产生的机制及其类型学特征》，载《中国语文》2005 年第 5 期，第 432～440 页。

汉语与藏缅语四音格词对比

孙艳在对汉语和藏缅语四音格词的共时特征进行详细描写的基础上，比较分析了二者之间的异同，并探讨了二者不同特征产生的主要原因，从而认为汉语和藏缅语中的四音格词的共同特征是类型学上的一致，与发生学无关。

“语言内部特征的差异主要表现在语音形式、语法结构、语言单位的分布状况等方面。从语音形式上看，汉语四音格词基本上不受韵律关系的制约，而藏缅语四音格词大多有韵律规则的限制，如景颇语四音格词就受到韵律规则的严格制约。从语法结构上看，汉语四音格词的语法结构类型多样，结构关系错综复杂，相比之下，藏缅语四音格词的语法结构关系则比较简单。但无论是汉语还是藏缅语的四音格词，其语法结构都以并列关系占绝对优势。汉语的四音格词分布在词和固定语的几乎所有词汇单位中，以固定语为主，涵盖面宽泛，界线模糊。藏缅语四音格词基本上分布在词这一级语言单位中，界定清晰。”

“语言外部关系的差异表现在语体特征、方言影响等方面。从语体特征上看，汉语四音格词受数千年书面语的影响和制约，具有比较典型的书面语体特征；尤其是汉字及浩如烟海的文化典籍的传承，使得以成语为典型代表的四音格词具有双层语义特征和古朴典雅的结构特点。而藏缅语中，除藏语和彝语外，绝大多数语言长期没有文字，其四音格词以口语形式为主，主要通过口头文学形式传承，且藏缅语绝大多数语言其文字的创制较晚，古典形式也比较少。从方言的影响角度看，汉语的四音格词有着得天独厚的条件，而藏缅语的语言拥有内部方言差异的不多，四音格词的发展受到一定的限制。”

“拥有丰富的四音格词是汉藏语区别于其他语系的共性特征之一，但在不同语言中，其差异也是显而易见的。本文选择了个性特征比较清晰的汉语和藏缅语进行比较，从中得到一些初步的认识：（1）亲属语言中的四音格词的共同特征是类型学上的一致，与发生学无关。（2）四音格词产生于自己的语言体系，与其语言机制相适应。（3）分析性强的语言更容易产生四音格词，其分布范围更广，结构类型更多，界限更模糊；屈折性强的语言四音格词语音规则严整，结构类型比较单一，大多可以作为构词和构形的重要手段出现，规律性强，界限比较确切。”

——孙艳：《汉语与藏缅语四音格词比较研究》，载戴庆厦主编：《汉语与少数民族语言语法比较》，民族出版社，2006年，第445～466页。

四音格词在汉藏语研究中的价值

戴庆厦、孙艳指出：“四音格词是汉藏语的一个重要特征。”他们“通过汉藏语比较，在分析四音格词基本特征的基础上，初步论述四音格词在历史比较、类型学研究上的价值，进而指出今后的研究前景”。作者简述了汉藏语四音格词的基本特征，将四音格词语与藏语进行了历史比较，并探讨了四音格词在类型学研究的地位和作用，最后指出四音格词研究的现状及前景。在研究前景中，作者指出：“汉藏语四音格词比较研究的难点主要有：怎样沟通汉语与非汉语关系的问题；语言单位的问题；怎样确立四音格词的类型学范畴；仍需考察产生四音格词的结构机制，分析是什么结构机制才使四音格词得以生存”。

——戴庆厦、孙艳：《四音格词在汉藏语研究中的价值》，载戴庆厦主编：《汉语与少数民族语言语法比较》，民族出版社，2006年，第435～444页。

类型学视野下的汉藏语四音格词

班弨、宫领强指出："四音格是指汉藏语中四个音节的固定词组，汉语中也称四字格。关于汉语四音格的研究已经不少，但将汉语四音格和其他汉藏语系语言的四音格放到一起讨论的却少见，而壮语的四音格则至今未有专文讨论。本文讨论两个方面的问题：（1）壮语四音格的类型和结构描写。（2）类型学视野下汉藏语四音格与相关结构形式的蕴涵关系（蕴涵性共性）。"

"我们可以认定，汉藏语中声调和四音格之间可以建立一条蕴涵性共性，即汉藏语中声调和四音格之间是蕴涵性共性关系，而且是单向蕴涵关系。单向性的蕴涵关系两端的语言要素在语种分布上是不对等的，被蕴含项（后件）相对于蕴含项（前件）来说是优势项。"

"据此我们可以认定，在汉藏语中，单音节语和四音格之间是蕴涵性共性关系，而且是单向蕴涵。又根据在四分表中，优势项都出现两次，而非优势项只能出现一次，我们认为，相对于无四音格，有四音格为优势形式；相对于单音节语，非单音节语为优势形式。"

——班弨、宫领强：《〈切韵〉重组字在汉台关系词中的反映》，载《民族语文》2013 年第 4 期，第 65～69 页。

用少数民族语言证明汉语词头"圪、阿"的来源

张惠英对汉语词头"圪、阿"的来源进行了探讨。作者认为："虽然北京话和规范普通话中见得不多……但到了方言中，情况就不同了……有幸的是，不止汉语方言的词头'圪、阿'用得很多，而且南方的壮语、哈尼语等少数民族语言也有相类似的情形。所以我们探讨来源时，不只需要方言间的比较，还需要汉语和南方少数民族语言的比较研究。"

作者首先以哈尼语、阿昌语、傈僳语、普米语等语言为例，说明了少数民族语言中词头"a、qa"的用法。例如："哈尼语有一个词头 a^{55}（或者 a^{31}、a^{33}），用于称谓、代词前，也用于量词、名词、动词、形容词之前构成名词，成为名词的标志……阿昌语也有一个词头 a^{31}，除了有哈尼语的语法作用外，还可以在形容词词根前构成形容词修饰名词，或者指某一种物；还可以表示领属关系。这两种情况都和汉语的'的'相似。"

通过与少数民族语言的比较，作者认为："词头 a 就是'阿'，这个词头 ka（qa）

就是‘圪（尕）’……所以，要探讨词头‘圪、阿’的来源，只要突破一点，或者是‘圪（或 ka）’，或者是‘阿（或 a）’就可以。”

然后，作者用武鸣壮语的语料证明词头“圪、阿”或“a、qa”都来源于量词“个”。

“武鸣壮语有个词头 $kɯ^{51}$，壮字写作‘啩’，这个词头同时又是量词，相当于汉语的‘个’。而且，词头 $kɯ^{51}$ 和量词（兼表指示）的 kai^{24} 常混用部分，这个壮语 kai^{24} 显然和汉语的‘个’同源，所以 $kɯ^{51}$ 也是‘个’的声音变体……”

最后，作者认为：“‘阿、圪’，或‘a、qa’都来源于量词‘个’，‘阿、圪’或‘a、qa’都是变体。”

——张惠英：《词头“圪、阿”探源》，载张惠英：《汉语方言代词研究》，语文出版社，2001 年，第 207～221 页。

景洪汉语谓词的后附成分“$kɤ^{53}ni^{53}$”与傣语的关系

薛才德通过景洪汉语和傣语的比较分析，认为：“景洪汉语谓词后附成分‘$kɤ^{53}ni^{53}$’来源于傣语语气词‘$kən^{35}ni^{ʔ33}$’，景洪汉语‘谓词 ＋$kɤ^{53}ni^{53}$’格式来源于傣语‘谓词 ＋ 程度副词 ＋$kən^{35}ni^{ʔ33}$’格式。当傣语‘谓词 ＋ 程度副词 ＋$kən^{35}ni^{ʔ33}$’格式进入景洪汉语时，受到景洪汉语语言系统的制约。傣语和景洪汉语的语气词都处在句子的末尾，因此，景洪汉语就直接把傣语的‘$kən^{35}ni^{ʔ33}$’接收了，并按照自己的语音系统改造成‘$kɤ^{53}ni^{53}$’。傣语的程度副词处在谓词的后面，同景洪汉语的语序不同，而且傣语的这个程度副词又要紧贴语气词‘$kən^{35}ni^{ʔ33}$’，不容随意移动位置，景洪汉语根据自己的语法规则将其省略，并把它的功能移到‘$kɤ^{53}ni^{53}$’上，这样就使‘$kɤ^{53}ni^{53}$’兼有表示程度和语气的两重作用。”

“值得一提的是，有极少数说景洪汉语的人在说个别句子的时候，有在‘谓词 ＋$kɤ^{53}ni^{53}$’前加程度副词‘太’的现象，这时‘$kɤ^{53}ni^{53}$’就只表示语气了。这也许是：‘谓词 ＋$kɤ^{53}ni^{53}$’格式在演变过程中留下的某种残迹。”

“景洪汉语的‘谓词 ＋$kɤ^{53}ni^{53}$’格式是傣语影响汉语的结果，影响的途径是‘双语’，而傣族双语人在其中起了决定性的作用。由于傣语中本来就有‘谓词 ＋ 程度副词 ＋$kən^{35}ni^{ʔ33}$’格式，傣族双语人很自然就把这个格式引入汉语，因受汉语语言系统的制约，遂使之变成了‘谓词 ＋$kɤ^{53}ni^{53}$’格式。‘谓词 ＋$kɤ^{53}ni^{53}$’格式是傣语格式和汉语格式折中的产物。”

——薛才德：《景洪汉语谓词的一个后附成分与傣语的关系》，载《民族语文》1994 年第 3 期，第 41～44 页。

汉语和台语大名加小名的构词法

邢公畹指出："汉台两语中都有一个成分表大名，用另一个成分表小名的构词方法；所不同的地方，不过是汉语先出小名，后出大名；台语则先出大名，后出小名罢了。这个方法（选择法）不但用之于构词法，而且用之于汉语的造字法。"

——邢公畹：《汉台语构词法的一个比较研究》，载《语言论集》，商务印书馆，1983年，第193页。原载《国文月刊》第77期，1949年3月。

从苏州话、厦门话及壮侗语、苗瑶语看汉语构词法

金有景指出："远古时代的汉语，可能也是有比较丰富的形态（不是广义的形态）的。可是现代普通话里这种形态几乎已丢失干净了。现在我们研究普通话的构词法时，不少重要的构词特点光从普通话本身已经不容易看清楚。可是先看看越、闽、粤等方言，情况就清楚一些了。如果再看看壮侗、苗瑶语，情况就更清楚了。"

"三十一""九十九""三十万""九十万"这样的结构单位究竟是几个词，"从目前研究汉语语法、研究汉语构词法的情况来看，这个问题讲得还不很清楚。其实，这个问题如果能够参考吴、越、闽、粤等方言的资料，就比较清楚了"。

金有景举出苏州话里的"十"的不同读音以及厦门话里"一"这个概念的三种形式，经过分析，金有景认为"三十一"这样的结构是词，"三十万"这样的结构是词组。文章进而以勉语的数词系统来反观汉语的情况。"勉语数词的基数从'一'到'九'有两套……tsjop^8'十'只有一个。""看了这些之后……就能看清楚，普通话里这两类'一'字读音不同，也像苏州话、厦门话和壮侗语、苗瑶语里的情况一样，读变调（去声、阳平）的'一'和读本调（阴平）的'一'，从构词法角度看，乃是两类不同的'一'。也就是说，普通话里这两类'一'不具有同一性。这就说明，汉语里'三十一'、'九十九'各是一个词，'三十万'、'九十万'都是词组。"

——金有景：《民族语言研究与汉语研究》，载《民族语文》1983年第6期，第55～56页。

与西洋语对比说明中国语的一种文法成分——附加成分

王力认为："我们不能把中国语认为单音缀的语言；每字虽只有一个音缀，但我们

不能认每一个词只能包括一个字。

反过来说，我们又不能说每一个字必能成立一个词。这一点更为重要。假使一个西洋人不认得中国字，也不知道一字只表一音，我们只教他学会了中国话，将来他写一部中国语法，其所分别的词性一定与普通中国文法家所定的大不相同。譬如我们说：

他们都把杯子拿起来喝酒；

你们把这些门儿都关上罢；

那粉红的衣裳是她的不是我的；

他慢慢儿走，我连忙地赶上去。

依上面的一些例子，我们可以看得出许多字只是一个词的附加成分（affix），这种附加成分原是一种文法成分（morpheme），用以表示词性的。

表示名词的词性的，普通有‘子’与‘儿’字。除了少数例外（如玩儿，慢慢儿），我们看见它们总是附在名词的后面的，而且它们本身没有意义，其唯一的作用即在乎表示词性。

表示代名词复数的，普通只有‘们’字，且只用于人类的称谓上。如果我们要说中国语有黏合作用（agglutination），这一个‘们’字勉强可以充数。假使有一个不认识中国字的人，我们拿罗马字教他学中国语，他将发现下面的变化律（declination）：

	单数	复数
第一人称	wo	women
第二人称	ni	nimen
第三人称	ta	tamen

代名词单数用语根，复数加语尾，这非但完全是种黏合作用，而且近似于所谓‘屈折语’的名词变化。英法文的名词单数用本字，复数加 s 为语尾，也差不多是一样的道理。但这种黏合作用似乎是后起的；在先秦的古籍里，我们看见代名词的单数、复数竟没有分别，与名词的单数、复数没有分别是一样的。”

“表示限制词（形容词与副词）的词性的，有‘的’、‘底’、‘地’、‘之’诸字，其实只算一个字：‘底’，‘地’本与‘的’字同意义，而‘的’字又是从‘之’字演变而来的。但‘之’字本是一种关系词，后来渐失其关系的作用而变为语尾，等到它变为‘的’字的时候，已经不是一定要表示关系的了。例如上面所举‘是她的不是我的’

不能写作‘是她之不是我之’。

形容词后的‘的’字有点儿像英文的语尾 -tive，法文的 -tif 或 -tive，副词后的‘的’字或‘地’字像英文的 -ly 或法文的 -ment。北京话的副词语尾有用‘儿’字的，例如‘慢慢儿走’。

以上所举的语尾，都是自身没有意义的。现在要说到有些字不是语尾，而是一个词的组合成分。例如‘拿起来’三个字并不是三个动词相连，而是三个字组合的一个动词。在这动词中，‘拿’字是主要成分，动词大部分的意义即在它身上；‘起来’二字有点儿像副词，表示怎么拿法。同是一种‘拿’的动作，我们可以说成‘拿起来’、‘拿出来’、‘拿出去’、‘拿进来’、‘拿进去’，等等，表示这动作当中的细微的区别。‘关上’、‘关起来’、‘放上去’、‘放进去’、‘赶上去’也都可以如此解释。这些组合的动词与英文的 superpose，subscript 等词相近似，所不同者，sup-sub- 等为附加成分，而‘起来’、‘出去’等原是动词。但是，我们须知，当我们说‘拿起来’的时候，并没有‘起’（to get up）与‘来’（to come）的观念存在，可见这两字已失了本义而有附加成分的性质了。

上文所述，只是‘后加成分’（suffix）或语尾（termination）；此外如‘前加成分’（prefix），似乎也存在于中国语里。最显明的就是‘所’字，它不是代名词，不是副词，也不是助词。依我的意见，它只是动词的一种前加成分。”

——王力：《二十世纪现代汉语语法八大家——王力选集》，东北师范大学出版社，2002 年，第 11～13 页。原载《清华学报》11 卷 1 期，1936 年 1 月。

比较中英文的特点可解释英文里反成式语词多、中文里反成式语词少的原因

赵元任首先描写了中英文里反成式语词的构成，然后通过对比中英文的特点分析了英文里反成式语词多、中文里反成式语词少的原因。

“西文里头——尤其是英文——常常在一个词或一个短语上加减一个词头词尾或用其他形态的变化造出一个新词或短语，可是结果与原来的结构并不相同，或者竟是冲突的。这种变化叫作 back formation，我给它译作‘反成式’。例如，韦氏国际大词典在 back formation 项下举例有 diagnosis‘诊断’，原是从希腊转拉丁借入英文当一个名词用；但是后来造出一个像带动词尾样子的 -se，成了一个新动词 diagnose‘诊断’，这就产生了一个反成词了。”

“英文里反成语词既然这么常见，那么中文里有没有反成式的语词呐？有是有，可是

少得多。大都是从常见的否定式改成平常不见或罕见的肯定式。比方说某人‘不成器’，如果不同意这话就可以说‘他很成器’。同样，‘不识抬举’的反成式就是‘很识抬举’。”

“那么英文里的反成式语词既然那样多，为什么中文里除了否定改肯定式之外很少有反成式呐？我想主要的原因是中文的语词或词素虽然不是全无限制的当任何功用，可是跟一般有屈折的语言或半屈折性英文比起来，中文还是自由的多。结果是用不着取反成式，就可以活用。例如‘诊断’也可以当名词也可以当动词。‘管理’也可以当动词也可以当名词（不必加‘者’字）。‘指挥’，‘降落’也是动名兼用。如有辨别的必要可以另加字，例如‘关于文字性的考据的’。所以英文在印欧语系里算是最少屈折最近乎中文——这话 Otto Jespersen 很早就说过——但是还不如中文差不多每个词素可以兼用好几种功用，结果就很少有作反成语的必要了。”

——赵元任：《赵元任语言学论文集》，商务印书馆，2002 年，第 632～634 页。原载《“中央”研究院历史语言研究所集刊》，第 42 本第 1 分，1970 年。

第四节　词义、词源

通过汉藏语材料探索藏语 rgya 的本义

许多学者认为藏语的 rgya“汉人”与汉语的“夏”同源对应，主要理由是藏语的“rgya”与汉语的“夏”在语音上有着对应关系。针对这一问题，金理新在文中列举对应分析，认为上古汉语姬喻母之部平声与藏语的 rgya 在声韵调方面都是完全对应的，因此藏语的 rgya“汉人”在上古汉语中的同源对应词只能是姬，而不是夏，或者雅。

——金理新：《藏语 rgya 的本义初探》，载《民族语文》1995 年第 4 期，第 61～62 页。

从藏缅语看汉语词“木”的来源

黄树先指出：“汉语‘薪’的词义，从‘树木’演变为‘树枝’或‘草’，这在语言里是比较普遍的……

不只是汉语的‘薪’演变为‘草’。在藏缅语里，原始形式 *siŋ 也演变成‘草’：

‘草’，景颇语 tsi̱ŋ[33]，独龙语、阿依怒语 ɕin[55]。（黄布凡 1992，第 146 页）

‘柴’，墨脱门巴语 ɕiŋ[55]，珞巴语 ɯ ɕɯŋ，阿依怒语 ɕɯŋ[55]，独龙语 ɕiŋ[55]。（黄布凡 1992，第 178 页）

尤其值得注意的是独龙语，‘草’和‘柴’韵尾 -n ～ -ŋ 交替，这跟汉语‘荐’*ʔseens//*tsens 和‘薪’的交替是一致的。在像 i 这样的高元音后面的 -ŋ 尾，会受到 i 的影响而前移，演变成 -n。这都表明，汉语和这些亲属语言‘草，柴，木’有共同的来源。当然，还有另外的解释：在语音交际中，为了区别这些词义，有用一些很相近的语音来加以区别……

汉语‘木’无法跟亲属语言的‘树’比较。汉语的‘木’应该对应亲属语言的‘草’。先看藏缅语的材料：

卡瑙里语 myag，缅语 mrak‘草’。藏缅语 *mrak。（白保罗 1972#149）

藏语来自 *a-lyag 的 dzag-ma‘草’属于这一组，为藏缅语 *m-lyak 所替代（因为藏语以藏缅语的 *a- 换 *m-）。（白保罗 1972 注 #142）……

根据上文的考察，我们可以得出这样的结论：汉语的‘木’系列，跟藏缅语的 *mu・k 以及侗台语的‘草’、苗瑶语‘草’*m̱wjɐ 来源相同。

‘薪’系列在汉语里‘柴，草’，根据古籍里‘大曰薪，小曰蒸”，再经过和亲属语言比较，我们可以把‘薪’系列的早期意思定为‘木’；‘木’系列在汉语里是‘木’，我们根据亲属语言的比较，可以把这个系列的早期形式确立为‘草’。在这里，我们可以提出一个类似于音位的‘义位’。可是这个‘义位’已有所指，学者拿它来指‘义项’一类的意思。我们可以在用另一个术语‘意位’来指代它。

我们根据古籍的记载，尤其是跟民族语文进行比较，我们可以把汉语的‘意位’定为‘（大的）树枝’＜原始汉藏语的‘木’。同样，‘木’系列的‘意位’定为‘水’＜原始汉藏语的‘草’。如果说，我们考虑到这些‘意位’是根据我们比较拟测出来的话，我们可以把我们上面的两个形式及其来源写作：

汉语‘薪’系列的‘意位’：*‘（大的）树枝’＜原始汉藏语话的 **‘木’。

汉语‘木’系列的‘意位’：*‘木’＜原始汉藏语话的 **‘草’。”

——黄树先：《汉语核心词“木”研究》，载黄树先：《汉语核心词探索》第 3 辑，华中师范大学出版社，2010 年，第 11～30 页。

依据古汉越语证明上古“鹅”称为“雁”

王力认为：“说文‘雁，鹅也’。上古‘天鹅’和普通话的鹅都叫做‘雁’。‘雁’‘鹅’双声，寒歌对转。越语 ngan[1] 有字，是‘鹅’之一种（三千字释 ngan[1] 为‘鹅’），越字写作从鸟，奸声（或安声），其实就是古‘雁’字（今‘雁’字作 nhaòn）。中国人没有称‘鹅’为‘雁’的了，而安南人还称‘鹅’为‘雁’呢。”

——王力：《汉越语研究》，载《岭南学报》1948 年第 1 期，第 59 页。

南方方言中的“栏”并非古越语底层词

胡海琼认为，周振鹤、游汝杰等人提出的“南方方言中的‘栏’是古越语底层词”的观点值得商榷。

他指出，周、游两位先生判定南方方言中古越语底层词的主要原则有以下三条：（1）在文献记载中这些词仅适用于南方，今天仍为南方方言和台语所共有，而不见于北方口语；（2）虽不见于文献记载，但为现代南方方言和台语所共有（这一类词一般都是表示南方特有的事物的，方言本字往往无考）；（3）古代字书、韵书虽有记载，但未说明通行地区，今天又不见于北方话。两位先生在具体论证“栏”为古越语底层词时指出：“从文献上看，作‘养畜之牢’解的‘栏’字不见于《说文》，可见东汉时北方汉语无此词……”

胡海琼对“栏”在古代汉语和现代汉语方言中的使用情况进行了调查，得出的结论与周、游二先生不同。作者首先考察了“栏”在古汉语中的使用情况，指出虽然做“养畜之牢”解的“栏”不见于《说文》，但却早在春秋战国时期就已经出现，汉魏时期也有用例。摘引几例如下：

1.《墨子·非攻上》：至入人栏厩，取人马牛者，其不仁义又甚攘人犬豕鸡豚。

2.《管子》：以乘四时行栏牢之策。

3.《论衡》：夫富无仁义之行，犹圈中之鹿，栏中之牛也，安得妄载！

4.《世说新语》：乃夜往鹅栏间，取诸兄弟鹅悉杀之。

作者对古汉语中“栏”的使用情况进行了梳理，结果显示从先秦到明清“栏”都在使用，且不限于南方。因此，作者认为周、游二先生单凭《说文》没有“栏”这个字头，就推测“东汉时北方汉语也无此词”的观点是靠不住的。

作者还对“栏”在现代汉语方言中的使用情况进行了考察，结果显示，大致在冀鲁官话、胶辽官话、中原官话、西南官话、江淮官话等北方官话区和吴语、湘语、赣语、客家话、闽语、粤语以及徽语等方言区都有“栏”的情况，并不限于南方方言。据此作者认为，汉语从古到今、从南到北都有使用“栏”的情况，“栏”在汉语中有这么长的使用历史，这么大的使用区域，应该可以证明其本土性。如果仅仅从壮侗语和南方方言的使用情况出发，把“栏”解释为古越语底层词，是难以解释通的。因此，作者认为南方方言中的“栏”应该是汉语固有词，是古汉语的遗留，而非古越语底层词。

——胡海琼:《南方方言中的“栏”并非古越语底层词》，载《中央民族大学学报》2008 年第 6 期，第 100～102 页。

平话、粤语与壮语“给”义词之间的关系

覃远雄论证了“许”“乞”“与”不是桂南平话和廉州粤语亭子、心圩、田东、邕宁、横县、廉州六处方言“给”的本字；融水、宜州“给”与这六处不同，今读鼻音 ŋ 尾韵，按例应来自古阳声韵。“许”“乞”“与”都是古阴声韵字，也并非融水、宜州的本字。经过进一步论证，壮语方言“给”声母都读 h，与平话、粤语相同。从韵母、声调上看，壮语方言也与平话、粤语相近。据以上推论，“平话、粤语‘给予’义的词来自当地的壮语”。

“给”是一个常见的概念，平话、粤语自身应该有表达这一概念的一个动词，来自壮语可能是语言接触的结果。

其次，壮语“给”并非来自汉语的“许”。作者从声母、声调、韵母等方面论证了壮语的“给”是来自汉语的“与”。

“现代平话、粤语当‘给’讲的形式是来自壮语的‘与’，而壮语当‘给’讲的‘与’又是来自更早的汉语。反过来说，则是壮语从早期汉语吸收了‘与’，后来又带入了现代平话和粤语。确切地说，现代平话和粤语当‘给’讲的‘与’是个壮语词，壮语当‘给’讲的‘与’是个古汉语词。根子还是汉语的‘与’。这种辗转的关系是语言接触的结果。”

——覃远雄:《平话、粤语与壮语“给”义的词》，载《民族语文》2007 年第 5 期，第 57～62 页。

“马蹄”源于古台语质疑

廖扬敏认为“马蹄 ma^{4}thɐi^2”源于古台语的底层说值得怀疑，从台语水果类名词的命名特点证明“荸荠”读“mak＋地”一类的读音，是从粤方言借入壮语的。

“周振鹤、游汝杰先生在《方言与中国文化》一书中提到，广州方言称‘荸荠’为 ma^{4}thɐi^2‘马蹄’，该词是古台语成分。台语水果类词的通名是 mak，习惯是以 mak 前置于各类水果名称。如壮语武鸣话 maːk^{7}puk^8‘柚子’，maːk^{7}kaːm^1‘橘子’，maːk^{7}fe^5‘杨梅’等等。台语中水果一类词的另一个通名是 ma，如依话 luɯk ma‘果子’、ma maːn‘辣椒’；鹿话 luɯk ma‘果子’。台语中‘地’这个词有几种读音：傣语（西双版纳）hai^5，水语（三都）dai^3、莫话 dai^5。”

“两位学者拿台语的‘果子’mak 或 ma、dai 跟广州话的 ma^{4}thɐi^2 来比较，认为‘马蹄’ma^{4}thɐi^2 原来是古台语的底层遗存，意思是‘地下的果子’。这个词不仅前后两个词素都可以在台语中找到来源，而且其前后的位置（即语法特征）也跟台语一致，即修饰语后置。这个结论很值得怀疑。”

“台语中的水果，一般读作 mak，部分语言读作 ma 是由于韵尾 -k 脱落，也就是说 mak 是原始形式，ma 是后来的语音变化形式。粤方言既然借的是古台语，借的应该是 mak，而不是 ma。当然，语言之间的借用，借出方的一些语音特点如果借入方没有，借入方可以加以改造。但粤方言和台语的情况不是这样。我们知道，粤方言的 -p、-t、-k、-m 韵尾一直保留至今，所以借入古台语的 mak 时不应该丢掉韵尾而变成 ma。”

“台语中水果一类词的命名是‘通名 mak＋小名（水果名称）’，而没有‘通名 mak＋地’这一类命名法。即使台语中有‘通名 mak＋地’这一类命名法，这一说法也不能成立，因为傣语（西双版纳）hai^5，水语（三都）dai^3、莫话 dai^5 指的都是畲地（即旱地），而‘荸荠’则是长在水田或者池塘里。壮语中也有 tei^6 这个词，但那是汉借词，如 dei^{6}fuːŋ^1‘地方’、tiː^{1}tei^6‘天地’等，并不指旱地，而且较少单独使用。假设‘荸荠’读 ma^{4}thɐi^2‘马蹄’是古台语成分，现代台语应该有痕迹，但遍查已经出版的侗台语材料，均未发现‘荸荠’读‘mak＋地’一类的读音，只发现部分地方的壮语里有 ma^{4}tai^2 形式与粤方言近，这显然是从粤方言借入壮语，而不是从壮语借入粤方言。”

——廖扬敏：《“马蹄”源于古台语质疑》，载《民族语文》2003 年第 6 期，第 24 页。

汉越（侗台黎）六畜词文化有阶分析

陈保亚通过比较六畜词在汉语和越语（侗台黎语）的对应情况，认为：“早期家畜词‘猪、狗’在汉语和越语之间不对应，在各自内部却对应得很整齐，而代表晚期家畜的词‘鸡、马’在汉语和越语之间对应得很整齐，因此认为鸡、马等家畜向南方传播的时间也是原始汉语和原始越语大规模接触的时间，而且大约不会早于公元前 1700 年。”

“‘猪、狗’在越语和汉语内部分别都对应得很整齐，在汉语和越语之间不对应。‘水牛’一词在越语中对应得很整齐，但汉语没有专门指称‘水牛’的词（古代汉语有‘夔牛’，详后）。‘鸡、马’只在汉语和越语的侗台语支之间对应，而在汉语和黎语之间、侗台语和黎语之间都不对应。‘黄牛、羊’在汉语和越语之间以及在越语各语支内部的对应就更乱。”六畜词在汉语和越语之间的具体对应情况如下表：

词项	上古音	武鸣	龙州	西傣	德傣	侗	仫佬	水	毛南	通什	保定
猪	tĭɑ^{1}	mou^{1}	mu^{1}	mu^{1}	mu^{1}	ŋu^{5}	hmu^{5}	hmu^{5}	mu^{5}	pau^{4}	pou^{1}
豕	ɕĭe^{3}										
狗	ko^{3}	ma^{1}	ma^{1}	ma^{1}	ma^{1}	ŋwa^{1}	hŋwa^{1}	hma^{1}	ma^{1}	pa^{4}	pa^{1}
犬	khian^{3}										
鸡	kie^{1}	kai^{5}	kai^{5}	kai^{5}	kai^{5}	aːi^{5}	ci^{1}	qaːi^{5}	kaːi^{5}	khai^{1}	khai^{1}
水牛	gĭwθu^{2}	vaːi^{2}	vaːi^{2}	xwaːi^{2}	xaːi^{2}	kwe^{2}	wi^{2}	kui^{2}	kwi^{2}	tui^{3}	tui^{3}
黄牛	ŋĭə^{2}	ɕɯ^{2}	mo^{2}	ho^{2}	ŋo^{2}	sən^{2}	tən^{2}	po^{4}	pɔ^{4}	ȵiu^{1}	nɕiu^{1}
马	meɑ^{4}	ma^{4}	ma^{4}	ma^{4}	ma^{4}	ma^{4}	ma^{4}	ma^{4}	mja^{4}	ka^{6}	ka^{3}
羊	ʎĭaŋ^{2}	jiːŋ^{2}	be^{3}	bɛ^{3}	me^{3}	lje^{3}；peu^{2}	cwa^{2}	pja^{4}fa^{2}	zo^{2}	zeːŋ^{4}	zeːŋ^{1}

作者根据碳素断代的下限，归纳出六畜分布的大致时间序列：

前 5500	前 5100	前 5020	前 4959
猪（广西甑皮岩）	狗（河北磁山）	黄牛（陕西北首岭）	水牛（湖南胡家屋场）
前 4400	前 4300	前 1700	
鸡（江苏青莲岗）	羊（陕西半坡）	马（河南二里头）	

“猪、狗在六畜中出现最早，至迟在公元前 5000 年以前都有了猪、狗，但是指称猪、狗的词在汉语和越语中没有对应，后来出现的家畜黄牛、水牛、鸡、羊、马，其词语在汉语和越语的台语、侗水语之间反而有不同程度的对应，这正好说明了汉语和越语史前时期由相对独立到接触的时间过程。大致说来，至迟在公元前 5000 年左右，原始汉语和原始越语是独立的，‘猪、狗’两词应该是在原始汉语和原始越语相对独立的时期独立产生的，所以在这两个语言集团之间没有对应。后来出现的‘黄牛、水牛、鸡、羊、马’等汉越对应词应该标志着汉语和越语开始了大规模的接触。”

作者列举了公元前 4300 年以前六畜的分布和现代六畜词在汉语和越语之间的对应，如下：

前 4300 年北方六畜分布	前 4300 年南方六畜分布	现代词汇对应情况
猪、狗	猪、狗	不对应
黄牛、鸡、羊		对应
	水牛	对应

“牛、鸡、羊等家畜在空间上的互补分布再次证明家畜词在汉越之间的对应是接触的结果。”

“如果承认汉语和越语家畜词的对应是接触的结果，我们还可以进一步通过汉语和越语家畜词对应规则的整齐程度和六畜的空间分布来断定汉语和越语在当时的空间分布情况以及家畜词的传播方向。考虑到黄牛、鸡、羊、马是由北方传向南方的，可以断定家畜词‘黄牛、鸡、羊、马’也是从北方传播到南方的。再考虑到家畜词‘黄牛、鸡、羊、马’在汉语方言中对应很整齐，在越语中对应的整齐程度要差一些，可以断定‘黄牛、鸡、羊、马’等词是从汉语传入侗台语的，即汉语是施借方而侗台语是受借方。根据家畜词‘黄牛、鸡、羊、马’由北到南和由汉语到越语这两个传播方向，可以断定汉语和越语接触时，汉语在北方而越语在南方。我们把这一现象称为‘北汉南越’。”

“现在再来看六畜词传播的具体时间。直到前 2000 年，在南方，或者说在百越民族活动地带，还没有发现鸡、羊、马、黄牛等家畜，在越语中当然不会有‘鸡、羊、马、黄牛’等词语，在当时更不存在这些词和汉语相应的词的对应问题，所以在汉语和越语之间有对应的词‘鸡、羊、马、黄牛’等出现的时间应该是公元前 2000 年以后或更晚的事。

在‘鸡、马、黄牛、羊’四个词中，‘鸡、马’两词在台语和侗水语之间对应得很整齐（只有仫佬语‘鸡’一词的调类和其他侗台语的调类不一致），可以初步断定在鸡、马、黄牛、羊四种家畜中，鸡、马最早向南方扩散，同时也可以断定当‘鸡、马’等词传播到南方时，台语和侗水语尚未明显分化，所以现在才保持了一致对应。在我们所建立的语音对应关系表中，‘鸡、马’在侗台语和黎语之间并不对应，这一点对于‘马’一词来说很明显。‘鸡’一词在侗台语和黎语之间看上去很相似，但侗台语的5调和黎语的1调建立不起对应规律。这暗示鸡、马由北方向南方扩散时，黎语已经从原始越语中分化出来，即黎语和侗台语已经分开。这个断言可以通过‘水牛’一词的语音形式得到进一步的证明。根据我们所建立的语音对应规则表，‘水牛’一词在侗台语和黎语之间没有语音对应，所以‘水牛’一词是在侗台语和黎语分开以后独立产生的。由于水牛是在公元前5000年左右出现在南方的，所以侗台语和黎语的分化可能离这个时间不会很远。”

“黄牛、羊传播到百越民族地区的时间可能相当晚，因为汉语借词‘黄牛、羊’主要分布在台语和黎语中，侗水语中没有，因此‘黄牛、羊’是在侗台语进一步分化后进入台语、黎语的，而且是在南方不同地区借入台语和黎语的某些语言或方言的，所以‘黄牛、羊’这两个词在台语和黎语中对应得很不整齐。”作者认为“猪”大约在公元前5500年出现在南方，而“狗”出现在南方的年代大约在公元前5100年，既然‘猪’在越语和南岛语之间有对应而‘狗’没有对应，我们估计侗台语和南岛语的分化年代可能是在公元前5500年到公元前5100年这一段时间或这一段时间的前后。”

——陈保亚:《汉越（侗台黎)六畜词文化有阶分析》，载《民族语文》2000年第4期，第34～42页。

从黎、汉比较看黎语亲属词的语义特点

黎燕通过对黎语亲属称谓词的语义分析，以及黎、汉亲属词的比较，分析黎语亲属词的语义特点。

作者将黎、汉的亲属词分为近亲属词、二层关系亲属词和三层关系亲属词三个层面进行了分析和比较。以近亲属词为例，作者依照亲属关系的不同，将黎汉两种语言的近亲属词按配偶关系、生育关系和同胞关系三个子语义场进行分别分析和比较。比较分析的结果为：两种语言的近亲属词义位差别不大，特别是配偶关系词和生育关系词完全相同。两者在同胞关系词中存在差异：在年龄方面，黎语同胞关系亲属词需按照年龄来区分长幼，但区分得不彻底，同胞间不按年龄排序，仅以亲属词关系人的年

龄为界限分为年长和年幼两组；而汉语的同胞关系词则是要严格按年龄排序来区分长幼。性别方面，黎语中指称年长的一组人的同胞关系亲属词，依据亲属词指称人的性别不同而用不同的词，指称年幼的一组人的同胞关系亲属词，不论亲属词指称人性别如何，只用一个通性词表示，即无法通过词本身判定亲属词指称人的性别；汉语同胞关系亲属词都依据亲属词指称人性别不同而用不同的词。

除近亲属词外，作者对黎、汉两种语言的二层关系亲属词和三层关系亲属词也进行了详尽的分析和比较。根据比较的结果，作者归纳出黎语亲属词的语义特点如下：

第一，黎语亲属词在区分性别方面，既存在需要区别性别的词，又存在无需区分性别的词。其中需要区分性别的亲属词又带有多层次性；不需区分性别的亲属词则一律用通性称谓。

第二，在区分同辈人长幼方面，黎语依据亲属词关系人的年龄，将亲属词指称人分为年长和年幼两组，每组中不再按年龄排序。此外，黎语还存在借助“辈分”的因素来区分同辈人长幼的情况。

作者最后指出，通过对黎语亲属称谓词进行语义分析，以及将其与汉语亲属词比较得出的两个特点，恰恰反映出黎族古代婚姻制度的一些情况，也可以看作是黎族历史上曾经过群婚制、对偶婚制的信实的印记。

——黎燕：《黎族与汉族亲属称谓词语论析》，载《中央民族大学学报》1996 年第 1 期，第 71～74 页。

跨语言视角下的汉语“青”类词

赵晓驰指出，“青”因其表色的多样性一直备受关注，但传统视角下对“青”的释诂尚有不足。汉语的“青”类词既可表绿色又可表蓝色并不是词义引申的结果，事实上在上古时期蓝—绿只是被当做一个颜色进行范畴化和词汇化。这种现象并非汉语特有，其他诸多语言也存在这种现象。据谭志满（2008），土家语的 $lan^{35}ka^{55}$（黑色）包含了汉语的“黑色”和“青色”，有时汉语的“蓝色”也使用 $lan^{35}ka^{55}$（黑色），如蓝色的布（$xo^{35}lan^{35}ka^{55}$）；土家语的 $çin^{35}ka^{55}$（绿色）包含了汉语的“绿色”“蓝色”和“青色”。可见，土家语的 $lan^{35}ka^{55}$、$çin^{35}ka^{55}$ 都可兼表蓝色和绿色。据蓝庆元（2007），黑、白、红、黄、绿这几种颜色的说法在壮语方言里比较一致，说明是壮族先民最先能“分辨并词汇化的”；而蓝色说法差异较大，应为后期的，部分可证为来自汉语的借词。吴宝柱（1992）提到蒙古语中青、蓝用一个词 hube 来表示，同时还认为满语最基本的颜色词有五种：黑、白、红、黄、绿，在满 – 通古斯语共同体解体之前还没有产生“蓝色”这一概念。张伟论（2007）论及拉祜语颜色词nɔ^{33}表示绿、蓝、青色。王宇枫（2008）谈到莫语最基本的颜色词有五个，其中jʔu^{1}表示蓝色和绿色。张积家等（2008）研究了纳西族人的颜色知觉是否受颜色词的影响，指出纳西族语蓝绿部分，导致被试区分蓝与绿时反应迟缓。聂鸿音（1991）论及西夏语共有四个“青”字，有两个“青”字分别与西夏语中当“天”讲的字同音，说明其原始意义时“天青色”，但在实际使用中，除了“青天”之外，它们也可以用来表示草或沼泽的颜色，可见西夏语“青”的词义应像古代汉语那样，是“绿”“青”“蓝”的结合。聂文还通过对民族出版社出版的《中国少数民族语言简志丛书》的调查，指出藏缅语族不少语言都是蓝绿同词，如碧约哈尼语的ȵi^{55}、景颇载瓦语的ŋjui^{51}、梁河阿昌语的ɑ^{21}ȵɑu^{55}、傈僳语的ni^{35}tʃhi^{42}、拉祜语纳方言的nɔ^{33}和熙方言的m̩^{33}、珞巴语的dʑeoː，等等。

综上，作者认为在语言的初始阶段只用一个颜色词表示蓝—绿色具有跨语言的普遍性，而并非汉语特有。有的语言在发展过程中逐渐出现了单独表蓝色的词，而有的语言则一直都没有出现单独表蓝色的词，汉语属于前者，大概在中古时期形成了独立的蓝色词系统。

汉语的“青”类词除兼表蓝、绿色之外，还能兼表黑色义。作者认为，“青”类词从表蓝—绿色义到表黑色义，应当看做是词义引申，这和蓝—绿色被当做一个对象进行范畴化和词汇化有所不同，理由有三：一是因为黑色和蓝、绿色在某些环境下容易相混，具有引申的现实基础，但黑色与蓝、绿色之间的关系又不似蓝、绿色之间那么紧密，在认知上不大容易被当做同一的对象进行概念化和范畴化；二是汉语上古时期已有独立发达的黑色词，如黑、玄、幽、皂、缁、墨、黎、黔、乌等，说明先民是能明确区分并单独命名黑色的，也就无需将黑色和蓝—绿色混在一起称名；三是“青”类词的黑色义出现时间较晚，不似其蓝色义和绿色义几乎都是在较早的文献里同时出现，而词义引申总是需要一定时间的。作者还指出，表蓝—绿义的词兼表黑义也具有跨语言的共通性，如土家语的lan^{35}ka^{55}（黑色）包含了汉语的“黑色”和“青色”，有时汉语的“蓝色”也使用lan^{35}ka^{55}（黑色）；菲律宾Hanunóo语的（ma）biru表示黑、紫、蓝、深绿及各种偏暗的色调。另据周晟（2009），日语的“青”也包括蓝色、绿色和黑色。显然，表蓝—绿色的词又兼表黑色的语言不如只用某个词兼表蓝、绿色的语言多，这也是因为上面所说的黑色与蓝、绿色之间的关系不似蓝、绿色之间那么紧密，所以在认知上不容易被当做同一的对象进行范畴化和词汇化；如果从词义引申的角度来看，从蓝—绿色义引申为黑色义也不是必然会在所有的语言里都发生。

——赵晓驰：《跨语言视角下的汉语“青”类词》，载《古汉语研究》2012年第3期，第73～79页。

从少数民族语言揭示古代越语地名的本义

郑张尚芳指出："地名是当地居民给居留地及地理实体取的名称，带着明显的民族语言烙印，外来者也往往名从主人，照以称呼。即使原住民因故迁走或改换语言，地名也往往长久保留下来，有的则随着移民带到新地去。因此可以通过地名了解古代民族的语言及其分布、迁徙等情况。这是一份丰富的素材。

吴越地区一些在吴国越国时代就已产生的地名正表现了古越语的特色，现在还可通过亲属语言比较了解它们的本义。有意思的是过去认为发语辞或无义词头的'夫、余、句'等，经研究却都有实义，而且是中心词（古越语中心词在前）。"例如：

"夫椒——《左传》哀公元年：'吴王夫差败越于夫椒。'杜预注：'夫椒，吴郡吴县西南太湖中椒山。''夫椒'也作'夫湫'，南宋《嘉泰会稽志》卷十八引《郡国志》：'越州椒山，隶会稽县，春秋败越于夫湫。"

"'夫'通常以为是无实义的发语词而读'扶'。但这里'夫椒'很明显对'椒山'，'夫'可能是'山'的译音字，而不是什么发语词，因此不需要改读的。'夫'古音 pa，音如今'巴'。一般词典收'岜 bā 石山：岜关岭（广西地名）'正是据壮语地名收的，这个'岜 bā'正用于地名头上。《徐霞客游记·粤西游日记四》：'复一里，北上一冈，是为岜歹村。'也早用了这广西地名字，同样放在地名头上，表现了壮族地名特色。

这个词在壮、布依都读 pja^1 义为石山，音义正与夫椒之'夫'相当（佯黄 pa^1、泰文 pha^1 则为岩石义）。所以'夫椒'相当于'岜椒'古译，正是古越语属侗台语的明证。汉晋南朝时曾设置以'夫'冠首的地名，如'夫夷'侯国在湘桂边境，'夫宁，夫阮，夫罗'等县在今广东，那时都是越人住的地方。写'夫'写'岜'不过异代的异译。其后'夫'变轻唇逐渐向 fu 发展，才不用来译 pa/pja，而改译'岜'了。"

——郑张尚芳：《古越语地名人名解义》，载《温州师范学院学报》1996 年第 4 期，第 8～13 页。

借助亲属语言解释汉语词"幼小"

黄树先认为："要深入认识汉语，尤其是前上古汉语，需要借助亲属语言。最近十几年来，民族语文的研究突飞猛进，给这种比较研究带来了十分便利的条件。可是怎样做才能避免比较的偶然性，仍是摆在我们面前的一个重要课题……本文在较全面整理汉语文材料的基础上，利用亲属语文材料，对汉语‘幼小’这个词进行初步的解释。”……

“汉藏语有一个表不多数的后缀，白保罗称之为‘集体后缀’（1972，注 284，注 428）。下面几例可能是这种后缀。

汉语‘狗’*kugx 以及上列跟‘狗’有关系的字词，首先应考虑和藏文 gu 对应：ra gu‘山羊羔’（张怡荪，1985，2635 页，以下简称张），lug gu‘羊羔’（张，1985，2782 页），la ga‘两岁绵羊’（张，1985，2734 页），khji gu‘小犬，狗崽’（张，1985，275 页）。

汉语中 *g-/k- 和 *h- 交替，藏文也有这种交替；ɦu‘小，幼小’，rte ɦu‘马驹’，be ɦu‘牛犊’（张，1985，2521 页），Jar beɦu‘一岁犊’（张，1985，2558 页）……

藏文主要之音是 u、a，和汉语侯部 *u、宵部 *a 对应。但不知藏文在 8 世纪前是否也和汉语一样也有塞音尾？藏缅语其他语言也可以参证：‘儿童’哈尼语 $za^{31}gu^{31}$，基诺语 $zɔ^{33}ku^{44}$。

汉语 *g 后可能有个 r-/r- 声母：例见上文 17、24 条。还可以参照：‘儿童’缅文 $ka^{1}le^{3}$，缅语 $ka^{55}le^{55}$……

侗台语也可以和汉语作比较：黎语‘嫩’$plɯ:k^{7}$，‘年轻’$plɯ:k^{7}$。可以证明汉语有 *-g/-k 尾。

现代学者研究表明，在汉藏语里，普遍存在过鼻冠音声母，张谢蓓蒂、张琨 1976 年曾对此有过全面仔细的分析。我们受此启发，怀疑汉语的‘幼小’，是鼻冠者的反映……

从上面材料可以看出，汉语 *dug‘幼年’来自 *N-byug，罗杰瑞先生（Jerry noyman）1982 年文认为汉语‘犊’，duk（小牛）是来自阿尔泰语的借词。孤立地看，很难讲清楚，把汉语相关材料弄清楚了人们就会觉得‘犊’是汉语固有词。‘犊’*duk 和阿尔泰语 tuɣul、tukucən 等有无联系，是一种什么关系仍值得探讨。”

——黄树先：《说“幼小”》，载黄树先：《汉藏语论集》，华中科技大学出版社，2007 年，第 31～44 页。原载《中国海峡两岸黄侃学术研讨会论文集》，华中师范大学出版社，1993 年，第 187～193 页。

从亲属语言比较看汉语词“盐”的发展演变

黄树先根据汉语内部的文献材料，来整理汉语“盐”；同时，参照汉语的亲属语言，对汉语“盐”的早期形式进行构拟，联系“盐”这个词族，并对其音义的发展演变作出解释。

“汉字不是表音文字，从文字形式来看，难以准确地看出拼读音来。要确定该音，除依据学科假定的古音系统外，还应该充分利用历史比较语言学来和汉语的亲属语言进行比较。”……

根据汉语内部的材料，然后和亲属语言进行比较，可以推测出其早期形式是 *g-ram，g- 是次要音节，后面可能有一个元音；由于重音后移，元音弱化。试比较南岛语“盐”garam。次要音节后面的元音，进一步发展，脱落以后，次要音节的声母和主要音节的声母结合在一起，形成复辅音 *gr/l-（黄树先，1999）。浊音清化后，就成为 kr/l-。韵尾 *-m、*-b 交替……

汉语也许像藏缅语、苗瑶语一样，前面有一个鼻冠音，材料如下。

24. 鲰 *nteb，《玉篇》：“鲰，盐渍鱼也。”

汉语的原始形式也许就是 *N-tsa。鼻冠音脱落，读作 tsa，试比较苗瑶语族畲语的“盐”tsa；受鼻冠音的影响，清音浊化，试比较苗语的“盐”ɳdʐɯ³（腊乙坪），ɳʈse³（大南山）。这样就可以解释汉语内部 dz ~ ts 的交替，也可以解释汉语和藏缅语清浊的不同。

——黄树先：《说“盐”》，载黄树先：《汉藏语论集》，华中科技大学出版社，2007 年，第 81～86 页。原载《中国音韵学研究会第十一届学术讨论会、汉语音韵学第六届国际学术研讨会论文集》，香港文化教育出版社有限公司，2000 年，第 74～76 页。

通过亲属语言比较释汉语词“刑天”

黄树先提出：“《山海经・海外西经》：‘刑天与帝至此争神，帝断其首。’帝断共首，所以叫形天，疑‘天’和人首有关……

根据汉藏语材料，‘天’*thin 和亲属语‘天’‘天空’无对应关系，这是很奇怪的。

邢公畹先生1989年曾据《诗经·柏舟》'母也天只，不谅人只'传'天谓父也'，把汉语中'天（父）'和台语'天'*b-联系起来，并说：'《史记·张仪列传》：蜀相攻击。《索隐》引谯周曰：益州天苴读为芭黎。《索隐》说：天苴即芭苴。谯周，蜀人也，知天苴之音读为芭黎之芭。可知蜀郡天有芭音。'台语族临高'天'fa³，黎语fa³，单调，和汉语'芭'*prag有对应关系……

'天'读作'芭'*prag可以和苗瑶语族'头'进行比较。黔东苗语fhu³，滇东北苗语fao³；布努瑶语fa³，勉语（金门土语）pji³，标敏土语pli³，交公勉土语pli³……

通过分析汉语文献资料，观察古文字结构，并和亲属语言比较，可以初步断定汉语'天'在上古音或读*prag，指人的头。刑天与帝至此争战，帝断其头，所以叫形（邢）天。'天'是人头，引申指'天空'也是很自然的事。"

——黄树先：《古训新证》，载黄树先：《汉藏语论集》，华中科技大学出版社，2007年，第146~147页。原载《宁波师范学院学报》1994年第2期，第64~68页。

汉语文献中的少数民族语文考释

黄树先利用汉藏比较语言学的最新研究成果，对保存在汉语文献中的几个民族语词作出解释。本文认为，兹白"駮""麈""滴淋"都是古老的民族语词。

"汉藏语诸语言，大多缺少古老的文献。吐蕃文献是比较早的，然而也早不过唐代。正因为如此，研究汉藏语的早期历史，就显得困难重重。所幸的是，这个语系的汉语，有着古老而丰富的文献。这些珍贵的文献，对于我们探究汉藏语的奥秘是不可或缺的……

研究汉藏语，如果不充分利用汉语材料，就想把汉藏语的研究深入下去，是不太可能的。本文收集汉语文献中几个民族语材料，试作文说明如下。

例如：唐人房千里《投荒杂录》，书不习见，今有《说郛》本一卷流行。该书记载了当时广东一带少数民族习俗，当是房千里任高州刺史所亲见。该书说当时南方习俗：'南方饮既烧，即实酒满瓮，泥其上。以火烧方熟，不然不中饮。既烧，即揭缸趋虚，泥固犹存。沽者无能知其美恶，就泥上钻小孔可容筯，以细筩插穴中。沽者就吮筩上，以尝酒味。俗谓之滴淋。'又说：'无赖小民空手入市，遍就酒家滴淋，皆言不中，取醉而返。''滴淋'殆是当地少数民族语的记音。'滴'读*tek，可以和台语*dii[B1]'酒糟'（李方桂，1977）比较。'淋'读*liəm。当是侗台语'喝'的译音：临高话lum。'滴淋'的语序是宾语'滴'在前，谓语'淋'在后，这和现代侗台语也是一致的。"

——黄树先：《古训新证》，载黄树先：《汉藏语论集》，华中科技大学出版社，2007 年，第 146～147 页。原载《华中理工大学学报》1998 年第 1 期，第 90～92 页。

从少数民族语言看中古汉语“娵隅”的来源

黄树先指出：“汉语是古老的。古老的汉语并非是一朝一夕形成的。在漫长的岁月里，汉语在其形成发展的过程中，不断吸收外来成分，以此来丰富自己……挖掘研究汉语文献中的这些外来成分，对研究汉语史、释读汉语文献有重要的意义。同时，周边民族语文大多缺乏古老的文献，我们可以借助古老的汉语文献，为民族语文的研究提供宝贵的材料。本文对中古时期的‘娵隅’这个词的来源提出一些看法。

对照文献记载，我们可以判断‘娵隅’为东晋时蛮人所操的蛮语，是‘鱼’的译音。‘娵隅’这一语音形式在现代苗瑶语中仍保存着。现代苗瑶语‘鱼’：黔东苗语 nɛ^{4}，湘西苗语 mɹɯ^{48}，川黔滇苗语 ndʐ̩e^{4}，滇东北苗语 mpə^{4}，布努瑶语 ntse^{4}。王辅世、毛宗武（1995）提供的材料有：养蒿 ze^{11}，吉卫 mʐ̩ɛ^{33}，先进 ɳʈʂ̩e^{31}，宗地 mpʐ̩e^{11}，枫香 ntsei^{13}，瑶里 mptsi^{44}。现代苗瑶语的这些形式和《世说新语》的‘娵隅’语音面貌很相似：娵，古音精纽侯部，依周法高构拟为 *tsjew；疑纽侯部，*ngjew；‘娵’可能就是 tse/tsi 音译……我们可以看出，‘隅’是蛮语‘鱼’的音译。‘娵隅’这条材料，对研究民族语言，有十分重要的意义。

在整个汉藏语乃至阿尔泰语中，‘鱼’的早期面貌都是相同的。苗瑶语的 *N-br- 在发展中发生语音变化，*br 演变成现在的 ts-。汉藏语的 *br-、*gr- 演变成现在的 ts- 是很普遍的，汉语也有这样的音变，潘悟云先生（1987、1990）有很好的论述。郑张尚芳教授（1999）也证明汉语及亲属语言的塞擦音是后起的。从‘娵隅’一词，我们可以推断，现代苗瑶语‘鱼’ts- 一类的读音最迟在东晋已出现，距今已有 1600 余年。”

——黄树先：《“娵隅”溯源》，载黄树先：《汉藏语论集》，华中科技大学出版社，2007 年，第 241～245 页。原载《南阳教育学院学报》2001 年第 1 期，第 44～45 页。

从云南省壮语地名 taau⁴（道）与台语 *dauC 的源流考察看中古汉语词“道”的来源

依常生指出：“云南省壮族侬支系称文山州广南为 taau⁴，与唐朝岭南道的‘道’字具有音义对应关系。中古汉语词‘道’在台语里最早用来指羁縻地区的世袭首领。”……

“云南省壮语地名 taau⁴ 及其在其他台语中的对应词，语音对应很明显，根据李方桂（1977），原始台语我们构拟成 *dauC。据薄文泽（2010：50、65），泰语 thaːu³ 是汉语中古层次的借词。从汉语方面看‘道’，今读 tɑu⁵¹，属去声，上古定母幽部，《切韵》徒皓切，定效开一皓，郭锡良拟音 *dɑu，《中原音韵》念去声。台语 C 调对应汉语上声，说明‘道’流入台语之时汉语或该汉语方言还未发生浊上变去，当为中古层次；泰文声母用低辅音也说明了这一点。台语 *au 与效摄一等也有一批对应词。

汉字	《切韵》	转写	泰文	那安	意义
道	徒皓切，定皓开一上效	dauC2	thaau³	——	提及
膏	古劳切，见豪开一平效	kauA1	kaau⁰	tÂaau²	胶水
刀	都牢切，端豪开一平效	tauA1	taau⁰ 大刀，砍	taau¹ 剪刀	——
牢	鲁刀切，来豪一平效	lauA2	laau⁰ 老挝	laau² 牢狱，湖名	——
拗	五到切，疑号开一去效	nauC2	naau³ 粘	ŋaau⁴ 折弯	——
缫	苏遭切，心豪开一平效	sauA1	saau⁰ 缫	（naaŋ²—）蚕	——

可见，*dauC 是台语里的众多汉借词之一，是为中古层次。”

——依常生：《云南省壮语地名 taau⁴（道）源流考》，载《民族语文》2014 年第 1 期，第 65～70 页。

汉语与朝鲜语同义词群的对应

侯玲文认为：“朝鲜语固有词与上古汉语之间有许多成系列的音义对应词。”在其《朝鲜语固有词与上古汉语的对应关系——以“甲”、“介”声符对应词为例》一文中，采用谐声系联法，以“甲”“介”声符对应词为例，对其音义对应规律、对应类型进行了探讨，总结出：“‘甲’‘介’声符对应词中，汉语都是单音节，而在朝鲜语中有单音节和双音节两种对应形式。朝鲜语为单音节形式时，其初声、中声、终声分别与汉语的声母、元音（韵头和韵腹）、韵尾对应。朝鲜语为双音节形式时，第一音节是开音节，其初声、中声分别与汉语的声母、元音对应。汉语辅音韵尾有的对应朝鲜语第二音节声母。汉语复声母第二辅音 -r- 对应朝鲜语复辅音韵尾中的 -l-。”

此外，“汉朝语对应词除以汉字声符为系列特征的对应类型外，还有更多的表现形式，其中同义词群的对应也是一种常见的对应类型，即汉语中的一组同义词与朝鲜语中的一组同义词在语音上有明显的对应关系”。

“汉语‘甲’*kraab、‘介’*kreeds 都有‘外皮’义，构成同义关系，与之对应，朝鲜语的‘갑 -’kap-、‘갓 -’kas-，都有‘外皮’义，也构成同义关系，它们表现出同义词群的对应特征。”

——侯玲文：《朝鲜语固有词与上古汉语的对应关系——以“甲”、“介”声符对应词为例》，载《民族语文》2006 年第 5 期，第 56～61 页。

维汉语谚语形式对比分析

王鸿雁、阿不都外力认为，维汉两族语言文化既有相似之处也有不同之点，这种关系在各自谚语的形式中也有体现。作者选取了《常用谚语词典》和《维吾尔谚语详解词典》所收集的谚语样本，对汉维谚语的形式特点进行了统计分析。结果显示，汉维谚语总的看来有三种句子形式：单句形式的谚语、紧缩句形式的谚语和复句形式的谚语。详见下表：

语言	汉　语						维吾尔语					
谚语形式	单句式		紧缩句式		复句式		单句式		紧缩句式		复句式	
	主谓式	非主谓式	意合式	关联式	意合式	关联式	主谓式	非主谓式	意合式	关联式	意合式	关联式
数量/个	810	82	542	62	1453	80	720	162	596	0	1528	13
%	26.7	2.7	17.9	2.0	48.0	2.6	23.8	5.4	19.7	0	50.6	0.4

基于以上统计，作者还对维汉两种语言中谚语的不同形式进行了深入比较分析，总结出维汉两族谚语形式的特点如下：

1. 在语法手段方面，维吾尔语谚语除了主要依靠自身丰富的形态变化之外，也运用了特殊语序。维吾尔语基本语序是 SOV，但在言语中还可以见到这样的语序排列形式，如：qoli gyl etidu ghiza，qoli gal tartidu iza（手巧做美食，手拙留惭愧）。在这个谚语中，谓语 etidu、tartidu 提到宾语 ghiza、iza 的前面。而汉语谚语体现语法形式和语法意义之间的关系时，多依靠语序。统计中未见汉语谚语用倒装语序，与一般语句的语序 SVO 一致。

2. 单句式谚语中主谓结构谚语占优势表明谚语具有一定的书面化倾向。紧缩句直接构成谚语，或构成一般复句式谚语，占有相当比例。复句式谚语以简单复句式为主。关联法和意合法在紧缩式和复句式谚语中比例悬殊，都是意合法占优势，表明维汉谚语在语法形式上追求简约经济的共通价值趋向，体现了简洁自然的口语风格。

——王鸿雁、阿不都外力：《维汉谚语形式对比分析》，载《中央民族大学学报》2005 年第 4 期，第 115～119 页。

第七章　文　字

依据安南语、藏语可知最古“之”的字形和初义

高名凯指出：“卜辞‘之’既是从‘止’从‘一’，则最古的‘之’大约就是这样写法，并非《说文》所说的‘像艸过屮’。从字形解释，‘从止从一’的‘之’当是‘之’之原形，而‘往也’也当是‘之’之初义。现今安南语，走路的走尚作为 ðòi（ɬi），而藏文亦有。doñ-ba 者，皆与‘之’的音 tiəg＞tiəi＞tiei＞tiei＞ti 颇相近，大约是汉藏语系的原始语词。”

——高名凯：《汉语规定词“的”》，载《高名凯文选》，北京大学出版社，2010 年，第 178 页。原载《汉学》第 1 辑，1944 年。

从甲骨文和纳西东巴文看合文和形声字起源的关系

喻遂生从甲骨文和东巴文两个方面探讨了合文和形声字起源的关系。文章指出，甲骨文的合文书写形式，主要有平列式、纵列式、错综式和包含式四种；甲骨文合文的内容，以《古文字类编》统计（下同），有数目字 107 个，先公先王称谓 91 个，干支字 16 个，熟语 30 个，地名、人名、物名、时间名 23 个；甲骨文合文的语法结构，联合式有 18 个，述宾式 14 个，偏正式 235 个。

作者认为，由合文演变为形声字必须解决两个难题：一是两个独立的字，如何进行形声分工；二是读音由两个音节变为单音节，而且这种演变还应在表义功能等价或基本等价的情况下进行。因此，由合文的两字进行形声分工，然后凝固成一个形声字，以表音表义的角度看，几乎是不可能的。至于由三字构成的合文，那就更难了。作者以部分甲骨文形声字为例进行分析，指出这些形声字都不是由合文变来的。随着

时代的推移，甲骨文中的合文逐渐消逝。如果形声字起源于合文，那凝固成形声字应是合文消逝的原因之一，但目前并没有这方面的确切例证。合文消逝的原因，是随着行款的规范而分开书写的。在甲骨文之后的金文、盟书、帛书中也产生过少量的合文，但都没有凝固成形声字的。总之，甲骨文中的合文，虽然结体貌似单字，但始终没有合为一字。这种书写方式，当时文字刚从图画脱胎出来时，尚作图画排列的习惯的遗留。甲骨文时代，文字已严格按照语序作线性排列，合文这种“逆流而动”的书写行款，当然也就逐渐被抛弃了。

东巴文合文方面，作者指出纳西东巴文是一种比较原始的文字，这种文字制度还不够完善，多数经典都没有逐词记录语言，字的书写行款也不是按语序作线性排列，而常按字与字的事理关系作图画式的平面排列，因此合文相当普遍，情况也较甲骨文复杂。作者对《纳西象形文字谱》中收录的部分“形声字”进行了辨析，指出这些所谓的形声字，其实都是象形字的合文，并不是真正的形声字。它们只是两个独立表音表义的字在书写上的组合，它们合起来表示一个多语素的词或词组，但两部分并没有形声的分工，所以不是形声字。在东巴文中也还没有找到两个象形字通过合文变成形声字的例证。在历史演变方面，东巴文合文也是随着时代的推移，文字制度的完善而逐步解体和减少的。

通过对甲骨文、东巴文合文的研究和比较，作者得出以下结论：

1. 合文是文字刚从图画脱胎出来作图画式平面排列的书写方式的遗留；

2. 随着文字制度的成熟和完善，合文逐渐解体分书，而不是凝固成一个合体字；

3. 合文和形声字的起源没有什么直接的关系，形声字的起源，应该从其他方面去探讨。

——喻遂生：《甲骨文、纳西东巴文的合文和形声字的起源》，载《中央民族学院学报》1990 年第 1 期，第 85～89 页。

从东巴文与甲骨文、金文比较看纳西文字与汉字的发展问题

刘又辛将东巴文形声字与甲骨文、金文形声字进行比较，比较、分析了二者之间的异同：

第一，两者都有相当数量的形声字。

第二，东巴文中的注音形声字特别多，而甲骨文、金文的注音形声字比东巴文少得多。注音字是表形文字演变为形声字的初级阶段。甲骨文以前，这类字可能比较多，到甲骨文时期已经逐渐淘汰，只存在少量残留。

第三，两种文字对比，甲骨文的形声字已经脱离了注音作用，形符开始“类化”，已脱离了具体事物的形象，称谓与之有关联的事物的“类符”。以从“水”的字为例，甲骨文中以“水”为形符的形声字共有30多个，东巴文字中与水有关的形声字却没有。

通过以上比较，作者指出，甲骨文的形声字已经脱离了注音阶段，渐趋成熟。形符不是直接描绘事物的形象，而是表示事物的类别或关联词。甲骨文还不是以形声字为主体的文字，形声字在当时文字中约有20%。但商代的这些形声字，却奠定了汉字最终发展成以形声字为主体的汉字体系的基础。东巴文字没有继续向这个方向发展。东巴文字如果继续发展，也可能走汉字以形声字为主的路子。

——刘又辛：《纳西文字、汉字的形声字比较》，载《中央民族学院学报》1993年第1期，第85～94页。

从汉字看东巴文中的超前发展现象

范常喜指出，东巴文是一种十分原始的图画文字，属于象形表意文字类型。这种文字虽然产生年代比甲骨文晚得多，但从文字发展形态的角度看，它比甲骨文还要原始，属于文字起源的早期形态，被誉为人类社会文字起源和发展的“活化石”。以往的研究者大都侧重于对东巴文原始性一面的揭示，但事实上如果从普通文字学，尤其从汉字发展的历史来观察，就会发现东巴文中还存在一些超前发展现象。作者以汉字发展为坐标，对东巴文中的超前发展现象进行了述析。

作者认为，东巴文的超前发展，主要表现在两个方面。

一、形声字已进入初步发展阶段

作者指出，从汉字发展史来看，独体象形字和一部分“图形式会意字”直接来源于记事图画，而形声字的产生远在其后。尽管商代的甲骨文已经是成熟的文字体系，但形声字的比例仅占27.24%，仍处在形声造字的初期。相对而言，东巴文是尚处于语段文字阶段的图画文字，但也已经产生了形声字。虽然在多方面表现出原始性的一面，但究其发展程度而言，东巴文中的形声字已经超过了萌芽阶段，进入了初步发展的阶段。具体表现为：1. 东巴文的形声字有了相当的数量。在《纳西象形文字谱》收录的1360个东巴文中，其中单音节形声字122个，多音节形声字120个，共计242个，占东巴文总数的17.80%。这一数字虽然稍低于甲骨文形声字的比例，但远远超出东巴文自身的语段图画文字发展阶段。2. 东巴文形声字的构成方式基本齐备，根据其构成和来源，可分为亦声式、注音式、加形式、拼合式四类。3. 省形省声现象多见。个别形声字还出现了声符的羡余。4. 出现形声字充当形符或声符的多层次形声字。从汉字发展史来看，在形声字产生之初，充当形声字形符和声符主要是象形字和一部分指事字、会意字。形声字做形声字的形符和声符，尤其是同时做形声字的形符和声符组成多层次形声字的现象，应当是形声字发展到一定程度的产物。因此，东巴文中此类形声字的出现，完全可以表明其形声字已经不再是原始萌芽时期的发展水平。东巴文的形声字构造类型如此完备，尤其是同早已形成成熟文字体系的商代甲骨文中的形声字相比，东巴文形声字的这一发展程度无论是数量还是质量都是超前的。

二、形义、会义及形声字作为构件的会意字的出现

作者指出，东巴文虽远较甲骨文原始，但其会意字的发展程度却同甲骨文大致相当，不仅存在大量较为原始的图形式会意字，而且还出现了许多形义式会意字和会义式会意字。可以看出，东巴文虽然处于语段式的图画文字阶段，但是人们在造新字时已经意识到利用原本已经造出来的东巴文的“字义”参与构造新的会意字，尤其是在用图画式手法表意的字形里，竟使用形声字为构件来参构会意字，这是文字体系发展的一种反映。即使在相当成熟的甲骨文时代也是非常少见的。

尽管该文通过与汉字特别是甲骨文的比较，指出东巴文具有超前发展的现象。但是作者同时也认为，东巴文中的这些超前发展，并不能从根本上改变其文字体系总体上的原始性。

——范常喜:《从汉字看东巴文中的超前发展现象》，载《中央民族大学学报》2006年第5期，第74～79页。

唐宋时期汉字“國”及其异体字在白族地区的传播

陈宝琴指出:“公元649年，云南乌蛮（彝族）蒙氏联合白族建立了南诏国（649—902）。后来白族段氏建立了大理国（937—1253）。白文一直借用汉字。

唐宋时期，正体汉字‘國’及其俗体汉字‘国’、‘圀’也传播到了白族地区，在白族地区广泛应用与传播。现存大理国时期的佛经资料和各种碑刻中随处可见正体汉字‘國’及其俗体汉字‘国’、‘圀’。

正体汉字‘國’之异写字‘圀’在中原汉族地区仅昙花一现于武氏执政期间，武氏退位之后，中原汉族地区一般已不再使用‘國’之异写字‘圀’了，可是在少数民族地区，宋代还在大量应用，直到元代还能见到。宋人周去非在《岭外代答·俗字》中谈到岭外俗字时说:‘大理國间有文书至南边，犹有此“圀”字。“圀”武后所作“國”字也。’宋人范成大在《桂海虞衡志·志山》中也说:‘大理國间有文书至南边及商人持其佛经，题识犹有用“圀”字者。“圀”武后所作“國”字也。’从现存的大理宋

元时期文献、石刻中便也可为证。

在现存宋代大理国白族佛教文献与石碑刻文中，正体汉字‘國’与其俗体汉字‘囯’并用。

在现存公元1118年大理国的《维摩诘经》中，正体汉字‘國’与其俗体汉字‘囯’并用，凡称‘中国’时都写作‘國’，而称‘大理国’时都写作‘囯’，在现存公元1158年（宋高宗绍兴二十八年）所立的大理国《护法明公德运碑》中，正体汉字‘國’及其俗体汉字‘囯’并用，凡称中原‘大宋国’时即写作‘國’，凡称边鄙‘大理国’时就写作‘囯’。在现存公元1198年所立的《大理囯释氏戒净高兴兰若篆烛碑》中，将‘大理国’写作‘大理囯’；在现存公元1235年所立的《大理囯故高姬墓铭》中，将‘大理国’写作‘大理囯’；在现存宋代大理国白族石碑刻文中，个别碑文正体汉字‘國’与其俗体汉字‘囯’的使用无甚分别，也有将‘中国’、‘国家’之‘国’写作‘囯’的。例如：

在公元1186年大理国的《兴宝寺德化铭》中，将所有‘国’一律写作‘囯’。像‘中国’、‘大国’即写作‘中囯’、‘大囯’；将‘国家’之意的‘国’也写作‘囯’。在公元1239—1251年大理国的《故溪氏谥曰襄行宜德履戒大师墓志》中，将所有‘国’都写作‘囯’，像‘国公’即写作‘囯公’。

现存元代《故大理陈氏墓铭》中‘君子之国’的‘国’即写作‘国’；在现存1416年（明永乐十四年）《张公圹志》中俗体汉字‘囯’与‘国’并用，像将‘中國’即写作‘中国’，像将‘国运’即写作‘囯运’。

有的日本学者不甚了解其本国的文化史和中国的汉字发展史，以及中国汉字对日本文字的影响，将中国中古以来产生传到日本的俗字说成是自造的‘和字’甚至认为‘国’是日本自造的‘和字’，与事实有出入。”

——陈宝琴：《汉白文中的“國”及其异体字》，载《民族语文》2004年第6期，第55～56页。

利用古壮字研究粤语方音史

林亦尝试利用古壮字研究广西粤语方音史。他认为：“粤语是与切韵音系较近的方言，利用古壮字研究粤语方音史，应以切韵音系为参照，作纵向比较，考察借音壮字在音类的分合上与切韵音系的对应关系，从而判断它们与汉语语音史大致相类的时代。基本方法是：1. 把借音壮字按其反映的壮语声母、韵母排列。2. 在每组壮音声母、韵母中，列出借音壮字所对应的切韵的声类、韵类及数量，以表现借音壮字与中古音韵的对应关系。3. 对统计数字进行排比分析。例如，黄必庄文‘谐声壮字声母与切韵系统声类对应表’中，读壮语 p 声母的借音壮字有 82 个，所对应的中古声类：帮 46，滂 12，并 21，非 1，奉 2；读 m 声母的借音壮字 39 个，所对应的中古声类：明 35，微 4；读 f 声母的借音壮字有 37 个，所对应的中古声类：帮 1，并 1，明 2，非 10，敷 3，奉 13，微 7。通过排比可以看出，古壮字的借音时期，汉语的浊音已经清化，轻唇音已产生。”

利用古壮字研究粤语方言史的步骤。

“各地的汉语借词都是按当地的壮语方音系统，从邻近的汉语方言借入的，借音壮字也是如此。广西汉语方言众多，对壮语影响最大的是粤语和西南官话。利用古壮字研究粤语方言史，要分几步走：

1. 以古壮字的借音系统与广西汉语各方言作比较，以声调和韵尾两个标准首先剥离出西南官话的新借词音层次。调值与桂柳官话相同或相近而调类不对应，并参考韵母，可判断是否新借词音；有 -p、-t、-k、-m 韵尾的是老借词音。

2. 从老借词音层次剥离出广府白话层次。老借词音有不同的方言层次，方言层次也在一定程度反映历史层次。粤语对广西壮语的影响，沿江城镇的广府白话晚于平话及东南部粤方言土语，因此第二步要把广府白话层次剥离出来。

3. 分析借音壮字中平话和东南部粤方言土语的方言层次，并探索粤语祖语的特点。从借音壮字反映的语音看，不仅有不同地区粤语方言的差异，还有与现代粤语方言有别，与中古汉语更近的层次，这对我们研究粤语方言史，以及考察唐宋后的通语音系很有帮助。”

——林亦：《谈利用古壮字研究广西粤语方音》，载《民族语文》2004 年第 3 期，第 16～26 页。

依据夷语（苗语）的多音缀可为汉字训诂研究另辟新径

马学良指出：“……在夷语中有些由多音缀拼成的音，我认为也可列在复辅音的范畴里。因为语言的演进，是由繁趋简，多音缀的音，简省到一个或两个音缀，也或把几个音缀分成几个义同音异的字，譬如安苗呼地曰［kɑ-lɔ-tɑ］，而花苗则失掉（kɑ）音呼曰［lɔ-tɑ］，平苗只保留中间一个（lɔ）音，我们可不可这样的假设，在语言分化后，ka、lɔ、ta 三个音缀，都有作表示地音的资格；汉语的‘地’字，或就是由 ta 音变来的？在汉字训诂上，往往有类似义同音异的字，训诂家说这是古今方言之差异，我们固当承认这巧妙的解释，我以为上述的情形，也可帮助训诂家多一条解释的路子。假设在中国语言中，兼存着 ka、lɔ、ta 三个字音，训诂家碰到 ta 字，立刻会憬悟到 ta 是地之音转，而 ka、lɔ 之释为地，那就要费解了；也或附会到旁转对转的路子，结果转以滋迷，不免多歧亡羊；如果除了这六套以外，找不到别的踪迹；这足够使我们联想到它和汉语的关系了，偏巧汉语几个数字的收声像‘三’、‘十’一类收 -m-p 音的，在夷语中也都原封地保存着（从现代广州客家话等处的方言，还可找到实证），不过夷语中 -p-t-k 收尾的字，并不多见，或是因为这类尾音短促，不容易保存，像汉语一样的丢掉，拿别的语言作比较的研究，便会想到这三个音本是地之复音，后来分化成三个独立的音，就可豁然贯通了。同样的例，像上面所举‘髟’字一例（见 4 条第四项），乌苗把‘鬚’呼作‘髟’［nye］，我疑心该是‘鬚“髟”’或‘鬚“髟”’的一种复音，后来分化成鬚与‘髟’，各表鬚意，既检日人乌居龙藏之《苗族调查报告》一书，看他所记苗语鬚字的记音，花苗呼曰‘chin nian’，黑苗呼曰‘scha niye’，果与吾说符合，我以为‘chin’和‘scha’都是表示鬚音，所以在远代讲训诂学，不应仅靠旧经籍中的一点死材料，应当用比较语言学的方法，另辟一条新途径，在夷语中有不少这种材料，像：……

上列诸项，如果把画横杠前或后的音节（f、j 二项不同例）删去，便赤裸地露出汉字的真面目了。我并不是说所删掉的那些零碎玩艺，都像上面所举的‘髟’例两个音，恰好与汉语寻到关系，只是在研究夷语的时候，当该在这方面留心而已。”

——马学良：《湘黔夷语掇拾》，载《马学良文集（上卷）》，中央民族大学出版社，2009 年，第 105～106 页。原载《西南边疆》1938 年第 3 期。

中国喃字的来源

韦树关指出：“越南历史上深受中国文化的影响。从公元前 214 年至公元 939 年，越南曾在中国封建中央王朝的统治之下达 1000 余年，越南史学界称这一时期为‘北属时期’。这个时期，今越南北部和中部部分地区由中国各个封建朝代的政府直接管辖，中央政府按中原地区对越南（当时称交趾、安南）实施统治，汉语文是越南的官方用语，越南的学校教育、科举考试、佛教传播无一不用汉语文。越南脱离中国封建统治后，越南文人深感汉语与越南语之间存在的差异，使用汉文难以准确地表达越南人的思想感情，于是在汉字的基础上创制了‘喃字’（chữ nôm），意即‘南国的文字’。”

——韦树关：载《京语研究》，广西民族出版社，2009 年，第 253～261 页。

中越喃字造字法之比较

韦树关指出："中国喃字和越南喃字同是在汉字基础上创造出来的汉字系文字，实际上同是一种文字——喃字。二者在造字法方面的差别是不大的。

1. 意符 + 音符（形声）

（1）音符表示字的读音，意符表示字义的类别。中越喃字都有。例如：

中国喃字	跳	溇	冽	瘂	掆
读音	buɯɣk^{7}	bien^{3}	rai^{2}	ɣɤi^{2}	ɣaːŋ^{1}
汉义	步子	海	今日	瘦	（一）拃
意符	⻊	氵	日	疒	手
音符	北	变	例	忌	刚

越南喃字	賁	曊	媄	𤽶	烓
读音	buon^{1}	toi^{5}	mɛ^{6}	cau^{5}	cai^{5}
汉义	贩卖	夜晚	母亲	侄，孙	燃烧
意符	貝	日	女	子	火
音符	奔	最	美	召	至

（2）音符表示字的读音，意符的意义就是所构成的字的字义。中越喃字都有。例如：

中国喃字	秩	犇	鼈	耗	遳
读音	mɤt^{7}	thoŋ^{5}	ruə^{2}	mau^{5}	ɲan^{1}
汉义	丢失	生（肉）	龟	血	快
意符	失	生	龟	血	速
音符	末	弄	路	毛	争

越南喃字	𩙻	瓢	𠀧	焒	掭
读音	bai^{1}	bi^{5}	ba^{1}	lɯə^{3}	tai^{1}
汉义	飞	瓜类	三	火	手

意　符	飛	瓜	三	火	手
音　符	悲	費	巴	吕	西

2. 意符 + 意符（双意）

（1）两个意符可以独立成字，所构成的新字的字义由意符的意义组合而得。中越喃字都有，但字数不多。例如：

中国喃字	𣦆	枤
读　音	koi[1]	ŋɔn[6]
汉　义	孤儿	（树）梢
意　符 1	𡥵	木
意　符 2	死	尖

越南喃字	仝	𦤾	𠰺
读　音	tʂum[2]	ʐɤt[7]	ha[5]
汉　义	头人	非常	岂可
意　符 1	人	至	岂
意　符 2	上	亟	可

（2）两个意符可以独立成字，且它们的意义都与所构成的新字的字义相同。用这种方法造出的字叫做同义双意字。中国喃字有，越南喃字未见。例如：

中国喃字	𪥵	𢏑
读　音	sɔm[5]	kɔ[1]
汉　义	自然村	弯曲
意　符 1	屯	曲
意　符 2	村	弓

（3）两个意符可以独立成字，其中一个意符的意义与所构成的意义相同，另一个意符则起到补充说明的作用。用这种方法造出的字叫做互补双意字。中越喃字都有。例如：

中国喃字	𡗶	𡦂
读　　音	jɤːi²	cɯ³
汉　　义	天	字
意　符 1	天	字
意　符 2	上	文

越南喃字	𡈺	囥	𢫝
读　　音	khuon¹	vuoŋ¹	ʑɤ¹
汉　　义	模子	方形	举起
意　符 1	模	方	揚
意　符 2	口	口	手

（4）两个意符中一个可以独立成字，另一个只是偏旁，不能独立成字，且可以独立成字的意符的意义就是新字的字义，而不能成字的意符表示新字的意义类属，起到对能独立成字的偏旁加以注解的作用。用这种方法造出的字叫做加注双意字。例如：

中国喃字	㹁	吞	辶下	烦	蚾
读　　音	hum²	nuot⁷	suoŋ⁵	fien²	roŋ²
汉　　义	老虎	吞	下来	烦闷	龙
意　符 1	虎	吞	下	烦	龙
意　符 2	犭	口	辶	忄	虫

越南喃字	鷰	擪	𥒥	嘶	壇
读　　音	ɛn⁵	ɛp⁷	voi¹	thɛ²	vɯɤn²
汉　　义	燕子	压制	石灰	发誓	园子
意　符 1	燕	壓	灰	誓	園
意　符 2	鳥	扌	石	口	土

（5）两个意符形体相同，即双写意符。用这种方法造出的字叫做同体双意字。中国喃字有，只发现一个'孖'（cɯ³，字）。越南喃字未发现有这类字。

3. 音符 + 音符（双音）

（1）两个音符形体不同。中国喃字有，越南喃字没有。例如：

⿰非卑：义为‘比喻’，音 vi⁵。
⿰莫黑：义为‘穿’，音 mak⁸。
⿰宜耳：义为‘听’，音 ŋε¹。

这 3 个字中的两个偏旁都是音符，且形体不同。
（2）两个音符形体相同。中国喃字有，越南喃字没有。例如：

賏：义为‘新’，音 mɤːi⁵。
⿰甫甫：义为‘爬’，音 bɔ²。

这两个字中音符形体相同。
4.（意符 + 音符）+ 意符
中越喃字有。例如：

中国喃字
⿰香⿱艹贪：字中的‘⿱艹贪’由意符为‘艹’和音符为‘贪’构成，义为‘（味）香’，音 thɤːm¹。‘⿱艹贪’又加上意符‘香’构成‘⿰香⿱艹贪’。‘⿰香⿱艹贪’与‘⿱艹贪’音义相同。

越南喃字：
⿰口⿱亦口：字中的‘⿱亦口’由意符‘口’和音符‘亦’构成，义为‘比喻’，音 vi⁵。‘⿱亦口’又加上意符‘口’构成‘⿰口⿱亦口’。‘⿰口⿱亦口’与‘⿱亦口’音义相同。
⿰木⿱⺮皮：字中的‘⿱⺮皮’由意符‘⺮’和音符‘皮’构成，义为‘筷子’，音 bε²。‘⿱⺮皮’又加上意符‘木’构成‘⿰木⿱⺮皮’。‘⿰木⿱⺮皮’与‘⿱⺮皮’音义相同。

5. 意符 / 音符 + 记号
由意符加上记号造出的字叫做意符记号字（半意符半记号字），由音符加上记号造出的字叫做音符记号字（半音符半记号字）。中越喃字都有。
中越喃字意符记号字和音符记号字所加的记号有的相同，有的不同。相同的记号有‘ㄅ’、‘<’、‘、’、‘‘ ,’，例如：

中国喃字	⿰紫ㄅ	⿰火些	⿰软ㄅ	⿰朱ㄅ	⿰进ㄅ	⿰帝ㄅ
读　音	tim⁵	khɔi⁵	mem²	cuə¹	mɤːi²	dɤi⁵

汉　义	紫	烟	软	酸	邀请	那里	

‘紫ㄣ’、‘烟ㄣ’、‘软ㄣ’为意符记号字，‘朱ㄣ’、‘进ㄣ’、‘部ㄣ’为音符记号字。

越南喃字	採ㄣ	吸ㄣ	悲ㄣ	衣ㄣ	羌ㄣ
读　音	ha:i^{5}	hup^{7}	bai^{1}	ɛ^{1}	ɣuŋ^{2}
汉　义	采摘	吸吮	飞	担心	生姜

‘採ㄣ’、‘吸ㄣ’是意符记号字，‘悲ㄣ’、‘衣ㄣ’、‘羌ㄣ’是音符记号字。

6.（意符 + 音符）+ 记号

中国喃字有，越南喃字没有。例如：

𠳿：其中的‘岃’由意符‘山’和音符‘内’构成，义为‘山’，音 nui^{5}，之后又加上记号“口”。

波ㄣ：其中的‘波’由意符‘氵’和音符‘皮’构成，义为‘海’，音 be^{3}，之后又加上记号‘ㄣ’。

7. 意符兼音符 + 记号

中越喃字都有。例如：

中国喃字	咢ㄣ	㖔	呐	庆	斋
读　音	khwiə^{1}	tin^{1}	nui^{5}	khan^{5}	ta:i^{1}
汉　义	深夜	相信	山	庆祝	（书）斋

越南喃字	喃	㖕	啺	噔	平ㄣ	節ㄑ
读　音	nom^{1}	tɤm^{3}	ze^{4}	daŋ^{5}	baŋ^{2}	tet^{7}
汉　义	南国	浸泡	容易	味苦	平坦	节日

8. 独体记号

中越喃字都有。例如：

中国喃字	ㄙ	亻	丿
读　音	la:m^{2}	ɣi^{5}	fut^{7}
汉　义	做	那	分钟

越南喃字	勹	乂	ヨ
读　　音	baːu[1]	ŋe[6]	kɛ[6]
汉　　义	包，裹	姜黄	童话中的魔鬼

9. 合体记号

中越喃字都有。例如：

中国喃字	芇	艾	叽
读　　音	naːu[2]	mot[8]	ŋɔt[8]
汉　　义	哪	一	甜

越南喃字	⿰扌亇	巺	⿱昭土
读　　音	ŋi[3]	ton[5]	cieu[5]
汉　　义	休息	巽	照射

10. 指事

越南喃字有，只发现一个字‘女’（di[4]，轻佻，风流，风骚，淫荡，猥亵，婊子气）。在‘女’字上加一点，表示与女性有关。中国喃字没有。

中越喃字造字法都比较丰富。两种喃字相同的方面多，不同的方面少，而且不同的方面都是能产性较弱的造字法。因此，可以说，中越喃字的造字法是大同小异的。”

——韦树关：《京语研究》，广西民族出版社，2009 年，第 253～259 页。

中越喃字用字法之比较

韦树关指出：“中越喃字都有大量的假借字。分汉字假借字和喃字假借字。

1. 汉字假借字

（1）形音义全借

中越喃字都有。例如：

中国喃字	霸	明	魄	胆	散
读　　音	ba[5]	min[1]	fat[7]	daːm[3]	taːn[1]/taːn[5]
汉　　义	霸占	明白	魂魄	胆量	散碎

越南喃字	祭	兵	舞	信	每
读　音	te^{5}	biŋ^{1}	muə^{5}	tin^{1}/tin^{5}	moi^{4}
字　义	祭祀	士兵	跳舞	相信	每（年）

（2）借形借音不借义

中越喃字都有。例如：

中国喃字	盘	秘	泳	登	沔
读　音	baːn^{2}	bi^{5}	vaŋ^{5}	daŋ^{1}	mien^{2}
字　义	讨论	瓜类	寂静	蕲	（东）面

越南喃字	些	低	坦	兜	午
读　音	ta^{1}	dɤi^{1}	dɤt^{7}	dɤu^{1}	ŋɔ^{3}
字　义	咱们	这儿	泥土	哪儿	表露

（3）借形借义不借音

中越喃字都有。例如：

中国喃字	熄	腰	阔	蕊	蝶
读　音	tat^{7}	luɯŋ^{1}	roŋ^{6}	nu^{6}	buɯɤm^{5}
字　义	熄灭	腰身	宽	花蕊	蝴蝶

越南喃字	边	蜂	腋	燈	吸
读　音	vɛn^{1}	ɔŋ^{1}	naȶ^{7}	dɛn^{2}	hut^{7}
字　义	边沿	蜂	腋下	灯	吸（烟）

（4）形音义都不借，但与该借的字有关联

中越喃字都有，但字数很少。例如中越喃字都用‘辰’表示一个读音为 thi^{2}，义为‘就，那么，则’的词，‘辰’与这个词音义无关，但‘辰’与‘时’（thi^{2}）常连用，故用‘辰’代替‘时’记录这个词。

2. 喃字假借字

（1）借形借音不借义

中越喃字都有。例如：

中国喃字	𠄩	𠃩	⿱艹嫩	⿰石農	⿰南五
读 音	hai¹	cin⁵	nɔn¹	naŋ¹	nɔŋ¹
汉 义	精彩	熟	山	常常	簸箕
原字音	haːi¹	cin⁵	nɔn¹	naŋ⁶	nam¹
原字义	二	九	嫩	重	五

越南喃字	⿰口探	⿰口式	喃	⿰山蔑	⿱小出
读 音	thɤm²	ɲɤi²	nem¹	miet⁸	tʂut⁷
汉 义	暗自	胶粘貌	调味	轻蔑	倒出
原字音	tham¹	ɲaːi¹	nom¹	mɛt⁷	cut⁷
原字义	探访	反刍	南国	苍白	一点儿

（2）借形借义不借音

中越喃字都有。例如：

中国喃字	⿰嵩下	⿺辶重	祕
读 音	suoŋ⁵	ten¹	bɛ⁵
汉 义	下（山）	上面	年轻
原字音	jɯɤi⁵	len¹	tɛ³
原字义	下面	上（山）	年轻

越南喃字	𨑜
读 音	zɯɤi⁵
汉 义	下面
原字音	suoŋ⁵
原字义	下（山）

从以上的比较中可以看出，中越喃字的用字法是相同的。”

——韦树关：《京语研究》，广西民族出版社，2009 年，第 259～261 页。

从字形的比较看中越喃字的异同

韦树关指出："中国喃字和越南喃字同根同源，因此不论是自造字还是假借字，多数字的字形是相同的。例如：

中国喃字	𠀧	𤠄	𣎃	𪉥	𠫾	𩛂
越南喃字	𠀧	𤠄	𣎃	𪉥	𠫾	𩛂
读　音	ba^{1}	$vɔi^{1}$	$thaːŋ^{5}$	$muoi^{5}$	di^{1}	$nɔ^{1}$
汉　义	三	大象	月份	盐	去	饱

但中国喃字与越南喃字在经历了近500年的分离后，不可避免地出现了一些差异，尤其在字形方面。例如：

中国喃字	⿰虫穷	⿰革敉	⿱⺈弗	鲶	⿰语丩	鲴
越南喃字	⿰虫共	⿱枚幸	⿰血卯	⿰魚婁	⿸疒語	蛄
读　音	$kɔŋ^{2}$	mai^{1}	mau^{5}	mam^{5}	$ŋɯə^{5}$	$kuə^{1}$
汉　义	小螃蜞	幸运	血	鱼露	痒	螃蟹

中越喃字字形上的差异主要表现在：

（一）构字部件相同的，结构不同。

（二）构字部件部分相同。

（三）构成部件完全不同。

中国喃字和越南喃字在字形上还有一个值得注意的差异，就是繁简字的差异。具体表现在：

1. 同是借汉字，中国喃字更多地借用简体字，而越南喃字更多借用繁体字。例如：

中国喃字	风	钱	压	准	盘
越南喃字	風	錢	壓	準	盤
读　音	$fɔŋ^{1}$	tin^{2}	$aːp^{7}$	con^{5}	$baːn^{2}$
汉　义	（威）风	钱	压制	地方	讨论

有的繁体汉字被借到中国喃字后，部分偏旁被简化了，而越南喃字则保留繁体形

式。例如：

中国喃字	贸	帰	轿	頭	訳
越南喃字	質	歸	轎	頭	識
读　音	$cɤt^{7}$	kwi^{1}	$kieu^{6}$	$dɤu^{2}$	$thɯk^{7}$
汉　义	质（量）	归	轿	头	（知）识

2. 一些自造字中的偏旁，中国喃字采用简体形式，而越南喃字多保留繁体形式。

3. 中国喃字有一些自行简化的字，越南喃字中没有。反之，越南喃字也有一些自行简化的字，是中国喃字所没有的。

4. 有的字中越喃字都有简写形式，但形体不完全相同。当然，自行简化的喃字，中越也有部分是形体相同的。

中越喃字字形尽管存在一定的差异，但就总体而言，二者的共性远远超出其差异性，因此，掌握喃字的人阅读中越喃字文本都没有太多的障碍。”

——韦树关：《京语研究》，广西民族出版社，2009 年，第 261～264 页。

从字音读法的比较看中越喃字的特点

韦树关指出：“所谓读法，就是利用喃字中的音符读出喃字字音的方法。中国喃字和越南喃字的读法大体上是相同的。对于以汉字或汉字偏旁为音符的喃字来说，主要有以下三种读法：

1. 文读

即按京语和越南语的汉字读书音（京汉音、汉越音）及其近似音念。这是最常见的读法。中越喃字都有。

2. 白读

（1）按上古汉语借词的读音（古京汉音、古汉越音）及其近似音念。中越喃字都有。

（2）按中古汉语借词的白读音（中古白读音）及其近似音念。中越喃字都有。

（3）按汉语粤方言借词的读音（粤方言白读音）及其近似音念。中越喃字都有，但数量都不多。

（4）按汉语普通话读音的近似音念。中国喃字有，越南喃字没有。

3. 训读

即字义与汉字意符或假借汉字相同，字音则按京语或越南语念。中越喃字都有。对于以原有喃字为音符的喃字或喃音假借字来说，主要有以下两种读法：（1）按喃字偏旁的读音及其近似音念。中越喃字都有。（2）训读。中国喃字有个别字，越南喃字未发现。

以上是中国喃字和越南喃字总体读法上的比较，可以看出，中越喃字的读法差异是很小的，而且所涉及的字数也很少。”

作者还指出：“就个体而言，中越喃字多数字读音是相同的，但有一部分字在读音上还是有一定的差异的。主要表现在以下几个方面：

1. 声母差异

（1）越南喃字读 tʂ 声母的字，中国喃字读 t 或 j。

（2）越南喃字读 ʂ 声母的字，中国喃字多读 th。

（3）越南喃字读 ʐ 声母的字，中国喃字沥尾京语和巫头京语读 r，山心京语读 j。

（4）越南喃字读 ʑ 声母的字，中国喃字读 j。

（5）越南喃字读唇化声母 tw、thw、dw、nw、lw、cw、ɲw、sw、ɣw 的字，中国喃字分别读成相应的单辅音声母。此外，越南喃字读 zw、tʂw、ʂw 的字，中国喃字分别读 j、t、th。

（6）越南喃字读 x、xw 声母的字，中国喃字读 kh、khw。

2. 韵母差异

（1）越南喃字读 aɳ、eɳ、iɳ 韵母的字，中国喃字分别读 an、ɤn、in。

（2）越南喃字读 aʈ、iʈ 韵母的字，中国喃字分别读 at、it。

（3）越南喃字读 ɯɤu、ɯu 韵母的字，中国喃字分别读 ieu、iu。

3. 声调差异

越南语与中国京语声调的差异在调值和调类上都有表现。调值上，除部分调的调值相同外，其余各调的调值都不相同（中国京语内部也有一定的差异）。

调类上，越南喃字读第四调的字，中国喃字读第三调，如‘𠃣’字。另外，中国喃字有第七’调的字，如‘粍’字，越南喃字没有。”

——韦树关：《京语研究》，广西民族出版社，2009 年，第 264 ~ 269 页。

从中越喃字的比较看其差异性的解释

韦树关指出：“造成中国喃字与越南喃字的差异性的原因，大致有以下几个方面：

第一，中国京族与越南越族由于处于不同的国度，尤其是半个多世纪以来，中国推行简化汉字，对中国喃字的影响是很大的，这是造成中国喃字与越族喃字差异的最根本的原因。中国京族没有通用的民族文字，汉文在京族人的日常生活中广泛使用。京族人已习惯简化汉字。受简化汉字的影响，京族人在书写喃字时也将相应的汉字或汉字的偏旁简化。当然，越族喃字中也有一些简化汉字，但那些主要是中国推行简化汉字之前就已经存在的，还有些是越南人自行简化的。中国喃字中的简化字或简化偏旁，从数量上看要多于越族喃字。

第二，京族迁入‘三岛’至今已有近500年的时间，京语语音与越南语语音相比，已出现一定的差异。为了反映京语的语音，京族人创造了一些反映京语语音特点的喃字，如‘河’越南语读 ʂoŋ[1]，而京语读 thoŋ[1]，中国喃字写作‘㵆’，音符‘通’京汉音声母为 th；又如‘红树’，越南语读 su[5]，而京语读 thu[5]，中国喃字写作‘楸’，音符‘秋’京汉音声母为 th。这两个字都反映了京语的语音特点，说明是在京语从越南语中分化出来之后才创制的。

第三，越南喃字和中国喃字都没有得到很好的规范，在书写时有较大的随意性，有时甚至因人而异，这就造成了许多异体字，而由于异体字所用的造字方法相互交错，也造成了中国喃字与越南喃字的差异。

喃字是类汉字中相对成熟的一种民族文字，在越南历史上，曾一度上升到全国通用文字的地位。现在越南政府也很重视这一份文化遗产，设有专门的研究机构——越南社会与人文研究中心汉喃研究所，有一批专门研究的人才，研究成果不少，研究也比较深入。但在我国，京族喃字的研究尚属空白，还有很大的拓展空间。本文只是对京族喃字与越族喃字做了简单的比较，希望借此引起相关专家学者的关注。”

——韦树关：《京语研究》，广西民族出版社，2009年，第270页。

关于契丹小字研究中的基本性问题

西田龙雄在文中首先从一般文字学的角度，对契丹文字的性质提出了几点意见。

其次他就契丹大字提出了几点假说：“1. 契丹大字全部是单体字，而且是表意文字。当然，(作为假借字) 也有表音文字的机能。2. 契丹大字的字数是否很全，以至于可以标记契丹语中所有的语义单位，这一问题尚不清楚，但是，我们可以把它看作一个独立的文字组织。3. 可以认为契丹大字作为常用字有1000个左右字形，其中一部分在《北大王墓志》等一些残存碑文中使用（现在判明的大字字数约840个）。4. 契丹大字是参照汉字字形（楷书体）而创制的（虽然也包括来历不明的字），从而，在文字系统中按照‘汉字（楷书体）—契丹大字—女真文字’的顺序可以把它们联系起来。5. 契丹大字所标记的契丹语和契丹小字所标记的契丹语是同一性质的语言，我想它们都是标记一种语言的书面语。6. 对构拟契丹大字的读音来讲，值得信赖的手段只能是从契丹小字的读音中正确地推定。当然也有可能从汉语或女真语中推定，但这只能成为次要的根据。7. 当时可能编纂出了这样一本字典：把所有契丹大字用标准（或规范）的字形登录在字典里。或是一种契丹大字与汉字的对照字典。它意味着残存资料里的契丹大字使用于一个完整的文字组织之中。我们还可以想象这种文字的创始者或继承者是汉字文化圈的一员，为了有效地使用契丹大字，当然要以模仿汉字字典来编纂契丹大字字典。这样的资料有待于今后的出土。”

最后，作者又提出了几个关于契丹小字的假说：“1. 契丹小字基本上是表音文字，但契丹小字中既有一些作为单体字使用的表意文字，也有表意表音混合使用的文字。2. 合体字原则上采用把原字先左后右上下进行配列这样一种拼字法。而且把词干和词尾作为单词组合起来写，采取了单词标记法。当然，这个原则个别地方有例外。3. 就原字来讲，除表意字形（单体字）以外，它还标记单辅音、单元音或者辅音 + 元音、元音 + 辅音、辅音 + 元音 + 辅音等连续体（除包括复元音的字形外，还有可能包括复辅音的字形）。但是没有标记单音节以上的字形。4. 契丹语是属于阿尔泰语系蒙古语族的一个语言（现在一般认为它与达斡尔语关系最近），辽国位于汉字汉语文化圈之内，从汉语中借用了大量的词汇。契丹语中并存有契丹语音韵和汉语音韵体系。无论原来的契丹语词汇还是来自汉语的借用语都同样用契丹小字标记。其中，借用语用很清楚的音值来标记音节，而契丹语原词汇连元音标记都有不清楚的地方。5. 契丹小字不是由大字发展、修正而来的，而是以新的原则创制而成的。6. 契丹小字的原字是考虑到契丹语和汉语这两方面的音韵组织而创制的，但是，我也认为其中存在着汉语专用字和契丹语专用字。7. 我们虽然可以推定契丹小字在标记契丹语上相当忠实地记录了契丹语的形式，但是我认为元音和谐的现象并未严密地反映到标记中来。8. 设想当时已经作成了契丹小字的总表。因为没有总表就不可能熟练使用这种文字。而且也许还有类似《蒙古字韵》那样的书籍。”

——西田龙雄：《关于契丹小字研究中的基本性问题》，载《民族语文》1992 年第 2 期，第 42～50 页。

从土耳其的文字改革看汉字拉丁化

张世禄认为：“对于汉字拉丁化运动，往时王云五先生讲演‘访问土耳其观感’，曾经有一段透彻的批评，兹节录他的话如下：

新土耳其特别重视教育，从简单化和普通化着手，以求教育的普及。土耳其原国有的文字是早废除了，接着用的是阿剌（拉，下同）伯文——一种拼音文字；但阿剌伯文，学起来，是比较困难的，假使用学习阿剌伯文的三分之一的时间来学习拉丁文，便可以成功了。所以，新土耳其当局认为改良文字是普及教育的重大步骤，便决定采用拉丁字母来代替阿剌伯字母……我国语文改革，有所谓拉丁化的主张，这种主张，兄弟一向不赞成。说者往往拿土国文字改革的成功做他们提倡的根据。兄弟访土以后，认为此种理由，实为皮相之谈。我国地广人众，言语庞杂，幸文字尚能统一。故说出来不懂的，写出来就可以懂。这一点对国家的统一，是很有贡献的。假使改用拼音文字，拉丁化，那么，宝贵的典籍，一时势不能翻译完竣，各地原来的语音，必不能够迅速统一；依照普通情形，拼音文字变化较速，如英文，乔叟时代的读音，就和现代的英文不同。因此中国文字拉丁化的结果，将来不特古籍无人能读，就是把现在的语言写出来的文字，也不免分歧。这样，便把中国文字的优点改革了，必然要发生很大的不良影响。兄弟认为中国文字，尽有可以简化的办法。《康熙字典》四万多字，我们日常用到的，不过三四千字，而且这三四千字中形声字占据多数，字的读音和意的了解，都是很容易的；如再加以简化，便可收获到更易学习的功效，而不致如一般人所想象的困难。兄弟在土耳其的时候，曾经把我国文字拉丁化的毛病和几位教育家谈过，他们很赞成我的意见；他们并且郑重的表示：如果土耳其原有的文字没有被置于博物馆中，那么土国这次文字的改革，决不会采用拉丁字，而要从简化本国文字着手了。（根据三十三年四月十六日重庆《中央日报》的记载）

王云五先生的这段话，其中有几点很值得我们的注意：第一点，新土耳其的文字改革，他们所废除的阿剌伯文，并非土国原有的文字。所以改用拉丁文的字母，也不致泯没他们历史的和文化的背景。这跟所谓汉字拉丁化运动，要把中国原有的汉字废除了的主张，根本不能相提并论。我们绝不能引据土耳其的文字拉丁化，来作为废除汉字的借口。第二点，汉字在中国所以数千年来保存勿替，正是因为汉字的应用，适合了中国的实际情形。依据目前中国民族社会的实情，仍须沿用原有的汉字，不能贸然改用拼音制度的文字。如果依照拉丁化的主张，把原有的汉字废除了，必然引起不良的影响。第三点，主张废除汉字的人们，所持的惟一的理由，便是汉字写作、记认和学习的困难，不及拼音文字的简易。汉字的这些缺点，尽可以从汉字本身的性质和演变的趋势上寻求一种补救的办法。这便是汉字的简化运动。提出了简化汉字办法，以作为我国文字改革所应取的途径，这便是顺应着我国文字蜕变的趋势，而加以调整的。这样对于原有文字的存在，以及它和我国历史上文化上的关系，不特毫无损害，并且使它更能适合于当前的时代及环境，更能适用于中国的民族社会。这是从事语文改革者所应遵循的。”

——张世禄：《汉字的简化运动》，载《张世禄语言学论文集》，学林出版社，1984年，第269～271页。原载《学识》第2卷第8期，1948年。

从梵文看华文的特点

郑樵从梵文与华文的比较中看华文的特点。他认为："诸蕃文字不同，而多本于梵书，流入中国。代有大鸿胪之职。译经润文之官，恐不能尽通其旨，不可不论也。梵书左旋，其势向右；华书右旋，其势向左。华以正错成文，梵以偏缠成体。华则一音该一字，梵则一字或贯数音。华以直相随，梵以横相缀。华有象形之文，梵亦有之……华有同声而借之字，梵亦有之……华有谐声而借之字，梵亦有之……"

"观今七音韵鉴，出自西域。应琴七弦，天籁所作。故从横正倒，展转成图，无非自然之文。极是精微，不比韵书，但平上去入而已。七音之学，学者不可不究。华有二合之音，无二合之字。梵有二合、三合、四合之音，亦有其字。华书惟琴谱有之，盍琴尚音。一音难可一字该。必合数字之体，以取数音之文。二合者，取二体也……华音论读，必以一音为一读。故虽者焉可以独言旃，虽者与可以独言诸也。梵音论讽虽一音，而一音之中亦有抑扬高下。故娑缚不可以言索，娑弹不可以言萨，实有微引勾带之状焉。凡言二合者，谓此音非一亦非二也；言三合者，谓此音非一非二亦非三也；言四者，谓此音非一非二非三亦非四也。但言二合者，其音独易。言三合四合者，其音转难。大抵华人不善音。今梵僧咒雨则雨应，咒龙则龙见。顷刻之间，随声变化。华僧虽学其声而无验者，实音声之道有未至也。"

"梵人别音，在音不在字。华人别字，在字不在音。故梵书甚简，只是数个屈曲耳，差别不多，亦不成文理，而有无穷之音焉。华人苦不别音，如切韵之学，自汉以前，人皆不识，实自西域流入中土，所以韵图之类，释子多能言之。而儒者皆不识起例，以其源流出于彼耳。华书制字极密，点画极多。梵书比之，实相辽邈。故梵有无穷之音，而华有无穷之字。梵则音有妙义，而字无文采。华则字有变通，而音无锱铢。梵人长于音，所以得从闻入。故曰：'此方真教体，清净在音闻，我昔三摩提，尽从闻中入。'有'目根功惠少，耳根功惠多'之说。华人长于文，所得从见入。故天下以识字人为贤智，不识字人为愚庸。"

——郑樵：《通志·六书略·论华梵》，中华书局，1987年，第510～512页。

从标音文字的演变证明汉字存在表音化的趋势

高名凯从标音文字的演变证明了汉字存在表音化的趋势。他指出："人类创造文字是个长期的历史过程。因为文字不等于语言，所以在创造文字的某一个阶段上，文字可能不能完善的记录语言，不能完善的代表语言，然而文字总要努力朝着完善的记录语言或完善的代表语言这一目标发展，文字总要解决它和语言之间的矛盾。从象形文字到表意文字，从表意文字到标音文字之间的发展过程，就是为着完善的实现文字这一本质特点的具体表现。世界上各文字的发展历程，包括汉字在内，都体现了文字发展的这一个内部规律。有的人认为汉字和别的文字不同，仿佛汉字是天生的表意文字，别的文字是天生的标音文字似的；两者系统不同，不必走同样的发展道路。当然汉字有汉字的特点，汉字有汉字的特殊发展规律，但汉字和其他的文字，在总的发展趋势方面来说，也是同样的情形。我们总觉得拉丁字母有些特别，它与汉字的发展趋势不同。其实拉丁字母也是由表意字母发展出来的。拉丁字母是希腊的却尔西字母演化而来的，而希腊字母则是腓尼基字母的改造。腓尼基字母的每一个字母当初都是某种闪美特文的表意文字，甚至于象形文字。因为表意文字总代表语言中的某一个成分，总必得发出某种音，后来就只留下这声音，而去掉了它的意义，于是就成为了标音文字。汉字也是这样的情形。尽管汉字还没有完全脱离表意文字的阶段，但汉字的发展历史也同样的表明汉字是向标音文字方向发展的。甲骨文里就已经有一些假借字，同音假借是一切标音文字的发展方式。腓尼基字母正是由于同音假借而发展成标音文字的。汉字到了汉朝以后，增加了许多形声字，这也正是古埃及文字中的民书的发展情形。近世汉字，特别是民间的‘俗字’，大量地采取同音假借或形声字的办法，也就充分地说明了汉字在其发展的过程中，也是朝着标音的道路发展的。问题只在于汉字的发展还没有达到完全的标音地步，而汉字的标音成分也还没有系统化。所以，依照一般文字发展的内部规律和汉字发展的趋势来说，汉字发展成标音文字是不可避免的。文字改革运动不过是依照汉字发展的自然趋势，加上人力的推动，使其更早更好的实现而已。”

——高名凯:《关于文字改革》，载《高名凯语言学论文集》，商务印书馆，1990年，第500~501页。原载《拼音》1957年第7期。

与拼音文字对比看汉字的表意性

陈望道通过拼音文字和汉字比较，认为汉字具有表意性。他指出：“表意文字以后便是表音文字了。这里有了一个显著的分歧：一面埃及楷书的象形文字发达为行书（僧侣文字）与草书（民间文字）之后，腓尼基人取了楷书及行书造出拼音字母底原形，递嬗下来，变成今日世界通行的拼音字母；而一面如我们中国，虽然也有六书中成为‘形声’‘转注’的半表音文字及称为‘假借’的纯表音法，却终于只借固有文字以为表音符号，直至注音字母出现为止，并不曾造出什么以简驭繁的拼音字母。现在的中国文字，虽因经了几次的字体转变，已为钱氏所谓‘四方的太阳（日），长方的月亮（月），四条腿的鸟，一只角的牛，象形字不象形了’，毕竟还是带几分图形的性质。(参看沈兼士《国语问题之历史的研究》及钱玄同《汉字革命》)”

——陈望道:《陈望道语文论集》，上海教育出版社，1980年，第164页。原载《立达季刊》第1卷第1期，1925年。

从世界语的特点看中国文字改革的必要性

胡愈之从世界语的特点看中国文字改革的必要性。他谈道：“关于世界语本身问题，在中国从‘五四’运动到‘九一八’，被一般青年的重视，已认为足以沟通中外文化的工具，希望从大家协作推动之下而达到世界大同的境域。但有些人以为世界语文字本身的优良，足以供改革中国文字的参考；因为中国的文字，是最落后的，别国文字早已达到了拼音的阶段，中国还是停在很难学习的方块字里，对于普及教育，却有绝大的妨碍。这问题在‘五四’运动时已被提出来。中国白话文运动，虽已改良了中国文字之一部分，但在使用白话文表现思想和感情上还嫌不够。这原因是由于白话文运动，为时不久；因此欲使白话文能充分表现我们的思想和情感，便须从文字构造方面改革着想，才能够获得良好的效果！因为世界语最能介绍中国大众的白话文到改革方面去，使它日趋完美。总之，我以为单是白话文仍不能解决语言文字上的困难，故有新文字‘拉丁化’运动的提出，这是世界语最主张和改革中国文字应有的新趋向！”

——胡愈之讲，更生笔录:《世界语与中国文字的改革》(1936年12月2日暨南大学)，载《ESPERANTO世界语》第1卷第6期，1937年，第1页。

与世界语的比较看方块字的不足之处

Such通过比较方块字和世界语，认为方块字存在不足之处。他指出：“Esperanto是拼音的文字，欧罗巴的语言也是拼音文字，以拼音文字的Esperanto来吸收拼音文字的欧罗巴语的语根，是并无困难的。但是要拼音文字的Esperanto来吸收中国的方块字，谁都知道这是不可能的，Esperanto既不能吸收中国民族语的语根，那它就不能成为世界的共同语。因此不用说中国的方块字是成为Esperanto发展成未来的世界共同语这一条路上的障碍了。

因此我们就是不站在中国人的立场上来反对方块字：它是阻止了中国语言的发

展，它造成了中国人口80%以上的文盲，它使中国形成无文字的国家……单单站在世界语者的立场上来讲，我们就要反对方块字，因为它阻碍了未来世界的共同语的生长。”

——Such：《中国世界语者应该是汉字改革者》，载《ESPERANTO 世界语》第1卷第3期，1937年，第2页。

从西学看华文的特点

陈望道从西学看华文的特点。他指出：“华文之点画结构，视西学之切音虽难，而华文之字法句法，视西文之部分类别，且可以先后倒置，以达其意度波澜者则易。西文本难也而易学如彼，华文本易也而难学如此者，则以西文有一定之规矩，学者可循序渐进而知所止境，华文经籍虽亦有规矩隐寓其中，特无有为之比拟而揭示之。遂使结绳而后，积四千余载之智慧材力，无不一一消磨于所以载道所以明理之文，而道无由载，理不暇明。以与夫达道明理者之西人相角逐焉，其贤愚优劣，有不待言矣。”（见《马氏文通》1983年，P13）“中国文字与世界各国之文字有绝异者数点：其一，主形；其二，单节音；其三，无语尾等诸变化。故其文法发展之径途与西文异。如‘标语’（即‘鸟吾知其能飞’之‘鸟’），如‘说明语’之不限于动字，如动字中‘意动’‘致动’之作成法，如助字等，皆国文所特有者也。至于关系代名词，如象字比较级之变化，如名字中固有名字普通名字等分类，如主语之绝对不可缺，皆西文所特有，于国文则非甚必要。”

——陈望道：《“一提议”和“炒冷饭”读后感》，载《中国文法革新论丛》，商务印书馆，1987年，第14页，第15-16页。原载《语文周刊》第20、21、22期，1938年。

与西方文化对比说明汉字拉丁化的必要性

渥丹通过与西方文化对比说明汉字拉丁化存在必要性。作者指出：“历史学家韦尔斯在他的《世界史纲》里面说：中国文字是一种既异且繁的象形文字，要浪费了很长的学习的时间才能学会；中国今日的文化会比西欧落后、退步，她的总原因是文字的难学。

这是很明显的事实，人家在五年内弄好了一套工具，而我们要用十来年的时间才能获得一个工具，暂且别说谁的工具优美，先就时间来说，别人利用那五年时间已经作出了许多事业，而我们才要踏步开始哩，这样，取得一个优美而简易的工具是必要的，是非常的必要！

汉字不能适合现代性的复杂生活是无疑的；在三百年来要求废去象形文字而改用拼音文字的呼声中，到现在才得到了真正的解决，才发现了最适合于现代生活的文化工具，只有拉丁化。

拉丁化是在过去的中国的拼音文字中最简易，最优美的拼音方法。我们只要熟练了那些字母（好像北方话的拉丁化只需懂得22个字母，6个母音，15个复杂音，15个鼻音），知道了词儿的连写和几个介音法还和几个原则，便可以应用自如了；同时可以去朗读我们想读的书。

所以：为了把旧的有毒的文化连根并蒂的拔掉；为了追赶西欧的文化，推进人类文化高度的发展；为了适应新兴社会的要求，使大众很快的获得笔头语；为了使文字能够很自由地表现复杂的思想……我们便要用最大的力量争取拉丁化。”

——渥丹：《我们为什么要争取拉丁化》，载《北平新文字半月刊》，1935年，第1页。

与西文对比说明我国文字的“读破”

金兆梓通过与西文对比说明我国文字的“读破”。他指出：“读破的意思，就是读破某字的音，使别成一义，而其义仍与其本义有关。关于此问题——连四声问题在内——持异议的纷纷不一：有以为‘读破’的方法，是古时所没有——持此议最早为北齐颜之推，最近为清曾国藩——应当不用的；有以为有了他也未尝不于分别字义有一种便利。我的意思，这是文字进化上一种必有的趋势，用不着我们去赞成他或反对他，并且也用不着我们去批评他。这种趋势亦并非我国文字所独有，凡单音语族，如安南、缅甸、暹罗等，都有这种现象。而且不但单音制文字有这种趋势（刘半农以为是单音制文字的反动，实不尽然），就是拼音的印度欧罗巴语族里的母音变（Ablaut），如get，got，got。赛米（Semitic）语族里的语根变（Dynamic Variation of the Root），如qatala（He killed），qutila（He was killed），qatil（killing），qitl（enemy） 等。和我国的读破，方法虽不同，但其原因，无非是声音因字义而变，以冀有所分别；不过他们是拼音制文字，所以可以依着声音而变拼法，我国文字是单音制，所以只能把本字拿来读破。但这还说是拼法已变即如英文的‘read’一字，他的过去分词（Past participle），拼法丝毫不变，而读法则已读作‘red’，又如frieze，作粗绒布讲，就读friz，作小壁讲，就读fr ē z，此种例英文很多。而且还有一种字，他的拼法也毫不变，因用法意义不同而略略改变他重音所在的，如 Con′tent（名词）和 Content′（动词），Con′trast（名词）和 Contrast′（动词），gal′lant（华美）和 gallant′（雄武），instinct′（感动）和 in′stinct（本能），这类的例也就举不胜举，也都不过是个‘读破’的道理。所以我以为‘读破’是一种文字进化上所不免的现象。”

——金兆梓：《国文法之研究》，商务印书馆，1983 年，第 26 页。

附：

相关成果目录

一、著作类

[1] 陈保亚．论语言接触与语言联盟——汉越（侗台）语源关系的解释．北京：语文出版社，1996.

[2] 陈承泽．国文法草创．北京：商务印书馆，1982.

[3] 陈望道．陈望道语文论集．上海：上海教育出版社，1980.

[4] 陈望道，等．中国文法革新论丛．北京：商务印书馆，1987.

[5] 戴庆厦．戴庆厦文集（第 3 卷）．北京：中央民族大学出版社，2012.

[6] 戴庆厦．戴庆厦文集（第 5 卷）．北京：中央民族大学出版社，2012.

[7] 戴庆厦．汉语与少数民族语言关系概论．北京：中央民族学院出版社，1992.

[8] 戴庆厦．汉语与少数民族语言语法比较．北京：民族出版社，2006.

[9] 戴庆厦．中国少数民族语言文字研究（二）．北京：民族出版社，2012.

[10] 丁邦新，余霭芹．汉语史研究：纪念李方桂先生百年冥诞论文集．台北："中央"研究院语言学研究所，2005.

[11] 丁邦新．中国语言学论文集．北京：中华书局，2008.

[12] 董同龢．上古音韵表稿．宜宾：四川李庄石印，1944.

[13] 高莲花．蒙古语与汉语句法结构对比研究．北京：民族出版社，2013.

[14] 高名凯．高名凯文选．北京：北京大学出版社，2010.

[15] 高名凯．高名凯语言学论文集．北京：商务印书馆，1990.

[16] 高名凯．汉语语法论．北京：商务印书馆，1986.

[17] 龚煌城．龚煌城汉藏语比较研究论文集．台北："中央"研究院语言学研究所，2011.

[18] 龚煌城．龚煌城汉藏语比较研究论文集：自序．台北："中央"研究院语言学

研究所，2011.

[19] 龚煌城.汉藏语研究论文集.北京：北京大学出版社，2004.

[20] 黄树先.汉藏语论集.武汉：华中科技大学出版社，2007.

[21] 黄树先.汉缅语比较研究.武汉：华中科技大学出版社，2003.

[22] 金兆梓.国文法之研究.北京：商务印书馆，1983.

[23] 黎锦熙.新著国语文法：今序.北京：商务印书馆，1924.

[24] 李方桂.李方桂全集（第一集）：汉藏语论文集.北京：清华大学出版社，2012.

[25] 李方桂.李方桂全集（第三集）：龙州土语.北京：清华大学出版社，2005.

[26] 李方桂.李方桂全集（第十三集）：李方桂先生口述史.北京：清华大学出版社，2008.

[27] 罗常培.罗常培语言学论文集.北京：商务印书馆，2004.

[28] 罗常培.唐五代西北方音.中央研究院历史语言研究所单刊：甲种之十二，1933.

[29] 罗美珍.东南亚相关民族的历史渊源和语言文字关系研究.北京：中国社会科学出版社，2013.

[30] 吕叔湘.中国文法要略.北京：商务印书馆，1982.

[31] 马庆株.汉语动词和动词性结构（二编）.北京：北京大学出版社，2007.

[32] 马庆株.汉语语义语法范畴问题.北京：北京语言大学出版社，1998.

[33] 马学良.汉藏语概论.北京：民族出版社，2003.

[34] 马学良.马学良文集（上卷）.北京：中央民族大学出版社，2009.

[35] 全广镇.汉藏语同源词综探.台北：台湾学生书局，1996.

[36] 邵荣芬.切韵研究.北京：中华书局，2008.

[37] 石毓智.汉语研究的类型学视野.南昌：江西教育出版社，2004.

[38] 田静.藏缅语宾语句法标记比较研究.北京：中国社会科学出版社，2012.

[39] 汪锋.汉藏语言比较的方法与实践——汉、白、彝语比较研究.北京：北京大学出版社，2013.

[40] 王静如.跋高本汉的上古中国音当中的几个问题并论冬蒸两部.中央研究院历史语言研究所集刊（第一本第三分），1930.

[41] 王力.二十世纪现代汉语语法八大家——王力选集.长春：东北师范大学出版社，2002.

[42] 王力.中国现代语法（上）.北京：中华书局，1954.

[43] 王力 . 中国现代语法（下）. 北京：中华书局，1954.
[44] 王力 . 中国语法理论（上）. 北京：中华书局，1954.
[45] 王志敬 . 藏汉语亲属关系研究 . 北京：民族出版社，2009.
[46] 韦树关 . 京语研究 . 南宁：广西民族出版社，2009.
[47] 邢公畹 . 邢公畹语言学论文集 . 北京：商务印书馆，2000.
[48] 邢公畹 . 语言论集 . 北京：商务印书馆，1983.
[49] 严学宭 . 严学宭民族研究文集 . 北京：民族出版社，1997.
[50] 俞敏 . 俞敏语言学论文集 . 北京：商务印书馆，1999.
[51] 曾晓渝 . 汉语水语关系论 . 北京：商务印书馆，2004.
[52] 张惠英 . 汉藏系语言和汉语方言比较研究 . 北京：民族出版社，2002.
[53] 张惠英 . 汉语方言代词研究 . 北京：语文出版社，2001.
[54] 张世禄 . 张世禄语言学论文集 . 上海：学林出版社，1984.
[55] 赵元任 . 说清浊 . "中央"研究院历史语言研究所集刊（第三十本），1959.
[56] 赵元任 . 赵元任语言学论文集 . 北京：商务印书馆，2002.
[57] 郑樵 . 通志・六书略・论华梵 . 北京：中华书局，1987.

二、论文类

[1] Michel Ferlus. 中古汉语四等的来龙去脉 . 沈瑞清，焦磊，李德超，何怡，译 // 语言学论丛（第 49 辑）. 北京：商务印书馆，2014.

[2] Such. 中国世界语者应该是汉字改革者 . ESPERANTO 世界语，1937，1（3）.

[3] 班弨，宫领强 . 壮语四音格及其类型学意义 . 民族语文，2013（4）.

[4] 包联群 . 民族语言中的双语动词——北方少数民族社区语言中的蒙 / 满汉双语动词个案研究 . 民族语文，2013（4）.

[5] 波・索德 . 蒙古语科尔沁土月语中的汉借词 . 民族语文，2005（5）.

[6] 蔡维天 . 谈古汉语和台湾南岛语中的并列衰减现象 // 东方语言学（第 3 辑）. 上海：上海教育出版社，2008.

[7] 曹翠云 .《楚辞》特殊语句像苗语——兼释"扬云霓之晻蔼兮，鸣玉鸾之啾啾". 中央民族大学学报，2001（5）.

[8] 曹翠云 .《诗经》特殊语句像苗语新解——兼释"明星煌煌"、"明星晢晢"等 . 中央民族大学学报，2002（6）.

[9] 曹翠云 . 从苗语看古汉语的状词——兼释"行道迟迟"、"夏屋渠渠"等语文 . 贵

州民族研究，1984（3）.

[10] 曹翠云. 从少数民族语看上古汉语的后状语、后定语. 中央民族大学学报，1999（1）.

[11] 曹翠云. 汉、苗、瑶语第三人称代词的来源. 民族语文，1988（5）.

[12] 曹翠云. 苗语和汉语语音变化的相同点. 民族语文，1991（3）.

[13] 曹翠云. 苗语黔东方言的系词 ti^{13}. 民族语文，1981（3）.

[14] 曹翠云. 再论苗语和古汉语的状词. 民族语文，1995（2）.

[15] 曹广衢. 布依语的反语. 中国语文，1956（3）.

[16] 曹广衢. 一点意见——读《闽西北方言"来"母字读 s- 的研究》. 中国语文，1984（5）.

[17] 曹广衢. 壮侗语和汉语几个词的比较. 民族语文，2000（3）.

[18] 曹广衢. 壮侗语和汉语闽、粤方言的共同点. 民族语文，1997（2）.

[19] 曹广衢. 壮侗语中和汉语有关系的词的初步分析——有关上古汉语阴声韵韵尾的一点线索. 民族语文，1983（2）.

[20] 岑麒祥. 从广东方言中体察语言的交流和发展. 中国语文，1953（4）.

[21] 曾晓渝. 汉语水语复音形容词的历史比较研究. 中国语文，1997（5）.

[22] 曾晓渝. 论壮傣侗水语古汉语借词的调类对应——兼论侗台语汉语的接触及其语源关系. 民族语文，2003（1）.

[23] 曾晓渝. 三江侗语中古汉语借词. 民族语文，2006（4）.

[24] 陈宝琴. 汉白文中的"國"及其异体字. 民族语文，2004（6）.

[25] 陈保亚. 从核心词分布看汉语和侗台语的语源关系. 民族语文，1995（5）.

[26] 陈保亚. 汉台关系词的相对有阶分析. 民族语文，1997（2）.

[27] 陈保亚. 汉台关系词声母有序对应规则表 // 语言学论丛（第 22 辑）. 北京：商务印书馆，1999.

[28] 陈保亚. 汉越（侗台黎）六畜词文化有阶分析. 民族语文，2000（4）.

[29] 陈定民. 国语中"的"字之研究. 中法大学月刊，1933（5）.

[30] 陈定民. 语助词研究. 中法大学月刊，1933（1）.

[31] 陈康. 白语促声考. 中央民族学院学报，1992（5）.

[32] 陈其光. 民族语对中古汉语浊声母演变的影响. 民族语文，1999（1）.

[33] 陈其光. 五岭方言和女书. 民族语文，2004（5）.

[34] 陈其光. 语言间的深层影响. 民族语文，2002（1）.

[35] 陈前瑞，韦娜. 语言接触与北京话双"了"句的历时波动. 汉藏语学报，

2013（7）.

［36］陈士林.楚辞“兮”字说.民族语文，1992（4）.

［37］陈士林.凉山彝语的泛指和特指.民族语文，1989（2）.

［38］陈望道.“一提议”和“炒冷饭”读后感.语文周刊，1938（20）—1938（22）.

［39］陈忠敏.壮语汉语方言连读变调对比研究.民族语文，1992（3）.

［40］陈忠敏.作为古百越语底层形式的先喉塞音在今汉语南方方言里的表现和分布.民族语文，1995（3）.

［41］陈宗林.三江侗语早期汉借词来源于六语考.民族语言，1999（5）.

［42］陈宗振.《突厥语大词典》中的中古汉语借词.民族语文，2014（1）.

［43］成燕燕.汉语与哈萨克语被动句类型学比较.中央民族大学学报，2008（6）.

［44］储泽祥，邓云华.指示代词的类型和共性.当代语言学，2003（4）.

［45］储泽祥，丁加勇，曾常红.西南官话里“两个”的连词用法及其类型学意义.汉语方言语法研究——第二届国际汉语方言语法学术研讨会论文集，2004.

［46］储泽祥，肖扬，曾庆香.通比性的“很”字结构.世界汉语教学，1999（1）.

［47］储泽祥.《老乞大》、《朴通事》方位短语作状语的异常情况分析.民族语文，2011（3）.

［48］储泽祥.从汉语施事宾语句与SVO型语言施事、受事的区分参项——兼论汉语“句位高效”的类型特征.民族语文，2010（6）.

［49］储泽祥.汉语处所词的词类地位及其类型学意义.中国语文，2006（3）.

［50］储泽祥.数词与复数标记不能同现的原因.民族语文，2000（5）.

［51］崔健.朝汉途径表达形式//中国民族语言文学研究论集.北京：民族出版社，2001.

［52］崔健.韩汉空间标记词的“共用”和“通用”现象.汉语学习，2006（6）.

［53］崔健.汉韩复数表达对比三题.语言教学与研究，2009（6）.

［54］崔健.量词的功能差异和词类地位.汉语学习，2010（6）.

［55］戴庆厦，朱艳华.藏缅语、汉语选择疑问句比较研究.语言研究，2010（4）.

［56］戴庆厦，范丽君.藏缅语因果复句关联标记研究——兼与汉语比较.中央民族大学学报，2010（2）.

［57］戴庆厦，傅爱兰.藏缅语的述宾结构——兼与汉语比较.方言，2001（4）.

［58］戴庆厦，蒋颖.汉语、景颇语量词比较//戴庆厦.汉语与少数民族语言语法比较.北京：民族出版社，2006.

［59］戴庆厦，蒋颖.论量词的功能与演变——汉语景颇语量词比较//吕叔湘先生

百年诞辰纪念文集 . 北京：商务印书馆，2010.

［60］戴庆厦，黎意 . 藏缅语的述补结构——兼反观汉语的述补结构 . 语言研究，2004（4）.

［61］戴庆厦，闻静 . 汉藏语的“的”字结构 . 汉语学报，2011（4）.

［62］戴庆厦，朱艳华 . 20 年来汉藏语系的语言类型学研究 . 云南民族大学学报，2011（5）.

［63］戴庆厦 .“南北语言打通论”漫议 // 北方语言论丛（第 2 辑）. 银川：阳光出版社，2013.

［64］戴庆厦 . 从藏缅语看壮侗语与汉语的关系 // 戴庆厦 . 汉语与少数民族语关系研究 . 中央民族学院学报，1990（增刊）.

［65］戴庆厦 . 古汉语研究与少数民族语言 . 古汉语研究，2008（4）.

［66］戴庆厦 . 关于汉藏语语法比较研究的一些理论方法问题 . 中央民族大学学报，2002（2）.

［67］戴庆厦 . 汉藏语和粤语 // 第一届国际粤方言研讨会论文集 . 香港：香港现代教育研究社，1993.

［68］戴庆厦 . 汉语方言研究与少数民族语言结合的一些理论方法问题 . 满语研究，2003（1）.

［69］戴庆厦 . 汉语结合非汉语研究的一些理论问题 . 长江学术（第 1 辑），2002.

［70］戴庆厦 . 汉语研究与汉藏语 . 语言：第一卷，2001.

［71］戴庆厦 . 景颇语的“$NP+e^{31}$”式——兼与汉语被动结构对比 // 戴庆厦 . 汉语与少数民族语言语法比较 . 北京：民族出版社，2006.

［72］戴庆厦 . 跨语言视角与汉语研究 . 汉语学习，2006（1）.

［73］戴庆厦 . 语法比较的几点思考 . 语言与翻译，2006（1）.

［74］戴庆厦 . 再论汉语非汉语研究相结合的必要性 . 语言与翻译，2005（3）.

［75］戴庆厦 . 再论汉语和非汉语结合研究的方法论问题 . 民族语文，2013（6）.

［76］戴宗杰 . 汉藏语动词重叠式的形式—意义匹配格局 . 中央民族大学学报，2013（2）.

［77］德力格尔玛 . 汉语带结果补语的述补结构在蒙古语中的表达形式 . 中央民族大学学报，2005（5）.

［78］邓方贵，盘承乾 . 从瑶语论证上古汉语复辅音问题 // 戴庆厦 . 汉语与少数民族语关系研究 . 中央民族学院学报，1990（增刊）.

［79］邓凤民 . 汉语比较标记和差比句语序类型 . 汉语学习，2012（2）.

[80] 邓晓华．客家话跟苗瑶壮侗语的关系问题．民族语文，1999（2）．

[81] 邓晓华．南方汉语中的古南岛语成分．民族语文，1994（3）．

[82] 丁邦新．汉藏系语言研究法的检讨．中国语文，2000（6）．

[83] 丁邦新．汉藏语中的基本数词．历史语言学研究（1），2008.

[84] 丁邦新．论汉语与台语的关系——李方桂汉台语同源论的检讨 // 汉语史研究：纪念李方桂先生百年冥诞论文集．台北："中央"研究院语言研究所，2005.

[85] 丁邦新．说"五"道"六"．民族语文，2005（3）．

[86] 发源．从壮语看古汉语见母复辅音及其演变轨迹和出现条件．中央民族大学学报，1999（5）．

[87] 范常喜．从汉字看东巴文中的超前发展现象．中央民族大学学报，2006（5）．

[88] 冯蒸．藏文 sdod 与汉语"辍"．民族语文，2007（1）．

[89] 傅东华．三个体制的实例比较和几点补充的说明．语文周刊，1939（27）．

[90] 傅东华．文法稽古篇．东方杂志，1939，36（20）—1939，36（21）．

[91] 傅东华．一个国文法新体系的提议．语文周刊，1938（16）．

[92] 傅京起．从白语里三个汉语句式看汉语对白语句法上的影响 // 东方语言学（第 3 辑）．上海：上海教育出版社，2008.

[93] 高莲花．蒙古语与汉语句法结构对比研究．北京：民族出版社，2013.

[94] 高名凯．关于汉语的词类分别．中国语文，1953（10）．

[95] 高名凯．关于文字改革．拼音，1957（7）．

[96] 高名凯．汉语规定词"的"．汉学（第 1 辑），1944.

[97] 高名凯．汉语句终词的研究．燕京学报，1946（31）．

[98] 高名凯．汉语之表意语法．燕京学报，1947（32）．

[99] 高名凯．论汉语语法的历史继承性．北京大学学报，1955（1）．

[100] 高名凯．语法杂识．燕京学报，1951（40）．

[101] 高名凯．语言的结构与哲学思考．学原，1948，1（12）．

[102] 高名凯．语言的内部发展规律与外来词．光明日报，1962-7-3.

[103] 龚煌城．从汉、藏语的比较看汉语上古音流音韵尾的拟测．西藏研究论文集（4），1993.

[104] 龚煌城．从汉藏语的比较看上古汉语的词头问题．语言暨语言学（1.2），2000.

[105] 龚煌城．从汉藏语的比较看上古汉语若干声母的拟测．西藏研究论文集（3），1990.

[106] 龚煌城 . 从汉藏语的比较看重纽问题 . 声韵论丛（6），1997.

[107] 龚煌城 . 从汉藏语的比较看重纽问题 . 语言暨语言学（1.2），2000.

[108] 龚煌城 . 从原始汉藏语到上古汉语以及原始藏缅语的韵母演变 // 汉藏语研究论文集 . 北京：北京大学出版社，2004.

[109] 龚煌城 . 汉语与苗瑶语同源关系的检讨 // 中国语言学集刊 . 北京：中华书局，2007，1（1）.

[110] 龚煌城 . 上古汉语与原始汉藏语带 r 与 l 复声母的构拟 . 台湾大学文史哲学报（54），2001.

[111] 龚群虎 . 汉泰上古关系词——流音篇 . 民族语文，2000（2）.

[112] 郭中 . OV/VO 语序与状语位置关系的类型学考察 . 民族语文，2013（1）.

[113] 何九盈 . 汉语和亲属语言比较研究的基本原则 // 语言学论丛（第 29 辑）. 北京：商务印书馆，2004.

[114] 何晚成 . 论“的底地得”的分合 . 中国语文，1940（3）.

[115] 贺群 . 汉、维语个体量词“个”和 dan 的认知语义特征比较 . 中央民族大学学报，2011（3）.

[116] 侯玲文 . 朝鲜语固有词与上古汉语的对应关系——以“甲”、“介”声符对应词为例 . 民族语文，2006（5）.

[117] 侯玲文 . 朝鲜语汉语的早期对应词 . 民族语文，2006（2）.

[118] 胡海琼 . 南方方言中的“栏”并非古越语底层词 . 中央民族大学学报，2008（6）.

[119] 胡愈之讲，更生笔录 . 世界语与中国文字的改革，1936 年 12 月 2 日暨南大学，载 ESPERANTO 世界语，第一卷第六期，1937 年 6 月出版 .

[120] 胡增益 . 满语“白”同汉语副词“白”的借贷关系 // 中国语言学报（第 5 辑）. 北京：商务印书馆，1995.

[121] 黄行，唐黎明 . 被动句的跨语言类型对比 . 汉语学报，2004（1）.

[122] 黄树先 .“哥”字探源 . 语言研究，1999（2）.

[123] 黄树先 .“娵隅”溯源 . 南阳教育学院学报，2001（1）.

[124] 黄树先 . 古训新证 . 宁波师范学院学报，1994（2）.

[125] 黄树先 . 汉语核心词“木”研究 // 黄树先 . 汉语核心词探索：第 3 辑 . 武汉：华中师范大学出版社，2010.

[126] 黄树先 . 说“盐”// 中国音韵学研究会第十一届学术讨论会、汉语音韵学第六届国际学术研讨会论文集 . 香港：香港文化教育出版社有限公司，2000.

[127] 黄树先 . 说“幼小”// 中国海峡两岸黄侃学术研讨会论文集 . 武汉：华中师范大学出版社，1993.

[128] 季永海 . 汉语儿化音的发生与发展——兼与李思敬先生商榷 . 民族语文，1999（5）.

[129] 季永兴 . 壮汉代词数词量词名词结构形式比较分析 . 民族语文，1993（4）.

[130] 贾晞儒 . 青海汉话与少数民族语言 . 民族语文，1991（5）.

[131] 贾晞儒 . 青海话中的民族语借词 . 民族语文，2006（2）.

[132] 江蓝生 . 语言接触与元明时期的特殊判断句 // 语言学论丛（第 28 辑）. 北京：商务印书馆，2003.

[133] 姜莉芳 . 新晃汉语中的侗语成分 . 中央民族大学学报，2004（2）.

[134] 蒋颖，余金枝，邓凤民，等 . 西摩洛语和汉语的接触关系 // 胡素华 . 藏缅语族部分语言使用的变迁 . 北京：民族出版社，2010.

[135] 蒋颖 . 藏缅语、汉语自主范畴语法形式的特征及其演变 . 云南师范大学学报，2012（5）

[136] 蒋颖 . 从藏缅语反观甲骨文、金文的反响型量词 // 戴庆厦 . 汉语与少数民族语言语法比较 . 北京：中央民族大学出版社，2006.

[137] 蒋颖 . 汉藏语名量词起源的类型学分析 . 中央民族大学学报，2007（2）.

[138] 金海月 . 从朝鲜语反观汉语致使结构的类型学特点 . 中央民族大学学报，2008（5）.

[139] 金基石 . 朝鲜对音文献中的微母字 . 语言研究，2000（2）.

[140] 金基石 . 尖团音问题与朝鲜文献的对音 . 中国语文，2001（2）.

[141] 金基石 . 明清时期朝鲜韵书中的见晓精组字 . 民族语文，1998（2）.

[142] 金理新 . 藏语 rgya 的本义初探 . 民族语文，1995（4）.

[143] 金理新 . 从核心词看汉语和藏语缅语的亲疏关系 . 民族语文，2001（6）.

[144] 金理新 . 构词前缀 *m- 与苗瑶语的鼻冠音 . 语言研究，2003（3）.

[145] 金理新 . 汉藏语的名词后缀 *-n. 民族语文，1998（1）.

[146] 金理新 . 汉藏语的使役动词后缀 *-d. 民族语文，2004（2）.

[147] 金理新 . 汉藏语的完成体后缀 *-s. 民族语文，2005（2）.

[148] 金理新 . 汉藏语的语音对应与语音相似 . 民族语文，2003（3）.

[149] 金理新 . 汉藏语的肢体名词前缀 *m-. 温州师范学院学报，1999（1）.

[150] 金理新 . 汉藏语的肢体与动物名词前缀 *s-. 温州师范学院学报，1998（4）.

[151] 金理新 . 汉藏语中两个性质不同的 *-g 韵尾 . 民族语文，1998（6）.

［152］金理新 . 汉藏语中两个性质不同的 *-ŋ. 民族语文，1999（4）.

［153］金理新 . 汉语“死”以及以母读音问题 . 语言研究，2009（4）.

［154］金理新 . 借词的形式判别标准——以苗瑶语中的汉语借词为例 . 民族语文，2008（5）.

［155］金理新 . 精组的上古读音构拟 . 温州师范学院学报，2000（4）.

［156］金理新 . 论形态在确定汉藏同源词中的重要意义 . 民族语文，2000（3）.

［157］金理新 . 苗瑶语的阴声韵母系统 . 语言研究，2007（3）.

［158］金理新 . 上古汉语 *m- 前缀的意义 . 语言研究，2005（1）.

［159］金理新 . 上古汉语的 *l- 和 *r- 辅音声母 . 温州师范学院学报，1999（4）.

［160］金理新 . 上古汉语的 *-l- 中缀 . 温州师范学院学报：哲学社会科学版，2001（5）.

［161］金理新 . 与晓母相关的一些谐声关系和晓母读音 . 温州师范学院学报，2004（3）.

［162］金理新 . 再论喻母古读 . 温州师范学院学报，1998（2）.

［163］金永寿，林强 . 朝鲜语“口诀”标注研究 . 民族语文，2014（2）.

［164］金有景 . 民族语言研究与汉语研究 . 民族语文，1983（6）.

［165］金有景 . 再论民族语言研究与汉语研究 . 民族语文，1985（5）.

［166］金兆梓 . 炒冷饭 . 语文周刊，1938（19）.

［167］金珠英 . 朝鲜语词中 sɛ pa ram 中 sɛ 的语源考 . 民族语文，1987（4）.

［168］竟成 . 汉语和藏缅语的一种是非问句 . 民族语文，1988（2）.

［169］君实 . 西藏语之特征 . 东方杂志，1917，14（7）.

［170］蓝庆元 . 白土壮语中的汉语山摄对应词的历史层次 . 民族语文，2000（6）.

［171］蓝庆元 . 汉藏语“胞衣”的同源关系 . 民族语文，2000（1）.

［172］蓝庆元 . 拉珈语汉借词层次分析 . 民族语文，2005（6）.

［173］蓝庆元 . 壮语中古汉语借词及汉越语与平话的关系 . 民族语文，2001（3）.

［174］蓝鹰 . 从少数民族语言看“而”的虚化演变 . 古汉语研究，1990（1）.

［175］黎燕 . 黎族与汉族亲属称谓词语论析 . 中央民族大学学报，1996（1）.

［176］黎意 . 苗语的述补结构——兼与汉语对比 . 中央民族大学学报，2005（5）.

［177］黎意 . 壮侗语与汉语述补结构的对比分析及其类型学特征 . 中央民族大学学报，2009（6）.

［178］李崇兴 . 论元代蒙古语对汉语语法的影响 . 语言研究，2005（3）.

［179］李得春 . 汉语上古音在十六世纪朝鲜汉字音中的遗存 . 民族语文，1985（5）.

[180] 李方桂 . 藏汉系语言研究法（一九三九年十二月二十九日为国立北京大学文科研究所讲演）. 国学季刊，第 7 卷第 2 期抽样本 .

[181] 李方桂 . 藏文 Sog 考 . *Central Asian Journal*，1957（3）.

[182] 李方桂 . 汉语研究的方向——音韵学的发展 . 幼狮月刊（40.6），1974，重印于《中国语言学论集》，1976.

[183] 李方桂 . 喉音特征与声调演变 ."中央"研究院历史语言研究所集刊（51.1），1980.

[184] 李方桂 . 上古音 //David N.Keightley. *The origins of Chinese Civilization. University of California Press*，1983.

[185] 李方桂 . 中国上古音声母问题 . 香港中文大学中国文化研究所学报（3.2），1970.

[186] 李建强 . 从敦煌吐蕃藏汉对音文献看藏语浊音清化 // 语言学论丛（第 48 辑）. 北京：商务印书馆，2013.

[187] 李洁 . 拉祜语的类被动句——兼与汉语被动表述对比 // 戴庆厦 . 汉语与少数民族语言语法比较 . 北京：民族出版社，2006.

[188] 李锦芳 . 粤语中的壮侗语族语言底层初析 . 中央民族学院学报，1990（6）.

[189] 李锦芳 . 壮语汉借词的词义和语法意义变异 . 中央民族大学学报，2001（3）.

[190] 李荣 . 上古音学术讨论会上的发言 // 语言学论丛（第 14 辑）. 北京：商务印书馆，1984.

[191] 李如龙 . 关于东南方言的"底层"研究 . 民族语文，2005（5）.

[192] 李如龙 . 闽方言和苗、壮、傣、藏诸语的动词特式重叠 . 民族语文，1984（1）.

[193] 李绍尼 . 白语基数词与汉语、藏缅语关系初探 . 中央民族学院学报，1992（1）.

[194] 李永燧 . 哈尼语和汉语的名词修饰语 . 民族语文，1985（3）.

[195] 李永燧 . 汉语藏缅语人称代词探源 . 中国语言学报，1984（2）.

[196] 李云兵 . 论语言接触对苗瑶语语序类型的影响 . 民族语文，2005（3）.

[197] 梁敏，张均如 . 从汉台语言的数词是否同源说起 . 民族语文，2004（2）.

[198] 梁敏 . 关于水族族源和水书形成之我见 . 广西民族研究，2008（3）.

[199] 廖冬梅 . 新疆汉语方言中维吾尔语借词的读音 . 民族语文，2005（1）.

[200] 廖扬敏 ."马蹄"源于古台语质疑 . 民族语文，2003（6）.

[201] 林伦伦 . 标话中的古汉语借词 . 民族语文，2007（6）.

[202] 林伦伦．广东闽方言中若干台语关系词．民族语文，1990（3）．

[203] 林涛．东干语与北京话及西北方言的比较 // 北方语言论丛（第2辑）．银川：阳光出版社，2013.

[204] 林亦．谈利用古壮字研究广西粤语方音．民族语文，2004（3）．

[205] 刘宝俊．比较词源学研究四例．民族语文，1999（2）．

[206] 刘丹青．从汉语特有词类问题看语法的宏观研究．江苏社会科学，1991（2）．

[207] 刘丹青．汉语的若干显赫范畴：语言库藏类型学视角．世界汉语教学，2012（3）．

[208] 刘丹青．汉语是一种动词型语言——试说动词型语言和名词型语言的类型差异．世界汉语教学，2010（1）．

[209] 刘丹青．开采民族语言研究“宝矿”．中华读书报，2008-8-20（015）．

[210] 刘丹青．谓词重叠疑问句的语言共性及其解释 // 语言学论丛（第38辑）．北京：商务印书馆，2008.

[211] 刘丹青．语言类型学和汉语研究．世界汉语教学，2003（4）．

[212] 刘辉．动量短语作定语及相关类型学考察 // 东方语言学（第3辑）．上海：上海教育出版社，2008.

[213] 刘剑三．临高语汉借词的一字多音现象．民族语文，2006（2）．

[214] 刘俐李．焉耆话的借词系统和人文背景．民族语文，2000（1）．

[215] 刘又辛．纳西文字、汉字的形声字比较．中央民族学院学报，1993（1）．

[216] 龙庄伟．湖北恩施话中的一个土家语成分．民族语文，1988（6）．

[217] 陆丙甫，徐阳春，刘小川．现代汉语语序的类型学研究 // 东方语言学（第12辑）．上海：上海教育出版社，2012.

[218] 陆丙甫，应学凤．节律和形态里的前后不对称．中国语文，2013（5）．

[219] 陆天桥．汉语“是”在壮语中的同源词．中央民族学院学报，1989（1）．

[220] 陆志伟．汉语和欧洲语用动辞的比较．燕京学报，1936（20）．

[221] 罗安源．从“主谓谓语句”看汉语在语言接触中的强劲活力．中央民族大学学报，2008（3）．

[222] 罗安源．从量词看苗汉两种语言的关系．中央民族大学学报，2002（5）．

[223] 罗常培．梵文腭音五母的藏汉对音研究．中央研究院历史语言研究所集刊（第三本第二分），1932.

[224] 罗常培．释内外转．中央研究院历史语言研究所集刊（第四本第二分），1933.

[225] 罗常培．知彻澄娘音值考．中央研究院历史语言研究所集刊（第三本第一

分），1931.

［226］罗杰瑞．闽方言中的来母字和早期汉语．民族语文，2005（4）.

［227］罗美珍，邓卫荣．广西五色话——一种发生质变的侗泰语言．民族语文，1998（2）.

［228］罗美珍．对汉语和侗台语声调起源的一种设想．中国语文，1988（3）.

［229］罗美珍．试论台语的系属问题．民族语文，1983（2）.

［230］罗山野人．反切与注音字母．国学杂志，1933（1）.

［231］罗天华．从类型学看汉语“动词 +X+ 处所”结构中“X”的隐现 // 东方语言学（第 9 辑）．上海：上海教育出版社，2011.

［232］罗昕如．湘南土话中的底层语言现象．民族语文，2004（1）.

［233］罗自群．从语言接触看汉语方言“哒”类持续标记的来源．语言研究，2007（4）.

［234］马庆株．多重定名结构中形容词的类别和次序．中国语文，1995（5）.

［235］马庆株．结构语义表达相结合的语法研究和修辞研究——为纪念《语法修辞讲话》发表 60 周年而作．《纪念语法修辞讲话》发表 60 周年学术研讨会特辑．世界文化（刊中刊），2011（12）.

［236］马庆株．理据性：汉语语法的特点．吉林大学社会科学学报，2007（2）.

［237］马庆株．略谈汉语动词时体研究的思路——兼论语法分类研究中的对立原则 // 中国语文杂志社编．语法研究和探索（九）．北京：商务印书馆，2000.

［238］马庆株．现代汉语词缀的性质、范围和分类 // 中国语言学报（第 6 期）．北京：商务印书馆，1995.

［239］马庆株．指人参与者角色关系取向与汉语动词的一些小类 // 胡壮麟，方琰．功能语言学在中国的进展．北京：清华大学出版社，1997.

［240］马庆株．主客观态度与汉语的被动表述 // 邢福义．汉语被动表述问题研究新拓展．武汉：华中师范大学出版社，2006.

［241］马学良．湘黔夷语掇拾．西南边疆，1938（3）.

［242］马云霞，宝玉柱．汉语、蒙古语中的身体行为动词与言说义．中央民族大学学报，2013（2）.

［243］马忠建．从《掌中珠》夏汉对音看 13 世纪前后汉语西北方言声纽系统若干特点．中央民族学院学报，1992（4）.

［244］马忠建．关于西夏语的词头 ʔa. 中央民族大学学报，1995（1）.

［245］梅祖麟．内部构拟汉语三例．中国语文，1988（3）.

[246] 蒙朝吉．苗族瑶族畲族的“人”字试析．民族语文，1987（6）．

[247] 蒙斯牧．汉语和壮侗语的密切关系及历史文化背景．民族语文，1998（4）．

[248] 孟庆惠．黄山话的tɬ、tɬh、ɬ及探源．中国语文，1981（1）．

[249] 苗东霞．从维吾尔语反观汉语“着”的特点．中央民族大学学报，2009（2）．

[250] 聂鸿音．“女真”译音考．宁夏社会科学，2011（9）．

[251] 聂鸿音．番汉对音和上古汉语．民族语文，2003（2）．

[252] 聂鸿音．论契丹语中汉语借词的音系基础．民族语文，1988（2）．

[253] 侬常生．云南省壮语地名taau⁴（道）源流考．民族语文，2014（1）．

[254] 欧阳觉亚．运用底层理论研究少数民族语言与汉语的关系．民族语文，1991（6）．

[255] 帕提古力·麦麦提．汉维篇章中第三人称代词的对比分析．中央民族大学学报，2007（3）．

[256] 潘立慧．壮语动词词头ta³的来源．中央民族大学学报，2006（2）．

[257] 潘悟云．朝鲜语中的上古汉语借词．民族语文，2006（1）．

[258] 潘悟云．上古汉语使动词的屈折形式．温州师范学院学报，1991（2）．

[259] 潘悟云．谐声现象的重新解释．温州师范学院学报，1987（4）．

[260] 潘悟云．越南语中的上古汉语借词层．温州师范学院学报，1987（3）．

[261] 彭燕．维吾尔语哈密土语中的汉语词．民族语文，1999（5）．

[262] 桥本万太郎．北方汉语的结构发展．语言研究，1983（1）．

[263] 桥本万太郎．汉语被动式的历史·区域发展．中国语文，1987（1）．

[264] 桥本万太郎．东干语研究的当前发展．李斯纪，李新华，译．西北民族研究，1986（00）．

[265] 桥本万太郎．汉语声调系统的阿尔泰化．王希哲，译．晋中师专学报，1986（2）．

[266] 桥本万太郎．汉语调值的纵横两个角度的研究．吴新华，译．青海师范大学学报，1985（1）．

[267] 瞿霭堂，劲松．论汉藏语语言联盟．民族语文，2013（5）

[268] 曲翰章．通过日语汉音看假名五段与汉字四等的关系．中国语文，1982（5）．

[269] 仁增旺姆．汉语河州话与藏语的句子结构比较．民族语文，1991（1）．

[270] 阮江灵，爿华．重新认识汉语借词在越南语中的地位和作用．民族语文，2001（1）．

[271] 阮廷贤．从汉越语研究质疑汉语中古音有舌面音韵尾．中国语文，2007（6）．

[272] 沈小喜.《皇极经世·声音唱和图》声母体系的再构拟 // 语言学论丛(第49辑).北京:商务印书馆,2014.

[273] 盛益民.吴语人称代词复数标记来源的类型学考察 // 语言学论丛(第48辑).北京:商务印书馆,2013.

[274] 石林.侗语中汉语新借词的读音.民族语文,1994(5).

[275] 石如金.从苗语语音演变看上古汉语浊塞音送气与否.中央民族学院学报,1982(2).

[276] 石毓智,白解红.将来时标记向认识情态功能的衍生.解放军外国语学院学报,2007(1).

[277] 石毓智.被动式标记语法化的认知基础 // 邢福义.汉语被动表述问题研究新拓展——汉语被动表述问题国际学术研讨会论文集.武汉:华中师范大学出版社,2003.

[278] 石毓智.汉英双宾结构差别的概念化原因.外语教学与研究,2004(2).

[279] 石毓智.论语言的基本语序对其语法系统的影响——兼论现代汉语句子组织信息的原则形成的历史动因.外国语,2002(1).

[280] 石毓智.形容词的数量特征及其对句法行为的影响.世界汉语教学,2003(2).

[281] 石毓智.语法是"生成的"还是"合成的".解放军外国语学院学报,2006(1).

[282] 宋洪民.八思巴字拼写系统中的"影、疑、喻"三母.民族语文,2013(1).

[283] 宋金兰.甘青汉语选择问句的特点.民族语文,1993(1).

[284] 宋金兰.汉语和藏缅语住所词的同源关系.民族语文,1994(1).

[285] 宋金兰.汉语助词"了"、"着"与阿尔泰诸语言的关系.民族语文,1991(6).

[286] 宋金兰.青海汉语助动词"给"与阿尔泰语言的关系.民族语文,1990(2).

[287] 宋兆祥.《三国史记》地名反映的上古知组和章组问题.语言研究,2008(2).

[288] 孙伯君.《女真译语》中的遇摄三等字.民族语文,2001(4).

[289] 孙伯君.从番汉对音看宋元时期北方汉语日母字 // 语言学论丛(第34辑).北京:商务印书馆,2006.

[290] 孙伯君.胡汉对音和古代北方汉语.语言研究,2005(1).

[291] 孙宏开.藏缅语疑问方式试析——兼论汉语、藏缅语特指问句的构成和来源.民族语文,1995(5).

［292］孙宏开．论羌族双语制——兼谈汉语对羌语的影响．民族语文，1988（4）．

［293］孙艳．汉语、景颇语量词比较 // 戴庆厦．汉语与少数民族语言语法比较．北京：民族出版社，2006.

［294］孙艳．汉语与藏缅语四音格词比较研究 // 戴庆厦．汉语与少数民族语言语法比较．北京：民族出版社，2006.

［295］覃晓航．壮侗语词 tak^{8} 与汉语词“特”的历史关系．民族语文，1989（2）．

［296］覃晓航．壮侗语数词 deu^{1}、soːŋ^{1}、ha^{3} 考源．中央民族学院学报，1993（5）．

［297］覃晓航．壮语和古汉语特殊语法现象比较 // 戴庆厦．汉语与少数民族语言语法比较．北京：民族出版社，2006.

［298］覃晓航．壮语量词 pou^{4} 的来源．民族语文，1992（4）．

［299］覃晓航．壮语量词来源的主渠道．语言研究，2008（1）．

［300］覃晓航．壮语南部方言 ph、th、kh 的来源．中央民族大学学报，1995（4）．

［301］覃晓航．壮语中的古汉语特殊语法现象．中央民族学院学报，1991（5）．

［302］谭远雄．平话、粤语与壮语“给”义的词．民族语文，2007（5）．

［303］唐贤清，罗主宾．程度副词作补语的跨语言考察．民族语文，2014（1）．

［304］田静．土家语的述宾结构——兼与汉语比较 // 戴庆厦．汉语与少数民族语言语法比较．北京：民族出版社，2006.

［305］田静．语言接触中的土家语量词 // 戴庆厦．汉藏语系量词研究．北京：中央民族大学出版社，2005.

［306］汪大年．缅汉成语的语音比较．语言研究，2006（3）．

［307］王尔松．哈尼语和汉语关系字初探．民族语文，1990（6）．

［308］王锋．白语南部方言中来母的读音．民族语文，2013（3）．

［309］王辅世．苗瑶语的系属问题初探．民族语文，1986（1）．

［310］王国宇，王伟．从比较句看布依语与汉语的内在联系 // 戴庆厦．汉语与少数民族语关系研究．中央民族学院学报，1990（增刊）．

［311］王洪君，李榕．论汉语语篇的基本单位和流水句的成因 // 语言学论丛（第 49 辑）．北京：商务印书馆，2014.

［312］王鸿雁，阿不都外力．维汉谚语形式对比分析．中央民族大学学报，2005（4）．

［313］王会银．试论汉语和藏语的形容词生动形式——AXX 式 // 戴庆厦．汉语与少数民族语关系研究．中央民族学院学报，1990（增刊）．

［314］王力．汉越语研究．岭南学报，1948（1）．

[315] 王天佐 . 试说汉语嘴头话的人称代词与彝语的关系 . 民族语文，1986（4）.

[316] 王艳红 . 养蒿苗语和开觉苗语见、溪、群母中古汉借词的读音类型及其来源 . 民族语文，2014（2）.

[317] 王志敬 . 藏语与汉语述宾结构对比 // 戴庆厦 . 汉语与少数民族语言语法比较 . 北京：民族出版社，2006.

[318] 王志敬 . 论藏汉语同源持续体标记 . 语言研究，2007（3）.

[319] 韦树关 . 释“圩（墟、虚）”. 民族语文，2003（2）.

[320] 闻静 . 藏缅语的“的”字结构 . 中央民族大学，2011（6）.

[321] 闻静 . 从藏缅语定语助词的演变反观汉语 . 汉语学习，2012（4）.

[322] 闻静 . 壮侗语族“的”字结构的类型学特征 . 语言研究，2013（1）.

[323] 闻宥 . 黑鹿释名 . 民族语文，1979（1）.

[324] 渥丹 . 我们为什么要争取拉丁化 . 北平新文字半月刊，1935-11-20.

[325] 吴安其 . 从汉印尼几组词的对应看汉南岛的关系 . 民族语文，1995（4）.

[326] 吴安其 . 汉傣天干研究 . 民族语文，2005（4）.

[327] 吴安其 . 温州方言的壮侗语底层初探 . 民族语文，1986（4）.

[328] 吴福祥 . 语义复制的两种模式 . 民族语文，2013（4）.

[329] 西田龙雄 . 关于契丹小字研究中的基本性问题 . 民族语文，1992（2）.

[330] 西田龙雄 . 西夏语言研究的新领域 . 鲁忠慧，景永时，译 . 宁夏社会科学，2007（6）.

[331] 咸蔓雪 . 汉越语关系词层次分析——以帮母字为例 // 语言学论丛（第 37 辑）. 北京：商务印书馆，2008.

[332] 谢晓安，华侃，张淑敏 . 甘肃临夏汉语方言语法中的安多藏语现象 . 中国语文，1996（4）.

[333] 辛世彪 . 海南闽语精庄章组声母的塞化与底层语言的影响 . 民族语文，2005（1）.

[334] 邢公畹 .“别离”一词在汉语台语里的对应 . 民族语文，1983（4）.

[335] 邢公畹 . 汉台语构词法的一个比较研究——大名冠小名 . 国文月刊，1949（77）.

[336] 邢公畹 . 汉语“子”“儿”和台语助词 luk 试释 . 国文月刊，1948（68）.

[337] 邢公畹 . 汉语和侗泰语里的 -m，-ŋ 交替现象 . 民族语文，1986（4）.

[338] 邢公畹 . 汉语遇蟹止效流摄的一些字在侗台语里的对应 // 语言论集 . 北京：商务印书馆，1983.

［339］邢公畹．论调类在汉台语比较研究上的重要性//邢公畹语言学论文集．北京：商务印书馆，2000.

［340］邢公畹．说“鸟”字的前上古音．民族语文，1982（3）.

［341］邢公畹．现代汉语和台语里的助词“了”和“着”（上）．民族语文，1979（2）.

［342］邢公畹．现代汉语和台语里的助词“了”和“着”（下）．民族语文，1979（3）.

［343］邢公畹．论汉语台语“关系字”的研究．民族语文，1989（1）.

［344］邢凯．侗台语族带前置喉塞音的声母．民族语文，1999（1）.

［345］邢凯．关于汉语和侗台语的介音问题．民族语文，2000（2）.

［346］邢欣．现代汉语与维吾尔语致使句型比较．汉语学报，2008（2）.

［347］徐世璇．从南部土家语的特殊构词看语言接触的深层影响//东方语言学（第2辑）．上海：上海教育出版社社，2007.

［348］薛才德．藏文后置辅音 j- 和中古汉语 *-i- 的来源．民族语文，2004（3）.

［349］薛才德．藏文前加字 *ɦ 和上古汉语的鼻音前置辅音对应．民族语文，2001（1）.

［350］薛才德．藏语汉借词的特点．民族语文，1999（3）.

［351］薛才德．景洪汉语谓词的一个后附成分与傣语的关系．民族语文，1994（3）.

［352］严棉．从闽南话到日本汉字音．中国语文，1994（2）.

［353］严学宭．论古越族在现代汉语方言中的投影//严学宭．严学宭民族研究文集．北京：民族出版社，1997.

［354］严学宭．论汉语同族词内部屈折的变换模式．中国语文，1979（2）.

［355］严学宭．谈汉藏语系同源词和借词//严学宭．严学宭民族研究文集．北京：民族出版社，1997.

［356］严学宭．论现代汉藏语系词素音位变换的作用//严学宭．严学宭民族研究文集．北京：民族出版社，1997.

［357］严学宭．原始汉语研究方向//严学宭．严学宭民族研究文集．北京：民族出版社，1997.

［358］杨鸣键．“楚些”今踪——谈白马藏族民歌中出现的“些”．中央民族学院学报，1988（6）.

［359］杨品亮．现代白语中的古汉语词．民族语文，1990（4）.

［360］杨永龙．从语言类型的角度重新审视“X＋相似/似/也似”的来源．中国语文，2014（4）.

［361］意西微萨・阿错．雅江“倒话”的混合特征．中央民族大学，2002（5）.

[362] 尹蔚彬 . 汉藏语鼻音、流音声母关系字语音对应分析 . 中央民族大学学报，1999（5）.

[363] 尹蔚彬 . 汉藏语鼻音、流音声母关系字韵母对应分析 . 中央民族大学学报，2000（5）.

[364] 游汝杰 . 论台语量词在汉语南方方言中的底层遗存 . 民族语文，1982（2）.

[365] 余霭芹 . 广东开平方言的“的”字结构 . 中国语文，1995（4）.

[366] 余霭芹 . 粤语研究 . 语文研究，1988（2）.

[367] 余成林 . 藏缅语“有 / 在”类存在动词研究 . 民族语文，2011（3）.

[368] 余成林 . 藏缅语的话题标记——兼与汉语比较 . 中央民族大学学报，2011（1）.

[369] 余志鸿 .“宾动”倒句和语言交融 . 民族语文，1988（3）.

[370] 余志鸿 . 论古汉语补语的移位 . 语言研究，1984（1）.

[371] 余志鸿 . 元代汉语的后置词系统 . 民族语文，1992（3）.

[372] 余志涛 . 类型学视野下的时间词研究 . 汉语学报，2006（1）.

[373] 俞敏 . 倒句探源 . 语言研究，1981（1）.

[374] 喻捷 . 略谈汉语中的突厥语借词 . 中央民族大学学报，1994（2）.

[375] 喻遂生 . 甲骨文、纳西东巴文的合文和形声字的起源 . 中央民族学院学报，1990（1）.

[376] 袁家骅 . 汉壮语的体词向心结构 . 民族语文，1979（2）.

[377] 袁明军 . 汉语苗瑶语阳声韵深层对应试探 . 民族语文，2000（3）.

[378] 岳静 . 黄金镇仫佬语中古精章组汉借词的读音 . 民族语文，2006（1）.

[379] 张赪 . 近代汉语使役句役事缺省现象研究——兼谈语言接触对结构形式和语义的不同影响 . 中国语文，2014（3）.

[380] 张公瑾 . 傣语指示词和汉语“者”字关系探源 . 民族语文，1983（4）.

[381] 张公瑾 . 论汉语及壮侗语族诸语言中的单位词 . 中央民族学院学报，1978（4）.

[382] 张惠英 . 词头“圪、阿”探源 // 张惠英 . 汉语方言代词研究 . 北京：语文出版社，2001.

[383] 张惠英 . 广州话近指词“呢”的语源 // 张惠英 . 汉语方言代词研究 . 北京：语文出版社，2001.

[384] 张惠英 . 指示词“者、这”考 // 张惠英 . 汉语方言代词研究 . 北京：语文出版社，2001.

[385] 张军 . 土汉接触与土家语高调的分化 . 中国语文，2008（4）.

[386] 张均如 . 临高语借词、读书音的来源及语言相互影响 . 民族语文，1997（1）.

[387] 张世禄 . 从“反切”到“国语罗马字母”. 学生杂志，1931.

[388] 张世禄 . 从日本译音研究入声韵尾的变化 . 国立中山大学语言历史研究所周刊，1929，9（99）.

[389] 张世禄 . 等韵学派系统的分析 . 暨南大学文史丛刊（第 1 集），1933.

[390] 张世禄 . 汉字的简化运动 . 学识，1948，2（8）.

[391] 张世禄 . 诗歌当中的平仄问题 . 通讯半月刊，1945（1）.

[392] 张世禄 . 向哪儿去开辟中国文法学的园地——敬答光焘先生 . 语文周刊，1939（33）.

[393] 张世禄 . 因文法问题谈到文言白话的分界 . 语文周刊，1939（30）—1939（32）.

[394] 张世禄 . 中国音韵学史之鸟瞰 . 东方杂志，1930，28（11）.

[395] 张世禄 . 中国语的演化和文言白话的分叉点 . 学生杂志，1930，17（11）.

[396] 张世禄 . 中国语音系统的演变 . 暨南学报，1936，1（1）.

[397] 张维佳，张洪燕 . 远指代词“兀”与突厥语 . 民族语文，2007（3）.

[398] 张燕 . 时间隐喻的类型学试析——以汉藏语系语言为例 . 中央民族大学学报，2005（5）.

[399] 张永祥，曹翠云 . 从语法看苗语和汉语的密切关系 . 中央民族学院学报，1984（1）.

[400] 张永言 . 语源札记三则 . 民族语文，1983（6）.

[401] 赵杰 . 京郊火器营北京话中的满语词 . 民族语文，2002（1）.

[402] 赵杰 . 南北语言打通研究的必要性和紧迫性——写在《北方语言论丛》第二辑出版之时 // 北方语言论丛（第 2 辑）. 银川：阳光出版社，2013.

[403] 赵美贞 . 韩国汉字音中的汉语上古音 . 民族语文，2005（5）.

[404] 赵小刚 . 羌汉语言接触形成的一组同源字 . 中央民族大学学报，2004（6）.

[405] 赵晓驰 . 跨语言视角下的汉语“青”类词 . 古汉语研究，2012（3）.

[406] 赵长才 . 语言接触背景下元明时期“后头”表时间的用法及其来源 . 中国语文，2014（3）.

[407] 照那斯图 . 论汉语中的蒙古语借词“胡同”. 民族语文，1991（6）.

[408] 郑伟 .《切韵》重纽字在汉台关系词中的反映 . 民族语文，2013（4）.

[409] 郑伟 . 汉语和藏语的“来”. 民族语文，2007（2）.

[410] 郑张尚芳 . 古越语地名人名解义 . 温州师范学院学报，1996（4）.

[411] 郑张尚芳 . 论汉语、苗瑶语声母中流音 r、l 的重建及古音构拟偏向 // 东方语言学（第 4 辑）. 上海：上海教育出版社，2008.

[412] 周法高 . 梵文 t、d 的对音 // 中国语言学论文集 . 台北：联经出版事业公司，1975.

[413] 周法高 . 论《浮屠与佛》// 中国语言学论文集 . 台北：联经出版事业公司，1975.

[414] 周法高 . 论中国语言学的过去、现在和未来 // 论中国语言学 . 香港：香港中文大学出版社，1980.

[415] 周国炎 . 布依语处置式的来源及其发展 . 中央民族大学学报，1999（3）.

[416] 周国炎 . 布依语汉语被动结构对比研究 // 戴庆厦 . 汉语与少数民族语言语法比较 . 北京：民族出版社，2006.

[417] 周国炎 . 汉布介词提宾句式对比研究 // 戴庆厦 . 汉语与少数民族语关系研究 . 中央民族学院学报，1990（增刊）.

[418] 周国炎 . 仡央语群语言中的借词 . 民族语文，1999（1）.

[419] 朱文旭 . 凉山彝语复辅音声母探源 . 民族语文，1989（3）.

[420] 朱文旭 . 凉山彝语中的汉语借词 . 民族语文，1997（4）.

[421] 朱文旭 . 彝语古汉语借词的一种形式 . 民族语文，1999（6）.

[422] 朱艳华 . 土家语定中语序的类型学研究 . 高等函授学报，2009（2）.

[423] 朱艳华 . 载瓦语存在动词的类型学研究 . 民族语文，2012（6）.

图书在版编目（CIP）数据

汉语与非汉语结合研究成果汇要 / 戴庆厦主编．-- 北京：民族出版社，2016.1

（中央民族大学“985 工程”中国少数民族语言文化教育与边疆史地研究创新基地文库 / 戴庆厦总主编．中国少数民族语言研究丛书）

ISBN 978-7-105-14219-4

Ⅰ．①汉… Ⅱ．①戴… Ⅲ．①汉语—研究 ②民族语言学—研究—中国 Ⅳ．① H1 ② H2

中国版本图书馆 CIP 数据核字（2016）第 004491 号

汉语与非汉语结合研究成果汇要

策划编辑：欧光明
责任编辑：欧光明　钟美珠
出版发行：民族出版社
地　　址：北京市和平里北街 14 号
邮　　编：100013
电　　话：010—64228001（编辑室）
　　　　　010—64224782（发行部）
网　　址：http://www.mzpub.com
印　　刷：北京市迪鑫印刷厂
经　　销：各地新华书店
版　　次：2016 年 3 月第 1 版　2016 年 3 月北京第 1 次印刷
开　　本：787×1092 毫米　1/16
字　　数：850 千字
印　　张：43.75
定　　价：120.00 元
书　　号：ISBN 978-7-105-14219-4/H · 1006（汉 321）